མཚོ་སྔོན་མི་རིགས་སློབ་ཆེན་གྱི་འབྲུམ་རམས་པའི་
གནས་གཞི་འཛུགས་སྐྲུན་དཔེ་ཚོགས།
青海民族大学博士点建设文库

༄༅། །ཚད་མ་རིག་པ་བྱུང་འཕེལ་གྱི་ལོ་རྒྱུས།

བློ་བཟང་ཆོས་གྲགས་ཀྱིས་སྒྲིག་རྩོམ་བྱས།

ཀྲུང་གོའི་བོད་རིག་པ་དཔེ་སྐྲུན་ཁང་།

དཀར་ཆག

ལེའུ་དང་པོ། རྒྱ་གར་འཕགས་པའི་ཡུལ་དུ་བྱུང་ཚུལ། ………………………… (1)

ས་བཅད་དང་པོ། ཕྱི་རོལ་པའི་གྲུབ་མཐའ་ལས་བྱུང་ཚུལ། ………………… (1)

དོན་ཚན་དང་པོ། ཕྱི་རོལ་པའི་རྟོག་གེའི་སྡེ་ལྡེ་སྤྱིར་བཤད་པ། ………… (1)

དོན་ཚན་གཉིས་པ། ཙ་ར་ཀའི་སྨན་གཞུང་ལས་སྟོན་པའི་གཏན་ཚིགས་རིག་པ། ………………………………………………………… (11)

དོན་ཚན་གསུམ་པ། རིགས་པ་ཅན་པའི་གཏན་ཚིགས་རིག་པའི་བསྟན་བཅོས་《རིགས་པའི་མདོ་》ཞེས་པའི་བརྗོད་བྱ་མདོར་ཙམ་བཤད་པ། …· (24)

ས་བཅད་གཉིས་པ། ནང་པ་སངས་རྒྱས་པའི་གྲུབ་མཐའ་ལས་བྱུང་ཚུལ། ……………………………………………………………… (39)

དོན་ཚན་དང་པོ། སློབ་དཔོན་ཕྱོགས་ཀྱི་གླང་པོའི་གོང་རོལ་ཏུ་བྱུང་བའི་ནང་པའི་གཏན་ཚིགས་རིག་པ། ……………………………… (39)

དོན་ཚན་གཉིས་པ། 《ཐབས་ལ་མཁས་པའི་སེམས་བསྟན་པ་》ཞེས་པའི་བསྟན་བཅོས་ལས་སྟོན་པའི་གཏན་ཚིགས་རིག་པའི་དགོངས་པ། …………………………………………………… (47)

དོན་ཚན་གསུམ་པ། 《རྣལ་འབྱོར་སྤྱོད་པའི་སའི་དངོས་གཞི་》ལས་སྟོན་པའི་གཏན་ཚིགས་རིག་པའི་དགོངས་པ། …………………… (55)

དོན་ཚན་བཞི་པ། སློབ་དཔོན་དབྱིག་གཉེན་སྐབས་ཀྱི་འཕགས་ཡུལ་གྱི་གཏན་ཚིགས་རིག་པ། …………………………… (70)

ས་བཅད་གསུམ་པ། ནང་པའི་ཚད་མ་རིག་པའི་སྲོལ་བཏོད་ཅིང་དར་བའི་ཚུལ། …………………………………………………… (78)

དོན་ཚན་དང་པོ། སློབ་དཔོན་ཕྱོགས་ཀྱི་གླང་པོས་གཏན་ཚིགས་གསར་པ་སྤེལ་ཚུལ། ……………………………………………… (78)

དོན་ཚན་གཉིས་པ། དཔལ་ལྡན་ཆོས་ཀྱི་གྲགས་པས་ཚད་མ་སྡེ་བདུན་མཛད་དེ་ཚད་མའི་གཞུང་ལུགས་རྒྱ་ཆེར་སྤེལ་ཚུལ། …………… (102)

དོན་ཚན་གསུམ་པ། རིག་པའི་དབང་ཕྱུག་རྣམ་གཉིས་ཀྱི་གཞུང་ལས་བྱུང་བའི་བརྡ་ཆད་གསར་པ། ………………………………… (130)

དོན་ཚན་བཞི་པ། ཚད་མ་མདོ་དང་སྡེ་བདུན་གྱི་སྲོལ་འཛིན་མཁན་པོའི་བརྒྱུད་པ་དང་ཇི་ལྟར་འགྲེལ་བའི་ཚུལ། …………………… (140)

དོན་ཚན་ལྔ་པ། ཚད་མ་མདོ་དང་སྡེ་བདུན་གྲུབ་མཐའ་གང་གི་བསྟན་བཅོས་ཡིན་པར་བརྟག་པ། ………………………………… (149)

ལེའུ་གཉིས་པ། བོད་གངས་ཅན་གྱི་ཡུལ་དུ་བྱུང་ཚུལ། …………………… (155)

ས་བཅད་དང་པོ། བསྟན་པ་སྔ་དར་སྐབས་ཀྱི་གཏན་ཚིགས་རིག་པ། … (155)

དོན་ཚན་དང་པོ། ཆོས་རྒྱལ་སྲོང་བཙན་སྒམ་པོའི་དུས་སུ་བོད་ཡུལ་དུ་རིག་གནས་དར་ཚུལ་སྤྱིར་བསྟན་པ། …………………… (155)

དོན་ཚན་གཉིས་པ། ཆོས་རྒྱལ་ཁྲི་སྲོང་ལྡེ་བཙན་གྱི་དུས་སུ་གཏན་ཚིགས་རིག་པའི་བསྟན་བཅོས་ཐོག་མར་བོད་ཡིག་ཏུ་བསྒྱུར་བ། ……… (157)

དོན་ཚན་གསུམ་པ། ཆོས་རྒྱལ་ཁྲི་སྲོང་ལྡེ་བཙན་གྱིས་མཛད་པའི་《བཀའ་ཡང་དག་པའི་ཚད་མ་ལས་མདོ་བཏུས་པ་》ཞེས་པའི་བསྟན་བཅོས་ལས་སྟོན་པའི་གཏན་ཚིགས་རིག་པའི་དགོངས་པ། ……………… (159)

ས་བཅད་གཉིས་པ། དུས་རབས་བཅུ་གཅིག་པར་གསང་ཕུ་ནས་རྣམ་ངེས་ཀྱི་དགོངས་པ་ཐོག་མར་སྤེལ་ཚུལ། ……………… (175)

དོན་ཚན་དང་པོ། བོད་ཀྱི་ཚད་མ་སྙིང་མ་ཇི་ལྟར་བྱུང་ཚུལ། ……………… (175)

དོན་ཚན་གཉིས་པ། ལོ་ཙཱ་བ་བློ་ལྡན་ཤེས་རབ་ཀྱིས་རྣམ་ངེས་འཆད་ཉན་གྱི་སྲོལ་ཐོག་མར་ཕྱེ་ཞིང་བོད་ཀྱི་ཚད་མ་གསར་མ་སྤེལ་ཚུལ། ……………… (178)

དོན་ཚན་གསུམ་པ། ལོ་ཙཱ་བ་ཆེན་པོ་བློ་ལྡན་ཤེས་རབ་ཀྱིས་སྤེལ་བའི་ཚད་མའི་དགོངས་པ། ……………… (184)

དོན་ཚན་བཞི་པ། ལོ་ཆེན་གྱི་སློབ་བརྒྱུད་མདོར་ཙམ་བཤད་པ། ……………… (190)

ས་བཅད་གསུམ་པ། སློབ་དཔོན་ཕྱྭ་བ་ཆོས་ཀྱི་སེང་གེས་བོད་ཡུལ་དུ་གཏན་ཚིགས་རིག་པ་རྒྱ་ཆེར་སྤེལ་ཚུལ། ……………… (193)

དོན་ཚན་དང་པོ། སློབ་དཔོན་ཕྱྭ་བ་ཆོས་སེང་གི་མཛད་རྗེས། ……………… (193)

དོན་ཚན་གཉིས་པ། 《ཚད་མ་བསྡུས་པ་ཡིད་ཀྱི་མུན་སེལ་》ལས་བསྟན་པའི་ཚད་མའི་དགོངས་པ། ……………… (196)

དོན་ཚན་གསུམ་པ། བསྡུས་གྲྭའི་བསྟན་བཅོས་མཛད་ཅིང་བརྒལ་བརྟག་གི་སྲོལ་གསར་དུ་བཏོད་པ། ……………… (214)

དོན་ཚན་བཞི་པ། ཕྱྭ་བའི་དགོངས་པའི་བཤད་བརྒྱུད་མདོར་ཙམ་བཤད་པ། ……………… (223)

དོན་ཚན་ལྔ་པ། རྫོང་མའི་བསྟན་འཛིན་མཁན་པོ་ཀུན་མཁྱེན་
ཀློང་ཆེན་པས་སྤེལ་བའི་ཚད་མའི་དགོངས་པ། ………………… (228)

ལེའུ་གསུམ་པ། དུས་རབས་བཅུ་གཉིས་པར་ས་སྐྱ་ནས་《ཚད་མ་རྣམ་འགྲེལ་》
འཆད་ཉན་གྱི་སྲོལ་ཕྱི་ཞིང་སྤེལ་བའི་ཚུལ། …………………………… (239)

ས་བཅད་དང་པོ། ས་སྐྱ་པཎ་ཆེན་གྱིས《ཚད་མ་རིགས་པའི་གཏེར་》མཛད་
ཅིང་རྣམ་འགྲེལ་གྱི་དགོངས་པ་བོད་ཡུལ་དུ་སྤེལ་བ། ………… (239)
དོན་ཚན་དང་པོ། ས་སྐྱ་པཎ་ཆེན་གྱི་མཛད་རྗེས། ………………… (239)
དོན་ཚན་གཉིས་པ། 《ཚད་མ་རིགས་གཏེར་》གྱི་དགོངས་དོན་
མདོར་ཙམ་སྟོན་པ། ……………………………………………… (243)
དོན་ཚན་གསུམ་པ། 《རྣམ་འགྲེལ་》དང་《རིགས་གཏེར་》གྱི་དགོངས་པ་
བོད་ཡུལ་དུ་སྤེལ་ཚུལ། ……………………………………… (258)
ས་བཅད་གཉིས་པ། ས་སྐྱ་པའི་བསྟན་འཛིན་མཁན་པོ་པཎ་ཆེན་
ཤཱཀྱ་མཆོག་ལྡན་གྱི་ཚད་མའི་བཞེད་པ། ……………………… (269)
ས་བཅད་གསུམ་པ། བཀའ་བརྒྱུད་པའི་གྲུབ་མཐའ་འཛིན་པ་རྣམས་ཀྱི་
ཚད་མའི་དགོངས་པ། ……………………………………………… (279)
དོན་ཚན་དང་པོ། ཀརྨ་པ་སྐུ་ཕྲེང་བདུན་པ་ཆོས་གྲགས་རྒྱ་མཚོའི་
ཚད་མའི་དགོངས་པ། ……………………………………………… (279)
དོན་ཚན་གཉིས་པ། འབྲུག་པ་བཀའ་བརྒྱུད་ཀྱི་བསྟན་འཛིན་མཁན་
པོ་པད་མ་དཀར་པོའི་ཚད་མའི་དགོངས་པ། …………………… (293)

ལེའུ་བཞི་པ། དུས་རབས་བཅོ་ལྔ་པའི་རྗེས་སུ་རི་བོ་དགའ་ལྡན་པས་
ཚད་མའི་གཞུང་ལུགས་བོད་ཡུལ་ལ་ཁྱབ་གདལ་དུ་སྤེལ་བ། …………… (302)
ས་བཅད་དང་པོ། རྗེ་ཙོང་ཁ་པ་ཆེན་པོས་ཚད་མ་རིག་པ་དེ་ནང་རིག་
པར་མཛད་དེ་སྤེལ་བ། …………………………………………… (302)
དོན་ཚན་དང་པོ། རྗེ་ཙོང་ཁ་པ་ཆེན་པོའི་ཤུལ་དུ་བྱུང་བའི་
མཛད་རྗེས། ………………………………………………… (302)
དོན་ཚན་གཉིས་པ། རྗེ་ཙོང་ཁ་པ་ཆེན་པོའི་ཁྱད་འཕགས་ཀྱི་ཚད་མའི་
བཞེད་པ། ………………………………………………… (307)
ས་བཅད་གཉིས་པ། རྗེ་ཙོང་ཁ་པའི་བུ་སློབ་རྣམས་ཀྱིས་ཚད་མའི་གཞུང་ལུགས་
བོད་ཡུལ་ལ་རྒྱ་ཆེར་སྤེལ་ཚུལ། ……………………………… (324)
དོན་ཚན་དང་པོ། སྲས་ཀྱི་ཐུ་བོ་རྒྱལ་ཚབ་དར་མ་རིན་ཆེན་གྱིས་ཚད་གཞུང་མང་
པོའི་འགྲེལ་ཊཱིཀ་མཛད་ཅིང་ཚད་མའི་ལྟ་གྲུབ་གསར་པ་སྤེལ་བ། ….. (324)
དོན་ཚན་གཉིས་པ། ཐུགས་སྲས་མཁས་གྲུབ་དགེ་ལེགས་དཔལ་བཟང་
གིས་ཚད་གཞུང་རྣམ་དག་མཛད་ཅིང་རིགས་པའི་རྩལ་གྱི་ཡང་རྩེར་
སོན་པ། …………………………………………………… (331)
དོན་ཚན་གསུམ་པ། རྒྱལ་བ་དགེ་འདུན་གྲུབ་པས་ཚད་མའི་གཞུང་ལ་
ཞུ་ཐག་ཆོད་ཅིང་རྗེ་ཙོང་ཁ་པའི་དགོངས་པ་ལེགས་པར་སྤེལ་ཚུལ། …… (352)
ས་བཅད་གསུམ་པ། རྗེ་ཡབ་སྲས་ཀྱི་ཚད་མའི་དགོངས་པ་བོད་ཡུལ་དུ་
ཇི་ལྟར་སྤེལ་ཚུལ། ………………………………………… (368)
དོན་ཚན་དང་པོ། རྗེ་ཙོང་ཁ་པའི་དགོངས་པའི་རྒྱུད་འཛིན་མཁན་པོ་རྣམས་ཀྱིས་
ཚད་གཞུང་མང་དུ་མཛད་ཅིང་ཕྱོགས་ཡོངས་ལ་སྤེལ་བའི་ཚུལ། …. (368)

དོན་ཚན་གཉིས་པ། དགེ་ལུགས་པའི་ཆོས་སྡེར་ཚད་མའི་གཞུང་ལུགས་འཛིན་སྐྱོང་མཛད་པའི་ཚུལ། ……………………………… (383)
དོན་ཚན་གསུམ་པ། དགེ་ལུགས་པའི་ཆོས་ཀྱི་འདུན་སར་ཚད་མ་སློབ་གཉེར་ཇི་ལྟར་མཛད་པའི་ཚུལ། ……………………………… (393)
དོན་ཚན་བཞི་པ། དགེ་ལུགས་པའི་ཆོས་གྲྭར་རྩོད་པ་ཇི་ལྟར་བྱེད་པའི་ཚུལ། ……………………………………………… (402)

ལེའུ་དང་པོ། རྒྱ་གར་འཕགས་པའི་ཡུལ་དུ་བྱུང་ཚུལ།

ས་བཅད་དང་པོ། ཕྱི་རོལ་པའི་གྲུབ་མཐའ་ལས་བྱུང་ཚུལ།

དོན་ཚན་དང་པོ། ཕྱི་རོལ་པའི་རྟོག་གེའི་སྐེ་ལྟ་སྤྱིར་བཤད་པ།

དེ་ཡང་འཇིག་རྟེན་གྱི་ཁམས་འདི་ཆགས་ནས་ཡུན་རིང་ཙམ་སོང་ནས་རྒྱལ་པོ་མང་བཀུར་གྱི་དུས་ལ་སླེབས་སྐབས། མི་འགའ་ཞིག་ཉོན་མོངས་དང་སྡུག་བསྔལ་ལ་མ་བཟོད་པར་ཐར་པ་དང་མཐོ་རིས་དོན་གཉེར་ལ་འབད་པས་དྲང་སྲོང་ཞེས་པ་མངོན་ཤེས་ཐོབ་པ་དང་རྟོག་གེ་ལ་བྱང་བ་དུ་མ་བྱུང་། དེ་དག་གིས་ཐར་པ་འཐོབ་བྱེད་ཀྱི་ལམ་གྱི་རྣམ་གཞག་དང་དེ་སྒྲུབ་བྱེད་ཀྱི་གཏན་ཚིགས་ཀྱི་རིགས་པ་བསྟན་པའི་རྟོག་གེའི་བསྟན་བཅོས་སྣ་ཚོགས་བརྩམས་ཏེ་མུ་སྟེགས་བྱེད་ཀྱི་གྲུབ་མཐའ་ཐོག་མར་བྱུང་ལ། དུས་དེ་ནས་ཀྱང་རྟོག་གེའི་གཞུང་ངམ་གཏན་ཚིགས་རིག་པའི་མྱུ་གུ་ཐོག་མར་སྐྱེས་ཤིང་རིམ་གྱིས་རྒྱས་སུ་སོང་བ་ཡིན། དེའི་ཐད་ལ་《ཐུའུ་བཀྭན་གྲུབ་མཐའ་》ལས། དེའི་ཚེ་རྒྱལ་པོས་མི་ཉེས་པ་ཅན་འགའ་ཞིག་ལ་ཆད་པས་ཚར་གཅོད་པ་མཐོང་ནས་སྐྱོ་བ་སྐྱེས་ཏེ་འགའ་ཞིག་ནགས་གསེབ་དབེན་པར་སོང་ནས་བསྡད་པས་བྲམ་ཟེ་བྱུང་། དེ་ལས་ཀྱང་འགའ་ཞིག་གིས་དབེན་པར་འདོད་ཆུང་ཚོག་ཤེས་བྱས་ནས་གཅིག་པུར་བསྡད་པས་ལུས་དང་སེམས་དབེན་པ་ལ་བརྟེན་ནས་ཞི་གནས་ཐོབ། དེ་ལ་བརྟེན་ནས་མངོན་ཤེས་དང་རྫུ་འཕྲུལ་ཡོད་པ་ལ་དྲང་སྲོང་ཞེས་བཏགས། དེ་དག་ལས་མངོན་ཤེས་ཐོབ་པ་དང་རྟོག་གེ་ལ་བྱང་བ་དུ་མ་རང་རང་གི་བློས་དཔྱད་ནས་ཐར་པ་དང་མཐོ་རིས་འཐོབ་བྱེད་ཀྱི་ལམ་གྱི་རྣམ་གཞག་དང་དེ་སྒྲུབ་བྱེད་ཀྱི་གཏན་ཚིགས་ཀྱི་རིག་པ་བཀོད་པའི་གཞུང་སྣ་

ཚོགས་བརྩམས་པ་ལ་བརྟེན་ནས་མུ་སྟེགས་བྱེད་ཀྱི་གྲུབ་མཐའ་དར་བར་བྱས་[1]ཞེས་གསུངས་པ་ལྟར་རོ། །སྐབས་འདིར་ནི་ནང་པ་སངས་རྒྱས་པའི་གྲུབ་མཐའ་བྱུང་མེད་པས། རྟོག་གེའི་གཞུང་ངམ་གཏན་ཚིགས་རིག་པའི་བསྟན་བཅོས་དག་གི་ཐོག་མ་ནི་ཕྱི་རོལ་པའི་གྲུབ་མཐའ་ལས་བྱུང་བར་ངེས་ཏེ། 《ཤེས་བྱ་ཀུན་ཁྱབ་》ལས། ཕྱི་བའི་རྟོག་གེ་སྔ་ཡང་སྐྱོན་བཅས་ཉིད་ཅེས་ཏེ། ཕྱི་རོལ་པའི་སྟོན་པ་དྲང་སྲོང་སྐྱིང་སྐྱེས་བྱས་པའི་རྟོག་གེའི་བསྟན་བཅོས་དང་། བྲམ་ཟེ་ཀཎ་མིག་གིས་བྱས་པའི་རྟོག་གེའི་ཚིག་དོན་བཅུ་དྲུག་སྟོན་པའི་བསྟན་བཅོས་ལྟ་བུ་མང་དུ་བྱུང་ཞིང་ནང་པའི་གཞུང་ལས་འབྱུང་བ་སྔ་ཡང་[2]ཞེས་གསུངས་ལ། སྐྱེས་ཆེན་དམ་པ་འདི་དག་གི་དྲི་མ་དང་བྲལ་བའི་གསུང་རྣམ་དག་ལ་བརྟེན་ནས་བརྟགས་ན། འཕགས་ཡུལ་གྱི་རྟོག་གེའི་བསྟན་བཅོས་ཀྱི་ཐོག་མ་ནི་ནང་པ་སངས་རྒྱས་པའི་གྲུབ་མཐའ་མ་བྱུང་གོང་གི་མུ་སྟེགས་བྱེད་ཀྱི་གྲུབ་མཐའ་སྟེ་རྟོག་གེའི་སྡེ་ལྔ་ཞེས་པའི་གྲུབ་མཐའ་གང་རུང་ཞིག་ལས་བྱུང་བར་ངེས་དགོས་སོ། །

རྟོག་གེའི་སྡེ་ལྔ་ནི། ཕྱི་རོལ་པའི་གྲུབ་མཐའ་གྲངས་ཅན་པ། གཅེར་བུ་པ། བྱེ་བྲག་པ། རིག་བྱེད་པ། རྒྱང་འཕེན་པ་དང་ལྔར་《རྟོག་གེ་འབར་བ་》ལས་གསུངས། དེ་དག་ཇི་ལྟར་བྱུང་ཚུལ་དང་གྲུབ་མཐའི་འདོད་ཚུལ་མདོར་ཙམ་བཤད་པར་བྱ་སྟེ།

ཕྱི་རོལ་པའི་གྲུབ་མཐའ་ཐོག་མར་བྱུང་བ་ནི་གྲངས་ཅན་པའི་གྲུབ་མཐའ་ཡིན་པར་གྲགས་ཏེ། 《ཐུའུ་བཀྭན་གྲུབ་མཐའ་》ལས། ཚེ་ལོ་ཚད་མེད་པའི་དུས་

[1] ཐུའུ་བཀྭན་བློ་བཟང་ཆོས་ཀྱི་ཉི་མས་མཛད་པའི་《གྲུབ་མཐའ་ཐམས་ཅད་ཀྱི་ཁུངས་དང་འདོད་ཚུལ་སྟོན་པ་ལེགས་བཤད་ཤེལ་གྱི་མེ་ལོང་》ཞེས་པ་ཀན་སུའུ་མི་རིགས་དཔེ་སྐྲུན་ཁང་གིས་༡༩༨༤ལོར་པར་དུ་བསྐྲུན་པའི་ཤོག་ངོས་༥པར་གསལ།

[2] ཀོང་སྤྲུལ་ཡོན་ཏན་རྒྱ་མཚོས་མཛད་པའི་《ཐེག་པ་སྣ་ཀུན་ལས་བཏུས་པ་གསུང་རབ་རིན་པོ་ཆེའི་མཛོད་བསླབ་པ་གསུམ་ལེགས་པར་སྟོན་པའི་བསྟན་བཅོས་ཤེས་བྱ་ཀུན་ཁྱབ་》ཅེས་བྱ་བ། མི་རིགས་དཔེ་སྐྲུན་ཁང་གིས་༡༩༨༢ལོར་པར་དུ་བསྐྲུན་པའི་སྟོད་ཆའི་ཤོག་ངོས་༥༦༢པར་གསལ།

སུ་དྲང་སྲོང་སེར་སྐྱ་ཞེས་བྱ་བ་རལ་བ་སེར་སྐྱ་ཡོད་པ་མཛོན་ཤེས་ལྔ་དང་ལྡན་པ་ཞིག་བྱུང་། དེས་རང་གི་སྐྱེས་སྟོབས་ཀྱི་ཤེས་རབ་ལ་བརྟེན་ནས་གཞུང་མང་པོ་བརྩམས་ཏེ་དེའི་རྗེས་སུ་འབྲངས་པ་རྣམས་ལ་གྲངས་ཅན་པའམ་སེར་སྐྱ་བ་ཞེས་གྲགས་སོ། །[①]ཞེས་གསུངས་ལ། མིའི་ཚེ་ལོ་ཚད་མེད་ཀྱི་དུས་ལ་བྱུང་བ་ཡིན་ན་དུས་ཤིན་ཏུ་སྔ་མོ་ཞིག་ལ་བྱུང་བ་ཡིན་པས་ཕྱི་རོལ་པའི་གྲུབ་མཐའི་ཆེས་སྔ་ཤོས་ཡིན་པར་འདོད་དོ། །གྲུབ་མཐའི་འདོད་ཚུལ་ནི། ཤེས་བྱ་ཐམས་ཅད་ཉི་ཤུ་རྩ་ལྔར་གྲངས་ངེས་པར་འདོད་དེ། སྤྱི་གཙོ་བོ་དང་། ཆེན་པོ་དང་། ང་རྒྱལ་དང་། དེ་ཙམ་ལྔ་སྟེ་གཟུགས་སྒྲ་དྲི་རོ་རེག་བྱ་བཅས་ལྔ་དང་། འབྱུང་བ་ལྔ་སྟེ་ས་ཆུ་མེ་རླུང་ནམ་མཁའ་བཅས་ལྔ་དང་། དབང་པོ་བཅུ་གཅིག་སྟེ། མིག་རྣ་བ་སྣ་ལྕེ་པགས་པ་བཅས་བློའི་དབང་པོ་ལྔ་དང་། ལག་པ་དང་རྐང་པ་དང་འཕོངས་དང་འདོམས་དང་ངག་སྟེ་ལས་ཀྱི་དབང་པོ་ལྔ་དང་། ཡིད་ཀྱི་དབང་པོ་སྟེ་བཅུ་གཅིག་དང་། བདག་ཤེས་རིག་གི་སྐྱེས་བུ་སྟེ་ཉེར་ལྔའོ། །དེ་དག་ལས་སྐྱེས་བུ་ནི་ཤེས་པ་ཡིན་ལ། ལྷག་མ་ཉེར་བཞི་ནི་འདུས་བསགས་ཡིན་པས་བེམ་པོར་འདོད་དོ། །གཙོ་བོ་ནི་རྩ་བའི་རང་བཞིན་དང་སྤྱི་རྣམས་དོན་གཅིག སྐྱེས་བུ་དང་། བདག་དང་། ཤེས་པ་དང་། རིག་པ་རྣམས་དོན་གཅིག ཆེན་པོ་ནི་བློ་དང་དོན་གཅིག བློ་ལ་བེམ་པོས་ཁྱབ། ཤེས་པ་ལ་བདག་གཅིག་དགོས་ཟེར་རོ། །ཚད་མ་ནི་མངོན་སུམ་དང་། རྗེས་དཔག་དང་། ལུང་གི་ཚད་མ་དང་གསུམ་དུ་འདོད་དོ། །མངོན་སུམ་ཚད་མ་ནི་ཡིད་དང་དབང་པོའི་འཇུག་པ་ལ་འདོད། རྗེས་དཔག་ལ་རང་དོན་གཞན་དོན་གཉིས་ལས། རང་དོན་རྗེས་དཔག་ནི་འབྲེལ་བ་གཅིག་མངོན་སུམ་དུ་གྲུབ་པས་གཅིག་ཤོས་ཀྱང་གྲུབ་པ་དང་། དེ་ཡང་འབྲེལ་བ་བདུན་གང་རུང་ལ་བརྟེན་པ་སྟེ། འབྲེལ་བ་བདུན་ནི། ནོར་དང་ནོར་བདག་གི་འབྲེལ་བ། རང་བཞིན་དང་རྣམ་འགྱུར་གྱི་

---

① ཐུའུ་བཀྭན་ཆོས་ཀྱི་ཉི་མས་མཛད་པ། ཀན་སུའུ་མི་རིགས་དཔེ་སྐྲུན་གྱིས་༡༩༨༨ལོར་པར་དུ་བསྐྲུན་པའི་ཤོག་ངོས་༨པར་གསལ།

འབྲེལ་བ། རྒྱུ་འབྲས་ཀྱི་འབྲེལ་བ། རྒྱུན་དང་རྒྱུན་ཅན་གྱི་འབྲེལ་བ། ཡན་ལག་དང་ཡན་ལག་ཅན་གྱི་འབྲེལ་བ། ལྡན་ཅིག་སྤྱོད་པའི་འབྲེལ་བ། གནོད་བྱ་དང་གནོད་བྱེད་ཀྱི་འབྲེལ་བ་སྟེ་བདུན་ནོ། །གཞན་དོན་རྗེས་དཔག་ལ་གཉིས་ཏེ། རྣམ་པར་ལྡན་པ་དང་། བསལ་ཏེ་འོངས་པའོ། །རྣམ་པར་ལྡན་པ་ནི། དམ་བཅའ་དང་། གཏན་ཚིགས་དང་། དཔེ་དང་། ཉེ་བར་སྦྱར་བ་དང་། ངེས་པར་བསྟན་པ་ཞེས་ཡན་ལག་ལྔ་ལྡན་གྱི་སྦྱོར་ངག་གོ །བསལ་ཏེ་འོངས་པ་ནི། གཞན་གྱི་ཕྱོགས་བཀག་ནས་རང་གི་ཕྱོགས་ཡོངས་སུ་གཟུང་བ་སྟེ་ཐལ་འགྱུར་གྱི་རྣམ་གཞག་ཡིན་པར་ཀུན་མཁྱེན་བླ་མས་གསུངས། ལུང་གི་ཚད་མ་ནི། ཡིད་ཆེས་པའི་ཚིག་རྣམས་ཏེ། དབང་ཕྱུག་ནག་པོའི་རྒྱུད་དང་། རྒྱུད་དྲུག་ཅུ་པ་དང་། གསེར་བདུན་ཅུ་པ་དང་། གཞུང་ལུགས་སུམ་ཅུ་པ་དང་། མཚན་ཉིད་ལྔ་བཅུ་པ་སོགས་ལུང་ཚད་མར་འདོད་དོ། །《གྲུབ་མཐའི་རྣམ་བཞག་ཐུབ་བསྟན་ལྷུན་པོའི་མཛེས་རྒྱན་》ལས། འདིའི་ལུགས་ཀྱི་ཚད་མ་ལ་མངོན་རྗེས་གཉིས་དང་། ལུང་གི་ཚད་མ་གསུམ་དུ་འདོད་ཅེས་སྔ་ཕྱི་མཁས་པ་དག་འཆད་མོད་ཀྱང་། མངོན་རྗེས་གཉིས་དང་སྒྲ་ལས་བྱུང་བའི་ཚད་མ་གསུམ་དུ་བྱ་སྟེ། སྒྲ་བྱུང་ཚད་མ་ནི། སྒྲ་ལ་བརྟེན་ནས་ལྐོག་ཏུ་གྱུར་པའི་དོན་འཛིན་པ་ཞིག་ལ་འདོད་ཅིང་། དེ་ལ་སྐྱེས་བུས་མ་བྱས་པའི་སྒྲས་བསྐྱེད་པ་དང་། ཡིད་ཆེས་པའི་སྐྱེས་བུའི་ཚིག་གིས་བསྐྱེད་པ་གཉིས་ཡོད་དོ། །འདི་ནི་ལྐོག་ཏུ་གྱུར་པའི་ཡུལ་ཅན་ཡིན་པས་མངོན་སུམ་མ་ཡིན་ལ། ཚུལ་གསུམ་པའི་རྟགས་ལ་མ་བརྟེན་པས་རྗེས་དཔག་ཀྱང་མ་ཡིན་ནོ་ཞེས་ཟེར་①ཞེས་གསུངས་སོ། །གྲུབ་མཐའ་འདིའི་མིང་གི་རྣམ་གྲངས་ལ་གྲངས་ཅན་པ་དང་། སེར་སྐྱ་བ་དང་། རང་སྐྱེ་བ་དང་། སུམ་ཅུ་པ་སོགས་སོ། །

དེ་ཡང་མིའི་ཚེ་ལོ་ཉི་ཁྲི་པའི་དུས་སུ་དྲང་སྲོང་རྒྱལ་བ་དམ་པ་ཞེས་བྱ་བ་བྱུང་

① ལྕང་སྐྱ་རོལ་པའི་རྡོ་རྗེས་མཛད་པ། སྐུ་འབུམ་བྱམས་པ་གླིང་གི་ཤིང་དཔར་ཤོག་ངོས་༢༨པར་གསལ།

སྟེ་རིག་པའི་རྩལ་གྱིས་གཞུང་སྣ་ཚོགས་བརྩམས་པ་དེའི་རྗེས་སུ་འབྲང་བ་ལ་རྒྱལ་བ་དམ་པའམ་གཅེར་བུ་བ་ཞེས་ཟེར་རོ། །དེ་ཡང་ཁྱུ་མཆོག་དང་གདོང་རིས་ལ་སོགས་པ་ཟད་བྱེད་པའི་སྟོན་པ་ཉི་ཤུ་རྩ་ལྔས་སྐར་མའི་བསྟན་བཅོས་བྱས་ཤིང་ཆོས་གང་གིས་སྡིག་པ་ཟད་ནས་ཐར་པ་འཐོབ་པ་དང་། ཤེས་བྱ་ཐམས་ཅད་ལ་ཚིག་དོན་དགུར་འདུ་དགོས་པར་འདོད་དོ། ཚིག་དོན་དགུ་ནི། སྲོག་དང་། ཟག་པ་དང་། སྡོམ་པ་དང་། ངེས་པར་རྒ་བ་དང་། འཆིང་བ་དང་། ལས་དང་། སྡིག་པ་དང་། བསོད་ནམས་དང་། ཐར་པའོ། །སྲོག་དང་བདག་དང་སྐྱེས་བུ་རྣམས་མིང་གི་རྣམ་གྲངས་སོ། །ཟག་པ་ནི། དགེ་སྡིག་གི་ལས་རྣམས་ཟག་བཅས་སུ་བྱེད་པའོ། །སྡོམ་པ་ནི། ཟག་པ་འགོག་པ་སྟེ་ལས་གསར་དུ་མི་གསོག་པར་བྱེད་པའོ། །ངེས་པར་རྒ་བ་ནི། དཀའ་ཐུབ་ཀྱི་སྒོ་ནས་ལུས་གདུང་བར་བྱེད་པའོ། །འཆིང་བ་ནི། ལྟ་བ་ལོག་པ་རྣམས་སོ། །ལས་ནི་བཞི་སྟེ། སྨྱོང་འགྱུར་གྱི་ལས་དང་། མིང་དང་། རུས་དང་། ཚེའོ། །སྡིག་པ་ནི། དམ་པའི་ཆོས་མ་ཡིན་པའོ། །བསོད་ནམས་ནི། དམ་པའི་ཆོས་སོ། །ཐར་པ་ནི། འཇིག་རྟེན་འདས་པའོ། །དེ་རྣམས་ལྗོན་ཤིང་སོགས་སེམས་ལྡན་ཡིན་པར་འདོད་དེ། ཤུན་པ་བཤུས་ན་འཆི་བ་དང་། དུས་སུ་སྐྱེ་བ་དང་། དབང་པོ་དང་ལྡན་པ་དང་། ཉམས་ན་གསོ་རུང་གི་རྟགས་བཞིས་སྒྲུབ་ཅིང་། ཐར་པ་ནི་ལུས་གཅེར་བུ་དང་། ངག་མི་སྨྲ་བ་དང་། མེ་ལྔ་བརྟེན་པ་ལ་སོགས་པ་དཀའ་ཐུབ་ཀྱི་སྤྱོད་པ་ལ་བརྟེན་ནས་སྔར་གྱི་ལས་ཐམས་ཅད་ཟད་ཅིང་། ལས་གསར་པ་མི་གསོག་པས་འཇིག་རྟེན་ཐམས་ཅད་ཀྱི་སྟེང་ན་འདུག་པའི་གནས་འཇིག་རྟེན་འདུས་པ་ཞེས་བྱ་བ་གདུགས་དཀར་པོ་ཕྱིན་ལ་བསྒྲེངས་པ་ལྟ་བུ་ཞིའམ་ཀུ་མུ་ད་ལྟར་དཀར་བ། ཚད་དཔག་ཚད་འབུམ་ཞེ་ལྔ་ཡོད་པ། སྲོག་ཡོད་པའི་དངོས་པོ་ཡིན་ཅིང་། འཁོར་བ་ལས་གྲོལ་བས་དངོས་པོ་མེད་པ་ཡང་ཡིན་པ་དེར་འགྲོ་སྟེ། གནས་དེ་ནི་ཐར་པ་ཞེས་ཟེར་རོ། །དེ་དག་ཚད་མ་ལ་གསུམ་དུ་འདོད་དེ། མངོན་སུམ་དང་། རྗེས་དཔག་དང་། ལུང་ཚད་མའོ། །མངོན་སུམ་ལ་རྟོག་བཅས་དང་རྟོག་མེད་གཉིས་སུ་དབྱེ་

སྟེ། སྤྱི་འཇལ་བ་རྟོག་མེད་དང་། གསལ་བ་འཇལ་བ་རྟོག་བཅས་སུ་འདོད། རྗེས་དཔག་ནི་གཞན་དུ་མི་འཐད་པ་ཞེས་བྱ་བའི་ཚུལ་གཅིག་པ་ལས་ལྡོག་གྱུར་གྱི་དོན་ཤེས་པ་སྟེ། དཔེར་ན་དངོས་པོ་དང་དངོས་པོ་མེད་པ་ནི་ཡོད་པའི་བདག་ཉིད་ཡིན་ཏེ། ཇི་ལྟར་ཡང་དམིགས་པར་བྱ་བ་ཡིན་པའི་ཕྱིར་རོ་ཞེས་བྱ་བའི་རྟགས་ལ་བརྟེན་པའི་བློ་ལྟ་བུའོ། །(འདིར་དེ་དག་གི་སྒྲུབ་ངག་ནི་ཡན་ལག་ལྔ་ལྡན་ཡིན་མིན་མི་གསལ)

ལུང་ཚད་མ་ནི། རྒྱལ་བྱེད་སྐར་མའི་བསྟན་བཅོས་དང་། རྩིས་ཀྱི་བསྟན་བཅོས་དང་། སྟོན་པ་མཆོད་འོས་སོགས་ཚད་ལྡན་གྱི་ངག་ནི་ལུང་ཚད་མར་འདོད་དོ། །གྲུབ་མཐའ་དེའི་མིང་གི་རྣམ་གྲངས་ལ་རྒྱལ་བ་པ། གཅེར་བུ་པ། ཟད་བྱེད་པ། མཆོད་འོས་པ། མཁའ་གོས་ཅན། ཀུན་ཏུ་རྒྱུ་བ། འཚོ་བ་པ། འཛེམ་མེད་པ་སོགས་སོ། །

དེ་ཡང་དྲང་སྲོང་འུག་པ་དང་གཟེགས་ཟན་གྱི་རྗེས་སུ་འབྲང་བའི་བྱེ་བྲག་པ་ཞེས་བྱ་བའི་གྲུབ་མཐའ་ནི། ཕྱིར་དབང་ཕྱུག་སྟོན་པར་འཛིན་ཅིང་། སྤྱི་བྱེ་བྲག་གི་ཁྱད་པར་མང་དུ་སྨྲ་བས་ན་བྱེ་བྲག་པ་ཞེས་པར་བརྗོད་ལ། མིང་གཞན་འུག་པ་བ་དང་གཟེགས་ཟན་པ་ཞེས་ཀྱང་ཟེར། གྲུབ་མཐའི་འདོད་ཚུལ་ནི། ཁྲུས་དང་། དབང་བསྐུར་བ་དང་། སྨྱུང་བར་གནས་པ་དང་། མཆོད་སྦྱིན་དང་། ནགས་སུ་གནས་པ་དང་། སྦྱིན་པ་ལ་སོགས་པ་ནི་ཆོས་ཡིན་པ་དང་། དེ་དག་ལས་བཟློག་པ་ནི་ཆོས་མ་ཡིན་པས་འཁོར་བའི་རྒྱུར་འདོད་དོ། །ཐར་པ་ནི་ཡོད་དེ། དེ་ཁོ་ན་ཉིད་ཤེས་པ་ལས་མཐའ་མར་ཐར་བར་འགྱུར་རོ་ཟེར། བདག་གིས་ཆོས་དང་ཆོས་མིན་སྤྱོད་པས་སྐྱེ་འཆི་བརྒྱུད་མར་སྤྱོང་བ་དང་། དེ་ལས་བཟློག་སྟེ་བདག་གི་ཡོན་ཏན་ཀུན་དང་བྲལ་ནས་བུད་ཤིང་ཟད་པའི་མེ་བཞིན་དུ་སྐྱེ་བའི་རྒྱུན་ཆད་དེ་བདག་འབའ་ཞིག་ཏུ་གནས་པར་གྱུར་པ་ན་ཐར་པ་ཐོབ་པ་ཡིན་ཟེར་རོ། །ཤེས་བྱ་ཐམས་ཅད་ཚིག་གི་དོན་དྲུག་ཏུ་འདུས་པར་འདོད་དེ། ཇི་སྐད་དུ། རྫས་དང་ཡོན་ཏན་ལས་དང་སྤྱི། །བྱེ་བྲག་འདུ་བ་རྣམ་པ་དྲུག །ཅེས་ཟེར་རོ། དེའི་རྫས་ནི་དགུ་སྟེ། ས་དང་། ཆུ་དང་། མེ་དང་། རླུང་

དང་། ཡིད་དང་། ནམ་མཁའ་དང་། ཕྱོགས་དང་། བདག་དང་། དུས་སོ། །སྤྱི་མ་ལྷག་མ་ཁྱབ་པའི་རྫས་དང་། ཕྱི་མ་བཞི་ཁྱབ་པའི་རྫས་ཡིན། ཅིའི་ཕྱིར་རྫས་ཞེས་བྱ་ཞེ་ན། རང་སྐྱེ་ཐུབ་པས་གཞན་ལ་བརྟེན་མི་དགོས་ཤིང་། ཡོན་ཏན་དོན་གཞན་གྱི་རྟེན་བྱེད་པའི་ཕྱིར་རོ། །ཡོན་ཏན་ནི་ཉི་ཤུ་རྩ་བཞི་སྟེ། གཟུགས་དྲི་རོ་རེག་གྲངས་ཚད་དང་། །སོ་སོ་དང་ལྡན་རྣམ་དབྱེ་དང་། །གཞན་དང་གཞན་མིན་བློ་རྣམས་དང་། །བདེ་སྡུག་འདོད་དང་འབད་པ་དང་། །ལྕི་གཤེར་དྲོ་སྣུམ་འདུས་བྱས་དང་། །ཆོས་དང་ཆོས་མིན་ཉི་ཤུ་བཞི། །ཞེས་ཉེར་བཞིར་ཡོད་དོ། །ལས་ནི་ལྔ་སྟེ། སྟེང་དུ་འཕྱིན་དང་འོག་ཏུ་གནོན། །བསྐུམས་དང་བརྐྱངས་དང་འགྲོ་བའོ། །ཞེས་བྱའོ། །སྤྱི་ནི་ཡོད་པ་ཉིད་ལྟ་བུ་ཐམས་ཅད་ལ་ཁྱབ་པའི་སྤྱི་དང་། བ་ལང་ཉིད་ལྟ་བུ་ཉི་ཚེ་བའི་སྤྱི་གཉིས་སོ། །བྱེ་བྲག་ནི་སོ་སོར་མ་འདྲེས་པའི་གསལ་བའི་རྣམ་པ་ཡིན་ལ། དེ་ཡང་སྤྱི་གསལ་བྱེད་དུ་འདོད་དོ། །འདུ་བ་ནི་འདི་ལ་འདི་ཡོད་དོ་ཞེས་གཅིག་ཏུ་སྡུད་པར་བྱེད་པའོ་ཞེས་ཟེར་རོ། །ཚིག་དོན་དྲུག་པོ་འདི་ནི་ཨུ་ལཱུ་ཀ་ཡི་སྐོར་ཡིན་ལྟར་ན། ཚིག་དོན་དྲུག་པོ་འདི་ནི་མུ་སྟེགས་བྱེད་ཀྱི་གྲུབ་མཐའི་ལྟ་གྲུབ་ཀྱི་གཙོ་བོ་ཡིན་པར་སྣང་སྟེ། དགེ་བཤེས་ཤེས་རབ་རྒྱ་མཚོ་མཆོག་གིས་དྲུག་པོ་འདི་ནི་རྟོག་གེའི་གཞུང་གི་དོན་ཁྱད་པར་ཅན་ཕྱི་བའི་གྲུབ་མཐའི་རྫོང་ལྟ་བུ་ཡིན་པར་གསུངས་སོ། །ཚད་མ་ལ་མངོན་སུམ་དང་། རྗེས་དཔག་དང་། ལུང་གི་ཚད་མ་གསུམ་དུ་འདོད། མངོན་སུམ་ནི། དབང་པོ་དང་ཡིད་དང་དོན་འཕྲད་པའི་ཤེས་པ་ནི་མངོན་སུམ་དུ་འདོད། རྗེས་དཔག་ནི། རྟགས་ལས་བྱུང་བའི་ཤེས་པ་རྗེས་དཔག་སྟེ། དེ་ལ་དབྱེ་ན། འབྲས་བུ་ལས་རྒྱུ་དཔོག་པ་དང་། རྒྱུ་ལས་འབྲས་བུ་དཔོག་པ་དང་། འབྲེལ་བ་ལས་འབྲེལ་བ་ཅན་དཔོག་པ་དང་། འདུ་བ་ལས་འདུ་བ་ཅན་དཔོག་པ་དང་། འགལ་ཟླ་ལས་འགལ་ཟླ་དཔོག་པ་འགལ་བ་ཅན་བཅས་ལྔར་ཕྱེའོ། །ལུང་གི་ཚད་མ་ནི། སྒྲ་བྱུང་ཚད་མ་ནི་ཤེས་པ་དང་ལུང་གཉིས་ཀར་འདོད་པ་དང་། དབང་ཕྱུག་གིས་བྱས་པའི་ཞི་རྒྱུད་དང་། དྲང་སྲོང་ཙུག་པས་བྱས་པའི་བྱེ་བྲག་གསལ་བའི་མདོའམ་འཛིག་རྟེན་མིག་མདོ་དང་། རྟོག་གེ་བསྟན་བཅོས་བྱེ་བྲག

པའི་མདོ་དང་། ཚིག་དོན་དྲུག་ལ་འཇུག་པའི་གཞུང་རྣམས་ནི་ལུང་གི་ཚད་མར་འདོད་དོ། །

དེ་ཡང་ལྷ་ཚངས་པ་སྟོན་པར་འཛིན་པའི་གྲུབ་མཐའ་ཚངས་པ་པའམ་རིག་བྱེད་པ་ཞེས་བྱ་བ་ཞིག་བྱུང་ལ། བརྗོད་པ། རིག་བྱེད་མཐའ་བ་དང་། གསང་བ་པ་རྣམས་ཀྱང་དེའི་ནང་གསེས་ཀྱི་དབྱེ་བའོ། །དེ་རྣམས་ཀྱིས་འཇིག་རྟེན་སྣོད་བཅུད་ཐམས་ཅད་ཚངས་པས་བྱས་པ་དང་། རིག་བྱེད་ཁོ་ན་ཚད་མར་འདོད་ཅིང་། རིག་བྱེད་ཀྱི་སྒྲ་རྣམས་ནི་སྐྱེས་བུས་མ་བྱས་པའི་ངག་ཡིན་པས་དོན་བདེན་པ་ཁོ་ན་སྟོན་པ་ཡིན་ཟེར། བརྗོད་པ་དག་ནི་སྣོད་བཅུད་སྣ་ཚོགས་པ་སྐྱེ་བའི་གཞི་དང་། དེ་དག་གི་བདག་ཉིད་དུ་གྱུར་པའི་ཚངས་པའི་ཡི་གེ་ཨོཾ་ཞེས་བྱ་བ། སྐྱེ་འཇིག་མེད་པས་རྟག་པ། ཕྱོགས་དང་དུས་ཀྱི་ཆ་ཤས་མེད་པ། ཕྱི་ནང་གི་ཡུལ་ལ་བདེན་པར་འཇུག་པ། གཅིག་པུའི་རང་བཞིན་དོན་དམ་པར་གནས་པ་ཞིག་ཡོད་དེ། མ་རིག་པས་བསླད་པ་རྣམས་ལ་གཟུང་འཛིན་སྣ་ཚོགས་སུ་སྣང་བ་ཡིན་ཟེར། རིག་བྱེད་མཐའ་བའམ་དྲམ་ཟེ་མཆོག་རྣམས་ནི། ཚད་མར་གྱུར་པའི་རིག་བྱེད་ལས་བཤད་པའི་སྐྱེས་བུ་ནི། གཅིག་པུ་བ། ནམ་ཡང་མི་ཉམས་པས་རྟག་པ། མུ་ངན་ལས་འདས་པས་ཚངས་པ། སྐྱེ་རྒུ་ཐམས་ཅད་ལ་ཁྱབ་པ། ཐོག་མཐའ་མེད་པས་འཆི་བ་མེད་པ། ཉི་མའི་མདོག་ཅན། མུན་པའི་དཀྱིལ་འཁོར་ལས་འདས་པ། ཆེན་པོར་གྱུར་པ། གཉིད་ལོག་པ་ལ་གཞན་ཡིན་པ་སྐྱེས་བུ་ཞེས་བྱ་བ་ཞིག་ཡོད། དེ་ལྷ་རྣམས་ཀྱི་བདག་ཉིད་ཡིན་པ། སྐྱེས་བུ་དེ་ཁོ་ནས་ཁམས་གསུམ་ཐམས་ཅད་དང་། བདེ་སྡུག་འཆིང་གྲོལ་རྣམས་བྱེད་པ་ཡིན་ཟེར་རོ། །རིག་བྱེད་པ་དེ་དག་གིས་རྟོག་གེའི་ཚིག་དོན་བཅུ་གཉིས་དང་ཚད་མ་དྲུག་ཏུ་འདོད་པ་ཞེས་ཀློ་བོ་མཁན་ཆེན་བསོད་ནམས་ལྷུན་གྲུབ་ཀྱིས《ཚད་མ་རིགས་གཏེར་གྱི་ཕྱོགས་སྔ་རྣམ་པར་བཤད་པ་རིགས་ལམ་གསལ་བྱེད་》ལས་གསུངས། ཚིག་དོན་བཅུ་གཉིས་ནི། ཚད་མ་དང་། སྤྱི་དང་། བྱེ་བྲག་དང་། དགོས་པ་དང་། གོ་རིམ་ངེས་པ་དང་། གནས་བཞི་དང་། སྤྱི་ངེས་པར་བསྟན་

པ་དང་། ཁྱེ་བྲག་ངེས་པར་བསྟན་པ་དང་། གླིང་བ་དང་། རྩོད་པ་དང་། རང་རྒྱུད་དང་། ཐལ་འགྱུར་རོ། །ཚད་མ་ནི་དྲུག་སྟེ། མངོན་སུམ་དང་། རྗེས་དཔག་དང་། དཔེ་དང་། སྒྲ་ལས་བྱུང་བ་དང་། དོན་གྱི་གོ་བ་དང་། དངོས་པོ་མེད་པའོ། །མངོན་སུམ་ནི་དབང་དོན་ཕྲད་པ་ལས་སྐྱེས་པའི་ཤེས་པ་རྟོག་པ་དང་རྟོག་པ་མེད་པ་གཉིས་སོ། །རྗེས་དཔག་ནི་འབྲེལ་བ་སྔོར་མཐོང་བ་ལས་བྱུང་བ་གཉིས་སོ། །སྒྲ་ལས་བྱུང་བ་ནི་རིག་བྱེད་ལས་དུས་གསུམ་གྱི་དོན་ཤེས་པ་ལྟ་བུའོ། །དཔེ་ཉེར་འཇལ་ནི་གྲངས་ཅན་གྱིས་བཤད་པ་དང་འདྲའོ། །དོན་གྱི་གོ་བ་ནི་མཐོང་མ་མཐོང་གི་དོན་གཞན་དུ་མ་གྱུར་པས་མ་མཐོང་བ་རྟོགས་པའོ། །དངོས་པོ་མེད་པ་ནི་བུམ་པ་མེད་པའི་ས་གཞིགས་རྟོགས་པ་ལྟ་བུའོ་ཞེས་ཟེར་རོ། །

ཚད་པར་སྨྲ་བའི་གྲུབ་མཐའ་ཕྱུར་བུ་པའམ་རྒྱང་འཕེན་པ་ཞེས་པ་ནི། སྟོན་ལྷ་དང་ལྷ་མ་ཡིན་འཁྲུག་པའི་ཚེ་སུམ་ཅུ་རྩ་གསུམ་པ་རྣམས་རྒྱལ་བའི་ཆེད་དུ། དྲང་སྲོང་ལྷའི་བླ་མ་ཕུར་བུ་ཞེས་བྱ་བས་ཚེ་ཕྱི་མེད་པར་སྟོན་པའི་བསྟན་བཅོས་ཐོག་མར་བརྩམས། དེ་རྗེས་འཛམ་བུ་གླིང་དུ་དྲང་སྲོང་འཇིག་རྟེན་མིག་བྱ་བ་རྟོག་གེ་ལ་ཤིན་ཏུ་བྱང་བ་ཞིག་བྱུང་སྟེ། སྐྱེ་བ་སྔ་ཕྱི་མེད་པར་སྨྲ་བ། དགེ་བ་ལ་ཕན་ཡོན་དང་། སྡིག་པ་ལ་ཉེས་དམིགས་མེད་པར་སྟོན་པའི་གཞུང་འབུམ་ཕྲག་གཅིག་བརྩམས། དེའི་འགྲེལ་པ་དྲང་སྲོང་འཇིག་རྟོབས་ཅན་ཞེས་པས་བརྩམས་ནས་འཕེལ་བར་གྱུར་ཏོ། །གྲུབ་པའི་མཐའ་འདི་ལ་ཡང་བསམ་གཏན་པ་དང་རྟོག་གེ་པ་གཉིས་སུ་དབྱེ་ལ། དེ་རེ་རེ་ལ་ཡང་སྐྱེ་བ་སྔ་ཕྱི་འདོད་ཅིང་ལས་འབྲས་མི་འདོད་པའི་ཆད་སྨྲ་གཅིག་དང་། སྐྱེ་བ་སྔ་ཕྱི་དང་ལས་འབྲས་གཉན་ནས་མི་འདོད་པའི་ཆད་སྨྲ་གཅིག་སྟེ་གཉིས་རེ་ཡོད། གྲུབ་མཐའི་འདོད་ཚུལ་ནི། ཉི་མ་འཆར་བ་དང་། ཆུ་ཐུར་དུ་འབབ་པ་དང་། སྲན་མ་ཟླུམ་པོ་དང་། ཚེར་མ་རྣོ་བ་དང་། རྨ་བྱའི་མདོངས་བཀྲ་བ་རྣམས་སུས་ཀྱང་འབད་ནས་བྱེད་པ་མ་མཐོང་བའི་ཕྱིར་དངོས་པོ་འདི་དག་ནི། རང་གི་ངོ་བོ་ཉིད་ལས་བྱུང་བ་ཡིན་གྱི། རྒྱུ་མེད་པའོ་ཞེས་རྒྱུ་འབྲས་ལ་སྐུར་པ་འདེབས་

པར་བྱེད་ལ། བློ་ནི་ལུས་ལ་ཁྱད་པར་གསུམ་གྱིས་བསྟེན་པ་ཡིན་ལ། ཆང་དང་སྨྱོས་བྱེད་ཀྱི་ནུས་པ་བཞིན་ལུས་ཀྱི་བདག་ཉིད་དུ་གྱུར་པ་དང་། མར་མེ་དང་དེའི་འོད་བཞིན་དུ་ལུས་ཀྱི་འབྲས་བུར་གྱུར་པ་དང་། རྩིགས་པ་དང་དེའི་རི་མོ་བཞིན་དུ་ལུས་ཀྱི་ཡོན་ཏན་དུ་གྱུར་པའི་སྒོ་ནས་བརྟེན་པའོ། །དེས་ན་མར་མེ་སྒྲོ་བུར་ལས་འོད་སྒྲོ་བུར་གྲུབ་པ་བཞིན་ལུས་སྒྲོ་བུར་བ་ལས་སེམས་སྒྲོ་བུར་དུ་གྲུབ་པ་ཡིན་པས། སྐྱེ་བ་སྔ་མ་ནས་འདིར་འོངས་པ་མེད་དོ། །འཆི་བའི་ཚེ་ལུས་ནི་འབྱུང་བ་ཆེན་པོ་བཞི་དང་། དབང་པོ་ནི་ནམ་མཁའི་བག་ལ་ཞ་བར་གྱུར་ཏེ་འཇིག་ལ། ལུས་སེམས་རྫས་གཅིག་པས་རྩིགས་པ་འཇིག་ན་རི་མོ་ཡང་འཇིག་པ་བཞིན་ལུས་འཇིག་ན་བློ་ཡང་འཇིག་པར་འགྱུར་བས། ཚེ་འདི་ནས་ཕྱི་མར་འགྲོ་བ་ཡང་མེད་དོ་ཞེས་སྐྱེ་བ་སྔ་ཕྱི་མེད་པར་འདོད་ཅིང་། དེས་ན་སྐྱེ་བ་དུ་མར་གོམས་པར་བྱེད་པ་མེད་པས་ཐམས་ཅད་མཁྱེན་པ་མེད་པ་དང་། སྡུག་བསྔལ་སོགས་རྒྱུ་མེད་པས་དེ་ལས་གྲོལ་བྱེད་ཀྱི་ལམ་དང་གྲོལ་བ་ཡང་མེད་དོ་ཞེས་ཐར་པ་ལ་སྐུར་པ་འདེབས་པའོ། །ཚད་མ་ལ་མངོན་སུམ་ཚད་མ་གཅིག་པུས་ཁྱབ་པར་ཁས་བླངས་ནས་རྗེས་དཔག་ཚད་མ་འཁྲུལ་ཤེས་ཡིན་པ་དང་། རང་མཚན་དངོས་སུ་མི་འཛིན་པས་ན་ཚད་མ་མ་ཡིན་པར་འདོད་དོ། །

གོང་དུ་བཀོད་པའི་ཕྱི་རོལ་པའི་གྲུབ་མཐའ་ལྔ་པོ་དེ་ལ་《རྟོག་གེ་འབར་བ་》ལས་རྟོག་གེའི་སྡེ་ལྔ་ཞེས་གསུངས་པའི་རྒྱུ་མཚན་ཡོད་དེ། ཕྱི་རོལ་པའི་གྲུབ་མཐའ་འདི་དག་གིས་ནི་རང་གི་གྲུབ་མཐའི་འདོད་པ་སྒྲུབ་པར་བྱེད་པ་ལ་གཏན་ཚིགས་ཀྱི་རིགས་པ་ལ་བརྟེན་ནས་སྒྲུབ་པ་དང་། གང་ཟག་མང་ཙམ་ཞིག་གིས་དེ་ལྟར་བསྒྲུབ་ནུས་པའི་ཆེད་དུ་རྟོག་གེའི་བསྟན་བཅོས་སྣ་ཚོགས་བརྩམས་ཏེ་དར་བར་བྱེད་པའི་ཕྱིར། དེ་ལྟར་ཡིན་མོད་ཀྱང་དུས་ཀྱི་དབང་གིས་བསྟན་བཅོས་དེ་དག་འཇིག་པའམ་བོད་ལ་མགོ་བ་མེད་པས་བོད་ཡིག་ཏུ་མ་བསྒྱུར་བ་སོགས་རྒྱུ་མཚན་གང་འདྲ་ཞིག་གི་རྐྱེན་གྱིས་ད་ལྟའི་དུས་ལ་མཐོང་རྒྱུ་མེད་པར་གྱུར། ཡིན་ནའང་མཐོང་རྒྱུ་མེད་ན་

མེད་པས་ཁྱབ་པ་མི་གྲུབ་པས། འདིར་མཁས་པ་རྣམས་ཀྱི་གསུང་རྒྱུན་ལྟར་ཡོད་ངེས་སུ་བྱས་ནས་དེ་ལྟར་བཀོད་པ་ལགས།

དོན་ཚན་གཉིས་པ། ཅ་ར་ཀའི་སྨན་གཞུང་ལས་སྟོན་པའི་གདན་ཚིགས་རིག་པ།

དེ་ཡང་ཁྱབ་འཇུག་དང་དྲང་སྲོང་རྒྱལ་དཔོག་སྟོན་པར་འཛིན་པའི་གྲུབ་མཐའ་དཔྱོད་པ་བ་ཞེས་བྱ་བ་ཞིག་བྱུང་། མིང་གཞན་ལ་སྤྱོད་པ་བའམ་རྒྱལ་དཔོག་པ་ཞེས་ཟེར། གྲུབ་མཐའི་འདོད་ཚུལ་ནི། བདག་ནི་བློའི་ངོ་བོ་སེམས་པ་ཅན། བེམ་པོ་མ་ཡིན་པ། ཤེས་རིག་གི་རང་བཞིན་རྟག་པའི་ངོ་བོ། ཡན་གར་བའི་རྫས་ཡོད། ཆ་ཤས་མེད་པ་ཞིག་ཏུ་འདོད་དོ། །རིག་བྱེད་ལས་གང་སྣང་བ་ནི་རང་བྱུང་ཡིན་ཏེ། དེ་ནི་དེ་ཁོ་ན་ཉིད་ཡིན་ནོ་ཞེས་སྒྲོ་བཏགས་ནས་མཆོད་སྦྱིན་ལ་སོགས་པ་འབའ་ཞིག་གིས་གྲོལ་བ་འཐོབ་པར་འགྱུར་ལ། དེ་ཡང་མཐོ་རིས་དང་ཐར་པ་ཙམ་ཞིག་ཡོད་ཀྱང་། སྡུག་བསྔལ་ཉེ་བར་ཞི་བའི་ཐར་པ་མེད་དེ། དྲི་མ་སེམས་ཀྱི་རང་བཞིན་ལ་ཞུགས་པའི་ཕྱིར། ཐམས་ཅད་མཁྱེན་པ་མེད་དེ། ཤེས་བྱ་མཐའ་ཡས་པའི་ཕྱིར། ཐུབ་པ་ཆོས་ཅན། ཐམས་ཅན་མཁྱེན་པ་མ་ཡིན་ཏེ། ངག་སྨྲ་བའི་ཕྱིར། སྐྱོན་རྣམས་ཟད་པ་མ་ཡིན་ཏེ། ལུས་དང་བློ་དང་དབང་པོ་ཡོད་པའི་ཕྱིར་ཞེས་སྨྲའོ། །རྗེ་དགེ་འདུན་གྲུབ་པས《ཚད་མ་རིགས་རྒྱན་》ལས། དེ་དག་ནི། རིག་བྱེད་བཞི་ཚད་མར་སྨྲ་བས་ན་རིག་བྱེད་པ་ཞེས་ཀྱང་བྱ་ཞེས་གསུངས་ལ། གོང་དུ་རིག་བྱེད་པའི་གྲུབ་མཐའ་ཚངས་པ་བར་འདུས་པ་དེ། འདིར་ལུང་སྐྱ་རིན་པོ་ཆེ་དང་གློ་བོ་མཁན་ཆེན་གཉིས་ཀྱིས་བཞེད་པ་ལྟར་བཀོད་པ་ཡིན་ནོ། །ཚད་མ་ནི་མངོན་སུམ་དང་། རྗེས་དཔག་དང་། སྒྲ་ལས་བྱུང་བ་དང་། དཔེ་ཉེར་འཇལ་དང་། དོན་གྱི་གོ་བ་དང་། དངོས་པོ་མེད་པའི་ཚད་མ་དང་དྲུག་ཏུ་འདོད་དོ། །འདིའི་སྒྲ་ལས་བྱུང་བ་ནི། སྒྲ་ལ་བརྟེན་ནས་ལྐོག་ཏུ་གྱུར་པའི་དོན་འཛིན་པ་ཞིག་ལ་འདོད། དཔེ་ཉེར་འཇལ་ནི། བ་མེན་མཐོང་བ་ལས་ལྐོག་ཏུ་གྱུར་པའི་བ་ལང་ལ་འདྲ་བར་དཔོག་པ་ལྟ་བུའོ། །དོན་གྱི་གོ་བ་ནི། ལྷས་བྱིན་

གསོན་པོ་ཁྱིམ་ན་མེད་པས་ཕྱི་རོལ་ན་ཡོད་པར་རྟོགས་པ་ལྟ་བུའོ། །དངོས་པོ་མེད་པའི་ཚད་མ་ནི། ཚད་མ་གཞན་ལྔ་པོ་གང་ཡང་འཇལ་བྱེད་མ་སྐྱེས་པའི་ཡུལ་རྟོགས་པ་ལ་འདོད་ཅིང་། ཕྱི་མ་འདིའི་ཡུལ་ལ་ཡང་འོ་མ་ལ་ཞོ་མེད་པ་ལྟ་བུ་སྔ་ན་མེད་པ། ཞོ་ལ་འོ་མ་མེད་པ་ལྟ་བུ་ཞིག་ནས་མེད་པ། བ་ལང་ལ་རྟ་མེད་པ་ལྟ་བུ་ཕན་ཚུན་མེད་པ། རི་བོང་གི་རྭ་མེད་པ་ལྟ་བུ་ཤིན་ཏུ་མེད་པ་སྟེ་བཞིར་འདོད་ཅིང་། ཞོ་ལ་འོ་མ་མེད་པའི་ཆ་ལྟ་བུ་ཡང་དངོས་པོར་འདོད་དོ། །

རྒྱལ་དཔོག་པའི་ནང་ཚན་ཙ་ར་ཀ་པ་ནི། སྨན་དཔྱད་པ་ཙ་ར་ཀའི་རྗེས་སུ་འབྲང་བའི་གྲུབ་མཐའི་འདོད་ཚུལ་ཞིག་ཡིན་ཏེ། དེ་རྣམས་ཀྱིས་ཙ་ར་ཀའི་སྨན་གཞུང་ལ་བརྟེན་ནས་གཏན་ཚིགས་ཀྱི་དགོངས་པ་སྤེལ་ཏེ་དར་བར་བྱས་སོ། །

ཙ་ར་ཀའི་སྨན་གཞུང་ལས་བྱུང་བའི་གཏན་ཚིགས་རིག་པའི་དགོངས་དོན་ཇི་ལྟ་བུ་ཞིག་ཡིན་ཞེ་ན་བཤད་པར་བྱ་སྟེ། ཕྱི་ལོ་དུས་རབས་གཉིས་པར་འཕགས་ཡུལ་གྱི་རྒྱལ་པོ་ཀ་ནི་ཤའི་དུས་སུ། སྨན་དཔྱད་ལ་མཆོག་ཏུ་མཁས་ཤིང་རྟོག་གེའི་གཞུང་ལུགས་ལ་ནང་བྱན་ཆུད་པའི་མཁས་པ་ཆེན་པོ་ཙ་ར་ཀ་(CaraKa)ཞེས་བྱ་བ་བྱུང་སྟེ་སྨན་དཔྱད་ཀྱི་བསྟན་བཅོས《ཙ་ར་ཀའི་སྨན་གཞུང་》ཞེས་པ་བརྩམས། གཞུང་དེ་ལས་སྨན་བཅོས་ལེགས་པར་བྱེད་དགོས་ན་གཏན་ཚིགས་ཀྱི་རིག་པ་མེད་དུ་མི་རུང་བ་ཞིག་ཡིན་པར་མཐོང་ནས་གཞུང་དེའི་ལེའུ་གསུམ་པར་རྟོག་གེའི་ཚིག་དོན་རྣམ་པ་བཞི་བཅུ་ཞེ་བཞིར་བསྡུས་ཏེ་བསྟན་ཅིང་། སྐབས་དེའི་ཕྱི་ནང་ཐུན་མོང་གི་རིག་གནས་སུ་གྱུར་པའི་གཏན་ཚིགས་རིག་པའི་རྣམ་གཞག་ཙུང་ཙམ་ཞིག་བསྟན་ཏོ། །གཞུང་དེ་བོད་འགྱུར་མེད་པས་བོད་ཀྱི་རིགས་པ་སྨྲ་བ་རྣམས་ཀྱིས་ཆ་མི་འཚལ་བ་ཡིན་པས། འདིར་རྒྱ་ཡིག་གི་འགྱུར་ཙུང་ཙམ་ཞིག་ཡོད་པ་དེ་ལ་བརྟེན་ནས་བརྗོད་བྱའི་གཙོ་བོ་བོད་ཡིག་ཏུ་བསྒྱུར་ཏེ་དཔྱད་པ་མདོར་ཙམ་བྱེད་པ་གསལ་གསལ།

དང་པོ། རྟོག་གེའི་ཚིག་དོན་ཞེ་བཞི་སྤྱིར་བསྟན་པ།

གཞུང་དེའི་ལེའུ་གསུམ་པའི་ས་བཅད་བརྒྱད་པ་ལ། གཏན་ཚིགས་རིག་པའི་རྗེས་སུ་དཔག་ཚུལ་གྱི་རྣམ་པ་བསྟན་པ་འདི་ལྟར། འདིར་ཇི་ལྟར་བརྗོད་པའི་ཚུལ་ལ་ནི། གང་སླ་འོས་པ་དང་གང་སླ་མི་འོས་པ་ཤེས་དགོས་ཏེ། དེ་ལྟར་མ་ཡིན་ན་རང་ལས་གཞན་གྱིས་རྒྱལ་བར་འགྱུར་རོ། །སྨན་དཔྱད་མཁན་པོ་རྣམས་ཀྱང་ངེས་པར་དུ་ཇི་ལྟར་བརྗོད་པའི་ཚུལ་རྟོགས་པའི་ཤེས་རབ་ལྡན་དགོས་སོ། །ཞེས་སྨན་དཔྱད་པ་རྣམས་བརྗོད་པ་ལ་མཁས་པར་བྱེད་པའི་དགོས་པ་བསྟན། ཡང་དག་པའི་སྒོ་ནས་རྩོད་པར་བྱེད་པའི་རྣམ་པ་ནི་བཞི་བཅུ་ཞེ་བཞི་ཡོད་དེ། ༡. བརྗོད་པ་དང་། ༢. རྫས་དང་། ༣. ཡོན་ཏན་དང་། ༤. ལས་དང་། ༥. སྤྱི་དང་། ༦. བྱེ་བྲག་དང་། ༧. འདུ་བ་དང་། ༨. དམ་བཅའ་དང་། ༩. སྒྲུབ་པ་དང་། ༡༠. ལོག་པར་སྒྲུབ་པ་དང་། ༡༡. གཏན་ཚིགས་དང་། ༡༢. དཔེ་དང་། ༡༣. ཉེ་བར་སྦྱར་བ་དང་། ༡༤. མཇུག་བསྡུ་བ་དང་། ༡༥. ལན་གྱིས་འགོག་པ་དང་། ༡༦. ངེས་པར་བརྗོད་པ་དང་། ༡༧. སྒྲ་དང་། ༡༨. མངོན་སུམ་དང་། ༡༩. རྗེས་སུ་དཔག་པ་དང་། ༢༠. ལུང་ཚད་མ་དང་། ༢༡. དཔེའི་ཚད་མ་དང་། ༢༢. ཐེ་ཚོམ་དང་། ༢༣. དགོས་པ་དང་། ༢༤. ངེས་པ་མེད་པ་དང་། ༢༥. ཤེས་འདོད་པ་དང་། ༢༦. གཏན་ལ་ཕབ་པ་དང་། ༢༧. དོན་གྱི་གོ་བའི་ཚད་མ་དང་། ༢༨. རྗེས་སུ་བྱུང་བའི་ཚད་མ་དང་། ༢༩. འདྲི་བར་བྱ་བ་དང་། ༣༠. འདྲི་བ་མེད་པ་དང་། ༣༡. འདྲི་བར་བྱེད་པ་དང་། ༣༢. དྲིས་པ་ལ་ཕྱིར་འདྲི་བ་དང་། ༣༣. ཚིག་དོར་བ་དང་། ༣༤. ཚིག་དག་པ་དང་། ༣༥. ཚིག་ལ་འཁྲི་ནས་རྩོད་པ་དང་། ༣༦. གཏན་ཚིགས་ལྟར་སྣང་དང་། ༣༧. དུས་ལས་འདས་པ་དང་། ༣༨. སྐྱོན་སྟོན་པ་དང་། ༣༩. སུན་འབྱིན་དང་། ༤༠. དམ་བཅའ་དོར་བ་དང་། ༤༡. མི་འདོད་པ་འདོད་པར་འཐད་པ་དང་། ༤༢. གཏན་ཚིགས་ཐ་དད་པ་དང་། ༤༣. དོན་ཐ་དད་པ་དང་། ༤༤. ཚར་གཅད་པའི་གནས་དང་བཅས་བཞི་བཅུ་ཞེ་བཞིར་སྨྲས་སོ། །

ཚིག་དོན་ཞེ་བཞི་འདི་རྣམས་ཀྱི་བརྗོད་བྱ་གཙོ་བོ་ནི་དེའི་ནང་གི་དོན་ཚན་དང་པོ་བརྗོད་པ་ཞེས་པའི་དོན་ཚན་དེའི་ནང་ཡོངས་སུ་རྫོགས་པར་བསྟན་པ་ཡིན། འོ་ན་བརྗོད་པ་ཞེས་པའི་ཐ་སྙད་དེའི་གོ་དོན་ག་འདྲ་ཡིན་ཞེ་ན། དེ་ལ་འདི་ལྟར་བརྟག་སྟེ། བརྗོད་པ་ནི་བཤད་པ་དང་བཤད་པའི་ཚིག་ལ་གོ་བ་ཡིན་པས། གཞུང་དེ་ཉིད་དུ་ཡང་དེ་ལྟར་བསྟན་ཏེ། སྔ་རྒོལ་དང་ཕྱི་རྒོལ་གཉིས་ཀྱིས་རང་རང་གི་གྲུབ་མཐའི་འདོད་ཚུལ་ལ་བརྟེན་ནས་ཕན་ཚུན་རྩོད་གླེང་བྱེད་པ་ལ་བརྗོད་པ་ཞེས་ཟེར། བརྗོད་པ་ལ་དབྱེ་ན་རྣམ་པ་གཉིས་ཡོད་དེ། སྒྲུབ་པའི་ངག་དང་སུན་འབྱིན་པའི་ངག་གཉིས་སོ། །སྒྲུབ་པའི་ངག་ནི། རང་གི་དམ་བཅའ་སྒྲུབ་པའི་ངག་ལའོ། །སུན་འབྱིན་པའི་ངག་ནི། སྒྲུབ་པའི་ངག་གང་དེའི་སྐྱོན་བརྗོད་པ་ལྟ་བུ་དགག་པར་བྱེད་པའི་ངག་གོ །དཔེར་ན་སྔ་རྒོལ་པས་ཚེ་ཕྱི་མ་ཡོད་པར་འདོད་པ་དང་། ཕྱི་རྒོལ་པས་དེ་ལྟར་མི་འདོད་པར་གཉིས་ཀས་རང་གི་དམ་བཅའ་གང་དེ་ལ་རྒྱུ་མཚན་བཀོད་དེ་སྒྲུབ་པར་བྱེད་པ་ལ་སྒྲུབ་ངག་ཅེས་བཤད་ལ། སྒྲུབ་ངག་གི་སྐྱོན་བརྗོད་པ་ལ་སུན་འབྱིན་པའི་ངག་ཅེས་བཤད་དོ། །

གཉིས་པ། གཞན་པའི་ཚིག་དོན་ཞེ་གསུམ་གྱི་དོན་སོ་སོར་དབྱེད་པ།

གོང་དུ་བརྗོད་པའི་རྟོག་གེའི་ཚིག་དོན་ཞེ་བཞི་དེ་དུས་སྐབས་དེར་རྒྱུགས་ཆེ་བའི་གཏན་ཚིགས་རིག་པའི་གཞུང་ལུགས་ཤིག་ཡིན་ཡང་། ཚིག་དོན་ཞེ་བཞི་པོ་རེ་རེའི་གོ་དོན་ལ་བརྟགས་ན། འགའ་ཞིག་ནི་ཙ་ར་ཀ་པའི་གྲུབ་མཐའི་འདོད་ཚུལ་སྟོན་པ་དང་། འགའ་ཞིག་གཏན་ཚིགས་རིག་པའི་སྒྲུབ་ངག་གི་ཁྱད་ཆོས་སྟོན་པ་དང་། འགའ་ཞིག་ནི་རྩོད་པའི་རྣམ་གཞག་སྟོན་པ་ཡིན་པས་འདིར་གོང་དུ་བཤད་པའི་བརྗོད་བྱའི་དོན་ལ་བལྟོས་ནས་དོན་ཚན་གསུམ་དུ་ཕྱེ་ནས་བརྟག་པར་བྱའོ། །

(གཅིག)གྲུབ་མཐའི་འདོད་ཚུལ་སྟོན་པ།

ཙ་ར་ཀ་པ་ནི་ཕྱི་རོལ་རྒྱལ་དཔོག་པའི་ནང་གསེས་ཡིན་པས་དེའི་འདོད་ཚུལ་རྒྱལ་དཔོག་པ་དང་མཐུན་སྣང་དུ་གྲུབ་སྟེ། གོང་སྨྲས་ཚིག་དོན་ཞེ་བཞིའི་

ནང་ཚན་གཉིས་པ་རྫས་དང་། གསུམ་པ་ཡོན་ཏན་དང་། བཞི་པ་ལས་དང་། ལྔ་པ་སྤྱི་དང་། དྲུག་པ་བྱེ་བྲག་དང་། བདུན་པ་འདུ་བ་བཅས་དྲུག་ནི་རྒྱལ་དཔོག་པ་དང་བྱེ་བྲག་པ་རྣམས་ཀྱི་སྤྱིའི་འདོད་ཚུལ་ཡིན་ནོ། །

ཚད་མ་ལ་རྒྱལ་དཔོག་པའི་འདོད་ཚུལ་དང་ཕལ་ཆེར་མཐུན་ཏེ། མངོན་སུམ་དང་། རྗེས་དཔག་དང་། སྒྲ་ལས་བྱུང་བ་དང་། དཔེ་ཉེར་འཇལ་དང་། དོན་གྱི་གོ་བ་དང་། རྗེས་སུ་བྱུང་བ་དང་དྲུག་ཏུ་འདོད་དོ། །དེ་དག་གི་དོན་ནི། གཞུང་འདིར་དེ་ལྟར་བསྟན་ཏེ། མངོན་སུམ་ནི་བདག་དང་དབང་པོ་ལྔ་ལས་རང་དབང་དུ་སྐྱེས་པའི་ཤེས་པའོ། །རྗེས་དཔག་ནི་རིགས་པ་ལ་བརྟེན་ནས་རྗེས་སུ་དཔག་སྟེ་སྐྱེས་པའི་ཤེས་པའོ། །སྒྲ་ལས་བྱུང་བའི་ཚད་མ་ནི་མཁས་པའི་གསུང་ལས་སྐྱེས་པའོ། །དཔེར་ན་རིག་བྱེད་ཀྱི་གཞུང་ལྟ་བུའོ། །དཔེ་ཉེར་འཇལ་གྱི་ཚད་མ་ནི་རིགས་མཐུན་གྱི་ཆོས་གཞན་ལས་འདི་གསལ་བར་གོ་བའོ། །དོན་གྱི་གོ་བའི་ཚད་མ་ནི་དོན་གཅིག་སྨྲས་པ་ལ་བརྟེན་ནས་དོན་གཞན་མ་སྨྲས་ཀྱང་གོ་བར་བྱ་བའོ། །རྗེས་སུ་བྱུང་བའི་ཚད་མ་ནི་དཔེར་ན་ནད་དེ་ཉིན་པར་ཟས་ཟ་མི་རུང་བ་ལས་མཚན་མོ་ཟས་ཟ་རུང་བར་གོ་བ་ལྟ་བུའོ། །བསྟན་བཅོས་འདིའི་ལེའུ་བརྒྱད་པར་ཚད་མ་ལ་གོང་དུ་བརྗོད་པའི་རྣམ་པ་དྲུག་པོ་འདི་ཙམ་བཀོད་ཡོད་མོད། འོན་ཏེ་《ཐུབ་བཀྲ་གྲུབ་མཐའ་》ལས། ཙ་ར་ཀ་པ་རྣམས་ཚད་མ་བཅུ་གཅིག་ཏུ་འདོད་དོ་ཞེས་པར་གསུངས་ལ། དགེ་བཤེས་ཤེས་རབ་རྒྱ་མཚོས་མཛད་པའི་《ཆོས་སྲིད་གྲུབ་མཐའ་》ལས། ནང་གསེས་ཙ་ར་ཀ་པ་སྨན་དཔྱད་པས་དེའི་སྟེང་དུ་རིགས་པ་དང་། མི་དམིགས་པ་དང་། སྲིད་པ་དང་། ཞེས་གྲགས་དང་། སྙམ་སེམས་ཀྱི་ཚད་མ་ལྔ་བསྣན་ཏེ་བཅུ་གཅིག་བཤད།[①] ཅེས་གསུངས་སོ། །འོ་ན་ཚད་མ་དྲུག་པོའི་སྟེང་དུ་བསྣན་པའི་ཚད་མ་ལྔ་པོའི་དོན་ཅི་ཡིན་ཞེ་ན། འདི་ལྟ་སྟེ། རིགས་པའི་ཚད་མ་ནི། རྒྱུ་ལས་འབྲས་བུ་

① མཚོ་སྔོན་མི་རིགས་དཔེ་སྐྲུན་ཁང་གིས་༡༩༨༩ལོར་པར་དུ་བསྐྲུན་པའི་《རྗེ་བཙུན་ཤེས་རབ་རྒྱ་མཚོ་འཇམ་དཔལ་དགྱེས་པའི་བློ་གྲོས་ཀྱི་གསུང་རྩོམ་》པོད་གསུམ་པའི་ཤོག་ངོས་༣༢༧པར་གསལ།

བརྟག་པ་ལྟ་བུའོ། །མི་དམིགས་པའི་ཚད་མ་ནི། ཡུལ་དེ་དམིགས་པ་མེད་པས་མེད་པར་རྟོགས་པ་ལྟ་བུའོ། །སྲིད་པའི་ཚད་མ་ནི། ཚོགས་པ་ལ་ཡོད་པར་རྟོགས་པས་ཚོགས་པ་ཅན་ལ་ཡོད་པར་རྟོགས་པ་ལྟ་བུའོ། །ཞེས་གྲགས་པའི་ཚད་མ་ནི། སྨྲ་བ་པོ་སྔ་མ་དག་གིས་བསྟན་པའི་གྲགས་པ་རྒྱུད་པ་ལྟ་བུའོ། །སྙམ་སེམས་ཀྱི་ཚད་མ་ནི། འདི་ལྟ་བུ་འབྱུང་ངོ་སེམས་པ་ལས་འདི་ལྟར་བྱུང་བ་སྙམ་དུ་སེམས་པ་ལྟ་བུའོ། །གོང་དུ་ཙ་ར་ཀ་པས་འདོད་པའི་ཚད་མ་བཅུ་གཅིག་གི་དོན་བསྡུས་ཏེ་བཀོད་པ་ཡིན་ནོ། །

(གཉིས།) རྗེས་སུ་དཔག་པའི་ཚུལ་ཏེ་སྒྲུབ་ངག་གི་རྣམ་པ་སྟོན་པ།

བསྟན་བཅོས་འདིར་རྗེས་དཔག་ཇི་ལྟར་སྐྱེས་ཚུལ་གྱི་རྣམ་པ་སྟེ་སྒྲུབ་ངག་གི་ཁྱད་པར་སྟོན་པ་ལ་དོན་ཚན་དྲུག་ཏུ་ཕྱེ་སྟེ་སྟོན་པ་གཤམ་གསལ།

༡. དམ་བཅའ་བ། བསྒྲུབ་པར་བྱ་བ་ཡིན་ཏེ། དཔེར་ན་བདག་ནི་རྟག་པ་ཡིན་ནོ་ཞེས་པ་ལྟ་བུ།

༢. སྒྲུབ་པ། སྒྲུབ་པར་བྱེད་པ་སྟེ། དམ་བཅའ་དང་། གཏན་ཚིགས་དང་། དཔེ་དང་། ཉེ་བར་སྦྱར་བ་དང་། མཇུག་བསྡུ་བ་སོགས་ཡན་ལག་ལྔ་ཡིས་སྒྲུབ་པར་བྱེད་པའི་རྣམ་པ་གྲུབ་སྟེ། དཔེར་ན།

བདག་ནི་རྟག་པ་ཡིན་ཏེ། བྱས་པ་མ་ཡིན་པའི་ཕྱིར།
དཔེར་ན་ནམ་མཁའ་བཞིན།
ནམ་མཁའ་བྱས་པ་མ་ཡིན་པ་བཞིན་བདག་ཀྱང་དེ་ལྟར་ཡིན།
དེའི་ཕྱིར་བདག་རྟག་པ་ཡིན། ཞེས་པ་ལྟ་བུའོ། །

སྒྲུབ་ངག་འདི་ནི་སློབ་དཔོན་ཕྱོགས་གླང་གི་གོང་རོལ་དུ་དར་ཁྱབ་ཤིན་ཏུ་ཆེ་བའི་ཕྱི་ནང་ཐུན་མོང་གིས་ཁས་བླངས་པའི་ཡན་ལག་ལྔ་ལྡན་གྱི་སྒྲུབ་ངག་ཅིག་ཡིན་ལ། དེ་ལ་སྒྲུབ་པ་ཞེས་པས་བསྒྲུབ་པར་བྱ་བ་དང་། གཏན་ཚིགས་དང་། དཔེ་

དང་བཅས་པ་ཐམས་ཅད་ལ་གོ་དགོས་པས། རྗེས་ཀྱི་ནང་པའི་གཏན་ཚིགས་རིག་པའི་གཞུང་《རིགས་པ་ལ་འཇུག་པ་》ཡང་དེའི་རྗེས་སུ་འབྲངས་ཏེ་གསུངས་ཡོད་དེ། དེ་ལ་རྣམ་གཞག་ལ་སོགས་པ་ཚིག་རྣམས་སྒྲུབ་པར་བྱེད་དེ། ཕྱོགས་དང་། གཏན་ཚིགས་དང་། དེ་རྣམས་དུ་མར་དབྱེ་ཡང་ཞེས་གསུངས་ཏེ་ཕྱོགས་དང་གཏན་ཚིགས་དཔེ་དང་བཅས་པ་ཐམས་ཅད་བརྗོད་པའི་ཚིག་ལ་སྒྲུབ་པར་བྱེད་པ་ཡིན་པར་བསྟན་ཏོ། །འོ་ན་སྒྲུབ་ངག་དེས་བསྒྲུབ་བྱ་ཅི་ལྟར་སྒྲུབ་ཅེ་ན། འདིར་ཕྱི་ཚུལ་གཏན་ཚིགས་རིག་པའི་གཞུང་ལུགས་སྦྱར་ནས་དཔྱད་པར་བྱ་སྟེ། སྒྲུབ་ངག་འདིར་ཤེས་འདོད་ཆོས་ཅན་བདག་དང་དཔེ་ཆོས་ཅན་ནམ་མཁའ་གཉིས་བསྟུར་ཏེ་དཔེ་ཆོས་ཅན་ནམ་མཁའ་བྱས་པ་མ་ཡིན། དེ་བཞིན་དུ་ཤེས་འདོད་ཆོས་ཅན་བདག་ཀྱང་བྱས་པ་མ་ཡིན། དེས་ན་དཔེ་ཆོས་ཅན་ནམ་མཁའ་རྟག་པ་ཡིན་ན། དེ་བཞིན་དུ་ཤེས་འདོད་ཆོས་ཅན་བདག་ཀྱང་རྟག་པ་ཡིན། དེ་ལྟར་རྗེས་སུ་དཔག་པ་ལ་ཕྱི་ཚུལ་གཏན་ཚིགས་རིག་པར་རིགས་བསྟུར་རྗེས་དཔག(类比推理)ཅེས་བརྗོད་དོ། །

༣. ལོག་པར་སྒྲུབ་པ། རང་ལུགས་ཀྱི་འདོད་པ་ལས་ལོག་པར་དམ་བཅས་པ་ལ་གོ་སྟེ། དཔེར་ན།

བདག་རྟག་པར་འདོད་ཀྱང་། བདག་མི་རྟག་པར་དམ་བཅས་ཏེ།
མངོན་སུམ་གྱི་ཡུལ་ཡིན་པའི་ཕྱིར། དཔེར་ན་བུམ་པ་བཞིན།
བུམ་པ་མངོན་སུམ་གྱི་ཡུལ་ཡིན་པ་བཞིན་དུ་བདག་ཀྱང་མངོན་སུམ་གྱི་ཡུལ་ཡིན།
དེའི་ཕྱིར་བདག་མི་རྟག་གོ །ཞེས་པ་ལྟ་བུའོ། །

༤. གཏན་ཚིགས། སྒྲུབ་བྱེད་ཀྱི་རྒྱུ་མཚན་ཡིན་ཏེ། མངོན་སུམ་དང་། རྗེས་དཔག་དང་། དཔེ་དང་། ལུང་སོགས་ཀྱི་ཚད་མ་དུ་མ་ལ་བརྟེན་ནས་རྟོགས་པ་སྐྱེ་བའོ། །

༥. དཔེ་ནི། མཐུན་པར་སྣང་བའི་ཆོས་གཞན་ཏེ། མཁས་བླུན་ཐམས་ཅད་ཀྱི་གོ་བར་བྱ་བའི་གནས་སོ། །དཔེར་ན། མེ་ནི་ཚ་ཞིང་སྲེག་པའོ། །ཆུ་ནི་རླན་ཞིང་གཤེར་

བའོ། །ས་ནི་སྲ་ཞིང་འཐས་པའོ། །ཉི་མ་ནི་འོད་འབར་བའོ། །

༨. ཉེ་བར་སྦྱར་བ་དང་མཇུག་བསྡུ་བ་ནི། གོང་དུ་སྒྲུབ་པ་དང་ལོག་པར་སྒྲུབ་པ་བརྗོད་པའི་སྐབས་སུ་སྨྲས་ཟིན་ཏོ། །

(གསུམ།)རྩོད་པའི་རྣམ་གཞག་སྟོན་པ།

བསྟན་བཅོས་འདིར་རྒོལ་ཕྱི་རྒོལ་གཉིས་ཀྱིས་ཇི་ལྟར་རྩོད་པའི་ཚུལ་ལ་དོན་ཚན་ཉི་ཤུར་ཕྱེ་སྟེ་སྟོན་པ་གཤམ་གསལ།

༡. ལན་གྱིས་འགོག་པ། རྒོལ་བས་གཏན་ཚིགས་དང་མཐུན་པའི་ཆོས་བཀོད་པ་ལ་ཕྱི་རྒོལ་པས་གཏན་ཚིགས་དང་མི་མཐུན་པའི་ཆོས་བཀོད་ནས་འགོག་པ་དང་། རྒོལ་བས་གཏན་ཚིགས་དང་མི་མཐུན་པའི་ཆོས་བཀོད་ནས་སྒྲུབ་པ་ལ་ཕྱི་རྒོལ་པས་གཏན་ཚིགས་དང་མཐུན་པའི་ཆོས་ཀྱིས་འགོག་པ་ལ་གོ་བ་ཡིན། དེ་ནི་དེང་དུས་ཀྱི་ཆོས་མཐུན་སྦྱོར་གྱི་སྒྲུབ་ངག་དང་ཆོས་མི་སྦྱོར་གྱི་སྒྲུབ་ངག་གི་རྣམ་པ་དང་ཅུང་འདྲ་ཡང་། ངོ་བོ་གཏན་ནས་མི་གཅིག་པ་གསལ་ལོ། །《གཏན་ཚིགས་རིག་པའི་མིང་མཛོད་》(《因明辞典》)དུ། ལན་གྱིས་འགོག་པ་ནི་སུན་འབྱིན་ཡང་དག་དང་འདྲ་ཞེས་བཤད་པ་དང་། ཉི་ཧོང་གི་མཁས་པ་ཡུས་ཅིང་པོ་ཧྲོའུ(宇井伯寿)ཡིས་ལན་གྱིས་འགོག་པ་ནི། རྒོལ་བའི་སྒྲུབ་བྱེད་ལ་དགག་དགོས་པར་འདོད་ནས་དེ་ལ་སུན་འབྱིན་པའི་རྣམ་པ་ཞིག་གོ་ཞེས་བཤད་པ་ལ་བློ་གསལ་རྣམས་ཀྱིས་བརྟག་པར་བྱའོ། །

༢. ངེས་པ་བརྗོད་པ། ངེས་ཤེས་སྟོན་པའི་ཚིག་སྟེ། དཔྱད་པ་ཡང་དག་གམ་རྒྱུ་མཚན་ཡང་དག་ལ་བརྟེན་ནས་སྐྱེས་པའི་ཤེས་པའོ། །འདིར་བསྒྲུབ་བྱ་ཡང་དག་ལ་གོ་བ་ཡིན། དེ་ལ་རྣམ་པ་བཞི་ཡོད་དེ། ཐུན་མོང་པའི་འདོད་པ་དང་། ཐུན་མོང་མ་ཡིན་པའི་འདོད་པ་དང་། དོན་གཞན་བསྡུས་པའི་འདོད་པ་དང་། བརྟག་པ་མཐར་བཟུང་གི་འདོད་པ་དང་བཅས་སོ། །ཐུན་མོང་པའི་འདོད་པ་ནི། གཞུང་ལུགས་ཐམས་ཅད་ཀྱི་འདོད་པ་དང་མཐུན་པའམ་གཞུང་ལུགས་ཐམས་ཅད་མཐུན་སྣང་དུ་

གྲུབ་པའི་ལུགས་ལ་གོ། དཔེར་ན། ནད་ཀྱི་གཞི་ཡོད་ན་ནད་འབྱུང་བ་དང་། ནད་ཡོད་ན་སྨན་བཅོས་བྱེད་ཐབས་ཡོད་པ་ལྟ་བུའོ། །ཐུན་མོང་མ་ཡིན་པའི་འདོད་པ་ནི། གཞུང་ལུགས་ཁྱད་པར་ཅན་གྱིས་གྲུབ་པའི་ལུགས་ཡིན་ཏེ། དཔེར་ན། ཁ་ཅིག་གིས་རོ་ལ་དབྱེ་བ་བརྒྱད་ཡོད་པར་བཤད་ལ། བདག་གིས་དྲུག་ཡོད་པར་བཤད་དོ་ཞེས་པ་ལྟ་བུའོ། །དོན་གཞན་བསྟུས་པའི་འདོད་པ་ནི། དམ་བཅས་པའི་ཚིག་དང་མཐུན་པའི་དོན་གཞན་བསྟུས་ཏེ་གྲུབ་པའོ། །དཔེར་ན་འདོད་ཆགས་དང་བྲལ་བར་བརྗོད་པའི་ཚེ། ལས་དང་འབྲས་བུ་དང་ཐར་པ་དང་བདག་དང་འཇིག་རྟེན་ཕྱི་མ་སོགས་ཀྱང་གྲུབ་པར་བསྟན་ཏོ། །བརྟག་པ་མཐར་བཟུང་གི་འདོད་པ་ནི། དོན་གང་གྲུབ་མེད་ཀྱང་མ་བརྟགས་མ་དཔྱད་པ་དང་། ལུང་ལ་ཡང་མ་བརྟེན་པ་དང་། རྒྱུ་མཚན་མེད་པའི་དོན་རྣམས་ལ་ངག་གིས་སྨྲ་བའི་ཚེ་བརྟག་པ་མཐར་བཟུང་གི་སྒོ་ནས་བརྗོད་པའོ། །

༣. སྒྲ་ནི། ཡི་གེའི་ཚོགས་པ་སྟེ་རྗོད་བྱེད་ཀྱི་སྒྲ་ཁོ་ན་ལ་གོ། དེ་ལ་དབྱེ་ན་བཞི་ཡོད་དེ། དོན་སྣང་དུ་ཙུང་བའི་སྒྲ་དང་། དོན་སྣང་མི་ཙུང་བའི་སྒྲ་དང་། ཡང་དག་པའི་སྒྲ་དང་། ཡང་དག་མ་ཡིན་པའི་སྒྲ་དང་བཞིའོ། །དོན་སྣང་དུ་ཙུང་བ་ནི། རྣ་བའི་དབང་པོ་ཡོད་ན་སྒྲ་ཐོས་ཙུང་བ་ལྟ་བུའོ། །དོན་སྣང་མི་ཙུང་བའི་སྒྲ་ནི། ཚེ་སྔ་ཕྱི་དང་ཐར་པ་ནི་ཡོད་ཀྱང་སྣང་དུ་མི་ཙུང་བ་ལྟ་བུའོ། །ཡང་དག་པའི་སྒྲ་ནི། ནད་ཡོད་ན་སྨན་བཅོས་ཀྱི་ཐབས་དང་ལག་ལེན་གྱི་འབྲས་བུ་ཡོད་པ་ལྟ་བུའོ། །ཡང་དག་མ་ཡིན་པའི་སྒྲ་ནི། གོང་དུ་སྨྲས་པའི་ཡང་དག་པའི་སྒྲ་ལས་ལྡོག་པའོ། །

༤. ཐེ་ཚོམ་ནི། དོན་གང་ཞིག་ལ་ངེས་པ་མེད་པར་དོགས་པ་ཟ་བའོ། །དཔེར་ན་དུས་མིན་གྱི་འཆི་བ་ཡོད་དམ་མེད་ཅེས་དང་། ཚེ་རིང་བར་འདུག་པའི་ཐབས་ཡོད་དམ་མེད་ཅེས་པ་མ་ངེས་པའི་དོན་ལ་ཐེ་ཚོམ་ཟ་བའོ། །

༥. དགོས་པ་ནི། དོན་གང་བསྒྲུབ་པའི་དགོས་པ་སྟེ། བདག་ཅག་ཚེ་རིང་བར་གནས་པའི་ཆེད་དུ་དུས་མིན་གྱི་འཆི་བ་འགོག་པ་ནི་དགོས་པ་ཡིན་ནོ། །

༦. མ་ངེས་པ་ནི། ངེས་ཤེས་སྐྱེ་མི་ནུས་པ་སྟེ། དཔེར་ན་རྩ་སྨན་འདིས་ནད་དེ་འཇོམས་ཐུབ་བམ་མ་ངེས་པ་ལྟ་བུའོ། །

༧. ཤེས་འདོད་པ་ནི། མ་ཤེས་པ་ཤེས་པར་འདོད་པའི་དོན་ཏེ། དཔེར་ན་སྨན་གྱི་ངོ་བོ་ལ་བརྟགས་ནས་རྟོགས་པར་གྱུར་པའི་དོན་དག་གོ།

༨. གཏན་ལ་འབེབས་པ་ནི། དཔེར་ན་ནད་འདི་འཇོམས་བྱེད་ཀྱི་སྨན་དེ་ཡིན་ནོ་ཞེས་པ་ལྟ་བུའོ། །

༩. འདྲི་བར་བྱ་བ་ནི། རྒོལ་བས་བཀོད་པའི་སྒྲུབ་ངག་གི་ཚིག་སྐྱོན་ལ་བལྟོས་ནས་དྲི་བ་འདོན་པ་སྟེ། ཆོས་ཅན་མཚོན་པའི་དོན་ལ་ཆོས་ཀྱི་ཁྱད་པར་དུ་བྱས་ནས་འགྲེལ་པའི་ཚིག་སྐྱོན་ལ་ཕར་འདྲི་བར་བྱེད་པ་སྟེ། དཔེར་ན་ནད་འདི་འཇོམས་པ་ལ་རྒྱུ་མ་དག་པར་བྱེད་པའི་ཐབས་ལ་བརྟེན་དགོས་ཞེས་པ་ལ། རྒྱུ་མ་དག་པར་བྱེད་པ་དེ་བཤལ་སྨན་ལ་བརྟེན་ནམ་སྐྱུག་སྨན་ལ་བརྟེན་པ་ཡིན་ཞེས་འདྲི་བ་ལྟ་བུའོ། །

༡༠. འདྲི་བ་མེད་པ་ནི། ཕ་རོལ་པོའི་བརྗོད་པ་ལ་འདྲི་བ་མེད་པ་སྟེ། དཔེར་ན་ནད་འདི་ལ་སྨན་བཅོས་བྱེད་ཐབས་མེད་ཅེས་པ་ལྟ་བུའོ། །

༡༡. འདྲི་བ་ནི། དོན་གང་ཞིག་ལ་ཆེད་དུ་དམིགས་ནས་དྲི་བ་འདོན་པ་སྟེ། དཔེར་ན་བདག་ནི་རྟག་པ་ཡིན་ཞེས་པ་ལ། ཅིའི་ཕྱིར་བདག་རྟག་པ་ཡིན་ཞེས་པ་རྒྱུ་མཚན་འདྲི་བ་ལྟ་བུའོ། །

༡༢. དྲིས་པའི་དོན་ལ་ཕྱིར་འདྲི་བ་ནི། རྒོལ་བས་གོང་དུ་བརྗོད་པའི་དྲི་བ་དེ་ལ་ལན་མ་བཏབ་པར་ཕྱིར་དྲི་བ་འདོན་པ་སྟེ། དཔེར་ན་འདི་ལྟར་དྲིས་པའི་རྒྱུ་མཚན་ཅི་ཞེས་པ་ལྟ་བུའོ། །

༡༣. ཚིག་གི་སྐྱོན་ནི། སྒྲ་སྐྱོན་ལ་གོ་དགོས་ཏེ། དེ་ལ་རྣམ་པ་ལྔ་ཡོད་དེ། ཚིག་ཆད་པ་དང་། ཚིག་ལྷག་པ་དང་། ཚིག་དོན་མི་གསལ་བ་དང་། ཚིག་དོན་འབྲེལ་མི་ཆགས་པ་དང་། ཚིག་དོན་སྔ་ཕྱི་འགལ་བ་དང་བཅས་སོ། །

༡༣. ཚིག་གི་དགེ་བ་ནི། ཚིག་སྐྱོན་མེད་པ་སྟེ། ཚིག་ཆད་པ་དང་། ལྷག་པ་དང་། དོན་མི་གསལ་བ་དང་། འབྲེལ་མི་ཆགས་པ་དང་། འགལ་བ་སོགས་ཀྱི་སྐྱོན་མེད་པའི་ཚིག་ལའོ། །

༡༤. ཚིག་འཁྲི་ནི། ཚིག་དང་ཐ་སྙད་ལ་འཁྲི་ནས་རྩོད་པར་བྱེད་པའི་རྣམ་པ་ཞིག་སྟེ། ཚིག་དང་ཐ་སྙད་གང་ཞིག་གིས་མཚོན་པའི་དོན་གཞན་ཞིག་ལ་གོ་ནས་དོན་དང་ལྡན་པར་སྣང་ཡང་དངོས་གནས་དོན་མེད་པའི་རྩོད་ཚུལ་ཞིག་གོ།

༡༥. གཏན་ཚིགས་ལྟར་སྣང་ནི། གཏན་ཚིགས་ནོར་བ་ཅན་ཏེ། དཔེར་ན་བདག་ནི་རྟག་སྟེ་ལུས་དང་ཐ་དད་ཡིན་པའི་ཕྱིར། ཞེས་པ་ལྟ་བུ་ཆོས་ཅན་གྱི་ཆ་གཅིག་རྟགས་ལ་མེད་པའི་མ་གྲུབ་པའི་གཏན་ཚིགས་ཡིན་པར་《གཏན་ཚིགས་རིག་པའི་མིང་མཛོད་》དུ་བཤད།

༡༦. དུས་ལས་འདས་པ་ནི། སྔོན་དུ་བཤད་དགོས་པའི་དོན་རྣམས་རྗེས་སུ་བཤད་པ་ནི་དུས་ལས་འདས་པས་འདོར་དགོས་ཏེ། དཔེར་ན་ཚར་གཅད་པའི་གནས་ལ་བླང་དོར་ཡང་དག་མི་བྱེད་པར་སླར་གོང་ལྟར་དམ་བཅས་ཏེ་བསྒྲུབ་བྱ་སོར་གནས་པ་ལ་རྟགས་འགོད་པ་ནི་དུས་ལས་འདས་པའོ། །

༡༧. སྐྱོན་སྟོན་པ་ནི། གཏན་ཚིགས་ཀྱི་སྐྱོན་སྟོན་པའི་ངག་ལའོ། །གོང་དུ་བཀོད་པའི་གཏན་ཚིགས་ལྟར་སྣང་བ་རྣམས་ཀྱི་སྐྱོན་སྟོན་པའི་ངག་ལ་སྐྱོན་སྟོན་པ་ཞེས་ཟེར་རོ། །

༡༨. སུན་འབྱིན་པ་ནི། གོང་དུ་བརྗོད་པའི་གཏན་ཚིགས་ཀྱི་སྐྱོན་སྟོན་པའི་ངག་དེ་ལ་དགག་པ་བྱེད་པའོ། །དཔེར་ན་གཏན་ཚིགས་ལྟར་སྣང་གི་སྐྱོན་སྟོན་པ་ལ་བདག་དུས་རྒྱུན་དུ་ལུས་ལ་གནས་སྐབས། ཚེ་སྲོག་གི་ངོ་བོ་མངོན་སུམ་དུ་རྟོགས་པར་གྱུར་ལ། བདག་ལུས་དང་བྲལ་ན་ཚེ་སྲོག་གི་ངོ་བོ་རྟོགས་མི་ནུས། དེའི་ཕྱིར་བདག་ལུས་དང་ཐ་དད་ཡིན་ལ་དུས་རྟག་ཏུ་གནས་པ་ཡིན་ནོ་ཞེས་པ་ལྟ་བུའོ། །

༢༠. དམ་བཅའ་དོར་བ་ནི། ཕ་རོལ་པོས་ཚུར་དྲི་བ་བྱེད་པའི་ཚེ། རང་གི་དམ་

བཅའ་འཛིན་མ་ཐུབ་པར་འདོར་བ་ལ་གོ། དཔེར་ན་བདག་རྟག་པ་ཡིན་པར་དམ་བཅས་ཀྱང་། ཕྱིར་རྒོལ་བས་ཅིའི་ཕྱིར་རྟག་པ་ཡིན་ཞེས་པར་དྲིས་པ་ལ་རྒྱུ་མཚན་བཤད་རྒྱུ་མེད་པས་བདག་མི་རྟག་པར་ཁས་བླངས་པ་ལྟ་བུའོ། །

༢༧. མི་འདོད་པ་འཐད་པ་ནི། རྩོད་པའི་ཚར་གཅད་པའི་གནས་ཤིག་སྟེ། རང་གི་འདོད་པ་དང་མི་འདོད་པ་རྣམས་ཁས་ལེན་བྱེད་པའི་རྩོད་པའི་སྐྱོན་ཞིག་གོ།

༢༨. གཏན་ཚིགས་ཐ་དད་པ་ནི། སྔོན་དུ་བཀོད་པའི་གཏན་ཚིགས་ཡང་དག་དང་ཐ་དད་པ་ཞེས་པའོ། །

༢༩. དོན་ཐ་དད་པ་ནི། དོན་གཅིག་སྟོན་པའི་ཚེ་བར་དུ་དོན་དེ་དང་ཐ་དད་པའི་གཞན་བརྗོད་པ་སྟེ། དཔེར་ན་ཚ་ནད་ཀྱི་ངོ་བོ་སྨྲ་བ་ལ་བར་དུ་གཉེན་ནད་ཀྱི་ཁྱད་པར་བརྗོད་པ་ལྟ་བུའོ། །

༢༥. ཚར་གཅད་པའི་གནས་ནི། ཚར་གཅད་པར་བྱ་བ་སྟེ། རྩོད་པའི་སྐབས་རྒོལ་བ་དང་ཕྱི་རྒོལ་གཉིས་ལ་བྱུང་བའི་སྐྱོན་ལའོ། དེ་ལ་དབྱེ་བ་བཅོ་ལྔ་ཡོད་དེ། ཚིག་གཅིག་ལན་གསུམ་དུ་བཟླས་པ་དང་། དོན་མི་གོ་བ་དང་། འདྲི་མི་དགོས་པ་ལ་འདྲི་བར་བྱེད་པ་དང་། འདྲི་དགོས་པ་ལ་མི་འདྲི་བ་དང་། དམ་བཅའ་དོར་བ་དང་། མི་འདོད་པ་འདོད་པར་འཐད་པ་དང་། དུས་ལས་འདས་པ་དང་། གཏན་ཚིགས་ལྷུར་སྣང་དང་། དོན་ཆད་པ་དང་། དོན་འཕར་བ་དང་། དོན་དང་བྲལ་བ་དང་། དོན་མེད་པ་དང་། ཚིག་ངན་དང་། འགལ་བ་དང་། གཏན་ཚིགས་ཐ་དད་པ་དང་། དོན་ཐ་དད་པ་དང་བཅས་བཅོ་ལྔའོ། །

དེ་ཡང་རྗེས་དཔག་གི་རྟེན་སྒྲུབ་ངག་ཡན་ལག་ལྔ་ལྡན་ཡིན་ཏེ། ཙ་ར་ཀ་པའི་སྨན་གཞུང་ལས།

> སྐྱེས་བུ་རྟག་པ་ཡིན་ཏེ།
> བྱས་པ་མ་ཡིན་པའི་ཕྱིར་རོ། །

ནམ་མཁའ་བཞིན།
ནམ་མཁའ་བྱས་པ་མ་ཡིན་ཞིང་རྟག་པ་ཡིན་པ་བཞིན།
སྐྱེས་བུ་ཡང་དེ་བཞིན་ནོ། །

ཞེས་བཀོད་ཡོད་པའི་ཕྱིར། གཞན་ཡང་བསྟན་བཅོས་གཞན་ལས་བྱུང་བའི་ཙ་ར་ཀའི་སྨན་གཞུང་ལས་འཆད་པའི་ཚར་གཅད་པའི་གནས་བཅོ་ལྔ་ལ་འདི་ལྟར་བཤད་དེ།

༡. མ་རྟོགས་པ། ༢. འདྲི་མི་དགོས་པ་ལ་འདྲི་བར་བྱེད་པ། ༣. འདྲི་དགོས་པ་ལ་མི་འདྲི་བ། ༤. དམ་བཅའ་བ་ལ་གནོད་པ། ༥. ཁས་བླངས་པ། ༦. དུས་མ་ཡིན་པ། ༧. རྒྱུ་མཚན་ནམ་གཏན་ཚིགས་མ་ཡིན་པ། ༨. སྦྱོར་བའི་ཡན་ལག་མི་ཚང་བ། ༩. ཡན་ལག་ལྷག་པ། ༡༠. གྲུབ་པའི་མཐའ་དང་མི་སྦྱོར་བ། ༡༡. དོན་མེད་པ། ༡༢. ཟློས་པ། ༡༣. འགལ་བ། ༡༤. གཏན་ཚིགས་གཞན། ༡༥. དོན་གཞན་བཅས་བཀོད་ཡོད་དོ། །ཞེས་བཤད་པ་འདི་གོང་དུ་བཤད་པའི་རྩོད་པ་ཚར་གཅད་པའི་གནས་བཅོ་ལྔ་དང་མི་མཐུན་པ་ཙམ་རེ་ཡོད་ཀྱང་། དོན་གྱི་ཆ་ནས་ཕལ་ཆེར་མཐུན་པར་སྣང་ངོ་། །

གོང་དུ་བཀོད་པའི་ཙ་ར་ཀའི་སྨན་གཞུང་ལས་བྱུང་བའི་གཏན་ཚིགས་རིག་པའི་རྣམ་གཞག་འདི་རྒྱ་གར་འཕགས་པའི་ཡུལ་དུ་དུས་ཅུང་སྔ་མོའི་སྐབས་སུ་བྱུང་བའི་གཏན་ཚིགས་རིག་པའི་གཞུང་ཞིག་ཡིན་པར་མཁས་པ་རྣམས་ཀྱི་བཞེད་པ་མཐུན་སྣང་དུ་གྲུབ་པོ། །དེས་ཡུལ་དེ་དང་དུས་དེའི་གཏན་ཚིགས་རིག་པའི་དགོངས་དོན་དང་ཁྱད་ཆོས་མཚོན་ཐུབ་པ་ཞིག་ཡིན་སྟབས་གཏན་ཚིགས་རིག་པ་བྱུང་འཕེལ་གྱི་ལོ་རྒྱུས་ཞིབ་འཇུག་བྱེད་པའི་དཔྱད་གཞི་གལ་ཆེན་ཞིག་ཡིན་པས་ཞིབ་འཇུག་པ་རྣམས་ཀྱི་གཅེས་སྤྲས་སུ་གཟུང་བར་རིགས་སོ། །

དོན་ཚན་གསུམ་པ། རིགས་པ་ཅན་པའི་གཏན་ཚིགས་རིག་པའི་བསྟན་བཅོས་《རིགས་པའི་མདོ་》ཞེས་པའི་བརྗོད་བྱ་མདོར་ཙམ་བཤད་པ།

དེ་ཡང་དྲང་སྲོང་མཛེས་པ་ཞེས་པ་ལྷ་ཆེན་གྱིས་ཞུ་མའི་སྲུང་མ་ལ་བཞག་པས་ཨུ་མ་དྲང་སྲོང་མཛེས་པ་ལ་ཆགས་ནས་མདུན་དུ་འདུག་སྟེ། རྣམ་འགྱུར་དུ་མ་བསྟན་ཀྱང་དྲང་སྲོང་དེས་རྐང་པར་མིག་ཕབ་སྟེ་བརྟུལ་ཞུགས་བསྲུངས་པས། ལྷ་ཆེན་མཉེས་ནས་གཞུང་རྩོམ་པ་ལ་དབང་བསྐུར་བས་དྲང་སྲོང་རྐང་མིག་ཅེས་གྲགས། དེའི་རྗེས་སུ་འབྲང་བ་རྣམས་ལ་རྐང་མིག་པའམ་རིགས་པ་ཅན་པ་ཞེས་བྱ་ལ། འདི་དབང་ཕྱུག་པའི་ཁོངས་སུ་འདུ་བར་སྨྲ་ཞིང་། ཁ་ཅིག་གིས་རིག་བྱེད་པའང་འདིའི་ནང་ཚན་ཡིན་པར་བཤད་དོ། །གྲུབ་མཐའི་འདོད་ཚུལ་ལ། བདག་དེ་ཐམས་ཅད་ལ་ཁྱབ་པའི་བདག་དང་། ཡིད་ཙམ་ལ་ཁྱབ་པའི་བདག་གཉིས་སུ་འདོད། དེས་བདེན་གྲུབ་ཡོད་པར་སྒྲུབ་པ་ལ་རང་གི་ཤེས་རིག་གི་རྩལ་ལས་བཏོན་པའི་རིགས་གཞུང་《རྟོག་གེའི་ཚིག་དོན་བཅུ་དྲུག་》བརྩམས། ཚིག་དོན་བཅུ་དྲུག་ནི། ཇི་སྐད་དུ། ཚད་མ་གཞལ་བྱ་ཐེ་ཚོམ་དགོས་པ་བཞི། །དཔེ་དང་གྲུབ་མཐའ་ཡན་ལག་རྟོག་གེ་བཞི། །གཏན་ཕབ་རྩོད་པ་བརྗོད་པ་སུན་འབྱིན་བཞི། །གཏན་ཚིགས་ཚིག་དོར་ལྟག་ཆོད་ཚར་གཅོད་བཞི། །ཞེས་པའོ། །དེ་དག་གི་དོན་མདོར་ཙམ་བཤད་ན། ཚད་མ་ནི། ཡང་དག་པའི་ཤེས་པའོ། །གཞལ་བྱ་ནི་ཤེས་པར་བྱ་བའི་ཡུལ་ལ་གོ། ཐེ་ཚོམ་ནི་དོན་ལ་ངེས་མ་ངེས་ཀྱི་བར་དུ་གནས་པའོ། །དགོས་པ་ནི་ཆེད་དུ་བྱེད་པའམ་ཡིད་ཀྱི་ཀུན་སློང་ངོ་། །དཔེ་ནི་དཔེའི་སྒོ་ནས་དོན་བསྟན་པའོ། །གྲུབ་མཐའ་ནི་རྩོལ་བ་རང་གི་འདོད་པའོ། །ཡན་ལག་ནི་ཡན་ལག་ལྔ་ལྡན་གྱི་སྦྱོར་ངག་གོ །རྟོག་གེ་ནི་རིགས་པས་སྒྲུབ་པའོ། །གཏན་ཕབ་ནི་རིགས་པས་གཏན་ལ་ཕབ་པའོ། །རྩོད་པ་ནི་རྩོལ་ཕྱི་རྩོལ་གྱི་བརྩད་པའོ། །བརྗོད་པ་ནི་སྒྲ་དང་སྦྱོར་བའི་སྒོ་ནས་བརྗོད་བྱ་སྟོན་པའོ། །སུན་འབྱིན་ནི་ཕྱིན་ཅི་ལོག་ཏུ་རྩོལ་བ་སྟེ། ལུགས་དང་འགལ་བའི་རྩོལ་བའོ། །གཏན་ཚིགས་ནི་འདིར་གཏན་ཚིགས་

ལྟར་སྣང་སྟེ་སྒྲུབ་པར་བྱེད་པ་སྐྱོན་ཅན་ནོ། །ཚིག་དོར་བ་ནི་སྐྱོན་མེད་པ་ལ་སྐྱོན་དུ་བརྗོད་པའོ། །ལྟག་ཆོད་ནི་ཕར་བཀོད་པའི་ཉེས་པ་རྣམས་རང་ལ་ཚུར་མཚུངས་པར་འགྱུར་པའི་ཚིག་གོ །ཚར་གཅོད་ནི་རྒོལ་ཕྱི་རྒོལ་གཉིས་ཀྱིས་སེལ་དགོས་པའི་སྐྱོན་གྱི་གནས་སོ། །

ཚད་མ་ལ་མངོན་སུམ་ཚད་མ་དང་། རྗེས་དཔག་ཚད་མ་དང་། དཔེ་ཉེར་འཇལ་གྱི་ཚད་མ་དང་། སྒྲ་བྱུང་གི་ཚད་མ་སྟེ་བཞི་ལས། མངོན་སུམ་ནི། དབང་པོ་དང་དོན་འཕྲད་པ་ལས་སྐྱེ་བའི་ཤེས་པ་ཐ་སྙད་དུ་བྱ་བ་མ་ཡིན་པ་འཁྲུལ་བ་མེད་པ་ཞེས་པའི་བདག་ཉིད་ཅན་ནི་མངོན་སུམ་དུ་འདོད་ལ། དབྱེ་ན་སྦྱོར་འབྲེལ་བཞི་དང་འདུ་འབྲེལ་གཉིས་ཏེ་དྲུག་ཡོད་དོ། །སྦྱོར་འབྲེལ་བཞི་ནི། སྦྱོར་བའི་འབྲེལ་བ་དང་། སྦྱོར་བ་འདུ་བའི་འབྲེལ་བ་དང་། སྦྱོར་བ་འདུས་པ་འདུ་བའི་འབྲེལ་བ་དང་། སྦྱོར་བ་ཁྱད་པར་དང་ཁྱད་པར་ཅན་གྱི་འབྲེལ་བ་སྟེ་བཞི་དང་། འདུ་བའི་འབྲེལ་བ་དང་། འདུས་པ་འདུ་བའི་འབྲེལ་བ་སྟེ་དྲུག་གོ །སེམས་མེད་བེམ་པོར་ཡང་འདོད་ལ། སྤྱི་དང་ཁྱད་པར་ལ་ལྟོས་པ་དང་། རྫས་དང་ཡོན་ཏན་དང་ལས་ལ་མངོན་སུམ་མིན་ནོ་ཞེས་ཟེར་རོ། །རྗེས་དཔག་ནི། རྟགས་ཆོས་དང་རྟགས་ཆོས་ཀྱི་འབྲེལ་བ་རང་མཚན་འཛིན་པའི་མངོན་སུམ་དེ་སྔོན་དུ་སོང་བ་ཅན་གྱི་རྗེས་དཔག་ནི་གསུམ་སྟེ། རྒྱུ་ལས་འབྲས་བུ་དཔོག་པ་སྔ་མ་ཅན་དང་། འབྲས་བུ་ལས་རྒྱུ་དཔོག་པ་ལྷག་མ་ཅན་ནམ་ལྷག་ལྡན་དང་། ཆོས་གཅིག་མཐོང་བ་ལས་ཆོས་གཞན་ཤེས་པ་སྤྱི་མཐོང་བ་ཅན་དང་གསུམ་དུ་དབྱེ་བའོ། །རྟགས་ལྟར་སྣང་ལའང་འབྲེལ་བ་མེད་པ་དང་། གྲུབ་པ་མ་ངེས་དང་། ཐེ་ཚོམ་ཅན་གསུམ་དུ་འདོད་དོ། །སྒྲ་བྱུང་གི་ཚད་མ་ཤེས་པ་དང་ལུང་གཉིས་ཀར་འདོད་པ་དང་། དབང་ཕྱུག་གིས་བྱས་པའི་ཞི་རྒྱུད་དང་། འཇིག་རྟེན་མིག་མདོ་དང་། དྲང་སྲོང་ཀཎ་མིག་གིས་བྱས་པའི་རིགས་པའི་ལྟ་བ་ཞེས་པའི་བསྟན་བཅོས་བཅས་ལུང་ཚད་མའོ། །

ཡན་ལག་ལྔ་ལྡན་གྱི་སྦྱོར་ངག་ནི་ཚིག་དོན་བདུན་པར་ཡན་ལག་ལ་ལྔར་བཤད་པ་དེ། དམ་བཅའ་དང་། གཏན་ཚིགས་དང་། དཔེ་དང་། ཉེ་བར་སྦྱོར་བ་དང་། མཇུག་བསྡུ་བ་ཞེས་ཡན་ལག་ལྔ་པོའི་མིང་ཙམ་ཡོད་ཀྱང་མཚན་གཞིའི་སྦྱོར་ངག་མ་མཐོང་། 《ཀུན་བཏུས་དར་ཊཱིཀ་》ལས། རིགས་པ་ཅན་པ་རྣམས་ནི། དཔེར་བརྗོད་པ་དེ་དང་མཐུན་པ་དེ་ལས་བསྒྲུབ་བྱ་སྒྲུབ་པར་བྱེད་པའི་ཆོས་ནི་གཏན་ཚིགས་སོ་ཞེས་གཏན་ཚིགས་ཡང་དག་གི་མཚན་ཉིད་དང་། བསྒྲུབ་བྱ་དང་ཆོས་མཐུན་པ་ཉིད་ལས་བསྒྲུབ་བྱའི་ཆོས་ཡོད་པ་དཔེ་ཡང་དག་གི་མཚན་ཉིད་དེ། དཔེར་ན།

སྒྲ་ཆོས་ཅན། མི་རྟག་སྟེ།
སྐྱེ་ལྡན་ཡིན་པའི་ཕྱིར། བུམ་པ་བཞིན།
དེ་བཞིན་དུ་སྒྲ་ཡང་སྐྱེ་ལྡན་ནོ། །
དེའི་ཕྱིར་སྒྲ་མི་རྟག

ཅེས་པ་ལྟ་བུའོ། ཞེས་ཟེར་རོ། །①ཞེས་གསུངས་པ་དེ་ལས་རིགས་པ་ཅན་པའི་སྦྱོར་ངག་གི་རྣམ་པ་ནི་ཡན་ལག་ལྔ་ལྡན་ཡིན་པ་ཤེས་ཐུབ་བོ། །

རིགས་པ་ཅན་པའི་གཞུང་གཙོ་བོ་ནི་《རིགས་པའི་མདོ་》ཞེས་བྱ་བ་དེ་ཡིན་ལ། བསྟན་བཅོས་དེ་དྲང་སྲོང་རྐང་མིག་གིས་བྱས་པ་ཡིན་མིན་དང་། ཡན་ལག་ལྔ་ལྡན་གྱི་སྦྱོར་ངག་དེ་ཐོག་མར་《རིགས་པའི་མདོ་》ལས་བྱུང་བ་ཡིན་མིན་གྱི་ཐད་ལ་མཁས་པ་རྣམས་ཀྱི་ལྟ་ཚུལ་མི་མཐུན་པ་ཡོད་དེ། ཁ་ཅིག་གིས་《རིགས་པའི་མདོ་》ནི་དྲང་སྲོང་རྐང་མིག་གིས་བྱས་པར་འདོད་དེ། གཞུང་དེའི་བརྗོད་བྱ་གཙོ་བོ་རྐང་མིག་གིས་བྱས་པའི་རྟོག་གེ་ཚིག་དོན་བཅུ་དྲུག་དང་མཐུན་པའི་

① རྒྱལ་ཚབ་དར་མ་རིན་ཆེན་གྱིས་མཛད་པའི་《ཚད་མ་མདོའི་རྣམ་བཤད་》ཅེས་པ་འཇམ་ཞི་བདེའི་ཤེས་རིག་དཔེ་ཚོགས་གྲས་སུ་པར་དུ་བཏབ་པའི་ཤོག་ངོས་༤༨༨པར་གསལ།

ཕྱིར། ཁ་ཅིག་གིས་རྐང་མིག་གིས་བྱས་པ་མ་ཡིན་ཏེ། གཞུང་དེའི་ནང་དུ་སངས་རྒྱས་པའིདབུ་མའི་ལུགས་ལ་སྲུན་འབྱིན་པའི་ཚིག་དོན་ཡོད་པའི་ཕྱིར། རྒྱ་ནག་གི་མཁས་པ་ཧྲིན་ཅན་ཡིང་(沈剑英)གིས་《རིགས་པའི་མདོའི་འགྲེལ་བཤད་》ཅེས་པའི་བསྟན་བཅོས་ཀྱི་སྔོན་འགྲོའི་གཏམ་དུ་འདི་ལྟར་བཤད་དེ། 《རིགས་པའི་མདོ་》ནི་འཕགས་ཡུལ་བྲམ་ཟེ་རིགས་པ་ཅན་པའི་གཞུང་གཙོ་བོ་ཡིན། གཞུང་དེ་དུས་སྐབས་གཅིག་དང་གང་ཟག་གཅིག་གིས་བརྩམས་པའི་བསྟན་བཅོས་ཤིག་མ་ཡིན་ཏེ། དེའི་བམ་པོ་དང་པོ་ནི་གྲུབ་མཐའ་དེའི་སྟོན་པ་དྲང་སྲོང་རྐང་མིག་གིས་བྱས་པའི་ཚིག་དོན་བཅུ་དྲུག་གི་དོན་ཡིན་ལ། གཞན་པ་ནི་རྗེས་ཀྱི་རིགས་པ་ཅན་པའི་མཁས་པ་རྣམས་ཀྱིས་《ཙ་ར་ཀའི་སྨན་གཞུང་》དང་《ཐབས་ལ་མཁས་པའི་སེམས་བསྟན་པ་》ཞེས་པའི་བསྟན་བཅོས་ཀྱི་དོན་འགའ་ཞིག་ཚུར་བླངས་ཤིང་། བམ་པོ་ལྔ་པའི་ལྟག་ཆོད་ཀྱི་ལེའུ་དང་ཚར་གཅད་པའི་གནས་ཀྱི་ལེའུ་གཉིས་ཁ་སྣོན་བྱས་ཏེ་ད་ལྟ་མཐོང་བའི་བསྟན་བཅོས་འདི་ལྟ་བུ་ཞིག་ཏུ་གྱུར། གཞུང་དེའི་བམ་པོ་གཉིས་པ་དང་གསུམ་པ་དང་བཞི་པ་རྣམས་ནི་རིགས་པ་ཅན་པ་རྣམས་ཀྱིས་ནང་པའི་དབུ་མའི་ལྟ་བ་དང་གྲུབ་མཐའ་གཞན་པའི་ལྟ་བ་ལ་སྲུན་འབྱིན་པའི་རྣམ་གཞག་ཡིན་པས། དེ་དག་ལ་བལྟས་ནས་བརྟགས་ན་གཞུང་དེ་སྤྱི་ལོ་དུས་རབས་གསུམ་པའི་རྗེས་སུ་བརྩམས་པ་ཞིག་ཡིན་པ་གདོན་མི་ཟའོ། །[1]ཞེས་འཆད་པ་ནི་ཡིད་རྟོན་རུང་བའི་གཏམ་ཞིག་ཡིན་པར་སེམས་སོ། །

《རིགས་པའི་མདོ་》ཞེས་པའི་བསྟན་བཅོས་འདི་བོད་འགྱུར་མེད་པས་བོད་ཀྱི་མཁས་པ་རྣམས་ཀྱིས་དཔྱད་པའི་ཡི་གེ་མ་མཐོང་གཤིས། འདིར་རྒྱ་འགྱུར་ལ་བརྟེན་ནས་དཔྱད་པ་མདོར་ཙམ་བྱེད་པ་འདི་ལྟ་སྟེ།

བསྟན་བཅོས་ཡོངས་ལ་བམ་པོ་ལྔ་དང་ལེའུ་བཅུ་ཡོད་དོ། །བམ་པོ་དང་པོ་

① ཀང་ཝེ་ཧྲ་ཤྲིས་བརྩམས། ༢༠༠༥ལོར་ཆོས་ལུགས་རིག་གནས་དཔེ་སྐྲུན་ཁང་གིས་པར་དུ་བསྐྲུན་པའི་《རིགས་པའི་མདོའི་འགྲེལ་བཤད་》ཀྱི་སྔོན་འགྲོའི་གཏམ་དུ་གསལ།

ལ་ལེའུ་གཉིས། ལེའུ་དང་པོ་ལ་ས་བཅད་བཅུ་ཡོད་དེ། ༡. གཞུང་དོན་ཡོངས་ཀྱི་གཙོ་གནད་བསྟན་པ། ༢. ཚད་མའི་མཚན་ཉིད་བཤད་པ་། ༣. གཞལ་བྱའི་མཚན་ཉིད་བཤད་པ། ༤. ཐེ་ཚོམ་བཤད་པ། ༥. དགོས་པ་བཤད་པ། ༦. དཔེ་བཤད་པ། ༧. གྲུབ་མཐའ་བཤད་པ། ༨. ཡན་ལག་བཤདཔ། ༩. གཏན་འཐེབས་བཤད་པ། ༡༠. རྩོད་པ་བཤད་པ་དང་བཅས་གཞུང་དོན་བསྡུས་པར་བཤད་པ་དང་ཚིག་དོན་བཅུ་དྲུག་ལས་ཚིག་དོན་སྔ་མ་དགུའི་གོ་དོན་རྒྱས་པར་བསྟན་པ་ཡིན།

ལེའུ་གཉིས་པར་ས་བཅད་བདུན་ཡོད་དེ། ༡. བརྗོད་པའི་མཚན་ཉིད་བཤད་པ། ༢. བརྗོད་པ་ལྟར་སྣང་བཤད་པ། ༣. སུན་འབྱིན་བཤད་པ། ༤. གཏན་ཚིགས་ལྟར་སྣང་བཤད་པ། ༥. ཚིག་དོར་བཤད་པ། ༦. ལྟག་ཆོད་བཤད་པ། ༧. ཚར་གཅོད་བཤད་པ་དང་བཅས་ཚིག་དོན་བཅུ་དྲུག་ལས་ཚིག་དོན་ཕྱི་མ་བདུན་པོའི་གོ་དོན་རྒྱས་པར་བསྟན་པ་ཡིན། སྤྱིར་ན་བམ་པོ་དང་པོ་ནི་དྲང་སྲོང་རྐང་མིག་གིས་བྱས་པའི་རྩོག་གེ་ཚིག་དོན་བཅུ་དྲུག་རེ་རེའི་དོན་རྒྱས་པར་བསྟན་པ་ཡིན་ནོ། །

བམ་པོ་གཉིས་པ་ལ་ལེའུ་གཉིས། དང་པོ་ལ་ས་བཅད་དགུ་ཡོད་དེ། ༡. ཐེ་ཚོམ་གྱི་གོ་དོན་བརྟག་པ། ༢. ཚད་མའི་གོ་དོན་བརྟག་པ། ༣. མངོན་སུམ་ཚད་མའི་གོ་དོན་བརྟག་པ། ༤. སྤྱི་ལྡོག་བརྟག་པ། ༥. རྗེས་སུ་དཔག་པའི་ཚད་མ་བརྟག་པ། ༦. དུས་ད་ལྟ་བ་བརྟག་པ། ༧. དཔེ་ཉེར་འཇལ་གྱི་ཚད་མ་བརྟག་པ། ༨. སྒྲ་བྱུང་གི་ཚད་མ་བརྟག་པ། ༩. སྒྲ་བྱུང་གི་ཚད་མ་ཁྱད་པར་བ་རིག་བྱེད་བརྟག་པ་བཅས་དགུའོ། །

ལེའུ་གཉིས་པ་ལ་ས་བཅད་བཞི་ཡོད་དེ། ༡. ཚད་མ་བཞིར་གཏན་ལ་ཕབ་པ་དང་། ༢. སྒྲ་མི་རྟག་པར་སྒྲུབ་པ་དང་། ༣. སྒྲའི་རྣམ་པ་བཤད་པ་དང་། ༤. རྗོད་བྱེད་ཀྱི་སྒྲའི་བྱེད་ལས་བརྟག་པའོ། །

བམ་པོ་གསུམ་པ་ལ་ལེའུ་གཉིས། ལེའུ་དང་པོ་ལ་ས་བཅད་དགུ་ཡོད་དེ། ༡. རྣམ་ཤེས་དང་དབང་པོ་མི་མཐུན་པ། ༢. རྣམ་ཤེས་དང་ལུས་མི་མཐུན་

པ། ༣. མིག་དབང་ནི་གཅིག་པོ་ན་ཙམ་མ་ཡིན་པ། ༤. རྣམ་ཤེས་དང་ཡིད་མི་མཐུན་པ། ༥. རྣམ་ཤེས་ནི་རྟག་པ་ཡིན་པ། ༦. ལུས་ཀྱི་ངོ་བོ། དབང་པོ་དང་འབྱུང་བ། ༧. དབང་པོ་སྣ་མང་བའི་ངོ་བོ། ༨. དབང་པོའི་ཡུལ་བཤད་པ་དང་དགུའོ། །

ལེའུ་གཉིས་པ་ལ་ས་བཅད་བདུན་ཡོད་དེ། ༡. བློ་ནི་མི་རྟག་པ་ཡིན། ༢. སྐད་ཅིག་མའི་མི་རྟག་པ་བཤད་པ། ༣. བློ་ནི་རྣམ་ཤེས་ཀྱི་ཁྱད་ཆོས་ཡིན་པར་བཤད་པ། ༤. བློའི་སྐྱེ་འཇིག་བཤད་པ། ༥. བློ་ནི་ལུས་ཀྱི་ཁྱད་ཆོས་མ་ཡིན་པར་བཤད་པ། ༦. ཡིད་བརྟག་པ། ༧. ལུས་ནི་མི་མཐོང་བའི་སྟོབས་ཀྱིས་སྒྲུབ་པ་དང་བདུན་ནོ། །

བམ་པོ་བཞི་པ་ལ་ལེའུ་གཉིས་ཡོད་དེ། ལེའུ་དང་པོ་ལ་ས་བཅད་བཅུ་བཞི་ཡོད་པ་ནི། ༡. སྐྱོད་པ་དང་སྐྱོན་བརྗོད་པ།(ལུས་ངག་ཡིད་གསུམ་གྱི་སྐྱོད་པ་དང་དེ་ལས་བྱུང་བའི་སྐྱོན།) ༢. སྐྱོན་གསུམ་བརྗོད་པ།(འདོད་ཆགས་ཞེ་སྡང་གཏི་མུག་གསུམ།) ༣. འཁོར་བ།(རྣམ་ཤེས་རྟག་པར་གནས་པས་འཁོར་བ་ཡོད་སྲིད།) ༤. འཇིག་རྟེན་ནི་དངོས་རྒྱུ་སྟོང་པ་ལས་སྐྱེས་པ་མ་ཡིན། ༥. འཇིག་རྟེན་བྱེད་པོ་ཡོད་མེད་ལ་བརྟག་པ། ༦. འཇིག་རྟེན་རྒྱུ་མེད་དུ་སྐྱེས་པ་ཡིན་མིན་ཐད་ཀྱི་རྩོད་པ། ༧. ཆོས་ཐམས་ཅད་མི་རྟག་པ་ཡིན་མིན་ཐད་ཀྱི་རྩོད་པ། ༨. ཆོས་ཐམས་ཅད་རྟག་པ་ཡིན་མིན་ཐད་ཀྱི་རྩོད་པ། ༩. ཆོས་ཐམས་ཅད་ཐ་དད་ཡིན་པའི་ལུགས་དགག་པ། ༡༠. ཆོས་ཐམས་ཅད་སྟོང་པ་ཡིན་པའི་ལུགས་དགག་པ། ༡༡. ཆོས་ཀྱི་རྣམ་གྲངས་ཐད་ཀྱི་ལྟ་བ་མི་མཐུན་པ་དགག་པ། ༡༢. རྣམ་སྨིན་གྱི་འབྲས་བུ་བཤད་པ། ༡༣. སྡུག་བསྔལ་བཤད་པ། ༡༤. ཐར་པ་བཤད་པ་དང་བཅས་སོ། །

ལེའུ་གཉིས་པ་ལ་ས་བཅད་དྲུག་ཡོད་དེ། ༡. ཡང་དག་པའི་ཤེས་པ་ཇི་ལྟར་སྐྱེ་བའི་ཚུལ།(དང་པོ་སྐྱོན་བྱུང་བའི་རྒྱུ་མཚན་ཤེས་ན་ང་རྒྱལ་འགོག་ཐུབ། གཉིས་པ་གཟུགས་སོགས་རང་གི་དམིགས་པའི་ཡུལ་དུ་འགྱུར་ཚེ་སྐྱོན་འབྱུང་བའི་རྒྱུ་མཚན་དུ་གྱུར་

ཟིན། གསུམ་པ་སྤྱིའི་རྣམ་པ་འཁྲུལ་བར་སྣང་ཚེ་སྐྱོན་དུ་གྱུར་པ་ཡིན་ཞེས་པར་བཤད་དོ། །) ༢. ཆ་དང་ཆ་ཅན་བཤད་པ། ༣. རྟུལ་ཕྲ་རབ་ཆ་མེད་བཤད་པ། ༤. ཕྱི་དོན་མེད་པའི་ལུགས་དགག་པ། ༥. ཉིང་འཛིན་ལས་སྐྱེས་པའི་ཤེས་པ་ཡང་དག་བཤད་པ། ༦. ཤེས་པ་ཡང་དག་དེ་ཇི་ལྟར་སྐྱུང་བའི་སྐོར་དང་བཅས་སོ། །

བམ་པོ་ལྔ་པ་ལ་ལེའུ་གཉིས། ལེའུ་དང་པོ་ལ་ས་བཅད་བཅུ་དྲུག་ཡོད་དེ།

ས་བཅད་དང་པོ། ལྟག་ཆོད་ཀྱི་དབྱེ་བ་དང་། དང་པོ་གཉིས་ཀྱི་གོ་དོན་བཤད་པ། དང་པོ། ལྟག་ཆོད་ཀྱི་དབྱེ་བ། ལྟག་ཆོད་ལ་དབྱེ་ན་ཉེར་བཞི་ཡོད་དེ། ༡. ཆོས་མཐུན་པ་དང་མཚུངས་པ། ༢. ཆོས་མི་མཐུན་པ་དང་མཚུངས་པ། ༣. འཕེལ་བ་དང་མཚུངས་པ། ༤. འགྲིབ་པ་དང་མཚུངས་པ། ༥. སྒྲུབ་དགོས་པ་མཚུངས་པ། ༦. སྒྲུབ་མི་དགོས་པ་མཚུངས་པ། ༧. སོ་སོའི་དཔེ་དང་མཚུངས་པ། ༨. བསྒྲུབ་བྱ་དང་མཚུངས་པ། ༩. ཕྲད་པ་མཚུངས་པ། ༡༠. མ་ཕྲད་པ་མཚུངས་པ་། ༡༡. མཐའ་མེད་མཚུངས་པ། ༡༢. དཔེ་ལོག་མཚུངས་པ། ༡༣. མ་སྐྱེས་པ་མཚུངས་པ། ༡༤. ཐེ་ཚོམ་མཚུངས་པ། ༡༥. བསྒྲུབ་བྱའི་བཟློག་ཕྱོགས་དང་མཚུངས་པ། ༡༦. ཁྱད་པར་མེད་པར་མཚུངས་པ། ༡༧. དོན་གྱིས་གོ་བར་མཚུངས་པ། ༡༨. གཏན་ཚིགས་མེད་པ་མཚུངས་པ། ༡༩. སྒྲུབ་བྱེད་མཚུངས་པ། ༢༠. དམིགས་པ་མཚུངས་པ། ༢༡. མ་དམིགས་པ་མཚུངས་པ། ༢༢. མི་རྟག་པ་མཚུངས་པ། ༢༣. རྟག་པ་མཚུངས་པ། ༢༤. འབྲས་བུ་མཚུངས་པ་དང་བཅས་ཉེར་བཞིའོ། །གཉིས་པ། ཆོས་མཐུན་པ་དང་ཆོས་མི་མཐུན་པ་གཉིས་ནི། ཆོས་མཐུན་པ་དང་མི་མཐུན་པ་གཉིས་ཀྱིས་བསྒྲུབ་བྱ་སྒྲུབ་པ་ན། ཕ་རོལ་པོས་ཆོས་མཐུན་པ་དང་མི་མཐུན་པ་གཉིས་ལ་བལྟོས་ནས་སུན་འབྱིན་བྱེད་པ་སྟེ། དཔེར་ན། ཆོས་མཐུན་པ་དང་མཚུངས་པ་ནི། སྒྲ་མི་རྟག་སྟེ། བུམ་པ་བཞིན་དུ་བྱས་པའི་ཕྱིར་ཞེས་པར་བཀོད་པ་ན། ཕ་རོལ་པོས་སྒྲ་རྟག་སྟེ། ནམ་མཁའ་བཞིན་དུ་ལུས་ཅན་མ་ཡིན་པའི་ཕྱིར་ཞེས་ཟེར་ཏེ། གཏན་ཚིགས་དེ་ཉིད་ལ་བུམ་པ་ཆོས་མཐུན་པར་བྱས་ནས

དེའི་མི་མཐུན་ཕྱོགས་ནམ་མཁའ་དང་ཆོས་མཐུན་པར་བརྗོད་པ་ལྟ་བུའོ། །ཆོས་མི་མཐུན་པ་དང་མཚུངས་པ་ནི། དཔེ་སྔ་མ་ལས་བཟློག་སྟེ། དཔེ་གཉིས་པོ་ལ་བུམ་པ་ཆོས་མི་མཐུན་དཔེར་སྦྱར་བར་བྱ་བ་ལྟ་བུའོ། །

ས་བཅད་གཉིས་པ། དཔེའི་ངོ་བོ་མི་གཅིག་པ་ལ་བལྟོས་ནས་མཚུངས་པ་ལྟག་ཆོད་དྲུག་ཡོད་དེ། འཕེལ་བ་མཚུངས་པ། འགྲིབ་པ་མཚུངས་པ། སྒྲུབ་དགོས་པ་མཚུངས་པ། སྒྲུབ་མི་དགོས་པ་མཚུངས་པ། སོ་སོའི་དཔེ་མཚུངས་པ་ལྔ་དང་། བསྒྲུབ་བྱ་དང་དཔེ་གཉིས་ལ་བལྟོས་ནས་ལྟག་ཆོད་བསྒྲུབ་བྱ་མཚུངས་པ་དང་དྲུག་གོ །འཕེལ་བ་མཚུངས་པ་ནི། སྒྲ་མི་རྟག་སྟེ། བྱས་པའི་ཕྱིར། དཔེར་ན་བུམ་པ་བཞིན་ཞེས་བརྗོད་པ་ལ། འོ་ན་སྒྲ་བུམ་པ་དང་མཚུངས་པའི་ཕྱིར་གཟུགས་ཅན་དུ་ཐལ་ཞེས་ཟེར་བ་ལྟ་བུའོ། །འགྲིབ་པ་མཚུངས་པ་ནི། དཔེར་ན་སྒྲ་མི་རྟག་སྟེ། བྱས་པའི་ཕྱིར། དཔེར་ན་བུམ་པ་བཞིན་ཞེས་བརྗོད་པ་ལ། ཕ་རོལ་པོས་སྒྲ་མི་རྟག་ཅིང་མཉན་བྱ་མ་ཡིན་ཏེ། བྱས་པའི་ཕྱིར། དཔེར་ན་བུམ་པ་བཞིན་ཞེས་ཟེར་བ་ལ་མཉན་བྱ་མ་ཡིན་པ་ནི་བདག་གི་འདོད་པ་སྒྲ་མཉན་བྱ་ཡིན་པ་མ་བརྗོད་པས་འགྲིབ་པ་དང་མཚུངས་པའོ། །ཅིའི་ཕྱིར་དེ་ལྟར་བརྗོད་ཅེ་ན། སྒྲ་བུམ་པ་དང་མཚུངས་པའི་ཕྱིར། མཉན་བྱ་མ་ཡིན་པར་ཐལ་ཟེར་བའོ། །སྒྲུབ་དགོས་པ་མཚུངས་པ་ནི། སྒྲ་མི་རྟག་པར་སྒྲུབ་པ་ལ་དཔེ་བུམ་པ་བཞག་ན་བུམ་པ་མི་རྟག་པ་ཡིན་པའང་སྒྲུབ་དགོས་སོ་ཞེས་པ་ལ་སྒྲུབ་དགོས་པ་མཚུངས་པ་ཞེས་པའོ། །སྒྲུབ་མི་དགོས་པ་མཚུངས་པ་ནི། བུམ་པ་མི་རྟག་པར་སྒྲུབ་མི་དགོས་ན་རྒྱུ་མཚན་མཚུངས་པའི་ཕྱིར་སྒྲ་ཡང་མི་རྟག་པར་སྒྲུབ་མི་དགོས་སོ་ཞེས་པ་ལྟ་བུའོ། །སོ་སོའི་དཔེ་མཚུངས་པ་ནི། དཔེར་ན་སྒྲ་མི་རྟག་སྟེ། བྱས་པའི་ཕྱིར། དཔེར་ན་བུམ་པ་བཞིན་ཞེས་བརྗོད་པ་ལ། སྒྲ་དང་བུམ་པ་གཉིས་བྱས་པ་ཡིན་པ་འདྲ་ཡང་བུམ་པ་རེག་བྱ་ཡིན་ལ་སྒྲ་རེག་བྱ་མ་ཡིན་པས་མི་འདྲ་བས་སྒྲ་རྟག་པ་ཡིན་དགོས་སོ་ཞེས་པ་ལྟ་བུའོ། །བསྒྲུབ་བྱ་དང་མཚུངས་པ་ནི། སྒྲ་མི་རྟག་སྟེ། ཞེས་ཡན་ལག་ལྔ་ལྡན་

བཀོད་པ་ན་དཔེ་བུམ་པ་ལའང་ཡན་ལག་ལྔ་ལྡན་འགོད་དགོས་ཞེས་ཟེར་བ་ལྟ་བུའོ། །

ས་བཅད་གསུམ་པ། ཁྱད་པ་མཚུངས་པ་དང་མ་ཁྱད་པ་མཚུངས་པ་ནི། རྟགས་དང་བསྒྲུབ་བྱའི་ཆོས་ཁྱད་དེ་གཅིག་ཏུ་གྱུར་པ་དང་མ་ཁྱད་པར་གཅིག་ཏུ་མི་འགྱུར་བ་ཚུལ་གཉིས་ལ། གལ་ཏེ་ཁ་ཅིག་གིས་རྟགས་དང་བསྒྲུབ་བྱའི་ཆོས་གཉིས་གཅིག་ཏུ་གྱུར་ན་ཕན་ཚུན་སྒྲུབ་མི་ནུས་པས། དེ་ལ་ཁྱད་པ་མཚུངས་པ་དང་། མ་ཁྱད་པར་གཅིག་ཏུ་མི་འགྱུར་ན་བསྒྲུབ་བྱ་སྒྲུབ་མི་ནུས་པས་མ་ཁྱད་པ་མཚུངས་པ་ཞེས་པའོ། །

ས་བཅད་བཞི་པ། མཐའ་མེད་མཚུངས་པ་དང་དཔེ་ལོག་མཚུངས་པ་བཤད་པ། དཔེ་གྲུབ་པའི་རྒྱུ་མཚན་མི་སྨྲ་བ་ལ་མཐའ་མེད་མཚུངས་པ་ཞེས་ཏེ། དཔེར་ན་སྒྲ་མི་རྟག་སྟེ། བུམ་པ་བཞིན་ཞེས་པ་ལ། ཕ་རོལ་པོས་བུམ་པ་མི་རྟག་པའི་རྒྱུ་མཚན་ཅི་ཞེས་མུ་མཐུད་དུ་འདྲི་བར་བྱེད་ན་མཐའ་མེད་པར་གྱུར་པས་མཐའ་མེད་མཚུངས་པ་ཞེས་པའོ། །ཕ་རོལ་པོས་དཔེ་ལོག་པར་བཀོད་དེ་བསྒྲུབ་བྱ་ལོག་པར་སྒྲུབ་པ་སྟེ། དཔེར་ན་སྒྲ་མི་རྟག་སྟེ། བྱས་པའི་ཕྱིར། དཔེར་ན་བུམ་པ་བཞིན་ཞེས་པ་ལ། ཕ་རོལ་པོས་སྒྲ་རྟག་སྟེ། དཔེར་ན་ནམ་མཁའ་བཞིན་ཟེར་བ་ལྟ་བུའོ། །

ས་བཅད་ལྔ་པ། མ་སྐྱེས་པ་མཚུངས་པ་ནི། བྱ་དངོས་གང་ཞིག མ་སྐྱེས་པའི་སྔོན་ལ་དེའི་རྒྱུ་མེད་པར་བརྗོས་ཏེ་སུན་འབྱིན་བྱེད་པ་ལ་མ་སྐྱེས་པ་མཚུངས་པ་ཞེས་པ་སྟེ། དཔེར་ན། སྒྲ་མི་རྟག་སྟེ། རྩོལ་བ་ལས་བྱུང་བའི་ཕྱིར། བུམ་པ་བཞིན་ཞེས་པ་ལ། གལ་ཏེ་སྐྱེ་བ་ལས་སྔར་སྒྲ་རྩོལ་བ་ལས་བྱུང་བའི་ཕྱིར་མི་རྟག་པར་གྱུར་ལ། རྩོལ་བ་ལས་བྱུང་བ་མ་ཡིན་པའི་ཕྱིར་རྟག་པར་འགྱུར་རོ་ཞེས་ཟེར་བ་ལྟ་བུའོ། །

ས་བཅད་དྲུག་པ། ཐེ་ཚོམ་མཚུངས་པ་ནི། དཔེ་སྔ་མ་ཉིད་ལ། རྩོལ་བྱུང་གསལ་བ་དང་སྐྱེ་བ་གཉིས་ལ་མཐོང་བ་ལས་འདིར་གསལ་བ་ཡིན་ནམ། སྐྱེ་བ་ཡིན་ནམ་ཞེས་ཐེ་ཚོམ་ཟ་བས་རྟགས་འདིས་མི་རྟག་པ་བསྒྲུབ་མི་ནུས་སོ་ཞེས་ཟེར་བ་ལྟ་

བུའོ། །ཁོ་བོ་ཅག་ནི་མངོན་པར་གསལ་བ་སྐྱེ་བ་ཉིད་ཡིན་པས་ལྷག་ཆོད་འདི་ཡང་མ་ངེས་པ་ལྟར་སྣང་ཡིན་ནོ། །

ས་བཅད་བདུན་པ། བསྒྲུབ་བྱའི་བཟློག་ཕྱོགས་དང་མཚུངས་པ་ནི། རྩོད་པའི་ཚེ་སྒྲ་མི་རྟག་སྟེ། བྱས་པའི་ཕྱིར། དཔེར་ན་བུམ་པ་བཞིན་ཞེས་པ་ལ། ཕ་རོལ་པོས་སྒྲ་རྟག་སྟེ། མཉན་བྱ་ཡིན་པའི་ཕྱིར། དཔེར་ན་སྒྲ་ཉིད་བཞིན་ཞེས་ཟེར་ཏེ། མཉན་བྱ་ནི་མི་རྟག་པར་གྱུར་པའི་སྒྲའི་ངོ་བོ་ཡིན་པ་ཁྱོད་ཀྱང་འདོད་ལ། དེ་ཡང་རྟག་པར་གྱུར་པའི་སྒྲའི་ངོ་བོ་ཡིན་པས། སྒྲ་མི་རྟག་པ་དང་སྒྲ་རྟག་པ་གཉིས་གང་ཡང་བསྒྲུབ་མི་ནུས་སོ་ཞེས་པ་ལྟ་བུའོ། །

ས་བཅད་བརྒྱད་པ། གཏན་ཚིགས་མེད་པ་མཚུངས་པ་ནི། རྟགས་དེ་དུས་འདས་པ་དང་། ད་ལྟ་དང་མ་འོངས་པ་ན་མི་འགྲུབ་པས་གཏན་ཚིགས་མེད་པ་མཚུངས་པ་ཞེས་ཟེར། དེ་ནི་ཕྱོགས་ཀྱི་སྔར་པོས་གསུངས་པའི་གཏན་ཚིགས་མཚུངས་པ་དང་མཐུན་པར་སྣང་སྟེ། དཔེར་ན་སྒྲ་མི་རྟག་སྟེ། བྱས་པའི་ཕྱིར། དཔེར་ན་བུམ་པ་བཞིན་ཞེས་པ་ལ། རྟགས་སྔ་ན་བསྒྲུབ་བྱ་མེད་པས་མི་ནུས་ལ་འཕྱི་ན་གྲུབ་ཟིན་པས་མི་དགོས་ཤིང་དུས་མཉམ་ན་སྔར་གྱི་ར་ལྟར་རྟགས་དང་རྟགས་ཅན་མེད་དོ་ཞེས་ཟེར་བ་ལྟ་བུའོ། །

ས་བཅད་དགུ་པ། དོན་གྱིས་གོ་བ་མཚུངས་པ་ནི། བརྟག་པ་མཐའ་གཟུང་གི་སྒོ་ནས་དེའི་བཟློག་ཕྱོགས་སྒྲུབ་པ་ལ་ཟེར། དཔེར་ན་སྒྲ་མི་རྟག་སྟེ། རྩོལ་བ་ལས་བྱུང་བའི་ཕྱིར་ཞེས་པ་ལ། རྩོལ་བ་ལས་བྱུང་བས་མི་རྟག་ན་རྩོལ་བ་ལས་མ་བྱུང་བའི་གློག་ལ་སོགས་པ་རྟག་པར་དོན་གྱིས་གོ་བ་ཞེས་ཟེར་བ་ལྟ་བུའོ། །འདི་ནི་མ་ངེས་པ་ལྟར་སྣང་ཡིན་ནོ། །

ས་བཅད་བཅུ་པ། ཆོས་ཅན་གཉིས་མཚུངས་ཆོས་ཤིག་ཡོད་པ་ལ་བལྟོས་ནས་ཆོས་དེ་གཉིས་ཁྱད་པར་མེད་པར་འདོད་པ་དང་ཆོས་ཐམས་ཅད་ཁྱད་པར་མེད་པར་འདོད་པ་ཞིག་གོ །དཔེར་ན་སྒྲ་མི་རྟག་པར་བསྒྲུབ་ན་བུམ་པ་དཔེར་བྱས་པའི་

ཚོ། བུམ་པའི་ཆོས་ཚོས་པ་ལ་སོགས་པ་ཐམས་ཅད་ཀྱང་སྒྲ་ལ་ཐོབ་ལ། སྒྲའི་ཆོས་མཉན་བྱ་ལ་སོགས་པའང་བུམ་པ་ལ་ཐོབ་པས་དེ་ལྟ་ན་ཕན་ཚུན་ཐམས་ཅད་གཅིག་ཏུ་འགྱུར་རོ་ཞེས་ཟེར་བ་ལྟ་བུའོ། །

ས་བཅད་བཅུ་གཅིག་པ། སྒྲུབ་བྱེད་མཚུངས་པ་ནི། རྩོད་པའི་ཚེ་རྒོལ་ཕྱི་རྒོལ་གཉིས་ཀྱིས་རང་རང་གིས་སྒྲུབ་བྱེད་བཀོད་ནས་བསྒྲུབ་བྱ་འགལ་བ་ཅན་གཉིས་སྒྲུབ་པར་བྱེད་པ་ལ་ཟེར། དཔེར་ན་རྒོལ་བས་སྒྲ་མི་རྟག་སྟེ། བྱས་པའི་ཕྱིར། དཔེར་ན་བུམ་པ་བཞིན་ཞེས་བཀོད་པ་ལ། ཕྱི་རྒོལ་གྱིས་སྒྲ་རྟག་སྟེ། རེག་བྱ་མ་ཡིན་པའི་ཕྱིར། དཔེར་ན་ནམ་མཁའ་བཞིན་ཞེས་ཟེར་བ་ལྟ་བུའོ། །

ས་བཅད་བཅུ་གཉིས་པ། དམིགས་པ་མཚུངས་པ་ནི། ཁྱོད་ཀྱིས་བཀོད་པའི་གཏན་ཚིགས་མི་དམིགས་ཀྱང་གཏན་ཚིགས་གཞན་དམིགས་པ་ཡོད་པ་ལ་ཟེར། དཔེར་ན། སྒྲ་མི་རྟག་སྟེ། རྩོལ་བྱུང་ཡིན་པའི་ཕྱིར། དཔེར་ན་བུམ་པ་བཞིན་ཞེས་པ་ལ། ཕ་རོལ་པོས་སྒྲ་མི་རྟག་པར་བསྒྲུབ་པ་ལ་རྩོལ་བྱུང་རྟགས་སུ་འགོད་པའི་ངེས་པ་མེད་དེ། རྩོལ་བྱུང་མ་ཡིན་པའི་ཆོས་ཀྱང་སྒྲ་མི་རྟག་པར་བསྒྲུབ་ནུས་པས་སོ་ཞེས་པ་ལྟ་བུའོ། །

ས་བཅད་བཅུ་གསུམ་པ། མ་དམིགས་པ་མཚུངས་པ་ནི། ཆོས་གཅིག་མ་ངེས་པའི་སྔོན་ལ་དེ་མ་དམིགས་པས་དེ་མེད་པར་དམ་བཅས་པ་ལ། ཁ་ཅིག་གིས་ངས་ཁྱོད་ཀྱིས་མ་དམིགས་པས་མེད་པ་དེ་མ་དམིགས་པས་མེད་པ་དེ་མེད་པར་རིགས་སོ་ཞེས་པ་ལྟ་བུའོ། །

ས་བཅད་བཅུ་བཞི་པ། མི་རྟག་པ་མཚུངས་པ་ནི། ཐ་དད་པའི་ཆོས་རྣམས་ཕན་ཚུན་མཚུངས་པའི་ཁྱད་ཆོས་ཡོད་པས་ཁ་ཅིག་གིས་དེ་ལ་བལྟོས་ནས་ཆོས་ཐམས་ཅད་མི་རྟག་པའི་ཁྱད་ཆོས་ཡོད་པས་ཆོས་ཐམས་ཅད་མི་རྟག་པར་འདོད་པ་ལྟ་བུའོ། །དཔེར་ན་སྒྲ་མི་རྟག་སྟེ། བྱས་པའི་ཕྱིར། དཔེར་ན་བུམ་པ་བཞིན་ཞེས་པ་ལ། ཕ་རོལ་པོས་སྒྲ་ནི་མི་རྟག་པའི་བུམ་པ་དང་མཚུངས་ཆོས་ཡོད་པས་སྒྲ་མི་རྟག་

པར་འདོད་ན། ཤེས་བྱ་ཐམས་ཅད་ཀྱི་ཁྱད་ཆོས་འགའ་མི་རྟག་པའི་བུམ་པ་དང་མཚུངས་པས་ཤེས་བྱ་ཐམས་ཅད་མི་རྟག་པ་ཡིན་དགོས་སོ་ཞེས་པ་ལྟ་བུའོ། །

ས་བཅད་བཅོ་ལྔ་པ། རྟག་པ་མཚུངས་པ་ནི། ཁ་ཅིག་གིས་མི་རྟག་པ་ནི་དུས་ནམ་ཡང་གནས་པའི་ངོ་བོ་ཡོད་པས། མི་རྟག་པ་དེ་ཡང་རྟག་པར་གནས་པའི་ཆོས་ཤིག་ཡིན་ནོ་ཞེས་པ་ལྟ་བུའོ། །དཔེར་ན་སྒྲ་མི་རྟག་ཅེས་བརྗོད་པ་ན། འོ་ན་མི་རྟག་པ་དང་ལྡན་པའི་ཕྱིར་རྟག་པར་འགྱུར་ཏེ་ཆོས་རྣམས་མི་འཕོ་བའི་རང་བཞིན་ཡིན་པའི་ཕྱིར་ཟེར་བ་ལྟ་བུའོ། །

ས་བཅད་བཅུ་དྲུག་པ། འབྲས་བུ་མཚུངས་པ་ནི། ཁ་ཅིག་གིས་རྩོལ་བ་ལས་བྱུང་བའི་འབྲས་བུ་གཅིག་པོ་ན་མ་ཡིན་པར་འདོད་པ་ལ་ཟེར། དཔེར་ན་སྒྲ་མི་རྟག་སྟེ། རྩོལ་བྱུང་ཡིན་པའི་ཕྱིར། དཔེར་ན་བུམ་པ་བཞིན་ཞེས་པ་ལ། ཕ་རོལ་པོས་རྩོལ་བ་ལས་བྱུང་བའི་འབྲས་བུ་མི་རྟག་པ་པོ་ན་ཡིན་པའི་ངེས་པ་མེད་ཅེས་པ་ལྟ་བུ། སློབ་དཔོན་ཕྱོགས་གླང་གི་ལུགས་ལྟར་ན་སྒྲ་མི་རྟག་སྟེ། བྱས་པའི་ཕྱིར། དཔེར་ན་བུམ་པ་བཞིན་ཞེས་བརྗོད་པ་ན། སྒྲའི་བྱས་པས་སྒྲ་མི་རྟག་པར་མི་འགྲུབ། བུམ་པའི་བྱས་པ་སྒྲ་ལ་མེད། ཅེས་བརྗོད་པ་ལྟ་བུའོ། །འདི་སྒྲ་བ་པོའི་བརྗོད་འདོད་ཀྱིས་གསུམ་དུ་འགྱུར་ཏེ། བུམ་པའི་འབྲས་བུ་ཉིད་སྒྲ་ལ་མེད་དོ། །ཞེས་ཟེར་ན་མ་གྲུབ་པ་ལྟར་སྣང་ངོ་། །སྒྲའི་འབྲས་བུ་ཉིད་བུམ་པ་ལ་སོགས་པའི་མི་རྟག་པ་རྣམས་ལ་མེད་དོ་ཞེས་ཟེར་ན་འགལ་བ་ལྟར་སྣང་ངོ་། །དེ་ཉིད་རྟག་པའམ་མི་རྟག་པ་ལ་མེད་དོ་ཞེས་ཟེར་ན་ཐུན་མོང་མ་ཡིན་པའི་དཔེའི་སྐྱོན་ལྟར་སྣང་བ་ཡིན་ཏེ། ཆོས་མཐུན་པས་དཔེར་བྱས་པའི་ཕྱིར་རོ། །

ལྟག་ཆོད་ནི་རྩོད་པའི་ཚེ་བྱུང་བའི་སུན་འབྱིན་ལྟར་སྣང་ཡིན་ལ། གཞུང་འདིར་བསྟན་པའི་ལྟག་ཆོད་ཀྱི་རྣམ་པ་རྣམས་ནི་དུས་དེར་དར་བའི་གཏན་ཚིགས་རིག་པའི་བསྟན་བཅོས་ཀྱི་བརྗོད་བྱ་གལ་ཆེན་ཞིག་ཡིན་པར་མངོན། གཞུང་དེ་པོ་ན་མ་གཏོགས་གཞན་པའི་ཕྱི་རོལ་པའི་རིགས་གཞུང་གང་ལ་ཡང་དེ་ལྟར་ཞིབ་ཏུ

བཤད་པ་མ་མཐོང་བས་འདིར་ཙུང་ཙམ་རྒྱས་པར་བཤད་པ་ཡིན།

ས་བཅད་བཅུ་བདུན་པ། སྒྲུབ་བྱེད་དྲུག་འགོད་པའི་ཚུལ་བསྟན་པ།

ལེའུ་གཉིས་པ་ཚར་གཅད་པའི་གནས་བཤད་པ། ཚར་གཅད་པའི་གནས་ནི་ཤུ་རྩ་གཉིས་ཀྱི་མིང་བཏགས་པ་འདི་ལྟ་སྟེ། དམ་བཅའ་ལ་གནོད་པ་དང་། དམ་བཅའ་བ་གཞན་དང་། དམ་བཅའ་དང་འགལ་བ་དང་། དམ་བཅའ་བར་བཀག་པ་དང་། གཏན་ཚིགས་གཞན་དང་། དོན་གཞན་དང་། དོན་མེད་པ་དང་། རྣམ་པར་མི་རིགས་པའི་དོན་དང་། འབྲས་བུ་མེད་པ་དང་། དུས་མ་ཡིན་པ་དང་། མ་ཚང་བ་དང་། ལྷག་མ་དང་། ཟློས་པ་དང་། རྗེས་སུ་མ་བརྗོད་པ་དང་། མི་ཤེས་པ་དང་། དགོས་པ་མེད་པ་དང་། སྤངས་པ་དང་། ཕོང་དུ་མ་ཆུད་པ་དང་། བརྒལ་ཞིང་བརྟག་པ་ལ་བསྙོས་པ་དང་། རྗེས་སུ་མི་སྦྱོར་བ་ལ་སྦྱོར་བ་དང་། གྲུབ་པའི་མཐའ་དང་། གཏན་ཚིགས་ལྟར་སྣང་དང་བཅས་ཚར་གཅད་པའི་གནས་ནི་ཤུ་རྩ་གཉིས་སོ། །

གོང་དུ་བཤད་པ་དེ་དག་ནི་《རིགས་པའི་མདོ་》ལས་བསྟན་པའི་གཏན་ཚིགས་ཀྱི་དགོངས་དོན་གཙོ་བོ་ཡིན་ལ། དོན་དེ་དག་གཞིར་བཟུང་ནས་ཞིབ་ཏུ་བརྟགས་ན་གཞུང་དེ་དྲང་སྲོང་རྐང་མིག་གིས་བྱས་པ་མ་ཡིན་པར་མངོན་ཏེ། ཅིའི་ཕྱིར་ཞེ་ན། 《རིགས་པའི་མདོ་》ནི་ཕྱི་རོལ་པའི་གྲུབ་མཐའ་རིགས་པ་ཅན་པའི་གཞུང་གཙོ་བོ་ཡིན་པས། གཞུང་དེའི་བམ་པོ་དང་པོས་རང་གི་སྟོན་པ་དྲང་སྲོང་རྐང་མིག་གི་《རྟོག་གེའི་ཚིག་དོན་བཅུ་དྲུག་》གི་དགོངས་དོན་ཡོངས་སུ་རྫོགས་པ་བསྟན། བམ་པོ་གཉིས་པ། གསུམ་པ། བཞི་པ་བཅས་ལས་རང་གི་གྲུབ་མཐའི་འདོད་ཚུལ་བློའི་རིག་པ་དང་། རྒྱུ་འབྲས་དང་། སྲིད་པ་དང་། ཐར་པ་ལ་སོགས་པ་ཞིབ་ཏུ་བརྗོད་པ་དང་གྲུབ་མཐའ་གཞན་པའི་འདོད་པ་ལ་དགག་པ་མང་དུ་བྱས་སོ། །བམ་པོ་ལྔ་པས་《རྟོག་གེའི་ཚིག་དོན་བཅུ་དྲུག་》ལས་བསྟན་པའི་ལྟག་ཆོད་དང་ཚར་གཅད་པའི་གནས་སོགས་ཀྱི་དོན་སྔར་རྒྱས་པར་བརྗོད་པ

ཡིན་ལ། གྲུབ་མཐའ་གཞན་པའི་འདོད་པ་དགག་པའི་ཚེ་ནང་པ་སངས་རྒྱས་པའི་དབུ་མའི་ལྟ་བ་ལའང་མང་དུ་དགག་འདུག་པས། ཥང་མིག་ནི་སྟོན་པ་སངས་རྒྱས་མ་འབྲུངས་གོང་གི་ཕྱི་རོལ་པའི་དྲང་སྲོང་ཞིག་ཡིན་སྐབས། དེས་དུས་རབས་མང་པོ་སོང་བའི་རྗེས་ལ་གྲུབ་མཐའ་གང་དང་གང་འབྱུང་བ་དང་ལྟ་བ་གང་དང་གང་འབྱུང་བ་ཇི་ལྟར་ཤེས། དུས་འདིར་མ་བྱུང་བའི་ལྟ་བ་དེ་དག་ལ་དགག་པའི་དགོས་པ་ཅི། དགག་བྱ་མེད་པའི་འགོག་བྱེད་ཅི་ལ་ཕན། བློ་ལྡན་རྣམས་ཀྱིས་དཔྱད་པར་འཚལ། དེ་ལྟར་མི་སྲིད་ན། 《རིགས་པའི་མདོ་》དེ་ཥང་མིག་གིས་བྱས་པའང་མི་སྲིད་དོ། །འོན་ཏེ་རྒྱ་ནག་གི་མཁས་པར་རློམ་པ་འགའ་ཞིག་གིས་《རྟོག་གེའི་བསྟན་བཅོས་ཚིག་དོན་བཅུ་དྲུག་》དང་《རིགས་པའི་མདོ་》ཞེས་པའི་བསྟན་བཅོས་རྩོམ་པ་པོ་དང་བྱུང་དུས་མི་གཅིག་པའི་བསྟན་བཅོས་གཉིས་གཅིག་ཏུ་བྱས་ནས་བརྟགས་པ་ནི་འབྲས་བུ་ཅི་ཡང་མི་འབྱུང་བས་རིགས་པ་མ་ཡིན་ནོ། །

སྤྱིར་གནའ་བོའི་རྒྱ་གར་ཡུལ་དུ་དར་བའི་ཕྱི་རོལ་མུ་སྟེགས་བྱེད་ཀྱི་ལྟ་བ་ནི་ཤིན་ཏུ་མང་སྟེ། མདོ་སྡེ་ལས་ཡ་མཚན་ཅན་གྱི་ལྟ་བ་དགུ་བཅུ་རྩ་དྲུག་དང་། ལུང་མ་བསྟན་གྱི་ལྟ་བ་བཅུ་བཞི་དང་། ལྟ་ངན་དྲུག་ཅུ་རེ་གཉིས་དང་། དམ་པ་མིན་པའི་ལྟ་བ་ཉེར་བརྒྱད་སོགས་ཡོད་པར་གསུངས་ལ། 《རྟོག་གེ་འབར་བ་》ལས་ལྟ་བའི་དབྱེ་བ་བརྒྱ་རྩ་བཅུ་དང་། 《དབུ་མ་རིན་ཆེན་སྒྲོན་མ་》ལས་ལྟ་བའི་དབྱེ་བ་སུམ་བརྒྱ་སོགས་ཡོད་ཚུལ་གསུངས་མོད། རིག་པའི་དབང་ཕྱུག་གིས་ལོག་པའི་ལམ་ལ་མུ་མེད་ཕྱིར་ཞེས་གསུངས་པ་ལྟར་ལམ་དང་ལམ་མིན་འབྱེད་པའི་བློ་གྲོས་དང་བྲལ་བ་རྣམས་ཀྱི་ལྟ་ངན་ལ་འདི་འབྱུང་དང་འདི་མི་འབྱུང་ཞེས་པའི་ཁ་ཚོན་གཅོད་དཀའ་བས་ལྟ་ངན་གྱི་གྲུབ་མཐའི་གྲངས་ལ་ངེས་བཟུང་མ་མཆིས་པར་བསྟན་ཏོ། །གཞན་ཡང་བདག་ཅག་གི་སྟོན་པ་ཞལ་བཞུགས་པའི་དུས་སུ་ཕྱི་རོལ་པའི་གྲུབ་མཐའ་ཡང་མང་དུ་ཡོད་དེ། 《ལྐུང་སྐྱའི་གྲུབ་མཐའ་》ལས། རིངས་བྱེད་ཀྱི་བུ་ལྷག་སྤྱོད་ལ་སོགས་པ་སྙོམས་འཇུག་པ་དྲུག བྲམ་ཟེ་རྒྱུས་རྒྱལ་ལ་སོགས་པ་

རྗེས་སྒྲོགས་པ་དྲུག འོད་སྲུང་རྫོགས་བྱེད་ལ་སོགས་པ་རྟོག་གེ་བ་དྲུག་སྟེ་མུ་སྟེགས་ཀྱི་སྟོན་པ་བཅོ་བརྒྱད་ཡོད་[①]ཅེས་གསུངས་ལ། ཀུན་མཁྱེན་བླ་མས་བདག་ཅག་གི་སྟོན་པའི་དུས་སུ་མུ་སྟེགས་པའི་གྲུབ་མཐའ་ཉེར་ལྔ་དང་སྟོན་པ་ཉེར་ལྔ་ཡོད་པར་གསུངས་སོ། །དུས་སྔ་ཕྱིར་བྱུང་བའི་གྲུབ་མཐའ་གང་དང་གང་ཡིན་རུང་རང་གི་གྲུབ་མཐའི་འདོད་ཚུལ་ཡོད་པར་མ་ཟད། འདོད་ཚུལ་འདི་སྲུང་བ་དང་སྤེལ་བའི་ཕྱིར་རང་ལུགས་སྒྲུབ་པར་བྱེད་པ་དང་གཞན་ལུགས་དགག་པར་བྱེད་པའི་མཚོན་ཆ་ལྟ་བུར་གྱུར་པའི་རྟོག་གེའི་བསྟན་བཅོས་ནི་ཡོད་སྲིད་ཅིང་ངེས་པར་ཡོད་དགོས་པ་ཞིག་ཀྱང་ཡིན་ནོ། །

གོང་དུ་སྨྲས་པའི་བསྐལ་པ་དང་པོ་ཚེ་ལོ་དཔག་མེད་ཀྱི་དུས་སུ་བྱུང་བའི་ཕྱི་རོལ་པའི་གྲུབ་མཐའ་གྲངས་ཅན་པ་རང་གི་གྲུབ་མཐའ་སྒྲུབ་བྱེད་ཀྱི་རྟོག་གེའི་གཞུང་དང་། བྱེ་བྲག་པའི་རྟོག་གེ་བསྟན་བཅོས་བྱེ་བྲག་པའི་མདོ་དང་། རྒྱལ་དཔོག་པའི་ནང་གསེས་ཙ་ར་ཀ་པའི་སྨན་གཞུང་ལས་བྱུང་བའི་གཏན་ཚིགས་རིག་པ་དང་། རིགས་པ་ཅན་པའི་སྟོན་པ་དྲང་སྲོང་རྐང་མིག་གིས་བྱས་པའི་རྟོག་གེ་ཚིག་དོན་བཅུ་དྲུག་སོགས་གཏན་ཚིགས་རིག་པའི་བསྟན་བཅོས་དག་ནི། ནང་པ་སངས་རྒྱས་པ་ལས་སྔ་བ་གོང་དུ་བརྗོད་ཟིན་ཏོ། །

རྟོག་གེའི་བསྟན་བཅོས་ཞེས་པ་ནི་དོན་གཉིས་ལ་འཇུག་པ་ཡིན་ཏེ། 《ཚད་མ་སྡེ་བདུན་གྱི་རྒྱན་ཡིད་ཀྱི་མུན་སེལ་》ལས། དེ་ཡང་འདི་ལྟར་རྟོག་གེ་ཞེས་བྱ་བ་ནི་རྣམ་པ་གཉིས་ཏེ། ཕྱི་རོལ་པའི་སྟོན་པ་དྲང་སྲོང་སྐྱིད་སྐྱེས་ལ་སོགས་པས་རྟོག་པས་བཏགས་པ་ཙམ་གྱི་སྒོ་ནས་བཞག་པའི་རྟོག་གེ་དང་། ཡང་《མདོ་སྡེ་རྒྱན་》ལས། རྟོག་གེ་རྟེན་ཅིང་མ་ངེས་ལ། །མ་ཁྱབ་ཀུན་རྫོབ་སྐྱོ་བ་ཅན། །བྱིས་པ་ལ་ནི་བརྟེན་པར་འདོད། །ཅེས་བཤད་པ་ལྟར། དངོས་པོའི་དེ་ཁོ་ན་ཉིད་དོན་སྤྱི་ཙམ་

① ལྕང་སྐྱ་རོལ་པའི་རྡོ་རྗེས་མཛད་པ། སྐུ་འབུམ་བྱམས་པ་གླིང་གི་ཤིང་དཔར་ཤོག་ངོས་༡༨པར་གསལ།

བཟུང་བའི་སྒོ་ནས་རྟོག་པས་ངེས་དགོས་ཀྱི། མངོན་དུ་མ་གྱུར་པ་ལ་རྟོག་གེར་བྱས་པའོ། །དེའི་ཕྱིར་དེ་དག་སྟོན་པའི་བསྟན་བཅོས་ལ་ནི་རྟོག་གེའི་བསྟན་བཅོས་ཞེས་བྱའོ། །①ཞེས་གསུངས་པ་ལྟར། ཕྱི་རོལ་པའི་རྟོག་གེའི་བསྟན་བཅོས་ནི་སྔ་མ་ཡིན་ལ། ཚད་མ་མདོ་དང་སྡེ་བདུན་ལ་སོགས་པའི་ཚད་མའི་བསྟན་བཅོས་ནི་རྟོག་གེའི་བསྟན་བཅོས་ཕྱི་མ་ཡིན་པ་ཤེས་པར་བྱའོ། །

ས་བཅད་གཉིས་པ། ནང་པ་སངས་རྒྱས་པའི་གྲུབ་མཐའ་ལས་བྱུང་ཚུལ།

དོན་ཚན་དང་པོ། སློབ་དཔོན་ཕྱོགས་ཀྱི་གླང་པོའི་གོང་རོལ་ཏུ་བྱུང་བའི་ནང་པའི་གཏན་ཚིགས་རིག་པ།

དང་པོ། གཏན་ཚིགས་རིག་པ་ནི་སངས་རྒྱས་ཀྱི་བཀའ་ལས་བྱུང་བར་འདོད་པ།

སངས་རྒྱས་པ་རང་གིས་ནི་གཏན་ཚིགས་ཀྱི་རིག་པ་འདི་མིའི་ཚེ་ལོ་ཉིས་ཁྲི་པར་སངས་རྒྱས་འོད་སྲུངས་ཀྱི་བསྟན་པ་ལའང་བྱུང་བར་གསུངས་ལ། སྟོན་པ་ཤཱཀྱ་ཐུབ་པའི་དུས་སུ（སྤྱི་ལོ་སྔོན་གྱི་དུས་རབས་ལྔ་པར）གཏན་ཚིགས་རིག་པའི་གསུང་རབ་ལོགས་སུ་མེད་ཀྱང་། སྟོན་པའི་བཀའ་ལས་གཏན་ཚིགས་རིག་པའི་དགོངས་པ་མང་དུ་བསྟན་ཡོད་པར་ངེས་དགོས་ཏེ། 《དགོངས་པ་ངེས་འགྲེལ་》ལས། རིགས་པ་ནི་རྣམ་པ་བཞིར་རིག་པར་བྱ་སྟེ། ལྟོས་པའི་རིགས་པ་དང་། བྱ་བ་བྱེད་པའི་རིགས་པ་དང་། འཐད་པས་སྒྲུབ་པའི་རིགས་པ་དང་། ཆོས་ཉིད་ཀྱི་རིགས་པའོ། །དེ་ལ་ལྟོས་པའི་རིགས་པ་ནི། འདུ་བྱེད་རྣམས་འབྱུང་བ་དང་། རྗེས་སུ་ཐ་སྙད་གདགས་པའི་རྒྱུ་གང་དག་ཡིན་པ་དང་། རྐྱེན་གང་དག་ཡིན་པ་སྟེ། དེ་

① མཁས་གྲུབ་རྗེས་མཛད་པ། མི་རིགས་དཔེ་སྐྲུན་ཁང་གིས་༡༩༨༨ལོར་པར་དུ་བསྐྲུན་པའི་ཤོག་གྲངས་༨པར་གསལ།

ནི་ལྟོས་པའི་རིགས་པ་ཡིན་ནོ། །ཆོས་རྣམས་འཐོབ་པའམ། འགྲུབ་པའམ། སྐྱེས་པ་རྣམས་ལས་བྱེད་པར་འགྱུར་བའི་རྒྱུ་གང་དག་ཡིན་པ་དང་། རྐྱེན་གང་དག་ཡིན་པ་དེ་ནི་བྱ་བ་བྱེད་པའི་རིགས་པ་ཡིན་ནོ། །སོ་སོའི་ཤེས་པ་དང་། བཤད་པ་དང་། སྨྲས་པའི་དོན་སྒྲུབ་པ་དང་། ལེགས་པར་ཁོང་དུ་ཆུད་པར་བྱ་བའི་རྒྱུ་གང་དག་ཡིན་པ་དང་། རྐྱེན་གང་དག་ཡིན་པ་དེ་ནི་འཐད་པས་སྒྲུབ་པའི་རིགས་པ་ཡིན་ནོ། །དེ་ཡང་མདོར་བསྡུས་ན་རྣམ་པ་གཉིས་ཏེ། ཡོངས་སུ་དག་པ་དང་། ཡོངས་སུ་མ་དག་པའོ། །དེ་ལ་ཡོངས་སུ་དག་པའི་མཚན་ཉིད་ནི་ལྔའོ། །ཡོངས་སུ་མ་དག་པའི་མཚན་ཉིད་ནི་བདུན་ནོ། །དེ་ལ་ཡོངས་སུ་དག་པའི་མཚན་ཉིད་ལྔ་པོ་གང་ཞེ་ན། དེ་མངོན་སུམ་དུ་དམིགས་པའི་མཚན་ཉིད། དེ་ལ་གནས་པའི་མངོན་སུམ་དུ་དམིགས་པའི་མཚན་ཉིད། རང་གི་རིགས་ཀྱི་དཔེ་ཉེ་བར་སྦྱར་བའི་མཚན་ཉིད། ཡོངས་སུ་གྲུབ་པའི་མཚན་ཉིད། ལུང་ཤིན་ཏུ་རྣམ་པར་དག་པ་གཏན་ལ་ཕབ་པར་བསྟན་པའི་མཚན་ཉིད་དོ། །དེ་ལྟར་འཐད་པས་སྒྲུབ་པའི་རིགས་པ་དེ་ནི་མངོན་སུམ་གྱི་ཚད་མ་དང་། རྗེས་སུ་དཔག་པའི་ཚད་མ་དང་། ཡིད་ཆེས་པའི་ལུང་གི་ཚད་མས་མཚན་ཉིད་ལྔ་པོ་དག་གིས་ཡོངས་སུ་དག་པ་ཡིན་ནོ། །ཡོངས་སུ་མ་དག་པའི་མཚན་ཉིད་རྣམ་པ་བདུན་གང་ཞེ་ན། དེ་ལས་གཞན་དང་མཐུན་པར་དམིགས་པའི་མཚན་ཉིད། དེ་ལས་གཞན་དང་མི་མཐུན་པར་དམིགས་པའི་མཚན་ཉིད། ཐམས་ཅད་མཐུན་པར་དམིགས་པའི་མཚན་ཉིད། ཐམས་ཅད་མི་མཐུན་པར་དམིགས་པའི་མཚན་ཉིད། གཞན་གྱི་རིགས་ཀྱི་དཔེ་ཉེ་བར་སྦྱར་བའི་མཚན་ཉིད། ཡོངས་སུ་གྲུབ་པའི་མཚན་ཉིད་། ལུང་ཤིན་ཏུ་རྣམ་པར་དག་པ་བསྟན་པའི་མཚན་ཉིད་དོ། །དེ་ལ་དེ་བཞིན་གཤེགས་པ་རྣམས་བྱུང་ཡང་རུང་། མ་བྱུང་ཡང་རུང་སྟེ། ཆོས་གནས་པར་བྱ་བའི་ཕྱིར་ཆོས་ཉིད་དབྱིངས་གནས་པ་ཉིད་གང་ཡིན་པ་དེ་ནི་ཆོས་ཉིད་ཀྱི་རིགས་པ་ཡིན་ནོ། །[1]ཞེས་གཏན་ཚིགས་རིག་པའི་ངོ་བོ་སྟོན་

① 《བཀའ་འགྱུར།》སྡེ་དགེའི་ཤིང་དཔར། མདོ་སྡེ་(ཅ་)༥༡—༥༢བར་གསལ།

པའི་རིགས་པ་རྣམ་བཞིའི་དགོངས་དོན་གསུངས་པ་དང་། སྟོན་པ་སངས་རྒྱས་ཀྱིས་ཀྱང་གཏན་ཚིགས་རིག་པ་དེ་ཤིན་ཏུ་གལ་ཆེ་བར་གཟིགས་ནས་སངས་རྒྱས་པ་རྣམས་ཀྱིས་འབད་པས་བསླབ་དགོས་པའི་བཀའ་བསྩལ་པ། 《ཐབས་མཁས་པ་དྲིན་ལན་བསབས་པའི་མདོ་》ལས། བྱང་ཆུབ་སེམས་དཔའ་རྣམས་ནི་གཏན་ཚིགས་ཀྱི་རིགས་པ་འཚོལ་བར་བྱེད་དེ། བསྟན་བཅོས་ཉིད་ལས་ལེགས་པར་བཤད་པ་དང་ཉེས་པར་བརྗོད་པ་ཡང་དག་པ་ཇི་ལྟ་བ་བཞིན་དུ་ཡོངས་སུ་ཤེས་པར་བྱ་བའི་ཕྱིར་དང་། ཕས་ཀྱི་རྒོལ་བ་ཚར་གཅོད་པར་བྱ་བའི་ཕྱིར་དང་། བསྟན་པ་འདི་ལ་མ་དད་པ་རྣམས་དད་པར་བྱ་བའི་ཕྱིར་དང་། དད་པ་རྣམས་ཀྱང་ཕྱིར་ཞིང་འཕེལ་བར་བྱ་བའི་ཕྱིར་རོ། །ཞེས་པར་བཀའ་གནང་ངོ་། །དུས་དེའི་སངས་རྒྱས་པ་རྣམས་ཀྱིས་ཀྱང་སྟོན་པའི་བཀའ་བཞིན་རིགས་པ་བཞིའི་དགོངས་པ་ལ་བརྟེན་ནས་རང་གི་བསྟན་པ་སྲུང་བ་དང་། སྤེལ་བ་དང་། ཕས་ཀྱི་རྒོལ་བ་ཚར་གཅོད་པར་མཛད་པ་ལ་སོགས་པའི་འཕྲིན་ལས་རྣམ་པར་དག་པ་ཚུལ་བཞིན་དུ་སྤེལ་བར་མཛད་དོ། །

སངས་རྒྱས་པ་རྣམས་ཀྱིས་གཏན་ཚིགས་རིག་པའི་ཁུངས་ནི་སངས་རྒྱས་ཀྱི་བཀའ་ལས་བྱུང་བར་འདོད་དེ། རྒྱ་ནག་པ་ཐང་སེན་བླ་མའི་ཐུགས་སྲས་སློབ་དཔོན་ཁོས་ཀི་ཏ་ཤྲི(窥基大师)ཡིས་གཏན་ཚིགས་རིག་པ་ནི་སངས་རྒྱས་ཀྱི་བཀའ་ཉིད་ལས་བྱུང་བ་ཡིན་ཞེས་གསུངས་པ་དང་། པཎ་ཆེན་ཤཱཀྱ་མཆོག་ལྡན་གྱིས་ཚད་མ་དང་ཚད་མིན་གྱི་རྣམ་གཞག་གསུང་བ་པོ་ནི་ཡང་དག་པར་རྫོགས་པའི་སངས་རྒྱས་ཏེ། ཇི་སྐད་དུ། ཚད་མའི་དེ་ཉིད་སྒྲུབ་དོན་སྟེ། །ཞེས་གསུངས། དེས་དེ་ཇི་ལྟར་གསུངས་པའི་ཚུལ་ནི། མངོན་སུམ་ལ་དོགས་པའི་གནས་མེད་མོད། རྗེས་སུ་དཔག་པ་ལ་ཇི་ལྟར་གསུངས་སྙམ་ན། ཇི་སྐད་དུ། རྗེས་སུ་དཔག་པ་མི་བཟློག་ཕྱིར་ཞེས་པ་ནས། བསྟན་ཕྱིར་དེ་ཡང་གསལ་བར་བཤད་ཅེས་སོ། །དེ་ལ་མངོན་སུམ་ནི་གཉིས་ཏེ། སོ་སོའི་སྐྱེ་བོའི་དང་། འཕགས་པའི་འོ། དང་པོ་ལ་དབང་ཡིད་ཀྱི་

མངོན་སུམ་གཉིས་ནི། མདོ་ལས། དགེ་སློང་དག་གཟུགས་ཤེས་པ་ནི་རྣམ་པ་གཉིས་ཏེ། མིག་དང་ཡིད་ལ་བརྟེན་པའོ་ཞེས་སོགས་ཡིན་ལ། རང་རིག་པ་ནི་འཁོར་ལོ་གསུམ་པའི་གསུང་རབ་ན་ཤིན་ཏུ་མང་བ་དང་། རྣལ་འབྱོར་མངོན་སུམ་ནི། མཁྱེན་པ་གསུམ་དང་སྟོབས་སོགས་ཡོན་ཏན་རྣམས་སོ། །རྗེས་དཔག་གི་རང་ལྡོག་ནས་ངོས་འཛིན་པ་རྒྱལ་བའི་བཀའ་ན་མི་གསལ་ཡང་། དེའི་རྟེན་གཏན་ཚིགས་ནི། རྒྱལ་བའི་ཡུམ་ལས་ཕྱིར་མི་ལྡོག་པའི་རྟགས་རྣམས་དང་། རྡོ་རྗེ་གཟིགས་མའི་གཏན་ཚིགས་གསུངས་པ་དང་། མདོ་གཞན་ལས་གཅིག་དུ་བྲལ་དང་། རྟེན་འབྲེལ་གྱི་གཏན་ཚིགས་གསུངས་པ་རྣམས་སོ། །དེའི་ཕྱིར་ཚད་མ་གསུང་བ་པོ་ནི་རྫོགས་པའི་སངས་རྒྱས་དང་། བཤད་མ་ཐག་པ་དེ་ལྟ་བུ་སྟོན་པའི་གསུང་རབ་རྣམས་ལ་ནི་ཚད་མའི་བཀའ་ཞེས་བྱའོ་①ཞེས་གསུངས་ཤིང་། མཁས་གྲུབ་སྨྲ་བའི་ཉི་མས་ཀྱང་དེ་ལྟར་བཞེད་དེ། 《སྡེ་བདུན་རྒྱན་ཡིད་ཀྱི་མུན་སེལ་》ལས། དེ་ཡང་འདི་ལྟར། བཅོམ་ལྡན་འདས་ཀྱི་ཆོས་མངོན་པའི་མདོ་ལས། མིག་གི་རྣམ་པར་ཤེས་པས་སྔོན་པོ་ཤེས་ཀྱི། སྔོན་པོའོ་སྙམ་དུ་ནི་མ་ཡིན་ནོ་ཞེས་པ་དང་། མིག་དང་གཟུགས་ལ་བརྟེན་ནས་མིག་གི་རྣམ་པར་ཤེས་པ་སྐྱེས་ཞེས་སོགས་ཀྱིས་དབང་པོའི་མངོན་སུམ་རྐྱེན་གསུམ་དང་བཅས་པ་གསུངས་ལ། ཆོས་བཅུ་པའི་མདོ་ལས། དུ་བ་ལས་ནི་མེ་ཤེས་དང་། །ཆུ་སྐྱར་ལས་ནི་ཆུར་ཤེས་ལྟར། །བྱང་ཆུབ་སེམས་དཔའ་བློ་ལྡན་གྱི། །རིགས་ནི་མཚན་མ་དག་ལས་ཤེས། །ཞེས་གསུངས་པ་ལྟ་བུ་འབྲས་རྟགས་དང་། དེ་ལ་བརྟེན་པའི་རྗེས་དཔག་བསྟན་ཅིང་། གང་ཅུང་ཟད་སྐྱེ་བའི་བདག་ཉིད་ཅན་དེ་ཐམས་ཅད་ནི་འགག་པའི་ཆོས་ཅན་ནོ། །ཞེས་སོགས་ཀྱིས་རང་བཞིན་

① པཎ་ཆེན་ཤཱཀྱ་མཆོག་ལྡན་གྱིས་མཛད་པའི་《ཚད་མ་མདོ་དང་བསྟན་བཅོས་ཀྱི་ཤིང་རྟའི་སྲོལ་རྣམས་ཇི་ལྟར་བྱུང་བའི་ཚུལ་གཏམ་དུ་བྱ་བ་ཉིན་མོར་བྱེད་པའི་སྣང་བས་དཔྱོད་ལྡན་མཐའ་དག་དགའ་བར་བྱེད་པ་》ཞེས་བྱ་བ་དཔལ་བརྩེགས་བོད་ཡིག་དཔེ་རྙིང་ཞིབ་འཇུག་ཁང་གིས་བྲིས་མ་ཞིག་ལས་བཤུས་ཤིང་པར་གཞི་གསར་དུ་བསྒྲིགས་པའི་སྣ་རིང་པར་མའི་ཤོག་ངོས་༧པར་གསལ།

གྱི་རྟགས་དང་། དེ་ཉིད་བརྗོད་པའི་སྐྱབ་ངག་བསྟན་ལ། ངའམ་ང་དང་འདྲ་བས་གང་ཟག་གི་ཚོད་གཟུང་གི །ཞེས་གསུངས་པས་སྣང་རུང་མ་དམིགས་པའི་རྟགས་དང་། གང་ཟག་གིས་གང་ཟག་གི་བདག་གཟུང་བར་མི་བྱ། ཞེས་སོགས་གསུངས་པས་མི་སྣང་བ་མ་དམིགས་པའི་རྟགས་གསུངས་ཤིང་། སེང་རིངས་ཀྱིས་བཅོམ་ལྡན་འདས་ལ་བདག་ནི་ཐམས་ཅད་མི་བཟོད་དོ་ཞེས་གསོལ་བ་ལ། བཅོམ་ལྡན་འདས་ཀྱིས་གང་མི་བཟོད་པ་དེ་ཡང་མི་བཟོད་དམ་ཞེས་གསུངས་པ་ལ་སོགས་ཀྱིས་ཐལ་བ་དང་སུན་འབྱིན་བསྟན་ལ། འདི་ཡོད་ན་འདི་འབྱུང་ཞེས་སོགས་ཀྱིས་འབྲེལ་བ་དང་སྣང་བ་སྐྱེས་པ་ན་མུན་པ་འགགས་པ་ལྟར་གཉེན་པོ་སྐྱེས་པ་ན་སྤང་བྱ་འགག་པར་བསྟན་ཏོ། མདོར་ན། སྡེ་བདུན་གྱི་བརྗོད་བྱ་ཕལ་ཆེ་བ་རྒྱལ་བའི་གསུང་རབ་དང་རེ་རེ་ནས་སྦྱར་བར་ནུས①ཞེས་གསུངས་པ་ལྟར་ཕྱི་རོལ་པའི་རྟོག་གེའི་བསྟན་བཅོས་ནི་རྩོད་པ་ལྟར་ལེན་པའི་བསྟན་བཅོས་ལྟར་སྣང་བ་སྐྱོན་དང་བཅས་པ་ཡིན་ལ། ནང་པ་སངས་རྒྱས་པའི་རྟོག་གེའི་བསྟན་བཅོས་ནི་སངས་རྒྱས་ཀྱི་བཀའ་ཉིད་ལས་བྱུང་ཞིང་སངས་རྒྱས་ཀྱི་གསུང་རབ་སྤྱིའི་འགྲེལ་པ་ཞིག་ཡིན་པར་འདོད་དོ། །

གཉིས་པ། ཐེག་དམན་གྱི་གྲུབ་མཐའ་ལས་ཟླུང་ཚུལ།

སངས་རྒྱས་མྱ་ངན་ལས་འདས་ནས་ལོ་མང་པོ་མ་སོང་བ་ལ་ནང་པའི་ནང་ཁུལ་རྩ་བའི་སྡེ་དུ་མར་ཕྱེ་བར་གྱུར། སློབ་དཔོན་ཤཱཀྱ་འོད་ཀྱིས་སྐབས་དེར་རྩ་བའི་སྡེ་ཐམས་ཅད་ཡོད་པར་སྨྲ་བ་གཅིག་པོ་ནར་གསུངས་ལ། འགའ་ཞིག་གིས་རྩ་བའི་སྡེ་གཉིས་ཏེ། ཕལ་ཆེན་པ་དང་། གནས་བརྟན་པ་གཉིས་སོ། །ཕལ་ཆེན་པ་ལ་བརྒྱད་དང་། གནས་བརྟན་པ་ལ་བཅུར་ཡོད་པར་གསུངས། ཡང་ཁ་ཅིག་གིས་རྩ་བའི་སྡེ་དེ་གཉིས་དང་རྣམ་པར་ཕྱེ་ནས་སྨྲ་བ་དང་གསུམ་དུ་འདོད་དོ། །ཡང་མཁས་པ་མང་པོས་རྩ་བའི་སྡེ་བཞིར་འདོད་དེ། མང་པོས་བཀུར་བ་དང་། ཐམས་

① མཁས་གྲུབ་རྗེས་མཛད་པ། མི་རིགས་དཔེ་སྐྲུན་ཁང་གིས་༡༩༨༦ལོར་པར་དུ་བསྐྲུན་པའི་ཤོག་ངོས་༩པར་གསལ།

ཅད་ཡོད་པར་སྨྲ་བ་དང་། དགེ་འདུན་ཕལ་ཆེན་པ་དང་། གནས་བརྟན་པ་དང་བཞིར་གསུངས་སོ། །དེ་དག་ཐམས་ཅད་ནི་ཉན་ཐོས་ཀྱི་སྡེ་སྡེ་ཐོས་སྒྲོགས་ཀྱི་གྲུབ་མཐའ་ཡིན་ལ། འདོད་པ་ནི། ནམ་མཁའ་དངོས་པོར་འདོད་ཀྱང་འདུས་མ་བྱས་སུའང་འདོད་དོ། །ཤེས་བྱའི་ཆོས་ཐམས་ཅད་གཞི་ལྔར་འདུ་བར་བྱ་སྟེ། གཞི་ལྔ་ནི་གང་ཞེ་ན། སྣང་བ་གཟུགས་ཀྱི་གཞི། གཙོ་བོ་སེམས་ཀྱི་གཞི། འཁོར་སེམས་བྱུང་གི་གཞི། ལྡན་མིན་འདུ་བྱེད་ཀྱི་གཞི། འདུས་མ་བྱས་ཀྱི་གཞི་སྟེ་ལྔར་དབྱེ་བ་དང་། རྒྱུ་དྲུག་དང་། འབྲས་བུ་ལྔ་དང་། རྐྱེན་བཞི་ལ་སོགས་པ་འདོད་དོ། །རྒྱུ་དྲུག་ནི། བྱེད་རྒྱུ། ལྷན་ཅིག་འབྱུང་རྒྱུ། སྐལ་མཉམ་གྱི་རྒྱུ། མཚུངས་ལྡན་གྱི་རྒྱུ། ཀུན་འགྲོའི་རྒྱུ། རྣམ་སྨིན་གྱི་རྒྱུ་བཅས་སོ། །འབྲས་བུ་ལྔ་ནི། རྣམ་སྨིན་གྱི་འབྲས་བུ། བདག་པོའི་འབྲས་བུ། རྒྱུ་མཐུན་གྱི་འབྲས་བུ། སྐྱེས་བུའི་བྱེད་པའི་འབྲས་བུ། བྲལ་བའི་འབྲས་བུ་བཅས་སོ། །རྐྱེན་བཞི་ནི། རྒྱུའི་རྐྱེན། དམིགས་རྐྱེན། བདག་རྐྱེན། དེ་མ་ཐག་རྐྱེན་དང་བཅས་སོ། །རྣམ་པར་ཤེས་པ་ནི་ཚོགས་དྲུག་ཏུ་བསྡུས། དེ་ལ་ཡང་བསྡུ་ན་སེམས་དང་སེམས་ལས་བྱུང་བ་གཉིས། ཀུན་གཞི་དང་ཉོན་ཡིད་ནི་མི་འདོད་དོ། །ཚད་མ་ནི་མི་བསླུ་བ་ཡིན་ལ། དེ་ལ་གསུམ་སྟེ། མངོན་སུམ་དང་། རྗེས་སུ་དཔག་པ་དང་། ལུང་ཚད་མའོ། །མངོན་སུམ་ནི་གསུམ་སྟེ། དབང་པོ་དང་། ཡིད་དང་། རྣལ་འབྱོར་གྱི་མངོན་སུམ་དང་གསུམ། རང་རིག་མངོན་སུམ་མི་འདོད་དོ། །རྗེས་སུ་དཔག་པ་ནི་རང་གི་དོན་དང་གཞན་གྱི་དོན་གཉིས་སོ། །

ཁ་ཅིག་གིས་སྐབས་འདིར་སངས་རྒྱས་ཀྱི་དངོས་སློབ་དགྲ་བཅོམ་པ་ཆོས་སྐྱོབ་ཀྱིས་ཚད་མའི་བསྟན་བཅོས་《བསྟན་པ་སྲུང་མ་》ཞེས་བྱ་བ་མཛད། དེ་ནས་དབྱིག་གཉེན་གྱིས་《ཚད་མ་སྨྲ་བའི་སྒྲོམ་》ཞེས་བྱ་བ་ཞིག་མཛད་པར་གྲགས་མོད་ཀྱང་། ཁུངས་མི་གསལ་བས་འདིར་མ་སྤྲོས་སོ། །

སྟོན་པ་མྱ་ངན་ལས་འདས་ནས་ལོ་ཉིས་བརྒྱ་ཙམ་སོང་བ་ན། ནང་པའི་གཏན་ཚིགས་རིག་པའི་བསྟན་བཅོས་ཀྱི་ཐོག་མ་《རྩོད་པ་སྒྲུབ་པ་》ཞེས་བྱ་བ་ཞིག

བྱུང་། བསྟན་བཅོས་དེའི་མཇུག་བྱང་དུ་དབྱིག་གཉེན་གྱིས་མཛད་པར་གསུངས་ཡོད་ཀྱང་། སློབ་དཔོན་ཕྱོགས་གླང་གིས་《ཚད་མ་ཀུན་བཏུས་》ལས། རྗོད་སྒྲུབ་སློབ་དཔོན་གྱིས་མ་ཡིན། །ངེས་པར་སྙིང་པོ་མེད་པར་དགོངས། །ཞེས་གཞུང་དེ་སྙིང་པོ་མེད་པར་དགོངས་ནས་རང་གི་སློབ་དཔོན་དབྱིག་གཉེན་གྱིས་མཛད་པ་མ་ཡིན་པར་གསལ་བར་གསུངས་ཤིང་རང་འགྲེལ་དུ་གཞུང་དེ་ལ་དགག་པ་རྒྱ་ཆེར་མཛད། དེས་ན་བསྟན་བཅོས་དེ་ཕྱོགས་གླང་གི་སློབ་དཔོན་དབྱིག་གཉེན་གྱིས་མཛད་པ་མ་ཡིན་པར་ཐེ་ཚོམ་མེད་དོ། །དབྱིན་ཇིའི་ལོ་རྒྱུས་སྨྲ་བ་ནོ་ཏེར་ཞེས་པ་ན་རེ། སློབ་དཔོན་ཐོགས་མེད་ཀྱི་གཅུང་དབྱིག་གཉེན་དེ་དབྱིག་གཉེན་དང་པོ་དང་། སློབ་དཔོན་ཕྱོགས་གླང་གི་སློབ་དཔོན་དབྱིག་གཉེན་དེ་དབྱིག་གཉེན་གཉིས་པ་ཡིན། མཁས་པ་དེ་གཉིས་མཚན་གཅིག་ཀྱང་གང་ཟག་སོ་སོ་བ་ཡིན་པར་བཤད། གལ་ཏེ་གཏམ་དེ་ཁུངས་བཙུན་པ་ཡིན་ན་《རྗོད་པ་སྒྲུབ་པ་》ཞེས་པའི་གཞུང་དེའི་མཛད་པ་པོ་ནི་ཐོགས་མེད་ཀྱི་གཅུང་དེ་ཡིན་ལ་ཕྱོགས་གླང་གི་སློབ་དཔོན་དེ་མ་ཡིན་པར་ངེས་དགོས་སོ། །འོན་ཀྱང་བོད་སྔ་མ་དག་གིས་ནི་《རྗོད་པ་སྒྲུབ་པ་》ཞེས་པའི་གཞུང་དེ་སློབ་དཔོན་ཀླུ་སྒྲུབ་ཀྱི་སྔ་རོལ་ཏུ་བྱུང་བའི་ཐེག་དམན་གྱི་བཙུན་པ་དབྱིག་བཤེས་སམ་དབྱིག་གཉེན་དང་མཚན་གཅིག་པ་ཞིག་གིས་མཛད་པར་འདོད་དོ། །བསྟན་བཅོས་དེའི་བོད་འགྱུར་མ་མཐོང་བས་གསལ་པོར་བརྗོད་དཀའ་ཡང་། རྒྱལ་ཚབ་དར་མ་རིན་ཆེན་གྱིས་མཛད་པའི་《ཚད་མ་མདོའི་རྣམ་བཤད་》དུ་བཀོད་པའི་《རྗོད་སྒྲུབ་》ཀྱི་འདོད་པ་དག་ནི། སློབ་དཔོན་དབྱིག་གཉེན་གྱི་དགོངས་པ་མ་ཡིན་པར་མངོན་ཏེ། དཔེར་ན། མངོན་སུམ་གྱི་མཚན་ཉིད་ལ་རྗོད་སྒྲུབ་མཁན་པོས་ཡུལ་གང་གི་སྒོ་ནས་ཐ་སྙད་འདོགས་པར་འགྱུར་བའི་དོན་དེ་ལས་སྐྱེས་ཤིང་གཞན་ལས་མ་ཡིན་པའི་རྣམ་པར་ཤེས་པ་མངོན་སུམ་ཡིན་ཏེ། དཔེར་ན་གཟུགས་ལ་སོགས་པའི་ཤེས་པ་དང་། བདེ་བ་ལ་སོགས་པའི་ཤེས་པ་བཞིན་ནོ་ཞེས་པ་ལྟ་བུ། རང་དོན་རྗེས་དཔག་ལ་

《རྩོད་སྒྲུབ་》ཏུ་མེ་དུ་འབྲེལ་བ་ལྟ་བུ་མེད་ན་མི་འབྱུང་བའི་ཕྱིར་དོན་མཐོང་བ་ནི། འདིས་རྗེས་སུ་དཔོག་པར་བྱེད་པས་འབྲེལ་བ་དེ་རིག་པའི་རྗེས་སུ་དཔག་པ་ནི་ཚད་མ་ཡིན་ལ། ཤླཽག་ཕྱུར་ཀྱི་དོན་ཤེས་པ་ནི་ཚད་མའི་འབྲས་བུའོ་ཞེས་བརྗོད་དོ། །རྟགས་མཐོང་བ་ན་འབྲེལ་བ་དྲན་པ་ལ་ལྟོས་པའི་ཆེད་དུ་དེ་རིག་པ་ཞེས་པའི་ཚིག་སྨོས་ཟེར་རོ། །གཞན་དོན་རྗེས་དཔག་ལ་《རྩོད་སྒྲུབ་》ཏུ་སྒྲ་མི་རྟག་པ་ལ་སོགས་པའི་སྒྲུབ་བྱེད་དང་། མཐུན་པ་དེ་དང་འདྲ་བ་མེད་པ་ཉིད་ལ་འགལ་ཡང་མེད་པའི་ཆོས་བསྟན་པ་རྟགས་དང་། དེ་སྟོན་པའི་གཞན་དོན་རྗེས་དཔག་གོ་ཞེས་པའོ། །འགྲེལ་བཤད་ལས་དེ་ལྟར་འབྱུང་ཡང་། 《རྩོད་སྒྲུབ་》ནས་བསྒྲུབ་བྱའི་ཆོས་ལས་བསྒྲུབ་བྱར་བྱས་པ་སྟེ། དེ་ལ་འོག་ནས་གནོད་པ་སྟོན་པའི་ཕྱིར་རོ། །རྩོལ་བ་ལས་བྱུང་བ་མི་རྟག་པ་ལྟ་བུ་དང་། དུ་བ་དེ་མེ་དུ་གཅིག་སྟེ་གཅིག་མེད་ན་མི་འབྱུང་ཞིང་བསྒྲུབ་བྱ་དང་ལྷན་ཅིག་ཁོ་ནར་འབྱུང་བའི་ཆོས་གཏན་ཚིགས་དང་། དེ་སྟོན་པའི་ངག་སྒྲུབ་ངག་ཡིན་ནོ་ཞེས་ཟེར་རོ། །དཔེ་ལ་རྟགས་ཆོས་དེ་དག་གི་མེད་ན་མི་འབྱུང་བའི་འབྲེལ་བ་ངེས་པར་སྟོན་པ་ནི་དཔེའོ། །དཔེར་ན་བུམ་པ་བཞིན་ནོ་འབྲེལ་བ་ཇི་ལྟ་བུ་སྟོན་ན། གང་རྩོལ་བ་ལས་བྱུང་བ་མི་རྟག་པའོ་ཞེས་པ་ལྟ་བུའོ། །ཞེས་པ་ལ་འདི་ནི་ཁྱབ་པ་དངོས་སུ་མ་བསྟན་ཀྱང་། ངེས་པར་སྟོན་པའི་བུམ་པ་ལྟ་བུ་དཔེ་ཡང་དག་ཏུ་འདོད་པའོ། །གོང་དུ་བཀོད་པ་རྩོད་སྒྲུབ་མཁན་པོའི་འདོད་པ་དེ་དག་ལ་སློབ་དཔོན་ཕྱོགས་ཀྱི་གླང་པོས་རེ་རེ་ནས་འགོག་པར་མཛད་དོ། །

《རྩོད་པ་སྒྲུབ་པ་》ཞེས་པའི་བསྟན་བཅོས་དེ་ནང་པ་སངས་རྒྱས་པའི་གཏན་ཚིགས་རིག་པའི་གཞུང་ཞིག་ཡིན་པར་མཁས་པ་ཐམས་ཅད་ཀྱི་བཞེད་པ་མཐུན་པར་སྣང་མོད། འོན་ཀྱང་དེའི་རྩོམ་པ་པོ་སུ་ཡིན་དང་དུས་ནམ་ཞིག་བརྩམས་པ་ཁ་ཆོན་གཅོད་དཀའ་བ་ཡིན། འདིར་བོད་སྔ་མ་དག་གི་བཤད་སྲོལ་གྱི་རྗེས་སུ་འབྲངས་ནས་སློབ་དཔོན་ཀླུ་སྒྲུབ་ཀྱི་གོང་རོལ་ཏུ་བྱུང་བའི་ཐེག་དམན་གྱི་

གཞུང་ཞིག་ཡིན་པའི་དབང་དུ་བཏང་ནས་བཤད་པ་ཡིན།

དོན་ཚན་གཉིས་པ། 《ཐབས་ལ་མཁས་པའི་སེམས་བསྟན་པ་》ཞེས་པའི་བསྟན་བཅོས་ལས་སྟོན་པའི་གཏན་ཚིགས་རིག་པའི་དགོངས་པ།

དེ་ནས་སངས་རྒྱས་མྱ་ངན་ལས་འདས་ནས་ལོ་བདུན་བརྒྱ་ཙམ་(སྤྱི་ལོ་དུས་རབས་གསུམ་པར་)ལོན་པ་ན། དཔལ་མགོན་འཕགས་པ་ཀླུ་སྒྲུབ་ཞིང་འདིར་བྱོན་ཏེ། ཐེག་པ་ཆེན་པོའི་ཆོས་དར་བ་དང་གཏན་ཚིགས་ཀྱི་རིག་པ་ཡང་སྤེལ་བར་མཛད་དོ། །འཕགས་པ་ཀླུ་སྒྲུབ་ནི། རྒྱ་གར་ལྷོ་ཕྱོགས་བེ་དརྦྷ་ཞེས་པའི་ཡུལ་དུ་བྲམ་ཟེ་ཆེན་པོ་ཞིག་གི་སྲས་སུ་འཁྲུངས། དགུང་ལོ་གཞོན་དུས་དཔལ་ན་ལེནྡྲ་ལ་འབྱམས་ཏེ་རབ་ཏུ་བྱུང་། དེ་ནས་ན་ལེནྡྲར་སྡེ་སྣོད་གསུམ་དང་རྒྱུད་སྡེ་བཞིའི་བཤད་སྲོལ་མ་ལུས་པ་གསན་ཅིང་། སྟོན་པ་ཤཱཀྱའི་རྒྱལ་པོ་ཞིང་འདིར་བྱོན་ནས་མདོ་སྔགས་ཀྱི་ཆོས་ཇི་སྙེད་གསུངས་པའི་གསང་བའི་གནས་ཐམས་ཅད་ཐུགས་སུ་ཆུད་པར་མཛད་དོ། །དེ་ནས་ན་ལེནྡྲར་བཞུགས་ཏེ་དགེ་འདུན་རྣམས་ལ་འཚོ་བས་སྐྱོང་ཞིང་ཆོས་ཀྱི་དགའ་སྟོན་སྤེལ། ཐེག་ཆེན་གྱི་ཆོས་སྤེལ་བའི་ཆེད་ཀླུ་ཡུལ་དུ་བྱོན། ཀླུའི་རྒྱལ་པོ་འཇོག་པོ་འཁོར་དང་བཅས་པ་ལ་ཆོས་མང་པོ་བསྟན། སྐུ་ཚེའི་སྨད་ལ་ལྷོ་ཕྱོགས་དཔལ་གྱི་རི་ལ་བཞུགས་ཤིང་མདོ་སྔགས་གཉིས་ཀའི་ཆོས་ཀྱི་འཁོར་ལོ་རྒྱ་ཆེར་བསྐོར། ཕྱི་རབས་ཀྱི་གདུལ་བྱ་རྣམས་ཀྱི་དོན་དུ་སྡེ་སྣོད་གསུམ་དང་རྒྱུད་སྡེ་བཞིའི་དགོངས་པ་འགྲེལ་བའི་བསྟན་བཅོས་མང་དུ་མཛད། ལྷག་པར་དབུ་མ་རིགས་པའི་ཚོགས་དྲུག་ཏུ་གྲགས་པ་སྟེ། རྩ་བ་ཤེས་རབ་དང་། རིགས་པ་དྲུག་ཅུ་པ། ཞིབ་མོ་རྣམ་འཐག སྟོང་ཉིད་བདུན་ཅུ་པ། རྩོད་ཟློག རིན་ཆེན་ཕྲེང་བ་བཅས་མཛད་དེ་ཕྱི་རོལ་པ་དང་རང་སྡེ་དངོས་སྨྲ་བའི་འདོད་པ་རིགས་པས་ཚར་བཅད་དེ་ཐེག་ཆེན་དབུ་མའི་ལྟ་བ་ལེགས་པར་སྤེལ། སྐབས་སུ་《ཐབས་

ལ་མཁས་པའི་སེམས་བསྟན་པ་》[1]ཞེས་པའི་གཏན་ཚིགས་རིག་པ་སྟོན་བྱེད་ཀྱི་བསྟན་བཅོས་ཀྱང་མཛད་དོ། །

《ཐབས་ལ་མཁས་པའི་སེམས་བསྟན་པ་》ཞེས་པའི་གཞུང་འདི་བོད་འགྱུར་མེད་པས། འདིར་རྒྱ་ཡིག་གི་འགྱུར་ལ་བརྟེན་ནས་དཔྱད་པ་རགས་ཙམ་བྱེད་པ་གཤམ་གསལ།

གཞུང་དངོས་ལ་ལེའུ་བཞི་ཡོད་དེ། དང་པོ་བསྟན་བཅོས་ཀྱི་རྣམ་གཞག་སྟོན་པ། གཉིས་པ་ཚར་གཅད་པའི་གནས་སྟོན་པ། གསུམ་པ་རྩོད་པའི་ཚུལ་སྟོན་པ། བཞི་པ་མཚུངས་པ་ལྟག་ཆོད་སྟོན་པ་བཅས་སོ། །

དང་པོ། བསྟན་བཅོས་ཀྱི་རྣམ་གཞག་བཤད་པ་ལ། རྩོམ་པའི་དགོས་པ་འདི་ལྟར་བསྟན་ཏེ། རྒྱལ་ཕམ་དང་། རྙེད་པ་དང་། མཚན་སྙན་གྱི་ཆེད་དུ་མ་ཡིན་པར་དགེ་བ་དང་ཉེས་པ་གསལ་བར་འབྱེད་པའི་ཕྱིར་བསྟན་བཅོས་བརྩམ་པར་བྱའོ། །ཡང་དག་པའི་བསྟན་བཅོས་མེད་ན་ཐམས་ཅད་རྨོངས་པར་འགྱུར་ཞིང་། མ་རྟོགས་པ་དང་ལོག་པར་རྟོག་པས་བསླུ་བར་བྱས་ཏེ་མི་དགེ་བའི་ལས་ཀྱིས་འཁོར་བར་གནས་པར་འགྱུར་རོ། །བསྟན་བཅོས་རྣམ་པར་དག་པ་ནི། དགེ་སྡིག་ལེགས་པར་ཕྱེ་སྟེ་མུ་སྟེགས་ལོག་ལྟ་ཅན་གྱིས་གནོད་བྱེད་ཀྱི་ནུས་པ་མེད་པར་གཏོང་བ་དང་། དམ་པའི་ཆོས་སྲུང་བ་དང་ཕྱོགས་ཀུན་ཏུ་སྤེལ་བའི་ཕྱིར་བསྟན་བཅོས་མཛད་པར་བྱའོ། །ཞེས་གསུངས་ཏེ། གཏན་ཚིགས་རིག་པའི་བསྟན་བཅོས་རྣམ་དག་རྩོམ་པ་ནི་བརྩད་ནས་རྒྱལ་ཁ་ལེན་པའམ། རྒྱུ་ནོར་དང་མཚན་སྙན་སོགས་

[1] གཞུང་དེ་བོད་འགྱུར་མེད། རྒྱ་ཡིག་གི་འགྱུར་ལ་《方便心论》ཞེས་བརྗོད། གུང་མགོན་པོ་སྐྱབས་ཀྱིས་《རྒྱ་ནག་ཆོས་འབྱུང་》ལས་《ཐབས་ལ་མཁས་པའི་སེམས་བསྟན་པ་》ཞེས་པར་བསྒྱུར་ལ། ཁ་ཅིག་གིས་《ཐབས་ཀྱི་སྙིང་པོ་》ཞེས་པར་བསྒྱུར་ཡོད། འཛར་པན་གྱི་རིགས་པ་སྨྲ་བ་ཏའུ་ཅིས་གཞུང་དེའི་མཛད་པོ་འཕགས་པ་ཀླུ་སྒྲུབ་མིན་པར་བཤད་ཀྱང་། མཁས་པ་མང་ཤས་ཀྱིས་འཕགས་པས་མཛད་པར་ཁས་བླངས་ཡོད། མཁས་པ་ཁ་ཆེ་ཡ་མས་ཀྱང་ཀླུ་སྒྲུབ་ཀྱིས་མཛད་པ་མ་ཡིན་པའི་རྒྱུ་མཚན་མེད་གསུངས།

འཐོབ་པའི་ཆེད་དུ་མ་ཡིན་པར་བསྟན་བཅོས་ཉིད་ཀྱིས་ལེགས་ཉེས་ལེགས་པར་འབྱེད་པའི་ཕྱིར་དང་། ཕས་ཀྱི་རྒོལ་བ་ཚར་གཅོད་པར་བྱ་བའི་ཕྱིར་དང་། དམ་པའི་ཆོས་སྲུང་བ་དང་རྒྱ་ཆེར་སྤེལ་བའི་ཕྱིར་རྩོམ་དགོས་པར་བསྟན་ཏོ། །

ལེའུ་དང་པོ་ལས། སྒྲུབ་པར་བྱེད་པ་ལ་དཔེ་དང་། གཟུང་བའི་རྗེས་སུ་འགྲོ་བ་དང་། ཚིག་དག་པ་དང་། ཚིག་དོར་བ་དང་། གཏན་ཚིགས་དང་། དུས་ལ་བབ་པ་དང་། གཏན་ཚིགས་ལྟར་སྣང་དང་། བསལ་ཏེ་འོངས་པ་སྟེ་དོན་བརྒྱད་དུ་བསྡུས་ནས་བསྟན་ཏོ། །

དང་པོ། དཔེ་བཤད་པ་ལ། ནང་གསེས་དཔེའི་དོན་དང་། དཔེའི་ངོ་བོ་དང་། ཕྱོགས་གཏོད་པ་དང་། དཔེའི་དབྱེ་བ་བཅས་སོ། །དཔེའི་དོན་ནི་མཆོག་དམན་ཀུན་གྱིས་གོ་ནུས་པ། དཔེའི་ངོ་བོ་ནི་བསྒྲུབ་པར་བྱ་བ་དང་ཆོས་མཐུན་པ། ཕྱོགས་གཏོད་པ་ནི་ཕྱོགས་སྔ་མ་ཕྱོགས་ཀྱི་ཆོས་རྣམས་མངོན་དུ་གྱུར་པའི་ཆོས་ཀྱིས་སྟོན་པ། དཔེའི་དབྱེ་བ་ནི་ཆ་ཅན་གྱི་དཔེ་དང་ཆའི་དཔེ་བཅས་རྣམ་པ་གཉིས་སུ་བསྟན་ཏོ། །

གཉིས་པ། གཟུང་བའི་རྗེས་སུ་འགྲོ་བ་སྟེ། གཟུང་བ་ནི་བསྒྲུབ་པར་བྱ་བ་ཡིན་ལ། འདིར་བསྒྲུབ་པར་བྱ་བ་ཡིན་ན་མངོན་སུམ་དང་། རྗེས་དཔག་དང་། དཔེའི་རྟོགས་པ་དང་། གྲུབ་མཐའི་ལུང་གིས་མ་བསལ་བ་ཞིག་དགོས་པར་བསྟན།

གསུམ་པ། ཚིག་དག་པ་ཞེས་པ་ནི། སྒྲུབ་པར་བྱེད་པའི་ཚིག་རྣམ་དག་ལ་བྱ་སྟེ། ལུགས་དང་མཐུན་པ་དང་། འཕྲི་སྐྱོན་མེད་པ་དང་། འབྲེལ་ཆགས་པ་དང་། དོན་གསལ་བ་ཞིག་དགོས་པར་བསྟན།

བཞི་པ། ཚིག་དོར་བ་ནི། སྒྲུབ་བྱེད་ཀྱི་ཚིག་རྣམ་དག་མ་ཡིན་པ་སྟེ། གོང་དུ་བརྗོད་པའི་ཚིག་དག་པ་ལས་ལྡོག་སྟེ། དོན་གཅིག་པ་ལ་ཐ་དད་པར་བྱེད་པ་དང་། ཐ་སྙད་གཅིག་པ་ལ་ཐ་དད་དུ་གཏོང་བ་དང་། མངོན་བརྗོད་སོགས་ཀྱིས་

མཛེས་པར་སྤྲས་ཀྱང་དོན་གྱིས་དབེན་པ་དང་། ལུགས་དང་མཐུན་ཡང་གོ་རིམ་འཁྲུགས་པ་བཅས་སོ། །

ལྔ་པ། གཏན་ཚིགས་ནི། གཏན་ཚིགས་ཡང་དག་སྟེ། མངོན་སུམ་དང་། རྗེས་དཔག་དང་། དཔེ་དང་། ལུང་རྣམས་གཏན་ཚིགས་སུ་བཀོད་ནས་རྗེས་དཔག་འཐོབ་པར་བྱེད་པ་ཡིན་ལ། རྗེས་སུ་དཔག་པའི་ཚུལ་ལ་རྣམ་པ་གསུམ་དུ་གསུངས་ཏེ། སྔ་མ་དང་ལྡན་པ་དང་། ལྷག་མ་དང་ལྡན་པ་དང་། སྤྱི་མཐོང་བའོ། །སྔ་མ་དང་ལྡན་པ་ནི། སྔར་མཚུབ་དྲུག་དང་མགོ་ལ་མཛེར་མ་དང་ལྡན་པ་མཐོང་སྟེ། རྗེས་སུ་སྐྱེ་བོ་དེ་ལ་ལྷས་སྦྱིན་ཞེས་སྨྲ་བའི་ཚེ་སྔར་མཐོང་བའི་མཚུབ་དྲུག་དང་མགོ་ལ་མཛེར་བ་ཅན་དེ་ནི་འདིའོ་སྙམ་དུ་རྗེས་སུ་དཔག་པའོ། །ལྷག་མ་དང་ལྡན་པ་ནི། རྒྱ་མཚོའི་ཆུ་ལན་ཚྭ་ཅན་མྱངས་ཏེ་དེ་བཞིན་རྒྱ་མཚོ་ལྷག་མའི་ཆུ་ཡང་ལན་ཚྭ་ཅན་ནོ་སྙམ་དུ་རྗེས་སུ་དཔག་པའོ། །སྤྱི་མཐོང་བ་ནི། སྐྱེ་བོ་ཕྱིན་ཏེ་ཕ་རོལ་ཏུ་སོན་པ་དང་། ནམ་མཁའི་དབྱིངས་ཀྱི་ཉི་ཟླ་ཤར་ཕྱོགས་ནས་ཤར་ཏེ་ནུབ་ཏུ་ཕྱིན་པ་མཐོང་ཞིང་འཕོས་པ་མ་མཐོང་མོད། འགྲུལ་སྐྱོད་བྱེད་པ་རྗེས་སུ་དཔག་པའོ་ཞེས་གསུངས་ཡོད། རྗེས་དཔག་གི་རྣམ་པ་འདི་གསུམ་ནི་རིགས་པ་ཅན་པས་འདོད་པའི་རྗེས་དཔག་གི་རྣམ་པ་དང་ཧ་ཅང་འདྲ་བ་ཡིན་པ་དེ། སྐབས་དེའི་ནང་པ་སངས་རྒྱས་པའི་གཏན་ཚིགས་རིག་པའི་ཁྱད་ཆོས་ཤིག་ཏུ་སྣང་སྟེ། རྗེས་དཔག་གི་རྣམ་པ་འདི་གསུམ་ནི་སློབ་དཔོན་མཐིང་མིག་ཅན་གྱི་རྩ་ཤེའི་འགྲེལ་པ་ལས་ཀྱང་གསུངས་འདུག སྐབས་དེའི་སྒྲུབ་ངག་གི་རྣམ་པ་ནི།

བདག་རྟག་སྟེ། དབང་ཤེས་ཀྱི་ཡུལ་མ་ཡིན་པའི་ཕྱིར་རོ། །
ནམ་མཁའ་དབང་ཤེས་ཀྱི་ཡུལ་མིན་པས་རྟག་པའོ། །
དེའི་ཕྱིར་དབང་ཤེས་ཀྱི་ཡུལ་མ་ཡིན་པ་ཐམས་ཅད་རྟག་པའོ། །
བདག་ནི་དབང་ཤེས་ཀྱི་ཡུལ་མ་ཡིན།

ཅིའི་ཕྱིར་རྟག་པ་མ་ཡིན། ཞེས་པ་ལྟ་བུའོ། །①

གོང་དུ་བཀོད་པའི་སྒྲུབ་ངག་འདི་གཞུང་དེའི་མཚུངས་པ་ལྷག་ཆོད་ཀྱི་ལེའུ་ལས་འཕེལ་བའི་དཔེར་བརྗོད་དུ་བཀོད་པ་ཡིན་པས། སྒྲུབ་ངག་ཡང་དག་མིན་པ་ཐག་གིས་ཆོད་མོད། འོན་ཏེ་དེ་ལ་བརྟག་ཁུལ་ཙམ་བྱེད་ན། སྦྱོར་སྒྲུབ་ངག་དེ་ཙ་ར་ཀ་པ་དང་རིགས་པ་ཅན་པའི་ཡན་ལག་ལྔ་ལྡན་གྱི་སྒྲུབ་ངག་དང་མཚུངས་ཏེ། དམ་བཅའ་དང་། གཏན་ཚིགས་དང་། དཔེ་དང་། ཉེར་སྦྱར་དང་། མཇུག་བསྡུ་བ་སོགས་ཡན་ལག་ལྔ་ཚང་བར་ལྡན་པའི་ཕྱིར། ཡིན་ན་ཡང་སྒྲུབ་ངག་འདིར་ཐུན་མོང་མ་ཡིན་པའི་ཁྱད་ཆོས་དུ་མ་ཡོད་དེ། དེར་དབང་ཤེས་ཀྱི་ཡུལ་མ་ཡིན་པ་ཐམས་ཅད་རྟག་པའོ་ཞེས་པས་རྟགས་དང་བསྒྲུབ་བྱའི་ཆོས་བར་གྱི་རྗེས་སུ་འགྲོ་བའི་ཁྱབ་འབྲེལ་དངོས་སུ་བསྟན་པ་ཡིན། ཅིའི་ཕྱིར་ཞེ་ན། དཔེ་ནམ་མཁའ་བཀོད་དེ་ནམ་མཁའི་སྟེང་ནས་དབང་ཤེས་ཀྱི་ཡུལ་མིན་པ་ཐམས་ཅད་རྟག་པ་ཡིན་པ་རྒྱུ་མཚན་དུ་བཀོད་ནས་སྤྱིར་དབང་ཤེས་ཀྱི་ཡུལ་མ་ཡིན་པ་ཐམས་ཅད་རྟག་པ་ཡིན་པར་སྒྲུབ་པ་ཡིན། སྒྲུབ་ཚུལ་འདི་ནི་ཕྱི་ཚུལ་གཏན་ཚིགས་རིག་པར་ཕྱོགས་བསྡུས་རྗེས་དཔག་(归纳推理)ཅེས་པར་བཤད་པ་ཡིན། གཞན་ཡང་བདག་ནི་དབང་ཤེས་ཀྱི་ཡུལ་མ་ཡིན་ཞེས་པས་རྟགས་དེ་ཤེས་འདོད་ཆོས་ཅན་གྱི་སྟེང་དུ་ཡོད་པར་སྟོན་པའི་ཕྱོགས་ཆོས་དངོས་སུ་བསྟན་ཡོད་པས། རྟགས་ཀྱི་ཚུལ་གསུམ་མངོན་པར་བརྗོད་པའི་སྒྲུབ་ངག་ཅིག་ཡིན་ལ། དེ་ནི་རྗེས་ཀྱི་སློབ་དཔོན་ཕྱོགས་གླང་གི་ཡན་

① དཔེར་བརྗོད་འདི་གཞུང་འདིའི་ལེའུ་བཞི་པ་མཚུངས་པ་ལྷག་ཆོད་ཀྱི་ནང་གསེས་འཕེལ་བའི་དཔེར་བརྗོད་ཡིན་ཏེ། མ་ཡིག་རྒྱ་ནག་སྐད་ལ། "增多者，如言我常非根觉故。虚空非觉是故为常，一切不为根所觉者尽皆是常，而我非觉得非常乎。" དེ་ནི་ཡན་ལག་འཕེལ་བ་སྟེ་ཡན་ལག་མང་དྲགས་སམ་ལྷག་པའི་སྐྱོན་དང་བཅས་པའི་དཔེར་བརྗོད་ཡིན་ལ། ཁང་དཀར་ཚུལ་ཁྲིམས་སྐལ་བཟང་གིས《ཚད་མའི་ལོ་རྒྱུས་》ལས་དཔེར་བརྗོད་འདི་དྲངས་ཏེ་གཞུང་འདིའི་སྒྲུབ་ངག་གི་རྣམ་པ་བྱས་ནས་བཀོད་པར་མ་ཟད། དཔེར་བརྗོད་དེ་ཁ་ཆེ་ཡ་མས་འདེམས་བཀོད་བྱས་ཞེས་བཤད་པ་ལ་བློ་ལྡན་རྣམས་ཀྱིས་བརྟག་པར་གྱིས།

ལག་གསུམ་ལྡན་གྱི་སྦྱོར་ངག་གི་ས་བོན་ནམ་རྨང་གཞི་ལྟ་བུ་ཡིན་པར་འདོད་དོ། །

དྲུག་པ། དུས་ལ་བབ་པ་སྟེ། སྦྱོར་བ་གང་དང་གང་ཡིན་ཀྱང་ཕྱི་རྒོལ་ཡང་དག་ཅིག་དགོས་པ་བསྟན་ཏེ། ཕྱི་རྒོལ་གྱིས་གྲུབ་མ་ཟིན་པ་བསྒྲུབ་བྱ་དང་། གྲུབ་ཟིན་པ་གཏན་ཚིགས་སུ་བཀོད་པ་ནི་དུས་ལ་བབ་པའི་གཏན་ཚིགས་ཡིན་ནོ། །

བདུན་པ། གཏན་ཚིགས་ལྟར་སྣང་སྟེ། གཞུང་འདིར་གཏན་ཚིགས་ལྟར་སྣང་བརྒྱད་དུ་བསྡུས་ནས་བརྗོད་པའོ། །

༡. ཐ་སྙད་ལ་འཁྲུལ་བའི་མ་གྲུབ་པ་ལྟར་སྣང་།

༢. གཅིག་དང་ཐ་དད་ལ་འཁྲུལ་བའི་མ་གྲུབ་པ་ལྟར་སྣང་།

༣. བསྒྲུབ་བྱའི་ཆོས་ལ་ཐེ་ཚོམ་ཟ་བས་རྟགས་ཆོས་ཀྱི་འབྲེལ་བ་ལ་མ་ངེས་པ་ལྟར་སྣང་།

༤. དུས་ལས་འདས་པ་སྟེ། དཔེར་ན་སྒྲ་མི་རྟག་སྟེ། བུམ་པ་བཞིན་ནོ་ཞེས་སྨྲས་ནས། རྗེས་སུ་དྲིས་པས་བྱས་པའི་ཕྱིར་རོ་ཞེས་གཏན་ཚིགས་སྨྲ་བ་ལྟ་བུའོ། །

༥. བསྒྲུབ་པར་བྱ་བ་དང་མཚུངས་པའི་མ་གྲུབ་པ་ལྟར་སྣང་།

༦. བརྗོད་པ་མཚུངས་པའི་མ་གྲུབ་པ་ལྟར་སྣང་།

༧. མ་བརྗོད་པ་མཚུངས་པའི་མ་གྲུབ་པ་ལྟར་སྣང་།

༨. འགལ་བ་ལྟར་སྣང་།

བརྒྱད་པ། བསལ་ཏེ་འོངས་པ་སྟེ། གཞན་གྱི་ཕྱོགས་བཀག་ནས་རང་གི་ཕྱོགས་ཡོངས་སུ་བཟུང་བའོ། །ཡང་དག་པའི་ལུན་འཕྲིན་ཏེ་ཐལ་འགྱུར་ཡང་དག་ལྟ་བུའོ། །

ལེའུ་གཉིས་པ། ཚར་གཅོད་པའི་གནས་བསྟན་པ།

དང་པོ། གཏན་ཚིགས་འཁྲུལ་བ་ཅན་ཚར་གཅོད་པ།

༡. ལོག་པར་སྨྲ་བ། ༢. གཏན་ཚིགས་མ་གྲུབ་པ། ༣. དཔེས་དམ་བཅའ་ལ་གནོད་པ།

གཉིས་པ། བློ་སྐྱོན་ཚར་གཅོད་པ།

༡. འདྲི་དགོས་པ་ལ་མི་འདྲི་བ།

༢. དྲིས་པ་ལ་ལན་མེད་པ།

༣. ལན་གསུམ་བརྗོད་ཀྱང་དོན་མི་གོ་བ།

༤. སྐྱོན་བརྗོད་དགོས་པ་ལ་སྐྱོན་དུ་མ་ཤེས་པ།

༥. ཐམས་ཅད་ཀྱིས་རྟོགས་ཀྱང་དེ་པོ་ནས་མི་རྟོགས་པ།

གསུམ་པ། རྩོད་པའི་སྐབས་དྲིས་ལན་གྱི་སྐྱོན་ཚར་གཅོད་པ།

༡. འགལ་བའི་འཁྲུལ་བ། དེ་ནི་རྒོལ་ཕྱི་རྒོལ་གཉིས་ཀྱིས་འདྲི་བ་དང་ལན་འདེབས་པའི་དུས་བརྗོད་ཚུལ་གཅིག་མཐུན་དང་། དོན་གཅིག་མཐུན་དང་། རྒྱུ་མཚན་གཅིག་མཐུན་ཡིན་དགོས་ལ། གོང་གི་གཅིག་མཐུན་གསུམ་དང་འགལ་ན་འགལ་བའི་འཁྲུལ་བ་ཞེས་བྱའོ། །

༢. མ་ཚང་བ། གོང་དུ་སྨྲས་པའི་གཅིག་མཐུན་གསུམ་ལས་གང་རུང་ཞིག་མ་ཚང་ན་མ་ཚང་བའོ། །

བཞི་པ། རྩོད་པ་ལ་མི་མཁས་པ་ཚར་གཅོད་པ།

༡. སྦྱོར་བའི་ཡན་ལག་ཆད་པ། ༢. སྦྱོར་བའི་ཡན་ལག་ལྷག་པ། ༣. དོན་མེད་པ། ༤. དུས་མ་ཡིན་པ། ༥. དོན་བློས་པ། ༦. དམ་བཅའ་ལ་གནོད་པ།

ལེའུ་གསུམ་པ། རྩོད་ཚུལ་ལ་ཡང་དག་དང་ལྟར་སྣང་གཉིས་སུ་ཕྱེ་སྟེ་དཔེ་དང་བཅས་པའི་སྒོ་ནས་ཡོད་པ་དང་མེད་པ། རྟག་པ་དང་མི་རྟག་པ། དགྲ་བཅོམ་པའི་གོ་འཕང་། མྱ་ངན་ལས་འདས་པ་སོགས་ཀྱི་གནས་ལུགས་ལ་དཔྱད་སྒྲུབ་མཛད་དེ་ཡང་དག་པར་བསྟན་ཏོ། །

ལེའུ་བཞི་པ། མཚུངས་པ་ལྟག་ཆོད་སྟོན་པ།

མཚུངས་པ་ལྟག་ཆོད་ནི་སྐྱོན་མ་ཡིན་པ་ལ་སྐྱོན་དུ་བརྗོད་པའོ། །འདི་རྣམ་པ་ཉི་ཤུ་ཡོད་དེ།

༡. འཕེལ་བ། སྦྱོར་བའི་ཡན་ལག་ལྷག་པའི་སྐྱོན་བརྗོད་པ་སྟེ། དཔེར་ན། སྣ་རྒོལ་གྱིས།

བདག་ནི་རྟག་སྟེ། དབང་ཤེས་ཀྱི་ཡུལ་མ་ཡིན་པའི་ཕྱིར།

ནམ་མཁའ་དབང་ཤེས་ཀྱི་ཡུལ་མ་ཡིན་པས་རྟག་པ་ཡིན།

དབང་ཤེས་ཀྱི་ཡུལ་མ་ཡིན་པ་ཐམས་ཅད་རྟག་པ་ཡིན་དགོས།

བདག་ནི་དབང་ཤེས་ཀྱི་ཡུལ་མ་ཡིན་པས་ཅིའི་ཕྱིར་རྟག་པ་མ་ཡིན། ཅེས་པ་ལྟ་བུའོ། །

༢. འགྲིབ་པ། སྦྱོར་བའི་ཡན་ལག་མ་ཚང་བའི་སྐྱོན་བརྗོད་པ་སྟེ། དཔེར་ན། ནམ་མཁའ་ཤེས་པ་མེད་ལ་བདག་ཤེས་པ་ཡོད་པས་ནམ་མཁའ་བདག་གི་དཔེར་མི་རུང་ངོ་ཞེས་པ་ལྟ་བུའོ། །

༣. མཐུན་པ་དང་མི་མཐུན་པ། དཔེར་ན། ནམ་མཁའ་དེ་རྩོད་གཞི་ཆོས་ཅན་བདག་དང་ཡོངས་སུ་མཐུན་ན་མི་འོས་ལ། མི་མཐུན་ན་ཡང་དཔེར་མི་རིགས་སོ་ཞེས་པ་ལྟ་བུའོ། །

༤. ལན་ལྟུང་བ། དཔེར་ན། སྣ་རྒོལ་གྱིས་བདག་ནི་རྟག་སྟེ། དབང་ཤེས་ཀྱི་ཡུལ་མ་ཡིན་པའི་ཕྱིར། དཔེར་ན། ནམ་མཁའ་བཞིན་ཞེས་པ་ལ། ཕྱི་རྒོལ་གྱིས་དྲིས་པ། དབང་ཤེས་ཀྱི་ཡུལ་མ་ཡིན་པ་ཐམས་ཅད་རྟག་པ་ཡིན་མི་དགོས་ཏེ། དཔེ་མེད་པས་སོ་ཞེས་པ་ལྟ་བུའོ། །

༥. ལན་མང་བ། དཔེར་ན། སྣ་རྒོལ་གྱིས་བདག་ནི་རྟག་སྟེ། དབང་ཤེས་ཀྱི་ཡུལ་མ་ཡིན་པའི་ཕྱིར་ཞེས་པ་ལ། ཕྱི་རྒོལ་གྱིས་དབང་ཤེས་ཡུལ་མ་ཡིན་པའི་ཆོས་ནི་རྣམ་པ་གཉིས་ཡོད་དེ། རྩལ་ལྡན་ཤེས་པ་མིན་ཡང་མི་རྟག་པ་ཡིན། ནམ་མཁའ་ཤེས་པ་མིན་ཡང་རྟག་པའི་ཆོས་ཡིན། ཁྱོད་ཀྱིས་ཤེས་པ་མ་ཡིན་པས་རྟག་པ་ཡིན་ཞེས་པ་ཅིའི་ཕྱིར་སྨྲ་ཞེས་པ་ལྟ་བུའོ། །༦. རྒྱུ་མཚུངས་པ། ༧. འབྲས་བུ་མཚུངས་པ། ༨. ཁྱབ་པ་མཚུངས་པ། ༩. ཁྱབ་མེད་མཚུངས་པ། ༡༠. སྐབས་མཚུངས་པ་

༡༡. གནས་སུ་མ་ཐོན་པ། ༡༢. གནས་སུ་ཐོན་པ། ༡༣. འགལ་བ། ༡༤. མི་འགལ་བ། ༡༥. ཐེ་ཚོམ་ཟ་བ། ༡༦. ཐེ་ཚོམ་མི་ཟ་བ། ༡༧. དཔེ་དོར་བ། ༡༨. ཐོས་པ་མཚུངས་པ། ༡༩. ཐོས་པ་གཞན། ༢༠. མ་སྐྱེས་པ་བཅས་སོ། །

དེར་མཚུངས་པ་ལྟག་ཆོད་བརྗོད་པ་ལ། ལྟག་ཆོས་ནི་སུན་འབྱིན་ལྟར་སྣང་བ་ཡིན་ཏེ། བསྒྲུབ་བྱ་སྒྲུབ་ནུས་ཀྱི་སྤྱི་རྟགས་སུ་བཀོད་པ་ལ། དེའི་ཁྱད་པར་བརྟགས་ནས་སུན་འབྱིན་པར་བྱེད་པའི་ཚུལ་ལོ། །

གོང་དུ་བཀོད་པ་ནི་《ཐབས་ལ་མཁས་པའི་སེམས་བསྟན་པ་》ཞེས་པའི་སངས་རྒྱས་པའི་གཏན་ཚིགས་རིག་པའི་བསྟན་བཅོས་ཀྱི་དགོངས་དོན་གཙོ་བོ་ཡིན་ལ། བསྟན་བཅོས་འདི་དང་《རིགས་པའི་མདོ་》ལྟ་བུའི་ཕྱི་རོལ་པའི་གཏན་ཚིགས་རིག་པའི་བསྟན་བཅོས་གཉིས་བསྡུར་ནས་དཔྱད་ན་བརྗོད་བྱ་མང་པོ་གཅིག་མཐུན་དུ་སྣང་ཡང་། འོན་ཏེ་བསྟན་བཅོས་འདི་དག་བརྩམ་པའི་དགོས་པ་དང་དམིགས་ཡུལ་མི་གཅིག་པ་དང་། དམ་བཅའ་བའམ་དཔག་པར་བྱ་བ་ལ་ཁྱད་པར་ཆེའོ། །

དོན་ཚན་གསུམ་པ། 《རྣལ་འབྱོར་སྤྱོད་པའི་སའི་དངོས་གཞི་》ལས་སྟོན་པའི་གཏན་ཚིགས་རིག་པའི་དགོངས་པ།

སྟོན་པ་སངས་རྒྱས་མྱ་ངན་ལས་འདས་ནས་ལོ་ངོ་དགུ་བརྒྱ(སྤྱི་ལོ་དུས་རབས་བཞི་པ་)ཙམ་སོང་བའི་རྒྱལ་པོ་གོ་ཏ་འཕེལ་བྱེད་ཀྱི་དུས་ལ། འཕགས་པ་ཐོགས་མེད་འཛིག་རྟེན་འདིར་བྱོན་ཏེ་ཐེག་པ་ཆེན་པོའི་ཆོས་ཀྱི་དགའ་སྟོན་སྤེལ་བར་མཛད་དོ། །

དེ་ཡང་སྟོན་པ་མྱ་ངན་ལས་འདས་ནས་རིང་པོ་མ་སོང་བར་ནང་པའི་བསྟན་པ་སྡེ་བ་བཅོ་བརྒྱད་དུ་གྱེས་པ་དང་། དེ་ནས་ཀྱང་ཉན་ཐོས་ཀྱི་གྲུབ་མཐའ་སྨྲ་བ་མང་པོས་ཐེག་ཆེན་གྱི་ཆོས་རྒྱལ་བའི་བཀའ་མིན་ནོ་ཞེས་ལོག་པར་བཟུང་ནས་ཐེག་

པ་ཆེན་པོའི་བསྟན་པ་ཉམས་དམས་པར་བྱས་ཤིང་། ཉན་ཐོས་ཀྱི་གྲུབ་མཐའ་སྨྲ་བ་རྣམས་ཀྱང་ཕན་ཚུན་རྩོད་པར་བྱེད་པས་རྒྱལ་བའི་བསྟན་པ་ཤིན་ཏུ་ཉམས་པར་གྱུར་པའི་ཚེ། རྗེ་བདག་ཉིད་ཆེན་པོ་སློབ་དཔོན་ཐོགས་མེད་ཐུབ་པའི་བསྟན་པ་ཉམས་དམས་པ་གསོ་བའི་ཕྱིར་དུ་སྙིང་རྗེ་དང་སྨོན་ལམ་གྱི་དབང་གིས་ཞིང་འདིར་བསམ་བཞིན་དུ་བྱོན། ཆུང་དུས་ནས་ཡུམ་ནས་ཡི་གེ་དང་། རྩིས་དང་། རྟོག་གེ་དང་། སྨན་དཔྱད་དང་། བྲམ་ཟེའི་རིག་བྱེད་སོགས་རིག་གནས་ཐུན་མོང་བ་རྣམས་ལེགས་པར་བསླབས། ཆེར་སྐྱེས་པ་ན་རབ་ཏུ་བྱུང་ཞིང་བསྙེན་པར་རྫོགས། ལོ་ལྔའི་བར་བརྩོན་པས་ཐེག་པ་ཆེན་པོའི་མདོ་སྡེ་ཕལ་ཆེར་རྟོགས་པར་གྱུར། ཡིན་ནའང་ཤེར་ཕྱིན་གྱི་མདོ་སྡེ་རིན་པོ་ཆེའི་སྦས་དོན་མངོན་རྟོགས་ཀྱི་རིམ་པ་རྣམས་རྟོགས་དཀའ་བར་དགོངས་ནས་ཇོ་རྗེ་སློབ་དཔོན་ཞིག་བསྙེན་ནས་སྒྱུ་འཕྲུལ་དྲ་བའི་དབང་ཞུ་བར་མཛད་པས་མེ་ཏོག་བྱམས་པ་མགོན་པོ་ལ་བབས་པས། རྗེ་བཙུན་བྱམས་པ་བསྒྲུབས་པ་ལ་བསྟན་པ་དར་བར་བྱའོ་སྙམ་དུ་དགོངས་ཏེ་རི་བོ་བྱ་རྐང་གི་ཕུག་ཏུ་བསྒྲུབ་ཏུ་བྱོན་ཏེ་ལོ་གསུམ་དུ་བསྒྲུབས་པས་མཚན་མ་ཅི་ཡང་མ་མཐོང་བས་ཐུགས་སུག་ནས་ཕྱིར་ཐོན་པ་ན་རྒན་པོ་ཞིག་རས་བལ་འཇམ་པོས་ལྕགས་ཀྱི་སྡོང་པོ་ལ་ཁབ་བྱེད་པར་མཐོང་ནས་ཁབ་ཅི་ལྟར་འབྱུང་ཞེས་དྲིས་པས། སྙིང་སྟོབས་ལྡན་པའི་སྐྱེས་བུ་ཡིས། །བསྒྲུབས་ན་མི་འགྲུབ་གང་ཡང་མེད། །དཀའ་ཡང་བརྟགས་པ་མ་དོར་ན། །རི་བོ་རྣམས་ཀྱང་ཐལ་བར་རློག །ཟེར་བས་བརྩོན་འགྲུས་རྩོམ་དགོས་པར་དགོངས་ནས་སླར་ཡང་ལོ་གསུམ་ལ་སྒྲུབ་པ་མཛད་ཀྱང་མཚན་མ་གང་ཡང་མ་བྱུང་བས་སྐྱོ་སྟེ་ཕྱིར་ཐོན་པ་ལ། ཆུ་ཐིགས་ཀྱིས་བྲག་ཟད་པ་མཐོང་ནས་བརྩོན་པ་ཡུན་རིང་དུ་བསྒྲུབ་དགོས་པར་དགོངས་ནས་ཡང་ལོ་གསུམ་བསྒྲུབས་ཀྱང་མཚན་མ་མ་མཐོང་བས་ཐུགས་ཤིན་ཏུ་སྐྱོ་སྟེ་ཕྱིར་ཐོན་པ་ན། བྱ་སྒྲོས་བྲག་ཟད་པ་མཐོང་ནས་ད་དུང་བརྩོན་པ་བྱེད་དགོས་པར་དགོངས་ནས་ཡང་ལོ་གསུམ་ལ་སྒྲུབ་པ་མཛད་པས་ལོ་བཅུ་གཉིས་སུ་བསྒྲུབས་ཀྱང་འགྲུབ་པའི་མཚན་མ་མ་མཐོང་། ཁོང་

ཐུགས་སྐྱོ་བ་ཆེན་པོ་སྐྱེས་ཏེ་ཕྱིར་ཐོན། ལམ་ནས་ཁྲི་མོ་རོ་སྨད་འབུས་གཞིགས་པ་རོ་སྟོད་ཟུག་ཅིང་ཟ་བ་མཐོང་ནས་སྙིང་རྗེ་ཆེན་པོ་སྐྱེས་ཏེ་འབུ་རྣམས་བསལ་ན་འབུ་འཆི། མ་བསལ་ན་ཁྲི་མོ་འཆི་བར་སྣང་བས་རང་གི་ལུས་ཀྱི་ཤ་བཅད་ནས་དེར་འབུ་རྣམས་གཞུག་པར་བྱའོ་སྙམ་ནས་སྤུ་གྲིས་རང་ལུས་ཀྱི་ཤ་བཅད་ཅིང་། འབུ་རྣམས་ལག་པས་བླངས་ན་ཤི་དོགས་ནས་སྤྱན་བཙུམས་ནས་ལྡགས་ཀྱིས་ལེན་པ་ན་ཁྲི་མོ་མེད་པར་རྗེ་བཙུན་བྱམས་པ་འོད་དང་བཅས་པར་གཟིགས་ནས་ཀྱེ་མ་ཡབ་ཅིག་བདག་གི་སྐྱབས། བདག་གིས་དེ་ཙམ་དུ་བསྒྲུབས་ཀྱང་ཞལ་མི་སྟོན་པ་ཐུགས་རྗེ་རེ་ཆུང་ཞེས་སྤྱན་ཆབ་ཕྱུང་། རྗེ་བཙུན་གྱིས་ཁྱོད་རང་གི་སྒྲིབ་པས་མ་མཐོང་ལ། སྙིང་རྗེ་ཆེན་པོ་སྐྱེས་པ་ལས་སྒྲིབ་དག་ནས་མཐོང་བ་ཡིན་གསུངས། ཁྱོད་ཅི་འདོད་གསུངས་པ་ལ་ཐེག་པ་ཆེན་པོའི་ཆོས་དར་བར་ཞུ་འཚལ་བྱས་པས། ངའི་ཆོས་གོས་ལ་འཇུས་ཤིག་གསུངས་ནས་དགའ་ལྡན་དུ་བྱོན་ཏེ་མི་ལོ་ལྔ་བཅུར་བཞུགས་ནས་རྗེ་བཙུན་ལས་ཐེག་པ་ཆེན་པོའི་ཆོས་མཐའ་ཡས་པ་གསན། ལྷག་པར་དུ་ཤེར་ཕྱིན་གྱི་མདོ་རིན་པོ་ཆེའི་གནད་གཏིང་ཕྱིན་པར་རྟོགས་ཤིང་མི་བརྗེད་པའི་གཟུངས་ཐོབ། དེ་ནས་མར་འཛམ་བུ་གླིང་དུ་བྱོན་ཏེ་མ་ག་དྷར་སློབ་མ་སྐྱོང་ཞིང་བྱམས་ཆོས་སྡེ་ལྔ་ཡི་གེར་བཀོད། རྗེས་སུ་ན་ལེནྡྲའི་མཁན་པོ་མཛད། རྒྱལ་བའི་བསྟན་པ་རྒྱ་ཆེར་སྤེལ་ནས་མུ་སྟེགས་ཀྱི་སྨྲ་ངན་ཕལ་ཆེར་ནུབ་པར་གྱུར། མཐར་རྒྱལ་པོའི་ཁབ་ཏུ་སྐུའི་བཀོད་པ་བསྡུས་སོ། །རྗེ་བདག་ཉིད་ཆེན་པོ་དེས་རྗེ་བཙུན་བྱམས་པ་མགོན་པོའི་མན་ངག་ལ་བརྟེན་ནས་ཐེག་པ་ཆེན་པོའི་ལམ་གྱི་རིམ་པ་རྒྱས་པར་བསྟན་པའི་རྣལ་འབྱོར་སྤྱོད་པའི་ས་སྡེ་ལྔ་དང་སྡོམ་རྣམ་པ་གཉིས་སོགས་ཐེག་ཆེན་གྱི་ཆོས་མང་པོ་མཛད་ཅིང་། ཕས་ཀྱི་རྒོལ་བ་ཚར་གཅོད་པ་དང་། རྒྱལ་བའི་བསྟན་པ་ལ་མ་དད་པ་རྣམས་དད་པར་བྱ་བའི་ཕྱིར་གཏན་ཚིགས་རིག་པའི་བསྟན་བཅོས་ཀྱང་མཛད་དེ་ལེགས་པར་སྤེལ། འདིར་ཁོང་གིས་མཛད་པའི་《རྣལ་འབྱོར་སྤྱོད་པའི་ས་སྡེ་ལྔའི་དང་པོ་སའི་དངོས་གཞི་》ལས་བྱུང་བའི་གཏན་ཚིགས་རིག་པའི་དགོངས་

པ་བསྟན་པར་བྱ་སྟེ།

གཞུང་དེ་ལས། གཏན་ཚིགས་རིག་པ་གང་ཞེ་ན། བརྟག་པའི་དོན་དུ་ཡོད་པའི་དངོས་པོ་གང་ཡིན་པ་སྟེ་ཞེས་བསྟན་ཏེ་རྟོགས་ཟིན་པའི་ཡོད་པའི་དངོས་པོ་ལ་བརྟེན་ནས་མ་རྟོགས་པའི་དོན་རྟོགས་པ་ནི་གཏན་ཚིགས་རིག་པ་ཡིན་ཞེས་བརྗོད་དོ། །དེ་ཡང་གང་ཞེ་ན་འདི་ལྟ་སྟེ། སྒྲུབ་པ་དང་། སྒྲུབ་པའི་ཞལ་ཅེ་དང་། སྒྲུབ་པའི་གཞི་དང་། སྒྲུབ་པའི་རྒྱན་དང་། སྒྲུབ་པ་ཆད་པ་བཅད་པ་དང་། སྒྲུབ་པ་ལས་འབྱུང་བ་དང་། སྒྲུབ་པ་གཅེས་ཕྲུས་ལ་དགོས་པའི་ཆོས་ཞེས་རྣམ་པ་བདུན་ནམ་སྒོ་བདུན་ནས་བསྟན་པ་ཡིན་པས། གཞུང་དེ་ལ་གཏན་ཚིགས་རྣམ་བདུན་དུ་གྲགས་སོ། །

དང་པོ། སྒྲུབ་པ་སྟོན་པ།

སྒྲུབ་པ་ནི་རྣམ་པ་དྲུག་ཡོད་དེ། སྒྲུབ་པ་དང་། སྨད་ཁྲེར་པ་སྒྲུབ་པ་དང་། རྟོད་པ་སྒྲུབ་པ་དང་། ཚིག་ངན་སྒྲུབ་པ་དང་། མཐུན་པར་སྒྲུབ་པ་དང་། གདམས་པར་སྒྲུབ་པ་བཅས་སོ། །

༡. སྒྲུབ་པ་ནི། ངག་ཏུ་བརྗོད་པ་དང་། ངག་ཏུ་བརྗོད་དེ་ངག་གི་ငེས་པའི་ငེས་ཚིག་ཐམས་ཅད་ལ་ནི་སྒྲུབ་པ་ཞེས་བྱའོ། །

༢. སྨད་ཁྲེར་པ་སྒྲུབ་པ་ནི། འཇིག་རྟེན་གྱི་གྲགས་པ་སྒྲུབ་པ་གང་ཡིན་པའོ། །

༣. རྟོད་པ་སྒྲུབ་པ་ནི། རྟོད་པ་འབྱུང་བའི་རྒྱུ་མཚན་གསུམ་ཡོད་དེ། འདོད་པ་རྣམས་ལས་བརྩམས་ཏེ་རྟོད་པ་དང་། ཉེས་པར་བརྩམས་ཤིང་འཁྱེད་ལ་རྟོད་པ་དང་། ལྟ་བ་ལས་བརྩམས་ཏེ་རྟོད་པའོ། །

༤. ཚིག་ངན་སྒྲུབ་པ་ནི། ཉེས་པ་རྩོམ་ཞིང་ཀུན་ནས་ཉོན་མོངས་པ་ཅན་གྱིས་སེམས་དང་ལྡན་པ་རྣམས་གཏམ་གྱི་འཕྲོ་བོར་ཏེ་ཕན་ཚུན་རྩུབ་པ་དང་ལྡན་པ་དང་། ཚོགས་པར་བརྗོད་མི་འོས་པ་ལྡན་པ་དང་། ཚིག་ཀྱལ་བ་དང་ལྡན་པ་གང་ཡིན་པ་སོགས་སོ། །

༥. མཐུན་པར་སྒྲུབ་པ་ནི། ལེགས་པར་གསུངས་པའི་ཆོས་འདུལ་བའི་ཆོས་སྟོན་

པ་དང་། འབེལ་བའི་གཏམ་རྣམ་པར་གཏན་ལ་འབེབས་པ་དང་། རྗེས་སུ་སྟོན་པ་དང་། ཐེ་ཚོམ་སྐྱེས་པ་གཅོད་པའི་ཕྱིར་དང་། ཟབ་མོའི་དོན་གྱི་ཚིག་རྟོགས་པར་བྱ་བ་དང་། ཡེ་ཤེས་མཐོང་བ་རྣམ་པར་དག་པར་བྱ་བ་དང་། ཐར་པ་དང་མཐུན་པའི་རྗེས་སུ་མཐུན་པར་སྨྲ་བ་དང་། དེ་ལྟ་བས་ན་མཐུན་པར་སྨྲ་བ་ཞེས་བྱའོ། །

༤. གདམས་པར་སྨྲ་བ་ནི། ལེགས་པར་གསུངས་པའི་ཆོས་འདུལ་བའི་སྟོན་པ་དང་། ལྷག་པའི་ཤེས་རབ་ལ་བརྩོན་པར་འདོད་པ་སེམས་མཉམ་པར་མ་བཞག་པ་ལ་མཉམ་པར་གཞག་པར་བྱ་བ་དང་། སེམས་མཉམ་པར་བཞག་པ་ཐར་པར་བྱ་བ་སྨྲ་བ་དང་། དེ་ཁོ་ན་ཤེས་པ་རྟོགས་པར་བྱ་བ་དང་། དེ་ཁོ་ན་ཤེས་པ་ཁོང་དུ་ཆུད་པ་བྱ་བའི་ཕྱིར་སྨྲ་བ་གང་ཡིན་པ་སྟེ། དེ་ལྟ་བས་ན་གདམས་པ་སྨྲ་བ་ཞེས་བྱའོ། །

གོང་གི་སྨྲ་བ་དེ་དག་ལས། སྨྲ་བ་ཐ་མ་གཉིས་ནི་ཡང་དག་པ་དང་། དེ་ཁོ་ན་དང་དོན་དང་ལྡན་པ་དང་། བསྟེན་པར་བྱ་བ་ཡིན་ནོ། །སྨྲ་བ་བར་མ་གཉིས་ནི་ཡང་དག་པ་མ་ཡིན་པ་དང་། དེ་ཁོ་ན་མ་ཡིན་པ་དང་། དོན་དང་ལྡན་པ་མ་ཡིན་པ་དང་། ཡོངས་སུ་སྤང་བར་བྱ་བ་ཡིན་ནོ། །སྨྲ་བ་དང་པོ་གཉིས་ནི་གཉི་ག་ཡིན་ནོ། །

གཉིས་པ། སྨྲ་བ་ཞལ་ཅེ་བ་བསྟན་པ།

འདིར་ཞལ་ཅེ་བ་ཞེས་པ་ནི། ཁྲིམས་དང་མཐུན་པ་སྟེ་ལུགས་དང་མཐུན་པའི་སྨྲ་བའི་ཡུལ་ལ་གོ་བར་བྱའོ། །རྣམ་པ་ནི་དྲུག་ཡོད་དེ། རྒྱལ་པོ་བཞུགས་པའི་ས་དང་། བསྐོས་པ་འདུ་བའི་ས་དང་། འཁོར་དང་འདུ་བ་དང་། ཆོས་དང་དོན་ལ་མཁས་པའི་དགེ་སྦྱོང་དང་། བྲམ་ཟེ་རྣམས་དང་། ཆོས་དང་དོན་འདོད་པའི་སེམས་ཅན་རྣམས་སོ། །

གསུམ་པ། སྨྲ་བའི་གཞི་བསྟན་པ།

འདི་ལ་རྣམ་པ་བཅུ་ཡོད་དེ། བསྒྲུབ་པར་བྱ་བའི་དོན་རྣམ་པ་གཉིས་དང་། སྒྲུབ་པ་རྣམ་པ་བརྒྱད་དོ། །བསྒྲུབ་པར་བྱ་བའི་དོན་གཉིས་ནི། ངོ་བོ་ཉིད་དང་བྱེ་བྲག

གཉིས་ཏེ། ཆོས་ཅན་དང་བསྒྲུབ་བྱའི་ཆོས་གཉིས་སོ། །

སྒྲུབ་པ་ནི་སྒྲུབ་པར་བྱེད་པ་སྟེ་རྣམ་པ་བརྒྱད་ཡོད་པ་འདི་ལྟར། དམ་བཅའ་དང་། གཏན་ཚིགས་དང་། དཔེར་བརྗོད་པ་དང་། མཐུན་པ་དང་། མི་མཐུན་པ་དང་། མངོན་སུམ་དང་། རྗེས་སུ་དཔག་པ་དང་། ཡིད་ཆེས་པའི་ལུང་བཅས་སོ། །

༡. དམ་བཅའ་བ་ནི། བསྒྲུབ་པར་བྱ་བའི་ཆོས་རྣམ་པ་གཉིས་ལས་བརྩམས་ནས་ཕན་ཚུན་བདག་གིས་ཕྱོགས་ཡོངས་སུ་འཛིན་པ་སྟེ། བསྟན་བཅོས་ཡོངས་སུ་འཛིན་པའམ། བདག་གི་སྤོབས་པའམ། གཞན་ལ་བརྙས་པའམ། གཞན་ལས་ཐོས་པའམ། དེ་ཁོ་ན་མངོན་པར་རྟོགས་པའམ། བདག་གི་ཕྱོགས་སུ་གཟུང་བའམ། གཞན་གྱི་ཕྱོགས་སུན་དབྱུང་བའམ། གཞན་ཟིལ་གྱིས་མནན་པའམ། གཞན་ཁྱད་དུ་གསད་པའམ། གཞན་ལ་སྙིང་བརྩེ་བའི་ཕྱིར་རོ། །ཞེས་གསུངས་སོ། །འདིར་དམ་བཅའ་དེ་སྒྲུབ་བྱེད་ཀྱི་ནང་གསེས་སུ་བཀོད་པ་ནི། སློབ་དཔོན་ཕྱོགས་གླང་ཡར་སྔོན་གྱི་གཏན་ཚིགས་རིག་པའི་སྤྱི་མཐུན་གྱི་བཞེད་ཚུལ་ཞིག་ཡིན་ནོ། །དམ་བཅའ་ནི་བསྒྲུབ་པར་བྱ་བ་ཡིན་ཏེ་རྩོལ་བ་རང་ཉིད་ཀྱི་འདོད་པ་དང་རང་སྡེའི་འདོད་ཚུལ་ཡིན་དགོས་སོ། །འདིར་དམ་བཅའ་བའི་དགོས་པ་ནི་ཕ་རོལ་པོ་ལ་སྙིང་བརྩེ་བའི་ཕྱིར་དུ་དེའི་འདོད་པའམ་ལྟ་བ་ཕྱིན་ཅི་ལོག་ལ་སུན་འབྱིན་པ་དང་ཁྱད་དུ་གསད་པར་བྱེད་པའི་དོན་བསྟན་པའོ། །སྤྱིར་དམ་བཅའ་བ་ནི་གཞན་ལུགས་དང་འགལ་ཞིང་རང་ལུགས་དང་མཐུན་དགོས་པའི་ཚུལ་བསྟན་པའོ། །

༢. གཏན་ཚིགས་ནི། སྒྲུབ་པར་བྱེད་པ་སྤྱིར་བསྟན་ཏེ་དམ་བཅའ་བའི་དོན་དེ་ཉིད་སྒྲུབ་པའི་ཕྱིར་དཔེར་བརྗོད་པ་ལ་བརྟེན་ནས་མཐུན་པའམ། མི་མཐུན་པའམ། མངོན་སུམ་མམ། རྗེས་སུ་དཔག་པའམ། ཡིད་ཆེས་པའི་ལུང་གིས་བསྐྱེད་པའི་རིགས་པ་སྨྲ་བ་དེ་ཡིན་នོ། །

༣. དཔེར་བརྗོད་པ་ནི། དམ་བཅའ་བའི་དོན་དེ་ཉིད་བསྒྲུབ་པའི་ཕྱིར་གཏན་ཚིགས་ལ་བརྟེན་ནས་འཇིག་རྟེན་ན་འདྲིས་ཤིང་གྲགས་པའི་དངོས་པོ་དང་། སྦྱོར་

བ་དང་ལྡན་པ་སྨྲ་བ་དེ་ཡིན་ནོ། །

༤. མཐུན་པ་ནི། ཆོས་ལ་ལ་འགའ་ཞིག་དང་འདྲ་བས་འགའ་ཞིག་དང་འདྲ་བ་གང་ཡིན་པའོ། །དེ་ཡང་རྣམ་པ་ལྔ་ཡོད་དེ། རྟགས་འདྲ་བ་དང་། ངོ་བོ་ཉིད་འདྲ་བ་དང་། ལས་འདྲ་བ་དང་། ཆོས་འདྲ་བ་དང་། རྒྱུ་དང་འབྲས་བུ་འདྲ་བ་བཅས་སོ། །འདི་ནི་རྟགས་ཆོས་གཉིས་མཐུན་པའི་དཔེ་བསྟན་པ་ཡིན་ནོ། །

༥. མི་མཐུན་པ་ནི། ལ་ལ་འགའ་ཞིག་དང་མི་འདྲ་བས་འགའ་ཞིག་དང་མི་འདྲ་བ་གང་ཡིན་པ་སྟེ། དེ་ཡང་མཐུན་པ་ལྔ་ལས་བཟློག་པའི་ལྔ་ཡོད་དེ། རྟགས་ཆོས་གཉིས་དང་མི་མཐུན་པའི་དཔེ་བསྟན་པ་ཡིན་ནོ། །

༦. མངོན་སུམ་ནི། རྣམ་པ་གསུམ་ཡོད་དེ། ཤོག་ཏུ་མ་གྱུར་པ་དང་། མངོན་པར་བརྟགས་ཟིན་པ་མ་ཡིན་པ་དང་མངོན་པར་བརྟག་པར་བྱ་བ་མ་ཡིན་པ་དང་། མ་འཁྲུལ་བ་གང་ཡིན་པ་དེ་གསུམ་མོ། །

ཤོག་ཏུ་མ་གྱུར་པ་ལ་ནི་རྣམ་པ་བཞི་ཡོད་དེ། དབང་པོ་ཡོངས་སུ་མ་ཉམས་ཤིང་ཡིད་ལ་བྱེད་པ་མངོན་དུ་གནས་པ་ན་མཐུན་པར་སྐྱེ་བ་དང་། ཡང་དག་པར་འདས་ནས་སྐྱེ་བ་དང་། སྒྲིབ་པ་མེད་པ་དང་། ཐག་རིང་པོ་མ་ཡིན་པའོ། །

མངོན་པར་བརྟགས་ཟིན་པ་དང་བརྟག་པར་བྱ་བ་མ་ཡིན་ནི། ཡུལ་ལ་གནས་པའི་དམིགས་པའི་རྟེན་གྱི་ཡུལ་ཁོ་ན་སྟེ་རྟོག་པ་དང་བྲལ་བ་བསྟན་པའོ། །

མ་འཁྲུལ་བ་ནི། ཡུལ་མ་འཁྲུལ་བའོ། འཁྲུལ་བ་ནི་རྣམ་པ་ལྔའམ་བདུན་གྱི་སྒོ་ནས་འཁྲུལ་བར་བཤད་དེ། འཁྲུལ་བ་ལྔ་ནི། འདུ་ཤེས་འཁྲུལ་བ། གྲངས་ལ་འཁྲུལ་བ། དབྱིབས་འཁྲུལ་བ། ཁ་དོག་འཁྲུལ་བ། ལས་འཁྲུལ་བ་བཅས་སོ། །འཁྲུལ་བ་བདུན་ནི། དེ་ལྔའི་སྟེང་དུ་སེམས་འཁྲུལ་བ་དང་ལྟ་བ་འཁྲུལ་བ་གཉིས་མནན་པས་འཁྲུལ་བ་བདུན་དུ་བརྗོད་དོ། །འཁྲུལ་བ་དེ་དག་དང་བྲལ་ན་མ་འཁྲུལ་བའོ། །དེ་བས་ན་མངོན་སུམ་ནི་དབང་ཤེས་ཀྱི་ཡུལ་འཛིན་པ་དང་། རྟོག་པ་དང་བྲལ་བ་དང་། འཁྲུལ་བ་བདུན་དང་བྲལ་བའི་ཤེས་པ་ཞིག་ཡིན་པར་བསྟན་ཏོ། །དེ་ལ་ཡང་

ཕྱི་རོལ་པའི་གྲུབ་མཐའ་རིག་བྱེད་པ་ལྟ་བུ་རྣམས་ནི་རྟོག་པ་མངོན་སུམ་ཞེས་པའི་རྟོག་པ་ཡང་ཡིན་མངོན་སུམ་ཡང་ཡིན་པའི་ཤེས་པ་ཡོད་པར་ཁས་བླངས་མོད་ཀྱང་། ནང་པའི་གཏན་ཚིགས་རིག་པའི་དེ་ཐད་ཀྱི་བཞེད་པ་ནི་མངོན་སུམ་ཡིན་ན་རྟོག་པ་མ་ཡིན་པ་ཞིག་དགོས་པ་བསྟན་ཅིང་། དེ་རྗེས་ཀྱི་སློབ་དཔོན་ཕྱོགས་གླང་གིས་རྟོག་པ་དང་བྲལ་མངོན་སུམ་མོ་ཞེས་པའི་མངོན་སུམ་གྱི་མཚན་ཉིད་དེ་ལྟར་བསྟན་ཏོ། །

མངོན་སུམ་གྱི་དབྱེ་བ་ལ། མངོན་སུམ་དེ་སུའི་མངོན་སུམ་དུ་བརྗོད་པར་བྱ་ཞེ་ན། མདོར་བསྡུས་ན་བཞི་སྟེ། དབང་པོ་གཟུགས་ཅན་གྱི་མངོན་སུམ་དང་། ཡིད་ཀྱིས་སྤྱོད་པའི་མངོན་སུམ་དང་། འཇིག་རྟེན་གྱི་མངོན་སུམ་དང་། དག་པའི་མངོན་སུམ་ཏེ་བཞིའོ། །འདིར་བཤད་པའི་འཇིག་རྟེན་གྱི་མངོན་སུམ་ནི་དབང་པོ་གཟུགས་ཅན་གྱི་མངོན་སུམ་དང་ཡིད་ཀྱིས་སྤྱོད་པའི་མངོན་སུམ་གཉིས་ཀྱི་བསྡུས་དོན་ལ་གོ་བ་དང་། དག་པའི་མངོན་སུམ་ནི་འཇིག་རྟེན་གྱི་མངོན་སུམ་གང་ཡིན་པ་དེ་ཡང་དག་པའི་མངོན་སུམ་ཡིན་ནོ། །

༢. རྗེས་སུ་དཔག་པ་ནི། གཞུང་དེ་ལས། རྗེས་སུ་དཔག་པ་གང་ཞེ་ན། མངོན་པར་བརྟགས་པ་དང་བཅས་པས་མངོན་པར་བརྟགས་པ་དང་མངོན་པར་བརྟག་པར་བྱ་བའི་ཡུལ་ལོ། །དེ་ཡང་རྣམ་པ་ལྔ་ཡོད་དེ། རྟགས་དང་། ངོ་བོ་ཉིད་དང་། ལས་དང་། ཆོས་དང་། རྒྱུ་དང་འབྲས་བུའོ་ཞེས་གསུངས་སོ། །

རྟགས་ལས་རྗེས་སུ་དཔག་པ་ནི། ད་ལྟར་རམ་སྔོན་མཐོང་བའི་མངོན་མཚན་དང་མཚན་མ་འགའ་ཞིག་གིས་འབྲེལ་བ་ལས་ཡུལ་མངོན་པར་བརྟགས་པ་གང་ཡིན་པ་སྟེ། དཔེར་ན་དུ་བ་ལས་མེ་དང་། ནོག་དང་རྭ་ལས་བ་ལང་རྗེས་སུ་དཔག་པ་ལྟ་བུའོ། །

ངོ་བོ་ཉིད་ལས་རྗེས་སུ་དཔག་པ་ནི། མངོན་སུམ་གྱི་ངོ་བོ་ཉིད་ཀྱིས་ལྐོག་ན་འདུག་པའི་ངོ་བོ་ཉིད་བརྟག་པའམ། ངོ་བོ་ཉིད་ཀྱི་ཕྱོགས་གཅིག་ལ་ཕྱོགས་

གཅིག་བརྟགས་པ་གང་ཡིན་པ་སྟེ། དཔེར་ན་ད་ལྟར་ལས་འདས་པ་རྗེས་སུ་དཔག་པ་དང་། འདས་པ་ལས་མ་འོངས་པ་རྗེས་སུ་དཔག་པ་ལྟ་བུའོ། །

ལས་ལས་རྗེས་སུ་དཔག་པ་ནི། བྱེད་པས་ལས་ཀྱི་རྟེན་བརྟག་པ་གང་ཡིན་པ་སྟེ། དཔེར་ན་མི་འགུལ་བ་དང་བྱ་ཚང་ཡོད་པ་ལ་སོགས་ལས་སྡོང་དུམ་དུ་རྗེས་སུ་དཔག་པ་དང་། སྐད་ཅེ་རེ་རེ་བ་ལས་རྟ་དང་། ང་རོ་སྒྲོགས་པ་ལས་སེང་གེ་རྗེས་སུ་དཔག་པ་ལྟ་བུའོ། །

ཆོས་ལས་རྗེས་སུ་དཔག་པ་ནི། མི་འབྲེལ་བའི་ཆོས་དང་འབྲེལ་བ་ལས་དེ་དང་འབྲེལ་བའི་ཆོས་ཉིད་བརྟག་པ་གང་ཡིན་པ་སྟེ། དཔེར་ན་མི་རྟག་པ་དང་འབྲེལ་བ་ལས་སྡུག་བསྔལ་རྗེས་སུ་དཔག་པ་དང་། སྡུག་བསྔལ་བ་དང་འབྲེལ་བ་ལས་སྟོང་པ་དང་བདག་མེད་དང་། སྐྱེ་བ་དང་འབྲེལ་བ་ལས་ན་བའི་ཆོས་ཉིད་དང་། ན་བ་དང་འབྲེལ་བ་ལས་འཆི་བའི་ཆོས་ཉིད་རྗེས་སུ་དཔག་པ་ལྟ་བུའོ། །

རྒྱུ་དང་འབྲས་བུ་ལས་རྗེས་སུ་དཔག་པ་ནི། རྒྱུ་ལས་འབྲས་བུའམ། འབྲས་བུ་ལས་རྒྱུ་བརྟག་པ་གང་ཡིན་པ་སྟེ། དཔེར་ན་འགྲོ་བ་ལས་ཡུལ་གཞན་དུ་ཕྱིན་པ་རྗེས་སུ་དཔག་པ་དང་། ཡུལ་གཞན་དུ་ཕྱིན་པ་ལས་འགྲོ་བ་རྗེས་སུ་དཔག་པ་དང་། ལས་ལེགས་པར་བྱས་པ་གྲུབ་པ་ལས་ནོར་དང་འབྲུ་མང་པོ་འཐོབ་པ་དང་། ནོར་དང་འབྲུ་མང་པོ་ཐོབ་པ་ལས་ལས་ལེགས་པར་བྱས་པ་གྲུབ་པ་བཅས་སོ། །གཞུང་དེ་ལས་དཔེར་བརྗོད་རིགས་སྣ་གསུམ་དང་རྣམ་པ་བཅོ་བརྒྱད་ཀྱི་སྒོ་ནས་བསྟན། རྗེས་དཔག་གི་རྣམ་པ་ལྔ་པོ་དེ་རྟགས་ཆོས་ཀྱི་འབྲེལ་བ་སྣ་ཚོགས་ལ་བརྟགས་ནས་དབྱེ་བར་བྱེད་དོ། །

༤. ཡིད་ཆེས་པའི་ལུང་ནི། ཐམས་ཅད་མཁྱེན་པས་གསུངས་པའམ། ཉན་ཐོས་ཀྱིས་བཤད་པའམ། སངས་རྒྱས་ཀྱིས་གསུངས་པའི་མདོ་སྡེ་གཅིག་ནས་གཅིག་ཏུ་བརྒྱུད་ནས་འོངས་པའི་གང་ཡིན་པ་དེ་ནི་ནང་དུ་ཆོས་སྡུད་པ་དང་། དོན་སྡུད་པ་གང་ཡིན་པའོ། །

བཞི་པ། སྨྲ་བའི་རྒྱན་སྟོན་པ།

སྨྲ་བའི་རྒྱན་ལ་རྣམ་པ་ལྔར་བཤད་དེ། བདག་དང་ཕ་རོལ་གྱི་ལུགས་ཤེས་པ་དང་། ཚིག་གི་སྦྱོར་བ་ཕུན་སུམ་ཚོགས་པ་དང་། མི་འཇིགས་པ་དང་། བརྟན་པ་དང་། ངོ་མི་བསློག་པའོ། །

བདག་དང་ཕ་རོལ་གྱི་ལུགས་ཤེས་པ་ནི། གཞུང་དེ་ལས། འདི་ལྟར་འདི་ན་ཁ་ཅིག་ཆོས་འདུལ་བ་ལ་མངོན་པར་དགའ་སྟེ། བསྟན་བཅོས་དང་། ལུགས་དང་གྲུབ་པའི་མཐའ་དེ་ལ་འདོན་པ་དང་། དགའ་བ་དང་། ཉན་པ་དང་། བསམས་པ་དང་། ཡོངས་སུ་སྦྱིན་པར་བྱ་བ་དང་། བསྒྲུབ་པས་མཁས་པར་བྱས་ཤིང་ཚིག་གིས་གོམས་པར་བྱས་ཏེ་བྱང་བར་བྱས་པ་གང་ཡིན་པ་དང་། གཞན་ཡང་ཆོས་འདུལ་བ་ལ་མངོན་པར་མི་འདོད་ཅིང་མངོན་པར་མི་དགའ་སྟེ། ཕ་རོལ་གྱི་བསྟན་བཅོས་དང་། ཕ་རོལ་གྱི་ལུགས་དང་། ཕ་རོལ་གྱི་གྲུབ་པའི་མཐའ་དེ་ལ་འདོན་པ་དང་དགའ་བ་དང་ཉན་པ་དང་བསམས་པ་དང་ཡོངས་སུ་སྦྱིན་པར་བྱེད་ལ་བསྒྲུབ་པར་ནི་མི་བྱེད་དེ། མཁས་པར་བྱས་ཤིང་ཚིག་གིས་གོམས་པར་བྱས་ཏེ་བྱང་བར་བྱས་པ་གང་ཡིན་པ་དེ་ནི་བདག་དང་ཕ་རོལ་གྱི་ལུགས་ཤེས་པ་ཞེས་བྱའོ་ཞེས་གསུངས་སོ། །

ཚིག་སྦྱོར་ཕུན་སུམ་ཚོགས་པ་ནི། ཚིག་ཟུར་ལ་ཡོན་ཏན་ལྔ་དང་ལྡན་དགོས་ཏེ། གྲོང་མིའི་སྐད་མ་ཡིན་པ་དང་། ཡང་བ་དང་། བརྗིད་པ་དང་། འབྲེལ་བ་དང་། དོན་བཟང་པོ་ཞེས་སོ། །གྲོང་མིའི་སྐད་མ་ཡིན་པ་ནི། ཡུལ་ངན་པ་དང་། ཡུལ་འཁོར་ངན་པ་དང་། ཡུལ་མི་ངན་པའི་སྐད་མ་ཡིན་པ་ལ་གོ་བའོ། །ཡང་བ་ཞེས་པ་ནི། འཇིག་རྟེན་ན་གྲགས་ཤིང་ཤིན་ཏུ་རིགས་པའི་ཚིག་སྦྱོར་བར་བྱེད་པ་ལ་གོ་བའོ། །བརྗིད་པ་ནི། དོན་གང་བརྗོད་པའི་སྐབས་སུ་བབ་པའི་དོན་དེ་བསྒྲུབ་པའི་ཕྱིར་ལེགས་པར་སྤྱར་ཞིང་མཐུ་ཡོད་པ་ལ་གོ་བའོ། །འབྲེལ་བ་ཞེས་པ་ནི། ཆོས་དང་དོན་སྔ་མ་དང་ཕྱི་མ་མི་འབྲེལ་བ་མ་ཡིན་པ་ལ་གོ། དོན་བཟང་པོ་ནི། མངོན་པར་མཐོ་བའམ་ངེས་པར་ལེགས་པ་ལས་བརྩམས་ཏེ་ཕྱིན་ཅི་མ་ལོག་པ་ལ་གོ་

བའོ། །ཚིག་སྦྱོར་དེ་ཡང་ཕུན་སུམ་ཚོགས་པ་རྣམ་པ་དགུ་ཡོད་དེ། མ་འཆོལ་བ་དང་། ཉེས་པར་རྩོམ་པ་མ་ཡིན་པ་དང་། བརྡ་སྦྲད་པ་དང་། རན་པ་དང་། དོན་དང་ལྡན་པ་དང་། དུས་དང་། སྦྱོར་བ་དང་། བསྟན་པ་དང་། གསལ་བ་དང་། རྒྱུན་ཆགས་པ་བཅས་སོ། །

མི་འཛིགས་པ་ནི། རིས་རྣམ་པ་སྣ་ཚོགས་དང་མཐའ་ན་མཁས་པའི་རིས་ཀྱི་ནང་དུ་སེམས་ཞུམ་པ་མེད་པ་དང་། སེམས་དམན་པ་མེད་པ་དང་། སེམས་འཛིགས་པ་མེད་པ་དང་། ལུས་མི་རྫུལ་བ་དང་། བཞིན་མི་འགྱུར་བ་དང་། སྐད་མི་འདར་བ་དང་། གཙོམ་མི་ཆུང་བ་བཅས་ནི་མི་འཛིགས་པ་ཞེས་བྱའོ། །

བརྟན་པ་ནི། སྨྲ་བའི་དུས་ལ་བབ་པ་ན་ཚིག་དལ་བུས་སྨྲ་བར་བྱེད་ཀྱི་རིངས་པར་མི་སྨྲ་བ་ལྟ་བུའོ། །

ངོ་མི་བསྙོག་པ་ནི། ངེས་ཤིང་གཞན་དག་ལ་རྣམ་པར་ཐོ་མི་འཚམས་པའི་རང་བཞིན་ཅན་ཡིན་པས། དེ་ངེས་པ་རྣམས་ཀྱི་ངེས་པའི་ཚུལ་གང་ཡིན་པ་དེ་ལ་འགལ་བར་མི་བྱེད་པས་ཕ་རོལ་གྱི་སེམས་སྲུང་ཞིང་ཚིག་སྨྲ་བ་སྟེ། དེ་ཡང་དུས་ལ་བབ་པ་དང་། བདེན་པ་དང་། དོན་དང་ལྡན་པ་དང་། འཇམ་པ་དང་། མཛའ་བའི་ཚུལ་གྱིས་བྱེད་པ་ལྟ་བུ་སྟེ། དེ་ནི་ངོ་མི་བསྙོག་པ་ཞེས་བྱའོ། །

སྨྲ་བའི་རྒྱན་རྣམ་པ་ལྔ་པོ་དེ་དག་ལ་ཡང་ཕན་ཡོན་རྣམ་པ་ཉི་ཤུ་རྩ་བདུན་ཡོད་དེ། འཁོར་གྱི་ནང་དུ་ཤིན་ཏུ་བཀུར་བར་འགྱུར་ཞིང་། ཤིན་ཏུ་ཚིག་བཙུན་པར་འགྱུར་ལ། ཤིན་དུ་འཛིགས་པ་མེད་པར་འགྱུར་བ་དང་། གཞན་གྱི་གཞུང་ལུགས་ཀྱི་སྐྱོན་ཤེས་པར་འགྱུར་བ་དང་། བདག་གི་གཞུང་ལུགས་ཀྱི་ཁྱད་པར་ཤེས་པར་འགྱུར་བ། མངོན་པར་ཞེན་པ་མེད་པར་འགྱུར་བ། བསྟན་བཅོས་ཡོངས་སུ་འཛིན་པ་ལ་ཕྱོགས་ལ་ཆགས་པ་མེད་པ། བདག་གི་འདུལ་བ་ལས་མི་འགྱུར་བ། གཞན་གྱིས་སྨྲས་པ་ཤིན་ཏུ་མྱུར་དུ་གོ་བ། གཞན་གྱིས་སྨྲས་པ་ཤིན་ཏུ་མྱུར་བར་འཛིན་ནུས་པ། གཞན་གྱིས་སྨྲས་པའི་ལན་ཤིན་ཏུ་མྱུར་བར་འདེབས་ནུས་

པ། ཆོས་ཀྱི་ཡོན་ཏན་གྱིས་འཁོར་དགའ་བར་བྱེད་པ། རིག་པ་དེ་ལ་མོས་པ་རྣམས་མགུ་བར་བྱེད་པ། དོན་གྱི་ངེས་པའི་ཚིག་བཟང་པོས་ཚིག་དང་ཡི་གེ་བྱེད་པ། ལུས་ཀྱིས་གནོད་པར་མི་འགྱུར་བ། ཡིད་ཀྱིས་གནོད་པར་མི་འགྱུར་བ། ཚིག་མི་ཐོགས་པར་སྨྲ་བ། སྤོབས་པ་ཐུག་པ་མེད་པ། ལུས་མི་ངལ་བ། བརྗེད་པ་མེད་པ། སེམས་ཉམས་པ་མེད་པ། སྐྱིག་མ་ཉམས་པར་མི་འགྱུར་བ། དེའི་ཚིག་གསལ་ཞིང་བརྗོད་པ། བདག་ཉིད་སྲུང་ཞིང་བདག་མི་འཁྲུག་པ། ཕ་རོལ་གྱི་སེམས་སྲུང་ཞིང་ཕ་རོལ་འཁྲུག་པར་མི་བྱེད་པ། ཕྱིར་སྨྲ་བའི་སེམས་མངོན་པར་དང་བར་བྱེད་པ། ཁོན་མེད་ཅིང་འགྲན་ཟླ་མེད་པར་འགྱུར་བའི་ལམ་ལ་ཞུགས་པ། ཕྱོགས་དང་ཕྱོགས་མཚམས་སུ་བསྔགས་པ། གྲགས་པ་དང་སྒྲ་དང་ཚིགས་སུ་བཅད་པ་རྒྱ་ཆེར་གྲགས་པར་འགྱུར་བ། སློབ་དཔོན་ཆེན་པོ་སློབ་དཔོན་ཆེན་པོ་ཞེས་བྱ་བའི་གྲངས་སུ་འགྲོ་བ་དང་། འཇིག་རྟེན་དུ་སྒྲ་གྲགས་པར་འགྱུར་བ་བཅས་སོ། །

ལྔ་པ། སྨྲ་བ་ཚད་པས་བཅད་པ་བཤད་པ།

སྨྲ་བ་ཆད་པས་བཅད་པ་ལ་རྣམ་པ་གསུམ་ཡོད་དེ། བརྗོད་པ་གཏོང་བ་དང་། བརྗོད་པ་སྨད་དབབ་པ་དང་། བརྗོད་པ་ཉེས་པ་བཅས་སོ། །

བརྗོད་པ་གཏོང་བ་ནི། ངག་གི་རྣམ་པར་རིག་བྱེད་རྣམ་པ་བཅུ་གསུམ་དུ་བཤད་པ་འདི་ལྟ་སྟེ། བདག་གི་ནི་མ་ལེགས་སོ། །ཁྱོད་ཀྱི་ནི་ལེགས་སོ། །བདག་གི་ནི་ལེགས་པར་བརྟགས་པ་མ་ཡིན་ནོ། །ཁྱོད་ཀྱི་ནི་ལེགས་པར་བརྟགས་པའོ། །བདག་གི་ནི་རིགས་པ་མ་ཡིན་ནོ། །ཁྱོད་ཀྱི་ནི་རིགས་པ་ཡིན་ནོ། །བདག་གི་ནི་འབྲེལ་བ་མ་ཡིན་ནོ། །ཁྱོད་ཀྱི་ནི་འབྲེལ་བ་ཡིན་ནོ། །བདག་གི་སྨྲ་བ་ནི་ཚར་ཆོད་པར་གྱུར་རོ། །ཁྱོད་ཀྱི་སྨྲ་བ་ནི་བརྟན་པོར་གྱུར་རོ། །འདིར་བདག་གི་སྤོབས་པ་ནི་འདི་ཙམ་དུ་ཟད་དོ། །ཕྱི་མ་ནི་བསམས་ཏེ་སྨྲ་བར་བྱའོ། །དེ་ཙམ་གྱིས་ཚིག་གི་ཡང་བརྗོད་པར་མི་བྱའོ། །

འདི་དག་ནི་ཚར་གཅད་པའི་གནས་སམ་ཆད་པས་བཅད་པའི་གནས་ཞེས་

བྱའོ། །

བརྗོད་པ་སྐྱོ་དབབ་པ་ནི། སྨྲ་བ་པོ་ཕ་རོལ་སྨྲ་བས་ཟིལ་གྱིས་མནན་པས་གཞན་ནས་གཞན་དུ་འགྱུར་བ་དང་། མ་གཏོགས་པའི་གཏམ་གླེང་བ་དང་། ཁྲོ་བ་དང་། ང་རྒྱལ་དང་། ཞེ་སྡང་དང་། འཆབ་པ་དང་། ཀུན་ནས་མནར་སེམས་དང་། མི་བཟོད་པ་དང་། རྐྱེན་ངན་པ་སྟོན་པར་བྱེད་པ་དང་། ཡང་ན་ཅང་མི་སྨྲ་བར་འདུག་པ་དང་། ཡུལ་ཡུལ་པོར་གྱུར་པ་དང་། ཐྲག་པ་བཙུམ་པ་དང་། གདོང་སྨད་པ་དང་། སེམས་ཁོང་དུ་ཆུད་པ་དང་། སྤོབས་པ་མེད་པར་གྱུར་པ་བཅས་ནི་བརྗོད་པ་སྐྱོ་དབབ་ཅིང་ཆད་པས་བཅད་པའི་གནས་ཞེས་བྱའོ། །

བརྗོད་པའི་ཉེས་པ་ནི། ཉེས་པ་དགུས་སྐྱོན་ཆགས་པའི་བརྗོད་པ་ནི་བརྗོད་པའི་ཉེས་པ་ཞེས་བྱ་སྟེ། ཉེས་པ་དགུ་ནི། ཚིག་འཆལ་བ་དང་། ཉེས་པ་རྩོམ་པ་དང་། བརྗ་མ་ཐྲད་པ་དང་། རན་པ་མ་ཡིན་པ་དང་། དོན་དང་ལྡན་པ་མ་ཡིན་པ་དང་། དུས་མ་ཡིན་པ་དང་། མི་བརྟན་པ་དང་། མི་གསལ་བ་དང་། ཚིག་རྒྱུན་ཆགས་མ་ཡིན་པ་བཅས་དགུའོ། །ཉེས་པ་འདི་དག་གིས་སྐྱོན་ཆགས་པའི་ཚིག་ནི་བརྗོད་པའི་ཉེས་པ་ཞེས་བྱ་སྟེ། འདི་ནི་བརྗོད་པའི་ཉེས་པ་ཆད་པས་བཅད་པའི་གནས་སམ་ཚར་གཅོད་པའི་གནས་ཞེས་བྱའོ། །

དྲུག་པ། སྨྲ་བ་ལས་ངེས་པར་འབྱུང་བ་སྟོན་པ།

སྨྲ་བ་ལས་ངེས་པར་འབྱུང་བ་ནི། བརྟག་པ་རྣམ་པ་གསུམ་གྱིས་ལེགས་པར་བརྟགས་ནས་སྨྲ་བར་མི་བྱེད་པའམ་ཡང་ན་བྱེད་པ་ནི་ངེས་པར་འབྱུང་བ་ཞེས་བྱའོ། །བརྟག་པ་རྣམ་པ་གསུམ་ནི། ཡོན་ཏན་དང་ཉེས་པ་བརྟག་པ་དང་། འཁོར་བརྟག་པ་དང་། མཁས་མི་མཁས་བརྟག་པ་བཅས་སོ། །

བདུན་པ། སྨྲ་བ་ལ་གཅེས་སྤྲས་བྱེད་པའི་ཆོས་སྟོན་པ།

སྨྲ་བ་ལ་གཅེས་སྤྲས་བྱེད་པའི་ཆོས་ནི་གསུམ་ཡོད་དེ། ཆོས་གསུམ་ནི་བདག་དང་ཕ་རོལ་གྱི་གཞུང་ལུགས་ཤེས་པ། མི་འཇིགས་པ། སྤོབས་པའོ། །ཅིའི་ཕྱིར་

ཆོས་གསུམ་པོ་འདི་དག་སྨྲ་བ་ལ་གཅེས་སྤྲས་བྱེད་པ་ཞེས་བྱ་ཞེ་ན། འདི་ལྟར་སྨྲ་བ་པོས་བདག་དང་ཕ་རོལ་གྱི་གཞུང་ལུགས་ཤེས་ན་དངོས་པོ་ཐམས་ཅད་ལ་གཏམ་བྱེད་ནུས་སོ། །མི་འཇིགས་པས་ནི་འཁོར་ཐམས་ཅད་ཀྱི་ནང་དུ་གཏམ་བྱེད་ནུས་སོ། །སྤོབས་པས་ནི་སྨྲ་བ་ཐམས་ཅད་ལ་ལན་འདེབས་ནུས་སོ། །

གོང་དུ་སློབ་དཔོན་ཐོགས་མེད་ཀྱིས་མཛད་པའི་《རྣལ་འབྱོར་སྤྱོད་པའི་སའི་དངོས་གཞི་》ལས་བྱུང་བའི་གཏན་ཚིགས་རིག་པའི་དགོངས་དོན་སྤྱི་ཙམ་བསྟན་ཟིན། གཞན་ཡང་སློབ་དཔོན་བདག་ཉིད་ཆེན་པོ་དེས་མཛད་པའི་《མངོན་པ་ཀུན་བཏུས་》དང་《དབུ་མ་དང་རྗེས་སུ་མཐུན་པ་》ཞེས་པའི་བསྟན་བཅོས་གཉིས་ལས་ཀྱང་གོང་དང་འདྲ་བའི་གཏན་ཚིགས་ཀྱི་དགོངས་པ་མང་པོ་བསྟན། 《མངོན་པ་ཀུན་བཏུས་》ལས། སྨྲ་བའི་གཞི་ནི་བསྒྲུབ་པ་དང་སྒྲུབ་པའོ། །བསྒྲུབ་པ་ནི་ངོ་བོ་ཉིད་དང་། ཁྱད་པར་རོ། །སྒྲུབ་པ་ནི་དམ་བཅའ་བ་དང་། གཏན་ཚིགས་དང་། དཔེ་དང་། ཉེ་བར་སྦྱར་བ་དང་། མཇུག་སྡུད་པའོ། །མངོན་སུམ་དང་། རྗེས་སུ་དཔག་པ་དང་། ཡིད་ཆེས་པའི་ལུང་ངོ་། །ངོ་བོ་ཉིད་བསྒྲུབ་པ་ནི། བདག་གི་ངོ་བོ་ཉིད་དང་། ཆོས་ཀྱི་ངོ་བོ་ཉིད་དོ། །ཁྱད་པར་ནི་བདག་གི་ཁྱད་པར་དང་། ཆོས་ཀྱི་ཁྱད་པར་རོ། །དམ་བཅའ་བ་ནི་བདག་འདོད་པ་བསྒྲུབ་པའི་དོན་གཞན་ལ་གོ་བར་སྟོན་པའོ། །གཏན་ཚིགས་ནི་བསྒྲུབ་པ་ནི་དེ་ཉིད་ལ་མ་གྲུབ་པའི་དོན་ཡིད་ཆེས་པར་བྱེད་པའི་རྒྱུ་མངོན་སུམ་དུ་དམིགས་པ་དང་། མི་དམིགས་པ་བསྟན་པའོ། །དཔེ་ནི་མཐའ་མཐོང་བ་དང་། མཐའ་མ་མཐོང་བ་མཚུངས་པར་སྦྱར་ཞིང་བསྟད་པའོ། །ཉེ་བར་སྦྱར་བ་ནི་དེའི་རིགས་ཀྱི་ཆོས་ལྷག་མ་དེ་དང་འདྲ་བ་ལ་དེའི་ཆོས་སྦྱར་བའི་ཚུལ་གྱིས་མཐུན་པར་བསྟད་པའོ། །མཇུག་སྡུད་པ་ནི་མཐའ་ཕྱིན་པར་བསྟད་པའོ། །མངོན་སུམ་ནི་རང་གི་དོན་ཡོད་ཅིང་སྣང་ལ་མ་ནོར་བའོ། །རྗེས་སུ་དཔག་པ་ནི་མངོན་སུམ་གྱི་ལྷག་མ་ལ་ཡིད་ཆེས་པའོ། །ཡིད་ཆེས་པའི་ལུང་ནི་དེ་གཉི་ག་དང་མི་འགལ་བར་སྟོན་པའོ་ཞེས་གསུངས་སོ། །

《དབུ་མ་དང་རྗེས་སུ་མཐུན་པ་》[1]ལས་རྟགས་ཀྱི་ཚུལ་གསུམ་སྟོན་པ་འདི་ལྟར། སྒྲའི་ཆོས་འདི་ཅིའི་ཕྱིར་ཀུན་རྫོབ་བདེན་པ་དང་བྲལ། སྒྲུས་པ་གང་དེའི་ཚུལ་གསུམ་དུ་བྱེད་ཅེ་ན། ཡང་ན་སྒྲའི་ཆོས་གང་འབྲེལ་བར་བྱེད། ཡང་ན་གང་འདིའི་ཚུལ་གསུམ་དུ་བྱེད་ཅེ་ན། མཐུན་ཕྱོགས་ཆོས་ཡིན་པ་དང་། མི་མཐུན་ཕྱོགས་ལ་མེད་པ་དང་། རང་གི་རིགས་གྲུབ་པའོ་ཞེས་གསུངས་ཡོད། གཞུང་དེ་ལས་གཏན་ཚིགས་རིག་པའི་སྦྱོར་བའི་རྣམ་པ་སྟོན་པ་འདི་ལྟར།

སྒྲ་ནི་མི་རྟག་སྟེ།
བྱས་པ་ཡིན་པའི་ཕྱིར། རྒྱུ་རྐྱེན་འཇིག་པའི་ཕྱིར།
སྐྱེས་ཟིན་པ་ལ་སོགས་པའི་ཕྱིར།
བྱས་པའི་ཆོས་ཡིན་ན་མི་རྟག་པ་ཡིན་དགོས།
དཔེར་ན་བུམ་པ་ལ་སོགས་པ་བཞིན།
སྒྲ་ཡང་དེ་བཞིན་བྱས་པ་ཡིན་ཕྱིར་མི་རྟག་པ་ཡིན།
དེ་བཞིན་ཆོས་ཐམས་ཅད་བྱས་པ་ཡིན་ཕྱིར་མི་རྟག་པ་ཡིན།[2]

---

① 《དབུ་མ་དང་རྗེས་སུ་མཐུན་པ་》ཞེས་པའི་གཞུང་དེ་སློབ་དཔོན་ཐོགས་མེད་ཀྱིས་མཛད་པའི་རྩ་ཤེས་ཀྱི་འགྲེལ་པ་ཞིག་ཡིན་པར་གྲགས་ཤིང་། བོད་འགྱུར་མེད་པས་གསལ་པོར་བརྗོད་དཀའ། རྒྱ་ནག་གི་སྐད་ལ་《顺中论》ཞེས་བརྗོད་ལ། 《རྒྱ་ནག་ཆོས་འབྱུང་》དུ་དེའི་མཚན་བྱང་《དབུ་མ་དང་རྗེས་སུ་མཐུན་པ་》ཞེས་པར་བོད་སྐད་དུ་བསྒྱུར་བ་ཡིན། གཞུང་དེའི་མཛད་པ་པོ་སློབ་དཔོན་ཐོགས་མེད་ཡིན་མིན་ལྟ་ཚུལ་མི་མཐུན་པ་ཡོད་དེ། རྒྱའི་མཁས་པ་རྣམས་སློབ་དཔོན་གྱིས་མཛད་པར་ཁས་ལེན། བོད་རིགས་མཁས་པ་ཁང་དཀར་ཚུལ་ཁྲིམས་སྐལ་བཟང་གིས་སློབ་དཔོན་གྱིས་མཛད་པ་མ་ཡིན་པར་གསུངས་ཏེ། སྤྱན་རས་གཟིགས་བརྟུལ་ཞུགས་ཀྱིས་མཛད་པའི་རྩ་ཤེའི་འགྲེལ་བཤད་ཤེས་རབ་སྒྲོན་མེའི་རྒྱ་ཆེར་འགྲེལ་པར་གཞུང་དེའི་ལུང་དྲངས་མེད་པས་དེ་ལས་ཤེས་པར་བཞེད་དོ། །

② གོང་དུ་བཀོད་པའི་སྦྱུབ་ངག་དེ་རྒྱའི་སྐད་ལ"如声无常，以造作故，因缘坏故，作已生故，如是等故，若法造作，皆是无常，譬如瓶等，声复如是，作故无常，诸如是等，一切诸法，作故无常。"ཞེས་བརྗོད་དོ། །

ཞེས་པའི་སྒྲུབ་ངག་ལ་བརྟགས་ན་དུས་སྐབས་འདིའི་སྒྲུབ་ངག་གི་རྣམ་པ་ནི་རིགས་པ་ཅན་པའི་ཡན་ལག་ལྔ་ལྡན་གྱི་སྒྲུབ་ངག་གི་རྣམ་པ་དང་ཅུང་མཚུངས་ཀྱང་། ངོ་བོ་ནི་ཡན་ལག་གསུམ་ལྡན་གྱི་སྒྲུབ་ངག་དང་མཚུངས་པར་མངོན་ཏེ། བྱས་པའི་ཆོས་ཡིན་ན་མི་རྟག་པ་ཡིན་དགོས། དཔེར་ན་བུམ་པ་བཞིན། ཞེས་པས་རྟགས་ཆོས་ཀྱི་འབྲེལ་བ་གསལ་བར་བསྟན་ཅིང་། དཔེ་བུམ་པ་ལྟ་བུ་བཞག་སྟེ་ཁྱབ་པའི་འབྲེལ་བ་དེ་སྒྲུབ་པར་བྱེད་པ་ཡིན། དེ་ཡན་ལག་གསུམ་ལྡན་གྱི་སྒྲུབ་ངག་གི་དཔེའི་བྱེད་ནུས་དང་ཉེ་བར་མཚུངས་ལ་ཡན་ལག་ལྔ་ལྡན་གྱི་སྒྲུབ་ངག་གི་དཔེ་ལ་ནི་བྱེད་ནུས་ཁྱད་པར་ཅན་དེ་དག་མེད་པའི་ཕྱིར། སྒྲུབ་ངག་འདིར་ལྟོག་པའི་ཁྱབ་པ་མ་བཤད་པས་ཡན་ལག་གསུམ་ལྡན་གྱི་རྣམ་པ་ཆ་མ་ཚང་བར་མངོན། སྒྲ་ཡང་དེ་བཞིན་བྱས་པ་ཡིན་ཕྱིར་མི་རྟག་པ་ཡིན། ཞེས་པས་སྦྱོར་བའི་ཕྱོགས་ཆོས་སྒྲ་བྱས་པ་ཡིན་པ་དངོས་སུ་བསྟན་ཏེ། སྒྲ་མི་རྟག་པ་ཡིན་པ་ཡིས་མཇུག་སྡུད་པ་ཡིན། སྒྲུབ་ངག་དེ་རིགས་པ་ཅན་པའི་ཡན་ལག་ལྔ་ལྡན་གྱི་སྒྲུབ་ངག་ལ་བསྡོས་ན་རྟགས་ཆོས་ཀྱི་འབྲེལ་བ་མི་སྟོན་པའི་སྐྱོན་བསལ་ཏེ་ཡན་ལག་ཅུང་ཆ་ཚང་བར་གྱུར་ཏོ། །

དོན་ཚན་བཞི་པ། སློབ་དཔོན་དབྱིག་གཉེན་སྐབས་ཀྱི་འཕགས་ཡུལ་གྱི་གཏན་ཚིགས་རིག་པ།

འཛམ་གླིང་མཁས་པའི་གཙུག་རྒྱན་དབྱིག་གཉེན་ནི། འཕགས་པ་ཐོགས་མེད་དང་ཡུམ་གཅིག་པར་འཁྲུངས། དགུང་ལོ་ཆུང་དུས་ནས་ཡི་གེ་དང་རྩིས་དང་རིག་བྱེད་བཞི་ལ་སོགས་པ་ཐུན་མོང་བའི་རིག་གནས་ཡུམ་ཉིད་ཀྱིས་ལེགས་པར་བསླབས་ཏེ་ཡོངས་སུ་ཆུད་པར་མཛད། རྗེས་ནས་ནཱ་ལེནྡྲར་རབ་ཏུ་བྱུང་། སྡེ་སྣོད་གསུམ་ལ་སྦྱངས་པས་མཁས་པ་ཕུལ་དུ་ཕྱིན་པར་གྱུར། དེ་ནས་ཁ་ཆེ་ཡུལ་དུ་ཕེབས་ཏེ་མངོན་པ་སྡེ་བདུན་དང་འདུལ་བ་ལུང་སྡེ་བཞིའི་གནད་བསྡུས་བསྟན་

བཙོས་བྲེ་བྲག་ཏུ་བཤད་པ་ཆེན་པོ་ལེགས་པར་སྦྱངས་ཤིང་། ཁ་ཆེའི་ཡུལ་དུ་གདུལ་བྱ་གྲངས་ལས་འདས་པ་ལ་ཆོས་ཀྱི་དགའ་སྟོན་སྤེལ་ཅིང་རིགས་ལམ་རྒྱས་པར་མཛད། དེ་ནས་ནཱ་ལེནྡྲར་བྱོན། སྡེ་སྣོད་འཛིན་པ་མང་པོ་ལ་ཆོས་ཀྱི་འཁོར་ལོ་རྒྱ་ཆེར་བསྐོར། རྗེས་ནས་གཅེན་འཕགས་པ་ཐོགས་མེད་ཀྱི་སར་བྱོན་ནས་ཐེག་པ་ཆེན་པོའི་ཆོས་རྒྱ་ཆེན་པོ་ཐོས་གསན་མཛད་དེ་མཁས་པ་ཆེན་པོར་གྱུར་ཅིང་། བྱམས་པ་མགོན་པོའི་བཀའ་བཞིན་ཐེག་པ་ཆེན་པོའི་མདོ་འགྲེལ་རྣམས་རིམ་གྱིས་མཛད་དེ། བྱང་ཆུབ་ལམ་གྱི་རིམ་པའི་མན་ངག་གི་གནད་རྣམས་ཞིབ་ཏུ་སྟོན་པ《མདོ་སྡེ་རྒྱན་གྱི་འགྲེལ་པ་》དང་། 《དབུས་མཐའ་རྣམ་འབྱེད་ཀྱི་འགྲེལ་པ།》《ཆོས་ཉིད་རྣམ་འབྱེད་ཀྱི་འགྲེལ་པ།》《ཐེག་བསྡུས་ཀྱི་འགྲེལ་པ།》《ཆོས་ཐམས་ཅད་རྣམ་རིག་ཙམ་དུ་སྟོན་པ་སུམ་ཅུ་པའི་ཚིག་ལེའུར་བྱས་པ།》《ཕྱི་རོལ་གྱི་དོན་འགོག་པ་ཉི་ཤུ་པ་》དང་《རང་འགྲེལ།》《ཕུང་པོ་ལྔའི་རབ་བྱེད།》《རྣམ་པར་བཤད་པའི་རིགས་པ།》《ལས་གྲུབ་པའི་རབ་བྱེད།》《ཐེག་པ་ཆེན་པོའི་ཆོས་བརྒྱ་གསལ་བར་སྟོན་པ།》《ཆོས་མངོན་པ་མཛོད་》སོགས་བསྟན་བཅོས་པོད་སུམ་ཅུ་ལྷག་མཛད་པས། སྟོན་པ་མྱ་ངན་ལས་འདས་པའི་འོག་བདག་ཉིད་ཆེན་པོ་འདི་ལས་མང་དུ་ཐོས་པ་རྒྱ་ཆེ་བ་སུ་ཡང་མེད་དོ་ཞེས་འཕགས་ཡུལ་གྱི་མཁས་པ་རྣམས་གཏམ་དུ་སྒྲོགས་སོ། །

འཕགས་པ་ཐོགས་མེད་དགོངས་པ་རྫོགས་རྗེས་དཔལ་ནཱ་ལེནྡྲའི་མཁན་པོ་མཛད། སུ་རྡེགས་ཀྱི་སྨྲ་ངན་བྱུང་ན་དེ་མ་ཐག་ཚར་གཅོད་པ་དང་། དད་པ་ཅན་གྱི་རེ་བ་སྐོང་ཕྱིར་ཡུལ་གཞན་དང་གཞན་དུ་བྱོན་ནས་རྒྱལ་བའི་བསྟན་པ་ཉམས་པ་དེ་ལེགས་པར་གསོས། ཤར་ཕྱོགས་གཽ་རིའི་ཡུལ་དང་། ཨོ་ཊི་བི་ཤའི་ཡུལ། བལ་ཡུལ་སོགས་སུ་ཆོས་ཀྱི་འཁོར་ལོ་རྒྱ་ཆེར་བསྐོར། དེ་ལྟར་བདག་ཉིད་ཆེན་པོ་དེ་དགུང་ལོ་བརྒྱར་ཉེ་བའི་བར་དུ་འཕགས་ཡུལ་གྱི་བསྟན་པ་ལ་བྱ་བ་རྒྱ་ཆེན་པོ་མཛད། སློབ་མ་བསྟན་པ་འཛིན་ནུས་པ་བསམ་གྱིས་མི་ཁྱབ་པ་བྱུང་། དེ་ཐམས་ཅད་ཀྱི་ནང་ནས་མཆོག་ཏུ་གྱུར་པ་བཞི་བྱུང་སྟེ། འདུལ་བ་ལ་མཁས་པའི་མཆོག

ཏུ་གྱུར་པ་སློབ་དཔོན་ཡོན་ཏན་འོད། མངོན་པ་ལ་མཁས་པའི་མཆོག་ཏུ་གྱུར་པ་སློབ་དཔོན་བློ་གྲོས་བརྟན་པ། ཚད་མ་ལ་མཁས་པའི་མཆོག་ཏུ་གྱུར་པ་སློབ་དཔོན་ཕྱོགས་ཀྱི་གླང་པོ། ཕར་ཕྱིན་ལ་མཁས་པའི་མཆོག་ཏུ་གྱུར་པ་སློབ་དཔོན་འཕགས་པ་རྣམ་གྲོལ་སྡེ་བཅས་བཞི་བྱུང་ངོ་། །སློབ་དཔོན་འདི་བོད་ཀྱི་རྒྱལ་པོ་ལྷ་ཐོ་ཐོ་རི་གཉན་བཙན་དང་དུས་མཉམ་ཞེས་གྲགས་པ་ཡང་འཐད་དོ་ཞེས་《རྒྱ་ནག་ཆོས་འབྱུང་》ལས་གསུངས་སོ། །

ཁོང་གིས་མཛད་པའི་བསྟན་བཅོས་ཧ་ཅང་མང་པོ་ཡོད་ཀྱང་། གྲགས་ཆེ་ཞིང་བོད་སྐད་དུ་བསྒྱུར་བའི་གྲས་ལ་《འཕགས་པ་སྒོ་དྲུག་པའི་གཟུངས་ཀྱི་རྣམ་པར་བཤད་པ་》དང་། 《ཆོས་བཞི་པའི་མདོའི་རྣམ་པར་བཤད་པ།》《ག་ཡ་གོ་རིའི་མདོའི་རྣམ་པར་བཤད་པ།》《མདོ་སྡེ་རྒྱན་གྱི་འགྲེལ་པ།》《དབུས་དང་མཐའ་རྣམ་པར་འབྱེད་པའི་འགྲེལ་པ།》《ཆོས་དང་ཆོས་ཉིད་རྣམ་འབྱེད་ཀྱི་འགྲེལ་པ།》《རྣམ་བཤད་རིགས་པ།》《ཆོས་མངོན་པ་མཛོད་》རྩ་འགྲེལ། 《ཕུང་པོ་ལྔའི་རབ་བྱེད་》སོགས་མང་དུ་བཞུགས། གཏན་ཚིགས་རིག་པ་ལ་ཤིན་ཏུ་མཁས་པས་དེའི་ཐད་ཀྱི་བསྟན་བཅོས་མང་དུ་མཛད་ཅིང་ཕྱི་རོལ་པའི་སྨྲ་ངན་རིགས་པས་ཚར་གཅོད་ལན་མང་མཛད་པས་སྙན་པའི་གྲགས་པ་ས་སྟེང་ཁྱབ། འདིས་མཛད་པའི་གཏན་ཚིགས་རིག་པའི་བསྟན་བཅོས་ནི་《ཚད་མ་སྒྲུབ་པའི་སྦྱོར་》ཞེས་བྱ་བ་ཞིག་ཡོད་པར་གྲག་ཀྱང་དུས་ཀྱི་དབང་གིས་ནུབ་པར་གྱུར་པར་བཤད་དེ། ཀུན་མཁྱེན་གློང་ཆེན་པས《ཚད་མ་དེ་ཁོ་ན་ཉིད་བསྡུས་པ་》ལས། དེ་ནས་དུས་ཕྱིས་སློབ་དཔོན་དབྱིག་གཉེན་གྱིས《ཚད་མ་སྒྲུབ་པའི་སྦྱོར་》ཞེས་བྱ་བའི་བསྟན་བཅོས་བརྩམས་ཏེ་ནུབ་པར་གྱུར་ཏོ་ཞེས་གྲག་གོ་[①]ཞེས་གསུངས་པས་སོ། །གཞན་ཡང་བསྟན་བཅོས་དུ་མ་མཛད་ཡོད་པ་བོད་ལ་འགྱུར་མེད་ཀྱང་རྒྱ་ནག་གི་ཡིག་ཚང་དུ་

① ཀློང་ཆེན་རབ་འབྱམས་པས་མཛད་པའི《ཚད་མ་དེ་ཁོ་ན་ཉིད་བསྡུས་པ་》ཞེས་པ་སི་ཁྲོན་མི་རིགས་དཔེ་སྐྲུན་ཁང་གིས་༢༠༠༠ལོར་པར་དུ་བསྐྲུན་པའི་ཤོག་ངོས་དང་པོར་གསལ།

ཡོད་པར་གྲགས། དཔེར་ན། 《སྒྲུབ་ལུགས་སྒྲ་བ་》(རྒྱའི་སྐད་དུ་《论轨》)དང་། 《སེམས་སྒྲ་བ་》(རྒྱའི་སྐད་དུ་《论心》)དང་། 《སྒྲུབ་རྣམ་སྒྲ་བ་》(རྒྱའི་སྐད་ལ་《论式》)དང་། 《དེ་བཞིན་དངོས་ཡོད་བསྟན་པ་》(《如实论》)སོགས་ཡོད་མོད་ཀྱང་།(གོང་སྨྲས་བསྟན་བཅོས་རྣམས་ཀྱི་མཚན་བྱང་ནི་རྒྱ་ཡིག་ལ་བལྟོས་ནས་བོད་ཡིག་ཏུ་བསྒྱུར་བ་ལས་མཚན་དངོས་འདི་ལྟར་ཡིན་པའི་ངེས་པ་མ་མཆིས་སོ། །)དང་པོ་གསུམ་ནི་དུས་ཀྱི་དབང་གིས་འཇིག་པས་ད་ལྟ་མཐོང་རྒྱུ་མི་འདུག 《དེ་བཞིན་དངོས་ཡོད་བསྟན་པ་》ཞེས་པ་དེ་ཡང་མང་ཤོས་འཇིག་ཅིང་ལྷག་པ་ནི་ལེའུ་འགའ་ཙམ་ལས་མེད། བསྟན་བཅོས་དེའི་ལེའུ་གཉིས་པ་ལས་གཏན་ཚིགས་ཀྱི་དགོངས་པ་ཙམ་བསྟན་པ་དེ་ལྟ་སྟེ། གཏན་ཚིགས་ལ་ཚུལ་གསུམ་ཡོད་དེ། རྩ་བའི་ཆོས་དང་། རིགས་མཐུན་བསྡུས་པ་དང་། རིགས་མི་མཐུན་དང་བྲལ་བ་བཅས་གསུམ་མོ་ཞེས་གསལ་པོར་བཀོད་འདུག དེ་ནི་ཕོང་གིས་ཕྱི་རོལ་མུ་སྟེགས་ཅན་གྱིས་བཤད་པའི་རྟགས་ཀྱི་ཚུལ་ལ་སྐྱོན་ཡོད་པར་མཐོང་ནས་དེ་འགོག་པའི་ཆེད་དུ་དེ་ལྟའི་ཚུལ་གསུམ་བསྟན་པ་ཡིན་ལ། ངོ་བོ་ནི་སློབ་དཔོན་ཐོགས་མེད་ཀྱིས་གསུངས་པའི་ཚུལ་གསུམ་གྱི་རྣམ་གཞག་དང་མཚུངས་སོ། །གཞན་ཡང་བསྟན་བཅོས་དེར་སྒྲུབ་ངག་བཀོད་པ་འདི་ལྟ་སྟེ།

སྒྲ་མི་རྟག་སྟེ། རྒྱུ་རྐྱེན་ལ་བརྟེན་ནས་སྐྱེས་པའི་ཕྱིར།
དངོས་པོ་རྒྱུ་རྐྱེན་ལས་སྐྱེས་ན་མི་རྟག་པ་ཡིན་དགོས།
དཔེར་ན་རྫ་བུམ་བཞིན།
དེ་རྒྱུ་རྐྱེན་ལས་སྐྱེས་པའི་ཕྱིར་མི་རྟག
སྒྲ་ཡང་དེ་བཞིན་དུ་མི་རྟག་གོ།

ཞེས་ཡན་ལག་ལྔ་ལྡན་གྱི་སྒྲུབ་ངག་དང་མཚུངས་པར་བཀོད། སྒྲུབ་ངག་འདིར་རྒྱུ་རྐྱེན་ལས་སྐྱེས་ན་མི་རྟག་པ་ཡིན་དགོས་ཞེས་པས་རྟགས་ཆོས་ཀྱི་འབྲེལ་བ་མངོན་

པར་བསྟན་པ་དང་དཔེ་རྫ་བུམ་བཀོད་ནས་རྗེས་སུ་འགྲོ་བའི་ཁྱབ་འབྲེལ་སྒྲུབ་པར་བྱེད་པས་རིགས་པ་ཅན་པའི་ཡན་ལག་ལྔ་ལྡན་གྱི་སྒྲུབ་ངག་དང་ཁྱད་པར་ཆེའོ། །

གཞུང་དེར་གཏན་ཚིགས་ལྟར་སྣང་ལ་མ་གྲུབ་པ་དང་། མ་ངེས་པ་དང་། འགལ་བ་གསུམ་བཤད་པ་འདི་ལྟ་སྟེ། མ་གྲུབ་པ་ནི། དཔེར་ན། ཉ་སླེབས་ཡོད་དེ། རྣ་མཐོང་བའི་ཕྱིར། ཞེས་པ་ལྟ་བུའོ། །ཉ་ལ་རྣ་མེད་པས་རྣ་ནི་རྟགས་སུ་མ་གྲུབ་པའོ། །མ་ངེས་པ་ནི། དཔེར་ན། སྐྱང་སླེབས་ཡོད་དེ། རྣ་ཅན་མཐོང་བའི་ཕྱིར། ཞེས་པ་ལྟ་བུའོ། །རྣ་ཅན་ནི་སྐྱང་ཡིན་པར་མ་ངེས་ཏེ། ལུག་དང་ཤྭ་བ་སོགས་ལའང་རྣ་ཡོད་དོ། །རྣ་ནི་རྟགས་སུ་མ་ངེས་སོ། །འགལ་བ་ནི། དཔེར་ན། ཉིན་མོ་མཚན་མོ་ཡིན་ཏེ། ཉི་མ་ཤར་བའི་ཕྱིར། ཞེས་པ་ལྟ་བུའོ། །ཉི་མ་ཤར་བ་ནི་མཚན་མོ་དང་འགལ་ལོ། །

གཞན་ཡང་སུན་འབྱིན་ཟློག་པའི་ལེའུ་ལས་རིགས་པ་མེད་པ་དང་། རིགས་པ་འབྲུལ་བ་དང་། ཚར་གཅོད་པའི་གནས་བཅས་རྣམ་པ་གསུམ་གྱི་སྒོ་ནས་གཏན་ཚིགས་ལྟར་སྣང་དང་སུན་འབྱིན་ལྟར་སྣང་སོགས་གཏན་ཚིགས་རིག་པའི་དགོངས་པ་མི་ཉུང་བ་བསྟན། དེའི་ཐད་ཀྱི་རིགས་པ་མེད་པ་ཞེས་པ་ནི་གཙོ་བོ་ཕ་རོལ་པོས་རང་གི་སྒྲུབ་ངག་ལ་རིགས་པ་མ་ཡིན་པར་སུན་འབྱིན་བྱེད་པའི་ཚེ་དེ་ལ་ཕྱིར་ཟློག་པའི་ཐབས་བསྟན་པ་ཡིན་ཏེ། རྩོད་པ་སྤོང་བའི་ཚུལ་གྱིས་བརྗོད་པའོ། །རིགས་པ་འབྲུལ་བ་ཞེས་པ་ནི། ཕ་རོལ་པོས་རང་ལ་སུན་ཕྱུང་བའི་སྦྱོར་བའི་གཏན་ཚིགས་སྐྱོན་ཅན་ཏེ་གཏན་ཚིགས་ལྟར་སྣང་གི་རྣམ་པ་བསྟན་པ་ཡིན། དེ་ལ་ཡང་དག་པའི་སྒོ་ནས་ཟློག་པ་ནི་རྣམ་པ་ལྔ་ཡོད་དེ། གཞན་གྱི་འདོད་པ་འགོག་པ་དང་། མི་འདོད་པར་སྣང་བ་འགོག་པ་དང་། ལོག་པར་སྣང་བ་འགོག་པ་དང་། མི་མཐུན་པར་སྣང་བ་འགོག་པ་དང་། ཕྱོགས་ཐམས་ཅད་རིགས་པ་མ་ཡིན་པར་སྒྲུབ་པ་འགོག་པ་བཅས་སོ། །

དང་པོ། གཞན་གྱི་འདོད་པ་འགོག་པ་ལ་དཔེར་ན། གྲངས་ཅན་པས།

བདག་ནི་ཡོད་དེ།
འདུས་ཤིང་བསགས་པའི་ཕྱིར།
འདུས་ཤིང་བསགས་པ་གཞན་དོན་བྱེད་པ་ཡིན།
དཔེར་ན་མལ་ཆ་ལ་སོགས་པ་བཞིན།
མིག་སོགས་ཀྱང་དེ་བཞིན་དུ་གཞན་དོན་དུ་འདུས་ཤིང་བསགས་པ་ཡིན།
གཞན་གྱི་དོན་ནི་བདག་ཡིན་ཕྱིར།
ཡོད་པར་ཤེས་སོ། །

ཞེས་བརྗོད་པ་ལ་སངས་རྒྱས་པས།

བདག་ནི་མེད་དེ།
མི་སྣང་བའི་ཕྱིར།
གལ་ཏེ་དངོས་གང་མི་སྣང་ན་མེད་པ་ཡིན་དགོས།

ཞེས་པར་བཀག་གོ །གྲངས་ཅན་པའི་སྒྲུབ་ངག་དེ་ལ་ནི་རྟེས་ཀྱི་སློབ་དཔོན་ཕྱོགས་གླང་གིས་འགལ་བའི་གཏན་ཚིགས་ཀྱི་ཡ་གྱལ་ཏེ་ཆོས་ཀྱི་ཁྱད་པར་དང་འགལ་བའི་གཏན་ཚིགས་སུ་བསྟུས་སོ། །

གཉིས་པ། མི་འདོད་པར་སྣང་བ་འགོག་པ་ནི་ཆོས་ཅན་གྱི་ངོ་བོ་དང་འགལ་བའི་གཏན་ཚིགས་འགོག་པ་ལ་བྱའོ། །

གསུམ་པ། ལོག་པར་སྣང་བ་འགོག་པ་ནི་སུན་འབྱིན་ལྟར་སྣང་འགོག་པའོ། །

བཞི་པ། མི་མཐུན་པར་སྣང་བ་འགོག་པ་ནི་རང་ཚིག་དང་འགལ་བའི་གཏན་ཚིགས་འགོག་པའོ། །

ལྔ་པ། ཕྱོགས་ཐམས་ཅད་རིགས་པ་མ་ཡིན་པར་སྒྲུབ་པ་འགོག་པ་ནི་དོན་ལ་

མི་བསམ་པར་ཚིག་རྐྱང་པ་ལ་འཁྲི་བ་འགོག་པ་ལ་བྱའོ། །

གཞན་ཡང་རྒྱ་ནག་གི་མཁས་པ་ལུའི་ཁྲིང་(吕澂)ཞེས་པ་ན་རེ། དབྱིག་གཉེན་གྱིས་མཛད་པའི་གཏན་ཚིགས་རིག་པའི་བསྟན་བཅོས་《སྒྲུབ་ལུགས་སྒྲ་བ་》(论轨)ཞེས་པ་དེ་བོད་འགྱུར་ལ《རྣམ་པར་བཤད་པའི་རིགས་པ་》ཞེས་བྱ་བ་དེ་ཡིན། སྣར་ཐང་གི་བསྟན་འགྱུར་སྤར་དུམ་ལྔ་བཅུ་རྩ་བརྒྱད་དུ་བཞུགས་ཞེས་བཤད་པ་དེ་ལ་བརྟག་དགོས་ཏེ། 《རྣམ་པར་བཤད་པའི་རིགས་པ་》ཞེས་བྱ་བའི་གཞུང་དེ་ནི་དགེའི་བསྟན་འགྱུར་དཀར་ཆག་ཏུ་སེམས་ཙམ་པའི་ལྟ་བ་གཏན་ལ་འབེབས་པའི་ལེ་ཚན་དུ་བཀོད་པས་དེའི་བརྗོད་བྱ་གཙོ་བོ་སེམས་ཙམ་པའི་ལྟ་བ་ཡིན་ལ། གཏན་ཚིགས་རིག་པ་དང་འབྲེལ་བའི་དོན་ཡང་མང་ཙམ་ཡོད་པས་དབྱིག་གཉེན་གྱི་གཏན་ཚིགས་རིག་པའི་དགོངས་པ་སྟོན་བྱེད་ཀྱི་བསྟན་བཅོས་ཤིག་ཡིན་ལས་ཆེའོ། །

གཞན་ཡང་རྒྱའི་ལོ་ཙཱ་བ་ཆེན་པོ་བློ་བཟང་ཆོས་འཕགས་(法尊法师)ཀྱི་《རྩོད་པ་སྒྲུབ་པ་》ཞེས་པའི་བསྟན་བཅོས་དེ་སློབ་དཔོན་དབྱིག་གཉེན་གྱིས་མཛད་པར་བཞེད་ཅིང་། གཞུང་དེ་རྒྱ་ནག་གི་འགྱུར་ལ་ལུན་ཀུའི་(论轨)ཟེར་བ་དེ་ཡིན་ཞེས་བཤད་པ་མི་འཐད་དེ། སློབ་དཔོན་ཕྱོགས་གླང་གིས《ཚད་མ་ཀུན་ལས་བཏུས་པ་》ལས། རྩོད་སྒྲུབ་སློབ་དཔོན་གྱིས་མ་ཡིན་ཞེས་གསལ་པོར་གསུངས་པར་མ་ཟད། དགག་པའང་མང་དུ་མཛད། དེ་བས《རྩོད་པ་སྒྲུབ་པ་》ཞེས་པའི་བསྟན་བཅོས་དེ་དབྱིག་གཉེན་གྱིས་མཛད་པའི་ལུན་ཀུའི་(论轨)ཞེས་པའི་བསྟན་བཅོས་དེ་མིན་པ་ཐག་གིས་ཆོད། དེ་ལ་བོད་ཀྱི་མཁས་པ་རྣམས་ཀྱིས་བཞེད་པ་ནི། བསྟན་བཅོས་དེའི་རྩོམ་པ་པོ་སློབ་དཔོན་ཕྱོགས་གླང་གི་སློབ་དཔོན་དབྱིག་གཉེན་དེ་མིན་པར། དེ་འཕགས་པ་ཀླུ་སྒྲུབ་མ་བྱུང་གོང་གི་ཐེག་དམན་གྱི་བཙུན་པ་ཞིག་གིས་བརྩམས་པ་ཡིན་ཞེས་བཤད་པའི་གཏམ་དེ་ལུགས་དང་མཐུན་པས་ཤིན་ཏུ་འཐད།

རྒྱ་ནག་གི་མཁས་པར་རློམ་པ་འགའ་ཞིག་གིས་བསྟན་བཅོས་《རྩོད་པ་སྒྲུབ་པ་》ལ་རྒྱ་སྐད་དུ་ལུན་ཀྲུའི་(论轨)ཞེས་པར་བསྒྱུར་ཅིང་། བསྟན་བཅོས་《རྣམ་པར་བཤད་པའི་རིགས་པ་》ལ་ཡང་ལུན་ཀྲུའི་(论轨)ཞེས་པར་བསྒྱུར་ཏེ་བརྗོད་བྱ་མི་གཅིག་པའི་བསྟན་བཅོས་གཉིས་ལ་མ་བརྟགས་མ་དཔྱད་པར་གཅིག་ཏུ་བཟུང་ནས་སྐྱོན་ཡོན་བརྗོད་པ་ནི་རིགས་པ་མ་ཡིན་ནོ། །

སྤྱིར་བཤད་ན་ཕྱི་རོལ་མུ་སྟེགས་ཅན་པའི་སྟོན་པས་《རྟོག་གེའི་བསྟན་བཅོས་བྱེ་བྲག་པའི་མདོ་》དང་། རྒྱལ་དཔོག་པས་《ཙ་ར་ཀའི་སྨན་གཞུང་》དང་། རིགས་པ་ཅན་པས་《རིགས་པའི་མདོ་》སོགས་བྱས་པ་ནས་བཟུང་ནང་པ་སངས་རྒྱས་པའི་སློབ་དཔོན་ཐོགས་མེད་དང་དབྱིག་གཉེན་སྐུ་མཆེད་ཀྱིས་《དབུ་མ་དང་རྗེས་སུ་མཐུན་པ་》དང་། 《དེ་བཞིན་དངོས་ཡོད་བསྟན་པ་》ལ་སོགས་པའི་བསྟན་བཅོས་མཛད་པའི་བར་དུ་གཏན་ཚིགས་རིག་པ་དེ་ལ་ནི་མཁས་པ་རྣམས་ཀྱིས་རྒྱ་གར་གཏན་ཚིགས་རྙིང་མ་ཞེས་པའི་མིང་བཏགས་པ་ཡིན། དུས་ཡུན་རིང་པོའི་ནང་དུ་གཞུང་ལུགས་དེ་མེད་པ་ནས་ཡོད་པར་གྱུར་ཅིང་དམའ་བ་ནས་གོང་དུ་འཕེལ་བར་གྱུར་ན་ཡང་། རྩོད་པ་ལྷུར་ལེན་གྱི་རིགས་ལམ་གཙོ་བོར་སྟོན་པ་དང་ཡན་ལག་ལྔ་ལྡན་གྱི་སྒྲུབ་ངག་གིས་མཚོན་པའི་གཞན་དོན་རྗེས་དཔག་གི་རྣམ་པ་གཙོ་བོར་སྟོན་པའི་རིག་གཞུང་ཞིག་ཡིན་པས་ན། ཕྱི་རོལ་པ་དང་ནང་པ་གཉིས་ཀ་ལ་མཐོ་བའི་ཐུན་མོང་གི་རིག་གནས་ཤིག་ཡིན་པ་གསལ་ལོ། །

ས་བཅད་གསུམ་པ། ནང་པའི་ཚད་མ་རིག་པའི་སྲོལ་བཏོད་ཅིང་དར་བའི་ཚུལ།

དོན་ཚན་དང་པོ། སློབ་དཔོན་ཕྱོགས་ཀྱི་གླང་པོས་གཏན་ཚིགས་གསར་པ་སྤེལ་ཚུལ།

སྤྱི་ལོ་དུས་རབས་ལྔ་པ་ནས་དྲུག་པའི་བར། རང་དང་གཞན་གྱི་གྲུབ་མཐའ་རྒྱ་མཚོའི་ཕ་རོལ་དུ་སོན་པའི་བདག་ཉིད་ཆེན་པོ་སློབ་དཔོན་ཕྱོགས་ཀྱི་གླང་པོ་རྒྱ་གར་ལྷོ་ཕྱོགས་གྲོང་ཁྱེར་སེངྒ་པཀྐ་ཞེས་པའི་ཀཉྩིའི་ཡུལ་དུ་བྲམ་ཟེའི་རིགས་སུ་འཁྲུངས། ཆུང་དུའི་དུས་སུ་བྲམ་ཟེའི་རིག་བྱེད་དང་མུ་སྟེགས་པའི་གྲུབ་མཐའ་སྦྱངས་པས་མཁས་པའི་ཕུལ་དུ་ཕྱིན། འཁོར་བའི་སྡུག་བསྔལ་ལ་ཡིད་སུན་ཏེ་བྲམ་ཟེའི་རིགས་དང་ལོངས་སྤྱོད་སློབ་འཁོར་མཐའ་དག་ལ་མ་ཆགས་པར་གནས་མ་བུའི་སྡེ་པའི་མཁན་པོ་ནཱ་ག་དཏྟ་སྟེ་གླང་པོ་བྱིན་ཞེས་པ་ལས་རབ་ཏུ་བྱུང་ཞིང་མཚན་ཕྱོགས་ཀྱི་གླང་པོར་གསོལ། ཐེག་དམན་གྱི་སྡེ་སྣོད་གསུམ་ལ་བསླབས་པས་མཁས་པར་གྱུར། མཁན་པོ་ལ་འཁོར་བ་ལས་གྲོལ་བའི་གདམས་པ་ཞུས་པར། མཁན་པོས་ཕུང་པོ་དང་དེ་ཉིད་གཞན་ཉིད་གང་དུའང་བརྗོད་དུ་མེད་པའི་བདག་འཚོལ་བའི་གདམས་པ་བྱིན་ནས་བསྒོམ་དུ་བཅུག དེ་འདྲའི་བདག་དེ་ཇི་ཙམ་བཙལ་ཀྱང་མ་རྙེད་པས། མཁན་པོ་ལ་བདག་ནི་བློ་རྟུལ་ཞིང་བློ་གྲོས་དམན་པས་མཁན་པོ་ཁྱེད་ཀྱིས་བསྟན་པའི་བདག་དེ་ཉིད་ཇི་ཙམ་བཙལ་ཀྱང་མ་མཐོང་ཞེས་ཞུས། མཁན་པོ་ཡིད་མ་རངས་ནས་ཁོ་བོའི་གྲུབ་མཐའ་ལ་ཟུར་ཟ་བ་ཁྱོད་འདིར་མ་འདུག་ཅིག་ཅེས་ནས་བསྐྲད། མཁན་པོ་དེ་ཉིད་ལ་རིགས་པས་སུན་དབྱུང་ནུས་ཀྱང་རང་གི་མཁན་པོ་ལ་རྒོལ་བ་འོས་མ་ཡིན་ནོ་སྙམ་ནས་ཕྱག་འཚལ་ནས་ཕྱིར་ཐོན། ཐེག་པ་ཆེན་པོའི་སྡེ་སྣོད་འཚོལ་བའི་བསམ་པས་སློབ་དཔོན་

དབྱིག་གཉེན་གྱི་གནས་སུ་བྱོན། དེའི་དྲུང་དུ་ཐེག་པ་ཆེ་ཆུང་གི་སྡེ་སྣོད་མཐའ་དག་ལེགས་པར་སྦྱངས། ཇོ་རྗེའི་སློབ་དཔོན་ལས་རྗེ་བཙུན་འཇམ་དཔལ་དབྱངས་ཀྱི་དབང་དང་བཟླས་ལུང་གསན་ཅིང་བསྒྲུབས་ནས་རྗེ་བཙུན་འཇམ་དབྱངས་ཀྱི་ཞལ་གཟིགས། རྗེ་བཙུན་ལས་གདམས་ངག་རྣམས་ཐོབ། ཨོ་ཊི་བི་ཤའི་ཡུལ་གྱི་ནགས་ཚལ་ཤིན་ཏུ་དབེན་པ་ཞིག་ཏུ་བསམ་གཏན་ལ་རྩེ་གཅིག་ཏུ་གནས་སོ། །

དུས་ནམ་ཞིག་ན་དཔལ་ནཱ་ལེནྡྲར་མུ་སྟེགས་བྲམ་ཟེ་སུ་དུ་ར་ཛ་ཡ་ཞེས་བྱ་བ་རྟོག་གེ་ལ་ཤིན་ཏུ་བྱང་ཞིང་གཞན་གྱིས་ཐུབ་པར་དཀའ་བ་ཞིག་གིས་རྩོད་པར་བྱུང་བ་ལ་སངས་རྒྱས་པའི་པཎྜི་ཏ་རྣམས་རྩོད་པར་མ་ནུས་ཏེ་སློབ་དཔོན་ཕྱོགས་ཀྱི་གླང་པོ་རྩོད་པར་སྤྱན་དྲངས། སློབ་དཔོན་གྱིས་མུ་སྟེགས་ཀྱི་གཙོ་བོ་དེ་ལན་གསུམ་གྱི་བར་རྩོད་པས་ཕམ་པར་མཛད་ནས་ནང་པར་བཙུག ནཱ་ལེནྡྲའི་དགེ་འདུན་རྣམས་ལ་སྡེ་སྣོད་གསུམ་གྱི་ཆོས་སྦྱིན་རྒྱ་ཆེར་གནང་ཞིང་རྣམ་རིག་པའི་བསྟན་བཅོས་ཐོར་བུ་བརྒྱ་རྩ་རྩོམ་པར་མཛད། སླར་ཡང་ཨོ་ཊི་བི་ཤའི་ཡུལ་དུ་བྱོན་ནས་སྔར་གྱི་གནས་སུ་བསམ་གཏན་ལ་བཞུགས་སོ། །དུས་ནམ་ཞིག་ན། རིགས་པའི་མིག་དང་བྲལ་བའི་འགྲོ་བ་རྣམས་ལ་ཐུགས་བརྩེ་བ་དང་། རང་གི་ཐུན་མོང་མ་ཡིན་པའི་བློ་གྲོས་ཀྱི་མཐུ་ལས་བྱུང་བའི་རྟོག་གེའི་ཚུལ་ལུགས་འདི་ལ་སྔར་བརྩམས་པའི་བསྟན་བཅོས་རྣམས་ཐོར་བུ་བཞིན་དུ་གྱུར་པས་ཕྱོགས་གཅིག་ཏུ་བྱ་བར་དགོངས་ཏེ་ཚད་མ་ཀུན་ལས་བཏུས་ཀྱི་མཆོད་བརྗོད་ཚད་མར་གྱུར་པ་འགྲོ་ལ་ཕན་བཞེད་པ། །སྟོན་པ་བདེ་གཤེགས་སྐྱོབ་ལ་ཕྱག་འཚལ་ཏེ། །ཞེས་པའི་ཚིགས་བཅད་ཇོ་ཐལ་གྱིས་བྲག་ལ་བྲིས་པ་ན་འཇིག་རྟེན་ཁམས་སུ་འོད་ཀྱི་སྣང་བ་ཆེན་པོ་བྱུང་ཞིང་ས་གཡོ་བ་དང་། སྦྲ་ཆེན་པོ་གྲགས་པས་བྲམ་ཟེ་ནག་པོས་མངོན་ཤེས་ཀྱིས་གང་གི་མཐུ་ཡིན་སྙམ་དུ་བརྟགས་པས་ཕྱོགས་གླང་གིས་ཚིགས་བཅད་བྲིས་པའི་མཐུ་ཡིན་པར་ཤེས་ནས་རྫུན་འཕྲུལ་གྱིས་འོངས་ནས་ལན་གཉིས་བར་བསུབས། སློབ་དཔོན་གྱིས་ཀུ་རེ་དང་ཀྱལ་ཀའི་ཕྱིར་ན་མ་བསུབས། རྩོད་པར་འདོད་ན་གཟུགས་སྟོན་དང་རྩོད་

པར་བགྱིའོ་ཞེས་མཆོད་བརྗོད་དང་མཉམ་དུ་བྲིས་ནས་བསོད་སྙོམས་ལ་གཤེགས་པའི་ཤུལ་དུ་བྲམ་ཟེ་ཀླུ་སྒེགས་པ་འོངས་ནས་ཡི་གེ་དེ་མཐོང་ནས་རྩོད་པར་འདོད་ནས་བསྣད། དེ་ནས་སློབ་དཔོན་གྱིས་ལན་གསུམ་གྱི་བར་དུ་བཙད་པས་ཕམ་པར་མཛད། སློབ་དཔོན་གྱིས་ད་ཁྱོད་བསྟན་པ་ལ་འཇུག་ཅིག་གསུངས་པས་ཀླུ་སྒེགས་ཐུབ་རྒྱལ་ནག་པོས་སྔགས་བཟླས་པའི་ཐལ་བ་སློབ་དཔོན་ལ་གཏོར་བས་སློབ་དཔོན་གྱི་ཡོ་བྱད་རྣམས་ཚིག ལུས་ཀྱང་ཚིག་པར་ཉེ་བར་བྱུང་སྙེ་ཐུགས་ཤིན་ཏུ་སྐྱོ་ནས་བདག་གིས་སེམས་ཅན་གཅིག་གི་དོན་ཡང་མ་ནུས་ན་སེམས་ཅན་ཐམས་ཅད་ཀྱི་དོན་ག་ལ་ནུས་སྙམ་ནས་སྙིང་སྟོབས་ཆེར་བསྐྱེད་དེ་ཚད་མ་ཀུན་ལས་བཏུས་པ་རྫོགས་པར་བརྩམས་ནས་སྐྱེ་བོ་རྣམས་ལ་བློ་གྲོས་ཀྱི་མིག་ཕྱེ། དེ་ནས་ལྷོ་ཕྱོགས་སུ་ཕྱིན་ཏེ་ཀླུ་སྒེགས་པའི་སྨྲ་བ་ངན་པ་རྣམས་རིགས་པས་ཚར་བཅད། སྔོན་གྱི་སློབ་དཔོན་རྣམས་ཀྱིས་བཙུགས་པའི་ཆོས་གཞི་ཉམས་པ་རྣམས་སོར་ཆུད་པར་མཛད་ཅིང་། དགེ་འདུན་གྱི་ཚོགས་རྣམས་ལ་སྡེ་སྣོད་གསུམ་གྱི་འཆད་ཉན་མཛད་དེ། རྒྱལ་བའི་བསྟན་པ་ལ་ཕྱག་རྗེས་བླ་ན་མེད་པ་མཛད། རྗེས་ནས་ཨོ་ཊི་བི་ཤའི་བྲག་ཕུག་ཏུ་སྐུ་གཤེགས་སོ། །

སློབ་དཔོན་དེའི་ཆོས་འབྲེལ་གྱི་སློབ་མ་ས་སྟེང་ཁྱབ། ཕྱི་བཞིན་འབྲང་བའི་སློབ་མ་གཅིག་ཀྱང་མ་བྱུང་བར་གྲགས། གསུང་ཆོས་མང་ཡང་ཚད་མ་རིག་པའི་སྐོར་གྱི་བསྟན་བཅོས་ནི་《དམིགས་པ་བརྟག་པ་》རྩ་འགྲེལ་དང་། 《ཚད་མ་རིགས་པའི་སྒོ།》《ཚད་མའི་བསྟན་བཅོས་རིགས་པ་ལ་འཇུག་པ།》(ཁ་ཅིག་གིས་གཞུང་དེའི་མཛད་པོ་བདེ་བྱེད་བདག་པོ་ཡིན་པར་བཤད།)《དུས་གསུམ་བརྟག་པ།》《ཕྱོགས་ཆོས་དགུའི་འཁོར་ལོ།》《ཚད་མ་ཀུན་ལས་བཏུས་པ་》རྩ་འགྲེལ་སོགས་མཛད་ཅིང་བོད་སྐད་ཀྱི་འགྱུར་ཡང་ཡོད་དོ། །

སློབ་དཔོན་ཕྱོགས་གླང་གི་ཚད་མའི་དགོངས་པ་ཡོངས་སུ་རྫོགས་པ་མཚོན་པར་བྱེད་པའི་བསྟན་བཅོས་ནི《ཚད་མ་ཀུན་ལས་བཏུས་པ་》ཞེས་པ་དེ་ཡིན་

ལ། གཞུང་དེས་ནང་པའི་ཚད་མ་རིག་པའི་ཤིང་རྟའི་སྲོལ་ཕྱེ་བས། ཚད་མ་རིག་པ་ཞེས་པའི་ཐ་སྙད་ཀྱང་དུས་དེ་ནས་བྱུང་བར་འདོད་ལ། བརྗོད་བྱ་ནི་སྔོན་དུས་སུ་བྱུང་བའི་གཏན་ཚིགས་རིག་པ་དང་ཁྱད་པར་ཆེན་པོ་ཡོད་པས། རྒྱ་ནག་པ་རྣམས་ཀྱིས་རྒྱ་གར་གཏན་ཚིགས་གསར་མ་ཞེས་དང་སངས་རྒྱས་པའི་གཏན་ཚིགས་རིག་པ་ཞེས་པའི་མིང་བཏགས་པ་ཡིན། དེ་ཡང་ཡིན་ཏེ། གཞུང་དེར་ཕྱི་རོལ་མུ་སྟེགས་ཅན་པས་སྐྱེ་བ་སྔ་ཕྱི་མེད་པ་དང་། ཐར་པ་དང་ཐམས་ཅད་མཁྱེན་པ་མེད་པར་འཛིན་པའི་སྐུར་འདེབས་དང་། ཕུང་པོ་གཙང་བདེ་རྟག་གསུམ་དུ་འཛིན་པའི་སྒྲོ་འདོགས་བཅས་ཡོངས་སུ་བསལ་བའི་སྒོ་ནས་བདེན་བཞིའི་བླང་དོར་གྱི་རྣམ་གཞག་དང་། གང་ཟག་གི་བདག་མེད་དང་ཆོས་ཀྱི་བདག་མེད་རིགས་པས་གཏན་ལ་ཕབ་སྟེ་ལྷག་པ་ཤེས་རབ་ཀྱི་བསླབ་པ་གསལ་བར་སྟོན་པའི་གཞུང་ཡིན་པས་ན། བོད་ཀྱི་མཁས་པ་མང་ཕོས་ཀྱིས་གཞུང་དེ་གཏན་ཚིགས་རིག་པའི་བསྟན་བཅོས་ཡིན་པར་མ་ཟད། ནང་རིག་པའི་བསྟན་བཅོས་ཀྱང་ཡིན་པར་འདོད་དོ། །གཞུང་དེ་ལ་ལེའུ་དྲུག་ཡོད་དེ། མངོན་སུམ་དང་། རང་དོན་རྗེས་དཔག་དང་། གཞན་དོན་རྗེས་དཔག་དང་། དཔེ་དང་དཔེ་ལྟར་སྣང་བརྟག་པ་དང་། གཞན་སེལ་བརྟག་པ་དང་། ལྟག་ཆོད་བརྟག་པ་དང་དྲུག་གོ །དེ་ལྟར་ལེའུ་དྲུག་གི་བདག་ཉིད་ཅན་གྱི་ཚད་མའི་བསྟན་བཅོས་དེ་སྔོན་གྱི་དུས་སུ་བྱུང་བའི་གཏན་ཚིགས་རིག་པའི་བསྟན་བཅོས་དང་ཁྱད་པར་ཅི་ཡོད་ཅེ་ན། འདི་ལྟར་བརྟག་སྟེ།

དང་པོ། བསྟན་བཅོས་དེ་བདག་ཅག་གི་སྟོན་པ་ཚད་མར་བསྒྲུབ་པའི་ཕྱིར་དུ་མཛད་པ་དང་། ཚད་མ་རིག་པ་དེ་ཐར་པ་དང་ཐམས་ཅད་མཁྱེན་པའི་གོ་འཕང་དོན་གཉེར་གྱི་ལམ་རྣམ་དག་ཡིན་པར་སྟོན་པ།

ཀུན་བཏུས་མཆོད་བརྗོད་ལས།

ཚད་མར་གྱུར་པ་འགྲོ་ལ་ཕན་བཞེད་པ། །

སྟོན་པ་བདེ་གཤེགས་སྐྱོབ་ལ་ཕྱག་འཚལ་ནས། །
ཚད་མར་བསྒྲུབ་ཕྱིར་རང་གི་གཞུང་ཀུན་ལས། །
བཏུས་ཏེ་སྣ་ཚོགས་འཐོར་རྣམས་འདིར་གཅིག་བྱ། །

ཞེས་གསུངས་ཏེ། བདག་ཅག་གི་སྟོན་པ་སྐྱོན་དང་བྲལ་བ་དང་ཕྱི་རོལ་པའི་སྟོན་པ་ལས་ཁྱད་པར་དུ་འཕགས་པའི་སྟོན་པ་ཚད་མ་ཡིན་པར་བསྟན། ཅིའི་ཕྱིར་སྟོན་པ་དེ་ཚད་མར་གྱུར་པ་ཡིན་ཞེ་ན། རང་རེའི་སྟོན་པ་ནི་རང་རྒྱུ་བསམ་པ་ཕུན་ཚོགས་དང་སྦྱོར་བ་ཕུན་ཚོགས་ལས་འཁྲུངས་ཤིང་། རང་དོན་སྤངས་པ་ཕུན་ཚོགས་དང་གཞན་དོན་རྟོགས་པ་ཕུན་ཚོགས་གཉིས་དང་ལྡན་པའི་ཡོན་ཏན་མངའ་བས་ན་དེ་ལྟར་བརྗོད་དོ། །དེ་ལྟ་བུའི་ཡོན་ཏན་མངའ་བའི་སྟོན་པ་ལ་ཚད་མར་བསྒྲུབ་པའི་ཆེད་དུ་བསྟན་བཅོས་དེ་མཛད་པ་ཡིན། དེ་ལྟར་ཡང་རང་འགྲེལ་ལས། དེ་ལྟ་བུའི་ཡོན་ཏན་ཅན་གྱི་སྟོན་པ་ལ་ཕྱག་འཚལ་ནས། ཚད་མར་བསྒྲུབ་པར་བྱ་བའི་ཕྱིར་རང་གི་རབ་ཏུ་བྱེད་པ་རིགས་པའི་སྒོ་ལ་སོགས་པ་རྣམས་ལས་འདིར་གཅིག་ཏུ་བཏུས་ཏེ་ཚད་མ་ཀུན་ལས་བཏུས་པ་བརྩམ་པར་བྱའོ་ཞེས་གསུངས་སོ། །

གོང་གི་ལུང་ལས་འཕྲོས་པ་ནི། རང་རེའི་སྟོན་པ་ནི་སྟོན་པ་ཚད་མ་དང་། དེའི་ལུང་རྟོགས་ཀྱི་བསྟན་པ་ནི་བསྟན་པ་རྣམ་དག དེའི་ལུང་ལས་གསུངས་པའི་ཚད་མ་མངོན་རྗེས་གཉིས་ནི་ཚད་མ་རྣམ་དག རྒྱུ་བསམ་སྦྱོར་ཕུན་ཚོགས་ནི་ཉམས་སུ་བླང་བྱའི་ལམ་ནི་ལམ་རྣམ་དག་ཏུ་བསྟན་ཏེ་རྟོག་གེའི་ཚིག་དོན་བརྒྱད་ཀྱིས་སྒྲུབ་པར་མཛད་པའི་སྒོ་ནས་སངས་རྒྱས་ཀྱི་བསྟན་པ་འཛིན་དགོས་པར་བསྟན། དེ་ཡང་རྗེ་ཙོང་ཁ་པ་ཆེན་པོས《ཚད་མའི་ལམ་བསྒྲིགས་》ལས། ཚད་མར་གྱུར་པ་འགྲོ་ལ་ཕན་བཞེད་པ། །སྟོན་པ་བདེ་གཤེགས་སྐྱོབ་ལ་ཕྱག་འཚལ་ཏེ། །ཞེས་པའི་དོན་ལུགས་ལས་འབྱུང་བ་དང་ལུགས་ལས་བཟློག་པའི་སྒྲུབ་ཚུལ་གཉིས་སུ་རིགས་པར་བྱའོ། །དེ་ལ་ལུགས་འབྱུང་གིས་ནི། སྟོན་པ་ལམ་གང་ནས་གཤེགས་པའི་ལམ་དེ་

ཉིད་སྟོན་པར་བྱེད་པ་ཡིན་ལ། དེ་ལྟར་གཤེགས་པ་ཅེས་ཤེས་སླམ་ན། ལུགས་ལས་བཟློག་པའི་ཚུལ་གྱིས་དེ་ལྟར་བྱོན་པའི་ཤེས་བྱེད་སྟོན་པ་ཡིན་ནོ། །དེ་ཡང་སྟོན་པ་ནི་བདེ་གཤེགས་དང་སྐྱོབ་པ་སྟེ་དོན་གཉིས་ཕུན་སུམ་ཚོགས་པའི་བདག་ཉིད་ཅན་ཡིན་ལ། དེ་ཡང་ཕྱི་རོལ་པས་འདོད་པ་ལྟར་རྟག་པ་རང་བྱུང་གི་ཚད་མ་མ་ཡིན་གྱི། རྒྱུ་རྐྱེན་གྱིས་གསར་དུ་བསྒྲུབས་པ་ཡིན་པས་དེའི་གོ་འཕང་ཐར་མ་ཐོབ་པ་རྣམས་ཀྱིས་ཀྱང་ཐོབ་པར་བྱར་ཡོད་དོ་ཞེས་ཤེས་པའི་ཕྱིར་དུ་ཚད་མར་གྱུར་པ་ཞེས་སྨོས་སོ། །དེའི་རྒྱུ་མཚན་དེ་ཡང་གང་ཡིན་ཞེ་ན། བསམ་པ་ཕུན་སུམ་ཚོགས་པ་འགྲོ་བ་མཐའ་དག་ལ་ཕན་པར་བཞེད་པ་དང་། སྦྱོར་བ་ཕུན་སུམ་ཚོགས་པ་བདག་མེད་རྟོགས་པའི་ཤེས་རབ་གཉིས་སོ། །[1]ཞེས་གསུངས་ལ། ཀརྨ་པ་རྒྱལ་མཆོག་བདུན་པ་ཆོས་གྲགས་རྒྱ་མཚོའི་ཞལ་ནས། བསྟན་བཅོས་འདིར་ཡང་བསམ་པ་ཕུན་སུམ་ཚོགས་པ་འགྲོ་བ་ལ་ཕན་བཞེད་པའི་ཐུགས་རྗེ་ཆེན་པོ་དང་། སྦྱོར་བ་ཕུན་སུམ་ཚོགས་པ་འཁོར་བའི་རྩ་བ་འཇོམས་པར་བྱེད་པའི་བདག་མེད་པ་རྣམ་གཉིས་ལ་རང་ཉིད་ཀྱིས་མཉམ་པར་འཇོག་ཅིང་ལམ་དེ་ལྟ་བུ་གཞན་དག་ལ་ཡང་སྟོན་པའི་སྒོ་ནས་རང་དོན་བདེ་བར་གཤེགས་པ་དང་། གཞན་དོན་སྐྱོབ་པའི་སྐྱུ་ཟུང་དུ་འདུག་པའི་རང་བཞིན་ཅན་གྱི་ཚད་མའི་སྐྱེས་བུ་ཐོབ་པར་འགྱུར་བ་ཡིན་ནོ་ཞེས་བྱ་བ་ནི་རིགས་པའི་དབང་ཕྱུག་རྣམ་པ་གཉིས་ཀའི་དགོངས་པ་བླ་ན་མེད་པའོ། །[2]ཞེས་གསུངས་པ་ལྟར། བསྟན་བཅོས་འདི་ཡང་རང་དོན་བདེ་བར་གཤེགས་པ་དང་གཞན་དོན་སྒྲོལ་བའི་དོན་མཛད་པའི་བདག་ཉིད་ཅན་གྱི་ཚད་མའི་སྐྱེས་

① ཁོ་ཆེ་ཚུལ་ཁྲིམས་ཀྱིས་བསྒྲིགས་པའི་《གངས་ལྗོངས་རིག་བཅུའི་སྙིང་བཅུད་ཆེན་མོའི་》གླེགས་བམ་བཞི་པ་ཚད་མ་རིག་པའི་སྐོར་ལས་《ཚད་མའི་ལམ་བསྒྲིགས་》ཞེས་པ་མི་རིགས་དཔེ་སྐྲུན་ཁང་གིས་༢༠༠༣ལོར་པར་དུ་བསྐྲུན་པའི་ཤོག་ངོས་༣༥པར་གསལ།

② ཀརྨ་པ་ཆོས་གྲགས་རྒྱ་མཚོས་མཛད། མཚོ་སྔོན་མི་རིགས་དཔེ་སྐྲུན་ཁང་གིས་༢༠༠༧ལོར་པར་དུ་བསྐྲུན་པའི《ཚད་མ་ལེགས་པར་བཤད་པ་ཐམས་ཅད་ཀྱི་ཆུ་བོ་ཡོངས་སུ་འདུ་བ་རིགས་པའི་གཞུང་ལུགས་ཀྱི་རྒྱ་མཚོ་ཞེས་བྱ་བ་》ཡི་ཤོག་ངོས་༨༢པར་གསལ།

བུ་ཐོབ་པར་གྱུར་པའི་ལམ་རྣམ་དག་ཡིན་པར་བསྟན། སློབ་དཔོན་ཆོས་ཀྱི་གྲགས་པས་ལུང་དེ་གསལ་བར་སྨྲ་བའི་ཕྱིར་དུ་རྣམ་འགྲེལ་ལས་ཚད་མ་གྲུབ་པའི་ལེའུ་ལོགས་སུ་བཀོད་དེ་ལུང་དེའི་དགོངས་དོན་རྒྱ་ཆེར་བཀྲལ་བར་མཛད་དོ། །དེ་ལས་རྟོགས་པར་བྱེད་ནུས་པ་ཞིག་ནི་བསྟན་བཅོས་དེའི་གོང་རོལ་ཏུ་བྱུང་བའི་གཏན་ཚིགས་རིག་པའི་གཞུང་གང་ཡང་རུང་བར་རང་རེའི་སྟོན་པ་དང་དེའི་བསྟན་པ་ཚད་མ་ཡིན་པར་མ་བསྒྲུབས་པས་གཞུང་དེ་ཉིད་ལས་དེ་ལྟར་སྒྲུབ་པས་ན་སློབ་དཔོན་དེ་ནང་པའི་ཚད་མ་རིག་པའི་ཤིང་རྟའི་སྲོལ་འབྱེད་ཡིན་པར་ཁས་ལེན་དགོས་ཏེ། བསྟན་བཅོས་དེ་ལས་གང་ཟག་དང་ཆོས་ལ་བདག་མེད་པའི་སྟོང་ཉིད་དེ་རིགས་པས་ཕྱིན་ཅི་མ་ལོག་པར་གཏན་ལ་ཕབ་སྟེ་ལྷག་པ་ཤེས་རབ་ཀྱི་བསླབ་པ་གཙོ་བོར་སྟོན་པ་དང་། འཁོར་བའི་འཇུག་ལྡོག་རྒྱས་པར་གཏན་ལ་ཕབ་ནས་ནང་གི་སེམས་རྒྱུད་འདུལ་བའི་ཐབས་བདག་མེད་རྟོགས་པའི་ཤེས་རབ་སྐྱེད་པའི་ཚུལ་ཕྱིན་ཅི་མ་ལོག་པར་སྟོན་པའི་ཕྱིར་ན་ནང་རིག་པའི་བསྟན་བཅོས་ཤིག་ཡིན་པར་ཁས་ལེན་དགོས་སོ། །

གཉིས་པ། གཞལ་བྱ་ལ་རང་སྤྱི་དང་ཚད་མ་ལ་མངོན་རྗེས་གཉིས་སུ་གཏན་ལ་ཕབ་པ།

ཀུན་བཏུས་ལས། མཚན་ཉིད་གཉིས་གཞལ་བྱ་ཞེས་གསུངས་པ་ལ། རང་འགྲེལ་ལས། མཚན་ཉིད་གཉིས་གཞལ་བྱ། རང་དང་སྤྱིའི་མཚན་ཉིད་དག་ལས་གཞན་པའི་མཚན་ཉིད་གཞལ་བར་བྱ་བ་གཞན་ནི་མེད་དོ། །ཞེས་གསུངས་པ་ལྟར། གཞལ་བྱ་ལ་རང་གི་མཚན་ཉིད་དང་སྤྱིའི་མཚན་ཉིད་གཉིས་ལས་གཞན་པའི་གཞལ་བྱ་མེད་པར་བསྟན་ཏོ། །འོ་ན་གཞལ་བྱ་ལ་རང་སྤྱི་གཉིས་སུ་གྲངས་ངེས་པའི་རྒྱུ་མཚན་ཅི་ཡིན་ཞེ་ན། རྣམ་འགྲེལ་ལས། དོན་བྱེད་ནུས་དང་མི་ནུས་ཕྱིར། །སྒྲ་ཤད་ལ་སོགས་དོན་མིན་ཏེ། །དོན་དུ་མོས་པ་མེད་ཕྱིར་རོ། །འདྲ་དང་མི་འདྲ་གཉིས་ཕྱིར་དང་། །སྒྲ་ཡི་ཡུལ་དང་ཡུལ་མིན་ཕྱིར། །རྒྱུ་མཚན་གཞན་ནི་ཡོད་པ་ན། །བློ་ནི་

ཡོད་དང་མེད་ཕྱིར་རོ། །[1]ཞེས་གསུངས་པ་ལྟར། གཞལ་བྱ་ལ་དོན་བྱེད་ནུས་པའི་ཆོས་དང་དོན་བྱེད་མི་ནུས་པའི་ཆོས་གཉིས་སུ་ངེས་པའི་ཕྱིར་གཞལ་བྱ་ལ་རང་སྤྱི་གཉིས་དང་། རང་སྣང་ཡུལ་དུ་བྱེད་པའི་བློ་ལ་ཇི་ལྟར་སྣང་བ་ལྟར་སྤྲའི་ཡུལ་ཡིན་པ་དང་མིན་པའི་ཆོས་གཉིས་སུ་ངེས་པའི་ཕྱིར་གཞལ་བྱ་ལ་རང་སྤྱི་གཉིས་དང་། རྟོག་པའི་སྣང་ཡུལ་དང་རྟོག་མེད་ཤེས་པའི་སྣང་ཡུལ་གཉིས་སུ་ངེས་པའི་ཕྱིར་གཞལ་བྱ་ལ་རང་སྤྱི་གཉིས་སུ་གྲངས་ངེས་པར་བསྟན་ཏོ། །

དེ་ལྟ་བུའི་རང་སྤྱི་གཉིས་སུ་ངེས་པའི་གཞལ་བྱ་ལ་འཇལ་བྱེད་ཀྱི་ཚད་མ་གང་དག་ཡོད་ཅེ་ན། མངོན་སུམ་གྱི་ཚད་མ་དང་རྗེས་སུ་དཔག་པའི་ཚད་མ་གཉིས་ཡོད་དེ། ཀུན་བཏུས་རང་འགྲེལ་ལས། རང་གི་མཚན་ཉིད་ཀྱི་ཡུལ་ཅན་མངོན་སུམ་ཡིན་ལ། སྤྱིའི་མཚན་ཉིད་ཀྱི་ཡུལ་ཅན་རྗེས་སུ་དཔག་པའོ་ཞེས་ཤེས་པའོ། །ཞེས་པར་བསྟན། དེ་ལྟར་ལུ་སྟེགས་ཅན་པ་དང་རང་སྡེའི་ཁ་ཅིག་གིས་ཚད་མ་ལ་གཅིག་དང་། གསུམ་དང་། བཞི་དང་། ལྔ་དང་། དྲུག་དང་ཐ་ན་བཅུ་གཅིག་ཏུ་བགྲང་བའི་འདོད་པ་བསལ་ཏེ། ཚད་མ་ལ་མངོན་སུམ་དང་རྗེས་སུ་དཔག་པ་གཉིས་ལས་གཞན་པའི་ཚད་མ་མེད་པར་གཏན་ལ་ཕབ་པའོ། །

གསུམ་པ། མངོན་སུམ་གྱི་མཚན་ཉིད་དང་དབྱེ་བ་གཏན་ལ་ཕབ་པ།

རྟོག་པ་དང་བྲལ་ཞིང་མ་འཁྲུལ་བའི་ཤེས་པ་མངོན་སུམ་གྱི་མཚན་ཉིད་དུ་བསྟན། ཀུན་བཏུས་ལས། མིང་དང་རུས་སོགས་སུ་སྦྱོར་བའི། །རྟོག་པ་དང་བྲལ་མངོན་སུམ་མོ། །ཞེས་གསུངས་ཏེ་མངོན་སུམ་གྱི་མཚན་ཉིད་བསྟན། འོ་ན་རྟོག་པ་དང་བྲལ་ན་མངོན་སུམ་ཡིན་པས་ཁྱབ་བམ་ཞེ་ན། མ་ཁྱབ་སྟེ། རྟོག་མེད་འཁྲུལ་ཤེས་ཡོད་པའི་ཕྱིར། དེ་ཡིན་ན་སློབ་དཔོན་གྱིས། རྟོག་པ་དང་བྲལ་མངོན་སུམ་མོ་ཞེས་པས་མངོན་སུམ་གྱི་མཚན་ཉིད་ལ་རྟོག་པ་དང་བྲལ་བ་བཞག་པས་མཚན་ཉིད་

① 《ཚད་མ་རིག་པའི་སྐོར་རྒྱ་གཞུང་རྩ་འགྲེལ་བདམ་བསྒྲིགས་》ཞེས་པ་མི་རིགས་དཔེ་སྐྲུན་ཁང་གིས་༡༩༨༨ལོར་པར་དུ་བསྐྲུན་པའི་ཤོག་ངོས་༢༦༧པར་གསལ།

ཁྱབ་ཆེ་བའི་སྐྱོན་དང་བཅས་པ་མ་ཡིན་ནམ་ཞེ་ན། མ་ཡིན་ཏེ། མཚན་ཉིད་འདིར་མ་འཁྲུལ་བའི་དོན་དངོས་སུ་མ་བརྗོད་ཀྱང་ཤུགས་ལ་བསྟན་པའི་ཕྱིར། དེ་ན་མཚན་ཉིད་འདིར་མ་འཁྲུལ་བ་ཅིའི་ཕྱིར་མ་བསྟན་ཞེ་ན། ཨུ་རུ་སིའི་རིགས་པ་སྨྲ་བ་ཤ་རུ་པ་སི་ཀི་(舍尔巴茨基)ཞེས་པས་དེ་ལྟར་འགྲེལ་ཏེ། ཕྱོགས་སྔང་གིས་མ་འཁྲུལ་བ་དོར་ཀྱང་ཆོས་གྲགས་ཀྱིས་སླར་སྣོན་པར་མཛད། ཕྱོགས་སྔང་གིས་བསམ་བཞིན་དུ་མ་འཁྲུལ་བ་བསྐུས་པ་དེ་དོན་ཟབ་མོ་ཞིག་སྦས་ཡོད་པ་འདྲ། ཁོང་གིས་རང་ཉིད་ཀྱི་ཚད་མའི་ལྟ་གྲུབ་དེ་ཕྱི་དོན་ཁས་ལེན་པའི་དངོས་སྨྲ་བ་དང་ཁས་མི་ལེན་པའི་རྣམ་རིག་པ་གཉིས་ཀའི་བཞེད་པ་དང་མཐུན་པར་བྱེད་པའི་ཕྱིར[①]ཞེས་སྨྲ་བ་མི་འཐད་དེ། སློབ་དཔོན་གྱིས་མངོན་སུམ་གྱི་མཚན་ཉིད་ཀྱི་ཟུར་དུ་མ་འཁྲུལ་བ་མ་སྨོས་པ་ནི། དངོས་སུ་མ་སྨོས་ཀྱང་དོན་གྱིས་བསྟན་པའི་ཕྱིར། ཁོང་གིས་མངོན་སུམ་ལྟར་སྣང་བཤད་པའི་ཚེ།

འཁྲུལ་དང་ཀུན་རྫོབ་ཤེས་པ་ལ། །
རྗེས་དཔག་རྗེས་སུ་དཔག་ལས་བྱུང་། །
དྲན་དང་མངོན་འདོད་ཞེས་བྱ་བའོ། །
མངོན་སུམ་ལྟར་སྣང་རབ་རིབ་བཅས། །
བྱ་དང་བཅས་པར་རྟོགས་པའི་ཕྱིར། །

ཞེས་གསུངས་ཏེ། རྟོག་བྲལ་གྱི་དོན་ཡང་དག་པར་གོ་བ་ལ་རྟོག་པ་མངོན་སུམ་ལྟར་སྣང་དྲུག་སྟེ་འཁྲུལ་བའི་རྟོག་པ། ཀུན་རྫོབ་ཀྱི་རྟོག་པ། རྗེས་དཔག་གི་རྟོག་པ། རྗེས་སུ་དཔག་པ་ལས་བྱུང་བའི་རྟོག་པ། དྲན་པའི་རྟོག་པ། མངོན་འདོད་ཀྱི་རྟོག་པ་དྲུག་བསྟན་པ་དང་། མ་འཁྲུལ་བའི་དོན་ཡང་དག་པར་གོ་བ་ལ་རྟོག

① སྲུན་ཝི་ཏྲ་སོགས་ཀྱིས་བསྒྱུར་བའི་《ནང་པའི་གཏན་ཚིགས་རིག་པ།》ཚོང་དོན་དཔེ་སྐྲུན་ཁང་གིས་༡༩༩༧ལོར་པར་དུ་བསྐྲུན་པའི་ཤོག་ངོས་༡༤༧པར་གསལ།

མེད་མངོན་སུམ་ལྟར་སྣང་གཅིག་བསྟན་པ་ཡིན། མངོན་སུམ་ལྟར་སྣང་རབ་རིབ་བཅས་ཞེས་པའི་ལུང་དེ་རང་འགྲེལ་ལས། རེ་ཞིག་འཁྲུལ་བའི་ཤེས་པ་ནི། སྨིག་རྒྱུ་ལ་སོགས་པ་ལ་ཆུ་ལ་སོགས་པར་རྟོག་པའི་ཕྱིར་མངོན་སུམ་ལྟར་སྣང་ངོ་། །ཞེས་གསུངས་པ་སྐྲ་ཤད་ལ་སོགས་པ་རབ་རིབ་དང་སྨིག་རྒྱུ་ལ་ཆུར་འཛིན་པ་སོགས་རྟོག་མེད་འཁྲུལ་ཤེས་ནི་མངོན་སུམ་ལྟར་སྣང་ཡིན་གྱི་མངོན་སུམ་མ་ཡིན་པར་བསྟན། དེའི་ཕྱིར་སློབ་དཔོན་གྱིས་མངོན་སུམ་གྱི་མཚན་ཉིད་དུ་མ་འཁྲུལ་བ་དངོས་སུ་མ་སྨྲས་ཀྱང་ཤུགས་ལ་བསྟན་ཡོད་པས། རྟོག་བྲལ་མ་འཁྲུལ་བའི་རིག་པ་མངོན་སུམ་གྱི་མཚན་ཉིད་དུ་གཏན་ལ་ཕབ་པའོ། །མཚན་ཉིད་དེ་རིག་བྱེད་པ་དང་གཅེར་བུ་པ་སོགས་མུ་སྟེགས་ཅན་གྱི་གྲུབ་མཐའ་སྨྲ་བ་དག་གིས་རྟོག་པ་ཡང་ཡིན་མངོན་སུམ་ཡང་ཡིན་པའི་རྟོག་པ་མངོན་སུམ་ཡོད་པར་ཁས་ལེན་པའི་འདོད་པ་ཡོངས་སུ་བཀག་པར་མཛད་དོ། །

སློབ་དཔོན་གྱིས་མངོན་སུམ་ལ་དབང་པོའི་མངོན་སུམ་དང་། ཡིད་ཀྱི་མངོན་སུམ་དང་། རང་རིག་མངོན་སུམ་དང་། རྣལ་འབྱོར་མངོན་སུམ་བཅས་བཞིར་དབྱེ་བར་བསྟན་ཏེ། ཀུན་བཏུས་ལས།

དུ་མའི་ངོ་བོའི་ཆོས་ཅན་ནི། །
དབང་པོ་ལས་རྟོགས་སྲིད་མ་ཡིན། །
རང་རང་རིག་བྱ་ཐ་དད་ཀྱིས། །
བསྟན་བྱ་མིན་ན་དབང་པོའི་ཡུལ། །
ཡིད་ཀྱང་དོན་དང་ཆགས་ལ་སོགས། །
རང་རིག་རྟོག་པ་མེད་པ་ཡིན། །
རྣལ་འབྱོར་རྣམས་ཀྱིས་བླ་མས་བསྟན། །
མ་འདྲེས་པ་ཡི་དོན་ཙམ་མཐོང་། །

ཞེས་པར་བསྟན་ལ། དེའི་ཐད་ཀྱི་རང་འགྲེལ་ལས། དེ་ལྟར་ན་རེ་ཞིག་དབང་པོ་ལྔ་ལས་སྐྱེས་པའི་མངོན་སུམ་གྱི་ཤེས་པ་རྟོག་པ་མེད་པ་ཡིན་ཡང་། གཞན་གྱི་འདོད་པ་ལ་བརྟེན་ནས་འདིར་ཁྱད་པར་བྱས་པ་སྟེ། དེ་དག་ནི་ཐམས་ཅད་རྟོག་པ་མེད་པ་འབའ་ཞིག་གོ །ཡིད་ཀྱང་དོན་དང་ཆགས་ལ་སོགས། །རང་རིག་རྟོག་པ་མེད་པ་ཡིན། །ཞེས་ཡིད་ཀྱི་ཡུལ་གཟུགས་ལ་སོགས་པ་ལ་དམིགས་ཤིང་ཉམས་སུ་མྱོང་བའི་རྣམ་པས་འཇུག་པ་སྟེ། རྟོག་པ་མེད་པ་འབའ་ཞིག་གོ །འདོད་ཆགས་དང་། ཞེ་སྡང་དང་། གཏི་མུག་དང་། བདེ་བ་དང་སྡུག་བསྔལ་ལ་སོགས་པ་ནི་དབང་པོ་ལ་མི་ལྟོས་པའི་ཕྱིར་རང་རིག་པའི་མངོན་སུམ་མོ། །དེ་བཞིན་དུ་རྣལ་འབྱོར་རྣམས་ཀྱིས་བླ་མ་ཡིས། །བསྟན་དོན་ཐ་དད་དོན་ཞིག་མཐོང་། །ཞེས་རྣལ་འབྱོར་རྣམས་ཀྱིས་ཀྱང་ལུང་ལས་རྣམ་པར་རྟོག་པ་དང་མ་འདྲེས་པའི་དོན་ཙམ་མཐོང་བ་ནི་མངོན་སུམ་མོ། །ཞེས་དབང་པོ་དང་ཡིད་དང་། རང་རིག་དང་། རྣལ་འབྱོར་མངོན་སུམ་བཞི་པོ་རིམ་པ་བཞིན་དུ་གསལ་བར་བསྟན་ཏོ། །འོ་ན་དེའི་གོ་རིམ་ཇི་ལྟར་ངེས་ཤེ་ན། རྣལ་འབྱོར་མངོན་སུམ་འཕགས་པ་ཁོ་ནའི་རྒྱུད་ལ་ཡོད་པས་མཇུག་ཏུ་བསྟན་ལ། གཞན་གསུམ་པོ་སྐྱེ་འཕགས་གཉིས་ཀའི་རྒྱུད་ལ་ཡོད་པས་དང་པོར་བསྟན་པ་ཡིན། དེའི་ནང་ནས་ཀྱང་གཞན་གཉིས་ཉམས་སུ་མྱང་བྱ་ཡིན་པས་དང་པོར་བསྟན། རང་རིག་དེ་གཉིས་ཀ་ཉམས་སུ་མྱོང་བྱེད་ཡིན་པས་དེའི་མཇུག་ཏུ་བསྟན། དེའི་ནང་ནས་ཀྱང་དབང་པོ་མངོན་སུམ་རྒྱུ་ཡིན་པས་དང་པོར་བསྟན། ཡིད་ཀྱི་མངོན་སུམ་འབྲས་བུ་ཡིན་པས་མཇུག་ཏུ་བསྟན་པ་ཡིན་ནོ། །དེ་ལྟར་སློབ་དཔོན་གྱིས་བྱེ་བྲག་བས་འདོད་པའི་མངོན་སུམ་གསུམ་གྱི་སྟེང་དུ་རང་རིག་མངོན་སུམ་བསྣན་ཏེ་བཞིར་བསྟན་པ་ནི་སྔོན་དང་མི་མཐུན་པའི་ཚད་མའི་དགོངས་པ་གསར་པ་ཞིག་ཡིན་པར་མངོན་ནོ། །རང་རིག་ཁས་ལེན་ཞིང་མངོན་སུམ་ལ་བཞིར་དབྱེ་བ་ནི་མདོ་སྡེ་པ་དང་སེམས་ཙམ་པ་གཉིས་ཀའི་བཞེད་པ་ཡིན་པར་ཐམས་ཅད་མཁྱེན་པ་དགེ་འདུན་གྲུབ་པས་གསུངས་སོ། །

བཞི་པ། རྗེས་དཔག་ལ་རང་དོན་དང་གཞན་དོན་གཉིས་སུ་བསྡུས་ཤིང་དེ་དག་གི་མཚན་ཉིད་གཏན་ལ་ཕབ་པ།

《ཀུན་བཏུས་རྩ་བ་》ཏུ། རྗེས་དཔག་རྣམ་གཉིས་ཞེས་པ་ལ་རང་འགྲེལ་ལས། རྗེས་དཔག་རྣམ་གཉིས་ཏེ། རང་གི་དོན་དང་གཞན་གྱི་དོན་ནོ་ཞེས་གསུངས་ཏེ། རྗེས་སུ་དཔག་པའི་ཚད་མའི་དབྱེ་བ་ལ་རང་དོན་རྗེས་དཔག་དང་གཞན་དོན་རྗེས་དཔག་གཉིས་ཡོད་པར་བསྟན་ཏོ། །འོ་ན་འདིར་དང་པོར་རྗེས་དཔག་གི་མཚན་ཉིད་མི་སྟོན་པར་དབྱེ་བ་སྟོན་པའི་རྒྱུ་མཚན་ཅི་ཡིན་ཞེ་ན། སློབ་དཔོན་ཆོས་མཆོག་གིས། ཤེས་པ་དང་ངག་གི་རང་བཞིན་ཡིན་པས་ཤིན་ཏུ་ཐ་དད་པའི་ཕྱིར། མཚན་ཉིད་ཐུན་མོང་པ་གཅིག་རྗེས་སུ་འགྲོ་བ་མེད་པས། ཞེས་གསུངས་པ་དང་། མཁས་གྲུབ་རྗེས《སྡེ་བདུན་རྒྱན་ཡིད་ཀྱི་མུན་སེལ་》ལས། རང་དོན་རྗེས་དཔག་ནི་རྗེས་དཔག་དངོས་ཡིན་ལ་གཞན་དོན་རྗེས་དཔག་ནི་རྗེས་དཔག་བཏགས་པ་བ་ཡིན་པས། རྗེས་དཔག་དངོས་བཏགས་གཉིས་ཀ་ལ་ཐུན་མོང་དུ་རྗེས་སུ་འགྲོ་བའི་རྗེས་དཔག་གི་མཚན་ཉིད་མི་སྲིད་པའི་ཕྱིར་ཏེ། རྗེས་དཔག་གི་མཚན་ཉིད་ཞུགས་ན་རྗེས་དཔག་བཏགས་པ་བར་འགལ་བའི་ཕྱིར་རོ། །རྗེས་དཔག་དངོས་ཐམས་ཅད་ལ་རྗེས་སུ་འགྲོ་བའི་རྗེས་དཔག་ནི་རང་དོན་རྗེས་དཔག་ཉིད་ཡིན་པས་དེའི་མཚན་ཉིད་ལས་ལོགས་སུ་རྗེས་དཔག་སྤྱིའི་མཚན་ཉིད་བསྟན་མི་དགོས་སོ། །དེས་ན་དབྱེ་བ་སྔར་སྨོས་སོ་ཞེས་བྱ་བ་ནི་སློབ་དཔོན་གྱི་དགོངས་པ་ཡིན་ནོ། །[1]ཞེས་གསུངས་པ་ལྟར་རོ། །སློབ་དཔོན་གྱིས་རང་དོན་རྗེས་དཔག་སྟོན་པ་ལ། རང་འགྲེལ་ལས་དེ་ལྟར་རང་དོན་ནི། ཚུལ་གསུམ་རྟགས་ལས་དོན་མཐོང་བའོ། །འཆད་པར་འགྱུར་བའི་མཚན་ཉིད་གསུམ་པའི་རྟགས་ལས་རྗེས་སུ་དཔག་པར་བྱ་བའི་དོན་མཐོང་བ་དེ་ནི་རང་གི་དོན་རྗེས་སུ་དཔག་གོ་ཞེས་པར་

① མཁས་གྲུབ་རྗེས་མཛད་པའི《ཚད་མ་སྡེ་བདུན་གྱི་རྒྱན་ཡིད་ཀྱི་མུན་སེལ་》ཞེས་པ་མི་རིགས་དཔེ་སྐྲུན་ཁང་གིས་༡༩༨༩ལོར་པར་དུ་བསྐྲུན་པའི་ཤོག་གྲངས་༢༩༢པར་གསལ།

གཏན་ལ་ཕབ་པའོ། །ཚུལ་གསུམ་པའི་རྟགས་དེ་ཅི་ལྟ་བུ་ཞེ་ན། རྗེས་དཔག་བྱ་དང་དེ་མཐུན་ལ། །ཡོད་དང་མེད་ཉིད་ལ་མེད་པའོ། །ཞེས་བྱུང་། དོན་ནི་《རིགས་པ་ལ་འཇུག་པ་》ལས། ཚུལ་གསུམ་གང་ཞེ་ན། ཕྱོགས་ཀྱི་ཆོས་ཀྱི་ལྟོས་གཞི་ལ་ཡོད་པ་དང་། མཐུན་ཕྱོགས་ལ་ཡོད་པ་དང་། མི་མཐུན་ཕྱོགས་ལ་མེད་པའོ་ཞེས་གསུངས་ཏེ། ཕྱོགས་ཆོས་དང་། རྗེས་ཁྱབ་དང་། ལྡོག་ཁྱབ་གསུམ་བསྟན་པ་ཡིན་ནོ། །གཞན་དོན་རྗེས་དཔག་གི་མཚན་ཉིད་སྟོན་པ་ལ། 《ཀུན་བཏུས་རང་འགྲེལ་》ལས། གཞན་དོན་རྗེས་སུ་དཔག་པ་ནི། །རང་གི་མཐོང་དོན་རབ་གསལ་བྱེད། །ཅེས་ཅི་ལྟར་རང་གིས་ཚུལ་གསུམ་པའི་རྟགས་ལས་རྟགས་ཅན་གྱི་ཤེས་པ་སྐྱེས་པ་དེ་བཞིན་དུ་གཞན་ལ་རྟགས་ཅན་གྱི་ཤེས་པ་བསྐྱེད་པར་འདོད་ནས་ཚུལ་གསུམ་པའི་རྟགས་བརྗོད་པ་ནི་གཞན་གྱི་དོན་གྱི་རྗེས་སུ་དཔག་པ་སྟེ། རྒྱུ་ལས་འབྲས་བུ་བཏགས་པའི་ཕྱིར་རོ། །ཞེས་གསུངས་པ་ལྟར། གཞན་དོན་རྗེས་དཔག་ནི་ཕྱི་རྒོལ་ཡང་དག་གིས་ཚད་མས་ངེས་པའི་དེ་སྒྲུབ་ཀྱི་རྟགས་ཀྱི་ཚུལ་གསུམ། རང་འགོད་པ་སྐབས་སུ་བབ་པའི་དེ་སྒྲུབ་ཀྱི་ཕྱི་རྒོལ་ཡང་དག་ལ་ལྷག་ཆད་མེད་པར་བརྗོད་པའི་ངག་ལ་བྱའོ། །རྗེས་དཔག་ཡིན་ན་ཤེས་པ་ཡིན་དགོས་ལ། དེ་ལྟ་བུའི་ངག་དེ་ཅིའི་ཕྱིར་རྗེས་དཔག་ཡིན་ཞེ་ན། ངག་དེས་གཞན་ལ་རྗེས་དཔག་སྐྱེད་པར་བྱེད་པའི་རྒྱུ་ཡིན་ལ། རྗེས་དཔག་ནི་ངག་དེའི་འབྲས་བུ་ཡིན་པས་རྒྱུ་ལ་འབྲས་བུའི་མིང་བཏགས་པ་ཡིན་ཞེས་པར་གཞན་དོན་རྗེས་དཔག་གི་མཚན་ཉིད་དང་དེ་ལྟར་མིང་འདོགས་པའི་རྒྱུ་མཚན་གསལ་བར་བསྟན་ཏོ། །

ལྔ་པ། ཡན་ལག་ལྔ་ལྡན་གྱི་སྦྱོར་ངག་ཡན་ལག་གསུམ་ལྡན་དུ་བསྡུས་ཤིང་རྟགས་ཆོས་ཀྱི་འབྲེལ་བ་དངོས་སུ་སྟོན་པའི་སྦྱོར་ངག་གསར་གཏོད་མཛད་པ།

སློབ་དཔོན་ཕྱོགས་གླང་གི་སྔ་རོལ་ཏུ་ཕྱི་ནང་ཐུན་མོང་དུ་ཁས་ལེན་པའི་གཞན་ལ་རྗེས་སུ་དཔག་པའི་རྣམ་པ་ནི་ཡན་ལག་ལྔ་ལྡན་གྱི་སྦྱོར་ངག་ཡིན་ལ། སློབ་དཔོན་གྱིས་ཡན་ལག་ལྔ་ལྡན་གྱི་སྦྱོར་ངག་དེ་ལྷག་ཆད་ཟློས་གསུམ་གྱི་སྐྱོན་

དང་བཅས་པར་མཐོང་སྟེ་ལྷག་པའི་དོན་རྣམས་དོར། ཆད་པའི་དོན་རྣམས་བསྣན་ཏེ་ཡན་ལག་གསུམ་ལྡན་དུ་བཅོས་སོ། །འོ་ན་ཡན་ལག་ལྔ་ལྡན་གྱི་སྦྱོར་ངག་གི་སྐྱོན་རྣམས་ཇི་ལྟ་བུ་ཞེ་ན། བཤད་པར་བྱ་སྟེ།

སྒྲ་ནི་མི་རྟག་སྟེ། (དམ་བཅའ)
བྱས་པའི་ཕྱིར། (གཏན་ཚིགས)
དཔེར་ན་བུམ་པ་བཞིན། (དཔེ)
བུམ་པ་བྱས་པ་བཞིན་དུ་སྒྲ་ཡང་བྱས། (ཉེར་གཏོད)
དེའི་ཕྱིར་སྒྲ་མི་རྟག (མཇུག་སྡུད)

ཅེས་པར་སྟོན་པའི་ངག་དེ་ནི་ཡན་ལག་ལྔ་ལྡན་གྱི་སྦྱོར་ངག་ཡིན་ལ། སྦྱོར་ངག་དེར་དམ་བཅའ་དང་ཉེར་གཏོད་དང་མཇུག་སྡུད་གསུམ་པོ་བརྗོད་པས་ལྷག་པའི་སྐྱོན་ཡིན་པ་དང་། ཉེར་གཏོད་དུ་ཕྱོགས་ཆོས་བརྗོད་པ་དང་ཟློས་པའི་སྐྱོན་དང་། མཇུག་སྡུད་དང་དམ་བཅའ་གཉིས་ཟློས་པའི་སྐྱོན་ཡིན་ལ། གཞན་ཡང་དེ་ལྟ་བུའི་སྦྱོར་ངག་ཆད་པའི་སྐྱོན་ཡོད་དེ། དཔེ་དངོས་སུ་བསྟན་ཀྱང་རྟགས་ཆོས་ཀྱི་འབྲེལ་བ་དངོས་སུ་མ་བསྟན་པས་ཆད་པའི་སྐྱོན་ཡིན་ནོ། །སློབ་དཔོན་གྱིས་སྦྱོར་ངག་དེ་ལ་སྐྱོན་དེ་དག་ཡོད་པས་སྦྱོར་ངག་ཡང་དག་ཏུ་མི་རུང་བར་མཐོང་བས། སྐྱོན་དེ་དག་རྣམ་པར་བསལ་ཏེ་ཡན་ལག་གསུམ་ལྡན་དུ་བཏང་བ་འདི་ལྟ་སྟེ།

སྒྲ་ནི་མི་རྟག་སྟེ། (དམ་བཅའ)
བྱས་པའི་ཕྱིར། (གཏན་ཚིགས)
གང་བྱས་ན་མི་རྟག་པས་ཁྱབ། དཔེར་ན་བུམ་པ་བཞིན། (མཐུན་དཔེ)
གང་རྟག་ན་མ་བྱས་པས་ཁྱབ། དཔེར་ན་ནམ་མཁའ་བཞིན། (མི་མཐུན་དཔེ)

ཞེས་པ་ལྟ་བུ། སྦྱོར་ངག་འདིར་ཡན་ལག་གསུམ་དང་ལྡན་ཏེ་དམ་བཅའ་དང་

གཏན་ཚིགས་དང་དཔེ་དང་གསུམ་ཡོད་པའི་ཕྱིར། སྒྲུབ་ངག་འདིས་གོང་གི་ཡན་ལག་ལྔ་ལྡན་གྱི་སྒྲུབ་ངག་ལྷག་ཟློས་ཀྱི་སྐྱོན་རྣམས་བསལ་ཅིང་དཔེ་དང་ཁྱབ་པ་དངོས་སུ་བསྟན་པའི་སྒྲུབ་ངག་ཡིན་ཏེ། 《རིགས་པ་ལ་འཇུག་པ་》ལས། དཔེར་ན་སྒྲ་མི་རྟག་པར་སྒྲུབ་པ་ནི་དམ་བཅའ་བའི་ཚིག་ཡིན་ནོ། །བྱས་པའི་ཕྱིར་ནི་གཏན་ཚིགས་ཡིན་ནོ། །གང་བྱས་པ་དེ་མི་རྟག་པར་མཐོང་སྟེ་བུམ་པ་ལ་སོགས་པ་བཞིན་ནོ། །མཐུན་ཕྱོགས་སུ་བརྗོད་ལ་ཡོད་པའི་རྗེས་འགྲོ་ཡིན་ནོ། །གང་རྟག་པ་དེ་བྱས་པ་མ་ཡིན་པར་མཐོང་སྟེ་ནམ་མཁའ་བཞིན་ནོ། །ལྡོག་པར་བརྗོད་ལ། ཡ་གྱལ་གསུམ་པོ་ནི་ཞེས་སྒྲུབ་པར་བྱེད་པ་ཡང་དག་གོ །ཞེས་གསུངས་པར་སྒྲུབ་ངག་དེའི་གྲུབ་ཆ་གསལ་བར་བསྟན་ཅིང་རྗེས་སུ་འགྲོ་ལྡོག་གི་ཁྱབ་པའང་གསལ་བར་བསྟན་ནོ། །འདིར་ཡ་གྱལ་གསུམ་པོ་ཞེས་བརྗོད་པ་ནི། ཡན་ལག་གསུམ་ཞེས་པའི་ཐ་སྙད་དུ་བཏགས་པ་ཡིན་ལ། བོད་ཀྱི་མཁས་པ་རྣམས་ཀྱིས་ནི་སློབ་དཔོན་ཆོས་ཀྱི་གྲགས་པའི་དགོངས་པ་ལྟར་ཡན་ལག་གསུམ་ལྡན་དུ་མི་འདོད་པར་གཉིས་ལྡན་ཡིན་པར་བཞེད་ལ། རྒྱུ་མཚན་ནི་དཔེ་དེ་གཏན་ཚིགས་ཀྱི་བྱེ་བྲག་ཡིན་པས་ལོགས་སུ་ཡན་ལག་གཅིག་ཏུ་ཁས་མི་ལེན་པའི་ཕྱིར་རོ། །ཡང་རྒྱའི་མཁས་པ་རྣམས་ཀྱིས་གང་བྱས་ན་མི་རྟག་པས་ཁྱབ་ཅེས་པ་ལ་དཔེའི་ལུས་དང་། དཔེར་ན་བུམ་པ་བཞིན་ཞེས་པ་ལ་དཔེའི་གཞི་ཞེས་པར་བརྗོད་དེ་གཉིས་ཀའི་ཚོགས་དོན་ལ་དཔེ་ཞེས་བརྗོད་ལ། བོད་ཀྱིས་ནི་གང་བྱས་ན་མི་རྟག་པས་ཁྱབ་ཅེས་པ་དང་། གང་རྟག་ན་མ་བྱས་པས་ཁྱབ་ཅེས་པ་ལ་རྟགས་ཆོས་ཀྱི་འབྲེལ་བ་སྟེ་རྗེས་སུ་འགྲོ་ལྡོག་གི་ཁྱབ་པ་སྟོན་པའི་ཚིག་ཡིན་པས་དཔེ་རུ་མི་འདོད་དོ། །

སྒྲུབ་ངག་ཡན་ལག་ལྔ་ལྡན་ནས་གསུམ་ལྡན་དུ་འཕེལ་འགྱུར་བྱུང་བ་ནི་གོ་རིམ་དང་ལྡན་པ་ཞིག་ཡིན་ཏེ། ཕྱི་རོལ་པའི་《རྟོག་གེའི་ཚིག་དོན་བཅུ་དྲུག་》དང་《ཙ་ར་ཀའི་སྨན་གཞུང་》ལས་བྱུང་བའི་སྒྲུབ་ངག་ནི་རིགས་བསྡུར་རྗེས་དཔག་(类比推理)གི་རྣམ་པ་ཡིན་ཏེ། ཤེས་འདོད་ཆོས་ཅན་དང་དཔེ་ཆོས་ཅན་

གཉིས་བསྡུར་ནས་དཔོག་པར་བྱེད་པ་ཡིན་པའི་ཕྱིར། དེའི་རྗེས་ཀྱི་ནང་པ་སངས་རྒྱས་པའི་བསྟན་བཅོས་《ཐབས་ལ་མཁས་པའི་སེམས་བསྟན་པ་》དང་《དེ་བཞིན་དངོས་ཡོད་བསྟན་པ་》སོགས་ལས་བྱུང་བའི་སྒྲུབ་ངག་ནི་རིགས་བསྡུར་རྗེས་དཔག་དང་ཕྱོགས་བསྡུས་རྗེས་དཔག་གཉིས་སྦྱར་ནས་བསྒྲུབ་བྱ་དཔོག་པར་བྱེད་པ་ཡིན་ནོ། །སློབ་དཔོན་ཕྱོགས་ཀྱི་གླང་པོའི་ཡན་ལག་གསུམ་ལྡན་གྱི་སྒྲུབ་ངག་དང་རྗེས་ཀྱི་དཔལ་ལྡན་ཆོས་ཀྱི་གྲགས་པའི་ཡན་ལག་གཉིས་ལྡན་གྱི་སྒྲུབ་ངག་ནི་རྣམ་འབྱེད་རྗེས་དཔག་(演绎推理)དང་ཕྱོགས་བསྡུས་རྗེས་དཔག་(归纳推理)གཉིས་སྦྱར་ནས་བསྒྲུབ་བྱ་སྒྲུབ་པར་བྱེད་པ་ཡིན། ཅི་ལྟར་སྒྲུབ་ཅེ་ན། གང་བྱས་ན་མི་རྟག་པས་ཁྱབ། དཔེར་ན་བུམ་པ་བཞིན་ཞེས་བརྗོད་པའི་ཚེ། བུམ་པ་ནི་བྱས་པ་ཡིན་པ་ཐམས་ཅད་མི་རྟག་པ་ཡིན་ཅེས་པའི་ཁྱབ་མཐའ་དེའི་སྒྲུབ་བྱེད་ཡིན་ལ། སྒྲུབ་ཚུལ་ནི། སྒྲའི་སྟེང་དུ་བྱས་ན་མི་རྟག་པས་ཁྱབ་པ་ཚད་མས་མ་ངེས་པའི་སྐབས་སུ་དཔེ་བུམ་པའི་སྟེང་དུ་བྱས་ན་མི་རྟག་པས་ཁྱབ་པ་མངོན་སུམ་གྱི་སྟོབས་ཀྱིས་ཚད་མས་ངེས་པའི་སྒྲ་མི་རྟག་པར་སྒྲུབ་པའི་ཕྱི་རྒོལ་ཡང་དག་ཡོད་པའི་ཕྱིར་ཏེ། བུམ་པ་བྱས་པའི་བྱེ་བྲག་ཡིན་པའི་ཕྱིར། དེ་ལྟར་བྱས་པ་ཡིན་པ་ཐམས་ཅད་མི་རྟག་པ་ཡིན་པར་སྒྲུབ་པ་ཡིན། །ཕྱི་ཚུལ་གཏན་ཚིགས་རིག་པའི་ཕྱོགས་བསྡུས་རྗེས་དཔག་གི་ལུགས་ལྟར་བསྒྲུབ་ན། བུམ་པ་བྱས་པ་ཡིན་པས་མི་རྟག་པ་ཡིན། ཀ་བ་བྱས་པ་ཡིན་པས་ཀྱང་མི་རྟག་པ་ཡིན། དེའི་ཕྱིར་བྱས་པ་ཡིན་པ་ཐམས་ཅད་མི་རྟག་པ་ཡིན། དེ་ལྟར་དཔེ་ཅི་ཙམ་མང་ན་དེ་ཙམ་དུ་སྒྲུབ་ནུས་ཆེ་བར་འགྱུར། དེ་ལྟར་བྱས་པ་ཡིན་པ་ཐམས་ཅད་མི་རྟག་པ་ཡིན་པར་ཚད་མས་ངེས་ནས་ཁྱབ་པ་འཛཱལ་བའི་རྟགས་འཛིན་སེམས་སྐྱེས། དེ་ནས་སྔར་ཡོད་སྒྲ་བྱས་པ་ཡིན་པའི་ཕྱོགས་ཆོས་འཛཱལ་བའི་རྟགས་འཛིན་སེམས་གཉིས་ཀའི་དོན་གྱི་འབྲེལ་བ་དཔོག་པར་བྱེད་པས་སྒྲ་མི་རྟག་པར་རྟོགས་པའི་རྗེས་དཔག་སྐྱེ་བ་ཡིན་ནོ། །

རྗེ་དགེ་འདུན་གྲུབ་པས་《ཚད་མ་རིགས་རྒྱན་》ལས། ཁ་ཅིག ཐོགས་མེད་

སྐུ་མཆེད་སྒྲུབ་ངག་ཡན་ལག་ལྔ་ལྡན་བཞེད་ལ། ཕྱོགས་གླང་ཡབ་སྲས་ཀྱིས་དེ་བཀག་ནས་སྒྲུབ་ངག་ཡན་ལག་གཉིས་ལྡན་བཞེད་དོ་ཞེས་སྨྲ་བ་མི་འཐད་དེ། སྒྲུབ་ངག་ལ་འཆད་པ་དང་འགོད་པའི་སྐབས་གཉིས་ལས་འཆད་པའི་ཚེ། ཕྱོགས་གླང་ཡབ་སྲས་ཀྱིས་ཀྱང་སྒྲུབ་ངག་ཡན་ལག་ལྔ་ལྡན་བཞེད་ལ། ཕྱི་རྒོལ་ལ་འགོད་པའི་ཚེ་ནི་ཐོགས་མེད་སྐུ་མཆེད་ཀྱིས་ཀྱང་སྒྲུབ་ངག་ཡན་ལག་གཉིས་ལྡན་བཞེད་པའི་ཕྱིར་རོ། །[1]ཞེས་གསུངས་པ་ལྟར་ན། ཐོགས་མེད་ཡབ་སྲས་ཀྱི་དུས་སུ་སྒྲུབ་ངག་ཡན་ལག་གཉིས་ལྡན་ཡོད་པར་སྣང་ལ། ཚུལ་འདི་ནས་ཀྱང་གཏན་ཚིགས་རིག་པའི་སྒྲུབ་ངག་གི་རྣམ་པ་ཇི་ལྟར་འཕེལ་བའི་རིམ་པ་ཤེས་ནུས་སོ། །

ཟུར་པ། གཞན་དོན་རྗེས་དཔག་གི་བསྒྲུབ་བྱའི་མཚན་ཉིད་གསར་དུ་སྟོན་པ།

གཞན་དོན་རྗེས་དཔག་གི་བསྒྲུབ་བྱའི་མཚན་ཉིད་ནི། 《ཀུན་བཏུས་》ལས། ངོ་བོ་ཁོ་ན་བསྟན་བྱ་བ། །རང་ཉིད་འདོད་དང་མ་བསལ་བ། །ཞེས་གསུངས་ཏེ། དོན་ནི་དེ་སྒྲུབ་ཀྱི་ཕྱིར་རྒོལ་གྱིས་ཚད་མས་གྲུབ་ཟིན་མ་བརྗེད་པ་མ་ཡིན་པ་དང་། དེ་སྒྲུབ་ཀྱི་སྒྲུབ་བྱེད་དུ་བཀོད་བཞིན་པ་མ་ཡིན་པ་དང་། དེ་སྒྲུབ་ཀྱི་རྒོལ་བས་དཔག་འདོད་ཀྱི་ཡུལ་དུ་བྱས་པ་དང་། །དེ་སྒྲུབ་ཀྱི་རྒོལ་བ་ཞེ་བས་འདོད་པ་དང་། དེ་སྒྲུབ་ཀྱི་ཕྱིར་རྒོལ་གྱིས་ཚད་མས་མ་བསལ་བ་ཞིག་དགོས་ཞེས་པའོ། །

བསྒྲུབ་བྱའི་མཚན་ཉིད་དེ་ལྔ་པོ་མ་ཚང་བ་བསྒྲུབ་བྱ་ལྟར་སྣང་བ་ཡིན་ཏེ། བསྒྲུབ་བྱ་ཡང་དག་ཡིན་ན་དེའི་སྐྱོན་རྣམས་སེལ་དགོས་ཏེ། བསྒྲུབ་བྱའི་སྐྱོན་ནི། 《རིགས་པ་ལ་འཇུག་པ་》ལས། བསྒྲུབ་པར་བྱ་བར་འདོད་ཀྱང་མངོན་སུམ་ལ་སོགས་པ་བསལ་བའི་ཕྱིར་བསྒྲུབ་བྱ་ལྟར་སྣང་ངོ་། །མངོན་སུམ་གྱིས་བསལ་བ་དང་། རྗེས་དཔག་གིས་བསལ་བ་དང་། ཡིད་འཆེས་པས་བསལ་བ་དང་། གྲགས་པས་བསལ་བ་དང་། རང་ཚིག་གིས་བསལ་བ་དང་། བསྒྲུབ་བྱའི་ཆོས་མ་གྲུབ་པ་དང་། བསྒྲུབ་

[1] ① རྗེ་དགེ་འདུན་གྲུབ་ཀྱིས་མཛད་པའི་《ཚད་མའི་བསྟན་བཅོས་རིགས་པའི་རྒྱན་ཞེས་བྱ་བ་》ཞེས་པ་ཀན་སུའུ་མི་རིགས་དཔེ་སྐྲུན་ཁང་གིས་༡༩༨༧ལོར་པར་དུ་བསྐྲུན་པའི་ཤོག་ངོས་༥༩༨པར་གསལ།

བྱའི་ཆོས་ཅན་མ་གྲུབ་པ་དང་། གཉིས་ཀ་མ་གྲུབ་པ་དང་། ཕན་ཚུན་གྲུབ་པའོ། །དེ་ལ་མངོན་སུམ་གྱིས་བསལ་བ་ནི། དཔེར་ན་སྒྲ་མཉན་བྱ་མ་ཡིན་པར་བརྗོད་པ་ལྟ་བུའོ། །རྗེས་དཔག་གིས་བསལ་བ་ནི། དཔེར་ན་བུམ་པ་ལ་སོགས་པ་རྟག་པར་བརྗོད་པ་ལྟ་བུའོ། །ཡིད་འཆེས་པས་བསལ་བ་ནི། དཔེར་ན་ཕྱི་བྲག་པ་སྒྲ་རྟག་པར་བསྒྲུབ་པ་ལྟ་བུའོ། །གྲགས་པས་བསལ་བ་ནི། དཔེར་ན་རི་བོང་ཅན་ཟླ་བ་མ་ཡིན་ཏེ་ཡོད་པའི་ཕྱིར་ཞེས་པའམ། གཞན་ཡང་མིའི་ཐོད་པ་གཙང་བ་ཡིན་ཏེ་སེམས་ཅན་གྱི་ཆ་ཤས་ཡིན་པའི་ཕྱིར་དུང་ཆོས་བཞིན་ཞེས་བརྗོད་པ་ལྟ་བུའོ། །རང་ཚིག་གིས་བསལ་བ་ནི། དཔེར་ན་བདག་གི་མ་མོ་གཤམ་ཡིན་ནོ་ཞེས་བརྗོད་པ་ལྟ་བུའོ། །ཆོས་མ་གྲུབ་ནི་དཔེར་ན་སངས་རྒྱས་པ་རྣམ་གྲངས་ཅན་པ་ལ་སྒྲ་འཇིག་ཡོད་སྒྲུབ་པ་ལྟ་བུའོ། །ཆོས་ཅན་མ་གྲུབ་པ་ནི། དཔེར་ན་གྲངས་ཅན་པས་སངས་རྒྱས་པ་ལ་བདག་ནི་སེམས་པ་ཡིན་ནོ་ཞེས་བརྗོད་པ་ལྟ་བུའོ། །གཉིས་ཀ་མ་གྲུབ་པ་ནི་དཔེར་ན་ཕྱི་བྲག་པས་སངས་རྒྱས་པ་ལ་བདག་ནི་རྒྱུ་རྐྱེན་འདུས་ཤིང་རྟེན་ཅིང་འབྲེལ་བར་འབྱུང་བའི་བྱེད་པ་པོ་ཡིན་ནོ་ཞེས་བརྗོད་པ་ལྟ་བུའོ། །[1]ཞེས་བསྒྲུབ་བྱའི་སྐྱོན་དགུ་བསྟན་ཏེ། བསྒྲུབ་བྱ་ཡང་དག་གི་མཚན་ཉིད་ངོ་བོའི་དོན་སོགས་ཆོས་ལྡེ་དང་བསྒྲུབ་བྱ་ལྟར་སྣང་གི་སྐྱོན་རྣམས་གཏན་ལ་ཕབ་པ་དེ་ནི་སྔོན་གྱི་གཞུང་དུ་མ་གྲགས་ལ་སློབ་དཔོན་ཉིད་ཀྱི་དགོངས་པ་གསར་པ་ཡིན་ནོ། །

བདུན་པ། རྟགས་ཀྱི་རྩལ་རྫུག་བཀག་ནས་གཏན་ཚིགས་ཡང་དག་གི་མཚན་ཉིད་ཚུལ་གསུམ་ཚང་བར་གཏན་ལ་ཕབ་པ།

སློབ་དཔོན་ཕྱོགས་ཀྱི་གླང་པོ་མ་བྱུང་གོང་གི་ཕྱི་རོལ་པའི་གྲུབ་མཐའ་སྨྲ་ཕྱི་མཐའ་དག་དང་། རང་སྡེ་ཉན་ཐོས་སྡེ་པ་མང་པོ་ཞིག་དང་བྱུང་ཕྱིན་ཚད་ཀྱི་

① སློབ་དཔོན་ཕྱོགས་ཀྱི་གླང་པོས་མཛད་པ། མི་རིགས་དཔེ་སྐྲུན་ཁང་གིས་༡༩༨༨ལོར་པར་དུ་བསྐྲུན་པའི་《ཚད་མ་རིག་པའི་སྐོར་རྒྱ་གཞུང་རྩ་འགྲེལ་བདམ་བསྒྲིགས་》དེབ་དང་པོའི་ཤོག་ངོས་༢༠༢པར་གསལ།

རང་སྡེའི་སློབ་དཔོན་དབང་ཕྱུག་སྡེ་ལ་སོགས་ཀྱིས་རྟགས་ཡང་དག་གི་མཚན་ཉིད་ལ་ཚུལ་དྲུག་ཚང་དགོས་པར་འདོད་ལ། རྟགས་ཀྱི་ཚུལ་དྲུག་ནི། ཕྱོགས་ཆོས་དང་། མཐུན་ཕྱོགས་ལ་མཐོང་བ་ཙམ་གྱི་རྗེས་འགྲོ་དང་། མི་མཐུན་ཕྱོགས་ལ་མ་མཐོང་བ་ཙམ་གྱི་ལྡོག་པ་དང་། དམ་བཅའ་ལ་ཚད་མས་གནོད་པ་མེད་པའི་ཡུལ་ཅན་དང་། ལོག་ཕྱོགས་སྒྲུབ་བྱེད་ཀྱི་ཚད་མ་མེད་པའི་བརྗོད་པར་འདོད་པའི་གྲངས་གཅིག་པ་དང་། ལྷ་པོ་དེ་བློ་ཡུལ་དུ་ངེས་པའི་ཤེས་པ་ཉིད་ཡིན་པ་བཅས་སོ། །སློབ་དཔོན་གྱིས་ཚུལ་དྲུག་པོ་དེ་རྟགས་ཡང་དག་གི་མཚན་ཉིད་དུ་མི་རུང་བར་མཐོང་བ་དང་། ལྷག་པར་དུ་ཚུལ་ཕྱི་མ་གསུམ་མི་རིགས་པར་མཐོང་སྟེ། དམ་བཅའ་ལ་ཚད་མས་གནོད་པ་མེད་པའི་དོན་གནོད་པ་མ་མཐོང་ལ་བྱེད་ན་ཕྱོགས་ཆོས་ཀྱིས་གྲུབ་ཟིན་ལ། གནོད་པ་མེད་པར་ཚད་མས་ངེས་པ་ལ་བྱེད་ན་གཏན་ཚིགས་ཡང་དག་ཏུ་མི་རུང་། ལོག་ཕྱོགས་སྒྲུབ་བྱེད་ཀྱི་ཚད་མ་མེད་པའི་དོན་ལོག་ཕྱོགས་སྒྲུབ་བྱེད་ཀྱི་ཚད་མ་མ་མཐོང་བ་ལ་བྱེད་ན་ཕྱོགས་ཆོས་ཀྱིས་གྲུབ་ཟིན་ལ། ལོག་ཕྱོགས་སྒྲུབ་བྱེད་ཀྱི་ཚད་མ་མེད་པར་ངེས་པ་ལ་བྱེད་ན་ཡང་གཏན་ཚིགས་ཡང་དག་ཏུ་མི་རུང་། ལྷ་པོ་དེ་ལོགས་སུ་ཤེས་པ་ཉིད་ཡིན་པར་སྨྲ་མི་དགོས་ཏེ། ཚུལ་རེ་རེའི་མཐར་ངེས་པ་ཞེས་སྨྲས་པས་ཆོག་པའི་ཕྱིར། དེ་བས་སློབ་དཔོན་གྱིས་རྟགས་ཡང་དག་གི་མཚན་ཉིད་ལ་ཚུལ་གསུམ་ཚང་བ་ཞེས་པར་གཏན་ལ་ཕབ་ཅིང་ཚུལ་གསུམ་དེ་ལས་གཞན་པའི་ཚུལ་ནི་རྟགས་ཡང་དག་གི་མཚན་ཉིད་དུ་མི་རུང་བར་བསྟན་ཏོ། །འོ་ན་སློབ་དཔོན་གྱིས་གཏན་ལ་ཕབ་པའི་རྟགས་ཀྱི་ཚུལ་གསུམ་གང་ཞེ་ན། 《ཀུན་བཏུས་》ལས། རྗེས་དཔག་བྱ་དང་དེ་མཐུན་ལ། །ཡོད་དང་མེད་ཉིད་ལ་མེད་པའོ། །ཞེས་བྱུང་། 《རང་འགྲེལ་》ལས། ཚུལ་གསུམ་པའི་རྟགས་ཞེས་གང་བརྗོད་པ་དེ་བརྗོད་པར་བྱ་སྟེ། རྗེས་དཔག་བྱ་དང་དེ་མཐུན་ལ། །ཡོད་དང་མེད་ཉིད་ལ་མེད་པའོ། །རྗེས་སུ་དཔག་པར་བྱ་བ་ནི་ཆོས་ཀྱི་ཁྱད་པར་དུ་བྱས་པའི་ཆོས་ཅན་ནོ། །དེ་ལ་མངོན་སུམ་མམ་རྗེས་སུ་དཔག་པས་

མཐོང་གི་རྗེས་ལ་དེའི་རིགས་དང་མཐུན་པ་ལ་ཡང་སྤྱི་ཚུལ་གྱིས་ཕྱོགས་ཐམས་ཅད་དམ་ཕྱོགས་གཅིག་ལ་ཡོད་པར་གྲུབ་པའོ། །ཅིའི་ཕྱིར་ཞེ་ན། དེ་དང་མཐུན་པ་ཁོ་ན་ལ་ཡོད་ཅེས་ངེས་པར་གཟུང་བའི་ཕྱིར་རོ། །དེ་དང་མཐུན་ལ་ཡོད་པ་ཁོ་ནའོ་ཞེས་ནི་བརྗོད་པར་མི་བྱ་བའི་ཕྱིར་རོ། །མེད་པ་ཉིད་ལ་མེད་པ་ཞེས་པས་ནི་སྔར་ཡང་དེ་ཉིད་ངེས་པར་བྱ་བའི་ཕྱིར་དུ་སྟེ། མེད་པ་ཉིད་ལ་མེད་པ་ཉིད་ཡིན་གྱི་གཞན་ལ་ཡང་མ་ཡིན་ལ་འགལ་བ་ལ་ཡང་མ་ཡིན་ནོ་ཞེས་པའི་དོན་ནོ། །ཞེས་གསུངས་པས་སོ། །

བརྒྱད་པ། གཏན་ཚིགས་ལྟར་སྣང་ལ་རྣམ་པ་གསུམ་དུ་བསྡུས་ནས་བསྟན་པ།

《རིགས་པ་ལ་འཇུག་པ་》ལས། ད་ནི་གཏན་ཚིགས་ལྟར་སྣང་བཤད་པར་བྱའོ། །མ་གྲུབ་པ་དང་། མ་ངེས་པ་དང་། འགལ་བ་འདི་རྣམས་གཏན་ཚིགས་ལྟར་སྣང་ངོ་། །མ་གྲུབ་པའང་བཞི་ཡོད་དེ། གཉིས་ཀ་མ་གྲུབ་པ་དང་། གང་རུང་གཅིག་ལ་མ་གྲུབ་པ་དང་། ཐེ་ཚོམ་ཟ་ནས་མ་གྲུབ་པ་དང་། གཞི་མ་གྲུབ་པའོ། །མ་ངེས་པ་ལ་དྲུག་ཡོད་དེ། ཐུན་མོང་པ་དང་། ཐུན་མོང་མ་ཡིན་པ་དང་། མཐུན་ཕྱོགས་ཀྱི་ཕྱོགས་གཅིག་ལ་འཇུག་ལ་མི་མཐུན་ཕྱོགས་ལ་ཁྱབ་པར་འཇུག་པ་དང་། མི་མཐུན་ཕྱོགས་ཀྱི་ཕྱོགས་གཅིག་ལ་འཇུག་ལ་མཐུན་ཕྱོགས་ལ་ཁྱབ་པར་འཇུག་པ་དང་། གཉིས་ཀ་ཕྱོགས་རེ་ལ་འཇུག་པ་དང་། འགལ་བ་ལ་མི་འཁྲུལ་བའོ། །འགལ་བ་ལ་བཞི་ཡོད་དེ། ཆོས་ཀྱི་ངོ་བོ་དང་འགལ་བའི་གཏན་ཚིགས་དང་། ཆོས་ཀྱི་ཁྱད་པར་དང་འགལ་བའི་གཏན་ཚིགས་དང་། ཆོས་ཅན་གྱི་རང་ལྡོག་དང་འགལ་བའི་གཏན་ཚིགས་དང་། ཆོས་ཅན་གྱི་ཁྱད་པར་དང་འགལ་བའི་གཏན་ཚིགས་སོ། །ཞེས་གཏན་ཚིགས་ལྟར་སྣང་གསུམ་གྱི་མཚན་གཞི་དཔེར་བརྗོད་དང་བཅས་པ་གསལ་བར་བསྟན་ཅིང་། 《ཚད་མ་ཀུན་བཏུས་》དང་《རིགས་སྒོ་》རྒྱ་འགྲུར་མར་ཡང་ཕལ་ཆེར་དེ་དང་མཐུན་པར་གསུངས་ཏེ་བསྟན་ཏོ། །

དགུ་པ། གཞན་སེལ་གྱི་རྣམ་གཞག་གསར་དུ་སྟོན་པ།

གཏན་ཚིགས་རིག་པའི་གཞན་སེལ་གྱི་རྣམ་གཞག་ནི་སློབ་དཔོན་ཕྱོགས་གླང་གིས་གསར་དུ་བསྟན་པའི་ཐུན་མོང་མ་ཡིན་པའི་རིགས་པའི་གསང་བ་ཞིག་ཡིན་ཏེ། 《ཚད་མ་མདོ་》ལས།

སྒྲ་ལས་བྱུང་བ་རྗེས་དཔག་ལས། །
ཚད་མ་གཞན་མིན་འདི་ལྟ་སྟེ། །
རང་གི་དོན་ལ་བྱས་སོགས་བཞིན། །
གཞན་སེལ་སྒོ་ནས་སྟོན་པར་བྱེད། །

ཅེས་གསུངས་པ་དང་། རང་འགྲེལ་ལས། སྒྲ་ནི་ཡུལ་གང་ལ་མེད་ན་མི་འབྱུང་བའི་འབྲེལ་བ་ཉིད་རབ་ཏུ་སྦྱོར་བར་བྱེད་པ་དེའི་བྱས་པ་ལ་སོགས་པ་བཞིན་དུ་དོན་གཞན་རྣམ་པར་བཅད་ནས་སྟོན་པར་བྱེད་དོ། །ཞེས་གསུངས་ལ། སློབ་དཔོན་ཤཱཀྱ་བློས། གཞན་སེལ་བ་ནི་རྣམ་པ་གསུམ་ཡིན་ཏེ། རེ་ཞིག་གཅིག་ནི་འདི་ལ་གཞན་དང་གཞན་སེལ་བར་བྱེད་པའི་ཕྱིར། རང་གི་མཚན་ཉིད་ལྡོག་པ་པོ་ན་ཡིན་ནོ། །ཞེས་གསུངས་པ་དང་། གཞན་གྱི་གཅོད་པའི་ཕྱིར། གཞན་རྣམ་པར་གཅོད་པ་ཙམ་ཡིན་ཞིང་། གང་སྟོན་གྱི་སློབ་དཔོན་དག་གིས་ཐམས་ཅད་ལ་ཁྱད་པར་མེད་པར་རྣམ་པར་བཞག་པ་ཡིན་ཏེ། ཐམས་ཅད་ལ་དགག་པ་ཙམ་ལ་ཁྱད་པར་མེད་པའི་ཕྱིར། ཞེས་དང་། འདིས་གཞན་སེལ་བར་བྱེད་པའི་ཕྱིར། རྣམ་པར་རྟོག་པའི་བློ་ལ་སྣང་བ་ཡིན་ཏེ། གང་བསྟན་བཅོས་མཛད་པས་སྒྲའི་བརྗོད་པར་བྱ་བ་ཉིད་དུ་བཞེད་པ་ཞེས་བྱ་བ་འདི་ཡིན་ནོ། །ཞེས་གསུངས་ལ། སློབ་དཔོན་ཆོས་མཆོག་གིས་གསུངས་པ་རྣམས་ཀྱང་དོན་འདྲ་བ་ཡིན་ནོ། །རྒྱལ་ཚབ་དར་མ་རིན་ཆེན་གྱིས《ཚད་མ་མདོའི་འགྲེལ་པ་》ལས། གཞན་སེལ་བའི་རྣམ་གཞག་འདི་ཕྱོགས་གླང་ཡབ་སྲས་ཀྱི་ཐུན་མོང་མ་ཡིན་པའི་རིགས་པའི་གསང་བ་ཡིན་ཏེ། འདི་མ་

ཤེས་པར་སྒྲོ་འདོགས་མ་ཆོད་པ་ལ་ཆོད་སྙམ་པ་དང་། ཆོད་པ་ལ་མ་ཆོད་སྙམ་ནས་གཞི་དང་། ལམ་དང་། འབྲས་བུའི་རྣམ་གཞག་ཐམས་ཅད་ཕྱིན་ཅི་ལོག་ཏུ་གོ་བར་འགྱུར་བའི་ཕྱིར་རོ། །འདི་མ་གོ་བར་རྟོག་པས་གཟུང་བྱ་དངོས་པོ་ཡིན་པ་བཀག་པ་ན། སྒྲ་བུམ་སོགས་ཀྱང་དངོས་པོ་མིན་པ་མཚུངས་པར་མཐོང་ནས་བུམ་པ་དངོས་པོ་མིན་པར་འདོད་པ་སོགས། ལུགས་འདི་ལ་གནས་མིན་པའི་ལོག་རྟོག་རྣམས་འབྱུང་བ་ཡིན་ནོ། །ཡང་བུམ་པ་དངོས་པོར་ཁས་བླངས་པ་ན། རྟོག་གེ་བའི་གཟུང་བྱ་དང་མཚུངས་པར་མཐོང་ནས་རྟོག་པའི་གཟུང་ཡུལ་ཕྱི་རོལ་གྱི་དོན་དུ་འདོད་པ་དང་ལྡན་མིན་འདུ་བྱེད་དུ་འདོད་པའི་ལོག་པར་རྟོག་པ་རྣམས་འབྱུང་བས་ཀུན་རྫོབ་ཏུ་ཡོད་པ་དང་དོན་དམ་དུ་ཡོད་པའི་ཁྱད་པར་ལེགས་པར་མི་ཤེས་ཤིང་། དེ་མ་ཤེས་པ་ལས་ལམ་གྱི་སྤང་བྱ་སྤོང་བའི་ཚུལ་དང་། འབྲས་བུ་ཐོབ་ཚུལ་ལེགས་པར་མི་རྟོགས་པས་ཚུལ་འདི་ལ་མཁས་པར་བྱའོ། །[1]ཞེས་གསུངས་ཤིང་། མཁས་གྲུབ་རྗེས་《སྡེ་བདུན་རྒྱན་》ལས། སེལ་བ་ཞེས་པ་ནི། རིགས་མི་མཐུན་པ་དང་སྒྲོ་འདོགས་སེལ་བ་སོགས་ལ་བརྗོད་པ་མ་ཡིན་གྱི། བློ་ཡུལ་དུ་འཆར་བ་ན་དགག་བྱ་གཞན་སེལ་བའམ་རྣམ་པར་བཅད་པའི་སྒོ་ནས་བློ་ཡུལ་དུ་འཆར་དགོས་པའི་ཕྱིར་གཞན་སེལ་ཞེས་བྱའོ། །[2]ཞེས་གསུངས་པ་ལྟར་རོ། །གཞན་སེལ་གྱི་ལུགས་འདི་ནི་སློབ་དཔོན་ཕྱོགས་ཀྱི་གླང་པོས་ཐོག་མར་གསུངས་པ་ཡིན་ཏེ། དེའི་སྔོན་གྱི་བསྟན་བཅོས་གང་དང་གང་ཡིན་ཙང་གཞན་སེལ་གྱི་གནས་ལུགས་དེ་བསྟན་མེད་པའི་ཕྱིར་རོ། །

གཞན་སེལ་བའི་མཚན་ཉིད་ནི། དགག་བྱ་ཚིག་གིས་ཟིན་པར་བཅད་པའི་སྒོ་

① 《རྒྱལ་ཚབ་དར་མ་རིན་ཆེན་གྱི་གསུང་འབུམ་》པོད་ཇ་པ། འཇུ་མང་ཞི་བདེའི་ཤེས་རིག་དཔེ་ཚོགས་གྲས་སུ་དཔར་བའི་ཤོག་ངོས་༥༢༧པར་གསལ།

② མཁས་གྲུབ་དགེ་ལེགས་དཔལ་བཟང་གིས་མཛད་པའི་《ཚད་མ་སྡེ་བདུན་གྱི་རྒྱན་ཡིད་ཀྱི་མུན་སེལ་》ཞེས་པ་མི་རིགས་དཔེ་སྐྲུན་ཁང་གིས་༡༩༨༨ལོར་པར་དུ་བསྐྲུན་པའི་ཤོག་ངོས་༣༩༨པར་གསལ།

ནས་ཚད་མས་རྟོགས་པར་བྱ་བའོ། །དབྱེ་ན་མ་ཡིན་དགག་གི་གཞན་སེལ་དང་། མེད་དགག་གི་གཞན་སེལ་གཉིས། མ་ཡིན་དགག་ལ་ཡང་བློའི་གཞན་སེལ་དང་དོན་གྱི་གཞན་སེལ་གཉིས་ཡོད་དེ། 《ཚད་མ་དེ་ཁོ་ན་ཉིད་བསྡུས་པ་》ལས།

འདིར་ནི་སེལ་བ་རྣམ་གཉིས་ཏེ། །
མ་ཡིན་དགག་དང་མེད་པའོ། །
མ་ཡིན་དགག་པའང་རྣམ་གཉིས་ཏེ། །
བློ་དང་དོན་གྱི་དབྱེ་བས་སོ། །

ཞེས་གསུངས་པའི་ཕྱིར་རོ། །དེ་ལ་དོན་གྱི་གཞན་སེལ་ནི། ཤིང་མིན་ལས་ལོག་པ་ལྟ་བུ་སྟེ། གཞན་བསལ་བར་བྱ་བའི་གཞི་ཡིན་པས་གཞན་སེལ་བ་ཞེས་བྱ་སྟེ། དེ་ལ་ཡང་རང་མཚན་གྱིས་ཁྱབ་པ་ཡིན་ཏེ། རྟོག་ངོའི་ལྡོག་པ་འབའ་ཞིག་ལ་མི་བྱའོ། །མེད་དགག་གི་གཞན་སེལ་ནི། ཤིང་མ་ཡིན་མེད་པ་སྟེ་ཤིང་འཛིན་རྟོག་པ་དང་ཤིང་ཞེས་བརྗོད་པའི་སྒྲའི་རིམ་པ་བཞིན་ཤུགས་རྟོགས་དང་ཤུགས་བསྟན་ནོ། །བློའི་གཞན་སེལ་བ་ནི་བློ་ངོར་འདིས་གཞན་སེལ་བར་བྱེད་པས་ན་གཞན་སེལ་བ་སྟེ། ཤིང་འཛིན་རྟོག་པ་ལ་ཤིང་མ་ཡིན་པར་ལོག་པར་སྣང་བ་ལྟ་བུའོ། །

ཞར་ལ་སློབ་དཔོན་དབང་ཕྱུག་སྡེས་གཏན་ཚིགས་ཡང་དག་གི་མཚན་ཉིད་ཚུལ་དྲུག་ཏུ་འདོད་ཚུལ་མདོར་བསྟན་པ།

སློབ་དཔོན་ཕྱོགས་ཀྱི་གླང་པོའི་ཚད་མ་རིག་པའི་རྒྱུད་འཛིན་སློབ་མ་གཙོ་བོ་སློབ་དཔོན་དབང་ཕྱུག་སྡེ་ཡིན་ལ། དེས་སློབ་དཔོན་ཕྱོགས་གླང་ལ《ཚད་མ་ཀུན་བཏུས་》གསན་ནས་ཁས་ལེན་འཛིན་མཚམས་སོགས་སློབ་དཔོན་དང་མཐུན་ཡང་། མུ་སྟེགས་པ་དང་རྩོད་པས་ཁས་ལེན་ཤོར་ནས་རྟགས་ཡང་དག་གི་མཚན་ཉིད་ཚུལ་དྲུག་ཡིན་པར་ཁས་བླངས། རྗེས་ཁྱབ་དང་ལྡོག་ཁྱབ་གཉིས་ཀྱི་མཚན་ཉིད་སོ་སོར་ཡང་མཐུན་ཕྱོགས་ལ་མཐོང་ཙམ་དང་མི་མཐུན་ཕྱོགས་ལ་

མ་མཐོང་ཙམ་དུ་བཞག་པ་སོགས་ཕྱོགས་སྣང་གི་དགོངས་པ་དང་མི་མཐུན་པ་བྱུང་། དེ་མ་ཟད་ལྡོག་ཁྱབ་ངེས་པ་ལ་མི་མཐུན་ཕྱོགས་ལ་མ་མཐོང་བ་ཙམ་གྱིས་ཆོག་གི། མི་མཐུན་ཕྱོགས་ལ་མེད་པར་ངེས་དགོས་ན་མི་མཐུན་ཕྱོགས་མཐའ་དག་ལ་མེད་པར་ངེས་པ་ལ་མི་མཐུན་ཕྱོགས་མཐའ་དག་ངེས་དགོས་པས། ཕྱིར་རྒོལ་ཡང་དག་གིས་མི་མཐུན་ཕྱོགས་མཐའ་དག་མ་ངེས་ཀྱང་རྗེས་ཁྱབ་དང་ལྡོག་ཁྱབ་གྲུབ་པའི་ཕྱིར། དེས་ན་མི་མཐུན་ཕྱོགས་ལ་མ་མཐོང་བ་ཙམ་ལྡོག་ཁྱབ་ཀྱི་མཚན་ཉིད་དུ་འཛོག་པར་རིགས་སོ་ཞེས་སྨྲས་སོ། །སློབ་དཔོན་དབང་ཕྱུག་སྡེ་ཕྱོགས་སྣང་གི་དངོས་སློབ་ཡིན་པས་ན་རྟགས་ཡང་དག་གི་མཚན་ཉིད་ཚུལ་དྲུག་ཡིན་པར་ཁས་ལེན་པའི་རྒྱུ་མཚན་ཅི་ཞེ་ན། ཕུར་ལྕོག་ངག་དབང་བྱམས་པའི་པཎ་ཆེན་གསུང་ལན་ལས། སློབ་དཔོན་དབང་ཕྱུག་སྡེ་ཚུལ་དྲུག་བཞེད་པའི་དགོངས་པ་གཏད་པ་གང་ཞེ་ན། དེའི་ཐུགས་ལ་དེ་ལྟ་བུའི་འབྲུལ་གཞི་འབྱུང་བའི་རྒྱུ་མཚན་རྟགས་ཡང་དག་གི་རྟགས་ཆོས་མེད་ན་མི་འབྱུང་བའི་འབྲེལ་བ་གྲུབ་དགོས་པ་མ་དགོངས་ཤིང་། ཚད་མ་མདོ་ལས་ཀྱང་ཚུལ་གསུམ་སོ་སོའི་མཚན་ཉིད་གསུངས་ཀྱང་། ཚུལ་གསུམ་ཡིན་པ་རྟགས་ཡང་དག་གི་མཚན་ཉིད་ཅེས་དངོས་སུ་མ་བསྟན་ལ། རང་དོན་རྗེས་དཔག་གི་རྟེན་གཏན་ཚིགས་སྟོན་པ་ན་ཡང་། ཚུལ་གསུམ་རྟགས་ལས་ཞེས་པ་ཙམ་ཞིག་ལས་མ་གསུངས་པས་རྟགས་ཡང་དག་ཏུ་མཚོན་པའི་མཚན་ཉིད་ཀྱི་ཚུལ་དེ་ལ་གསུམ་དུ་གྲངས་ངེས་པར་མ་རྟོགས་ལ་རིགས་པ་ཅན་པ་དང་སྤྱོད་པ་པས་ཚུལ་དྲུག་འདོད་པ་དེ་ལ་གནོད་བྱེད་མ་མཐོང་ཤིང་། དེ་གཉིས་འཐད་པར་བཟུང་ནས་རྟགས་ཡང་དག་གི་མཚན་ཉིད་ཀྱི་ཚུལ་དེ་ལ་དྲུག་ལས་མང་མི་དགོས་ཤིང་ཉུང་ན་མི་འདུ་བར་མཐོང་བས། ཚུལ་དྲུག་པ་ཅན་གྱི་རྟགས་དེ་རྟགས་ཡང་དག་གི་མཚན་ཉིད་དུ་དམ་འཆའོ། །དེ་ཡང་སྦྱོར་བ་སྐོར་གཅིག་ལ་མཚོན་ན། ཕྱོགས་ཆོས་དང་རྗེས་སུ་འགྲོ་ལྡོག་རྒོལ་ཕྱི་རྒོལ་གཉིས་ཀ་ལ་གྲུབ་དགོས་པར་འདོད་པས་ཚུལ་གསུམ་འདོད་ལ་དམ་བཅའ་ཚད་མས་གནོད་ན་གཞན་དོན་བསྒྲུབ་

བྱ་མི་འགྲུབ་པའི་ཕྱིར་གནོད་པ་མེད་པའི་ཡུལ་ཅན་ཞེས་གཅིག་དང་། འགལ་བ་ལ་མི་འཁྲུལ་བའི་ཚད་མ་མེད་པའི་ཕྱིར་བཟློག་ཕྱོགས་སྒྲུབ་བྱེད་ཀྱི་ཚད་མ་མེད་ལ། དེའི་ཕྱིར་གྲངས་གཅིག་པ་ཉིད་ཚུལ་གཅིག་ཏུ་སྨྲོས་སོ། །བསྒྲུབ་བྱ་ངེས་པ་ལ་སྒྲུབ་བྱེད་ངེས་དགོས་ལ། དེ་ཡང་སྒྲུབ་བྱེད་ཀྱི་དོན་བློ་ཡུལ་དུ་འཆར་དགོས་པའི་ཕྱིར། ཤེས་པ་ཉིད་ཅེས་ཚུལ་གཅིག་ཏུ་བགྲངས་པས་ཚུལ་དྲུག་དགོས་པར་བཞེད་དོ། །[①]ཞེས་གསུངས་པ་དེ་ནི་ཡིད་རྗེན་ཉུང་བའི་ལེགས་བཤད་དུ་སྣང་ངོ་། །སློབ་དཔོན་དབང་ཕྱུག་སྡེའི་དངོས་ཀྱི་སློབ་མ་ནི་དཔལ་ལྡན་ཆོས་ཀྱི་གྲགས་པ་ཡིན་ནོ། །

དོན་ཆན་གཉིས་པ། དཔལ་ལྡན་ཆོས་ཀྱི་གྲགས་པས་ཚད་མ་སྡེ་བདུན་མཛད་དེ་ཚད་མའི་གཞུང་ལུགས་རྒྱ་ཆེར་སྤེལ་ཚུལ།

ཕྱི་ནང་རིག་གཞུང་ཐམས་ཅད་ལ་མཆོག་ཏུ་མཁས་ཤིང་འཛིག་རྟེན་མ་རིག་པའི་མུན་པ་རྣམ་པར་བཅོམ་པའི་སྒྲ་བའི་ཉི་མ་དཔལ་ལྡན་ཆོས་ཀྱི་གྲགས་པ་ནི། སྤྱི་ལོ་དུས་རབས་བདུན་པའི་མགོ་ཙམ་དུ་རྒྱ་གར་གྱི་རྒྱལ་པོ་སེང་གེ་ལྷ་པ་དང་རྒྱལ་པོ་གསལ་པ་སོགས་རྒྱལ་སྲིད་ལ་འཁོད་ནས་མི་རིང་བའི་དུས་ལ། ལྷོ་ཕྱོགས་ཏྲི་མ་ལ་ཡ་ཞེས་པའམ་རྒྱལ་དབང་གཙུག་གི་ནོར་བུ་ཞེས་པའི་ཡུལ་དུ་ཡབ་བྲམ་ཟེའི་རིགས་སུ་སྐྱེགས་ཀུན་ཏུ་རྒྱུ་རོཀྐྲན་ཞེས་པའི་སྲས་སུ་འཁྲུངས། ཆུང་དུས་ནས་བློ་གྲོས་ཤིན་ཏུ་སྦྱིམ་པས། བཟོའི་གནས་དང་། རིག་བྱེད་ཡན་ལག་དང་བཅས་པ་དང་། སྨན་བྱེད་དང་། བརྡ་སྤྲོད་པ་དང་། མུ་སྟེགས་ཅན་གྱི་གྲུབ་པའི་མཐའ་མ་ལུས་པ་ལ་ཤིན་ཏུ་སྦྱངས་ནས། དགོང་ལོ་བཅོ་བརྒྱད་ཀྱི་དུས་མུ་སྟེགས་ཀྱི་གྲུབ་མཐའ་ཐམས་ཅད་ལ་ཤིན་ཏུ་མཁས་པར་གྱུར། བྲམ་ཟེ་རྣམས་ཀྱིས་ལྷག་པར་བསྟོད་པ་བྱེད་པའི་སྐབས་ཤིག སངས་རྒྱས་ཀྱི་གསུང་རབ་འགའ་རེ་གཟིགས་པས། རང་གི་

① ཁང་དཀར་ཚུལ་ཁྲིམས་སྐལ་བཟང་གིས་མཛད་ཅིང་གངས་ལྗོངས་ནང་རིག་མཐུན་ཚོགས་ཀྱིས་༢༠༠༥ལོར་པར་དུ་བསྒྲུན་པའི་《ཚད་མའི་ལོ་རྒྱུས་》ཞེས་པའི་ཤོག་ངོས་༢༢༧ལས་དྲངས།

སྟོན་པ་སྐྱོན་དང་བཅས་ཤིང་། བསྟན་བཅོས་རྣམས་ཤིན་ཏུ་མི་འཐད་པ་དང་། སངས་རྒྱས་དང་དམ་པའི་ཆོས་ལ་ཤིན་ཏུ་མོས་པ་སྐྱེས་ཏེ། ནང་པའི་དགེ་བསྙེན་གྱི་ཚ་ལུགས་སུ་བསྒྱུར་བས། བྲམ་ཟེ་རྣམས་ཀྱིས་ཡུལ་ནས་བསྐྲད་དོ། །དེ་ནས་ཡུལ་དབུས་སུ་ཕྱིན་ཏེ། ནང་པའི་སློབ་དཔོན་ཆོས་སྐྱོང་ལས་རབ་ཏུ་བྱུང་ནས། སྡེ་སྣོད་གསུམ་པོ་མཐའ་དག་ལ་མཁས་པར་གྱུར། དཔལ་ཕྱོགས་ཀྱི་གླང་པོའི་སློབ་མ་དབང་ཕྱུག་སྡེ་ལས་《ཚད་མ་ཀུན་ལས་བཏུས་པ་》གསན། བཤད་རྒྱུན་དུ་ཚར་གཅིག་གསན་པས་དབང་ཕྱུག་སྡེ་ཉིད་དང་མཉམ་པར་གྱུར། ཚར་གཉིས་གསན་པས་ཕྱོགས་གླང་དང་མཉམ་པར་གྱུར། ཚར་གསུམ་གསན་པ་ན། སློབ་དཔོན་དབང་ཕྱུག་སྡེས་ཀྱང་ཕྱོགས་གླང་གི་དགོངས་པ་ཇི་ལྟ་བ་བཞིན་མ་རྟོགས་པར་འགའ་ཞིག་ནོར་བར་གཟིགས་ནས། སློབ་དཔོན་ལ་ཞུས་པས་སློབ་དཔོན་ཐུགས་རབ་ཏུ་མཉེས་ནས། ཁྱོད་ནི་ཤེས་རབ་ཆེན་པོ་ཕྱོགས་ཀྱི་གླང་པོ་དང་འདྲ། ཁོ་བོ་ནི་ཕྱོགས་གླང་གི་དགོངས་པ་ཕྲ་མོ་ཇི་བཞིན་མ་རྙེད་པ་འདུག་པས་གྲུབ་མཐའ་ནོངས་པ་ཐམས་ཅད་ཁྱོད་ཀྱིས་འཆོས་ཤིང་། ངའི་ཁས་བླང་ལའང་ཕྱོགས་སྔ་བླངས་ཏེ་སུན་དབྱུང་ལ། ཚད་མ་ཀུན་བཏུས་ཀྱི་དགོངས་པའང་མ་ནོར་བར་འགྲེལ་བ་གྱིས་ཤིག་ཅེས་བླ་མའི་བཀའི་གནང་བ་ཐོབ་བོ། །དེར་སྔགས་ཀྱི་རྡོ་རྗེ་སློབ་དཔོན་ལས་དབང་བསྐུར་བ་ཡང་དག་པར་མནོས་ཏེ། ལྷག་པའི་ལྷ་བསྒྲུབས་པས་ཧེ་རུ་ཀས་ཞལ་མངོན་སུམ་དུ་བསྟན་པར་གྲགས། སློབ་དཔོན་བདག་ཉིད་ཆེན་པོ་འདིས་དཔལ་འཁོར་ལོ་སྡོམ་པའི་སྒྲུབ་ཐབས་དང་རྡོ་རྗེ་སེམས་དཔའི་སྒྲུབ་ཐབས་ཤིག་ཀྱང་མཛད་ཡོད་པར་གསུངས་ཀྱང་། སྔ་མ་བོད་སྐད་དུ་མ་བསྒྱུར། དེ་ནས་དེ་ཙམ་གྱིས་ཀྱང་ཡིད་མ་ཚིམས་པར་མུ་སྟེགས་ཀྱི་གྲུབ་མཐའི་གསང་ཚིག་མཐའ་དག་མ་ཤེས་ན། དེའི་ཁས་ལེན་དམ་བཅའ་ཡོངས་སུ་དགག་མི་ནུས་པར་དགོངས་ནས། ཁོལ་པོའི་ཚ་ལུགས་སུ་བརྫུས་ཏེ། ལྷོ་ཕྱོགས་ཀྱི་རྒྱུད་དུ་ཕྱིན། མུ་སྟེགས་པའི་གྲུབ་མཐའ་ཐམས་ཅད་ལ་ཤིན་ཏུ་མཁས་ཤིང་། ཐུན་མོང་པའི་རིག་གནས་ཡོངས་རྫོགས་ལ་ནང་

བྱེན་ཆུད་པ་གཞོན་ནུ་རོལ་པ་ཞེས་བྱ་བའི་མུ་སྟེགས་ཀྱི་སྟོན་པ་ཞིག་གི་དྲུང་དུ་ཕེབས་ཏེ། ཁོལ་པོའི་ཚུལ་གྱིས་བྲན་ཕོ་དང་བྲན་མོའི་ལས་ཀ་ཐམས་ཅད་བསྒྲུབས་པས། གཞོན་ནུ་རོལ་པ་ཆུང་མ་དང་བཅས་པ་ཤིན་ཏུ་མགུ་བར་གྱུར། སྟོན་པ་གཞོན་ནུ་རོལ་པས་ཁྱོད་ཀྱིས་དཀའ་བའི་ལས་འདི་ཙམ་བྱས་པ་ལ་རེ་འདོད་ཅི་ཡོད་གསུངས་པ་ལ། སློབ་དཔོན་གྱིས་མུ་སྟེགས་ཀྱི་གྲུབ་མཐའ་ཤེས་པར་འདོད་གསུངས་པས། གཞོན་ནུ་རོལ་པས་མུ་སྟེགས་པའི་གྲུབ་མཐའ་ཐམས་ཅད་གསང་ཚིག་དང་བཅས་པ་བསྟན་ཅིང་། དེའི་ཆུང་མ་དང་བུ་རྣམས་ཀྱིས་ཀྱང་རང་གིས་གང་ཤེས་ཐམས་ཅད་བསྟན་པས་སློབ་དཔོན་གྱིས་མུ་སྟེགས་ཀྱི་གྲུབ་མཐའ་གསང་ཚིག་དང་བཅས་པ་ཐམས་ཅད་མཁྱེན་པར་གྱུར་ཏོ། །

དེ་ནས་སློབ་དཔོན་ལྷོ་ཕྱོགས་ཀླ་ཀ་གུ་ཏ་ཞེས་བྱ་བ་ཚོགས་འདུས་ཆེན་པོ་ཡོད་སར་ཕེབས་ནས་ཡུལ་དེའི་རྒྱལ་པོ་དྲུཿམ་རི་བུ་ཞེས་བྱ་བ་དེ་ལ་སྙོ་ཡིག་བཏང་སྟེ་ཡུལ་འདི་ན་ང་ལ་རྩོད་པར་ནུས་པ་སུ་ཡོད་གསུངས་པས། ཡུལ་འདིར་གཟིགས་ཟན་གྱི་གྲུབ་མཐའ་འཛིན་པའི་མཁས་པ་བྲམ་ཟེ་ཀ་ན་ཏ་དང་མཁས་པ་ལྔ་བརྒྱ་ཙམ་འདུས་ཏེ་སློབ་དཔོན་དང་རྩོད་པས་ཐམས་ཅད་ཕམ་པར་མཛད་ནས་སངས་རྒྱས་ཀྱི་བསྟན་པ་ལ་བཙུག ཡུལ་དེའི་རྒྱལ་པོ་ཡང་སློབ་དཔོན་གྱི་ཞབས་ལ་གཏུགས། ཡུལ་འདིར་རྒྱལ་བའི་བསྟན་པ་སྔར་མེད་པའི་སར་བསྟན་པ་གསར་པ་བཙུགས། སྙན་པའི་གྲགས་པ་ཕྱོགས་ཀུན་ཏུ་ཁྱབ་པས། སྔོན་གྱི་སྟོན་པ་གཞོན་ནུ་རོལ་པ་འཁོར་དང་བཅས་པས་གཏམ་དེ་གོ་ནས་ཁོང་ཁྲོ་དང་ཕྲག་དོག་དྲག་པོའི་སྒོ་ནས་རང་གི་འཁོར་མཁས་པ་ལྔ་བརྒྱ་ཁྲིད་དེ་ཡུལ་ཀླ་ཀ་གུ་ཏའི་ཚོགས་འདུས་སུ་བྱོན་ནས་རྒྱལ་པོ་དྲུཿམ་ནི་རི་བུ་ལ། བདག་དང་ཆོས་ཀྱི་གྲགས་པ་གཉིས་རྩོད་ཀྱི། སུས་ཕམ་ན་དེ་ལྔ་ལམ་དུ་གཏོང་དགོས་ཞེས་བསྒོས། སློབ་དཔོན་བདག་ཉིད་ཆེན་པོས་བྲམ་ཟེ་དེ་དག་ལ་སྙིང་བརྩེ་བར་དགོངས་ནས་སུས་ཕམ་ན་ཕ་རོལ་པོའི་གྲུབ་མཐའ་ལ་འཇུག་པའི་རྒྱན་བཞག་སྟེ་བརྩད་པས། གཞོན་ནུ་རོལ་པའི་ཕྱུན་མོང་

མ་ཡིན་པའི་དམ་བཅའ་ལྔ་བརྒྱ་རེ་རེ་ལ་གནོད་བྱེད་ཀྱི་རིགས་པ་ལྔ་བརྒྱ་གནམ་ལྕགས་ཐོག་ལྟར་ཕབ་པས་དེས་སྨྲ་བའི་སྒོ་བཙུམ་སྟེ་ཡིད་འཛིགས་པ་དང་ཞུམ་པར་གྱུར། གཞོན་ནུ་རོལ་པས་རང་གི་དམ་བཅའ་ལ་སོམ་ཉི་བྱུང་སྟེ།

ལྕགས་ལྟར་སྲ་བའི་དམ་བཅའ་ལྔ་བརྒྱ་ལ། །
ཕྱིར་རྒོལ་གང་གིས་སུན་འབྱིན་མི་ནུས་པ། །
ཆོས་ཀྱི་གྲགས་པའི་རིགས་ལམ་གནམ་ལྕགས་མདས། །
ལྷག་མེད་བཅོམ་པས་བདག་ནི་ཡིད་སྨུག་གྱུར། །

ཅེས་སྨྲས་ནས་སངས་རྒྱས་ཀྱི་བསྟན་པ་ལ་ཞུགས་ཤིང་རབ་ཏུ་བྱུང་སྟེ་ཆོས་བཞིན་དུ་སྐྱོང་བའི་དགེ་སློང་དུ་གྱུར་ཏོ། །གཞན་ཡང་ས་དེར་གཅེར་བུ་པ་ར་ཏུ་པྲ་ཏི་དང་། དཔྱོད་པ་པ་བཛྲིཾ་ཀ་ར་གུ་ཧྱ་དང་། བྲམ་ཟེ་ཀུ་མ་ར་ནནྡ་དང་། མུ་སྟེགས་ཀྱི་རྟོད་པའི་གྲུ་མཆོག་ཀ་ཎ་དྣ་རོ་རུ་སོགས་དང་། འབིགས་བྱེད་ཀྱི་རི་བོའི་ཁོངས་ན་གནས་པའི་རྒོལ་བ་ཐམས་ཅད་ཀྱང་སུན་ཕྱུང་ངོ་། །སླར་ཡང་རང་གི་ཕ་ཡུལ་ཏྲི་མ་ལ་ཡར་ཕྱིན་ཏེ། ཡུལ་འདི་ན་རྟོད་པར་ནུས་པ་སུ་ཞིག་ཡོད་ཅེས་དྲིལ་བསྒྲགས་པས། མུ་སྟེགས་པ་ཕལ་ཆེར་ཞིག་བྲོས། འགའ་ཞིག་གིས་རྟོད་པར་མི་ནུས་པར་ཁས་བླངས་ཏེ། ཡུལ་དེར་སྔོན་གྱི་ཆོས་གཞི་ཉམས་པ་ཐམས་ཅད་གསོས། དེ་ནས་ནགས་ཚལ་དབེན་པའི་གནས་སུ་བསམ་གཏན་མཛད་ཅིང་བཞུགས་པ་ལ། དེའི་ཚེ་བྱང་ཕྱོགས་དཔལ་ནཱ་ལེནྡྲར་མུ་སྟེགས་པའི་མཁས་པ་ཤཾ་ཀ་ར་ཨཱ་ཙཱརྱས་ནང་པའི་མཁས་པ་རྣམས་ལ་ང་རྟོད་པར་བྱེད་དོ་ཞེས་འཕྲིན་བཏང་། ནཱ་ལེནྡྲའི་མཁས་པ་རྣམས་ལྷོ་ཕྱོགས་ན་གནས་པའི་དཔལ་ལྡན་ཆོས་ཀྱི་གྲགས་པ་ལ་གསོལ་བས་སློབ་དཔོན་གྱིས་རྟོད་པར་ཞལ་གྱིས་བཞེས་ཤིང་དུས་ལྟར་ཕེབས། རྟོད་པའི་ཉིན་དེར་རྒྱལ་པོ་རབ་གསལ་གྱིས་ཕྱི་ནང་གི་མཁས་པ་ཐམས་ཅད་གྲོང་ཁྱེར་ཝཱ་ར་ཎ་སིར་བསྡུས་ཏེ། རྒྱལ་པོ་དཔང་པོའི་ཚོགས་དང་བཅས་པའི་དབུས་སུ་ཤཾ་ཀ་ར་ཨཱ་ཙཱ

དང་། དཔལ་ཆོས་ཀྱི་གྲགས་པ་རྩོད་པར་ཕྱོགས་པ་ན། སཾ་ག་ར་ན་རེ། གལ་ཏེ་ང་རྒྱལ་ན་ཁྱོད་གང྄་ལ་མཆོང་ངམ། མུ་སྟེགས་ལ་འཇུག་གདམ་ང་གྱིས། ཅི་སྟེ་ཁྱེད་རྣམས་རྒྱལ་ན་ཁོ་བོ་ཅག་གང྄་ལ་མཆོངས་ཏེ་འཆི་བར་བྱེད་དོ་ཞེས་ཟེར་ནས་བརྩད་པས། ཆོས་ཀྱི་གྲགས་པས་སཾ་ག་ར་ཡང་ནས་ཡང་དུ་ཕམ་པར་བྱས་ཏེ། མཐར་མི་སྨྲ་བའི་བརྟུལ་ཞུགས་ལ་བཀོད་པར་མཛད་དོ། །སཾ་ག་ར་ཨཱ་ཙཪྻས་ཆུ་བོ་གངྒཱར་མཆོང་བར་བརྩམས་པ་ན་སློབ་དཔོན་གྱིས་སྙིང་བརྩེ་བས་བཟློགས་ཀྱང་མ་ཉན་པར་ཁོ་རང་གི་སློབ་མ་ཧྲྀཥྚ་ཨཱ་ཙཪྻ་ལ་ཁྱོད་ཀྱིས་དེ་རྣམས་ལ་རྩོད་པ་བྱེད་ལ་རྒྱལ་བར་ཤོག ང་ཁྱོད་ཀྱི་བུ་ལ་སྐྱེས་ནས་སངས་རྒྱས་པ་དེ་དག་ཕམ་པར་བྱའོ་ཟེར་ནས་ཆུ་བོ་གངྒཱར་མཆོངས་ཏེ་འཆི་བའི་དུས་བྱས་སོ། །མུ་སྟེགས་པའི་འཁོར་བརྒྱ་ཕྲག་དུ་མ་རྣམས་ནང་པ་ལ་བཙུག་གོ །དེ་ནས་ལོ་བདུན་ཙམ་སོང་བ་ལ་ཧྲྀཥྚ་ཨཱ་ཙཪྻས་ཀྱང་སློབ་དཔོན་དང་བརྩད་པས་ཤིན་ཏུ་ཕམ་པར་གྱུར་ནས་ཆུ་བོ་གངྒཱར་མཆོངས་ནས་ཤི། དེའི་འཁོར་རྣམས་ཤར་ཕྱོགས་སུ་བྲོས། བྲམ་ཟེ་དྲང་པོའི་བློ་ཅན་སྟོང་ཕྲག་ལྔག་ཙམ་རྒྱལ་བའི་བསྟན་པ་ལ་ཞུགས། བྲམ་ཟེ་དེ་དག་གིས་རང་རང་གི་འབྱོར་བ་དང་བསྟུན་ནས་ས་དེར་ཆོས་གཞི་ལྔ་བརྒྱ་ལྔ་བཅུ་བཙུགས་པར་མཛད་དོ། །

དེ་ཡང་དུས་ཤིག་ན་སློབ་དཔོན་རྒྱལ་པོ་ཀུན་ཏུ་རྒྱས་པ་ཞེས་བྱ་བའི་ཕོ་བྲང་དུ་ཕྱིན། རྒྱལ་པོས་ཁྱོད་སུ་ཡིན་དྲིས་པ་ལ། སློབ་དཔོན་གྱིས།

ཤེས་རབ་ཅན་ནི་ཕྱོགས་ཀྱི་གླང་པོ་སྟེ། །
ཙནྡྲ་གོ་མི་བརྗོད་པ་རྣམ་པར་དག །
སྨྲ་ངག་དཔའ་བོ་ལས་བྱུང་སྙེབ་སྦྱོར་མཁས། །
ཕྱོགས་ལས་རྣམ་པར་རྒྱལ་བ་ང་མིན་སུ། །

ཞེས་གསུངས་པ་ན་རྒྱལ་པོ་ཧ་ལས་ཏེ། ཁྱེད་ཆོས་ཀྱི་གྲགས་པ་ཞུ་བ་དེ་ཡིན་ནམ་གསུངས་པ་ལ། སློབ་དཔོན་གྱིས་དེ་ལྟར་ཟེར་གསུངས་སོ། །དེ་ནས་རྒྱལ་

པོ་དེ་ཤིན་ཏུ་དད་ནས་གཙུག་ལག་ཁང་བཞེངས་ཏེ་སློབ་དཔོན་བཞུགས་པར་མཛད། བསྙེན་བཀུར་རྒྱ་ཆེར་ཞུས། དུས་དེར་སློབ་དཔོན་གྱིས་ཚད་མའི་བསྟན་བཅོས་རྣམ་འགྲེལ་དང་། རྣམ་ངེས། རིགས་ཐིགས་བཅས་གཙོ་བོ་ལུས་ལྟ་བུའི་བསྟན་བཅོས་གསུམ་དང་། གཏན་ཚིགས་ཐིགས་པ་དང་། འབྲེལ་བ་བརྟག་པ་དང་། རྩོད་པའི་རིགས་པ་དང་། རྒྱུད་གཞན་གྲུབ་པ་དང་བཅས་འཕྲོས་པ་ཡན་ལག་ལྟ་བུའི་བསྟན་བཅོས་བཞི་སྟེ་ཚད་མ་སྡེ་བདུན་མཛད་ཅིང་འཆད་ཉན་རྒྱ་ཆེར་སྤེལ། བཤད་རྒྱུན་དུ། སློབ་དཔོན་གྱིས་སྡེ་བདུན་རྩོམ་པའི་ཚེ། ཚོད་མ་ལ་ཏིག་ཏ་བཏབ་སྟེ་དྲངས་ཀྱང་མ་དགོངས་ཏེ་གཞུང་གི་དོན་ལ་བློ་གཅིག་ཏུ་གཏོགས་པས་སོ། །སྡེ་བདུན་བརྩམས་ཟིན་པ་ན་པཎྜི་ཏ་རྣམས་ལ་བཀྲམ་པར། ཕལ་ཆེར་གྱིས་མ་ཤེས། འགའ་ཞིག་གིས་ཤེས་ནའང་ཕྲག་དོག་དབང་གིས་མི་ལེགས་སོ་བྱས་ནས། ཁྱིའི་མཇུག་མ་ལ་བཏགས་པས། ཁྱི་ནི་ལམ་སྲང་ཀུན་ཏུ་རྒྱུ་བ་བཞིན་དུ་ངའི་བསྟན་བཅོས་ཀྱང་ཀུན་ཏུ་རྒྱུ་བར་འགྱུར་རོ་ཞེས་གསུངས་ཤིང་། གཞུང་གི་མགོར། སྐྱེ་བོ་ཕལ་ལ་ཆགས་ཤིང་སོགས་ཤླཽ་ཀ་གཅིག་བཟུག་པར་གྲགས་སོ། །ཡུལ་དེར་སློབ་དཔོན་ཆོས་གྲགས་ཀྱི་དྲུང་དུ་བཅར་ནས་རྒྱལ་བའི་བསྟན་པ་ལ་ཞུགས་པའི་དགེ་སློང་ཁྲི་གཉིས་ལྷག་བྱུང་། ཆོས་གཞི་ལྔ་བརྒྱ་ལྷག་ཙམ་བཙུགས། སངས་རྒྱས་ཀྱི་བསྟན་པ་ཤིན་ཏུ་དར་བ་བྱུང་ངོ་། །དེ་ནས་མཐའ་འཁོབ་ཀྱི་ཡུལ་གུ་ཛཱི་ར་ཐར་ཕྱིན་ནས་བྲམ་ཟེ་དང་མུ་སྟེགས་བྱེད་མང་པོ་སངས་རྒྱས་ཀྱི་བསྟན་པ་ལ་བཙུག ཀོ་ཏ་ལྷུ་ཞེས་བྱ་བའི་ལྷ་ཁང་བཞེངས། དེའི་ཚེ་སྔོན་གྱི་སཾ་ག་ར་ཨཱ་ཙརྱ་སྣར་ཡང་སྐྱེ་བ་བླངས་པ་དེ་ཉིད་སྟོ་མ་ལས་ཀྱང་བློ་རྣོ་ཞིང་། རྩོད་པ་ལ་མཁས་པ་ཞིག་བྱུང་སྟེ། དེ་ལོ་བཅུ་དྲུག་ལོན་པ་ན། སློབ་དཔོན་ཆོས་གྲགས་དང་རྩོད་པར་འདོད་ནས་ཕ་ར་ཊ་སེར་འོངས། རྒྱལ་པོ་མ་ཧྣུ་ཊི་ལ་བསྒོས་ཤིང་ཕྱོགས་ཐམས་ཅད་དུ་ཁྲིལ་བསྒྲགས། དེར་སློབ་དཔོན་ལྷོ་ཕྱོགས་ནས་བྱོན་དྲངས་ཏེ། བྲམ་ཟེའི་སྐྱེ་བོ་སྟོང་ཕྲག་ལྔ་ཙམ་དང་རྒྱལ་པོ་ལ་སོགས་པ་སྐྱེ་བོ་དཔག་ཏུ་མེད་པ་འདུས། སྔོན་བཞིན་བསྟན་པ་དཔང་

དུ་བཙུགས་ནས་བརྩད་པས་མུ་སྟེགས་པ་དེ་དག་ཤིན་ཏུ་ཚར་བཅད་དེ། ཆུ་བོ་གང་གཱར་མཆོངས་ནས་ཆེའི་དུས་བྱས། དེའི་འཁོར་བྲམ་ཟེ་ལྔ་བརྒྱ་ཡོད་པ་རྣམས་མང་ཤས་སངས་རྒྱས་ཀྱི་བསྟན་པ་ལ་ཞུགས་སོ། །

དེའི་ཚེ་ཁ་ཆེའི་ཡུལ་ནས་བྲམ་ཟེ་བིཏྲ་སིཧ་དང་། དེ་ཕ་བིཏྲ་ཀ་ར་དང་། དེ་བ་སིཧྨ་སྟེ་བྲམ་ཟེའི་སློབ་དཔོན་ཆེན་པོ་གསུམ་དཔལ་ཆོས་ཀྱི་གྲགས་པའི་དྲུང་དུ་འོངས་ནས་དྲང་པོའི་སེམས་ཀྱིས་གྲུབ་མཐའ་བརྒལ་བརྟག་མང་དུ་བྱས་པས། སློབ་དཔོན་གྱིས་ཡང་དག་པའི་རིག་པ་བསྟན། དེ་དག་ནང་པ་ལ་ཤིན་ཏུ་དད་དེ་སྐྱབས་འགྲོ་དང་བསླབ་པའི་གནས་ལྔ་རྣམས་བླངས། ཁྱད་པར་ཚད་མ་སྡེ་བདུན་ཞན་པས་ཤིན་ཏུ་མཁས་པར་གྱུར་ནས། བྱང་ཕྱོགས་ཁ་ཆེའི་ཡུལ་དུ་ཆོས་གྲགས་ཀྱི་ཚད་མའི་དགོངས་པ་དར་བར་བྱས་སོ། །དེ་ནས་སླར་ལྷོ་ཕྱོགས་ཀྱི་རྒྱུད་དུ་ཕྱིན་ཏེ། ཡུལ་དེའི་རྒྱལ་པོ་དང་བློན་པོ་ལ་སོགས་པ་ཆོས་ཀྱི་སྒོ་ནས་དབང་དུ་བསྡུས། སངས་རྒྱས་ཀྱི་བསྟན་པའི་མི་མཐུན་ཕྱོགས་མང་པོ་རྩོད་པས་ཚར་བཅད། དགེ་འདུན་གྱི་སྡེ་དང་ཆོས་གཞི་མང་པོ་བཙུགས། སློབ་དཔོན་རང་གིས་བཞེངས་པའི་ལྷ་ཁང་བརྒྱ་རྩ་ཙམ་ཡོད་ཅིང་། གཞན་ལ་བསྐུལ་ཏེ་བཞེངས་པ་ནི་གྲངས་ལས་འདས་སོ། །སློབ་དཔོན་གྱིས་བསྐུལ་ཏེ་སངས་རྒྱས་ཀྱི་བསྟན་པ་ལ་བཙུག་པའི་དགེ་སློང་དང་དགེ་བསྙེན་འབུམ་དུ་ཉེ་བ་ཙམ་ཡོད་པར་གྲགས། ཆོས་ཀྱིས་འཕྲེལ་བའི་སློབ་མ་ས་སྟེང་ཁྱབ། ཕྱི་བཞིན་རྗེས་སུ་འབྲང་བའི་སློབ་མ་ལྔ་ལས་ལྷག་པ་ཡོངས་སུ་མ་བཟུང་ཞེས་པར་གྲག་གོ།

སྐུ་ཚེ་ཐ་མའི་ཚེ། ཡང་སྔར་གྱི་སཾ་ག་ར་ཨཱ་ཙཱཪྻ་དེ་ཉིད་ཛྙ་ཏ་ཨཱ་ཙཱཪྻ་ཕྱི་མའི་བུར་སྐྱེས་ནས་སྔོན་ལས་ཀྱང་བློ་གྲོས་ཀྱི་སྟོབས་ཆེ་བ། སྤོབས་པའི་ང་རྒྱལ་མཐོ་བ། རྐྱལ་བ་གང་གིས་ཀྱང་རྩོད་ཟླ་འགྲན་དཀའ་བ་ཞིག་བྱུང་། དེ་ལོ་བཅུ་གཉིས་ལོན་པ་ཙམ་ན་ཆོས་ཀྱི་གྲགས་པ་དང་རྩོད་པར་འདོད་པ་ན། ཡུལ་དེའི་བྲམ་ཟེ་རྣམས་ཀྱིས་རེ་ཞིག་གཞན་ལ་རྩོད་པར་གྱིས་ལ། ཆོས་ཀྱི་གྲགས་པ་ནི་ཕམ་པར་ནུས་པ་དཀའོ་ཞེས་སྨྲས་ཀྱང་། གལ་ཏེ་དེ་ལ་རྒྱལ་བར་མ་ནུས་ན་རྐྱལ་བའི་གྲགས་པ

ཐོབ་པ་མེད་དོ་ཞེས་ཟེར་ནས་ལྷོ་ཕྱོགས་ཀྱི་རྒྱུད་དུ་སོང་སྟེ། གང་རྒྱལ་བ་དེའི་བསྟན་པ་ལ་ཅིག་ཤོས་འཇུག་པར་བྱས་ནས་བརྩད་པས། སློབ་དཔོན་རྒྱལ་བར་གྱུར་ཏེ། དེ་ཉིད་སངས་རྒྱས་ཀྱི་བསྟན་པ་ལ་བཙུག ལྷོ་ཕྱོགས་ཀྱི་རྒྱུད་དུ་བྲམ་ཟེ་རྣམས་དགེ་བསྙེན་གྱི་སྤྱོད་པ་ལ་གནས་པ་དང་སངས་རྒྱས་ཀྱི་བསྟན་པ་ལ་མཆོད་པ་བྱེད་པ་བྱུང་ངོ་། །དེ་ནས་དུས་ཀྱི་མཐར་ཡུལ་ཀ་ལིང་ཀར་གཙུག་ལག་ཁང་བཞེངས་ཤིང་སྐྱེ་བོ་མང་པོ་ཆོས་ལ་བཀོད་ནས་དགོངས་པ་ཆོས་དབྱིངས་སུ་གཤེགས་སོ། །སློབ་མ་རྣམས་ཀྱིས་སྐུ་གདུང་དུར་ཁྲོད་དུ་སྤྱན་དྲངས་པར་ནམ་མཁར་མེ་ཏོག་གི་ཆར་བབས། ཕྱོགས་ཐམས་ཅད་དྲི་བཟང་པོ་དང་རོལ་མོས་ཁྱབ་པ་ཞག་བདུན་གྱི་བར་དུ་བྱུང་ངོ་། །གདུང་ཐམས་ཅད་འཆིང་བུ་འདྲ་བའི་རྡོའི་གོང་བུ་གཅིག་ཏུ་དྲིལ་བ་ལས་ཧུས་པའི་རྣམ་པ་མེད་ཅེས་གྲགས། དུས་ཡུན་རིང་པོའི་བར་དུ་དགོངས་རྫོགས་ཀྱི་དུས་སྟོན་མཛད་སྲོལ་ཡོད་དོ། །སློབ་དཔོན་འདི་དང་བོད་ཀྱི་རྒྱལ་པོ་སྲོང་བཙན་སྒམ་པོ་དུས་མཉམ་ཡིན་པར་གྲགས་སོ། །

སློབ་དཔོན་འདིའི་ཚད་མའི་དགོངས་པ་ནི། སྤྱིར་སློབ་དཔོན་ཕྱོགས་ཀྱི་གླང་པོའི་དགོངས་པ་དང་མཐུན་ཞིང་། སློབ་དཔོན་དེས་ཚད་མ་ཀུན་བཏུས་ཀྱི་དགོངས་འགྲེལ་དུ་དབང་པོ་རྟུལ་འབྲིང་རྣོན་པོའི་དབང་དུ་བྱས་ནས་རྒྱས་པའི་བསྟན་བཅོས《ཚད་མ་རྣམ་འགྲེལ།》འབྲིང་དུ་སྟོན་པ《ཚད་མ་རྣམ་ངེས།》བསྡུས་པ《རིགས་པའི་ཐིགས་པ་》སྟེ་གཙོ་བོ་ལུས་ལྟ་བུའི་བསྟན་བཅོས་གསུམ་དང་། རྣམ་འགྲེལ་གྱི་ལེའུ་དང་པོ་ལས་འཕྲོས་ཏེ་ཕྱོགས་ཆོས་ཁྱབ་པ་སྤྱིར་གཏན་ལ་འབེབས་པ《གཏན་ཚིགས་ཐིགས་པ་》ཞེས་པ་དང་། རྟོགས་དཀའ་བ་ཁྱབ་པའམ་ལྟག་ཆོད་ཀྱི་འབྲེལ་བ་གཏན་ལ་འབེབས་པ《འབྲེལ་བ་བརྟག་པ་》ཞེས་པ་གཉིས་མཛད་པ་དང་། ལེའུ་བཞི་པ་ལས་འཕྲོས་པ་སྔ་རྒོལ་ཕྱི་རྒོལ་རྩོད་པ་དང་རྒྱལ་ཕམ་ཚར་གཅོད་ཀྱི་གནས་སྟོན་པ《རྩོད་པའི་རིགས་པ་》ཞེས་བྱ་བ་དང་། མངོན་གསུམ་ལེའུ་ལས་གཟུགས་སོགས་རྣམ་རིག་ཙམ་དུ་གཏན་ལ་ཕབ་པས། དེ་ལྟར་ན་སྒྲུབ་

ངག་འགོད་ཡུལ་གྱི་གཞན་རྒྱུད་ཇི་ལྟར་འཐད་ཅེས་པའི་ཀླན་ཀ་བསལ་ཏེ་སྣང་ཁམས་ཤེས་པ་ལས་རྫས་གཞན་པའི་གཟུགས་སོགས་ཀྱང་རྒོལ་བ་རང་ཉིད་ལས་རྒྱུད་གཞན་པའི་གང་ཟག་འཐད་པར་སྟོན་པའི་《རྒྱུད་གཞན་སྒྲུབ་པ་》ཞེས་བྱ་བ་སྟེ་འགྲེལ་པ་ཡན་ལག་ལྔ་བུའི་བསྟན་བཅོས་བཞི་སྟེ་ཚད་མ་སྡེ་བདུན་མཛད་དོ། །

ཚད་མ་སྡེ་བདུན་པོ་བཅུམ་པའི་དགོས་པ་ལ། 《རྣམ་ངེས་》ལས།

གང་ལ་འཕགས་པ་ཉིད་ཕྱོན་རྗེས་གཟུང་དེ་ནི་དཔལ་ལྡན་དྲི་མེད་བློ་མངའ་སྟེ།།
འཇིག་རྟེན་བློ་གྲོས་བླུན་པོ་འདིས་ནི་དེ་ཚིག་བརླིང་བ་གསལ་བར་མི་ཤེས་པས།།
ཉེར་བརྟེན་འཇིག་རྟེན་རྒྱལ་མཛད་དེ་ལ་སྔོངས་པས་ཅུང་ཟད་སྨད་བྱས་ནའང་།།
དོན་མིན་སྐྱེ་བར་འགྱུར་བ་ཡིན་པས་བརྩེ་བས་དེ་ཡི་ལུགས་ནི་གསལ་བར་བྱ།།

ཞེས་གསུངས་ལ། དེའི་དོན་ལ་ནི། 《ཊཱི་ཀ་ཆེན་རིགས་པའི་རྒྱ་མཚོ་》ལས། ཅིའི་ཕྱིར་བརྩམས་ཞེ་ན། བདེ་བར་གཤེགས་པས་རིགས་ཅན་གསུམ་གྱི་འགྲོ་བ་མཐའ་དག་ལ་ཐུགས་བརྩེ་བ་ཆེན་པོས་ཉེ་བར་གཟིགས་ཏེ་སྲིད་པ་དང་ཞི་བའི་རྒུད་པ་མཐའ་དག་ལས་ཡང་དག་པར་བསྒྲལ་ནས་ཐར་པ་དང་ཐམས་ཅད་མཁྱེན་པའི་གོ་འཕང་བླ་ན་མེད་པ་ལ་ཉེ་བར་བཞག་པར་བཞེད་དེ། ཡན་ལག་བཅུ་གཉིས་དང་ལྡན་པའི་གསུང་རབ་རིན་པོ་ཆེའི་ཕུང་པོ་ཇི་སྙེད་ཅིག་བཀའ་བསྩལ་བ་ཐམས་ཅད་ཀྱང་ཕྱིས་ཀྱི་གདུལ་བྱ་བློ་དང་བརྩོན་འགྲུས་ཞན་པ་དག་གིས་ཡང་དག་པར་ཁོང་དུ་མ་ཆུད་ཅིང་། རིགས་པའི་སྣང་བ་དང་ནི་བྲལ། མི་ཤེས་ཀྱི་རབ་རིབ་ཀྱིས་ནི་མིག་ལྡོངས། ལོག་པར་རྟོག་པ་དང་ཐེ་ཚོམ་གྱི་གཞན་དབང་གིས་བློ་གྲོས་ཀྱི་གོམ་འགྲོས་ནི་འཁྱོར་ཏེ། ཕྱིན་ཅི་ལོག་གི་མྱ་ངམ་གྱི་ཐང་ལ་བརྡེག་འཚོས་ཤིང་འཁྱམས་པའི་སྐྱེ་བོ་འདི་མཐའ་དག་ལ་ལྷག་པར་བརྩེ་བའི་གཞན་དབང་དུ་གྱུར་པ། གཅིག་ཏུ་བྱམས་པའི་བདག་ཉིད་ཅན་གྱི་ཐུགས་དང་ལྡན་ཞིང་། རྗེ་བཙུན་འཇམ་པའི་དབྱངས་ཀྱི་ཐུགས་ཀྱི་འོད་ཟེར་གྱིས་བློ་གྲོས་ཀྱི་པདྨ་ཁ་ཕྱེ་བས་ཤེས་བྱའི

དཀྱིལ་འཁོར་མཐའ་དག་ལ་གཟིགས་པ་དག་པའི་ཡེ་ཤེས་ཀྱི་སྤྱན་དང་ལྡན་པའི་བདག་ཉིད་ཆེན་པོ་སློབ་དཔོན་ཆེན་པོ་ཕྱོགས་ཀྱི་གླང་པོས་གྲོལ་བ་དོན་གཉེར་ཐར་པ་དང་ཐམས་ཅད་མཁྱེན་པར་འགྲོ་བའི་ཐེག་པ་གསུམ་གྱི་ལམ་གྱི་གནད་མ་ལུས་པ་ལ་མཐའ་གཞན་དུ་སྲིད་པའི་དོགས་པ་བཅད་དེ། ཚད་མའི་ལམ་ནས་གསལ་བར་སྟོན་པ་ཚད་མའི་མདོ་ཀུན་ལས་བཏུས་པ་མཛད་ཅིང་། དེ་ལྟ་ན་ཡང་བདག་ཉིད་ཆེན་པོའི་བློ་གྲོས་མཆོག་ཏུ་ཟབ་པས་གཞུང་གི་ཚིག་རབ་ཏུ་བཀླིང་བ་བློའི་མཐུ་ཆུང་བ་དག་གིས་མ་རྟོགས་ཏེ། ཕན་པ་རྒྱ་ཆེན་པོར་མ་གྱུར་པར་གཟིགས་ནས། རྒྱལ་བ་ཉིད་ཀྱིས་ལུང་སྟོན་པ་བརྙེས་ཤིང་། སོ་སོ་ཡང་དག་པར་རིགས་པ་བཞིའི་ཕ་རོལ་ཏུ་སོན་པས་འཇིགས་པ་མེད་པ་བྲུ་མཆོག་ཀླབས་པོ་ཆེའི་གནས་ཐོབ་པ། རིགས་པ་སྨྲ་བ་རྣམས་ཀྱི་གཙུག་གི་ནོར་བུ་དཔལ་ལྡན་ཆོས་ཀྱི་གྲགས་པས་ཚད་མ་ཀུན་ལས་བཏུས་པ་དེ་ཉིད་ཀྱི་ཚིག་དོན་གཉིས་ཀའི་ཆ་འཕྲོས་དང་བཅས་ཏེ་རྒྱས་པར་གཏན་ལ་འབེབས་པ་ཚད་མ་རྣམ་འགྲེལ། ཚིག་དོན་གྱི་ཆ་རགས་རིམ་ཞིག་རིགས་པའི་རྣམ་གྲངས་ཀྱིས་ཞིབ་པར་འགྲེལ་བ་ཚད་མ་རྣམ་ངེས། དགག་སྒྲུབ་ཀྱི་སྦྱོར་བ་རྒྱས་པ་དོར་ཏེ་དོན་གྱི་གཙོ་བོ་དག་གི་རྣམ་གྲངས་དང་། མཚན་ཉིད་དང་། དབྱེ་བ་དང་། དཔེར་བརྗོད་པ་ཙམ་སྟོན་པ་རིགས་པའི་ཐིགས་པ་སྟེ་གཙོ་བོ་ལུས་ལྟ་བུའི་བསྟན་བཅོས་གསུམ་མཛད་ཅིང་། དེ་དག་ཀྱང་གདུལ་བྱ་དབང་པོ་རྟུལ་པོ་དང་། འབྲིང་དང་། རྣོན་པོ་དག་གི་དབང་དུ་བྱས་ཏེ། རིམ་པ་བཞིན་རྒྱས་པ་དང་། འབྲིང་དང་། མདོར་བསྡུས་པར་བསྟན་པའོ། །དེའི་རྗེས་སུ་གཙོ་བོར་གྱུར་པའི་བསྟན་བཅོས་དེ་དག་གི་དོན་ལས་འཕྲོས་པ་ཡན་ལག་ལྟ་བུའི་བསྟན་བཅོས་གཏན་ཚིགས་ཐིགས་པ་དང་། འབྲེལ་བ་བརྟག་པ་དང་། རྒྱུད་གཞན་གྲུབ་པ་དང་། རྩོད་པའི་རིགས་པ་དང་བཞི་མཛད་དེ་སྡེ་བདུན་མདོ་དང་བཅས་པ་སྐལ་བ་

དང་ལྡན་པ་དག་ལ་རིག་པའི་མིག་སྦྱིན་པར་མཛདཔ་ཡིན་ནོ། །① ཞེས་གསལ་བར་བཀྲལ་ཏོ། །དཔལ་ལྡན་ཆོས་ཀྱི་གྲགས་པས་སྡེ་བདུན་མཛད་ནུས་པའི་རྒྱུ་ཅི་ཡོད་ཅེ་ན། ཀརྨ་པ་སྐུ་ཕྲེང་བདུན་པ་ཆོས་གྲགས་རྒྱ་མཚོའི་ཞལ་ནས། ཆོས་ཀྱི་གྲགས་པ་བདག་གི་སེམས་ནི་དུས་ཡུན་རིང་པོ་ཞིག་ནས་ལེགས་བཤད་ཀུན་ལས་བཏུས་ལ་ཐོས་བསམ་གྱིས་གོམས་ཤིང་འདྲིས་པར་བྱས་པས་དེའི་དོན་ཕྱིན་ཅི་མ་ལོག་པར་རྟོགས་པའི་ཉེར་ལེན་ཤེས་རབ་དང་། ལྷན་ཅིག་བྱེད་པའི་རྐྱེན་གཞན་ལ་ཕན་པར་འདོད་པའི་སྙིང་རྗེ་ཡོད་པ་ལ་བརྟེན་ནས་རྩོམ་མོ་②ཞེས་གསུངས་པ་ལྟར་རོ། །

ཚད་མ་སྡེ་བདུན་གྱི་བརྗོད་བྱ་ངོས་བཟུང་བ་ལ། 《ཚད་མ་རིགས་རྒྱན་》ལས། གཙོ་བོ་ལུས་ལྟ་བུའི་བསྟན་བཅོས་གསུམ་ནི། རྒྱས་པའི་བསྟན་བཅོས་ཚད་མ་རྣམ་འགྲེལ། ཙུང་ཙམ་བསྡུས་པ་ཚད་མ་རྣམ་ངེས། ཤིན་ཏུ་བསྡུས་པ་ཚད་མ་རིགས་པའི་ཐིགས་པའོ། །འོ་ན་རྣམ་འགྲེལ་འདིས་ཅི་བསྟན་ཅེ་ན། རང་ཉིད་ཀྱིས་གཞལ་བྱའི་གནས་ཕྱིན་ཅི་མ་ལོག་པར་རྟོགས་ནས། དེ་གཞན་ལ་འདོམས་པའི་ཐབས་རྟོག་གེའི་ཚིག་དོན་བརྒྱད་ཚད་མ་མདོའི་ཚིག་གི་ཆ་དང་སྦྱར་ནས་སྟོན་པ་ཡིན་ལ། དེའི་ནང་ནས་མངོན་སུམ་ལེའུའི་དོན་རྣལ་འབྱོར་མངོན་སུམ་གྱི་གཙོ་བོ་ཐམས་ཅད་མཁྱེན་པ་སྒྲུབ་པ་རྟོགས་དཀའ་བ་དང་། དེ་བསྟན་བྱའི་གཙོ་བོ་ཡིན་ཞིང་སློབ་དཔོན་ཕྱོགས་ཀྱི་གླང་པོས་ཐུབ་པ་ཚད་མར་བསྒྲུབ་པའི་སྒོ་ནས་གསུངས་རབ་ཀྱི་དགོངས་པ་འགྲེལ་བའི་ཚུལ་ལ་ངོ་མཚར་བསྐྱེད་པའི་ཕྱིར་དུ། སྟོན་པ་དང་བསྟན་པ་སྐྱོན་མེད་པར་སྒྲུབ་པ་ཚད་མ་གྲུབ་པའི་ལེའུ་ཟུར་པ་མཛད་པ་ཡིན་

① མཁས་གྲུབ་རྗེས་མཛད་པའི་《ཚད་མ་རྣམ་འགྲེལ་ཊཱིཀ་ཆེན་རིགས་པའི་རྒྱ་མཚོ་》སྟོད་ཆ། སེར་གཙུག་ནང་བསྟན་དཔེ་སྐྲིང་འཚོལ་བསྡུ་ཕྱོགས་སྒྲིག་ཁང་གིས་པར་དུ་བཏབ་པའི་ཤོག་གྲངས་༥པར་གསལ།

② ཀོང་སྤྲུལ་ཡོན་ཏན་རྒྱ་མཚོས་མཛད་པའི་《ཚད་མ་ལེགས་པར་བཤད་པ་ཐམས་ཅད་ཀྱི་ཆུ་བོ་ཡོངས་སུ་འདུ་བ་རིགས་པའི་གཞུང་ལུགས་ཀྱི་རྒྱ་མཚོ་》ཞེས་པ་མི་རིགས་དཔེ་སྐྲུན་ཁང་གིས་༡༩༨༢ལོར་པར་དུ་བསྐྲུན་པའི་ཤོག་གྲངས་༡༤པར་གསལ།

ལ། དེ་ཡང་ཐམས་ཅད་མཁྱེན་པ་ལ་སྐྱེད་བྱེད་ཀྱི་རྒྱུ་མེད་པར་འཛིན་པའི་ལོག་པར་རྟོག་པ་དང་། ཤེས་བྱེད་ཀྱི་རྒྱུ་ཡང་མེད་པར་འཛིན་པའི་ལོག་པར་རྟོག་པ་གཉིས་ལས། ལོག་རྟོག་དང་པོ་བསལ་ནས་ཐམས་ཅད་མཁྱེན་པ་ལམ་གང་ནས་འོང་བ་རྟོགས་པའི་ཕྱིར་དུ་ལུགས་ལས་འབྱུང་བའི་བཤད་པ་མཛད་ཅིང་། ལོག་རྟོག་གཉིས་པ་བསལ་བའི་ཕྱིར་དུ་ལུགས་ལས་བཟློག་པའི་བཤད་པ་མཛད་པ་ཡིན་នོ། །

ཚད་མ་རྣམ་ངེས་ཀྱིས་ཅི་བསྟན་ཅེ་ན། སློབ་དཔོན་ཕྱོགས་གླང་གིས་རྟོག་གེ་མི་ཤེས་ཞེས་སྨྲོད་པ་ལ་སོགས་པའི་ལོག་རྟོག་བསལ་བར་འདོད་པའི་སྙིང་རྗེས་ཀུན་ནས་བསླངས་ཏེ། རྣམ་འགྲེལ་ལྷ་བུའི་རིགས་པ་རྒྱས་པར་མ་བསྟན་པར་ཚད་མའི་དེ་ཁོ་ན་ཉིད་རྟོགས་པར་འདོད་པའི་གདུལ་བྱ་རྗེས་སུ་གཟུང་བའི་ཕྱིར་དུ་རྟོག་གེའི་ལུས་ཅུང་ཟད་བསྡུས་ནས་བསྟན་ལ། དེ་ཡང་ཆ་ཐམས་ཅད་ནས་རྒྱས་པ་རྣམ་འགྲེལ་ལྷ་བུ་མེད་ཀྱང་གཞན་དོན་ལེའུ་རྣམ་ངེས་འདིར་རྒྱས་པར་བཤད་པ་ཡིན་ནོ། །

རིགས་པའི་ཐིགས་པས་ཅི་བསྟན་ཅེ་ན། གདུལ་བྱ་སྤྲོས་པ་རྒྱས་པའི་རྗེས་སུ་འཇུག་མི་ནུས་པ་དང་། ཚིག་ཉུང་བས་དོན་རྒྱ་ཆེན་པོ་བདེ་བླག་ཏུ་རྟོགས་པའི་གདུལ་བྱ་རྗེས་སུ་གཟུང་བའི་ཕྱིར་དུ་རྟོག་གེའི་ལུས་ཤིན་ཏུ་བསྡུས་ནས་བསྟན་པ་ཡིན་ནོ། །

ལུས་ཀྱི་ཆ་ཤས་གསལ་བར་བྱེད་པ་འཁོར་པ་ཡན་ལག་ལྷ་བུའི་བསྟན་བཅོས་བཞི་ནི། གཏན་ཚིགས་ཐིགས་པ་དང་། འབྲེལ་བ་བརྟག་པ་དང་། རྒྱུད་གཞན་སྒྲུབ་པ་དང་། རྩོད་པའི་རིགས་པའོ། །བཞི་པོ་འདི་འཁོར་པ་ཡན་ལག་ལྷ་བུའི་བསྟན་བཅོས་ཇི་ལྟར་ཡིན་ཞེ་ན། དང་པོ་གཉིས་རང་དོན་ལེའུ་ལ་འཁོར་པ་ཡིན་ཏེ། གཞལ་བྱ་ལྐོག་གྱུར་རྟོགས་པ་རྗེས་དཔག་ལ་རག་ལས་ལ། དེ་ཡང་མཐའ་ཆོད་པར་རྟོགས་པ་རྟགས་ཀྱི་ཚུལ་རྒྱས་པར་གཏན་ལ་ཕབ་པ་ལ་རག་ལས་ཤིང་རྟགས་ཀྱི་ཚུལ་དྲུག་དང་གཅིག་ཏུ་འདོད་པ་ལ་སོགས་པའི་ལོག་རྟོག་བསལ་ནས། རྟགས་ཀྱི་ཚུལ་གསུམ་དུ་གྲངས་ངེས་པ་ཡིན་ནོ་ཞེས་བསྟན་པའི་ཕྱིར་དུ་གཏན་ཚིགས་ཐིགས་པས། ཕྱོགས་ཆོས་དེ་ཆས་ཁྱབ་པ་ཡི། །གཏན་ཚིགས་དེ་ནི་རྣམ་གསུམ་ཉིད། །ཅེས་

པ་འདི་རྒྱས་པར་འཆད་པ་ཡིན་པའི་ཕྱིར་དང་། ཚུལ་གསུམ་གྱི་རྩ་བ་འབྲེལ་བ་ལ་རག་ལས་པ་ཡིན་ལ། འབྲེལ་བ་ལྡན་འདུའི་འབྲེལ་བ་དང་། འབྲེལ་བ་རྫས་གྲུབ་འདོད་པའི་ལོག་རྟོག་བསལ་ནས། འབྲེལ་བ་ལ་བདག་གཅིག་འབྲེལ་དང་དེ་བྱུང་གི་འབྲེལ་བ་གཉིས་སུ་གྲངས་ངེས་པར་བསྒྲུབ་པའི་ཕྱིར་དང་། ཐར་པ་ཐོབ་པར་བྱེད་པའི་ཐབས་བདག་མེད་རྟོགས་པའི་ཤེས་རབ་དང་། འཁོར་བའི་རྩ་བ་བདག་འཛིན་ཡིན་ལ། དེའི་ཞེན་ཡུལ་གང་ཟག་གི་བདག་མེད་པར་འབྲེལ་བ་རྫས་གྲུབ་བཀག་པས་འགྲུབ་པར་འདོད་ནས། འབྲེལ་བ་བརྟག་པས། མེད་ན་མི་འབྱུང་ངེས་ཕྱིར་རོ། །ཞེས་པའི་གཞུང་རྒྱས་པར་འཆད་པའི་ཕྱིར་རོ། །ཕྱི་མ་གཉིས་ནི་གཞན་དོན་གྱི་ཡན་ལག་ཡིན་ལ། མངོན་སུམ་ལེའུར་ཕྱི་རོལ་གྱི་དོན་བཀག་ནས་རྣམ་པར་རིག་པ་ཙམ་དུ་བསྟན་ལ། གལ་ཏེ་ཕྱི་རོལ་གྱི་དོན་མེད་པར་རྣམ་པར་རིག་པ་ཙམ་ཡིན་ན། རྒྱུད་གཞན་མ་གྲུབ་པས་གཞན་དོན་བྱེད་པར་མི་འཐད་དོ་སྙམ་ན། རྣམ་པར་རིག་པ་ཙམ་ཡིན་ཡང་ལུས་ངག་གི་བྱ་བ་ལས་ཀུན་སློང་དཔགས་ནས། དེ་རང་གི་རྒྱུད་དང་འབྲེལ་བ་བཀག་ནས་རྒྱུད་གཞན་བསྒྲུབ་པའི་ཕྱིར་དུ།

རང་ལུས་བློ་སྔོན་འགྲོ་བ་ཡི། །
བྱ་བ་མཐོང་ནས་གཞན་ལ་དེ། །
འཛིན་ཕྱིར་གལ་ཏེ་བློ་ཤེས་འགྱུར། །
ཚུལ་དེ་སེམས་ཙམ་ལ་ཡང་མཚུངས། །

ཞེས་རྒྱུད་གཞན་སྒྲུབ་པ་མཛད་པ་ཡིན་ནོ། །རྩོད་པའི་རིགས་པ་གཞན་དོན་གྱི་ཡན་ལག་ཡིན་ཏེ། གཞན་དོན་བྱེད་པ་ན་ཟས་གོས་སྦྱིན་པ་ལ་སོགས་པས། གནས་སྐབས་སུ་བདེ་བ་ཙམ་འགྲུབ་ཀྱང་གཏན་གྱི་བདེ་བ་མི་འགྲུབ་ལ། གཞི་ལམ་འབྲས་གསུམ་ལ་མཐའ་གཅིག་ཏུ་འཛིན་པའི་ལོག་རྟོག་དང་། མཐའ་གཉིས་སུ་དོགས་པའི་ཐེ་ཚོམ་སུན་འབྱིན་དང་སྒྲུབ་ངག་གིས་བསལ་ནས་ཡང་དག་པའི་ལམ་

ལ་བཀོད་པས་གཏན་གྱི་བདེ་བ་འགྲུབ་པའི་སྟོད་པའི་ཚུལ་ཤེས་པའི་ཕྱིར་དུ་སྟོད་པའི་རིགས་པ་མཛད་པའི་ཕྱིར་རོ། །

མདོར་ན་སྡེ་བདུན་གྱི་དང་པོ་གསུམ་གྱིས་རྟོག་གེའི་ཚིག་དོན་བརྒྱད་ཀ་ཚང་བར་སྟོན་པས་ལུས་ལྟ་བུ་དང་། ཕྱི་མ་བཞིས་དེ་ལས་འཕྲོས་པའི་དོན་ཙམ་སྟོན་གྱི་རྟོག་གེའི་ཚིག་དོན་བརྒྱད་ཀ་ཚང་བར་མི་སྟོན་པས། འཕྲོས་པ་ཡན་ལག་ལྟ་བུའི་བསྟན་བཅོས་ཞེས་བྱའོ། །[1]ཞེས་གསུངས་པ་ལྟར་ཤེས་པར་བྱའོ། །

སློབ་དཔོན་གྱི་ཚད་མའི་དགོངས་པ་མཆོན་བྱེད་ཀྱི་བསྟན་བཅོས་ཚད་མ་སྡེ་བདུན་པོ་འདི་ནི་《ཀུན་བཏུས་》ཀྱི་འགྲེལ་པ་ཡིན་མོད་ཀྱི། ཚད་མ་སྡེ་བདུན་དངོས་ཀྱི་དགོངས་དོན་ནི་《ཀུན་བཏུས་》ལས་རྒྱས་ཤིང་རྒྱ་ཆེ་བར་མ་ཟད། བརྗོད་བྱ་འགའ་ཞིག་ནི་《ཀུན་བཏུས་》ཀྱི་དགོངས་དོན་གཞི་བྱས་ཏེ་ཁ་གསབ་ཀྱི་ཚུལ་དང་གོང་དུ་སྤེལ་བའི་སྒོ་ནས་སྟོན་པ་ཡིན་པས། འཕགས་ཡུལ་གྱི་ཚད་མའི་གཞུང་ལུགས་ཆེས་ཕུལ་དུ་བྱུང་བ་ཞིག་ཡིན་ནོ། །འོ་ན་དེའི་ཐུན་མོང་མ་ཡིན་པ་དང་གཞན་ལས་ཁྱད་པར་དུ་འཕགས་པའི་དགེ་བའི་མཚན་མ་ཅི་ཞིག་ཡོད་ཅེ་ན། དེ་ལ་འདི་ཙམ་དཔྱད་པར་བྱ་སྟེ།

དང་པོ། 《རྣམ་འགྲེལ་》དུ་ཚད་མ་གྲུབ་པའི་ལེའུ་ལོགས་སུ་བཀོད་དེ་སྟོན་པ་བཅོམ་ལྡན་འདས་སྟོན་པ་ཚད་མ་དང་། དེའི་ལུང་རྟོགས་ཀྱི་བསྟན་པ་བསྟན་པ་རྣམ་དག་ཡིན་པར་གྲུབ་པ།

《རྣམ་འགྲེལ་》ཚད་མ་གྲུབ་པའི་ལེའུ་ལས། དེ་ལྡན་བཅོམ་ལྡན་ཚད་མ་ཉིད། །ཅེས་གསུངས་ཏེ། ཚད་མའི་མཚན་ཉིད་ནི་གསར་དུ་མི་བསླུ་བའི་རིག་པ་ཡིན་ལ། སྟོན་པ་བཅོམ་ལྡན་འདས་ཀྱང་དེ་དང་ལྡན་པ་ཡིན་ཏེ། གསར་དུ་མི་བསླུ་བའི་ཤེས་པ་ཡིན་པའི་ཕྱིར་ཏེ་ཆོས་ཐམས་ཅད་ལ་གསར་དུ་མི་བསླུ་བའི་ཤེས་

[1] ཐམས་ཅད་མཁྱེན་པ་དགེ་འདུན་གྲུབ་པས་མཛད་པ། ཀན་སུའུ་མི་རིགས་དཔེ་སྐྲུན་ཁང་གིས་༡༩༩༨ལོར་པར་དུ་བསྐྲུན་པའི་ཤོག་ངོས་༡༡པར་གསལ།

པ་ཡིན་པའི་ཕྱིར། རྣམ་མཁྱེན་དེས་ཇི་ལྟ་ཇི་སྙེད་ཀྱི་ཆོས་མ་ལུས་པ་སྐད་ཅིག་མ་གཅིག་ལ་མངོན་སུམ་དུ་གཟིགས་པའི་ཚད་མ་ཡིན་ལ། ཐུབ་པའང་རྣམ་མཁྱེན་དེ་དང་ལྡན་པར་བསྟན་པའོ། །དེ་ནི་《ཀུན་བཏུས་》ཀྱི་དགོངས་པ་ཡིན་ཏེ། དེའི་མཆོད་བརྗོད་དུ་ཚད་མར་གྱུར་པ་ཞེས་པ་ལ་《རྣམ་འགྲེལ་》ལས་དེ་ལྟར་འགྲེལ་ཏེ། མ་སྐྱེས་པ་ནི་བཟློག་དོན་དུ། །གྱུར་པ་ཉིད་གསུངས་དེ་ཡི་ཕྱིར། །སྒྲུབ་བྱེད་ལ་ལྟོས་ཚད་ཡིན་རིགས། །ཚད་མར་གྱུར་པ་ཞེས་པ་ནི་ཚད་མར་འཁྲུངས་པ་ཞེས་པའི་དོན་ཡིན་ལ། དེ་ལྟར་སྨོས་པའི་དགོས་པ་ནི། རྣམ་བཅད་ཀྱི་དགོས་པ་ཚད་མའི་སྐྱེས་བུ་དེ་རང་གི་རྒྱུ་ལས་མ་སྐྱེས་པ་ལྡོག་པའི་དོན་དུ་གསུངས་པ་དང་། ཡོངས་གཅོད་ཀྱི་དགོས་པ་ཐབས་ཤེས་ཀྱི་སྒྲུབ་བྱེད་གོམས་པ་ལ་བལྟོས་ནས་ཚད་མར་འཁྲུངས་པ་གོ་བའི་ཆེད་དུ་གསུངས་པ་ཡིན་པས། དེ་ལས་ཐུབ་པ་བཅོམ་ལྡན་འདས་ཡིན་པར་གྲུབ་པའོ། །ཀློང་རྡོལ་བླ་མ་ངག་དབང་བློ་བཟང་གི་གསུང་《ཚད་མ་རྣམ་འགྲེལ་སོགས་གཏན་ཚིགས་རིག་པ་ལས་བྱུང་བའི་མིང་གི་རྣམ་གྲངས་》ལས། ཚད་མ་ཀུན་བཏུས་ཀྱི་མཆོད་བརྗོད་ཀྱི་དོན། རྣམ་འགྲེལ་ལེའུ་གཉིས་པའི་བརྗོད་བྱ་ནི། ཐུབ་པ་སངས་རྒྱས་བཅོམ་ལྡན་འདས་དེ། གྲོལ་བ་དོན་གཉེར་ཅན་ལ་ཚད་མའི་སྐྱེས་བུར་སྒྲུབ་པར་བྱེད་པའི་ལུགས་འབྱུང་རང་བཞིན་གྱི་གཏན་ཚིགས་བཞི། ལུགས་ལྡོག་འབྲས་བུའི་གཏན་ཚིགས་བཞི་ཡོད་པའི་དང་པོ། ཐུབ་པ་སངས་རྒྱས་བཅོམ་ལྡན་འདས་དང་རྒྱུད་གཅིག་ཏུ་གྱུར་པའི་བྱང་སེམས་ཚོགས་ལམ་ཐོབ་མ་ཐག་པ་དེ་ཆོས་ཅན། རང་རྒྱུད་ལ་སྟོན་པ་ཞེས་པའི་སྐབས་ནས་དངོས་སུ་བསྟན་པའི་སྟོན་པ་སྦྱོར་བ་ཕུན་ཚོགས་བདག་མེད་རྟོགས་པའི་ཤེས་རབ་འབྱུང་རུང་ཡིན་ཏེ། ཕན་བཞེད་པ་ཞེས་པའི་སྐབས་ནས་དངོས་སུ་བསྟན་པའི་བསམ་པ་ཕུན་ཚོགས་སྙིང་རྗེ་ཆེན་པོ་རྒྱུད་ལ་ལྡན་པའི་བྱང་སེམས་སོ་སྐྱེ་ཡིན་པའི་ཕྱིར་རོ། །དཔེར་ན་ནད་པ་ནད་ལས་གྲོལ་བར་འདོད་པའི་སྨན་པ་མཁས་པས་ཐོག་མར་སྨན་གྱི་སྦྱོར་བ་ལ་བརྩོན་པ་བཞིན། ཞེས་འཆད་པར་བྱེད་པ་ལ། རྣམ་འགྲེལ་གྱི་ལེའུ་གཉིས་པ་

ལས། སྐྱབ་བྱེད་ཐུགས་རྗེ་གོམས་ལས་དེ། །ཞེས་པ་ནས། ཆགས་བྲལ་ཆགས་དང་ཡིད་ཡོག་བཞིན། །ཞེས་པའི་བར་བྱུང་། གཉིས་པ། ཐུབ་པ་སངས་རྒྱས་བཅོམ་ལྡན་འདས་དང་རྒྱུད་གཅིག་ཏུ་གྱུར་པའི་བྱང་སེམས་མཐོང་ལམ་རྣམ་གྲོལ་ལམ་པ་བ་ཆོས་ཅན། རང་རྒྱུད་ལ་བདེ་གཤེགས་ཞེས་པའི་སྐབས་ནས་དངོས་སུ་བསྟན་པའི་ཁྱད་པར་གསུམ་ལྡན་གྱི་སྤངས་པ་བདེ་གཤེགས་འབྱུང་རུང་ཡིན་ཏེ། གང་ཟག་གི་བདག་མེད་མངོན་སུམ་དུ་རྟོགས་པའི་བྱང་སེམས་ཡིན་པའི་ཕྱིར། དཔེར་ན་ནད་པ་ནད་ལས་གྲོལ་བར་འདོད་པའི་སྨན་པ་མཁས་པས་ནད་པའི་ནད་འཚོ་བར་བྱེད་པ་བཞིན། ཞེས་འཆད་པར་བྱེད་པ་ལ། བརྩེ་ལྡན་སྡུག་བསྔལ་གཞོམ་པའི་ཕྱིར། །ཞེས་པ་ནས། གཉིས་པོ་འདི་ནི་རྒྱུ་རུ་བཤད། །ཅེས་པའི་བར་བྱུང་། གསུམ་པ། ཐུབ་པ་སངས་རྒྱས་བཅོམ་ལྡན་འདས་དང་རྒྱུད་གཅིག་ཏུ་གྱུར་པའི་བྱང་སེམས་རྒྱུན་མཐའ་བས་རྣམ་མཁྱེན་སྐད་ཅིག་དང་པོ་ཐོབ་མ་ཐག་པའི་སངས་རྒྱས་འཕགས་པ་ཆོས་ཅན། རང་རྒྱུད་ལ་སྐྱོབ་པ་དང་ཞེས་པའི་སྐབས་ནས་བསྟན་པའི་གཞན་དོན་ཕུན་ཚོགས་འབྱུང་རུང་ཡིན་ཏེ། ཁྱད་པར་གསུམ་ལྡན་གྱི་བདེར་གཤེགས་ཉེད་པའི་སྐྱེས་བུ་ཡིན་པའི་ཕྱིར། ནད་པ་ནད་དང་བྲལ་བར་འདོད་པའི་སྨན་པ་མཁས་པས་ནད་དང་བྲལ་བར་འདོད་པ་བཞིན། ཞེས་འཆད་པར་བྱེད་པ་ལ། རྒྱུ་སྤངས་ཡོན་ཏན་གསུམ་བདེར་གཤེགས། །ཞེས་པ་ནས། དེ་ཤེས་པ་ཡང་གྲུབ་པ་ཡིན། །ཞེས་པའི་བར་བྱུང་། བཞི་པ། ཐུབ་པ་སངས་རྒྱས་བཅོམ་ལྡན་འདས་ཆོས་ཅན། གྲོལ་བ་དོན་གཉེར་ལ་ཚད་མའི་སྐྱེས་བུར་གྲུབ་སྟེ། གཞན་དོན་ཕུན་ཚོགས་སྐྱོབ་པ་རྒྱུད་ལ་ལྡན་པའི་སྐྱེས་བུ་ཡིན་པའི་ཕྱིར། ནད་པ་ནད་ལས་གྲོལ་བར་འདོད་པའི་སྨན་པ་མཁས་པས་ནད་པའི་ནད་བསལ་ནས་ནད་མེད་པའི་བདེ་བ་ལ་བཀོད་པ་བཞིན། ཞེས་འཆད་པར་བྱེད་པ་ལ། སྐྱོབ་པ་ཉིད་གཟིགས་ལམ་གསུངས་པ། །ཞེས་པ་ནས་དེ་ཕྱིར་ཚད་ཡིན་ཞེས་པའི་བར་བྱུང་། དེ་དག་གིས་ལུགས་འབྱུང་རང་བཞིན་གྱི་གཏན་ཚིགས་རྫོགས། གཉིས་པ་ལུགས་ལྡོག་རང་བཞིན་གྱི་གཏན་ཚིགས་བཞི་ནི། དང་

པོ། ཐུབ་པ་སངས་རྒྱས་བཅོམ་ལྡན་འདས་ཆོས་ཅན། རང་གི་རྒྱུར་གྱུར་པའི་གཞན་དོན་ཕུན་ཚོགས་སྐྱོབ་པ་སྟོན་དུ་སོང་བ་ཡིན་ཏེ། བདེན་བཞིའི་བླང་དོར་ཕྱིན་ཅི་མ་ལོག་པར་སྟོན་པ་མཐར་ཕྱིན་པའི་སྐྱེས་བུ་ཡིན་པའི་ཕྱིར། ཞེས་འཆད་པར་བྱེད་པ་ལ། ཡང་ན་སྐྱོབ། །བདེན་པ་བཞི་ནི་སྟོན་མཛད་པའོ། ཞེས་པའི་གཞུང་འདི་བྱུང་། གཉིས་པ། ཐུབ་པ་སངས་རྒྱས་བཅོམ་ལྡན་འདས་ཆོས་ཅན། རང་གི་རྒྱུར་གྱུར་པའི་ཁྱད་པར་གསུམ་ལྡན་གྱི་རྟོགས་པ་ཕུན་ཚོགས་སྔོན་དུ་སོང་བ་ཡིན་ཏེ། གཞན་དོན་ཕུན་ཚོགས་སྐྱོབ་པ་མངའ་བ་མཐར་ཕྱིན་པའི་སྐྱེས་བུ་ཡིན་པའི་ཕྱིར། ཞེས་འཆད་པར་བྱེད་པ་ལ། སྐྱོབ་ལས་དེ་ཉིད་དང་བརྟན་དང་། །ཞེས་པ་ནས། མི་སློབ་ལས་ལྷག་དེ་ཡི་ཕྱིར། །ཞེས་པའི་བར་བྱུང་། གསུམ་པ། ཐུབ་པ་སངས་རྒྱས་བཅོམ་ལྡན་འདས་དང་རྒྱུད་གཅིག་ཏུ་གྱུར་པའི་རྣམ་མཁྱེན་སྐད་ཅིག་དང་པོ་ལ་གནས་པའི་སངས་རྒྱས་འཕགས་པ་ཆོས་ཅན། རང་གི་རྒྱུར་གྱུར་པའི་བདག་མེད་མངོན་སུམ་དུ་རྟོགས་པའི་ཤེས་རབ་སྔོན་དུ་སོང་བ་ཡིན་ཏེ། རྟོགས་པ་ཁྱད་པར་གསུམ་ལྡན་གྱི་བདེར་གཤེགས་ཉིད་པའི་སྐྱེས་བུ་ཡིན་པའི་ཕྱིར། ཞེས་འཆད་པར་བྱེད་པ་ལ། གཞན་དོན་མཁྱེན་སྦྱོར་དེ་སྟོན་པ། །ཞེས་གསུངས་སོ། །བཞི་པ་ནི། ཐུབ་པ་སངས་རྒྱས་བཅོམ་ལྡན་འདས་དང་རྒྱུད་གཅིག་ཏུ་གྱུར་པའི་བྱང་སེམས་མཐོང་ལམ་བར་ཆད་མེད་ལམ་པ་ཆོས་ཅན། རང་གི་རྒྱུར་གྱུར་པའི་བརྩེ་བ་སྙིང་རྗེ་ཆེན་པོ་སྔོན་དུ་སོང་བ་ཡིན་ཏེ་བདག་མེད་མངོན་སུམ་དུ་རྟོགས་པའི་བྱང་སེམས་ཡིན་པའི་ཕྱིར།[1] ཞེས་སོགས་རྒྱས་པར་གསུངས་པ་ལྟར་གོ་བར་བྱའོ། །

གཉིས་པ། ཚད་མའི་མཚན་ཉིད་གསར་དུ་སྟོན་པ།

སློབ་དཔོན་ཕྱོགས་ཀྱི་གླང་པོས་ཚད་མའི་མཚན་ཉིད་གསལ་པོར་བསྟན་མེད་ཀྱང་། 《རྣམ་འགྲེལ་》ལས། ཚད་མ་བསླུ་མེད་ཅན་ཤེས་པ། །ཞེས་དང་། མ་

① 《གློང་རྡོལ་ངག་དབང་བློ་བཟང་གི་གསུང་འབུམ་》གླེགས་བམ་དང་པོ། བོད་ལྗོངས་བོད་ཡིག་དཔེ་རྙིང་དཔེ་སྐྲུན་ཁང་གིས་༡༩༩༡ལོར་པར་དུ་བསྐྲུན་པའི་ཤོག་གྲངས་༨༥༥པར་གསལ།

ཤེས་དོན་གྱི་གསལ་བྱེད་ཀྱང་། །ཞེས་གསལ་བར་གསུངས་ཏེ་ཚད་མའི་མཚན་ཉིད་གསར་དུ་མི་བསླུ་བའི་ཤེས་པ་ཞེས་པར་བསྟན་ཏོ། །《སྒྲེ་དོན་རིགས་རྒྱན་》ལས། ལྷ་དབང་བློས་ཚད་མའི་མཚན་ཉིད་ཀྱི་ཟུར་ལ་མཚན་ཉིད་ཀྱི་སྒྲས་བསྟན་པ་ཡིན་ཏེ། ཚད་མ་བསླུ་མེད་ཅན་ཤེས་པ་ཞེས་པས་མཚན་ཉིད་ཀྱི་ཟུར་མི་བསླུ་བ་བསྟན་ལ། མ་ཤེས་དོན་གྱི་གསལ་བྱེད་ཀྱང་ཞེས་པས་མཚན་ཉིད་ཀྱི་ཟུར་དུ་གསར་དུ་ཞེས་པ་བསྟན་པ་ཡིན་ལ། གཉིས་ཀ་དྲིལ་བས་ཚད་མའི་མཚན་ཉིད་ཡོངས་རྫོགས་བསྟན་པ་ཡིན་ནོ་①ཞེས་གསུངས། འདིར་ཚད་མའི་མཚན་ཉིད་ཀྱི་ཟུར་དུ་གསར་དུ་ཞེས་བརྗོད་པའི་དགོས་པ་ནི་དཔྱད་ཤེས་དང་རྟོགས་ཟིན་རྟོགས་པའི་རིག་པ་རྣམས་ཚད་མ་ཡིན་པ་གཅོད་པའི་ཕྱིར་ཏེ། ཚད་མའི་སྐད་དོད་པྲམཱཎ་ཞེས་པ་རང་རྒྱུད་མན་ཆད་ཀྱིས་པྲ་དང་པོ་དང་། མཱཎ་འཇལ་བ་ལ་འཇུག་པར་འདོད་པས་ཡུལ་དང་པོར་གསར་དུ་གཞལ་བའི་བློ་ནི་ཚད་མ་ཡིན་གྱི། རྟོགས་ཟིན་རྟོགས་པའི་རིག་པ་ཚད་མ་མ་ཡིན་པར་འདོད་པའི་ཕྱིར་རོ། །མཚན་ཉིད་ཀྱི་ཟུར་དུ་མི་བསླུ་བ་ཞེས་པས་ཡིད་དཔྱོད་དང་རང་ཡུལ་འཁྲུལ་བའི་ལོག་ཤེས་ཚད་མ་ཡིན་པ་གཅོད། རིག་པ་ཞེས་པས་རང་ཡུལ་གསར་དུ་རྟོགས་པའི་གང་ཟག་དང་སྔོན་པོ་གསར་དུ་རྟོགས་པའི་མིག་དབང་དང་། བུམ་པ་ཞེས་བརྗོད་པའི་སྒྲ་རྣམས་ཚད་མ་ཡིན་པ་གཅོད་པའི་ཕྱིར་རོ། །ཚད་མའི་མཚན་ཉིད་དེ་སྔོན་དུ་བྱུང་བའི་གཞུང་ལས་མ་གྲགས་སོ། །

གསུམ་པ། ཚུལ་གསུམ་པའི་རྟགས་ཀྱི་མཚན་ཉིད་གསར་དུ་སྟོན་པ།

《རིགས་པའི་ཐིགས་པ་》ལས། ཚུལ་གསུམ་པ་ཉིད་ཀྱི་རྟགས་ནི། རྗེས་སུ་དཔག་པར་བྱ་བ་ལ་ཡོད་པ་ཉིད་དང་། མཐུན་པའི་ཕྱོགས་ཉིད་ལ་ཡོད་པ་དང་། མི་མཐུན་པའི་ཕྱོགས་ལ་མེད་པ་ཉིད་དུ་ངེས་པའོ་ཞེས་གསུངས་ལ། འདི་《རིགས་པ་

① རྗེ་དགེ་འདུན་གྲུབ་ཀྱིས་མཛད་པའི་《ཚད་མའི་བསྟན་བཅོས་རིགས་པའི་རྒྱན་》ཞེས་བྱ་བ་ཀན་སུའུ་མི་རིགས་དཔེ་སྐྲུན་ཁང་གིས་༡༩༩༨ལོར་པར་དུ་བསྐྲུན་པའི་ཤོག་ངོས་༢༥ལས་དྲངས།

ལ་འཇུག་པ་》ཞེས་པའི་གཞུང་ལས་གསུངས་པའི་ཚུལ་གསུམ་གྱི་མཚན་ཉིད་དང་ཅུང་མི་མཐུན་པར་སྣང་སྟེ། 《རིགས་པ་ལ་འཇུག་པ་》ལས། ཚུལ་གསུམ་གང་ཞེ་ན། ཕྱོགས་ཀྱི་ཆོས་ཀྱི་ལྟོས་གཞི་ལ་ཡོད་པ་དང་། མཐུན་ཕྱོགས་ལ་ཡོད་པ་དང་། མི་མཐུན་ཕྱོགས་ལ་མེད་པའོ་ཞེས་གསུངས་ལ། སློབ་དཔོན་ཆོས་གྲགས་ཀྱིས་ཚུལ་དང་པོ་ལ་ཡོད་པ་ཉིད་ཅེས་ཉིད་ཀྱི་ཁྱད་སྦྱར་ཏེ་རྟགས་ཤེས་འདོད་ཆོས་ཅན་ལ་ཡོད་པ་ཁོ་ན་ཡིན་པར་བསྟན་ཏེ། ཤེས་འདོད་ཆོས་ཅན་གྱི་ཕྱོགས་གཅིག་རྟགས་ལ་མེད་པའི་སྐྱོན་མི་འབྱུང་བ་དང་། ཉིད་ཀྱི་སྒྲ་དེ་ཡོད་པ་ཞེས་པའི་ཚིག་གི་རྗེས་ལ་སྦྱ་དགོས་ཏེ། དེ་དེའི་རྗེས་སུ་མ་སྦྱོས་པར་སྔར་སྦྱོས་ན་ཤེས་འདོད་ཆོས་ཅན་དེ་ཁོ་ནའི་སྟེང་དུ་ཡོད་པ་ཞེས་པར་འགྱུར་ལ། དེ་ལྟར་ན་མཉན་བྱ་ཁོ་ན་སྒྲ་མི་རྟག་པར་སྒྲུབ་པའི་ཕྱོགས་ཆོས་ཡིན་པར་འགྱུར་བའི་སྐྱོན་ཡོད་པས། སློབ་དཔོན་གྱིས་བསམ་བཞིན་དུ་ཁྱད་ཉིད་ཀྱི་སྒྲ་དེ་ཡོད་པ་ཞེས་པའི་ཚིག་གི་རྗེས་སུ་སྦྱོས་པ་ཡིན་ནོ། །ཡང་ཚུལ་དང་པོའི་མཚན་ཉིད་ཀྱི་ཟུར་དུ་ངེས་པ་ཞེས་པའི་ཚིག་བསྣན་ཏེ་རྒོལ་བས་རྟགས་དེ་རྗེས་སུ་དཔག་པར་བྱ་བ་ལ་ཡོད་པ་ཉིད་དུ་ཚད་མས་ངེས་དགོས་པའི་དོན་བསྟན་ཏེ། གཞི་རྟགས་ཀྱི་འབྲེལ་བ་ལ་ཐེ་ཚོམ་ཟོས་ནས་མ་གྲུབ་པའི་སྐྱོན་མི་འབྱུང་བར་བྱས་སོ། །ཚུལ་གཉིས་པ་ལ་མཐུན་ཕྱོགས་ཉིད་ལ་ཡོད་པ་ཞེས་ཚིག་ཕྲད་ཉིད་སྒྲ་སྦྱར་ཏེ་རྟགས་དེ་མཐུན་ཕྱོགས་ཁོ་ན་ལ་ཡོད་པར་དངོས་སུ་བསྟན་ཅིང་། མི་མཐུན་ཕྱོགས་ལ་གཏན་ནས་མེད་པ་ཤུགས་ལ་བསྟན་ཏེ། དཔེར་ན་སྒྲ་མི་རྟག་པར་སྒྲུབ་པ་ལ་གཞལ་བྱ་རྟགས་སུ་བཀོད་པ་ལྟ་བུའི་དངོས་ཀྱི་མ་ངེས་པའི་སྐྱོན་མི་འབྱུང་བར་བྱས་སོ། །དེ་ཡང་ཡིན་ཏེ། གཞལ་བྱ་དེ་དེ་སྒྲུབ་ཀྱི་མཐུན་ཕྱོགས་དང་མི་མཐུན་ཕྱོགས་གཉིས་ཀ་ལ་ཡོད་པའི་ཕྱིར། 《འཐད་ལྡན་》ལས། ཉིད་སྨོས་པ་ནི་ཐུན་མོང་གི་མ་ངེས་པ་ཉིད་བསལ་ཏེ་ཞེས་གསུངས་པའི་ཕྱིར། མཚན་ཉིད་ཀྱི་ཟུར་དུ་ངེས་པ་ཞེས་པས་ཁྱབ་པ་ལ་ཐེ་ཚོམ་ཟ་བའི་སྐྱོན་མི་འབྱུང་བར་བྱས་ཏེ། དཔེར་ན་ཀུན་མཁྱེན་བསྐལ་དོན་དུ་སོང་བའི་གང་ཟག་གི་ངོར་སྐྱེས་བུ་ཕ་རོལ་

པོ་ཀུན་མཁྱེན་སྒྲུབ་པ་ལ་ངག་སྒྲ་བ་རྟགས་སུ་བཀོད་པ་ལྷ་བུའི་ཁྱབ་པ་ལ་ཐེ་ཚོམ་གྱི་སྐྱོན་མི་འབྱུང་བའི་ཕྱིར་རོ། །དེ་ལྟར་《འཐད་ལྡན་》ལས། ངེས་པའི་ཚིག་གིས་ནི་རྗེས་སུ་འགྲོ་བ་ཐེ་ཚོམ་ཟ་བའི་མ་ངེས་པ་བསལ་ཏེ་ཞེས་གསུངས་པས་སོ། །ཚུལ་གསུམ་པ་ལ་མི་མཐུན་པའི་ཕྱོགས་ལ་མེད་པ་ཉིད་དུ་ངེས་པའོ་ཞེས་པའི་ཉིད་ཀྱི་ཕྲད་སྒྲར་ཏེ་མི་མཐུན་ཕྱོགས་ལ་མེད་པ་ཁོ་ན་ཡིན་པ་དངོས་སུ་བསྟན་ཅིང་། མི་མཐུན་ཕྱོགས་ལ་ཡོད་མི་སྲིད་པ་ཤུགས་ལ་བསྟན་ཏེ། དཔེར་ན་མི་རྟག་པ་དུང་སྒྲ་རྩོལ་བྱུང་དུ་སྒྲུབ་པའི་ལྟོག་ཁྱབ་ཡིན་ནམ་སྙམ་པའི་དོགས་པ་མི་སྐྱེས་ཏེ། 《འཐད་ལྡན་》ལས། ཉིད་སྨོས་པས་ནི་མི་མཐུན་པའི་ཕྱོགས་གཅིག་ལ་ཐུན་མོང་དུ་ཡོད་པ་བསལ་བ་ཡིན་ཞེས་གསུངས་པའི་ཕྱིར་རོ། །མཚན་ཉིད་ཀྱི་ཟུར་དུ་ཉིད་ཀྱི་སྒྲ་དེ་མེད་པའི་ཕྱིས་སུ་སྨོས་པ་ནི་རྩོལ་བྱུང་སྒྲ་མི་རྟག་པར་སྒྲུབ་པའི་ལྟོག་ཁྱབ་མ་ཡིན་ནམ་སྙམ་པའི་དོགས་པ་བསལ་བ་ཡིན་ཏེ། དེ་ལྟར་མ་ཡིན་པར་ཐོན་དུ་སྨོས་ན་མི་མཐུན་ཕྱོགས་ཉིད་ལ་མེད་པ་ཞེས་གཞན་ལྡན་རྣམ་གཅོད་དུ་འགྱུར་ལ། དེ་ལྟར་ན་རྩོལ་བྱུང་དུང་སྒྲ་མི་རྟག་པར་སྒྲུབ་པའི་ལྟོག་ཁྱབ་མ་ཡིན་པར་ཐལ། དེ་དེ་སྒྲུབ་ཀྱི་མི་མཐུན་ཕྱོགས་ཉིད་ལ་མེད་པ་མ་ཡིན་པའི་ཕྱིར་ཏེ། དེ་དེ་སྒྲུབ་ཀྱི་མཐུན་ཕྱོགས་སློག་ལ་སོགས་པ་ལ་ཡང་མེད་པའི་ཕྱིར་ཞེས་པ་ལྟ་བུའི་སྐྱོན་བྱུང་བ་ཡིན་པས། སློབ་དཔོན་གྱིས་སྐྱོན་དེ་སེལ་བའི་ཆེད་དུ་ཉིད་ཀྱི་སྒྲ་དེ་མེད་པའི་ཚིག་གི་ཕྱིས་སུ་སྨོས་པ་ཡིན་ནོ། །མཚན་ཉིད་ཀྱི་ཚིག་ཟུར་དུ་ངེས་པ་ཞེས་སྨོས་པ་ནི་ཁྱབ་པ་ལ་ཐེ་ཚོམ་ཟ་བའི་གཏན་ཚིགས་རྣམས་ལ་ལྟོག་ཁྱབ་སྒྲུབ་པར་འདོད་པའི་སྐྱོན་མི་འབྱུང་བར་མཛད་དོ། །

དོན་བསྡུ་ན། ཕྱོགས་ཆོས་ཀྱི་མཚན་ཉིད་དེས། རྗེས་སུ་དཔག་པར་བྱ་བ་ལ་ཡོད་པ་དང་། དེ་ལ་ཡོད་པ་ཉིད་དང་། དེ་ལ་ཡོད་པ་ཉིད་དུ་ངེས་པ་བཅས་པ་གསུམ་ལས། རྩོད་གཞི་ལ་གཏན་མེད་པ་དང་། དེ་ལ་ཡོད་ཀྱང་ཁྱབ་བྱེད་དུ་མེད་པའི་དོན་སྐྱོན་གཉིས་དང་། དོན་སྐྱོན་ལྟར་དོགས་པའི་ཐེ་ཚོམ་ཅན་གྱི་སྐྱོན་སེལ་

བར་བྱེད་དོ། །རྗེས་ཁྱབ་ཀྱི་མཚན་ཉིད་ངེས། མཐུན་ཕྱོགས་ལ་ཡོད་པ་དང་། མཐུན་ཕྱོགས་ཉིད་ལ་ཡོད་པ་དང་། དེ་ལྟར་ཡོད་པར་ངེས་པ་གསུམ་ལས། མཐུན་ཕྱོགས་ལ་མེད་པ་དང་། མི་མཐུན་ཕྱོགས་ལ་ཡང་ཡོད་པའི་དོན་སྐྱོན་དང་བློ་སྐྱོན་སེལ་ལོ། །ལྡོག་ཁྱབ་ཀྱི་མཚན་ཉིད་ངེས། མི་མཐུན་ཕྱོགས་ལ་མེད་པ་དང་། དེ་ལ་མེད་པ་ཉིད་དང་། དེ་ལ་མེད་པར་ངེས་པ་གསུམ་ལས་བསལ་བྱའི་བཟློག་ཟླའི་སྐྱོན་དང་དེ་ལྟར་དོགས་པའི་ཐེ་ཚོམ་སེལ་བ་ཡིན་ནོ། །

བཞི་པ། གཏན་ཚིགས་ལ་ངོ་བོའི་སྒོ་ནས་དབྱེ་བ་གསུམ་དུ་གཏན་ལ་ཕབ་པ།

《རྣམ་ངེས་》ལས། མཚན་ཉིད་དེ་དང་ལྡན་པ་བའི། །གཏན་ཚིགས་དེ་ནི་མི་དམིགས་དང་། །བདག་དང་འབྲས་བུ་ཞེས་བྱ་གསུམ། །ཀོ་ནའོ། །རྟགས་ནི་གསུམ་སྟེ། མི་དམིགས་པ་དང་། རང་བཞིན་དང་། འབྲས་བུའོ། །དཔེར་ན་ཕྱོགས་ཀྱི་ཁྱད་པར་འགའ་ཞིག་ནི་བུམ་པ་མེད་དེ། དམིགས་པའི་མཚན་ཉིད་དུ་གྱུར་པ་མི་དམིགས་པའི་ཕྱིར་རོ། །གལ་ཏེ་ཡོད་ན་དམིགས་པའི་ཡོད་པ་ཅན་ཉིད་དུ་འགྱུར་གྱིས་གཞན་དུ་ནི་མ་ཡིན་ནོ། །ཤིང་ཤ་པ་ཡིན་པའི་ཕྱིར། འདི་ནི་ཤིང་ངོ་། །དུ་བ་ལས་ནི་འདི་ན་མེ་ཡོད་དོ་ཞེས་བྱ་བ་ལྟ་བུའོ། །ཞེས་གསུངས་པ་དང་། 《རིགས་ཐིགས་》ལས། ཚུལ་གསུམ་པ་དག་ནི་རྟགས་གསུམ་ཁོ་ན་དང་ལྡན་པ་སྟེ། མི་དམིགས་པ་དང་། རང་བཞིན་དང་། འབྲས་བུའོ། །དེ་ལ་མི་དམིགས་པ་ནི། དཔེར་ན་ཕྱོགས་ཀྱི་བྱེ་བྲག་འགའ་ཞིག་ན་བུམ་པ་མེད་དེ། དམིགས་པའི་རིག་བྱར་གྱུར་པ་ལས་མི་དམིགས་པའི་ཕྱིར་རོ་ཞེས་བྱ་བ་ལྟ་བུ། དམིགས་པའི་རིག་བྱར་གྱུར་པ་ནི་དམིགས་པའི་རྐྱེན་གཞན་ཚང་བ་ཉིད་རང་བཞིན་ཁྱད་པར་ཅན་ཏེ། རང་བཞིན་གང་ཡོད་ལ་དམིགས་པའི་རྐྱེན་གཞན་དག་ཀྱང་ཡོད་ན་མངོན་སུམ་ཁོ་ནར་འགྱུར་བའོ། །རང་བཞིན་ནི་རང་ཡོད་པ་ཙམ་དུ་གྱུར་པ་བསྒྲུབ་པར་བྱ་བའི་ཆོས་ཀྱི་གཏན་ཚིགས་ཏེ། དཔེར་ནི་ཤིང་ཤ་པ་ཡིན་པའི་ཕྱིར་འདི་ནི་ཤིང་ངོ་ཞེས་བྱ་བ་ལྟ་བུའོ། །འབྲས་བུ་ནི་དཔེར་ན། དུ་བ་ཡོད་པའི་ཕྱིར་དེ་ན་མེ་ཡོད་དོ་ཞེས་བྱ་བ་ལྟ་

བུ་འོ། །ཞེས་གསུངས་པ་ལྟར་གཏན་ཚིགས་ཡང་དག་ལ་འབྲས་བུ་དང་། རང་བཞིན་དང་། མ་དམིགས་པ་དང་གསུམ་དུ་དབྱེ་བར་བསྟན་ཏོ། །

གཞན་ཡང་རྣམ་འགྲེལ་རང་དོན་རྗེས་དཔག་གི་རང་འགྲེལ་དང་། རྣམ་ངེས་དང་། རིགས་ཐིགས་གསུམ་ལས། འདི་ལ་གཉིས་ནི་དངོས་པོ་སྒྲུབ་པའོ། །གཅིག་ནི་དགག་པའི་གཏན་ཚིགས་སོ་ཞེས་རང་བཞིན་གྱི་རྟགས་དང་འབྲས་རྟགས་གཉིས་ནི་སྒྲུབ་རྟགས་ཡིན་ལ། མི་དམིགས་པའི་རྟགས་གཅིག་པུ་དགག་རྟགས་ཡིན་པར་གསལ་བར་བསྟན་ཏོ། །

དེ་ལྟར་དབྱེ་བ་ནི་སྔར་གྱི་ཕྱི་ནང་གི་གཏན་ཚིགས་རིག་པའི་གཞུང་གང་ལས་ཀྱང་མ་གྲགས་སོ། །

ལྔ་པ། གཞན་དོན་རྗེས་དཔག་ལ་ཆོས་མཐུན་སྦྱོར་དང་ཆོས་མི་མཐུན་སྦྱོར་གྱི་སྒྲུབ་ངག་གཉིས་སུ་ཕྱེ་ཞིང་། སྒྲུབ་ངག་ཏུ་བསྒྲུབ་བྱ་དངོས་སུ་མི་སྟོན་པའི་སྲོལ་གཏན་ལ་ཕབ་པ།

《རིགས་ཐིགས་》ལས། གཞན་གྱི་དོན་གྱི་རྗེས་སུ་དཔག་པ་ནི་ཚུལ་གསུམ་པའི་རྟགས་བརྗོད་པ་སྟེ། རྒྱུ་ལ་འབྲས་བུ་བཏགས་པའི་ཕྱིར་རོ། །སྦྱོར་བའི་བྱེ་བྲག་གིས་དེ་ནི་རྣམ་པ་གཉིས་ཏེ། ཆོས་མཐུན་པ་ཉིད་ཅན་དང་། ཆོས་མི་མཐུན་པ་ཉིད་ཅན་ནོ། །སྦྱོར་བའི་བྱེ་བྲག་མ་གཏོགས་པར་འདི་གཉིས་དོན་དུ་ནི་བྱེ་བྲག་ཅི་ཡང་མེད་དོ། །དེ་ལ་ཆོས་མཐུན་པ་ཉིད་ཅན་ནི། དམིགས་པའི་རིག་བྱར་གྱུར་པ་གང་མ་དམིགས་པ་དེ་ནི་མེད་པའི་ཐ་སྙད་ཀྱི་ཡུལ་དུ་གྲུབ་སྟེ། དཔེར་ན་རི་བོང་གི་རྭ་ལ་སོགས་པ་གཞན་འགའ་ཞིག་མཐོང་བ་བཞིན་ཏེ་ཕྱོགས་ཀྱི་བྱེ་བྲག་གང་ན་དམིགས་པའི་རིག་བྱར་གྱུར་པ་བུམ་པ་མ་དམིགས་པའོ་ཞེས་བྱ་བ་ལྟ་བུའོ་ཞེས་གསུངས་སོ། །ཆོས་མཐུན་སྦྱོར་གྱི་སྒྲུབ་ངག་གི་མཚན་གཞི་དཔེར་བརྗོད་དེར་བརྟག་ན། སྒྲུབ་ངག་ཚ་ཚང་བ་ཞིག་ཡིན་ན་ཁྱབ་པ་སྟོན་པའི་ཚིག་དང་། ཕྱོགས་ཆོས་སྟོན་པའི་ཚིག་གཉིས་ལས་ཡན་ལག་གཞན་ཅི་ཡང་མེད་དོ། །འོ་ན་དཔེ་དེ་སྒྲུབ་ངག་གི་ཡན་ལག་ཏུ་ཅིའི་ཕྱིར་མི་བྱེད་ཅེ་ན། དཔེ་ནི་ཁྱབ་པ་སྒྲུབ་བྱེད་ཡིན་པས་ཁྱབ་པའི་ཁོངས་

སུ་གཏོགས་པས་ན་ཕོགས་སུ་སྨྲ་མི་དགོས་པའི་ཕྱིར་རོ། །གཞུང་དེ་ཉིད་ལས། ཆོས་མི་མཐུན་པ་ཉིད་ཅན་གྱི་སྦྱོར་བ་ནི། གང་ཡོད་ལ་དམིགས་པའི་རིག་བྱར་གྱུར་པ་དེ་ནི་དམིགས་པ་པོ་ནར་གྱུར་ཏེ། དཔེར་ན་སྔོན་པོ་ལ་སོགས་པའི་བྱེ་བྲག་ལྟ་བུ་ཡིན་ན་ནི་དམིགས་པའི་རིག་བྱར་གྱུར་པ་བུམ་པ་དེ་ལྟར་མི་དམིགས་སོ་ཞེས་བྱ་བ་མི་དམིགས་པའི་སྦྱོར་བའོ་ཞེས་གསུངས་སོ། །སྒྲུབ་ངག་དེ་གོང་དང་མཚུངས་པར་ཚིག་དང་པོ་ཕྱོགས་ཁྱབ་སྟོན་པ་དང་། གཉིས་པ་དཔེ་དང་། གསུམ་པ་ཕྱོགས་ཆོས་སྟོན་པ་ཡིན་ནོ། །སྦྱོར་བ་འདི་གཉིས་ལ་ནི་ཐུན་མོང་དུ་གྱུར་པའི་ཁྱད་ཆོས་ཡོད་དེ། དཔེ་དེ་ཁྱབ་པ་(རྗེས་ཁྱབ་བམ་ལྡོག་ཁྱབ་)སྒྲུབ་པའི་ཆེད་དུ་བཀོད་པ་ཡིན་པས་ཁྱབ་པའི་ཁོངས་སུ་གཏོགས་ལ། ཁྱབ་པ་སྟོན་པའི་ཚིག་དང་དཔེ་སྟོན་པའི་ཚིག་གཉིས་ནི་སྒྲུབ་ངག་དེའི་ཡན་ལག་གཅིག་ཏུ་འཛིན་དགོས་སོ། །དེ་ནས་ཕྱོགས་ཆོས་སྟོན་པའི་ཚིག་བཀོད་པས་སྒྲུབ་ངག་ཡན་ལག་གཉིས་ལྡན་གྲུབ་པ་ཡིན། ཡན་ལག་གཉིས་ལྡན་གྱི་སྒྲུབ་ངག་ལ་བསྒྲུབ་བྱ་བརྗོད་མི་དགོས་ཏེ། བསྒྲུབ་བྱ་ནི་ཚུལ་གསུམ་པའི་རྟགས་མ་ཡིན་པའི་ཕྱིར་རོ། །《རྣམ་ངེས་》ལས། ཚུལ་གསུམ་པའི་རྟགས་བསྟན་པར་བྱེད་པ་གཞན་གྱི་དོན་གྱི་རྗེས་སུ་དཔག་པ་ཡིན་པའི་ཕྱིར། དོན་གྱིས་ན་ཕྱོགས་ཀྱི་ཚིག་སྒྲུབ་པར་བྱེད་པ་མ་ཡིན་ནོ། །ཞེས་བཤད་པར་རིག་པར་བྱའོ་ཞེས་གསུངས་ཤིང་། རྣམ་འགྲེལ་ལས་ཀྱང་།

བསྒྲུབ་པར་བྱ་བ་བརྗོད་པ་ཡིས། །
བརྒྱུད་པ་ཡིས་ཀྱང་ནུས་པ་མེད། །

ཅེས་གསུངས། འོ་ན་བསྒྲུབ་བྱ་མེད་པས་ཚུལ་གསུམ་པའི་རྟགས་ཀྱིས་གང་དང་ཅི་ཞིག་བསྒྲུབ་པར་ཇི་ལྟར་ཤེས་ཤེ་ན། རྣམ་འགྲེལ་ལས།

ཕྱོགས་བསྟན་པ་ནི་མེད་ན་ཡང་། །

འགྲུབ་པ་ལ་ནི་གེགས་མེད་ཕྱིར། །

ཞེས་དང་།

ཁྱབ་སྟོན་ཅན་ལ་དེ་མེད་ཀྱང་། །
སྒྲ་ནི་བྱས་ཡིན་འདི་འདྲ་ཀུན། །
མི་རྟག་ཅེས་ནི་བརྗོད་པས་ཀྱང་། །
དོན་གྱིས་དེ་ཉིད་འཇིག་བློར་འགྱུར། །

ཞེས་གསུངས་པ་ལྟར་ཁྱབ་པ་སྟོན་དུ་བརྗོད་པའི་སྦྱབ་ངག་ལ་བསྒྲུབ་བྱ་དངོས་སུ་བརྗོད་མེད་ཀྱང་། སྦྱབ་ངག་ཏུ་སྒྲ་ནི་བྱས་པ་ཡིན་ཞེས་པའི་ཕྱོགས་ཆོས་སྟོན་པའི་ཚིག་དང་བྱས་པ་འདི་འདྲ་ཀུན་མི་རྟག་པ་ཡིན་ཞེས་པའི་རྗེས་ཁྱབ་སྟོན་པའི་ཚིག་དངོས་སུ་བརྗོད་པའི་ཤུགས་ལས་སྒྲ་དེ་འཇིག་པ་སྟེ་མི་རྟག་པར་ངེས་པའི་བློ་སྐྱེ་ནུས་པར་བསྟན་ཏོ། །

ཆོས་མཐུན་སྦྱོར་དང་ཆོས་མི་མཐུན་སྦྱོར་གཉིས་ཀྱི་ཁྱབ་པ་ནི་གཅིག་རྟོགས་ན་ཅིག་ཤོས་ཀྱང་རྟོགས་པར་འགྱུར་བས་སྦྱོར་བ་འདི་གཉིས་གང་བརྗོད་ཀྱང་བསྒྲུབ་བྱ་གྲུབ་ནུས་སོ། །འདི་གཉིས་ཀྱི་ཁྱབ་པ་ཕན་ཚུན་འཕེན་ཚུལ་ལ་《རིགས་ཐིགས་》ལས། དོན་གྱིས་ན་ཆོས་མཐུན་པས་ཀྱང་སྦྱོར་བ་ལ་ཆོས་མི་མཐུན་པ་གཉིས་རྟོགས་ཏེ། དེ་མེད་ན་ནི་བསྒྲུབ་པར་བྱ་བ་གཏན་ཚིགས་ཀྱི་རྗེས་སུ་འགྲོ་བ་མེད་པའི་ཕྱིར་རོ། །དེ་བཞིན་དུ་ཆོས་མི་མཐུན་པས་ཀྱང་རྗེས་སུ་འགྲོ་བ་རྟོགས་ཏེ། དེ་མེད་ན་ནི་བསྒྲུབ་པར་བྱ་བ་མེད་ན་གཏན་ཚིགས་མེད་པར་མི་འགྲོ་བའི་ཕྱིར་རོ། །ཞེས་གསུངས་པའི་ཕྱིར་དང་། 《རྣམ་འགྲེལ་》ལས།

དེ་ཉིད་ཀྱི་ཕྱིར་འབྲེལ་ཤེས་ན། །
གཉིས་ལས་གང་ཡང་རུང་སྨྲས་པས། །

དོན་གྱིས་གོ་བས་ཅིག་ཤོས་ལ། །
དྲན་པ་ཡང་དག་སྐྱེ་བར་འགྱུར། །

ཞེས་གསུངས་པའི་ཕྱིར་རོ། །མཁས་གྲུབ་སྤྲ་བའི་ཉི་མས། དེ་ལ་ཆོས་མཐུན་སྦྱོར་གྱི་སྒྲུབ་ངག་གིས་ནི་དེ་སྒྲུབ་ཀྱི་རྗེས་ཁྱབ་དངོས་སུ་བརྗོད་ཅིང་། ལྡོག་ཁྱབ་ཤུགས་ལ་བརྗོད་པ་ཡིན་ལ། ཆོས་མི་མཐུན་སྦྱོར་གྱི་སྒྲུབ་ངག་གིས་དེ་སྒྲུབ་ཀྱི་ལྡོག་ཁྱབ་དངོས་སུ་བརྗོད་ཅིང་རྗེས་ཁྱབ་ཤུགས་ལ་བརྗོད་པ་ཡིན་ལ། གཉིས་ཀས་ཀྱང་དེ་སྒྲུབ་ཀྱི་ཕྱོགས་ཆོས་དངོས་སུ་བརྗོད་པ་ཁྱད་པར་མེད་དོ་[1]ཞེས་གསུངས་པ་ལྟར་སྦྱོར་བ་གཉིས་ཀྱི་ཁྱབ་པ་ནི་གཅིག་ཤེས་ན་ཅིག་ཤོས་ཀྱང་ཤེས་པར་འགྱུར་བའི་དོན་ནན་གྱིས་བསྟན་ཏོ། །

དྲུག་པ། དཔེ་སྒྲུབ་ངག་གི་ཡན་ལག་ཏུ་མི་བཞེད་པར་གཞན་དོན་རྗེས་དཔག་ཡན་ལག་གཉིས་ལྡན་གྱི་སྒྲུབ་ངག་ཡིན་པར་བསྟན་པ།

《རིགས་ཐིགས་》ལས། གཏན་ཚིགས་ཀྱི་མཚན་ཉིད་གསུམ་སྨོས་པ་དེ་ཙམ་གྱིས་དོན་རྟོགས་པས་དཔེ་ཞེས་བྱ་བ་སྒྲུབ་པའི་ཡན་ལག་ནི་ལོགས་ཤིག་ཏུ་ཅི་ཡང་མེད་དོ་ཞེས་གསུངས་པ་དང་། རྒྱལ་ཚབ་རྗེས་《རིགས་ཐིགས་འགྲེལ་པ་ལེགས་བཤད་སྙིང་པོའི་གཏེར་》ལས། དཔེ་ཞེས་བྱ་བ་སྒྲུབ་པར་བྱེད་པའི་ཡན་ལག་ནི་ཚུལ་གསུམ་ལས་ལོགས་ཤིག་ན་བསྟན་དགོས་པ་ཡང་མེད་དེ། གཏན་ཚིགས་ཀྱི་མཚན་ཉིད་ཚུལ་གསུམ་སྨོས་པ་དེ་ཙམ་གྱིས་དཔེ་ཡང་དག་གི་དོན་རྟོགས་པས་སོ། །དཔེ་མེད་ན་ཁྱབ་པ་ཇི་ལྟར་ངེས་ཞེ་ན། དཔེ་མེད་ཅེས་མི་ཟེར་གྱི། གཏན་ཚིགས་ཀྱི་མཚན་ཉིད་གཏན་ལ་ཕབ་པ་ལས་ལོགས་ཤིག་ན། དེར་མ་འདུས་པའི་བཤད་པར་བྱ་བ་ཅུང་ཟད་ཀྱང་མེད་དོ། །དཔེའི་མཚན་ཉིད་བཤད་པ་ནི་དཔེ་ཁོང་

[1] 《ཚད་མ་སྡེ་བདུན་གྱི་རྒྱན་ཡིད་ཀྱི་མུན་སེལ་》ཞེས་བྱ་བ་མི་རིགས་དཔེ་སྐྲུན་ཁང་གིས་༡༩༨༨ལོར་པར་དུ་བསྐྲུན་པའི་ཤོག་ངོས་༢༥༡པར་གསལ།

དུ་ཆུད་པ་ཡིན་ལ། དེ་ཡང་གཏན་ཚིགས་ཀྱི་མཚན་ཉིད་བཤད་པས་ཁོང་དུ་ཆུད་པའི་ཕྱིར་མ་བསྟན་ཏོ། །དེས་ན་དཔེ་ཡང་དག་དེའི་མཚན་ཉིད་གཏན་ཚིགས་ཀྱི་མཚན་ཉིད་ལས་ལོགས་ཤིག་ཏུ་བརྗོད་མི་དགོས་ཤིང་མ་བརྗོད་དེ། དེ་དངོས་སུ་མ་བརྗོད་ཀྱང་དོན་གྱིས་གོ་བའི་ཕྱིར་རོ། །[1]ཞེས་གསུངས་པ་ལྟར། བསྒྲུབ་ངག་གི་དཔེ་ནི་ཚུལ་གསུམ་གྱི་རྟགས་ཏེ་ཚུལ་གཉིས་པ་རྗེས་ཁྱབ་དང་ཚུལ་གསུམ་པ་ལྡོག་ཁྱབ་ལ་གཏོགས་པས་ལོགས་སུ་སྒྲུབ་ངག་གི་ཡན་ལག་ཡིན་པར་མི་སྨྲའོ། །དོན་དམ་པ་ནི་ཁྱབ་པ་གང་དེའི་སྒྲུབ་བྱེད་ཡིན་པ་ལས་སྒྱུར་བའི་བསྒྲུབ་བྱའི་སྒྲུབ་བྱེད་དངོས་ནི་མ་ཡིན་ཏེ། 《རིགས་ཐིགས་ཀྱི་འགྲེལ་པ་ལེགས་བཤད་སྙིང་པོའི་གཏེར་》ལས། དཔེ་ཡང་དག་གིས་ཁྱབ་པ་ངེས་པར་སྟོན་ཅིང་། ཁྱབ་པ་ངེས་པ་ཡང་དཔེ་ཡང་དག་ལ་ངེས་པར་བལྟོས་ཏེ། ཁྱབ་པ་དཔེས་སྟོན་པ་ལས་གཞན་དུ་ན་མཐུན་པའི་ཕྱོགས་ཁོ་ན་ལ་ཡོད་པ་དང་། མི་མཐུན་པའི་ཕྱོགས་དག་ལ་མེད་པས་ཇི་སྐད་བསྟན་པའི་ཁྱབ་པའི་རྣམ་པ་དག་བསྟན་པར་མི་ནུས་པའི་ཕྱིར་རོ་ཞེས་དང་། དཔེ་ཡང་དག་དེའི་ཚུལ་ནི་རྗེས་སུ་འགྲོ་ལྡོག་གི་ཁྱབ་པ་སྟོན་པ་དེ་ཙམ་དུ་ཟད་པའི་ཕྱིར་རོ་[2]ཞེས་གསུངས་པ་ལྟར་རོ། །

བདུན་པ། འགལ་བ་ལ་མི་འབྲེལ་བ་དེ་མ་ངེས་པའི་གཏན་ཚིགས་སུ་མི་བཞེད་ཅིང་། དེ་ཐེ་ཚོམ་གྱི་རྒྱུ་ཡིན་པའི་དོན་ལས་འཕྲོས་པ་ལྷག་ལྡན་མ་ངེས་པའི་གཏན་ཚིགས་སྐོར་ཏེ་སྟོན་པ།

《རིགས་ཐིགས་》ལས། འགལ་བ་མི་འཁྲུལ་བ་ཅན་ཡང་ཐེ་ཚོམ་གྱི་རྒྱུར་བཤད་ན། དེ་འདིར་མ་སྨོས་ཏེ་རྗེས་སུ་དཔག་པའི་ཡུལ་ལ་མི་སྲིད་པའི་ཕྱིར་རོ། །འབྲས་བུའམ་རང་བཞིན་ནམ་མི་དམིགས་པའི་མཚན་ཉིད་སྨོས་པ་ལ་འགལ་

---

① 《རིགས་ཐིགས་ཀྱི་འགྲེལ་པ་ལེགས་བཤད་སྙིང་པོའི་གཏེར་》ཞེས་བྱ་བ་ཀུན་སྨྲའུ་མི་རིགས་དཔེ་སྐྲུན་ཁང་གིས་༡༩༩༥ལོར་པར་དུ་བསྐྲུན་པའི་ཤོག་ངོས་༩༢པར་གསལ།

② གོང་དང་མཚུངས། ཤོག་ངོས་༩༩པར་གསལ།

བ་ལ་མི་འཁྲུལ་བ་ཅན་མི་སྲིད་ལ། མི་འཁྲུལ་བ་ཅན་གཞན་ནི་མེད་དོ། །དེ་ལྟ་བས་ན་དངོས་པོ་མ་མཐོང་བའི་སྟོབས་ཀྱིས་ཞུགས་པ་ཡིན་པས་ན་ལུང་ལ་བརྟེན་པའི་རྗེས་སུ་དཔག་པ་ལ་བརྟེན་ཏེ་ཞེས་གསུངས་ལ། རྒྱལ་ཚབ་རྗེས་《རིགས་ཐིགས་འགྲེལ་པ་》ལས། སློབ་དཔོན་ཕྱོགས་གླང་གིས་འགལ་བ་ལ་མི་འཁྲུལ་བའི་གཏན་ཚིགས་ཀྱི་དཔེ་སྨོས་པ་མ་ཡིན་ནམ། འདིར་མ་བཤད་པ་ཅི་ཞེ་ན། སློབ་དཔོན་གྱིས་འགལ་བ་ལ་མི་འཁྲུལ་བའི་གཏན་ཚིགས་དག་ཀྱང་ཐེ་ཚོམ་གྱི་རྒྱུར་བཤད་ན་ཡང་དེ་འདིར་ནི་མ་སྨོས་ཏེ། སློབ་དཔོན་གྱིས་ལུང་གི་ཡུལ་ལ་སྲིད་པར་བཤད་པ་ཡིན་ལ། དངོས་སྟོབས་རྗེས་སུ་དཔག་པའི་ཡུལ་ཚུལ་གསུམ་པ་ཅན་ལ་མི་སྲིད་པས་དེ་གོ་བའི་ཆེད་དུ་འདིར་མ་བཤད་པའི་ཕྱིར་རོ། །དངོས་པོ་སྟོབས་ཞུགས་ཀྱི་སྐབས་སུ་འགལ་བ་ལ་མི་འཁྲུལ་བའི་གཏན་ཚིགས་མི་སྲིད་དེ། འབྲས་བུའམ་རང་བཞིན་ནམ་མ་དམིགས་པའི་མཚན་ཉིད་ཚུལ་གསུམ་པ་ཅན་སྔར་ཇི་སྐད་སྨོས་པ་ལ་འགལ་བ་མི་འཁྲུལ་བ་མི་སྲིད་ལ། མི་འཁྲུལ་བ་ཅན་གྱི་གཏན་ཚིགས་ཡང་དག་གསུམ་པོ་ལས་གཞན་ནི་མེད་པའི་ཕྱིར་རོ་[1]ཞེས་གསུངས་སོ། །འགལ་བ་ལ་མི་འཁྲུལ་བ་ནི། ཆོས་ཅན་གཅིག་གི་སྟེང་དུ་རྟགས་མི་མཚུངས་པ་གཉིས་ཀྱིས་ཆོས་དངོས་འགལ་གཉིས་སྒྲུབ་པས་ཐེ་ཚོམ་གྱི་གཞི་བྱེད་པ་སྟེ། རྣམ་ངེས་ལས། དེ་བས་ན་མི་དམིགས་པ་འདི་དང་རང་བཞིན་ཕན་ཚུན་འགལ་བའི་དོན་སྒྲུབ་པས་གཅིག་ལ་ཐེ་ཚོམ་སྐྱེད་པར་བྱེད་དོ་ཞེས་གསུངས་ཤིང་། དེ་ལྟ་བུའི་ཐེ་ཚོམ་གྱི་རྒྱུར་གྱུར་པ་དེ་ལས་འཕྲོས་པའི་དོན་ལ་གཞིགས་ནས་སློབ་དཔོན་གྱིས་གཏན་ཚིགས་ལྟར་སྣང་ལྷག་ལྡན་མ་ངེས་པར་སྨོས་ཏེ་བསྟན་པ་ཡིན། ལྷག་ལྡན་ཞེས་པའི་དོན་ནི། བྱེ་བྲག་པས་འདོད་པའི་མཐུན་ཕྱོགས་ལ་ཡོད་པའི་ལྷག་མ་ཅན་ལྟ་བུ་ནི་མ་ཡིན་ཏེ། ཕྱོགས་གཉིས་ལ་ཐེ་ཚོམ་གྱི་ལྷག་མ་ཡོད་པས་ངེས་མ་ནུས་པ་ཉིད་ཐེ་ཚོམ་གྱི་ལྷག་མ་ཡིན་ཞེས་པའི་དོན

[1] 《རིགས་ཐིགས་ཀྱི་འགྲེལ་པ་ལེགས་བཤད་སྙིང་པོའི་གཏེར་》ཞེས་བྱ་བ་ཀན་སུའུ་མི་རིགས་དཔེ་སྐྲུན་ཁང་གིས་༡༩༨༥ལོར་པར་དུ་བསྐྲུན་པའི་ཤོག་ངོས་༩༨པར་གསལ།

ཏེ། 《རྣམ་འགྲེལ་》ལས།

གང་ཞིག་མ་མཐོང་བ་ཙམ་གྱིས། །
ལྡོག་པ་རབ་ཏུ་སྟོན་བྱེད་པ། །
དེ་ནི་ཐེ་ཚོམ་རྒྱུ་ཡིན་ཕྱིར། །
དེ་ལ་ལྷག་མ་ལྡན་ཞེས་བརྗོད། །

ཅེས་གསུངས་པས་སོ། །

བརྒྱད་པ། འགལ་བའི་གཏན་ཚིགས་ནི་ཚུལ་གཉིས་ཀྱི་ཕྱིན་ཅི་ལོག་ཏུ་གྲུབ་པ་ལས་ཞེ་འདོད་ལ་གནོད་པའི་འགལ་རྟགས་གསུམ་པ་ཡོད་པ་མ་ཡིན་པར་བསྟན་པ།

《རིགས་ཐིགས་》ལས། ཚུལ་གཉིས་ཀྱི་ཕྱིན་ཅི་ལོག་ཏུ་གྲུབ་པ་ནི་འགལ་བ་ཡིན་ནོ། །གཉིས་པོ་གང་ཞེ་ན། མཐུན་པའི་ཕྱོགས་ལ་ཡོད་པ་དང་། མི་མཐུན་པའི་ཕྱོགས་ལ་མེད་པའོ། །བྱས་པ་ཉིད་དང་བཙལ་མ་ཐག་ཏུ་འབྱུང་བ་ཉིད་ནི་རྟག་པ་ཉིད་སྒྲུབ་པའང་འགལ་བའི་གཏན་ཚིགས་ལྟར་སྣང་བ་ཡིན་ཏེ། འདི་གཉིས་ཀྱི་མཐུན་པའི་ཕྱོགས་ལ་མེད་པ་དང་མི་མཐུན་པའི་ཕྱོགས་ལ་ཡོད་པས་ཕྱིན་ཅི་ལོག་ཏུ་གྲུབ་པ་ཡིན་ལ། དེ་གཉིས་ནི་བསྒྲུབ་པར་བྱ་བ་ཕྱིན་ཅི་ལོག་ཏུ་གྲུབ་པའི་ཕྱིར་འགལ་བ་དག་ཡིན་ནོ། །འདོད་པ་གནོད་པ་བྱེད་པའི་ཕྱིར་འགལ་བ་གསུམ་པ་ཡང་མ་ཡིན་ནམ། དཔེར་ན་འདུས་པ་ཡིན་པའི་ཕྱིར་མིག་ལ་སོགས་པ་ནི་གཞན་གྱི་དོན་བྱེད་པ་ཉིད་དེ། མལ་ཆ་དང་སྟན་ལ་སོགས་པའི་ཡན་ལག་བཞིན་ནོ་ཞེས་པ་ལྟ་བུའོ། །དེ་ནི་འདུས་པ་མ་ཡིན་པ་གཞན་གྱི་དོན་བྱེད་པར་འདོད་དེ། ཕྱིན་ཅི་ལོག་ཏུ་གྲུབ་པའི་ཕྱིར་འགལ་བའོ། །དེ་ཅིའི་ཕྱིར་མ་སྨྲས་ཞེ་ན། འདི་གཉིས་པོ་ནའི་ནང་དུ་འདུས་པའི་ཕྱིར། དེ་ནི་བསྒྲུབ་པར་བྱ་བ་ལོག་པར་བསྒྲུབས་པས་འདི་གཉིས་དང་ཐ་དད་པ་མ་ཡིན་ནོ། །འདོད་པ་དང་སྨྲས་པ་གཉིས་ལ་བསྒྲུབ་པར་བྱ་བ་ཉིད་དུ

བྱེ་བྲག་ཅི་ཡང་མེད་དོ་ཞེས་གསུངས་ལ། རྒྱལ་ཚབ་རྗེས་《རིགས་ཐིགས་འགྲེལ་པ་》ལས། སློབ་དཔོན་ཕྱོགས་ཀྱི་གླང་པོས་འགལ་རྟགས་འདི་ཡང་བསྟན་ན། རྣམ་འགྲེལ་བྱེད་པོ་ཁྱེད་ཀྱིས་དེ་ཅིའི་ཕྱིར་མི་སྨྲ་ཞེ་ན། གཉིས་པ་ནི། ཞེ་འདོད་ཕྱིན་ཅི་ལོག་ཏུ་སྒྲུབ་པའི་སྒོ་ནས་ཐ་མ་འདི་གཉིས་དང་རིགས་ཐ་དད་པ་མ་ཡིན་ནོ། །དེ་ནི་ཞེས་སྨོས་ཏེ་གང་གི་ཕྱིར་དོན་ཏེ་ཞེ་འདོད་ཀྱི་བསྒྲུབ་པར་བྱ་བ་ལོག་པར་གྲུབ་པའི་སྒོ་ནས་ཐ་མ་འདི་ཉིད་ཁོ་ནའི་ནང་དུ་མཚོན་པའི་ཚུལ་གྱིས་འདུས་པའི་ཕྱིར། ཞེས་དང་། ངག་ཏུ་སྨྲས་ཀྱང་རུང་མ་སྨྲས་ཀྱང་རུང་། མ་སྨྲས་པ་ཞེ་པས་འདོད་པ་དང་ཞེ་པས་འདོད་པ་ངག་ཏུ་སྨྲ་བ་གཉིས་ལ་ཞེ་འདོད་ཀྱི་བསྒྲུབ་པར་བྱ་བ་ཉིད་དུ་ནི་བྱེ་བྲག་ཅི་ཡང་མེད་དོ་[1]ཞེས་གསུངས་པ་ལྟར། སློབ་དཔོན་ཆོས་ཀྱི་གྲགས་པས་འགལ་བའི་གཏན་ཚིགས་ལ་རྗེས་ཁྱབ་ཕྱིན་ཅི་ལོག་ཏུ་གྲུབ་པ་དང་ལྡོག་ཁྱབ་ཕྱིན་ཅི་ལོག་ཏུ་གྲུབ་པ་འདི་གཉིས་ལས་ཆོས་ཀྱི་ངོ་བོ་དང་འགལ་བ་དང་། ཆོས་ཅན་གྱི་ངོ་བོ་དང་འགལ་བ་ལ་སོགས་པ་ནི། འདི་གཉིས་ཀྱི་ཁོངས་སུ་གཏོགས་པས་ལོགས་སུ་འགལ་རྟགས་ཀྱི་བྱེ་བྲག་ཏུ་མི་འདོད་པའི་དགོངས་པ་གསར་པ་བསྟན་པར་མཛད་དོ། །

དོན་ཚན་གསུམ་པ། རིག་པའི་དབང་ཕྱུག་རྣམ་གཉིས་ཀྱི་གཞུང་ལས་བྱུང་བའི་བརྡ་ཆད་གསར་པ།

སློབ་དཔོན་ཕྱོགས་ཀྱི་གླང་པོའི་ཚད་མ་མདོ་དང་དཔལ་ལྡན་ཆོས་ཀྱི་གྲགས་པའི་ཚད་མ་སྡེ་བདུན་ལས་བྱུང་བའི་ཆོས་སྐད་དག་བསྟན་བཅོས་གཞན་ལ་མི་གསལ་ཞིང་མ་གྲགས་པ་མང་པོ་ཡོད་པར་མཁས་པ་རྣམས་ཀྱིས་མགྲིན་གཅིག་ཏུ་གསུངས་ལ། ཡིན་ན་ཡང་ཆོས་སྐད་འདི་དང་འདི་དག་གཞན་ན་མ་གྲགས་སོ་ཞེས་པར་བརྗོད་དཀའ་བས་དེའི་ཐད་ཀྱི་དཔྱད་པ་ཏ་ཙང་ཉུང་བ་ཡིན་ལ། འདིར་

---

① 《རིགས་ཐིགས་ཀྱི་འགྲེལ་པ་ལེགས་བཤད་སྙིང་པོའི་གཏེར་》ཞེས་བྱ་བ་ཀན་སུའུ་མི་རིགས་དཔེ་སྐྲུན་ཁང་གིས་༡༩༩༥ལོར་པར་དུ་བསྐྲུན་པའི་ཤོག་ངོས་༤༩པར་གསལ།

གསེར་མདོག་པཎ་ཆེན་ཤཱཀྱ་མཆོག་ལྡན་གྱིས་《ཚད་མའི་བྱུང་བ་ཉིན་མོར་བྱེད་པའི་སྣང་བ་》ལས་དེའི་ཐད་ཀྱི་དཔྱད་པ་མཛད་ཡོད་པ་འདི་དག་ཐད་སོར་དྲངས་ཏེ་ཇི་མ་ཇི་བཞིན་དུ་བཀོད་པ་གཤམ་གསལ།

ཕྱི་རོལ་པ་དག་གི་ཆོས་ཀྱི་སྐད་ལ་ཇི་ལྟར་ཡོད་པ་རེ་ཞིག་བཏང་སྙོམས་སུ་བཞག་ནས་སངས་རྒྱས་པའི་ཆོས་ཀྱི་ཐེག་པ་གོང་འོག་དང་སྡེ་སྣོད་རྣམ་པ་གསུམ་སོ་སོའི་དགོངས་འགྲེལ་དང་བཅས་པ་དག་ཏུ་གསལ་བར་མ་གྲགས་པའི་བརྡ་སྐད་གསུང་རབ་དགོངས་འགྲེལ་དང་བཅས་པ་བལྟ་བ་ལ་མིག་ལྟ་བུར་གྱུར་པ་མང་པོ་དག་ཡོད་པ་འདི་དང་འདིའོ་ཞེས་གསལ་བར་འཆད་ནུས་པ་དཀོན་པར་མཐོང་ནས་འདིར་རགས་པ་ཙམ་བརྗོད་པར་བྱ་བ་ལ་གསུམ་སྟེ། ཤེས་བྱ་སྤྱི་ལྡོག་ནས་འཆད་པའི་ཚེ་གཞན་ལ་མ་གྲགས་པ་ཅི་ཡོད་པ་དང་། མདོ་སེམས་ཀྱི་ལུགས་འཆད་པ་ན་གཞན་ལ་མ་གྲགས་པ་ཅི་ཞིག་ཡོད་པ་དང་། དབུ་མའི་ལུགས་འཆད་པ་ན་དེ་འདྲ་གང་ཡོད་པའོ། །

དང་པོ་ལ། ཡུལ་སྣང་བ་དང་སེལ་བའི་རྣམ་པར་གཞག་པ་དང་། ཡུལ་ཅན་སྣང་འཇུག་དང་སེལ་འཇུག་གི་དང་། རྗེས་དང་ལྡོག་པ་ཞེས་དང་། གཉིས་པོ་དེ་ཆོས་སོ་སོ་དང་། ལོག་པ་དང་ལྡོག་པ་ཞེས་བྱ་བ་དང་། སྤྱི་དང་གསལ་བ་ཞེས་དང་། རིགས་དང་རིགས་ལྡན་ཞེས་པ་དང་། བྱེ་བྲག་དང་གཞི་མཐུན་ཞེས་པ་དང་། རྗེས་བརྗོད་དང་དངོས་པོ་བརྗོད་པ་ཞེས་དང་། ཁྱད་པར་གཞན་སྤོང་བ་དང་མི་སྤོང་བའི་སྒྲ་ཞེས་པ་དང་། རང་མཚན་ལ་བརྡ་དངོས་སུ་མི་སྦྱོར་བ་དང་། རྗོད་བྱེད་ཀྱི་སྒྲ་དང་རྟོག་པའི་དངོས་ཀྱི་འཇུག་པ་གཞན་སེལ་ཁོ་ན་ལ་འཆད་པ་དང་། གཞལ་བྱ་ལ་རང་སྤྱི་གཉིས་སུ་གྲངས་ངེས་པ་དང་། དེ་ནས་དེའི་ཁྱད་པར་སོ་སོར་ཕྱེ་ནས་འབྱེད་པ་དང་། དེ་སྐབས་ཀྱི་མཚན་ཉིད་ཀྱི་སྒྲ་དེ་ཡང་མཚན་གཞི་ཁོ་ན་ལ་འཇུག་པ་དང་། ཆོས་རྣམས་ཀྱི་རབ་ཏུ་དབྱེ་བ་མངོན་པ་ལས་ཀྱང་ཞིབ་པའི་ཕྱིར་དུ་ལྡོག་པ་གཅིག་དང་ཐ་དད་ཀྱི་རྣམ་གཞག་འབྱེད་པ་དང་། དེ་ལ་

བརྟེན་ནས་བདག་གཅིག་པའི་འབྲེལ་བ་ཤེས་དགོས་པ་དང་། དོན་རང་མཚན་དགག་སྒྲུབ་ཀྱི་རྟེན་དུ་མི་རུང་བ་དང་། ལུང་གཞན་དུ་རྒྱུན་གྱིས་རྟག་པས་རྟག་པའི་དང་། ལས་ཉོན་གྱིས་འདུས་མ་བྱས་པས་མ་བྱས་པའི་གོ་ཆོད་ཀྱང་། འདིར་དེ་དང་དེའི་གོ་མི་ཆོད་པ་དང་། གཏན་ཚིགས་རིག་པའི་བསྟན་བཅོས་ལ་དགོས་པའི་རྣམ་གཞག་ཕྱི་རོལ་པ་དང་ཐུན་མོང་བ་མང་མོད་ཀྱང་། ཆོས་འདི་པའི་བསྟན་བཅོས་པ་གཞན་ལ་མ་གྲགས་པ་ནི། གཞན་ཡང་འདི་ལྟར། སྒྲུབ་བྱེད་གཏན་ཚིགས་སུ་འགྱུར་བ་ལ་ཚུལ་གསུམ་ཚང་དགོས་པ་དང་། དེའི་རྩ་བ་ཡང་མེད་ན་མི་འབྱུང་བའི་འབྲེལ་བ་ཞེས་བྱ་བ་འཇིག་རྟེན་དང་བསྟན་བཅོས་གཞན་ལ་མ་གྲགས་པ་ཞིག་ལ་འཆད་དགོས་པ་དང་། དེ་ཤེས་པ་ལ་འབྲེལ་བ་ངེས་བྱེད་ཀྱི་ཚད་མ་སྔོན་དུ་འགྲོ་དགོས་པ་དང་། དེ་ཤེས་པ་ལ་ཡང་གཞན་སེལ་བའི་རྣམ་གཞག་ཤེས་དགོས་པ་དང་། དགག་བྱ་འགོག་ནུས་ཀྱི་འགལ་བ་ལ་ཡང་དེ་དང་འདྲ་བ་ཞིག་དགོས་པ་དང་། བསྒྲུབ་བྱར་འཇོག་པ་ལ་ངོ་བོའི་དོན་སོགས་ཆོས་ལྔ་ཚང་དགོས་པ་དང་། སྒྲུབ་བྱེད་དུ་འཇོག་པ་ལ་ཕྱོགས་ཆོས་སུ་འགྲོ་དགོས་པ་དང་། དེའི་རྟེན་དུ་འགྲོ་བ་ལ་ཆོས་ཅན་ཙམ་གྱིས་མི་ཚོག་པར་ཤེས་འདོད་ཆོས་ཅན་དུ་འགྲོ་དགོས་པ་དང་། དེའི་ཆོས་སུ་འཇོག་པ་ཡང་དེར་དེ་ཡོད་པ་ཙམ་གྱིས་མི་ཚོག་པར་སྐབས་ཀྱི་རྒོལ་བས་དེར་ངེས་དགོས་པ་ཞེས་བྱ་བ་ནི་ལུགས་འདིར་ཡོད་ཀྱི། སྔ་རབས་པ་དག་ལ་མེད་དོ། །དེ་བཞིན་དུ་གཏན་ཚིགས་གསུམ་དུ་དབྱེ་བའི་ཐ་སྙད་ཀྱི་རྣམ་གཞག་ལུགས་འདི་ཁོ་ན་ལ་རག་ལས་པ་དང་། ཁྱད་པར་དུ་མ་དམིགས་པའི་གཏན་ཚིགས་ལ་དགག་བྱ་སྣང་དུ་རུང་མི་རུང་གི་སྒོ་ནས་གཉིས་སུ་འབྱེད་པ་ནི་ལུགས་གཞན་ལ་མེད་པ་དང་། གཏན་ཚིགས་ལྟར་སྣང་ལ་ཡང་རྩ་བ་དང་ཡན་ལག་གི་དབྱེ་བ་གཞུང་འདི་ནས་བཤད་པ་རྣམས་གཞན་ལ་མེད་པ་དང་། རྟགས་སྐྱོན་དང་ཕྱོགས་སྐྱོན་ལ་གཞི་མཐུན་མེད་པའི་རྣམ་གཞག་དང་། གྲགས་པའི་གཏན་ཚིགས་ཀྱི་རྣམ་གཞག་དང་། རྗོད་བྱེད་ཀྱི་སྒྲ་ཐམས་ཅད་བརྗོད་འདོད་ཀྱི་དབང་གིས་འཇུག་

པའི་རྣམ་གཞག་ལུགས་འདི་ལས་གཞན་ལ་མེད་པ་དང་། འཇིག་རྟེན་དང་གཞུང་གཞན་ན་རང་ཡིད་ཆེས་པའི་ལུང་ལས་གཞལ་བྱའི་གནས་གསུམ་ཀ་འགྲུབ་པར་འཆད་ཀྱང་འདིར་ནི་ཡིད་ཆེས་པའི་ལུང་ཤིན་ལྐོག་པོ་ནའི་སྒྲུབ་བྱེད་དང་། དེ་ཡང་དཔྱད་པ་གསུམ་གྱིས་དག་པར་ངེས་པ་ཉིད་ལ་རག་ལས་པ་དང་། གཞལ་བྱའི་གནས་དང་པོ་གཉིས་ལ་དཔྱོད་པའི་སྐབས་སུ་ཁས་བླངས་པ་དང་རང་ཚིག་འགལ་བ་ཙམ་གྱིས་འགལ་བའི་གོ་མི་ཆོད་པ་དང་། རྟགས་ཕྱོགས་ཀྱི་སྐྱོན་དང་ཡོན་ཏན་ཐམས་ཅད་ཞེ་འདོད་ལ་བརྩེ་བ་ཡིན་གྱི། སྨྲས་ཙམ་གྱི་དེ་དང་ངེས་དེ་དང་དེའི་གོ་མི་ཆོད་པ་དང་། དེའི་རྒྱུ་མཚན་གྱིས་མུ་སྟེགས་ཀྱི་གྲུབ་མཐའ་འཛུག་པའི་རྟགས་དང་སྦྱོར་བས་དམ་བཅའ་མི་འགྲུབ་པ་དང་། གཞལ་བྱའི་གནས་དང་པོ་གཉིས་ཀྱི་ཚེ་ཕྱོགས་ཆོས་སྒྲུབ་བྱེད་དུ་མི་རུང་བ་དང་། ཤིན་ལྐོག་ལ་དཔྱོད་པའི་ཚེ་དེ་དེར་རུང་གཅིག་ཡོད་ཀྱང་སྒྲུབ་ངག་འགོད་པའི་ཚེ་ཕྱོགས་བརྗོད་ན་ལྷག་པའི་སྐྱོན་ཅན་དུ་འགྱུར་བ་ཞེས་པ་འདི་རྣམས་ཀྱང་གཞུང་གཞན་ན་མེད་དོ། །རྟོག་པའི་རྣམ་གཞག་ཆོས་མངོན་པར་མ་གྲགས་པ་སྒྲ་དོན་འདྲེས་རུང་དུ་འཛིན་པའི་རིག་པ་ལ་རྟོག་པའི་གོ་དོན་དུ་འཛུག་པ་དང་། དེའི་རྒྱུ་མཚན་གྱིས་ན་དབང་ཤེས་རྟོག་བྲལ་གྱི་རྣམ་གཞག་ཆོས་མངོན་པར་མ་གྲགས་པ་དག་འདིར་ཞིབ་མོ་ཉིད་དུ་འཆད་དགོས་པ་དང་། དེའི་རྒྱུ་མཚན་གྱིས་གཙོ་འཁོར་དག་མཚུངས་ལྡན་རྣམ་པ་ལྔས་མཚུངས་ཀྱིས་ལུགས་གཞན་དང་མ་འདྲེས་པར་འཆད་དགོས་པ་དང་། ཤེས་རིག་གི་དབྱེ་བ་ལ་ཆོས་མངོན་པར་སེམས་སེམས་བྱུང་གི་རྐང་གྲངས་བཤད་པ་ཙམ་ལས་མེད་པ་ལ་འདིར་ཚད་མ་དང་ཚད་མིན་དང་། མངོན་རྗེས་དང་། གཉིས་པོ་སོ་སོའི་ནང་ཚན་དང་། མངོན་སུམ་ལྟར་སྣང་གི་དབྱེ་ཚུལ་དང་། རྟགས་དང་རྟགས་ཅན་གྱི་བར་ན་རྟགས་འཛིན་གྱི་སེམས་ཞེས་བྱ་བའི་རྣམ་གཞག་གཞན་ལ་མ་གྲགས་པ་རྣམས་བཤད་ལ། དེ་ལྟར་བཤད་པ་དེ་རྣམས་ཇི་བཞིན་དུ་མ་ཤེས་ན་སྡེ་སྣོད་ཀྱི་ལུང་མང་པོའི་འདོད་པ་ཤེས་ཀྱང་ཆོས་ཀྱི་སྐྱེ་མཆེད་གཙང་མར་འཆད་མི་ཤེས་པས་

ན། དགོས་པའི་ཁྱད་པར་ཕུལ་དུ་བྱུང་བ་དང་བཅས་ཏེ། ཇི་སྐད་དུ།

བསྒྲུབ་དང་གཞན་སེལ་རྣམ་དག་གི །
མིག་དང་བློ་གྲོས་གསལ་ལྡན་པའི། །
རྟོག་གེ་བ་དེ་ཤེས་བྱ་ཡི། །
དེ་ཉིད་བལྟ་ལ་ཀུན་མཁྱེན་འདྲ། །

ཞེས་གསུངས་སོ། །གཞན་ཡང་རང་གི་བསྟན་པ་དང་སྟོན་པ་སྐྱོན་མེད་དུ་བསྒྲུབ་པ་དང་། གཞན་གྱི་དེ་དང་དེ་སྐྱོན་དང་བཅས་པ་ཉིད་དུ་ངོ་ཤེས་པ་ལ་ནི་བཤད་མ་ཐག་པའི་རྣམ་གཞག་ཐུན་མོང་མ་ཡིན་པ་དེ་དག་ཤེས་པ་སྔོན་དུ་འགྲོ་དགོས་ཏེ། དཔེར་ན་རྣམ་འགྲེལ་མཛད་པས་རང་དོན་རྗེས་དཔག་པའི་ལེའུ་འགྲེལ་པ་དང་བཅས་པ་ཐོག་མར་ཤེས་ཟིན་པའི་འོག་ཏུ་ཚད་མ་གྲུབ་པའི་ལེའུ་སློབ་དགོས་པར་གསུངས་པ་བཞིན་ནོ། །ཕྱི་རོལ་པའི་རྟོག་གེའི་ཚུལ་རྒྱས་པར་ཤེས་པ་ཙམ་གྱིས་ནི། བཤད་མ་ཐག་པའི་དགོས་པ་དེ་འགྲུབ་པ་མ་ཡིན་ཏེ། དེ་དག་གི་རིགས་པ་ནི་ཚར་བཅད་དང་ལྟག་ཆོད་ཀྱི་གནས་སུ་བདག་ཉིད་ཆེན་པོ་ཡབ་སྲས་ཀྱིས་བཤད་པའི་ཕྱིར། དཔེར་ན་གངས་ཅན་ཕྱི་རབས་པའི་རིགས་པའི་ཚུལ་བཞིན་ནོ། །

གཉིས་པ་ནི། མདོ་སྡེ་བའི་གཞུང་ཚུགས་པའི་བསྟན་བཅོས་རང་རྐང་དུ་བཞག་པ་ནི་བོད་ལ་ཡོད་པར་མི་འཆད་ལ། དེའི་གྲུབ་མཐའ་གཞུང་སོ་སོ་ནས་བསྡུས་དགོས་པ་དེའི་ཚེ་དེའི་གྲུབ་མཐའ་གཞུང་གཞན་དུ་མ་གྲགས་པ་བདག་ཉིད་ཆེན་པོ་ཡབ་སྲས་ཀྱིས་འཆད་པའི་ཚུལ་འདི་ལྟར། ཕྱི་རོལ་ཡུལ་གྱི་རྣམ་གཞག་དང་། ཡུལ་ཅན་ཤེས་པའི་རྣམ་གཞག་གོ །དང་པོ་ལ་རང་སྤྱི་གཉིས་ལས། ཕྱི་མ་ནི་གཞན་སེལ་བའི་རྣམ་གཞག་རྒྱས་པར་འཆད་པ་དེ་དག་ཡིན་ལ། དང་པོ་ལ་འཇིག་རྟེན་ན་གྲགས་པའི་རྣམ་གཞག་ཐད་སོར་བཞག་པ་དང་། མདོ་སྡེ་བ་རང་གི་རིགས་པས་བཞག་པའི་སྐབས་གཉིས་ལས། དང་པོའི་ཚེ་ནི་སྔོ་སེར་

དང་ཀ་བུམ་ལ་སོགས་པའི་རགས་པ་རྣམས་ཀྱང་། དངོས་པོ་དང་མངོན་སུམ་གྱི་རིག་བྱ་དང་། དེས་དེ་རིག་པ་ཡང་འཛིག་རྟེན་ན་གྲགས་པའི་རྟགས་ཀྱིས་འཇོག་ལ། གཉིས་པ་ནི་རགས་པ་དང་རྒྱུན་གྱི་དངོས་པོ་དེ་དག་ལ་མདོ་སྡེ་བ་རང་གི་རིགས་པས་བརྟགས་པའི་ཚེ་ན་མི་སྲིད་པའི་ཕྱིར་ཡོད་པ་མ་ཡིན་ནོ། །ཅི་ཞིག་ཡོད་ན་ཕྱོགས་ཀྱི་ཆ་མེད་པའི་རྡུལ་ཕྲ་རབ་ཕོ་ནའོ། །དེ་ཡོད་པར་གང་གིས་འགྲུབ་ན་མངོན་སུམ་གྱིས་ནི་མ་ཡིན་ཏེ། དེས་དེ་དངོས་སུ་མི་རིག་པའི་ཕྱིར། དེས་ན་རྗེས་དཔག་གིས་ཏེ། དོན་སྣང་གི་ཤེས་པ་རེས་འགའ་སྐྱེ་བའི་རྟགས་ཀྱིས་སོ། །དེའི་ཕྱིར་དོན་སྣང་གི་ཤེས་པ་ནི་རང་གི་གཟུང་ཡུལ་དང་དུས་མི་མཉམ་པས་ན་དངོས་སུ་མི་རིག་དང་། དེའི་རྣམ་པ་རིག་པ་ལ་དེ་རིག་པར་བཏགས་པ་དང་། རྣམ་པ་དེ་ཡང་རགས་པའི་རྣམ་པར་འཆར་གྱི་ཕྲ་རབ་ཀྱི་མ་ཡིན་པ་དང་། སྣང་ཚུལ་དང་གནས་ཚུལ་མི་མཐུན་པར་འཆར་བ་ཡང་རྣམ་པ་གཏོད་བྱེད་ཀྱི་རྡུལ་ཕྲན་དེ་ བླ་པོ་དང་བཅས་པ་ཕོ་ནར་ངེས་པ་ལས་དང་། ཕྱི་རོལ་དོན་ལ་བལྟ་བའི་མངོན་སུམ་གྱིས་དེ་དངོས་སུ་མ་རིག་ཀྱང་དེ་ལ་ཚད་མ་ཡིན་པའི་ཤེས་བྱེད་ནི་དེ་ལ་རྟོག་པ་དང་བྲལ་ཞིང་མ་འཁྲུལ་བའི་རིག་པ་ཡིན་པ་ལས་དང་། དངོས་སུ་མ་རིག་ཀྱང་གཞལ་བྱར་འཇོག་པ་ནི། གཟུང་ཡུལ་དང་འཇུག་ཡུལ་ཡིན་པ་ལས་དང་། དེ་བཞིན་དུ་བློ་ཚུལ་གཉིས་བསྒྲུབ་ཀྱི་རིགས་པ་ཡང་ལུགས་འདི་ཡི་ཐུན་མོང་མ་ཡིན་པ་དང་། ཚུལ་གཉིས་པོ་ཡང་ཁ་ཕྱིར་བལྟ་དང་། ནང་བལྟ་གསལ་རིག་གི་ཆ་ཙམ་ལ་འཇོག་པ་དང་། ཁ་ཕྱིར་བལྟའི་ཤེས་པ་ཀུན་ཀྱང་ཡིན་ལུགས་ལ་རང་རིག་པ་ཕོ་ནར་ངེས་པ་དང་། རྗེས་སུ་དཔག་པས་ཀྱང་གཞལ་བྱ་གཞན་སེལ་བའི་སྒོ་ནས་འཇལ་ཀྱང་དངོས་ཀྱི་རིག་བྱ་ནི་ཤེས་པ་ཕོ་ནར་ངེས་པ་དང་། དོན་དམ་བདེན་པའི་ངོས་འཛིན་ཡང་གང་ཟག་དང་གཞན་སེལ་བ་དང་། རགས་རྒྱུན་གྱི་དངོས་པོ་གནས་ཚུལ་དུ་མ་འགྲུབ་པས་ཁྱད་པར་དུ་བྱས་པའི་སྟོང་བ་གསལ་རིག་གི་ཆ་ལ་འདོད་པ་རྣམས་སོ། །གཉིས་པ་ཡུལ་ཅན་ཚད་མའི་རྣམ་གཞག་ལ། སྤྱིའི་མཚན་ཉིད་དང་སོ་སོའི་དབྱེ་

བ་དག་ལས། དང་པོ་ནི་གཞུང་དུ། མི་བསླུ་བ་དང་མ་ཤེས་དོན་གསལ་དང་། བཅད་ནས་ཞུགས་པའི་དོན་ལ་མི་བསླུ་བ་གསུམ་བཤད་པ་རྣམས་ནི། ལུགས་འདིའི་མདོ་སེམས་དབུ་མ་དང་གསུམ་ཀ་ལ་ཁྱབ་བྱེད་དུ་འགྲོ་ཞིང་དང་པོས་ཡུལ་གྱི་མི་བསླུ་བ་དང་། གཉིས་པས་ཡུལ་ཅན་གྱི་མི་བསླུ་བ་དང་། གསུམ་པས་ནི་མི་བསླུ་བར་བཤད་པ་ཐམས་ཅད་ནི་གཞལ་བྱ་འཇལ་ཚུལ་ལས་འབྱེད་དགོས་པར་བསྟན་པས་ཏེ། གསུམ་ཀ་ཡང་དོན་གཅིག་ལ་འདུ་བ་དང་། འཇལ་ཚུལ་གྱི་ཁྱད་པར་ཡང་འཇུག་ཡུལ་གཅིག་པོ་དེ་ལ་སྣང་བའི་སྒོ་ནས་དང་། སེལ་བའི་སྒོ་ནས་འཇལ་བའོ། །དེ་ལྟར་དགོས་པའི་རྒྱུ་མཚན་ཡང་། རེས་འགའ་མངོན་དུ་གྱུར་པ་དང་། རེས་འགའ་ལྐོག་ཏུ་གྱུར་པའི་གནས་སྐབས་ཀྱིས་ཞེས་པ་དང་། གཉིས་པ་དབྱེ་བ་ལ། མདོ་སྡེ་པ་ནི་སངས་རྒྱས་ཀྱི་ས་ཡང་རྗེས་དཔག་ཁས་ལེན་པས་དུས་ཀུན་གྱི་ཚེ་གཉིས་སུ་གྲངས་ངེས་པ་དང་། རྣལ་འབྱོར་སྤྱོད་པ་བ་ནི་འཕགས་པའི་མཉམ་གཞག་ཏུ་རྗེས་དཔག་ཡུལ་དང་བཅས་པ་ཁས་མི་ལེན་པས་མངོན་སུམ་གཅིག་པུ་དང་། ཚུ་རོལ་མཐོང་བ་དང་འཕགས་པའི་རྗེས་ཐོབ་ཏུ་ནི་ཚད་མ་གཉིས་སུ་གྲངས་ངེས་པ་དང་། མངོན་སུམ་ལ་དབྱེ་བ་བཞིར་འབྱེད་པ་དེའི་ཚེ། གསུམ་ནི་ཆོས་མངོན་པ་དང་ཕལ་ཆེར་མཐུན་ལ། ཡིད་ཀྱི་མངོན་སུམ་ནི་ཆོས་མངོན་པ་ལས་ཁྱད་པར་དུ་འདིར་བདག་རྐྱེན་ཡིད་དབང་གི་བཤད་པ་མི་མཛད་པ་དང་། ཆོས་ཀྱི་སྐྱེ་མཆེད་ཁོ་ནའི་ཡུལ་ཅན་དུ་མི་འཆད་པར་མ་ཟད། གཟུགས་སོགས་དོན་ལྔ་པོ་ཁོ་ནའི་ཡུལ་ཅན་དུ་འཆད་པ་དང་། དེའི་རྒྱུ་མཚན་གྱིས་འགྲེལ་བྱེད་རྣམས་ཀྱིས་ཀྱང་མཚན་ཉིད་དང་སྐྱེ་ཚུལ་མཐའ་གཅིག་ཏུ་འཆད་མ་ཤེས་པ་དང་། རང་རིག་མངོན་སུམ་ཡང་མངོན་སུམ་གཞན་ལས་ལྡོག་པས་འབྱེད་དགོས་ཀྱི་ཐས་ལོགས་སུ་ངོས་བཟུང་བར་མི་ནུས་པ་རྣམས་དང་། རང་ངེས་དང་གཞན་ངེས་ཀྱི་འཆད་ཚུལ་འདི་ཡང་། གཞུང་ལུགས་གཞན་དུ་མ་གྲགས་པར་མ་ཟད། ལུགས་འདི་ཉིད་ཀྱི་གཞུང་རྩ་བ་དང་འགྲེལ་པ་གཞན་ན་མ་གྲགས་ཀྱི་སློབ་དཔོན་ཆོས་མཆོག་གིས་གསལ་བར་

བཤད་པའོ་ཞེས་བྱ་བ་འདི་དང་། རྗེས་དཔག་ལ་རང་དོན་དང་གཞན་དོན་གཉིས་སུ་འབྱེད་པ་འདི་ཡང་གཞུང་གཞན་ན་མ་གྲགས་པ་དང་། ཚད་མ་དང་འབྲས་བུའི་རྣམ་གཞག་གི་འཇོག་ཚུལ་འདི་ཡང་བྱ་བྱེད་གཉིས་པོ་ངོ་བོ་གཅིག་པ་ཁོ་ནར་བསྒྲུབ་པས་ན་བཟང་སྤྱོད་པའི་གཞུང་དང་ཅུང་ཟད་མི་མཐུན་པར་བཤད་པ་དང་། དེ་ལྟར་བཤད་པའི་དགོས་པ་ཡང་། ཚད་མ་ནི་སྐྱེད་བྱེད་ཀྱི་རྒྱུ་དང་། གཞལ་བྱ་འཇལ་བ་དང་རྟོགས་པ་ནི་བསྐྱེད་འབྲས་སུ་རྟོགས་པ་བསལ་བའི་ཕྱིར་དུ་དང་། དེ་སེལ་དགོས་པ་ཡང་ཇི་སྐད་དུ། འདི་དག་གིས་ཡོངས་སུ་དཔྱད་ནས་འཇུག་པ་ན་ཞེས་སོགས་སུ་བྱེད་པ་པོ་ཚད་མ་གཅིག་གིས་ན་གཟོད་གཞལ་བྱ་འཇལ་བ་ལྟ་བུར་བཤད་པ་ལ་དོགས་པའོ། །དེ་བཞིན་དུ་ཆོས་མངོན་པར་རྒྱུ་འབྲས་དུས་མཉམ་པ་གཙོ་ཆེ་བར་བཤད་པ་ལས་འདིར་ནི་རྒྱུ་དུས་སུ་འབྲས་བུ་མ་སྐྱེས་པ་དང་འབྲས་དུས་སུ་རྒྱུ་འགགས་ཟིན་པ་ཁོ་ནར་བཤད་པ་ནི་རེ་ཞིག་མངོན་པ་དང་མི་མཐུན་པ་ལྟ་བུར་སྣང་ཡང་། ངོ་བོ་ཉིད་མེད་པ་བ་དག་བདག་སྐྱེ་འགོག་པའི་རིགས་པ་དང་མཐུན་པས་ཤིན་ཏུ་བཟང་ངོ་། །དེ་ལྟར་མདོ་སྡེ་པའི་སྐབས་སུ་ཐུན་མོང་མ་ཡིན་པའི་འཆད་ཚུལ་ཇི་སྐད་བཤད་པ་དེ་བཞིན་དུ་སེམས་ཙམ་པའི་སྐབས་སུ་ཡང་ཆོས་མངོན་པ་ན་མ་གྲགས་པ་དག་ཇི་ལྟར་འཆད་པའི་ཚུལ་ནི། རྣམ་འགྲེལ་མཛད་པས་གཅིག་དང་དུ་བྲལ་གྱི་རིགས་པས་ཕྱི་རོལ་གྱི་དོན་འགོག་པར་མཛད་པ་ནི་ཆོས་མངོན་པའི་རང་རྐང་ཚུགས་པ་མ་ཡིན་མོད་ལུང་གཞན་མང་པོ་དང་མཐུན་པས་ཐུན་མོང་བ་ཡིན་ལ། ཕྱོགས་ཀྱི་གླང་པོས་ལྷན་ཅིག་དམིགས་ངེས་ཀྱི་རྟགས་དང་། གསལ་ཞིང་རིག་པའི་གཏན་ཚིགས་ཀྱིས་དོན་དུ་སྣང་བ་སེམས་སུ་བསྒྲུབ་པ་འདི་ནི་ཐུན་མོང་མ་ཡིན་པ་སྟེ་ལུགས་གཞན་ན་མི་གསལ་ལོ། །གཏན་ཚིགས་འདི་དག་གི་བྱེད་པ་ལ་བརྟེན་ནས་གང་དང་ཅི་སྣང་བ་ཐམས་ཅད་སྣང་མཁན་རང་གི་སེམས་སུ་བསྒྲུབ་ལ། དེའི་ཚེ་ཕྱི་རོལ་གྱི་དོན་ནི་སྣང་རུང་མ་དམིགས་པའི་རྟགས་ཀྱིས་མེད་པར་འགྲུབ་པ་ཡིན་ཏེ་གང་སྣང་ཐམས་ཅད་སེམས་ཡིན་ཞིང་མི་སྣང་བ་ནི་གང་ཡང་མ་དམིགས་པའི་

ཕྱིར་རོ། །སྣང་བ་ཐམས་ཅད་སེམས་སུ་ནི་མདོ་སྡེ་པའི་གྲུབ་མཐའ་ལས་ཀྱང་འགྲུབ་ན་འདི་དང་ཁྱད་པར་ཅི་ཞེ་ན། རྣམ་པ་གཏོད་བྱེད་ཀྱི་རྒྱུ་རྫ་ལོགས་ན་ཡོད་པ་དང་མེད་པར་འདོད་པ་ནི་ཁྱད་པར་རོ། །ལུགས་འདིར་ཕྱི་རོལ་གྱི་དོན་མེད་ན་ཅི་ཞིག་ཡོད་སྙམ་པ་ལ། གང་དང་གང་དུ་སྣང་བའི་ཤེས་རྣམ་དེ་ཉིད་དོ། །དེའི་ཕྱིར་གཟུང་རྣམ་གཞལ་བྱ་ལ་རང་རིག་འབྲས་བུར་འཇོག་གོ །ཕྱི་རོལ་གྱི་དོན་རང་མཚན་མེད་པ་དེ་བཞིན་དུ་གཞལ་བྱ་སྤྱི་མཚན་དུ་བཤད་པ་རྣམས་ཀྱང་ཡོད་པ་མ་ཡིན་ཏེ། རིགས་སྤྱི་དང་ཚོགས་སྤྱི་གང་དུ་སྣང་ཡང་སྣང་མཁན་གྱི་རྟོག་པ་ཉིད་ཡིན་གྱི་དེ་ལས་གཞན་དུ་མ་དམིགས་པའི་ཕྱིར། བཤད་པ་འདི་སེམས་ཙམ་པའི་སྐབས་སུ་མི་འབྱུང་ངོ་སྙམ་ན། མི་འབྱུང་བ་མ་ཡིན་ཏེ། འཕྲུལ་གྱི་འཁྲུལ་རྒྱུ་མ་བསླད་པའི་རྟོག་མེད་ཀྱི་ཤེས་པ་ལ་གང་དང་ཅི་སྣང་བ་དེ་སྣང་མཁན་གྱི་སེམས་ལས་གཞན་དུ་མེད་པར་ལྷན་ཅིག་དམིགས་ངེས་ཀྱིས་གྲུབ་པ་ན་རྟོག་པ་དང་རྟོག་མེད་འཁྲུལ་བ་ལ་སྣང་བའི་དོན་ལོགས་ན་ཡོད་པ་ནི་ངང་གིས་ཁེགས་པའི་ཕྱིར། དེ་ལྟར་བཤད་པ་ན་རྗེས་དཔག་གིས་སྤྱི་མཚན་གཞལ་བྱར་བྱེད་པ་མི་འཐད་དེ། རྗེས་དཔག་ལ་དེར་སྣང་བ་ནི་སྤྱི་མཚན་མ་ཡིན་དེ་ལས་གཞན་མེད་པའི་ཕྱིར་སྙམ་དུ་སེམས་པ་དེ་ནི་གནས་ཚུལ་ལ་ཞུགས་པའི་ཚེ་དེ་ལྟར་རིགས་པ་ཉིད་ཡིན་ཏེ། ཇི་སྐད་དུ། མེད་པ་གཞལ་བྱ་མ་ཡིན་ཕྱིར་ཞེས་བྱ་བ་ལ་སོགས་པས་སོ། །སེམས་ཙམ་པ་ལ་འཇུག་པའི་ཚུལ་འདི་ལྟར་བཤད་པ་ནི་བྱམས་ཆོས་དགོངས་འགྲེལ་དང་བཅས་པ་གཞན་དུ་བཤད་པ་ལས་ཆེས་མྱུར་བ་ཡིན་ཏེ། འཚོལ་བ་བཞི་སོགས་བཤད་པ་རྣམས་ལས་འདི་རྟོགས་སླ་བས་སོ། །དེ་ལྟར་སྤྱི་མཚན་དང་ཕྱི་རོལ་གྱི་དོན་རང་གི་ངོ་བོས་སྟོང་བ་ལ་ནི་གཟུང་བ་ཆོས་ཀྱི་བདག་མེད་པ་ཞེས་བྱ་ཞིང་ལྟ་བ་དེ་དང་འཇུག་པ་སེམས་བསྐྱེད་ཟུང་དུ་སྦྲེལ་བའི་ཚེ། བྱང་སེམས་ཀྱི་སྦྱོར་ལམ་བཟོད་པ་ཚུན་ཆད་དུ་འགྲོ་ནུས་ཤིང་། དེ་དང་མ་འབྲེལ་བ་ཉིད་དུ་ཉམས་སུ་མྱོང་ན་རང་རྒྱལ་བ་ཉིད་དུ་འགྱུར་རོ། །སེམས་ཙམ་པའི་ལུགས་འདིར་ཡོད་དོ་ཞེས་པའི་ཆོས་ནི་གཟུང་རྣམ

རང་མཚན་པ་གཅིག་པུ་ཉིད་དུ་དེའི་ཚེ་གཟུང་རྣམ་རང་མཚན་དཔྱ་བ་མངོན་དུ་གྱུར་པ་ནི་མངོན་སུམ་གྱི་འཇུག་ཡུལ་དང་། མ་འོངས་པ་དང་གཞན་རྒྱུད་ཀྱི་གཟུང་རྣམ་རང་མཚན་པ་ནི་རྗེས་དཔག་གི་འཇུག་ཡུལ་ཡིན་པས་ན། འཇུག་ཡུལ་མངོན་ལྐོག་གཉིས་སུ་གྲངས་ངེས་པའི་རྟགས་ཀྱིས་ཚད་མ་གཉིས་སུ་གྲངས་ངེས་པར་བསྒྲུབ་པའོ། །མངོན་སུམ་གྱི་མཚན་ཉིད་དུ་བཤད་པའི་མ་འཁྲུལ་རིག་པ་དེར་འཛོག་པ་ལ་ནི། འཇིག་རྟེན་ལྷན་སྐྱེས་དང་བྱེ་མདོ་དག་གི་ཚུལ་ལ་ནི་འཕྲུལ་གྱི་འཁྲུལ་རྒྱུ་བཞི་པོ་གང་རུང་གིས་འཁྲུལ་བར་མ་བསྐྱེད་པ་ཙམ་གྱིས་ཆོག་མོད། ཐེག་པ་ཆེན་པོར་ཞུགས་ནས་ནི་ཕུགས་ཀྱི་འཁྲུལ་རྒྱུ་མ་བསལ་པ་ཞིག་དགོས་པ་ཡིན་ཏེ། འཁྲུལ་མ་འཁྲུལ་དུ་འཛོག་བྱེད་ཀྱི་གཙོ་བོ་ནི་དེ་དང་བྲལ་མ་བྲལ་ལ་འཆད་དགོས་པའི་ཕྱིར། དེ་བས་ན་ལུགས་འདིར་དོན་རིག་པའི་མངོན་སུམ་མི་སྲིད་དོ། །འདིར་རྣལ་འབྱོར་མངོན་སུམ་གྱི་རིག་བྱ་ཡང་ཤེས་པ་རང་མཚན་ཉིད་ཡིན་གྱི་མེད་པར་དགག་པ་ལ་འཆད་པ་ནི་ལུགས་འདི་ལ་མེད་དོ། །དེ་ལྟར་བཤད་པ་དེ་དག་ནི་བཀའ་འཁོར་ལོ་གསུམ་པ་དགོངས་འགྲེལ་དང་བཅས་པའི་སྐབས་འདིར་གྲུབ་མཐའ་སྨྲ་བ་བཞི་ཡི་ནང་ནས་སེམས་ཙམ་གྱི་གྲུབ་པའི་མཐའ་ཞེས་བྱ་བ་དེ་ཡིན་ལ། དེ་ནས་དེའི་འོག་ཏུ་རང་ལུགས་ཀྱི་དབུ་མ་ལ་འཇུག་པའི་ཚུལ་ནི་འདི་ལྟར། ལུགས་འདི་ལ་ནི་དོན་དུ་སྣང་བའི་རྣམ་རིག་གམ། གཟུང་བའི་རྣམ་པ་ཁྱད་གཞིར་བཟུང་ནས་བདེན་མེད་དུ་བསྒྲུབ་པའི་རིགས་པ་ལ། རྣམ་འགྲེལ་མཛད་པས་གཅིག་དང་དུ་བྲལ་གྱི་རིགས་པ་ཡང་གསུངས་ལ། གཞུང་རྒྱས་པ་ལས་ནི་གཟུང་བ་མེད་པའི་རྟགས་ཀྱིས་འཛིན་པ་མི་འགྲུབ་པར་གསུངས་སོ། །སྐབས་དེའི་འཛིན་པ་ནི་གཟུང་རྣམ་དང་དོན་གཅིག་པས་གཟུང་འཛིན་གཉིས་མེད་དུ་བསྒྲུབ་པ་ཡིན་ལ། དེ་ལྟར་གཟུང་འཛིན་གཉིས་སྟོང་དུ་གཏན་ལ་ཕབ་པའི་སྟོང་པ་ཉིད་མེད་པར་དགག་པ་དེ་ཙམ་གྱིས་ནི་ཡོད་པ་སྒྲོ་འདོགས་ཀྱི་མཐའ་སེལ་བར་བྱེད་མོད། གནས་ལུགས་ཀྱི་དེ་ཁོ་ན་ཉིད་དུ་ནི་མི་རུང་སྟེ། ལྷག་པ་གཞན་སེལ་ལས་མ་འདས་པའི་

ཕྱིར། གཞན་སེལ་དེ་ཡུལ་དུ་བྱེད་པའི་བློ་ཡང་རྟོག་པ་ཁོ་ནར་ངེས་པས་སྤྱང་བྱའོ། །དེ་ལྟ་ན་གནས་ལུགས་དོན་དམ་པའི་བདེན་པར་གྲུབ་པ་ནི་གོང་དུ་བཤད་པའི་གཟུང་བ་དང་འཛིན་པ་གཉིས་ཀྱིས་སྟོང་བས་ཁྱད་པར་དུ་བྱས་པའི་ཡེ་ཤེས་ཏེ། དངོས་མིང་དུ་ཆོས་དབྱིངས་ཀྱི་ཡེ་ཤེས་སོ། །དེ་ཉམས་སུ་མྱོང་བའི་རང་རིག་པའི་མངོན་སུམ་རྗེས་མཐུན་པ་སྦྱོར་བའི་ལམ་དང་། མཚན་ཉིད་པ་མཐོང་བའི་ལམ་ནས་མངོན་དུ་གྱུར་པ་དེས་ནི་སྒྲིབ་གཉིས་བག་ཆགས་དང་བཅས་པ་འཇོམས་ནུས་པས་ན། བདག་ཉིད་ཆེན་པོ་ཡབ་སྲས་ཀྱི་གཞུང་ལས་འབྱུང་བའི་ལྟ་བ་མཐར་ཐུག་གོ །[1]ཞེས་གསུངས་པ་ལ་གཅེས་སུ་བཟུང་ནས་བརྟག་པར་བྱའོ། །

དོན་ཚན་བཞི་པ། ཚད་མ་མདོ་དང་སྡེ་བདུན་གྱི་སློལ་འཛིན་མཁན་པོའི་བརྒྱུད་པ་དང་ཇི་ལྟར་འགྲེལ་བའི་ཚུལ།

ཕྱོགས་གླང་ཡབ་སྲས་ཀྱི་དགོངས་པ་རྒྱུད་འཛིན་མཁན་པོ་ཅི་ཙམ་བྱུང་བ་དང་སློལ་འདི་ཇི་ལྟར་སྤེལ་བའི་ཚུལ་ནི། པཎ་ཆེན་ཤཱཀྱ་མཆོག་ལྡན་གྱིས《ཚད་མའི་བྱུང་བ་ཉིན་མོར་བྱེད་པའི་སྣང་བ》ལས། ཆེ་བའི་ཡོན་ཏན་དཔག་ཏུ་མེད་པ་དང་ལྡན་པའི་སློབ་དཔོན་བདག་ཉིད་ཆེན་པོ་ཕྱོགས་ཀྱི་གླང་པོ་དེའི་དངོས་ཀྱི་སློབ་མ་ནི། སློབ་དཔོན་དབང་ཕྱུག་སྡེ་ཞེས་བྱ་བ་ཞིག་ཡིན་པ་དང་། དེས་སློབ་དཔོན་གྱི་དགོངས་པ་ཅུང་མ་ལོན་པར་འཆད་ལ། དེའི་དངོས་ཀྱི་སློབ་མ་ནི། དཔལ་ལྡན་ཆོས་ཀྱི་གྲགས་པ། བདག་ཉིད་ཆེན་པོ་འདིའི་སློབ་མ་ནི་ལྷ་ཡི་དབང་པོ་བློ་གྲོས་ཏེ། འདིས་རང་འགྲེལ་ཉིད་ཀྱི་འགྲོ་འཐད་ནས་མཛད་པ་དང་བསྡོམ་པ་ལ་ཚད་མ་སྟོང་ཕྲག་བཅུ་གཉིས་པ་ཞེས་གྲགས་པ་འདི་ནི། ཚིག་དོན་གསལ་ཞིང་མཐའ་དཔྱོད་པའི་ཚུལ་རྒྱན་དང་ཆོས་མཆོག་ལྟ་བུ་ལ་ལྟོས་ན་ཤིན་ཏུ་བསྡུས་པ་ཞིག་གོ །སློབ་

[1] དཔལ་བརྩེགས་བོད་ཡིག་དཔེ་རྙིང་ཞིབ་འཇུག་ཁང་གིས་དཔེ་རྙིང་བྲིས་མ་ཞིག་ལས་བཤུས་ཤིང་པར་གཞི་གསར་དུ་བསྒྲིགས་པའི་སྣ་རིང་དཔར་མའི་ཤོག་ངོས་༢༠—༣༣བར་ནས་དྲངས་པའོ། །

དཔོན་དེའི་དངོས་ཀྱི་སློབ་མ་ནི་ཤཱཀྱ་བློ་གྲོས་ཏེ། དེས་ཚད་མ་སྟོང་ཕྲག་བཅུ་གཉིས་པ་ཡོངས་སུ་རྫོགས་པ་ལ་འགྲེལ་བཤད་མཛད་པ་དེའི་རྣམ་དཔྱོད་ཀྱི་ནུས་པའི་ཁྱད་པར་སྟ་མ་དང་འདྲ་ཞིང་། རྣམ་འགྲེལ་ལ་རྩོམ་པ་པོ་གཅིག་གི་རྣམ་བཤད་ཡོངས་སུ་རྫོགས་པ་བོད་དུ་འགྱུར་བ་ནི་འདི་ཁོ་ནའོ། །སློབ་དཔོན་དེའི་སློབ་མ་ནི་འོད་ཀྱི་བློ་ཞེས་བྱ་བ་ཞིག་ཡིན་པར་འཆད་པ་དང་། དེས་དུལ་བ་ལྷ་དང་དེས་ཆོས་མཆོག་ལ་བཤད་པ་དང་། དེ་ནས་རྒྱན་མཁན་པོ་དང་། དེ་ནས་ཆོས་འབྱུང་སྦྱིན་དང་། དེའི་འོག་ཏུ་གཟི་བརྗིད་གོ་ཆ་དང་། དེས་ཕ་སུ་པཎ་ཆེན་ལ་བཤད་ཅེས་པ་སོགས་ཆོས་འབྱུང་མཁན་པོ་རྣམས་ཀྱི་རྣམ་རྟོག་གཏིང་ཚུགས་མ་ཡིན་པ་དུ་མ་དག་འཆད་ཀྱང་ཤེས་རབ་འབྱུང་གནས་སྦས་པས་མཛད་པའི་རྣམ་འགྲེལ་གྱི་རྒྱན་ཞེས་བྱ་བ་འདི་ནི་ཚད་མ་སྟོང་ཕྲག་ཕྱེད་དང་བཞི་པའི་འགྲོ་མཐུད་ནས་ཚད་མ་གྲུབ་པ་སོགས་ལེའུ་གསུམ་གྱི་འགྲེལ་པ་སྟོང་ཕྲག་བཅོ་བརྒྱད་པ་ཞེས་པ་དེ་ཡིན་ལ། འདི་ནི་རྫོད་བྱེད་ཀྱི་ཚིག་གསལ་ཞིང་བརྗོད་བྱའི་དོན་ཟབ་ཅིང་རྒྱ་ཆེ་བ་རྣམ་དཔྱོད་ཀྱི་རྩལ་གྱིས་བརྟོན་པ་ཞིག་སྟེ། མཐར་ཐུག་གི་ངེས་པ་དབུ་མ་ཉིད་དུ་གནས་པའོ། །རྒྱན་འདི་ལ་འགྲེལ་བཤད་བྱེད་པ་ནི། ཡ་མ་རི་དང་། རྒྱལ་བ་ཅན་ཞེས་པ་ཤིན་ཏུ་རྒྱས་པ་གཉིས་བྱུང་སྟེ་རྩོམ་པ་པོ་རྣམ་དཔྱོད་ཀྱི་རྩལ་ཆེ་བར་གྲགས་སོ། །ཚད་མ་གྲུབ་པ་དང་མངོན་སུམ་གྱི་ལེའུ་ལ། རྩོམ་པ་པོ་ཚད་ལྡན་དུ་གྲགས་པ་ཉི་མ་སྦས་པས་རྒྱན་དང་མཐུན་པའི་འགྲེལ་པ་མཛད་པ་རྣམས་ནི། བསྟན་བཅོས་རྣམ་འགྲེལ་འདི་འཆད་པ་ལ་ཤིན་ཏུ་གཅེས་པས་རྩ་བའི་ཁུངས་ཉིད་དུ་གཟུང་བར་བྱའོ། །ཚད་མ་རྣམ་པར་ངེས་པ་ནི། རང་ལུགས་ཀྱི་རྩ་བ་གང་ཡོད་ལ་སློབ་དཔོན་ཉིད་ཀྱི་རང་འགྲེལ་དང་བཅས་པ་ནི་ཚིག་གསལ་ཞིང་དོན་འཛིན་བདེ་ལ་རྣམ་འགྲེལ་ན་ཚིགས་བཅད་དུ་ཡོད་པ་རྣམས་འདིར་ལྷུག་པར་བཀྲལ་བས་ན་གཞུང་ཐུན་མོང་བ་ཤིན་ཏུ་མང་ཞིང་། རྣམ་འགྲེལ་ལས་ཉུང་ངོ་བདེ་བ་ལྟ་བུར་སྣང་ལ། དེའི་འགྲེལ་པ་འཐད་ལྡན་ཆེན་མོ་ཞེས་བྱ་བ་ཆོས་མཆོག་གིས་མཛད་པ་སྟོང་ཕྲག་བཅུ་གཉིས་པ་ནི། རྩོམ་

པ་པོ་རྣམ་དཔྱོད་ཆེ་བར་མཚོན་ནུས་པ་ཞིག་སྟེ། དེའི་འགྲེལ་བཤད་ཛྙ་ན་ཤྲཱས་མཛད་པ་དེ་ཡང་ཁྱད་པར་དུ་འཕགས་སོ་①ཞེས་གསུངས་སོ། །

སྤྱིར་བཤད་ན། ནང་པའི་ཚད་མ་རིག་པའི་སྲོལ་འབྱེད་སློབ་དཔོན་ནི་ཕྱོགས་ཀྱི་གླང་པོ་ཡིན་ལ། དེའི་སློབ་མ་སློབ་དཔོན་དབང་ཕྱུག་སྡེ་ཡིན། དེས་སློབ་དཔོན་གྱི་དགོངས་པ་འཆད་ཉན་སྤེལ་ཅིང་། 《རིགས་པ་ལ་འཇུག་པའི་སྒོ་》ཞེས་པའི་བསྟན་བཅོས་མཛད་ཡོད་ཀྱང་བོད་འགྱུར་མེད་པར་བཤད། དེའི་སློབ་མ་དཔལ་ལྡན་ཆོས་ཀྱི་གྲགས་པ་ཡིན། དེས་སློབ་དཔོན་དབང་ཕྱུག་སྡེ་ལས་ཕྱོགས་གླང་གི་《ཚད་མ་ཀུན་བཏུས་》གསན། ཚར་གཅིག་གསན་པས་དབང་ཕྱུག་སྡེ་དང་མཉམ། ཚར་གཉིས་གསན་པས་ཕྱོགས་གླང་དང་མཉམ། ཚར་གསུམ་གསན་པ་ན་སློབ་དཔོན་དབང་ཕྱུག་སྡེས་ཀྱང་ཕྱོགས་གླང་གི་དགོངས་པ་ཇི་ལྟ་བ་བཞིན་མ་རྟོགས་པ་རྣམས་གཟིགས་པར་གྱུར། སློབ་དཔོན་དེས་རིགས་པའི་རྩལ་གྱིས་ཕྱི་རོལ་པའི་པཎྜི་ཏ་མང་པོ་ནང་པར་བཙུག 《ཚད་མ་ཀུན་བཏུས་》ཀྱི་དགོངས་འགྲེལ་དུ་བསྟན་བཅོས《ཚད་མ་སྡེ་བདུན་》མཛད་དེ་སྤེལ། དེའི་སློབ་མ་ལྷ་དབང་བློས་སློབ་དཔོན་ཆོས་གྲགས་ཀྱི་《ཚད་མ་སྡེ་བདུན་》ཇོགས་པར་གསན། ཆོས་གྲགས་ཀྱིས་《རྣམ་འགྲེལ་》ལེའུ་དང་པོ་ལ་རང་འགྲེལ་མཛད་ཅིང་དེ་ལ་ཁ་སྐོང་གི་ཚུལ་དུ་རང་གི་སློབ་མ་ལྷ་དབང་བློ་ལ་ལེའུ་ཕྱི་མ་གསུམ་གྱི་འགྲེལ་པ་བྱེད་དགོས་པའི་བཀའ་གནང་། ལྷ་དབང་བློས་སློབ་དཔོན་གྱི་བཀའ་བཞིན་བརྩམས་ཏེ་ཕུལ་བ་ལ་སློབ་དཔོན་ཐུགས་མ་མཉེས་པར་ཆུར་བཀྱུས། ཡང་བློ་བསྒྲིམས་ཏེ་ལན་གཉིས་པ་བརྩམས་ཏེ་ཕུལ་བ་ལ་མེར་བསྲེགས། ཡང་རིག་པ་ཤིན་ཏུ་བསྒྲིམས་ཏེ་ལན་གསུམ་པ་བརྩམས་ནས་ཕུལ་བ་ལ། སློབ་དཔོན་གྱིས་འཁྲོས་དང་ཚིག་གི་ཟུར་གྱིས་མཚོན་པའི་དོན་རྣམས་མ་བྱུང་བར་འདུག་སྟེ། ཚིག་གིས་དངོས་སུ་བསྟན་པའི་དོན་རྣམས་བྱུང་

① དཔལ་བརྩེགས་བོད་ཡིག་དཔེ་རྙིང་ཞིབ་འཇུག་ཁང་གིས་དཔེ་རྙིང་བྲིས་མ་ཞིག་ལས་བཤུས་ཤིང་པར་གཞི་གསར་དུ་བསྒྲིགས་པའི་སྣ་རིང་དཔར་མའི་ཤོག་ངོས་༧༦ནས་དྲངས་པའོ། །

འདུག་གསུངས་ནས་བཞག སློབ་དཔོན་རང་ཉིད་ཀྱིས་ངའི་རིགས་པ་འདི་དཔྱིས་ཕྱིན་པ་སུས་ཀྱང་ཤེས་པ་མི་འདུག་སྙམ་དུ་དགོངས་ཏེ་《རྣམ་འགྲེལ་》གྱི་མཇུག་ཏུ།

འགྲོ་བ་རྣམས་ལ་མཚུངས་པར་ལེགས་བཤད་སྤྲར་འཛིན་བྱེད་པ་མི་རྙེད་པ་ཅན་ཕོ་བོའི་གཞུང་། །

རྒྱ་མཚོ་ལ་ནི་ཆུ་བོ་བཞིན་དུ་རང་གི་ལུས་ལ་ཐིམ་ཞིང་ནུབ་པ་ཉིད་དུ་འགྱུར། །

ཞེས་པའི་ཚིག་དེ་བཅུག་ཅེས་གྲགས། སློབ་དཔོན་གྱི་ལེའུ་དང་པོའི་རང་འགྲེལ་དང་། ལྷ་དབང་བློའི་ལེའུ་ཕྱི་མ་གསུམ་གྱི་འགྲེལ་པ་བཅས་བསྡོམས་པ་ལ་ཚད་མ་སྟོང་ཕྲག་བཅུ་གཉིས་པར་གྲགས། དེ་ནས་སློབ་དཔོན་ཆོས་ཀྱི་གྲགས་པ་དང་ལྷ་དབང་བློ་གཉིས་ཀའི་སློབ་མ་ཤཱཀྱ་བློ་བྱོན། དེས་སློབ་དཔོན་ཆོས་གྲགས་ལས་《ཚད་མ་སྡེ་བདུན་》གསན་ཞིང་། གཙོ་བོར་ལྷ་དབང་བློ་ལས་ཚད་མ་རིག་པ་ཡོངས་སུ་རྫོགས་པ་གསན་ནས་མཁས་པར་གྱུར། ཚད་མ་རྣམ་འགྲེལ་གྱི་ལེའུ་བཞི་དང་ཚད་མ་སྟོང་ཕྲག་བཅུ་གཉིས་པ་ལ་འགྲེལ་པ་ཤིན་ཏུ་རྒྱ་ཆེན་པོ་མཛད། དམ་བཅའ་ཁས་ལེན་ཐམས་ཅད་ལྷ་དབང་བློ་དང་མཐུན། ལྷ་ཤཱཀ་གཉིས་ནི་ཚད་མ་སྡེ་བདུན་གྱི་དགོངས་པ་འགྲེལ་མཁན་ཐོག་མ་ཡིན་པར་མཁས་པ་རྣམས་ཀྱིས་ཐུན་མོང་དུ་བཞེད་དོ། །

ཐུའུ་བཀྭན་ཆོས་ཀྱི་ཉི་མས《ཚད་མའི་ལོ་རྒྱུས་བསྡུས་པ་》ལས། ཤཱཀྱ་བློའི་སློབ་མ་ཤེས་རབ་འབྱུང་གནས་སྦས་པས་རྣམ་འགྲེལ་གྱི་ལེའུ་ཕྱི་མ་གསུམ་གྱི་འགྲེལ་པ《རྣམ་འགྲེལ་གྱི་རྒྱན་》ཞེས་བྱ་བ་མཛད་པས་ཕོང་ཡང་རྒྱན་མཁན་པོར་གྲགས། རྒྱན་མཁན་པོའི་སློབ་མ་རྒྱལ་རྗེ་གསུམ་པ་པཎ་ཆེན་ཆོས་མཆོག་གིས《རྣམ་ངེས་ཀྱི་འགྲེལ་པ་འཐད་ལྡན་ཆེ་ཆུང་》དང་།《འཇིག་རྟེན་ཕ་རོལ་གྲུབ་པ།》《སྐད་ཅིག་འཇིག་པ་གྲུབ་པ།》《ཚད་མ་བརྟག་པ་ཆེ་ཆུང་》ལ་སོགས་པ་མཛད། སློབ་དཔོན་དེས་ཕྱི་རོལ་པའི་རྩོད་པ་བཟློག་ནས་རྒྱལ་རྗེ

ལན་གསུམ་བརྟུངས་པས་རྒྱལ་ཛ་གསུམ་པར་གྲགས། རྒྱན་མཁན་པོ་དང་ཆོས་མཆོག་གཉིས་ཚད་མ་ལ་རྣམ་དཔྱོད་ཀྱི་རྩལ་ཤིན་ཏུ་ཆེ་བར་མཁས་པ་རྣམས་ཀྱིས་བསྔགས།(ཁ་ཅིག་གིས་ཆོས་མཆོག་ནི་ཆོས་འབྱུང་བྱིན་དང་དགེ་སྲུང་གི་སློབ་མ་ཡིན་པར་བཤད།) རྒྱན་མཁན་པོའི་སློབ་མ་ཛ་མ་རི་ཡིས་《རྣམ་འགྲེལ་གྱི་རྒྱན་གྱི་འགྲེལ་པ་ཤིན་ཏུ་ཡོངས་སུ་དག་པ་》ཞེས་བྱ་བ་དང་《རྒྱན་གྱི་ལེའུ་བཞིའི་འགྲེལ་པ་》སོགས་མཛད། སློབ་དཔོན་རྒྱལ་བ་ཅན་གྱིས་《རྒྱན་གྱི་འགྲེལ་བཤད་བམ་པོ་དྲུག་ཅུ་པ་》མཛད། སློབ་དཔོན་ཛ་མ་རིའི་སློབ་མ་དུལ་བ་ལྷས་《རིགས་ཐིགས་ཀྱི་འགྲེལ་པ་སློབ་མ་ལ་ཕན་པ་》ཞེས་བྱ་བ་མཛད་པ་དང་། 《འབྲེལ་བ་བརྟག་པ་》དང་། 《རྒྱུད་གཞན་གྲུབ་པ་》དང་། 《རྩོད་པའི་རིགས་པ་》དང་། 《གཏན་ཚིགས་ཐིགས་པ་》བཅས་བཞི་ཀའི་འགྲེལ་པ་མཛད། སློབ་དཔོན་དུལ་བ་ལྷའི་སློབ་མ་བྲམ་ཟེ་ཤཱཾ་ཀ་རཱ་ནནྡའམ་བདེ་བྱེད་དགའ་བ་ཞེས་པ་བྲམ་ཟེའི་རིགས་སུ་འཁྲུངས། བློའི་མཐུ་སྟོབས་འགྲན་ཟླ་དང་བྲལ་བས་ཆོས་ཀྱི་གྲགས་པ་གཉིས་པར་གྲགས། དགེ་བསྙེན་དམ་པ་དེས་རྣམ་འགྲེལ་གྱི་འགྲེལ་བཤད་ཅུང་ཟད་མ་ཚང་བ་དང་། 《སེལ་བ་གྲུབ་པ་》དང་། 《འབྲེལ་བ་གྲུབ་པ་》ཞེས་བྱ་བ་སོགས་མཛད། སློབ་དཔོན་དུལ་བ་ལྷའི་སློབ་མ་ཞི་བ་འཚོ་ཞལ་སྔ་ནས་ཀྱིས་གཞུང་སྔ་མ་རྣམས་ཀྱི་དོན་འདུས་པ་《དེ་ཁོ་ན་ཉིད་བསྡུས་པའི་ཚིག་ལེའུར་བྱས་པ་》ཞེས་དང་། 《རྩོད་རིགས་ཀྱི་འགྲེལ་པ་》སོགས་མཛད། དེའི་སློབ་མ་ཀ་མ་ལ་ཤཱི་ལ་ཡིས་《དེ་ཁོ་ན་ཉིད་བསྡུས་པའི་དཀའ་འགྲེལ་ཊཱི་ཀྐཱ་ཚད་ཆེན་》དུ་གྲགས་པ་མཛད་ཅེས་གསུངས་པ་ལྟར་ཤེས་པར་བྱའོ། །

གཞན་ཡང་འཕགས་ཡུལ་དུ་རིམ་གྱིས་བྱོན་པའི་མཁས་མཆོག་དམ་པ་རྣམས་ཀྱིས་ཚད་མའི་བསྟན་བཅོས་མང་དུ་མཛད་ཅིང་སྤེལ་བར་མཛད་པ་འདི་ལྟར་ཏེ། སློབ་དཔོན་རྒྱལ་དབང་བློས་(འདི་ཤཱཀྱ་བློའི་སློབ་མ་ཡིན་པར་ཀུན་མཁྱེན་འཇིགས་མེད་དབང་པོས་གསུངས་)《ཚད་མ་ཀུན་བཏུས་ཀྱི་འགྲེལ་པ་》མཛད་པས་གྲགས་

ཆེ། སློབ་དཔོན་དགེ་སྲུང་ནི་མཁན་ཆེན་ཞི་བ་འཚོའི་གོང་རོལ་དུ་བྱུང་བ་སྟེ་དུས་རབས་བརྒྱད་པའི་ཡས་མས་སུ་བྱུང་བའི་མཁས་པ་ཞིག་ཡིན།(ཁ་ཅིག་གིས་དེ་སློབ་དཔོན་ཆོས་མཆོག་གི་བླ་མ་ཡིན་པར་བཤད།) དེས་མཛད་པའི་གཏན་ཚིགས་རིག་པའི་བསྟན་བཅོས་བོད་འགྱུར་ལ་བཞུགས་པ་《ཐམས་ཅད་མཁྱེན་པ་གྲུབ་པའི་ཚིག་ལེའུར་བྱས་པ་》དང་། 《ཕྱི་རོལ་དོན་གྲུབ་ཅེས་བྱ་བའི་ཚིག་ལེའུར་བྱས་པ།》《ཐོས་པ་བརྟག་པའི་ཚིག་ལེའུར་བྱས་པ།》《གཞན་སེལ་བརྟག་པའི་ཚིག་ལེའུར་བྱས་པ།》《དབང་ཕྱུག་འཇིག་པའི་ཚིག་ལེའུར་བྱས་པ་》སོགས་ཡོད། 《ཕྱི་རོལ་དོན་གྲུབ་》ནི་ཚིགས་བཅད་བརྒྱ་དང་གྱ་དྲུག་གི་བདག་ཉིད་ཅན་གྱི་གཞུང་ཞིག་ཡིན། གཞུང་དེ་ཞིབ་དཔྱོད་བྱེད་པའི་རིན་ཐང་ཆེ། ལྷག་པར་《ཕྱི་རོལ་དོན་གྲུབ་》དུ་སེམས་ཙམ་པའི་གཉིས་སྟོང་སྒྲུབ་བྱེད་ཀྱི་གཏན་ཚིགས་ལྷན་ཅིག་དམིགས་ངེས་དགག་པའི་ལྟ་བ་གསར་པ་བཏོན་པའི་ཆ་ནས་ཤིན་ཏུ་གལ་ཆེ། ཛེ་ཏཱ་རི་སྟེ་དགྲ་ལས་རྒྱལ་བ་ནི་མདོ་སྔགས་གཉིས་ཀ་ལ་མཁས་པའི་སློབ་དཔོན་ཞིག་ཡིན།(ཁ་ཅིག་གིས་དེ་སློབ་དཔོན་ཤཱན་ཏི་པའི་བླ་མ་ཡིན་པར་བཤད།) བརྩམས་ཆོས་ལེགས་སྦྱར་གཞུང་ཚན་བཅུ་དང་བོད་འགྱུར་གསུམ་བཅས་གཞུང་ཚན་བཅུ་གསུམ་བཞུགས་ཏེ། 《གཏན་ཚིགས་ཀྱི་དེ་ཁོ་ན་ཉིད་བསྟན་པ་》དང་། 《བྱིས་པ་འཇུག་པའི་རྟོག་གེ།》《ཆོས་དང་ཆོས་ཅན་གཏན་ལ་ཕབ་པ་》ཞེས་གསུམ་པོའི་བོད་འགྱུར་ཡོད་ལ། གཞན་《སེལ་བ་གྲུབ་པ་》དང་། 《དབང་ཕྱུག་སྨྲ་བ་བརྟག་པ།》《སྐད་ཅིག་མ་འཇིག་པ།》《ལྟག་ཆོད་སྤངས་པ།》《ནམ་མཁའི་གོས་ཅན་འདོད་པ་བརྟག་པ།》《བདག་མེད་གྲུབ་པ།》《ཐོས་པ་བྱེད་པ་པོ་གྲུབ་པ།》《རིག་བྱེད་ཚད་མ་གྲུབ་པ།》《ཐམས་ཅད་མཁྱེན་པ་གྲུབ་པ།》《ལྷན་ཅིག་དམིགས་པའི་རབ་ཏུ་བྱེད་པ།》《གཏན་ཚིགས་ཀྱི་དེ་གོ་ན་ཉིད་བསྟན་པ་》བཅས་ནི་ལེགས་སྦྱར་ཁྲིས་མ་ཡིན་ནོ། །ཤཱནྟི་པ་སྟེ་རིན་ཆེན་འབྱུང་གནས་ཞི་བ་ནི་ཕལ་ཆེར་དུས་རབས་བཅུ་པར་བྱོན་པའི་མཁས་པ་ཞིག་ཡིན། དེ་མདོ་སྔགས་གཉིས

ཀ་ལ་མཁས་ཤིང་བརྩམས་ཆོས་ཀྱང་ཤིན་ཏུ་མང་། ཚད་མའི་བསྟན་བཅོས་《ནང་པའི་གྲུབ་པ་》དང་། 《རྣམ་རིག་གྲུབ་པ་》ཞེས་པ་སོགས་མཛད། 《ནང་པའི་གྲུབ་པ་》ཞེས་པའི་གཞུང་དེར་རིགས་པའི་དབང་ཕྱུག་རྣམ་གཉིས་ཀྱི་དགོངས་པ་ཕྱི་གྲུབ་དང་མི་མཐུན་པ་ནང་པའི་གྲུབ་པ་ཞེས་པའི་ལུགས་སྲོལ་གསར་དུ་ཕྱེ་བ་ཤིན་ཏུ་ལེགས། སློབ་དཔོན་ཐར་པ་འབྱུང་གནས་སྦས་པ་ནི་དུས་རབས་བཅུ་གཅིག་པར་བྱོན་པའི་ཚད་མ་རིག་པ་ལ་ཤིན་ཏུ་མཁས་པའི་ནང་པའི་སློབ་དཔོན་ཞིག་ཡིན། ཁོང་གིས་མཛད་པའི་ཚད་མའི་བསྟན་བཅོས་《རྟོག་གེའི་སྐད་ལ་འཇུག་པ་》ཞེས་པ་དེ་ཚད་མའི་ལུས་ཡོངས་སུ་རྫོགས་པ་མ་ཚང་བ་མེད་པར་བསྟན་པས་ཚད་མ་རིག་པ་སྦྱོང་འདོད་ཀྱི་ལས་དང་པོ་བ་རྣམས་ཀྱིས་འཇུག་བདེ་ཞིང་རྟོགས་སླ་བའི་ཚད་གཞུང་རྒྱད་དུ་བྱུང་བ་ཞིག་ཡིན་ནོ། །

ཁ་ཆེའི་ཛྙཱ་ན་ཤྲཱི་མི་ཏྲ་སྟེ་དཔལ་ཡེ་ཤེས་བཤེས་གཉེན་ནི་སེམས་ཙམ་རྣམ་བདེན་པའི་གྲུབ་མཐའ་འཛིན་པའི་སློབ་དཔོན་ཞིག་ཡིན། ཡུལ་གཱཾ་ཊར་འཁྲུངས། དང་པོར་ཉན་ཐོས་སྡེ་པ་ལ་ཞུགས་ཀྱང་ཕྱིས་སུ་ཐེག་ཆེན་ལ་དད་ཅིང་མཁས་པར་གྱུར་ནས་སྟོན་པ་བྱམས་པ་ཐུགས་རྗེ་ཆེན་པོ་ཞལ་གཟིགས་ཏེ་མངོན་ཤེས་སོགས་མངའ་ཞིང་སློབ་མ་ཇོ་བོ་རྗེ་སོགས་མང་དུ་བྱུང་ལ། དེ་དུས་ཁ་ཆེར་རྟོག་གེ་པ་ཉི་མ་སྦས་པ་སོགས་ཀྱིས་ཚད་མ་དར་བར་བྱས་ཟེར་རོ་ཞེས་《སུམ་པ་ཆོས་འབྱུང་》ལས་གསུངས། དེ་ཇོ་བོ་རྗེའི་བླ་མ་ཡིན་པས་ན་དུས་རབས་བཅུ་གཅིག་པའི་མཁས་པ་ཡིན་པར་བསྐྱོན་དུ་མེད་དོ། །བདག་ཉིད་ཆེན་པོ་དེས་མཛད་པའི་ཚད་མའི་བསྟན་བཅོས་བོད་འགྱུར་ཡོད་པ་《རྣམ་ངེས་ཊཱི་ཀཱ་》དང་། 《རྒྱུ་དང་འབྲས་བུའི་ངོ་བོ་གྲུབ་པ་》དང་། 《རིགས་ཐིགས་ཀྱི་དོན་བསྡུས་》བཅས་གསུམ་ལས་མ་མཐོང་། ལེགས་སྦྱར་ལ་བཞུགས་པ་《སྐད་ཅིག་གིས་འཇིག་པའི་གཞུང་》དང་། 《ཁྱབ་པ་དཔྱོད་པ།》《དབྱེ་བ་དང་དབྱེ་བ་མེད་པ་བརྟག་པ།》《མ་དམིགས་པའི་གསང་བ།》《སྤྲ་ཐམས་ཅད་དངོས་པོ་མེད་པར་དཔྱོད་པ།》《སེལ་བའི་རབ་ཏུ་བྱེད་པ།》

《དབང་ཕྱུག་སྒྲུབ》| 《རྣལ་འབྱོར་པའི་རབ་ཏུ་བྱེད་པ།》《གཉིས་མེད་ཐིགས་པའི་རབ་ཏུ་བྱེད་པ།》《རྣམ་ལྡན་གྲུབ་པའི་བསྟན་བཅོས།》《རྣམ་ལྡན་བསྡུས་པའི་མདོ་》སོགས་མང་དུ་བཞུགས། དེའི་སློབ་མ་ཡིན་ནམ་སྙམ་པའི་སློབ་དཔོན་རིན་ཆེན་གྲགས་པའང་སེམས་ཙམ་རྣམ་བདེན་པའི་གྲུབ་མཐའ་འཛིན་མཁན་ཞིག་ཡིན་ཏེ། མཛད་པའི་ཚད་མའི་བསྟན་བཅོས་《ཐམས་ཅད་མཁྱེན་པ་གྲུབ་པ་》དང་| 《དབང་ཕྱུག་སྐྱབ་ཐབས་སུན་འབྱིན།》《སེལ་བ་གྲུབ་པ།》《སྐད་ཅིག་གིས་འཇིག་པ་གྲུབ་པ།》《ནང་གི་ཚད་མ་ཡོད་པའི་རབ་ཏུ་བྱེད་པ།》《ཁྱབ་པ་གཏན་ལ་འབེབས་པ།》《བརྟན་པར་གྲུབ་པ་སུན་འབྱིན་པ།》《སྣ་ཚོགས་གཉིས་མེད་གསལ་བར་སྒྲུབ་པ།》《རྒྱུད་གཞན་སུན་འབྱིན་པ་》བཅས་མང་དུ་བཞུགས་ལ་བོད་འགྱུར་གཅིག་ཀྱང་མེད་པས་ཡིད་ཕངས་སོ། །གཞན་ཡང་དུས་རབས་བཅུ་གཅིག་པར་བྱོན་པའི་མཁས་པ་རིག་པའི་འབྱུང་གནས་ཞི་བས་《རྟོག་གེའི་ཐེམ་སྐས་》ཞེས་པ་མཛད། གཞུང་དེ་བོད་འགྱུར་ཡོད། དེ་མིན་ཚད་གཞུང་བོད་འགྱུར་ཡོད་པ་སློབ་དཔོན་ཙནྡྲ་གོ་མིའི་《རིགས་པ་གྲུབ་པའི་སྒྲོན་མེ་》ཞེས་བྱ་བ་དང་སློབ་དཔོན་རིན་ཆེན་རྡོ་རྗེའི་《རིགས་པའི་སྦྱོར་བ་》ཞེས་བྱ་བ་གཉིས་བཞུགས། བཤད་རྒྱུན་དུ་ཙནྡྲ་གོ་མི་དུས་རབས་བརྒྱད་པའི་ནང་པ་སངས་རྒྱས་པའི་སློབ་དཔོན་ཞིག་ཡིན་པར་བཤད།

འཕགས་ཡུལ་གྱི་མཁས་པ་དེ་དག་འཛིག་རྟེན་འདིར་དངོས་སུ་འཚོ་གནས་ཀྱི་དུས་སྐབས་དང་ལོ་ཚིགས་ནི་ཏ་ཅང་བརྟག་དཀའ་བ་ཞིག་ཡིན་མོད། འོན་ཏེ་དེའི་ཐད་ལ་ཞིབ་འཇུག་གི་སྦྱོབས་པ་དང་ལྡན་པའི་མཁས་པ་ཡོད་པར་སྣང་སྟེ། ཁང་དཀར་ཚུལ་ཁྲིམས་སྐལ་བཟང་གིས་བརྩམས་པའི་ཚད་མའི་ལོ་རྒྱུས་ལས་མཁས་པ་ཤི་ཏྲ་ཧྲུ་ས་ནའི་གསུངས་དྲངས་ནས་བཀོད་པ་འདི་ལྟར། སློབ་དཔོན་ཆོས་གྲགས་ཀྱི་རྗེས་རོལ་ཏུ་བྱོན་པའི་རྗེས་འཇུག་སློབ་བརྒྱུད་རྣམས་ཀྱི་དུས་རབས་གཤམ་གསལ་ལྟར་བཀོད་འདུག ལྷ་དབང་བློ།(650) ཤཱཀྱ་བློ།(675) དུལ་བ་ལྷ།(700) ཉི་མ་

སྤྲས་པ།(725) རྒྱལ་དབང་བློ།(725) ཞི་བ་འཚོ།(749) པད་མའི་དང་ཚུལ།(750) ཀ་མ་ལ་ཤཱི་ལ།(829) ཆོས་མཆོག(847) ཤུབྷ་གུཔྟ།(900) ཨརྩ་ཊ།(900) སྨྲ་ངན་སེང་པ།(900) ཙནྡྲ་གོ་མི།(925) ཤེས་རབ་འབྱུང་གནས་སྦས་པ།(940) དགྲ་ལས་རྒྱལ་བ།(940—980) རིན་ཆེན་གྲགས་པ།(940—1140) རིན་ཆེན་རྡོ་རྗེ།(979—1040) རྒྱལ་བའི་བཤེས་གཉེན་དཔལ།(1025) སྦྱིན་པའི་དང་ཚུལ།(1025) ཡེ་ཤེས་བཤེས་གཉེན་དཔལ།(1040) ཡེ་ཤེས་བཟང་པོ་དཔལ།(1050) རིན་ཆེན་འབྱུང་གནས་སྦས་པ།(1040) ཡ་མཱ་རི།(1050) བདེ་བྱེད་དགའ་བ།(1050) ཤཱུ་ནྱ་ཀ་ར་གུཔྟ།(1080) ཐར་པ་འབྱུང་གནས་སྦས་པ་(1100)བཅས་གསལ་ཞིང་དུས་རབས་ལ་ད་དུང་བརྟག་དཔྱད་བྱེད་དགོས་འདུག་ཀྱང་རེ་ཞིག་དེར་བཞག་ཅེས་བཤད་ཡོད། དེ་རྣམས་འཚོ་གནས་ཀྱི་ལོ་ཚིགས་སྔ་གཞུག་ལྟར་བཀོད་ཡོད་ཀྱང་། དེ་དག་དེ་བཞིན་དུ་དགེ་སློབ་ཀྱི་འབྲེལ་བ་ཡོད་པའི་ངེས་པ་མ་མཆིས། མཁས་པ་འགའ་ཞིག་ནི་མདོ་དང་སྡེ་བདུན་གྱི་སྲོལ་འཛིན་མཁན་པོ་ཡིན་མིན་དང་དུས་འདིའི་མཁས་པ་ཡིན་མིན་གྱི་ཐད་ལ་ཁུངས་མི་གསལ་བ་སོགས་ཀྱི་དོགས་པ་ཡོད་པས་བློ་གསལ་རྣམས་ཀྱིས་མུ་མཐུད་དུ་བརྟག་པར་གྱིས། །

མཁས་པ་དེ་རྣམས་ཀྱིས་མདོ་དང་སྡེ་བདུན་གྱི་དགོངས་པ་ཇི་ལྟར་འགྲེལ་བའི་ཚུལ་ལ་ནི། པཎ་ཆེན་ཤཱཀྱ་མཆོག་ལྡན་གྱི་ཞལ་ནས། ལྷ་ཤཱཀ་གིས་རང་དོན་རྗེས་དཔག་གི་ལེའུ་དང་པོར་འཆད་ཅིང་ལེའུ་འདི་དཀའ་བའི་གནས་ཆེ་བས་ཡན་ལག་ལྟ་བུའི་བསྟན་བཅོས་བཞི་ཡང་འདིའི་དོགས་གཅོད་དུ་འཆད་ཅིང་ལེའུ་འདི་ལ་རང་གི་འགྲེལ་པ་ཡང་མཛད་ལ། འདི་ལེགས་པར་ཤེས་པ་སྔོན་དུ་མ་བཏང་ན་ཚད་མའི་བསྟན་བཅོས་འཆད་མི་ཤེས་པར་འདོད་དོ། །ཚད་མ་ཡང་དཔེའི་ཚད་མ་འཇིག་རྟེན་ལུགས་ཀྱི་དང་། དོན་གྱི་ཚད་མ་སངས་རྒྱས་བཅོམ་ལྡན་འདས་ལ་བཞེད་པ་སོགས་ཏེ་མཆོན་པ་ཙམ་མོ། །རྒྱན་གྱི་མཁན་པོ་དང་ཉི་མ་སྦས་པས་ནི་ཚད་མ་གྲུབ་པའི་ལེའུ་ནས་དབུ་བཙུགས་ཏེ་འགྲེལ་པ་མཛད་ལ་རང་དོན་རྗེས་དཔག་ལ་ནི་

ཚིག་གི་དང་དཀའ་གནས་ཀྱི་འགྲེལ་པ་སློབ་དཔོན་ཉིད་ཀྱིས་རྒྱས་པར་མཛད་ཟིན་པ་ལ་བསམ་ནས་འགྲེལ་བར་མི་མཛད་ལ། ཚད་མ་ལ་ཡང་ཐ་སྙད་པ་དང་དོན་དམ་པ་གཉིས་ལས་བསྟན་བྱའི་གཙོ་བོ་ནི་དོན་དམ་པའི་ཚད་མའི་མིང་ཅན་གཟུང་འཛིན་གཉིས་སུ་མེད་པའི་ཡེ་ཤེས་ལ་བཤད་ནས་མཐར་ཐུག་གི་དགོངས་པ་དབུ་མར་གནས་པ་ཉིད་དུ་འཆད་པ་སོགས་ཏེ་མཚོན་པ་ཙམ་མོ། །ཤཱཀྱ་བློས་ཀྱང་གཉིས་མེད་ཀྱི་ཡེ་ཤེས་གཞུང་གི་བསྟན་བྱའི་གཙོ་བོར་འཆད་མོད་ཀྱང་དབུ་མའི་ཐ་སྙད་མ་མཛད་པས་ན་དེ་ལྟར་འགྲེལ་ཞེས་མ་གྲགས་པའོ། །རྒྱལ་བ་ཅན་ནི་ལྷ་དབང་བློས་རྣམ་འགྲེལ་ཀུན་ལས་བཏུས་ཀྱི་དགོངས་འགྲེལ་དུ་འཆད་པ་སོགས་དོན་གྱི་ཆ་ལ་འཁྲུལ་བ་ཤིན་ཏུ་མང་མོད་ལེའུའི་གོ་རིམ་ལ་ཡང་འཁྲུལ་ཞེས་ཟེར་ལ། ཡ་མ་ཏི་སོགས་ཕལ་ཆེ་བ་ལེའུ་ཡི་གོ་རིམ་ལྷ་ཤཱཀ་ལྟར་འཆད་དོ། །ཚད་མ་རྣམ་པར་ངེས་པ་དང་རིགས་པའི་ཐིགས་པ་ལ་ནི་ཚིག་གི་དོན་རང་གི་འགྲེལ་པ་ཉིད་དུ་བཤད་ཟིན་པ་ཉིད་ཀྱིས་མི་ཚོག་པ་མེད་ལ། མཐའ་ཆོད་པའི་རིགས་པ་ནི་ཆོས་མཆོག་ཆེ་ཆུང་ལས་གསལ་བར་བཤད་པ་དག་གོ །ཆོས་མཆོག་གིས་ནི་ཆོས་འབྱུང་སྦྱིན་དང་དགེ་བསྲུང་དང་བདེ་བྱེད་དགའ་བ་ལས་ཚད་མའི་བསྟན་བཅོས་ཐོས་པར་ཆོས་མཆོག་ཉིད་ལས་བཤད་ཅིང་། བདེ་བྱེད་དགའ་བས་རྣམ་འགྲེལ་གྱི་འགྲེལ་བཤད་ཅུང་མ་ རྫོགས་པ་དང་། དུལ་བ་ལྷས་སྡེ་བདུན་གའི་འགྲེལ་བ་མཛད་ཅེས་ཟེར།[①] ཞེས་གསུངས་པ་ལྟར་རོ། །

དོན་ཚན་ལྔ་པ། ཚད་མ་མདོ་དང་སྡེ་བདུན་གྲུབ་མཐའ་གང་གི་བསྟན་བཅོས་ཡིན་པར་བརྟག་པ།

དེ་ཡང་ཚད་མ་མདོ་དང་སྡེ་བདུན་གྱི་སྲོལ་འཛིན་མཁན་པོ་རྣམས་ཀྱིས་རིག་

① དཔལ་བརྩེགས་བོད་ཡིག་དཔེ་རྙིང་ཞིབ་འཇུག་ཁང་གིས་དཔེ་རྙིང་བྲིས་མ་ཞིག་ལས་བཤུས་ཤིང་པར་གཞི་གསར་དུ་བསྒྲིགས་པའི་སྣ་རིང་དཔར་མའི་ཤོག་ངོས་༢༧པར་གསལ།

པའི་དབང་ཕྱུག་རྣམ་གཉིས་ཀྱི་རིགས་ལམ་གཞིར་བཟུང་ནས་རང་རང་གི་ཐུན་མོང་མ་ཡིན་པའི་ཁྱད་ཆོས་མི་འདྲ་བ་གསལ་བར་སྟོན་པའི་འགྲེལ་ཊཱིཀ་མང་དུ་མཛད། འགའ་ཞིག་ནི་དབུ་མ་ཐལ་འགྱུར་བའི་གཞུང་དུ་བྱས་ནས་བཀྲལ། ཁ་ཅིག་གིས་དབུ་མ་རང་རྒྱུད་པའི་གཞུང་དུ་བྱེད། འགའ་ཞིག་ནི་སེམས་ཙམ་པའི་གཞུང་དུ་བྱས་ནས་འགྲེལ་པ་མཛད་པ་ཡིན་ཏེ། པཎ་ཆེན་བསོད་གྲགས་ཀྱིས་《རྣམ་འགྲེལ་དགོངས་པ་རབ་གསལ་》ལས། བསྟན་བཅོས་འདི་གྲུབ་མཐའ་སྨྲ་བ་བཞི་པོ་གང་གི་བསྟན་བཅོས་ཡིན་ཞེ་ན། བཞེད་པ་མང་དུ་ཡོད་དེ། རྒྱན་རྗེས་འབྲངས་དང་བཅས་པ་ངོ་བོ་ཉིད་མེད་པར་སྨྲ་བ་ཐལ་འགྱུར་བའི་གཞུང་དུ་བྱེད། ཞི་འཚོ་དཔོན་སློབ་རང་རྒྱུད་པའི་གཞུང་དུ་བྱེད། ལྷ་ཤཱཀྱ་གཉིས་ཆོས་མཆོག་དང་གསུམ་སེམས་ཙམ་པའི་གཞུང་དུ་བྱེད་པའི་ཕྱིར། རང་ལུགས་ནི་ཕྱི་མའི་རྗེས་སུ་འབྲང་ངོ་། །[1]ཞེས་དང་། ཀུན་མཁྱེན་འཇམ་དབྱངས་བཞད་པའི་རྣམ་འགྲེལ་ལེའུ་དང་པོའི་མཐའ་དཔྱོད་ལས། རང་ལུགས་ལ་བསྟན་བཅོས་འདིའི་གཞུང་ཡོངས་རྫོགས་གྲུབ་མཐའ་གཅིག་ལ་བཀྲལ་མི་ཏུང་ཡང་དགོངས་པ་མཐར་ཐུག་བཀྲལ་ཚུལ་དུ་མ་ཡོད་དེ། རྒྱན་མཁན་པོ་ཤེར་འབྱུང་བློ་གྲོས་ཀྱིས་ངོ་བོ་ཉིད་མེད་པ་ཐལ་འགྱུར་བ་དང་། ཞི་བ་འཚོ་ཡབ་སྲས་དང་ཇོ་ནང་རིས་ངོ་བོ་ཉིད་མེད་པའི་དབུ་མ་རང་རྒྱུད་པ་དང་། ལྷ་ཤཱཀྱ་གཉིས་ཆོས་མཆོག་དང་གསུམ་གྱིས་སེམས་ཙམ་དུ་བཀྲལ་བའི་ཕྱིར། ཕྱི་མ་གསུམ་གྱི་ལུགས་འཐད་ལ་རྣམ་བདེན་རྫུན་གཉིས་ལས་ཆོས་མཆོག་ལྟར་གྱི་རྣམ་རྫུན་དང་། རྣམ་བདེན་བྱེད་ཚེ་སྣ་ཚོགས་གཉིས་མེད་པ་ཇོ་ནང་རིས་བཤད་པ་ལྟར་རིགས་ཏེ། བསྟན་བཅོས་འདིས་མདོ་སེམས་ཐུན་མོང་གི་ལུགས་བཤད་པ་

① ཁང་དཀར་ཚུལ་ཁྲིམས་སྐལ་བཟང་གིས་མཛད་པའི《ཚད་མའི་ལོ་རྒྱུས་》ཞེས་པ་གངས་ལྗོངས་ནང་རིག་མཐུན་ཚོགས་ཀྱིས་༢༠༠༦ལོར་པར་དུ་བསྐྲུན་པའི་ཤོག་ངོས་༡-༥ལས་དྲངས།

མང་ཡང་སེམས་ཙམ་པའི་ལུགས་གཙོ་བོར་བཤད་པའི་ཕྱིར།① ཞེས་གསུངས། ཞང་ཞུང་ཆོས་དབང་གྲགས་པས། སྡེ་བདུན་གྱི་ལྟ་བ་འཆད་པ་ན། སློབ་དཔོན་ལྷ་དབང་བློ་རྗེས་འབྲངས་དང་བཅས་པ་དང་། སློབ་དཔོན་ཆོས་མཆོག་གིས་མདོ་སྡེ་པའི་ལྟ་བ་ཕྱིར་བཏང་དུ་རྒྱས་པར་གསུངས་པ་དང་། སེམས་ཙམ་པའི་ལྟ་བ་དམིགས་བསལ་དུ་བྱས་ནས་ཞུང་དུ་བཤད་ཅིང་མཐར་ཐུག་གི་ལྟ་བ་སེམས་ཙམ་དུ་བཀྲལ་བ་ཞེས་གསུངས་པ་དང་། 《ལྕང་སྐྱ་གྲུབ་མཐའ་》ལས། སློབ་དཔོན་བྱང་ཆུབ་བཟང་པོས་ཐོགས་མེད་ཡབ་སྲས་རྣམ་རྫུན་པ་དང་ཕྱོགས་གླང་ཡབ་སྲས་རྣམ་བདེན་པར་བཤད་ཡོད། འོན་ཀྱང་སྡེ་བདུན་མདོ་དང་བཅས་པའི་དགོངས་པ་ནི་རྣམ་བདེན་པ་ཡིན་པར་མ་ངེས་ཏེ། ལྷ་དབང་བློ་དང་ཤཱཀྱ་བློས་རྣམ་འགྲེལ་གྱི་དགོངས་པ་རྣམ་བདེན་དུ་བཀྲལ་ཞིང་། ཤེས་རབ་འབྱུང་གནས་སྦས་པས་རྣམ་རྫུན་དྲི་མེད། སློབ་དཔོན་ཆོས་མཆོག་གིས་རྣམ་རྫུན་དྲི་བཅས་སུ་བཀྲལ་བའི་ཕྱིར་རོ། །②ཞེས་གསུངས་ལ། བློ་གླིང་མཁན་ཟུར་པདྨ་རྒྱལ་མཚན་གྱིས་《རྣམ་འགྲེལ་ཊཱིཀ་དཔྱོད་ལྡན་སྙིང་མུན་སེལ་བའི་ཉིན་བྱེད་》ལས། འོ་ན་ཚད་མའི་གཞུང་འདི་དག་མདོ་དང་དགོངས་འགྲེལ་གྱི་གཞུང་གང་གི་རྗེས་སུ་འབྲངས་ནས་དགོངས་པ་འཆད་ཅེ་ན། དེ་ཡང་འདི་རྣམས་སྤྱིར་གསུང་རབ་སྤྱིའི་དགོངས་འགྲེལ་ཡིན་པ་རྣམ་བཤད་ཐར་ལམ་གསལ་བྱེད་སོགས་སུ་འབྱུང་བ་བཞིན་པཎ་ཆེན་ཐམས་ཅད་མཁྱེན་པས་ཀྱང་རྣམ་བཤད་དགོངས་པ་རབ་གསལ་ལས་ཆོས་ཀྱི་འཁོར་ལོ་རིམ་པ་གསུམ་དུ་བསྐོར་བའི་སྡེ་སྣོད་གསུམ་དུ་བཀའ་སྩལ་བའི་དགོངས་པ་སྤྱིར་འགྲེལ་ཞིང་ཁྱད་པར་འཁོར་ལོ་ཐ་མ་དང་མངོན་པའི་སྡེ་སྣོད་ཀྱི་དགོངས་

① འཇམ་དབྱངས་བཞད་པ་དཔལ་ཞུལ་ངག་དབང་བརྩོན་འགྲུས་ཀྱིས་མཛད། བླ་བྲང་བཀྲ་ཤིས་འཁྱིལ་གྱི་ཤིང་དཔར་ཤོག་གྲངས་༣༠པར་གསལ།

② ལྕང་སྐྱ་རོལ་པའི་རྡོ་རྗེས་མཛད་པ། ཀྲུང་གོའི་བོད་ཀྱི་ཤེས་རིག་དཔེ་སྐྲུན་ཁང་གིས་༡༩༨༩ལོར་པར་དུ་བསྐྲུན་པའི་ཤོག་གྲངས་༡༩༩པར་གསལ།

པ་གཙོ་བོར་འགྲེལ། སློབ་དཔོན་ཕྱོགས་ཀྱི་གླང་པོས་རིགས་སྒོ་དང་ཀླུང་གི་རབ་དབྱེ་ལ་སོགས་པ་ཚད་མའི་བསྟན་བཅོས་ཐོར་བུ་བ་མང་དུ་མཛད་པས་འཕྲོར་བ་ལྟ་བུར་གཟིགས་ནས་ཚད་མ་ཀུན་ལས་བཏུས་པ་ལེའུ་དྲུག་གི་བདག་ཉིད་ཅན་རང་འགྲེལ་དང་བཅས་པ་མཛད་ཅིང་། ཞེས་གསུངས་པ་ལྟར་གསུང་རབ་སྤྱི་དང་ལྷག་པར་འཁོར་ལོ་ཐ་མའི་དགོངས་འགྲེལ་ཡིན་པར་གསལ་བར་གསུངས་པས་བར་པའི་དགོངས་པ་འགྲེལ་བར་ཡང་གྲུབ་སྟེ། ལུགས་འདི་ལ་འཁོར་ལོ་ཕྱི་མ་གཉིས་དགོངས་པ་གཅིག་པ་རྗེ་ཡབ་སྲས་ཀྱི་གཞུང་དང་ཡིག་ཆ་སོགས་སུ་ཡང་ཡང་འབྱུང་བའི་ཕྱིར། དེར་མ་ཟད་འཁོར་ལོ་དང་པོའི་དགོངས་པ་ཡང་དོན་གྱིས་འགྲེལ་བ་ཡིན་ཏེ། འཁོར་ལོ་དང་པོ་ནས་བསྟན་པའི་བདེན་པ་བཞིའི་རྣམ་གཞག་ཕྱིན་ཅི་མ་ལོག་པ་འདིས་གསལ་བར་བྱེད་པའི་ཕྱིར། ཚད་མ་སྡེ་བདུན་ལས་ནི་ཇི་སྐད་བཤད་པའི་མདོ་དགོངས་འགྲེལ་གྱི་གསུང་རབ་སྤྱིར་འགྲེལ་ཞིང་། ལྷག་པར་ཚད་མ་ཀུན་ལས་བཏུས་པའི་གཞུང་གི་ཆ་གཙོ་བོར་བླངས་ནས་འགྲེལ་བར་བྱེད་དོ། །དེའི་ཕྱིར་སྡེ་བདུན་གྱི་བསྟན་བཅོས་འདི་གྲུབ་མཐའ་སྨྲ་བ་གང་གི་དབང་དུ་བྱས་ཤེ་ན། འདི་ལ་སྔོན་གྱི་འགྲེལ་བྱེད་མཁན་འགས་ངོ་བོ་ཉིད་མེད་པར་སྨྲ་བ་དང་། རང་རྒྱུད་པའི་བསྟན་བཅོས་ཡིན་ཞེས་པ་དང་། ཡང་ན་མདོ་སེམས་ཐུན་མོང་བའི་བསྟན་བཅོས་ཞེས་འཆད་མོད་ཀྱང་། རང་ལུགས་ལྷ་ཤཱཀ་གཉིས་དང་ཆོས་མཆོག་བཅས་ཀྱི་རྗེས་སུ་འབྲངས་ནས་སེམས་ཙམ་པའི་རང་གཞུང་དུ་འདོད་པ་ཡིན་ཏེ། གཞུང་འདིས་གཟུང་བ་ཕྱི་རོལ་དོན་དུ་གྲུབ་པར་འཛིན་པའི་འཛིན་པ་ཆོས་ཀྱི་བདག་འཛིན་དུ་བྱས་ནས་དེའི་གཉེན་པོར་གཉིས་སྟོང་རྟོགས་པའི་ལྟ་བ་བསྟན་བྱའི་གཙོ་བོར་བྱེད་པའི་ཕྱིར། ཡང་ན་ཀུན་བཏགས་རང་གི་མཚན་ཉིད་ཀྱིས་མ་གྲུབ་པ་དང་། གཞན་དབང་ཡོངས་གྲུབ་རང་གི་མཚན་ཉིད་ཀྱིས་གྲུབ་པ་བསྟན་བྱའི་གཙོ་བོར་བྱེད་པའི་ཐེག་ཆེན་གྱི་བསྟན་བཅོས་ཡིན་པའི་ཕྱིར་ཞེས་འགོད། གཞན་ཡང་མདོ་སེམས་ཐུན་མོང་བའི་གཞུང་ཁས་ལེན་པའང་ཤེས་བྱེད་མ་མཐོང་སྟེ། བདེན་པ་བཞི་ལྟ་བུ་

མདོ་སེམས་གཉིས་ཀྱི་ཁས་ལེན་ཐུན་མོང་བ་ཞིག་བསྟན་པས་དེ་གཉིས་ཐུན་མོང་བའི་གཞུང་དུ་འཇོག་ན། ཐེག་པ་ཆེན་པོའི་གསུང་རབ་ཕལ་ཆེ་བ་མདོ་སེམས་ཐུན་མོང་བའི་གཞུང་ཡིན་པར་འགྱུར་བ་དང་། བརྗོད་བྱར་ཁས་ལེན་མཐུན་པ་ཙམ་ནི་གྲུབ་མཐའ་སྨྲ་བ་བཞི་ག་ལ་ཡོད་པས་དེ་བཞིན་ཐུན་མོང་བའི་གཞུང་ཡིན་པར་འགྱུར་རོ། །ཡང་རྣམ་འགྲེལ་ལེའུ་དང་པོ་གཉིས་ཀྱི་སྐབས་སུ་མདོ་སྡེ་པའི་རང་ལུགས་གཞིར་བཞག་སྟེ་རྒྱས་པར་བསྟན་པ་དང་། དོན་དམ་དོན་བྱེད་ནུས་པ་གང་། །ཞེས་སོགས་མདོ་སྡེ་པའི་རང་གཞུང་ཡང་མང་བས་མདོ་སེམས་ཐུན་མོང་བའི་གཞུང་ཡིན་ཞེས་པ་ཡང་མི་རིགས་ཏེ། རྡུལ་འཕྲུག་ལ་སོགས་པ་དབུ་མ་དང་། ཕར་ཕྱིན་གྱི་གཞུང་དུ་མར་རང་གཞན་གྱི་གྲུབ་མཐའ་འོག་མའི་འདོད་པ་ཕྱོགས་སྔར་བླངས་པའི་ཚེ། དེའི་འདོད་པ་ལྟར་གྱི་ལུང་རིགས་ཀྱི་རྣམ་གཞག་བྱས་པ་རྣམས་ཕ་རོལ་པོའི་འདོད་པ་བརྗོད་ཙམ་ལས་གཞུང་གི་དགོངས་པ་གཙོ་བོར་མིན་པར་ཡང་ཡང་འབྱུང་བའི་ཕྱིར། དེ་ལྟ་བས་རྣམ་འགྲེལ་གྱི་གཞུང་འདི་ཡང་ཕྱི་དོན་ཁས་ལེན་པའི་མདོ་སྡེ་པའི་ལུགས་རྒྱས་པར་བཀོད་ནས་ལེའུ་གསུམ་པར་ཚད་འབྲས་ཀྱི་རྣམ་གཞག་ཐུན་མོང་མ་ཡིན་པ་འཇོག་པའི་སྐབས་སུ་གཉིས་སྟོང་རྟོགས་པའི་ལྟ་བ་གཏན་ལ་འབེབས་པ་ཡིན་པས་གཞུང་གི་བརྗོད་བྱའི་གཙོ་བོར་ནི་སེམས་ཙམ་པའི་ལུགས་བཞིན་བསྟན་པ་ཡིན་ནོ། །དེས་ན་གཞུང་འདིའི་ཆེད་དུ་བྱ་བའི་གདུལ་བྱ་ཡང་སེམས་ཙམ་པའི་རིགས་ཅན་འབའ་ཞིག་ཡིན་ཏེ། གཞུང་གི་དགོངས་པའི་གཙོ་བོ་སེམས་ཙམ་པ་རྗེས་སུ་གཟུང་བའི་ཕྱིར་དུ་བསྟན་པའི་ཕྱིར་རོ། །[①]ཞེས་གསལ་བར་གསུངས་པ་ལ་ཤེས་ལྡན་རྣམས་ཀྱིས་དཔྱད་པར་འཚལ་ལོ། ། སྤྱིར་བཤད་ན་སློབ་དཔོན་ཆོས་ཀྱི་གྲགས་པའི་རྗེས་འཇུག་རྣམས་ཀྱིས་སློབ་དཔོན་གྱིས་གདུལ་

① ཟླ་བ་སོགས་ཀྱིས་བསྒྲིགས་པའི་《བོད་ཀྱི་ཚད་མ་རིག་པའི་བསྟན་བཅོས་དཀོན་པོ་བདམས་བསྒྲིགས་》དེབ་བརྒྱད་པ། མི་རིགས་དཔེ་སྐྲུན་ཁང་གིས་༢༠༡༩ལོར་པར་དུ་བསྐྲུན་པའི་ཤོག་ངོས་༢༢—༢༥བར་གསལ།

བྱའི་རྒྱུད་ཚོད་དང་བསྟུན་ནས་གསུངས་པར་བཞེད་དེ་གྲུབ་མཐའ་སྣ་ཚོགས་སུ་བཀྲལ་བར་མཛད་པས་རྣམ་འགྲེལ་ལུགས་བརྒྱ་ཞེས་པར་མཁས་པ་རྣམས་ཀྱིས་བསྔགས་སོ། །

ལེའུ་གཉིས་པ། བོད་གངས་ཅན་གྱི་ཡུལ་དུ་བྱུང་ཚུལ།

ས་བཅད་དང་པོ། བསྟན་པ་སྔ་དར་སྐབས་ཀྱི་གཏན་ཚིགས་རིག་པ།

དོན་ཚན་དང་པོ། ཆོས་རྒྱལ་སྲོང་བཙན་སྒམ་པོའི་དུས་སུ་བོད་ཡུལ་དུ་རིག་གནས་དར་ཚུལ་སྤྱིར་བསྟན་པ།

ཕྱི་ལོ་དུས་རབས་བདུན་པའི་༦༡༧ལོར་བོད་རྒྱལ་སྲོང་བཙན་སྒམ་པོ་འཁྲུངས། དགུང་ལོ་བཅུ་གསུམ་བཞེས་པ་ན་ཡབ་རྒྱལ་པོ་གནམ་རི་སྲོང་བཙན་དགོངས་པ་རྫོགས་ཏེ་ཆོས་རྒྱལ་དེ་མི་འཇིགས་སེང་གེའི་ཁྲིར་བཀོད་དེ་རྒྱལ་སྲིད་བཟུང་། དེ་ནས་རིམ་བཞིན་མཐའ་བཞིའི་རྒྱལ་ཕྲན་མང་པོ་རང་གི་མངའ་འོག་ཏུ་བསྡུས་ཏེ་རྒྱལ་ཁབ་གཅིག་གྱུར་བྱུང་། དེ་ནས་ཤར་ཕྱོགས་རྒྱ་དང་མི་ཉག་ནས་བཟོ་དང་རྩིས་ཀྱི་དཔེ་རྣམས་བླངས་པ་དང་། ལྷོ་ཕྱོགས་རྒྱ་གར་ནས་དམ་པའི་ཆོས་དུ་མ་བོད་ཡིག་ཏུ་བསྒྱུར། ནུབ་ཕྱོགས་ཧོར་དང་ཡུ་གུར་ནས་ཁྲིམས་དང་ལས་ཀྱི་དཔེ་བླངས་ཏེ་བོད་ཀྱི་རྒྱལ་སྲིད་ཇེ་བརྟན་དུ་བཏང་བ་དང་། ཕྱི་ཚོགས་དང་རིག་གནས་འཕེལ་རྒྱས་ཆེན་པོ་བྱུང་། དུས་འདིར་བོད་ཀྱི་ཡི་གེ་གསར་དུ་བསྐྲུན།(ཁ་གཅིག་གིས་བོད་ཀྱི་ཡི་གེ་སྲོང་བཙན་གྱི་སྔ་རོལ་ཏུ་བྱུང་ཡོད་ལ་སྐབས་འདིར་གསར་བཅོས་བྱས་པ་ཡིན་ཟེར།) དེ་ནས་རྒྱ་ནག་ཧྭ་ཤང་མ་ཧཱ་དེ་ཝ་ཆེ་དང་། རྒྱ་གར་གྱི་སློབ་དཔོན་ཀུ་ས་ར་དང་བྲམ་ཟེ་ཤཾ་ཀ་ར་དང་། ཁ་ཆེ་ཏ་ནུ་དང་། བལ་པོ་ཤཱི་ལ་མཉྫུ་ལ་སོགས་པ་མཁས་མཆོག་དམ་པ་མང་པོ་བོད་དུ་གདན་དྲངས། ལོ་ཙཱ་བ་ཐོན་མི་སམྦྷོ་ཊ་དང་ཧྩ་ཀོ་ཁ། ལྷ་ལུང་རྡོ་རྗེ་དཔལ་སོགས་ཀྱིས་སངས་རྒྱས་ཀྱི་གསུང་རབ་ཐོག་

མར་བོད་ཡིག་ཏུ་བསྒྱུར། སྐབས་འདིར་བསྒྱུར་བའི་ཆོས་ནི་《འདུས་པ་རིན་པོ་ཆེ་ཏོག་གི་གཟུངས་》དང་། 《ཟླ་བ་སྒྲོན་མེ།》《དཀོན་མཆོག་སྤྲིན།》《ཤེར་ཕྱིན་སྟོང་ཕྲག་བརྒྱ་བ་》སོགས་བསྒྱུར། ལྷག་པར་དུ་ཐུགས་རྗེ་ཆེན་པོའི་མདོ་རྒྱུད་ཉི་ཤུ་རྩ་གཅིག་སྟེ་《ཟ་མ་ཏོག་བཀོད་པ་》དང་། 《ཕྱག་སྟོང་སྤྱན་སྟོང་གི་གཟུངས།》《པདྨ་སྙིང་པོའི་མདོ།》《ཞལ་བཅུ་གཅིག་གི་མདོ།》《བཅུ་གཅིག་ཞལ་གྱི་གཟུངས།》《དོན་ཡོད་ཞགས་པ།》《དོན་ཞགས་ཕྱི་མ།》《པདྨ་མཆོག》《དབང་བསྒྱུར་འཁོར་ལོ།》《ཆོ་ཆ་སྡིགས་ཀྱི་རྒྱུད།》《ཡིད་བཞིན་ནོར་བུའི་གཟུངས།》《སྙིང་རྗེ་ཆེན་པོ་མི་གཤོལ་པ།》《འོད་ཟེར་རྣམ་བཀོད།》《པདྨ་ཅོད་པཎ་གྱི་རྒྱུད།》《ཡི་གེ་དྲུག་པའི་མདོ།》《དམ་ཆོས་པད་དཀར།》《ཟུར་རི་ཀའི་མདོ།》《ཆུ་ཀླུང་རྣ་ཚོགས་པའི་མདོ།》《སྣང་བ་རོལ་བའི་མདོ།》《མཚན་བརྒྱ་རྩ་བརྒྱད་པ།》《མཚན་རབ་ཡོངས་སུ་བསྟན་པའི་མདོ་》སྟེ་ཉེར་གཅིག་དང་། 《དེ་བཞིན་གཤེགས་པོ་གསང་བ་ཙིནྟ་མ་ཎིའི་གཟུངས་》དང་། 《ཟ་མ་ཏོག》《པང་ཀོང་ཕྱག་རྒྱ་》ལ་སོགས་པ་དུ་མ་ཡོད་དོ། །གཞན་ཡང་ཁྲིམས་ཡིག་གསར་དུ་བཟོས་ཏེ། ཁྲིམས་ཡིག་ཆེན་པོ་དྲུག་དང་ལྷ་ཆོས་དགེ་བ་བཅུ། མི་ཆོས་གཙང་མ་བཅུ་དྲུག་ལ་སོགས་པ་བླང་དོར་གྱི་སྤྱོད་ལམ་རྣམ་དག་གཏན་ལ་ཕབ་ཅིང་ཕྱག་བསྟར་མཛད། རྒྱ་བཟའ་ཀོང་ཇོ་དང་བལ་བཟའ་ཁྲི་བཙུན་བོད་དུ་སྤྱན་དྲངས་པའི་ཐོག་རིག་གནས་གསར་པ་དང་སྔོན་ཐོན་ལག་རྩལ་བོད་ལ་འདྲེན་པའི་གོ་སྐབས་བྱུང་། སྐབས་འདིར་བོད་ཀྱི་སྤྱི་ཚོགས་དང་རིག་གནས་སོགས་ཕྱོགས་ཀུན་ནས་གོང་འཕེལ་ཆེན་པོ་བྱུང་ཞིང་། སངས་རྒྱས་ཀྱི་བསྟན་པའང་དར་སྤེལ་ཆེན་པོ་བྱུང་། ཡིན་ནའང་དུས་སྐབས་འདིའི་ནང་དུ་ནང་པའི་གཏན་ཚིགས་རིག་པའི་བསྟན་བཅོས་བོད་ཡིག་ཏུ་བསྒྱུར་མེད་པས་རིག་གནས་དེ་བོད་ཡུལ་དུ་སྤེལ་བའི་གོ་སྐབས་མ་བྱུང་ངོ་། །

དོན་ཚན་གཉིས་པ། ཆོས་རྒྱལ་ཁྲི་སྲོང་ལྡེ་བཙན་གྱི་དུས་སུ་གཏན་ཚིགས་རིག་པའི་བསྟན་བཅོས་ཐོག་མར་བོད་ཡིག་ཏུ་བསྒྱུར་བ།

སྤྱི་ལོ་༧༣༠ལ་ཆོས་རྒྱལ་ཁྲི་སྲོང་ལྡེ་བཙན་འཁྲུངས། དགུང་ལོ་ཉེར་ལྔའི་(སྤྱི་ལོ་༧༥༥)ཐོག་ཆབ་སྲིད་ཀྱི་ཁྲི་ལ་བཀོད་དེ་བོད་ཀྱི་རྒྱལ་སྲིད་བཟུང་། དེ་ནས་རྒྱལ་པོ་དེས་སངས་རྒྱས་ཀྱི་བསྟན་པ་ལ་དད་པ་ཆེས་ཆེར་སྐྱེས་ཏེ་སྔོན་དུས་ཀྱི་དམ་པའི་ཆོས་ལ་སྐུར་བ་འདེབས་པའི་བཅའ་ཁྲིམས་ཡོངས་སུ་དོར། བློན་འབངས་ཐམས་ཅད་དམ་པའི་ཆོས་ཀྱི་དོན་བྱེད་དགོས་པའི་བཀའ་གནང་ཞིང་། འཕགས་ཡུལ་ནས་མཁན་པོ་བོ་དྷི་ས་ཏྭ་དང་སློབ་དཔོན་པདྨ་འབྱུང་གནས་སྤྱན་དྲངས། བསམ་ཡས་མི་འགྱུར་ལྷུན་གྱིས་གྲུབ་པའི་གཙུག་ལག་ཁང་བཞེངས། སད་མི་བདུན་རབ་ཏུ་བྱུང་། རྒྱལ་པོས་མཁན་པོའི་དྲུང་དུ་དགེ་བ་བཅུ་བ་དང་ཁམས་བཅོ་བརྒྱད་ལ་སོགས་པའི་ཆོས་མང་པོ་གསན། དུས་དེར་སངས་རྒྱས་ཀྱི་བསྟན་པ་རྒྱ་ཆེར་སྤེལ་པའི་ཆེད་དུ་པཎྜི་ཏ་བི་མ་ལ་མི་ཏྲ་དང་། ཤཱནྟི་གརྦ། བི་ཤུདྡྷ་སིཾཧ། ཛྙ་གིརྟི། ཛི་ན་མི་ཏྲ། ད་ན་ཤཱི་ལ། ཀཱ་མ་ལ་ཤཱི་ལ་སོགས་མཁས་པ་མང་པོ་སྤྱན་དྲངས། སྒྲ་བསྒྱུར་གྱི་ལོ་ཙཱ་བ་བཻ་རོ་ཙ་ན་དང་། ཁ་ཆེ་ཨཱ་ནནྡ་དང་། ལྡན་མ་རྩེ་མངས། གཉགས་ཀུ་མ་ར། རྨ་རིན་ཆེན་མཆོག འགོན་ཀླུའི་དབང་པོ། སྐ་བ་དཔལ་བརྩེགས། ཅོག་རོ་ཀླུ་ཡི་རྒྱལ་མཚན། ཞང་སྣ་ནམ་བཟྡེ་ཡེ་ཤེས་སྡེ་ལ་སོགས་པའི་ལོ་ཙཱ་བ་སྔ་ཚར་གསུམ་དང་། བར་ཚར་གསུམ། ཕྱི་ཚར་གསུམ་དུ་གྲགས་པའི་ལོ་ཙཱ་བ་ཆེན་པོ་དགུ་ཡིས་སྡེ་སྣོད་གསུམ་གྱི་བཀའ་དང་བསྟན་བཅོས་ཕལ་ཆེ་བ་བོད་ཡིག་ཏུ་བསྒྱུར། དུས་སྐབས་དེར་གཏན་ཚིགས་རིག་པའི་བསྟན་བཅོས་དུ་མ་ཡང་བོད་ཡིག་ཏུ་བསྒྱུར་བ་སྟེ། ལོ་ཙཱ་བ་ཛྙ་ལོ་ཀ་མཆོག་གིས་སློབ་དཔོན་ཕྱོགས་ཀྱི་གླང་པོས་མཛད་པའི་《གཏན་ཚིགས་དགུའི་འཁོར་ལོ་》དང་སློབ་དཔོན་ཆོས་མཆོག་གིས་མཛད་པའི་《རིགས་པའི་ཐིགས་པའི་རབ་ཏུ་བྱེད་པའི་རྒྱ་ཆེར་འགྲེལ་པ་》ཞེས་བྱ་བ་ཤོ་ལོ་ཀ་ཚིག་སྟོང་བཞི་བརྒྱ་བདུན་ཅུ་རྩ་བདུན་པ་སོགས་བོད་དུ་བསྒྱུར་ཅིང་། ལོ་ཙཱ་བ་དྲན

པ་ནམ་མཁས་སློབ་དཔོན་ཆོས་གྲགས་ཀྱིས་མཛད་པའི་《འབྲེལ་བ་བརྟག་པ་རབ་ཏུ་བྱེད་པ་》དང་། སློབ་དཔོན་དུལ་བ་ལྷས་མཛད་པའི་《འབྲེལ་བ་བརྟག་པའི་རྒྱ་ཆེར་བཤད་པ་》བཅས་བོད་ཡིག་ཏུ་བསྒྱུར། ལོ་ཙཱ་བ་ཆེན་པོ་སྐ་བ་དཔལ་བརྩེགས་ཀྱིས་སློབ་དཔོན་ཆོས་ཀྱི་གྲགས་པས་མཛད་པའི་ཚད་མ་སྡེ་བདུན་གྱི་ཡ་གྱལ་《གཏན་ཚིགས་ཐིགས་པ་ཞེས་བྱ་བའི་རབ་ཏུ་བྱེད་པ་》དང་། 《འབྲེལ་བ་བརྟག་པ་》དང་། 《རྒྱུད་གཞན་གྲུབ་པ་》བཅས་གཞུང་གསུམ་བོད་ཡིག་ཏུ་བསྒྱུར་བ་དང་འབྲེལ། སློབ་དཔོན་ཀ་མ་ལ་ཤཱི་ལས་མཛད་པའི་《རིགས་པའི་ཐིགས་པའི་ཕྱོགས་སྔ་མ་མདོར་བསྡུས་པ་》ཞེས་པ་དང་། སློབ་དཔོན་དུལ་བ་ལྷས་མཛད་པའི་《གཏན་ཚིགས་ཐིགས་པའི་རྒྱ་ཆེར་འགྲེལ་བ་》ཞེས་པ་དང་། 《རྒྱུད་གཞན་གྲུབ་པའི་འགྲེལ་བཤད་》དང་། 《རྩོད་པའི་རིགས་པའི་འགྲེལ་པ།》《དམིགས་པ་བརྟག་པའི་རྒྱ་ཆེར་བཤད་པ།》 སློབ་དཔོན་དགེ་སྲུང་གིས་མཛད་པའི་《ཐམས་ཅད་མཁྱེན་པ་གྲུབ་པའི་ཚིག་ལེའུར་བྱས་པ་》ཞེས་པ་དང་། 《ཕྱི་རོལ་གྱི་དོན་གྲུབ་པ་ཞེས་བྱ་བའི་ཚིག་ལེའུར་བྱས་པ་》ཞེས་བྱ་བ་ལ་སོགས་པ་བོད་ཡིག་ཏུ་བསྒྱུར་ཅིང་། ལོ་ཙཱ་བ་ཞང་ཡེ་ཤེས་སྡེས་སློབ་དཔོན་དུལ་བ་ལྷས་མཛད་པའི་《རིགས་པའི་ཐིགས་པའི་རྒྱ་ཆེར་འགྲེལ་བ་སློབ་མ་ལ་ཕན་པ་》ཞེས་བྱ་བ་བམ་པོ་གསུམ་དང་། རྒྱ་གར་མཁན་པོ་ཛི་ན་མི་ཏྲས་མཛད་པའི་《རིགས་པའི་ཐིགས་པའི་དོན་བསྡུས་པ་》ཞེས་པ་སོགས་གཏན་ཚིགས་རིག་པའི་བསྟན་བཅོས་མང་པོ་བོད་ཡིག་ཏུ་བསྒྱུར་ཏེ་རྗེས་སུ་བོད་ཡུལ་དུ་ཚད་མའི་གཞུང་ལུགས་རྒྱ་ཆེར་སྤེལ་བའི་མཐུན་རྐྱེན་ལེགས་པར་གྲུབ་བོ། །

དུས་སྐབས་འདིར་བོད་འགྱུར་གཏན་ཚིགས་རིག་པའི་བསྟན་བཅོས་གཙོ་བོ་ནི། སློབ་དཔོན་ཕྱོགས་གླང་གིས་མཛད་པའི་གཏན་ཚིགས་རིག་པའི་བསྟན་བཅོས་《གཏན་ཚིགས་དགུའི་འཁོར་ལོ་》དང་《དམིགས་པ་བརྟག་པའི་འགྲེལ་པ།》(དུལ་བ་ལྷས་མཛད་པ།) སློབ་དཔོན་ཆོས་ཀྱི་གྲགས་པས་མཛད་པའི་ཡན་ལག་ལྔ་

བུའི་བསྟན་བཅོས་བཞི་པོ་འགྲེལ་པ་དང་བཅས་པ་ཕལ་ཆེར་བསྒྱུར་ཡོད་མོད་ཀྱང་། རིག་པའི་དབང་ཕྱུག་རྣམ་གཉིས་ཀྱི་དགོངས་པ་ཡོངས་སུ་མཚོན་བྱེད་ཀྱི་བསྟན་བཅོས་《ཚད་མ་ཀུན་བཏུས་》དང་《ཚད་མ་རྣམ་འགྲེལ་》གཉིས་ནི་ད་དུང་བོད་འགྱུར་མེད་དོ། །གཞན་ཡང་དུས་འདིར་བོད་ལ་གཏན་ཚིགས་རིག་པ་འཆད་ཉན་གྱི་སྲོལ་ཙམ་བྱུང་ཡང་ཆ་ཡོངས་སུ་རྫོགས་པ་ཞིག་བྱུང་མེད་པས་གནས་སྐབས་སུ་རིག་གནས་དེ་དར་མ་ནུས་ཏེ། 《ཚད་མའི་བྱུང་བ་ཉིན་མོར་བྱེད་པའི་སྣང་བ་》ལས། ལྷ་བཙན་པོ་ཁྲི་སྲོང་ལྡེའུ་བཙན་གྱི་དུས་བྱང་ཆུབ་སེམས་དཔའ་ཞི་བ་འཚོས་《ཚད་མ་དེ་ཁོ་ན་ཉིད་བསྡུས་པ་》དང་། ཀ་མ་ལ་ཤཱི་ལས་དེའི་འགྲེལ་པ་སྟོང་ཕྲག་བཅོ་བརྒྱད་དང་། སེ་བདུན་ཕྱི་མའི་རྩ་འགྲེལ་གྱི་ཆ་ཤས་ཡེ་ཤེས་སྡེ་སོགས་ཀྱི་འགྱུར་ལ་བརྟེན་ནས་ལྷ་ས་དང་བསམ་ཡས་སུ་ཚད་མའི་བསྟན་བཅོས་ཀྱི་བཤད་ཉན་ཆ་ཤས་ཙམ་བྱུང་བར་གྲགས་ཀྱང་རྐང་ཚུགས་པ་དང་རྒྱུན་ཆགས་སུ་མ་བྱུང་①ཞེས་གསུངས་པ་ནི་དྲི་མ་མེད་པའི་གཏམ་ཡིན་ནོ། །

དོན་ཚན་གསུམ་པ། ཆོས་རྒྱལ་ཁྲི་སྲོང་ལྡེ་བཙན་གྱིས་མཛད་པའི་《བཀའ་ཡང་དག་པའི་ཚད་མ་ལས་མདོ་བཏུས་པ་》ཞེས་པའི་བསྟན་བཅོས་ལས་སྟོན་པའི་གཏན་ཚིགས་རིག་པའི་དགོངས་པ།

ཆོས་རྒྱལ་ཁྲི་སྲོང་ལྡེ་བཙན་གྱིས་མཁན་པོ་ཞི་བ་འཚོ་བཤེས་གཉེན་དུ་བསྟེན་ནས་ཐེག་པ་ཆེན་པོའི་ཆོས་མང་དུ་གསན་པས་གོ་རྟོགས་ཟབ་མོ་འབྲུངས་ཏེ་《བཀའ་ཡང་དག་པའི་ཚད་མ་ལས་མདོ་བཏུས་པ་》ཞེས་པའི་བསྟན་བཅོས་མཛད། བསྟན་བཅོས་དེ་སངས་རྒྱས་ཀྱི་གསུང་རབ་《དགོངས་པ་ངེས་འགྲེལ་》

① པཎ་ཆེན་ཤཱཀྱ་མཆོག་ལྡན་གྱིས་མཛད་པ། དཔལ་བརྩེགས་བོད་ཡིག་དཔེ་རྙིང་ཞིབ་འཇུག་ཁང་གིས་དཔེ་རྙིང་བྲིས་མ་ཞིག་ལས་བཤུས་ཤིང་པར་གསར་དུ་བསྒྲིགས་ཏེ་སྟ་རིང་དུ་དཔར་བའི་ཤོག་ངོས་༦༠ལས་དྲངས།

ལས་བྱུང་བའི་རིགས་པ་བཞིའི་དགོངས་དོན་གཞིར་བྱས་ནས་འཕགས་ཡུལ་དུ་གྲགས་པའི་གཏན་ཚིགས་རིག་པའི་གཞུང་ལུགས་ཀྱི་དགོངས་པ་གཙོ་བོར་བསྟན་པ་ཡིན། གཞུང་དེའི་བརྗོད་བྱའི་སྐོར་ལ་དཔྱད་པ་རགས་ཙམ་བྱེད་ན། དེ་ལ་གསུམ། དང་པོ་གཞུང་དེའི་བརྗོད་བྱ་སྤྱིར་བཤད་པ། གཉིས་པ་ལེའུ་སོ་སོའི་དོན་བྱེ་བྲག་ཏུ་བཤད་པ། གསུམ་པ་གཞུང་དེའི་ཁྱད་ཆོས་རགས་ཙམ་དཔྱད་པའོ། །

དང་པོ་གཞུང་དེའི་བརྗོད་བྱ་སྤྱིར་བཤད་པ་ལ་གཉིས། གཞུང་དེའི་རྒྱབ་རྟེན་གྱི་ཁུངས་བཤད་པ་དང་། ལེའུའི་དབྱེ་བ་སྤྱིར་བསྟན་པ་གཉིས་སོ། །

དང་པོ་ལ། གཞུང་དེ་ཉིད་ལས། ཆོས་སོ་ཅོག་གི་དབང་བསྒྱིད་པ་རིགས་པའི་རྣམ་པ་སྨོས་པ་འཇིག་རྟེན་རྒྱལ་པོ་དག་བདག་གི་རིགས་སུ་ཅི་འདོད་པ་དག་གི་དབང་གིས་འགྲུབ་པ་བཞིན་དུ་ཆོས་སོ་ཅོག་ལ་བདག་གི་ཕྱོགས་སུ་གཟུང་བ་ཡང་ཇི་ལྟར་འདོད་པའི་རིགས་པའི་དབང་གིས་འགྲུབ་སྟེ། ཆོས་ཐམས་ཅད་ཀྱི་རྒྱལ་པོ་ལྟ་བུར་རིགས་པ་ཞེས་བྱ་བ་ཆོས་ཀྱི་རྗེས་སུ་གསུངས་པའི་རིགས་པ་བཞི་བརྗོད་དོ། །དེ་གང་ཡིན་ཞེ་ན། 《འཕགས་པ་དགོངས་པ་ངེས་པར་འགྲེལ་བའི་མདོ་》ལས་གསུངས་པ། རིགས་པ་དེ་ཡང་རྣམ་པ་བཞི་སྟེ། ལྟོས་པའི་རིགས་པ་དང་། བྱ་བ་བྱེད་པའི་རིགས་པ་དང་། གཏན་ཚིགས་སྒྲུབ་པའི་རིགས་པ་དང་། ཆོས་ཉིད་ཀྱི་རིགས་པ་བཞི་ཞེས་གསུངས་སོ། །ཞེས་གཞུང་དེའི་བརྗོད་བྱ་གཙོ་བོ་སངས་རྒྱས་ཀྱི་གསུང་རབ་《དགོངས་པ་ངེས་འགྲེལ་》ལས་བྱུང་བའི་རིགས་པ་རྣམ་བཞིའི་དགོངས་པ་ལྟར་བརྗོད་པ་ཡིན་ནོ། །དེ་ཡང་ཡིན་ཏེ། གཞུང་དེ་ཉིད་ལས། རིགས་པ་བཞིའི་ཕྱོགས་ཙམ་ཞིག་མདོར་བརྗོད་ན། ལྟོས་པའི་རིགས་པ་ཞེས་བྱ་བ་ནི་ཆོས་དང་འབྲས་བུའི་རིགས་པ་བརྗོད་པ་ཡིན་ཏེ། འདུ་བྱེད་རྣམས་གང་དང་གང་ལ་ཐ་སྙད་དུ་གདགས་པ་དང་། གང་དང་གང་གི་འབྲས་བུ་སྐྱེ་བ་ཡང་དེ་དང་དེའི་རྒྱུ་དང་རྐྱེན་ལ་ལྟོས་པར་བསྟན་པའོ། །བྱ་བ་བྱེད་པའི་རིགས་པ་ཞེས་བྱ་བ་ནི་ལས་དང་རྒྱུའི་སྒོ་ནས་བརྗོད་པ་ཡིན་ཏེ། གང་དང་གང་གི་བྱ་བ་དེ་དང་དེ་ལ་བྱེད་པ་

དང་གང་དང་གང་གི་རྒྱུ་དང་རྐྱེན་དུ་ངེས་པ་ནི་དེ་དང་དེའི་འབྲས་བུའི་བྱ་བ་བྱེད་པར་བསྟན་པའོ། །གཏན་ཚིགས་སྒྲུབ་པའི་རིགས་པ་ཞེས་བྱ་བ་ནི་ཀུན་ཏུ་འགྲོ་བ་ཡིན་ཏེ། གང་དང་གང་བསྒྲུབ་པའི་ཚད་མའི་མཚན་ཉིད་བསྟན་པའོ། །ཆོས་ཉིད་ཀྱི་རིགས་པ་ཞེས་བྱ་བ་ནི་ཆོས་རྣམས་ཀྱི་རང་བཞིན་གྱི་སྒོ་ནས་བརྗོད་པ་ཡིན་ཏེ། ཆོས་རྣམས་ལ་ཀུན་རྫོབ་ཀྱི་བདེན་པ་དང་དོན་དམ་པའི་བདེན་པ་གང་དང་གང་གི་རང་བཞིན་ཡོད་པ་དེ་དང་དེ་བསྟན་པའོ། །ཞེས་གསུངས་པ་དེ་དག་ནི་རྒྱལ་བའི་གསུང་རབ་《དགོངས་པ་ངེས་འགྲེལ་》དུ་བསྟན་པ་དང་མཐུན་པར་སྣང་ངོ་། །

གཉིས་པ་ལེའུའི་དབྱེ་བ་བཤད་པ་ལ། བསྟན་བཅོས་ཡོངས་ལ་ལེའུ་བཅོ་ལྔར་དབྱེ་སྟེ།

ལེའུ་དང་པོ་ལྟོས་པའི་རིགས་པའི་མཚན་ཉིད།

ལེའུ་གཉིས་པ་བྱ་བ་བྱེད་པའི་རིགས་པའི་མཚན་ཉིད།

ལེའུ་གསུམ་པ་གཏན་ཚིགས་སྒྲུབ་པའི་རིགས་པའི་མཚན་ཉིད་ལ་དམ་བཅས་ཤིང་བསྟན་པ།

ལེའུ་བཞི་པ་མངོན་སུམ་ཡོངས་སུ་དག་པའི་མཚན་ཉིད།

ལེའུ་ལྔ་པ་རྗེས་སུ་དཔག་པ་ཡོངས་སུ་དག་པ།

ལེའུ་དྲུག་པ་རང་གི་རིགས་ཀྱི་དཔེའི་མཚན་ཉིད།

ལེའུ་བདུན་པ་ཡོངས་སུ་གྲིགས་པ།

ལེའུ་བརྒྱད་པ་ཤིན་ཏུ་རྣམ་པར་དག་པའི་ལུང་གི་མཚན་ཉིད།

ལེའུ་དགུ་པ་ཚད་མའི་གྲངས་དང་མཚན་ཉིད་ཀྱི་བཀའ་ཐང་།

ལེའུ་བཅུ་པ་བཀའ་ཐང་གི་མངོན་སུམ་ཚད་མར་བྱ་བ།

ལེའུ་བཅུ་གཅིག་པ་བཀའ་ཐང་གི་རྗེས་སུ་དཔག་པའི་ཚད་མར་བྱ་བ།

ལེའུ་བཅུ་གཉིས་པ་ཡིད་ཆེས་པའི་ལུང་གི་ཚད་མ།

ལེའུ་བཅུ་གསུམ་པ་ཡོངས་སུ་མ་དག་པ།

ལེའུ་བཅུ་བཞི་པ་ཆོས་ཉིད་ཀྱི་རིགས་པའི་མཚན་ཉིད།

ལེའུ་བཅོ་ལྔ་པ་ཚད་མའི་ཡོན་ཏན་བཀོད་པ། ཞེས་གཞུང་དེའི་ལེའུ་བཅོ་ལྔར་དབྱེ་བའི་རྣམ་པ་བཤད་ཟིན་ཏོ། །

གཉིས་པ་ལེའུ་སོ་སོའི་དོན་ཅི་ཐྲག་ཏུ་བཤད་པ་ལ།

དང་པོ་ལྟོས་པའི་རིགས་པའི་མཚན་ཉིད་ལ། དེ་ལ་ལྟོས་པའི་རིགས་པ་ནི་འདུ་བྱེད་རྣམས་བསྐྱེད་པའི་ཕྱིར་རྗེས་སུ་ཐ་སྙད་གདགས་པའི་ཕྱིར་གང་རྒྱུར་གྱུར་པ་དང་རྐྱེན་དུ་གྱུར་པ་དེ་དག་ནི་ལྟོས་པའི་རིགས་པ་ཞེས་གསུངས་པ་བཤད་དོ། །འདུ་བྱེད་སྐྱེ་བ་དང་ཐ་སྙད་གདགས་པ་ལ་རང་དབང་མེད་དེ། རྒྱུ་དང་རྐྱེན་དུ་ངེས་པ་ཚོགས་པ་ལ་ལྟོས་པ་ནི་ལྟོས་པའི་རིགས་པ་ཞེས་བྱའོ། །

གཉིས་པ་བྱ་བ་བྱེད་པའི་རིགས་པའི་མཚན་ཉིད་ལ། གང་ཆོས་རྣམས་ཀྱི་འཐོབ་པའི་ཕྱིར་རམ། གྲུབ་པའི་ཕྱིར་རམ། སྐྱེས་ནས་ཀྱང་ལས་སུ་རུང་བའི་ཕྱིར་རྒྱུར་གྱུར་པ་དང་། རྐྱེན་དུ་གྱུར་པ་དེ་དག་ནི་བྱ་བ་བྱེད་པའི་རིགས་པའོ་ཞེས་གསུངས་པ་བཤད་དོ། །དེ་ལ་འཐོབ་པ་ནི་རྙེད་པ་དང་ལྡན་པ་བྱའོ། །གྲུབ་པ་ནི་གང་གི་དངོས་པོར་རེད་པ་ལས་ཀྱང་དོན་གྱི་མཐའ་ཡོངས་སུ་རྫོགས་པ་བྱེད་པ་ཡིན་ནོ། །སྐྱེས་ནས་ཀྱང་ལས་སུ་རུང་བ་ནི་དངོས་པོར་རེད་པ་དེ་དག་ཇི་སྲིད་དུ་རྒྱུན་ཡོད་པ་དེ་སྲིད་དུ་བྱ་བ་བྱེད་པ་ཡོད་པ་ལ་བཤད་དོ། །

གསུམ་པ་གཏན་ཚིགས་སྒྲུབ་པའི་རིགས་པའི་མཚན་ཉིད་ལ་དམ་བཅས་ཞིང་བསྟན་ཏེ། སྨྲས་པའི་དོན་སྒྲུབ་པ་དང་ཡང་དག་པར་ཤེས་པར་བྱ་བའི་ཕྱིར་རྒྱུར་གྱུར་པ་དང་རྐྱེན་དུ་གྱུར་པ་དེ་དག་ནི་གཏན་ཚིགས་སྒྲུབ་པའི་རིགས་པའོ་ཞེས་གསུངས་པ་བཤད་དོ། །ཡང་དེ་ཉིད་ལས། གཏན་ལ་ཕབ་པའི་ཡན་ལག་རྣམ་པ་བདུན་དང་ལྡན་པར་བཤད་དེ། བདུན་གང་ཞེ་ན་གླེང་བསླང་བ་དང་། མཐུན་པ་དང་། མི་མཐུན་པའམ། འགལ་བ་དང་གྲུབ་པའི་མཐའ་རྫོགས་པར་བྱ་བ་དང་། མཚན་ཉིད་གསུམ་གྱི་དོན་དང་འདྲ་བ་དང་། ལུང་བསྟན་པ་དང་། རྟགས་

ཡོད་པ་དང་བདུན་ནོ། །

དེ་ལ་གླིང་བསླང་བ་ནི། ཕས་མི་འདྲི་བ་ལ་ཡང་ཚུར་བསྐུལ་བ་ཡིན་པའོ། །མཐུན་པ་དང་མི་མཐུན་པ་གང་ཞེ་ན། གང་ལས་གླིང་བསླང་བའི་གཞིར་བཅས་པ་དེ་དང་མུ་སྟེགས་ཅན་གང་ལ་བསྟན་པ་དེའི་གཙུག་ལག་ཏུ་མཐུན་པར་བསྒྲུབ་པའི་མཐའ་འགྲོ་བ་ལས་འབྱུང་བ་བཞིན་དུ་བསྟན་པའམ། གཞན་དུ་ཆོས་བཟང་ངན་གྱི་ཁྱད་ཞུགས་པ་དང་། རྒྱ་ཆེ་ཆུང་མི་འདྲ་བར་བསྟན་པ་ཡིན་ཏེ། དེ་གཉིས་ལས་གང་བསྟན་ན་དད་པ་སྐྱེ་ཞིང་ཡང་དག་པའི་ལམ་རྟོགས་པར་འགྱུར་བ་ཞིག་གིས་བསྟན་པའོ། །གྲུབ་པའི་མཐའ་རྫོགས་པ་གང་ཞེ་ན། སོ་སོའི་ཕྱོགས་བཟུང་སྟེ། ཡང་དག་པ་གང་ཡིན་པའི་ཡུལ་བསྟོད་ན་གྲུབ་པའི་མཐའ་ཕྱོགས་འགའ་ཙམ་གྱིས་མི་བརྩད་པར་གཙུག་ལག་འབྱུང་བའི་མདོ་ཆེ་གེ་ཐོག་ཐག་ཏུ་བསྐུན་ཏེ། བརྩད་ཀྱི་ངོ་སྐྱིས་དྲག་གམ། སྨྲ་བདེ་མི་བདེའམ། ཚིག་དོར་མི་དོར་ཙམ་གྱི་ཡུས་སུ་མི་འབྱུང་ངོ་། །དེ་སྟེ་ལ་ལ་ཞིག་ངོ་གང་དྲག་དང་། སྨྲ་གང་བདེ་དང་། སྨྲ་ལ་གང་མཁས་ཀྱིས་བརྒྱ་ཞིང་རྩོད་ན་ནི་འཛིག་རྟེན་གྱི་འགྲན་ཐོར་ཅན་ཁས་བརྒྱ་པར་ཟད་དེ་དོན་མེད་ཀྱི་ཡལ་གཟུགས་མི་འཁྲ་བར་ཅི་དགར་རྩོད་ཅིག མཚན་ཉིད་གསུམ་གྱི་དོན་དང་ལྡན་པ་གང་ཞེ་ན། ཀུན་བརྟགས་དང་། གཞན་གྱི་དབང་དང་། ཡོངས་སུ་གྲུབ་པའོ། །མཚན་ཉིད་གང་གི་ཕྱོགས་སུ་བཟུང་བ་དེའི་གྲུབ་པ་ནི་མཐའ་དང་མཐུན་པར་བསྒྲུབ་པའོ། །ཕ་རོལ་གྱི་ཕྱོགས་ལ་སུན་དབྱུང་བ་ཡང་བདག་གི་ཕྱོགས་སུ་བཟུང་བའི་གྲུབ་པའི་མཐའ་དང་མཐུན་པར་སུན་དབྱུང་ངོ་། །ལུང་བསྟན་པ་གང་ཞེ་ན། ཕས་འདྲི་བ་ལ་ལན་གདབ་པ་ཡིན་ཏེ། མགོ་གཅིག་ཏུ་ལུང་བསྟན་པ་དང་། རྣམ་པར་ཕྱེ་སྟེ་ལུང་བསྟན་པ་དང་། ཕྱིར་དྲི་བ་དང་། ལུང་མི་བསྟན་པ་དང་བཞིའོ། །མགོ་གཅིག་ཏུ་ལུང་བསྟན་པ་ནི། དཔེར་ན། ཆོས་བདག་མེད་པ་དེ་གང་ལ་མེད་ཅེས་འདྲི་ན་ཆོས་ཐམས་ཅད་ལ་བདག་མེད་པར་མཚུངས་སོ་ཞེས་པ་ལྟ་བུའོ། །རྣམ་པར་ཕྱེ་སྟེ་ལུང་

བསྟན་པ་ནི། ཆོས་ཐམས་ཅད་རྟག་གམ་མི་རྟག་ཅེས་འདྲི་ན། འདུས་བྱས་ཀྱི་ཆོས་ནི་མི་རྟག འདུས་མ་བྱས་ཀྱི་ཆོས་ནི་རྟག་གོ་ཞེས་པ་ལྟ་བུ། ཕྱིར་དྲིས་ཏེ་ལུང་བསྟན་པ་ནི། དེ་བཞིན་གཤེགས་པའི་མཚན་སྨོས་པའི་སེམས་ཅན་ཐམས་ཅད་བླ་ན་མེད་པའི་བྱང་ཆུབ་ལས་ཕྱིར་ལྡོག་གམ་མི་ལྡོག་ཅེས་འདྲི་ན། ཤིང་གི་ས་བོན་ཞིག་ས་བོན་གྱི་ཉེས་པ་ཐམས་ཅད་མེད་ན་རྐྱེན་རྣམས་སུ་ལྡན་པ་དང་མི་ལྡན་པ་ལས་མྱུ་གུ་ནས་ཛོགས་པའི་བར་དུ་ཇི་ལྟར་འགྱུར་ཞེས་ཕྱིར་དྲི་བ་ལྟ་བུའོ། །ལུང་མི་བསྟན་པ་ནི། གཉིས་སུ་མེད་པ་དང་བརྗོད་དུ་མེད་པའི་མཚན་ཉིད་ཅི་འདྲ་ཞེས་འདྲི་ན། ཇི་ལྟར་འཕགས་པ་དྲི་མ་མེད་པར་གྲགས་པ་བཞིན་དུ་མི་སྨྲའོ་ཞེས་པ་ལྟ་བུའོ། །རྟགས་ཡོད་པ་གང་ཞེ་ན། གང་གིས་དངོས་པོ་མེད་པ་ལས་ཡོད་པར་འཛིན་ཏོ་ཅོག་ཀྱང་དེ་མ་ཡིན་པའི་དངོས་པོ་གཞན་ཞིག་དང་ནོར་ཏེ་ཡོད་པ་ལས། མེད་པར་ལྟ་འོ་ཅོག་ཀྱང་བར་དུ་གཅོད་པའི་སྒྲིབ་པ་ཅིག་གིས་བསྒྲིབས་པས་མེད་པར་སྨྲ་འོ་ཅོག་གག་ཀྱང་རུང་། དེའི་མཚན་ཉིད་ལས་གཞན་དུ་བསྟན་ཏོ་ཅོག་ཀྱང་དེ་དང་འདྲ་བར་སྣང་བ་འགའ་ཞིག་ལས་ནོར་བར་གྱུར་ཏོ། །དེ་ལྟ་བས་ན་དངོས་པོ་མེད་པ་ལས་ཡོད་པར་འཛིན་པ་བཟློག་པར་བྱ་ན་ཡང་ཐམས་ཅད་ཀྱི་ཐམས་ཅད་དུ་མེད་དོ་ཞེས་མི་བྱ་བར་ཡོད་པར་འདོད་པ་དེ་རྐྱེན་གང་ལས་གྱུར་པའི་དངོས་པོ་གཞན་ཡོད་པར་བསྒྲུབས་ལ་དེའི་གཏན་ཚིགས་ཀྱིས་བསྟན་ཏོ། །ཡོད་པ་ལ་མེད་པར་ལྟ་བ་བཟློག་པར་བྱ་ན་ཡོད་པའི་གཏན་ཚིགས་འབའ་ཞིག་གིས་སྒྲུབ་ཀྱི་དེ་མངོན་སུམ་དུ་དམིགས་པར་བྱ་བ་ལ་བར་དུ་གཅོད་པ་འདིས་བསྒྲིབས་སོ་ཞེས་བྱས་ལ་དངོས་པོ་གང་ཡོད་པ་དང་། སྒྲིབ་པ་གང་ཡིན་པ་བཅས་པའི་གཏན་ཚིགས་ཀྱིས་སྒྲུབ་ཅིང་བསྟན་ཏོ། །

སྨྲ་བའི་རྒྱན་གང་ཞེ་ན། རྣམ་པ་ལྔར་ཤེས་པར་བྱ་སྟེ། བདག་དང་གཞན་གྱི་གཙུག་ལག་ཤེས་པ་དང་། ཚིག་འབྲུ་དང་ལྡན་པ་དང་། འཇིགས་པ་དང་བརྟན་པ་དང་ངེས་པའོ་ཞེས་གསུངས་པའོ། །

བཞི་པ་མངོན་སུམ་ཡོངས་སུ་དག་པའི་མཚན་ཉིད་ལ། དེ་ལ་འདུ་བྱེད་ཐམས་ཅད་མི་རྟག་པ་ཉིད་དང་། འདུ་བྱེད་ཐམས་ཅད་སྡུག་བསྔལ་བ་ཉིད་དང་། ཆོས་ཐམས་ཅད་བདག་མེད་པ་ཉིད་དུ་གང་འཇིག་རྟེན་ན་མངོན་སུམ་དུ་དམིགས་པའི་མཚན་ཉིད་དོ་ཞེས་གསུངས་པའི་མཚན་ཉིད་དུ་བཤད་དོ། །མངོན་སུམ་ཞེས་བྱ་བ་ནི་རྐྱེན་བཞིས་མ་བསྐྱེད་པའི་རྣམ་པར་ཤེས་པའི་སྒྲིབ་པ་དག་གིས་མ་བསྒྲིབས་པས་ཡུལ་ལ་མངོན་སུམ་དུ་དམིགས་པ་ཡིན་ཏེ། ད་ལྟར་བྱུང་བའི་རྣམ་པར་ཤེས་པ་ལྔ་པོ་དག་དང་དེས་དྲངས་པའི་ཡིད་ཀྱི་རྣམ་པར་ཤེས་པ་དང་བཅས་པས་དུས་གཅིག སྐྱོད་ཡུལ་གཅིག་ཏུ་ད་ལྟར་གྱུར་པའི་ཡུལ་ཐད་ཀར་བབ་པ་ལ་དམིགས་ནས། ཡུལ་དེ་སོ་སོའི་རང་གིས་རིག་པ་ནི་མངོན་སུམ་གྱི་མཚན་ཉིད་ཅེས་བྱའོ། །

ལྔ་པ་རྗེས་སུ་དཔག་པ་ཡོངས་སུ་དག་པའི་མཚན་ཉིད་ལ། འདུ་བྱེད་ཐམས་ཅད་སྐད་ཅིག་མ་ཉིད་དང་འཇིག་རྟེན་ཕ་རོལ་པོ་ཡོད་པ་དང་། དགེ་བ་དང་མི་དགེ་བའི་ལས་རྣམ་པར་ཆུད་མི་ཟ་གང་དེ་ལ་གནས་པའི་མི་རྟག་པ་རགས་པ་མངོན་སུམ་དུ་དམིགས་པ་དང་། གང་སེམས་ཅན་སྣ་ཚོགས་ལ་གནས་པ་མངོན་སུམ་དུ་དམིགས་པ་དང་། གང་སེམས་ཅན་བདེ་བ་དང་སྡུག་བསྔལ་བ་དགེ་བ་དང་མི་དགེ་བ་ལ་གནས་པ་མངོན་སུམ་དུ་དམིགས་པ་ཡིན་ཏེ། གང་གིས་མངོན་སུམ་དུ་མ་གྱུར་པ་ལ་རྗེས་སུ་དཔག་པར་བྱ་བ་ཡིན་ནོ་འདི་དང་ཚུལ་འདི་ལྟ་བུ་དག་ནི་དེ་ལ་གནས་པའི་མངོན་སུམ་དུ་དམིགས་པའི་མཚན་ཉིད་དོ་ཞེས་གསུངས་པའི་མཚན་ཉིད་བཤད་དོ། །དེ་ལ་གནས་པའི་མངོན་སུམ་གྱིས་དམིགས་པ་ཞེས་བྱ་བ་ནི་རྗེས་སུ་དཔག་པར་བྱ་བ་དེའི་རང་བཞིན་ལྐོག་ན་འདུག་སྟེ། མངོན་སུམ་གྱིས་མ་དམིགས་ཀྱང་དེ་ལ་གནས་པའི་རྟགས་སམ། ལས་སམ། རྒྱུའམ། འབྲས་བུའམ། དེ་རྣམས་ཀྱི་ནང་ནས་གང་མངོན་སུམ་གྱིས་དམིགས་པའི་རྗེས་སུ་འཇུག་པའི་བློས་རྗེས་སུ་དཔགས་ཏེ། དེའི་གནས་དང་རང་བཞིན་ཤེས་པར་བྱའོ། །རྗེས་སུ་དཔག་གོ་ཅིག་ནི། གང་མངོན་སུམ་གྱིས་དམིགས་པ་དེའི་རྗེས་སུ་འཇུག་པའི་བློས་དེ་དང་

འབྲེལ་བའི་དངོས་པོ་མངོན་སུམ་གྱིས་མ་དམིགས་པ་ལ་རྗེས་སུ་དཔག་ཅིང་ཤེས་པར་བྱའོ་ཞེས་གསུངས་སོ། །

དྲུག་པ་རང་གི་རིགས་ཀྱི་དཔེ་དང་སྦྱར་བའི་མཚན་ཉིད་ལ། ནང་དང་ཕྱིའི་འདུ་བྱེད་རྣམས་ཀྱི་འཇིག་པ་དང་། སྐྱེ་བར་དམིགས་པའི་འཇིག་རྟེན་ཐམས་ཅད་ལ་གྲགས་པས་ཉེ་བར་སྦྱར་བ་དང་། སྐྱེ་བ་ལ་སོགས་པའི་སྡུག་བསྔལ་དམིགས་པས་ཉེ་བར་སྦྱར་བ་དང་། རང་དབང་མེད་པར་དམིགས་པས་ཉེ་བར་སྦྱར་བ་དང་། ཕྱི་རོལ་གྱི་ཕུན་སུམ་ཚོགས་པ་དང་རྒུད་པ་ཉེ་བར་དམིགས་པ་འཇིག་རྟེན་ཐམས་ཅད་ལ་གྲགས་པ་ཉེ་བར་སྦྱར་བ་འདི་དང་རྣམ་པ་འདི་ལྟ་བུ་དག་ནི་རང་གི་རིགས་ཀྱི་དཔེ་ཉེ་བར་སྦྱར་བའི་མཚན་ཉིད་དུ་ཤེས་པར་བྱའོ་ཞེས་གསུངས་སོ། །

བདུན་པ་ཡོངས་སུ་གྲུབ་པ་ཡོངས་སུ་དག་པའི་མཚན་ཉིད་ལ། གང་འདི་དེ་མངོན་སུམ་དུ་དམིགས་པའི་མཚན་ཉིད་དང་། དེ་ལ་གནས་པ་མངོན་སུམ་དུ་དམིགས་པའི་མཚན་ཉིད་དང་། རང་གི་རིགས་ཀྱི་དཔེ་ཉེ་བར་སྦྱར་བའི་མཚན་ཉིད་ནི། དེ་འགྲུབ་པར་བྱ་བ་ལ་གཅིག་ཏུ་ངེས་པའི་ཕྱིར་ཡོངས་སུ་གྲུབ་པའི་མཚན་ཉིད་དུ་ཤེས་པར་བྱའོ་ཞེས་གསུངས་པ་དེའི་མཚན་ཉིད་བཤད་དོ། །ཡོངས་སུ་གྲུབ་པ་ཞེས་བྱ་བ་ནི་ཆོས་རྣམས་ལ་མངོན་སུམ་དུ་དམིགས་པ་དང་། རྗེས་སུ་དཔག་པར་རིག་པ་དང་། རང་གི་རིགས་ཀྱི་དཔེ་ཉེ་བར་སྦྱར་བ་དང་གསུམ་ཚོགས་ན་འགྲུབ་པ་ལ་གཅིག་ཏུ་ངེས་པ་འདི་ནི་ཡོངས་སུ་གྲུབ་པའི་མཚན་ཉིད་ཅེས་བྱ་སྟེ། མངོན་སུམ་ལ་སོགས་པ་སོ་སོར་སྨོས་པ་ནི་མཚན་ཉིད་ཀྱི་བྱེ་བྲག་གོ།

བརྒྱད་པ་ཤིན་ཏུ་རྣམ་པར་དག་པའི་ལུང་གཏན་ལ་དབབ་པར་བསྟན་པའི་མཚན་ཉིད་ལ། གང་ཐམས་ཅད་མཁྱེན་པས་བཤད་པ་འདི་ལྟ་སྟེ། མྱ་ངན་ལས་འདས་པ་ནི་ཞི་བའོ་ཞེས་བྱ་བ་འདི་དང་། རྣམ་པ་འདི་ལྟ་བུ་དག་ནི་ཤིན་ཏུ་རྣམ་པར་དག་པའི་ལུང་གཏན་ལ་དབབ་པར་བསྟན་པའི་མཚན་ཉིད་དུ་ཤེས་པར་བྱའོ། །དེ་བས་ན་མཚན་ཉིད་ལྔ་པོ་འདི་དག་གིས་རིགས་པས་བརྟག་པ་ཡོངས་སུ

དག་པ་སྟེ། ཡོངས་སུ་དག་པའི་ཕྱིར་བསྟན་པར་བྱའོ་ཞེས་གསུངས་པ་དེའི་མཚན་ཉིད་བཤད་དོ། །ཐམས་ཅད་མཁྱེན་པས་བཤད་པའི་ཆོས་ནི་ཡན་ལག་བཅུ་གཉིས་དང་ལྡན་པའི་གསུང་རབ་རྣམས་ཡིན་ཏེ། དེ་ཐམས་ཅད་ཀྱི་དོན་ནི་མྱ་ངན་ལས་འདའ་བ་ཉིད་ལས་གཞན་དུ་མི་གསུང་བས་ན། མྱ་ངན་ལས་འདས་པ་ནི་ཞི་བ་ཞེས་བྱའོ། །ཅིའི་ཕྱིར་ལུང་ཤིན་ཏུ་རྣམ་པར་དག་པ་ཡིན་ཞེ་ན། དུས་གསུམ་སངས་རྒྱས་ཐམས་ཅད་ཀྱང་ཆོས་མཐུན་པར་སྟོན་པས་ན་ལུང་ཞེས་བྱའོ། །ཆོས་ཀྱི་ཚད་མར་བྱས་པའི་མཚན་ཉིད་དང་ལྡན་ལ་རང་བཟོའི་ལྷད་མ་ཞུགས་པས་ན་ཤིན་ཏུ་རྣམ་པར་དག་པ་ཞེས་བྱའོ། །

དགུ་པ་ཚད་མའི་གྲངས་དང་མཚན་ཉིད་ཀྱི་བཀའ་ཐང་ལ། གཏན་ཚིགས་སྒྲུབ་པའི་རིགས་པ་དེ་ཡང་། དེ་ལྟར་མངོན་སུམ་གྱི་ཚད་མ་དང་། རྗེས་སུ་དཔག་པའི་ཚད་མ་དང་། ཡིད་ཆེས་པའི་ལུང་གི་ཚད་མ་དང་། མཚན་ཉིད་ལྔས་ཡོངས་སུ་དག་པའོ་ཞེས་གསུངས་པ་དང་། ཡང་ཚད་མ་ཞེས་བྱ་བ་ནི་རིང་ཐུང་ལ་སོར་ལ་སོགས་པས་གཞལ་བ་དང་། མང་ཉུང་ལ་བྲེ་ལ་སོགས་པས་གཞལ་བ་དང་། ལྗི་ཡང་ལ་སྲང་ལ་སོགས་པས་གཞལ་བ་ལྟ་བུ་ཡིན་ཏེ། ཚད་མ་ནི་མངོན་སུམ་དང་རྗེས་སུ་དཔག་པ་དང་ཡིད་ཆེས་པའི་ལུང་དང་གསུམ་མོ། །ཚད་མ་གསུམ་བྱ་བ་ནི་དངོས་པོ་བསྒྲིབས་པ་དང་མ་བསྒྲིབས་པ་དང་། དེ་དག་ལས་ཀྱང་ཤིན་ཏུ་བསྒྲིབས་པའི་ཆོས་དང་གསུམ་ཡོད་པས་ཚད་མ་ཡང་གསུམ་དུ་གསུངས་སོ། །

བཅུ་པ་བཀའ་ཐང་གི་མངོན་སུམ་གྱི་ཚད་མར་བྱ་བ་ལ། དེ་ལ་མངོན་སུམ་གྱི་ཚད་མ་གང་ཞེ་ན། མ་བསྒྲིབས་པའི་ཡུལ་ལ་མངོན་སུམ་གྱིས་སྔོན་དུ་དྲངས་པའི་སྟེང་དུ་ཉེ་བའི་རྗེས་སུ་དཔག་པ་ལ་སོགས་པ་མཚན་ཉིད་ལྔས་ཡོངས་སུ་དག་པར་བྱས་པ་ཡིན་ནོ། །དེ་གང་ཞེ་ན། མིག་ལ་སོགས་པའི་རྣམ་པར་ཤེས་པ་ལྔ་པོ་ལས་གཅིག་དང་དེས་དྲངས་པའི་ཡིད་ཀྱི་རྣམ་པར་ཤེས་པ་དང་གཉིས་ཀྱིས་བདག་བདག་གི་ཡུལ་ལ་རྣམ་པ་ཅི་ཡོད་པ་སོ་སོ་རང་གིས་རིག་པར་གྱུར་པ་མངོན་སུམ་

གྱི་མཚན་ཉིད་དང་། གང་མངོན་སུམ་དུ་དམིགས་པ་དེ་དག་གི་རྟགས་ལ་སོགས་པར་བཅས་པ་མངོན་སུམ་གྱིས་རྗེས་སུ་དཔག་ནས་རྟོགས་པར་ཁོང་དུ་ཆུད་པ་ཉེ་བའི་རྗེས་སུ་དཔག་པའི་མཚན་ཉིད་དང་། དེ་དང་རིགས་གཅིག་པ་གཞན་ལ་ཡང་འདི་འདྲ་བར་ཡོད་པ་འཇིག་རྟེན་ལ་སྒྲུབ་པ་རང་གི་རིགས་ཀྱི་དཔེའི་མཚན་ཉིད་དང་། དེ་གསུམ་མཐུན་པས་སྒྲུབ་པར་གྱུར་པ་ཡོངས་སུ་གྲགས་པའི་མཚན་ཉིད་དང་། ཐམས་ཅད་མཁྱེན་པས་གསུངས་པར་ངེས་པའི་མཚན་ཉིད་དང་ལྡན་པའི་ལུང་ལས་ཆོས་རྣམས་ཀྱི་མཚན་ཉིད་ཅི་སྐད་དུ་འབྱུང་བ་ལུང་གི་མཚན་ཉིད་དང་སྦྱར་བའོ། །ཡིད་ཀྱི་རྣམ་པར་ཤེས་པ་འབའ་ཞིག་གིས་ཆོས་ཀྱི་ཁམས་ལ་སོགས་པ་རང་གི་ཡུལ་ལ་མངོན་སུམ་དུ་དམིགས་པ་མཚན་ཉིད་ལྔ་དང་སྦྱར་བ་ཡང་དེ་བཞིན་ནོ། །མངོན་སུམ་གྱི་ཚད་མ་མཚན་ཉིད་ལྔས་ཡོངས་སུ་དག་པའི་མི་རྟག་པ་ལ་སོགས་པ་ལ་གཞལ་ཞིང་སྒྲུབ་པ་ནི་སྔར་བཤད་པ་བཞིན་དུ་གང་འདུ་བྱེད་དུ་རྟོགས་པ་ཐམས་ཅད་ཀྱི་འདྲ་བ་དང་མི་འདྲ་བའི་རྒྱུ་ཕྱི་མ་སྐྱེས་ནས་སྔ་མ་འགག་པར་དམིགས་པ་དང་འདྲ་བ་དང་མི་འདྲ་བའི་བྱུང་ཕྱི་མ་མེད་ཅིང་སྔ་མ་གཏོང་བར་དམིགས་པ་དེ་དག་སོ་སོ་རང་གིས་རིག་པ་ནི་མངོན་སུམ་གྱི་མཚན་ཉིད་དོ། །ཡང་གཞན་དུ་ན་རྣལ་འབྱོར་པས་བསྒོམས་ཏེ། རུས་པ་དཀར་པོ་ལ་སོགས་པ་མཐོང་བ་དང་། ཟད་པར་ས་ལ་སོགས་པར་མཐོང་བ་ལྟ་བུར་དམིགས་པ་ནི་མངོན་སུམ་གྱི་མཚན་ཉིད་དོ། །དེ་ལྟར་ན་མཚན་ཉིད་ལྔས་ཡོངས་སུ་དག་པའི་མངོན་སུམ་གྱིས་བསྒོམས་པ་ལས་བྱུང་བར་གྲུབ་པའོ། །ཞེས་པ་མངོན་སུམ་ལ་དབྱེ་བ་བཞི་ཡོད་པར་བསྟན་ཏོ། །

བཅུ་གཅིག་པ་བཀའ་ཐང་གི་རྗེས་སུ་དཔག་པ་ཚད་མར་བྱ་བ་ལ། དེ་ལ་རྗེས་སུ་དཔག་པའི་ཚད་མ་གང་ཞེ་ན། བསྒྲིབས་པའི་ཡུལ་དེ་ལ་གནས་པ་མངོན་སུམ་དུ་དམིགས་པའི་རྗེས་སུ་དཔག་པས་སྔོན་དུ་དྲངས་པའི་སྟེང་དུ་མངོན་སུམ་དུ་སྤྱོད་པ་ལ་སོགས་པ་མཚན་ཉིད་ལྔས་ཡོངས་སུ་དག་པར་བྱས་པ་ཡིན་ཏེ། དེ་གང་

ཞེ་ན། རྟགས་ལ་སོགས་པ་གནས་པ་མངོན་སུམ་གྱིས་དམིགས་པའི་རྗེས་སུ་འཇུག་པའི་ལྡོས་དེ་དང་འབྲེལ་བའི་དངོས་པོ་མངོན་སུམ་གྱིས་མ་དམིགས་པ་ལ་རྗེས་སུ་དཔག་ཅིང་ཤེས་པར་བྱ་བ་རྗེས་སུ་དཔག་པའི་མཚན་ཉིད་དང་། རྟགས་ལ་སོགས་པ་དེ་ལ་མངོན་སུམ་དུ་དམིགས་པ་ཞིག་ཡོད་ན། དེ་ཡོང་གིས་ཅི་ལ་གནས་པ་སྟོན་བདག་གིས་མངོན་སུམ་དུ་དམིགས་ཏེ་དྲན་ན་ཡང་ཅུང་གཞན་གྱིས་མངོན་སུམ་དུ་དམིགས་པའི་ཚོག་གཅིག་ནས་གཅིག་དུ་བརྒྱུད་པ་ལས་ཤེས་པར་འགྱུར་བ་ཉེ་བའི་མངོན་སུམ་གྱི་མཚན་ཉིད་དང་དེ་དང་རིགས་གཅིག་པ་གཞན་ཡང་འདི་འདྲ་བ་ཡོད་པར་འཛིག་རྟེན་ལ་གྲུབ་པ་རང་གི་རིགས་ཀྱི་དཔེའི་མཚན་ཉིད་དང་། མཚན་ཉིད་དང་མཚན་ཉིད་དེ་གསུམ་མཐུན་པས་འགྲུབ་ཏུ་ཅུང་སྟེ། བསྒྲུབ་པ་ལ་གཅིག་ཏུ་ངེས་པར་འགྱུར་བས་ན་ཡོངས་སུ་གྲིགས་པའི་མཚན་ཉིད་དང་ཐམས་ཅད་མཁྱེན་པས་གསུངས་པར་ངེས་པའི་མཚན་ཉིད་དང་ལྡན་པའི་ལུང་ལས་ཆོས་རྣམས་ཀྱི་མཚན་ཉིད་ཇི་སྐད་དུ་འབྱུང་བ་ལུང་གི་མཚན་ཉིད་དང་སྦྱར་བའོ། །རྗེས་སུ་དཔག་པ་ཚད་མ་མཚན་ཉིད་ལྔས་ཡོངས་སུ་དག་པས་སྐད་ཅིག་ལ་སོགས་པ་ལ་གཞལ་ཞིང་སྒྲུབ་པ་ནི་རྗེས་སུ་དཔག་པའི་མཚན་ཉིད་ཀྱི་ལེའུ་དང་མཐུན་ནོ། །

བཅུ་གཉིས་པ་ཡིད་ཆེས་པའི་ལུང་གི་ཚད་མ་ལ། ཡིད་ཆེས་པའི་ལུང་གི་ཚད་མ་གང་ཞེ་ན། ཤིན་ཏུ་བསྒྲིབས་པའི་ཆོས་ལ་མཚན་ཉིད་འདི་འདྲ་བ་ཞིག་ཡོད་དོ་ཞེས་ཡིད་ཆེས་པའི་ལུང་ལས་འབྱུང་བའི་སྟོན་དུ་དྲངས་སྟེང་དུ་ཉེ་བའི་མངོན་སུམ་ལ་སོགས་པ་མཚན་ཉིད་ལྔས་ཡོངས་སུ་དག་པར་བྱས་པ་ཡིན་ནོ། །ཤིན་ཏུ་བསྒྲིབས་པའི་ཆོས་དེ་དག་གང་ཞེ་ན། མྱ་ངན་ལས་འདས་པ་དང་དེ་བཞིན་ཉིད་དང་། སངས་རྒྱས་ཀྱི་ཞིང་ཐ་དད་པའི་ཡོན་ཏན་དང་འཛིག་རྟེན་གྱི་ཁམས་སྣ་ཚོགས་དང་འདི་ལྟ་བུ་ལ་སོགས་ནས་འབྲས་བུའི་བར་གྱི་རྣམ་པ་དྲུག་པོ་གང་ཡང་མངོན་སུམ་གྱིས་མི་དམིགས་ཏེ། ཤིན་ཏུ་བསྒྲིབས་པ་རྣམས་ཡིན་ནོ། །

བཅུ་གསུམ་པ་ཡོངས་སུ་མ་དག་པའི་གཏན་ཚིགས་ལ། དེ་ལ་ཡོངས་སུ་མ་དག་པའི་མཚན་ཉིད་བདུན་གང་ཞེ་ན། དེ་ལས་གཞན་དང་མཐུན་པའི་བར་དམིགས་པའི་མཚན་ཉིད་དང་། དེ་ལས་གཞན་དང་མི་མཐུན་པར་དམིགས་པའི་མཚན་ཉིད་དང་། ཐམས་ཅད་མཐུན་པར་དམིགས་པའི་མཚན་ཉིད་དང་། ཐམས་ཅད་མི་མཐུན་པར་དམིགས་པའི་མཚན་ཉིད་དང་། རང་བཞིན་གྱི་རིགས་དང་མཐུན་པའི་དཔེའི་མཚན་ཉིད་དང་། ཡོངས་སུ་གྲུབ་པའི་མཚན་ཉིད་དང་། ལུང་རྣམ་པར་དག་པ་བསྟན་པའི་མཚན་ཉིད་དོ་ཞེས་གསུངས་པ་དེ་དག་གི་ཕྱི་བྲག་བཤད་དོ། །

བཅུ་བཞི་པ་ཆོས་ཉིད་ཀྱི་རིགས་པའི་མཚན་ཉིད་ལ། དེ་ལ་དེ་བཞིན་གཤེགས་པ་རྣམས་སྐྱེས་ཀྱང་རུང་མ་སྐྱེས་ཀྱང་རུང་སྟེ་ཆོས་ཉིད་དང་ཆོས་གནས་པའི་དབྱིངས་འདུག་པ་དེ་ནི། ཆོས་ཉིད་ཀྱི་རིགས་པའོ་ཞེས་གསུངས་པ་དེའི་ཕྱི་བྲག་བཤད་དོ། །ཆོས་ཉིད་ཀྱི་རིགས་པར་ལྟ་བ་གང་ལ་ཆོས་རྣམས་ཀྱི་བདེན་ལ་ཞེས་བྱ་བ་ཆོས་ཉིད་ཀྱི་རིགས་པ་ཡང་ཡིན་ཏེ། རྣམ་པ་བཅུར་ཤེས་པར་བྱའོ། །དེ་གང་ཞེ་ན། འདི་ལྟ་སྟེ། ཀུན་རྫོབ་ཀྱི་བདེན་པ་དང་། དོན་དམ་པའི་བདེན་པ་དང་། མཚན་ཉིད་ཀྱི་བདེན་པ་དང་། རྣམ་པར་དབྱེ་བའི་བདེན་པ་དང་། རྟོགས་པའི་བདེན་པ་དང་། དངོས་པོའི་བདེན་པ་དང་། ཉུས་པའི་བདེན་པ་དང་། ཟད་པ་དང་མི་སྐྱེ་བའི་ཤེས་པའི་བདེན་པ་དང་། ལམ་ལ་འཇུག་པའི་ཤེས་པའི་བདེན་པ་དང་། དེ་བཞིན་གཤེགས་པའི་ཡེ་ཤེས་ཀུན་འབྱུང་བའི་བདེན་པ་སྟེ། འདི་དག་ནི་བདེན་པ་བཅུའོ། །ཞེས་གསུངས་པས་སོ། །

བཅོ་ལྔ་པ་ཚད་མའི་ཡོན་ཏན་བཀོད་པ་ལ། བཀའ་ཡང་དག་པའི་ཚད་མ་རྣམ་པ་ཐམས་ཅད་དང་ལྡན་པའི་ཡོན་ཏན་ནི། འཇིག་རྟེན་དང་འཇིག་རྟེན་ཕ་རོལ་གཉིས་ཀའི་དོན་དུ་འགྱུར་བ་དུ་མ་ཞིག་ཡོད་པ་ལས་མདོར་བསྡུས་ན་རྣམ་པ་གསུམ་སྟེ། ཡོངས་སུ་དག་པའི་ཡོན་ཏན་རྫོགས་པ་ཡིན། ཡོངས་སུ་མ་དག

པའི་སྐྱོན་གྱིས་མ་གོས་པ་ཡིན། ཕན་ཡོན་གྱི་ལེགས་པ་དང་ལྡན་པ་ཡིན་ནོ། །དེ་ལ་ཡོངས་སུ་དག་པའི་ཡོན་ཏན་ཇི་ཙམ་ཞེ་ན། རྣམ་པ་ལྔར་ཤེས་པར་བྱ་སྟེ། ཚད་མ་ཡོངས་སུ་དག་པས་འགྲུབ་པ་ལ་གཅིག་ཏུ་ངེས་པ་དང་། གཞལ་བྱ་ཕུན་སུམ་ཚོགས་པས་འཇིག་རྟེན་དང་འཇིག་རྟེན་ལས་འདས་པའི་ཆུབ་པ་དང་། སྒྲུབ་པ་ཡན་ལག་ཡོངས་སུ་རྫོགས་པ་དང་། ལྟ་བ་རྣམ་པར་དག་པ་དང་། ཚད་མའི་བྱེ་བྲག་རབ་ཏུ་ཤེས་པར་འགྱུར་བ་དང་ལྔའོ། །དེ་ལ་ཚད་མ་ཡོངས་སུ་དག་པའི་མངོན་སུམ་ལ་སོགས་པའི་ཚད་མ་གསུམ་པོ་རེ་རེ་ལ་ཡང་མཚན་ཉིད་ལྔ་ལྔ་དང་སྦྱར་བ་གཅིག་གིས་གཅིག་སྦྱངས་ཏེ། གཏན་ལ་ཕབ་པས་ན་འགྲུབ་པ་ལ་གཅིག་ཏུ་ངེས་པར་འགྱུར་བ་ཡིན་ནོ། །གཞལ་བྱ་ཕུན་སུམ་ཚོགས་པ་ནི་དུ་བ་ལས་མེ་ཡོད་པར་དཔག་པ་ལྟ་བུ་ཕྱུགས་རྫི་ཡན་ཆད་ཀྱིས་ཤེས་པ་ལས་གཞལ་བ་མ་ཡིན་གྱི་ཐམས་ཅད་མཁྱེན་པ་དང་། འཇིག་རྟེན་ཕ་རོལ་ལ་སོགས་ཏེ་མི་ལས་བླ་མར་གྱུར་པའི་ཆོས་དང་། མིའི་ཆོས་ཀྱང་སློས་པས་ན་གཞལ་བྱའི་ཡུལ་ཆུབ་པར་བསྟན་པ་ཡིན་ནོ། །སྒྲུབ་པའི་ཡན་ལག་ཡོངས་སུ་རྫོགས་པ་ནི་འབྲས་བུ་ཡོད་པར་དམ་བཅའ་བ་དང་། གཏན་ལ་དབབ་པའི་ཡན་ལག་བདུན་གྱི་ཚུལ་གྱིས་བཅས་ནས་སྨོད་དང་སྦྱར་ཏེ་སྨྲ་བའི་རྒྱན་ལས་འབྱུང་བ་དང་ལྡན་པར་སྟོན་པས་ན། ཚིག་དང་དོན་དུ་བཅས་པའི་རྣམ་པ་དང་ལྡན་ནོ། །ལྟ་བ་རྣམ་པར་དག་པ་ནི་ཆོས་རྣམས་ལ་ཚད་མ་ཡོངས་སུ་དག་པས་གཞལ་ཏེ། ཡང་དག་པ་ཇི་ལྟ་བ་བཞིན་དུ་རྟོགས་པས་ན་བདག་ཉིད་ཀྱང་ཡང་དག་པའི་ལྟ་བ་ལ་གནས་ཤིང་གཞན་ཡང་ཡང་དག་པའི་ལྟ་བ་ལ་འཛོག་པ་ཡིན་ནོ། །ཚད་མའི་བྱེ་བྲག་ཤེས་པས་ན་འཇིག་རྟེན་གྱི་དང་འཇིག་རྟེན་ལས་འདས་པའི་ཚད་མ་ཐམས་ཅད་ཀྱང་། བཀའ་ཡང་དག་པའི་ཚད་མ་བཤད་པའི་ནང་དུ་འདུས་ཏེ་ཚད་མ་ཡོངས་སུ་དག་པ་དང་མ་དག་པའི་བྱེ་བྲག་ཕྱེད་དུ་ཆུད་པར་འགྱུར་བ་ཡིན་ནོ། །ཡོངས་སུ་མ་དག་པའི་སྐྱོན་གྱིས་མ་གོས་པ་གང་ཞེ་ན། རྣམ་པ་གསུམ་དུ་ཤེས་པར་བྱ་སྟེ། འགལ་བ་མེད་པ་ཡིན། མ་ངེས་པ་མེད་པ

ཡིན། སོ་སོའི་སྐྱེ་བོའི་ནོར་བ་མེད་པ་ཡིན་ནོ། །དེ་ལ་འགལ་བ་མེད་པ་ནི་ཆོས་གང་ལ་ཡང་རྟགས་དང་འབྲས་བུའི་བར་གྱི་རྣམ་པ་དྲུག་པོ་དམིགས་ཀྱིས་ཕྱེ་བས་ན་འགལ་བ་མེད་པ་རྣམ་པ་གཉིས་ཏེ་མཐུན་པར་དམིགས་པ་ལ་མི་མཐུན་པའི་མཚན་ཉིད་ཀྱིས་འགལ་བ་མེད་པ་ཡིན། མི་མཐུན་པར་དམིགས་པ་ལ་མཐུན་པའི་མཚན་ཉིད་ཀྱིས་འགལ་བ་མེད་པ་ཡིན་ནོ། །དེ་ལ་མ་ངེས་པ་ཡང་རྣམ་པ་གཉིས་ཏེ། ཡུལ་གྱི་ཁྱེ་བྲག་མི་རྟོགས་ཤིང་ལུང་དུ་མི་སྟོན་པའི་མཚན་ཉིད་མེད་པ་ཡིན། སྲིད་པ་ཙམ་ཞེས་ཐེ་ཚོམ་སྐྱེ་བར་སྒྲུབ་པ་མེད་པ་ཡིན་ནོ། །དེ་ལ་སོ་སོའི་སྐྱེ་བོའི་ནོར་བ་མེད་པ་ཡང་རྣམ་པ་གཉིས་ཏེ། བདག་གི་རྟོགས་པ་འདིར་རིས་སུ་བྲིས་པ་མེད་པ་ཡིན། གཞན་གྱི་དྲིང་ལ་འཇོག་ཅིང་ཟག་པ་ལ་བརྟེན་པ་མེད་པ་ཡིན་ནོ། །ཕན་ཡོན་གྱི་ལེགས་པར་ལྡན་པ་གང་ཞེ་ན། རྣམ་པ་གཉིས་ཏེ། ཐམས་ཅད་མཁྱེན་པས་གསུངས་པ་བཞིན་དུ་བྲིས་ཏེ་ཆོས་ལ་བརྟེན་པས་དེ་བཞིན་གཤེགས་པའི་བྱིན་གྱིས་བྱིན་དུ་བརླབས་ཤིང་བསྒྲུབས་པ་ལ་མཐུ་ཆེན་པོ་ཡིན། ལྷད་མ་ཞུགས་པའི་གསུང་རབ་ཉིད་ཡིན་པས་གང་གིས་བཀླགས་པ་དང་ཐོས་པ་དང་། བསམས་པ་ཙམ་གྱིས་ཀྱང་སྡིག་པ་འབྱང་ཞིང་བསོད་ནམས་འཕེལ་བ་ཡིན་ནོ། །དེ་ལྟར་བཀའ་ཡང་དག་པའི་ཚད་མ་འདི་ཡོན་ཏན་གསུམ་དང་ལྡན་པས་ཚོགས་ཀྱི་རྒྱུར་འགྱུར་རོ། །དེ་གང་ཞེ་ན། ཡོངས་སུ་དག་པའི་མཚན་ཉིད་རྫོགས་ཤིང་ཡོངས་སུ་མ་དག་པའི་སྐྱོན་མེད་པས་ནི་ཡེ་ཤེས་ཀྱི་ཚོགས་ཀྱི་རྒྱུར་འགྱུར་རོ། །ཕན་ཡོན་གྱི་ལེགས་པ་དང་ལྡན་པས་ནི་བསོད་ནམས་ཀྱི་ཚོགས་ཀྱི་རྒྱུར་འགྱུར་རོ། །འཇིག་རྟེན་འདི་དང་འཇིག་རྟེན་ཕ་རོལ་གྱི་དོན་དུ་བྱ་བ་ཡང་དེ་གཉིས་སུ་འདུས་སོ། །དེ་ལྟར་ཚོགས་གཉིས་ཡོངས་སུ་འགེངས་པའི་ཡོན་ཏན་བརྗོད་པས་ན་ཚད་མའི་ཡོན་ཏན་བཀོད་པར་བརྟགས་སོ། །ཞེས་གསུངས་སོ། །

གསུམ་པ་གཞུང་དེའི་ཁྱད་ཆོས་རགས་ཙམ་དཔྱད་པ། 《བཀའ་ཡང་དག་པའི་ཚད་མ་ལས་མདོ་བཏུས་པ་》ཞེས་པའི་གཞུང་དེའི་མ་ཡིག་བསྟན་འགྱུར་

སྡེ་དགེའི་པར་མའི་པོད་（ཚ་བ་）ལ་བཞུགས། གོང་དུ་བཀོད་པའི་དོན་རྣམས་ནི་བསྟན་འགྱུར་ལས་ཐད་སོར་དྲངས་ཏེ་བརྟག་ཙམ་བྱེད་པ་ཡིན། གཞུང་དེ་བསྟན་འགྱུར་དུ་བཞུགས་ན་དེའི་མཛད་པོ་རྒྱལ་པོ་ཁྲི་སྲོང་ལྡེ་བཙན་ཡིན་མིན་ལ་ཐེ་ཚོམ་གྱི་རྒྱུར་འགྱུར་བས་ལྟ་ཚུལ་མི་མཐུན་པ་གཉིས་བྱུང་། ཁ་ཅིག་གིས་བོད་ཀྱི་མཁས་པས་མཛད་པའི་བསྟན་བཅོས་བསྟན་འགྱུར་དུ་བཀོད་པ་མི་རིགས་ཏེ། བསྟན་འགྱུར་ནི་བཀའ་མདོ་རྒྱུད་ཀྱི་དགོངས་པ་འགྲེལ་བར་བྱེད་པའི་བསྟན་བཅོས་བོད་ཡིག་ཏུ་བསྒྱུར་བའི་གླེགས་བམ་གྱི་ཚོགས་ལ་གོ་བས་གཞུང་དེ་བོད་ཡིག་ཏུ་བསྒྱུར་བ་མ་ཡིན་པར་བོད་ཡིག་ཏུ་བརྩམས་པ་ཞིག་ཡིན་པས་ན་ཅིའི་ཕྱིར་བསྟན་འགྱུར་དུ་བཀོད། གཞུང་དེ་བསྟན་འགྱུར་དུ་བཞུགས་ན་དེ་འགྱུར་ཡིག་ཡིན་དགོས་པས་རྒྱལ་པོ་ཁྲི་སྲོང་ལྡེ་བཙན་གྱིས་མཛད་པ་མ་ཡིན་པ་གསལ་ལོ་གསུངས། ཁ་ཅིག་གིས་གཞུང་དེ་རྒྱལ་པོ་ཁྲི་སྲོང་ལྡེ་བཙན་གྱིས་མཛད་པ་ཡིན་ཏེ་བོད་གནའ་བོའི་མཁས་པ་སྤྱི་བསྟན་པ་སྔ་དར་སྐབས་ཀྱི་ལོ་པཎ་རྣམས་ཀྱིས་མཛད་པའི་བསྟན་བཅོས་འགྱུར་ཡིག་མིན་ཡང་བསྟན་འགྱུར་དུ་བཀོད་པར་མ་ཟད། གཞུང་དེ་ཁོ་ན་མ་ཡིན་པར་གཞུང་གཞན་མང་པོ་བསྟན་འགྱུར་དུ་བཞུགས་པའི་ཕྱིར་ཏེ། 《སྡེ་དགེའི་བསྟན་འགྱུར་དཀར་ཆག་》ལས་ད་ནི་བོད་ཀྱི་མཁས་པ་ཆེན་པོ་རྣམས་ཀྱིས་མཛད་པའི་དཔེ་དཀོན་ཅི་རིགས་པ་དང་། མཛད་པ་པོའི་མཚན་མ་སྨོས་པའི་མཚན་གྱི་རྣམ་གྲངས་（ཚ་བ་）ལ། ལོ་པཎ་མང་པོས་མཛད་པའི་《སྒྲ་བྱེ་བྲག་ཏུ་རྟོགས་བྱེད་ཆེན་མོ།》ཐོན་མི་ཨ་ནུས་བྱས་པའི་《སྒྲའི་བསྟན་བཅོས་ལུང་དུ་སྟོན་པའི་རྩ་བ་སུམ་ཅུ་པ་》དང་《ལུང་དུ་སྟོན་པ་རྟགས་ཀྱི་འཇུག་པ།》ལྕེ་ཁྱི་འབྲུག་གིས་མཛད་པའི་《བྷཱ་ཀ་ར་ཎའི་སྐད་མདོ་ཙམ་ཞིག་བསྒྱུར་བ་གནས་བརྒྱད་ཀྱི་རྩ་བ་》དང་། 《སྒྲའི་བསྟན་བཅོས་གནས་བརྒྱད་ཀྱི་འགྲེལ་པ་》དང་། 《བཀའ་ཡང་དག་པའི་ཚད་མ་ལས་མདོར་བཏུས་པ་》ལེའུ་བཅོ་ལྔ་པ་ཁྲི་སྲོང་ལྡེ་བཙན་

གྱིས་མཛད་པ་[1]ཞེས་པ་ལ་སོགས་པ་མང་དུ་བཀོད་འདུག་གོ །འོ་ན་ཅིའི་ཕྱིར་བོད་པའི་བརྩམས་ཆོས་བསྟན་འགྱུར་དུ་བཀོད་ཅེ་ན། བོད་པའི་བརྩམས་ཆོས་ཡོད་དོ་ཅོག་བསྟན་འགྱུར་དུ་བཀོད་པ་མ་ཡིན་ཏེ། བསྟན་པ་སྔ་དར་སྐབས་ཀྱི་མཁས་པས་མཛད་པའི་བསྟན་བཅོས་གལ་ཆེན་ཏེ། བསྟན་པ་ལ་ཕན་ཆེ་བ་དང་། འགྲོ་བ་སེམས་ཅན་ལ་ཕན་པ། བོད་པ་རྣམས་ཀྱིས་དད་པའི་ཡུལ་དུ་འགྱུར་བ། རིན་ཐང་ལེགས་སྦྱར་ནས་བསྒྱུར་བའི་གཞུང་དང་ཁྱད་པར་མེད་པའི་གཞུང་དགོན་པོ་ཞིག་ཡིན་ན། དུས་ཀྱི་དབང་གིས་འཇིག་འགྲོ་བར་དོགས་ནས་བསྟན་འགྱུར་གྱི་གཞུང་དང་མཉམ་དུ་བཞུགས་སུ་བཅུག་པར་འདོད་ལ། ཕོ་བོ་ཡང་ལྟ་བ་ཕྱི་མར་འཐད་དེ་འདིར་བཀོད་པ་ལགས།

《བཀའ་ཡང་དག་པའི་ཚད་མ་ལས་མདོ་བཏུས་པ་》ཞེས་པ་ནི་བོད་ཀྱི་མཁས་པ་རང་གིས་མཛད་པའི་གཏན་ཚིགས་རིག་པའི་བསྟན་བཅོས་ཀྱི་ཐོག་མ་ཡིན་ལ། གཞུང་འདིར་གཏན་ཚིགས་རིག་པའི་སྙིང་པོ་སྡེ་རིགས་པ་རྣམ་བཞི་ཞེས་པ་སངས་རྒྱས་བཅོམ་ལྡན་འདས་ཀྱིས་ཐོག་མར་གསུངས་པར་བསྟན་ལ། དེ་མ་ཟད་དེའི་དགོངས་དོན་ཟབ་མོ་ལ་འགྲེལ་བ་རྒྱ་ཆེར་མཛད་ཅིང་། སྔོས་སུ་གཏན་ཚིགས་སྒྲུབ་པའི་རིགས་པ་གཙོ་བོར་བྱས་ནས་བཀྲལ་བ་དང་། གཞུང་དུ་གཏན་ཚིགས་སྒྲུབ་པའི་རིགས་པ་ཀུན་ལ་འགྲོ་ཞེས་པའི་དགོངས་པ་ལྟར་རིགས་པ་གཞན་གསུམ་སྒྲུབ་པ་ལའང་གཏན་ཚིགས་སྒྲུབ་པའི་རིགས་པ་ལ་བརྟེན་ནས་བསྒྲུབ་དགོས་པའི་གནས་ལུགས་བསྟན། གཞུང་འདིའི་ལེའུ་བཞི་པ་མངོན་སུམ་ཡོངས་སུ་དག་པའི་མཚན་ཉིད་བཤད་པ་ནས་ལེའུ་བཅུ་གསུམ་པ་ཡོངས་སུ་མ་དག་པའི་གཏན་ཚིགས་ཀྱི་བར་གྱི་ལེའུ་བཅུ་པོ་ཐམས་ཅད་ནི་གཏན་ཚིགས་སྒྲུབ་པའི་རིགས་པའི་ཡན་ལག་གམ་བྱེ་བྲག་ཏུ་བསྟན་པ་ཡིན། གཞུང་དུ་གཏན་ལ་ཕབ་པའི་

[1] ཞུ་ཆེན་ཚུལ་ཁྲིམས་རིན་ཆེན་གྱིས་མཛད་པའི་《སྡེ་དགེ་བསྟན་འགྱུར་དཀར་ཆག་》ཅེས་པ་བོད་ལྗོངས་མི་དམངས་དཔེ་སྐྲུན་ཁང་གིས་༡༩༨༧ལོར་པར་དུ་བསྒྲུན་པའི་ཤོག་ངོས་༢༣༩པར་གསལ།

ཡན་ལག་རྣམ་པ་བདུན་གསུངས་ཏེ་གཏན་ཚིགས་ཀྱི་ངོ་བོ་བསྟན་ཀྱང་། གཞན་དོན་རྗེས་དཔག་གི་རྣམ་པ་མ་བསྟན། སྒྲ་བའི་རྒྱན་རྣམ་པ་ལྔ་ནི་རྩོད་པའི་རྣམ་གཞག་བསྟན་ཏེ་སློབ་དཔོན་ཐོགས་མེད་ཀྱིས་《རྣལ་འབྱོར་སྤྱོད་པའི་སའི་དངོས་གཞི་》ལས་གསུངས་པ་དང་དོན་མཚུངས་ཏེ། གཞུང་དེ་ཉིད་ལས་ཀྱང་ཨཱ་ཙཱརྱ་ཨ་སཾ་གས་སྒྲ་བའི་རྒྱན་རྣམ་པ་ལྔར་བསྟན་པ་ལྟ་བུའི་ཚུལ་གྱིས་ཚིག་ཏུ་བརྗོད་ཅིང་བསྟན་པའོ་(p81)ཞེས་གསུངས་པས་སོ། །གཞན་དོན་རྗེས་དཔག་གི་སྦྱོར་ངག་མ་བསྟན་པས་ཡན་ལག་གསུམ་ལྡན་དང་ལྔ་ལྡན་གང་འདོད་པ་མི་གསལ། ཚད་མ་ལ་མངོན་སུམ་གྱི་ཚད་མ་དང་། རྗེས་སུ་དཔག་པའི་ཚད་མ། ཡིད་ཆེས་པའི་ལུང་གི་ཚད་མ་དང་གསུམ་དུ་དབྱེ་བས་ཕྱོགས་སྔ་ཡབ་སྲས་ཀྱི་དགོངས་པ་དང་མི་མཐུན། གཏན་ཚིགས་སྒྲུབ་པའི་རིགས་པ་འཆད་སྐབས་ཀྱི་དགོངས་དོན་གཙོ་བོ་ཕྱོགས་སྔ་གོང་རོལ་ཏུ་བྱུང་བའི་ནང་པའི་གཏན་ཚིགས་རིག་པ་དང་མཐུན་ནོ། །

ས་བཅད་གཉིས་པ། དུས་རབས་བཅུ་གཅིག་པར་གསར་
ཕྱི་ནས་རྣམ་ངེས་ཀྱི་དགོངས་པ་ཐོག་མར་ཕྲེལ་ཚུལ།

དོན་ཚན་དང་པོ། བོད་ཀྱི་ཚད་མ་རྙིང་མ་ཇི་ལྟར་བྱུང་ཚུལ།

སྤྱི་ལོ་དུས་རབས་དགུ་པར་དར་མ་ཨུ་དུམ་བཙན་གྱིས་བོད་ཀྱི་རྒྱལ་སྲིད་བཟུང་། དེའི་སྲས་འོད་སྲུངས་དང་ཡུམ་བརྟན་གཉིས་མ་མཐུན་པར་རྒྱལ་སྲིད་སོ་སོར་བཟུང་། དུས་རབས་བཅུ་པ་ནས་བཅུ་གཅིག་པའི་བར་ལྷ་བླ་མ་ཡེ་ཤེས་འོད་ཀྱིས་མཐོ་ལྡིང་དཔལ་གྱི་གཙུག་ལག་ཁང་བཞེངས། ལོ་ཙཱ་བ་རིན་ཆེན་བཟང་པོ་དང་ལེགས་པའི་ཤེས་རབ་སོགས་ཁྱིའུ་རིག་པ་ཅན་ཉི་ཤུ་ལྷག་འཕགས་ཡུལ་དུ་ཆོས་སློབ་པར་བཏང་ངས། བལ་བོའི་པཎྜི་ཏ་ཕྲ་ལ་རིང་བ་དང་སྨྲྀ་ཏི་གཉིས་མངའ་

རིས་སུ་གདན་དྲངས། གཞན་ཡང་རྒྱ་གར་ནས་པཎྜི་ཏ་ཤྲཱི་ཀ་ར་ཕཱ་ཊཛ་དང་། ཛྙཱ་ན་ཤྲཱི་ལ། པྲཛྙཱ་པཱ་ལ་སོགས་སྤྱན་དྲངས། འདུལ་བ་སྟོད་ལུགས་དར་བར་མཛད། «དེབ་ཐེར་སྔོན་པོ་» ལས། གཞན་ཡང་ལྷ་བླ་མ་ཡེ་ཤེས་འོད་ཀྱིས་རྒྱ་གར་ཤར་ཕྱོགས་ཀྱི་པཎྜི་ཏ་ཛྙཱ་ན་པཱ་ལ་སྤྱན་དྲངས། འདུལ་བའི་བཤད་པ་དང་ལག་ལེན་མཛད་པའི་སློབ་མའི་གཙོ་བོ་སཱ་དྷུ་པཱ་ལ། གུ་ཎ་པཱ་ལ། པྲཛྙཱ་པཱ་ལ་སྟེ། པཱ་ལ་གསུམ་ལ་སོགས་པ་སློབ་མ་མང་དུ་བྱུང་སྟེ། དེ་རྣམས་ལས་བརྒྱུད་པ་སྟོད་འདུལ་བ་ཞེས་ཟེར་རོ། །གཞན་ཡང་ལྷ་ལྡེའི་རིང་ལ་སུ་བྷཱུ་ཏི་ཤྲཱི་ཤཱནྟི་སྟེ། ཁ་ཆེ་པཎ་ཆེན་དུ་གྲགས་པ་དེ་སྤྱན་དྲངས་ནས། «ཤེས་རབ་ཀྱི་ཕ་རོལ་ཏུ་ཕྱིན་པ་བརྒྱད་སྟོང་པ་» དང་། དེའི་འགྲེལ་ཆེན་དང་། «མངོན་པར་རྟོགས་པའི་རྒྱན་འགྲེལ་» དང་བཅས་པ་ལ་སོགས་པ་ཕ་རོལ་ཏུ་ཕྱིན་པའི་མདོ་དང་བསྟན་བཅོས་མང་དུ་བསྒྱུར། ལོ་ཆེན་གྱི་སློབ་མ་ལོ་ཙཱ་བ་མཆོག་ཏུ་མཁས་པ་མང་དུ་བྱུང་བ་རྣམས་ཀྱིས་འདུལ་བའི་སྡེ་སྣོད་མང་པོ་དང་། ཕ་རོལ་ཏུ་ཕྱིན་པ་དང་། སྔགས་ཀྱི་ཆོས་ཀྱང་མང་དུ་བསྒྱུར། ཁྱད་པར་དུ་ཛ་དགེ་བའི་བློ་གྲོས་(སྤྱི་ལོ་༡༠༤༤—༡༠༨༩)ཀྱིས་ «ཚད་མ་རྣམ་འགྲེལ་» དང་། དེའི་རང་འགྲེལ། ལྷ་དབང་བློའི་འགྲེལ་པ། ཤཱཀྱ་བློའི་འགྲེལ་བཤད་ལ་སོགས་པ་མང་དུ་བསྒྱུར་ཅིང་། འཆད་ཉན་གྱིས་གཏན་ལ་ཕབ། དེ་ལས་མཆེད་ནས་དབུས་གཙང་གི་ཕྱོགས་འདིར་ཡང་ཚད་མའི་འཆད་ཉན་བྱུང་ཞིང་། དེའི་ཚེ་ཁྱུང་པོ་གྲགས་སེ་ཞེས་བྱ་བ་མཁས་པར་གྲགས་པ་དེས་ཚད་མའི་བཤད་པ་མང་དུ་མཛད། དེ་དག་ལ་ཚད་མ་རྙིང་མ་ཞེས་ཟེར། ཕྱིས་ལོ་ཙཱ་བ་བློ་ལྡན་ཤེས་རབ་ནས་ཚད་མ་གསར་མར་གྲགས་པ་རྣམས་བྱུང་།① ཞེས་གསུངས་ཤིང་། ཡང་དེ་ཉིད་ལས། དྷགས་པོ་དབང་རྒྱལ་དང་ཁྱུང་པོ་གྲགས་སེ་གཉིས་ཀྱིས་པོ་ཏ་རི་དང་དམར་པོ་རི་ལ་འགྲན་བཤད་མཛད། གྲྭ་པ་རྣམས་ཕན་ཚུན་གཉིས་ཀའི་ཆོས་གྲྭར་

① འགོས་ལོ་གཞོན་ནུ་དཔལ་གྱིས་མཛད་པ། སི་ཁྲོན་མི་རིགས་དཔེ་སྐྲུན་ཁང་གིས་༡༩༨༧ལོར་པར་དུ་བསྐྲུན་པའི་སྟོད་ཆའི་ཤོག་ངོས་༩༦པར་གསལ།

འགྲོ་བ་ཞིག་བྱུང་ཞེས་གྲགས་པའི་ཁྲུང་པོ་དེས་ཚད་མ་རྙིང་པ་མཁྱེན། སློབ་མའང་མང་དུ་བྱུང་བའི་ཡི་གེ་འདུག་ནའང་། ཚད་མ་རྙིང་མ་དེ་ཁམས་ནས་བྱུང་བ་ཞིག་གམ། མངའ་རིས་ནས་རྨ་ལོ་ཙཱ་བས་རང་འགྲེལ་དང་ལྷ་དབང་བློས་བསྒྱུར་བ་ལ་བརྟེན་པ་གང་ཡིན་པ་ནི་མ་འཚལ་ལོ།① ཞེས་གསུངས་པ་ལ་བརྟག་པར་གྱིས། གང་ཡིན་ཙང་ཡོངས་གྲགས་སུ་དུས་དེར་མཁས་པ་ཁྲུང་པོ་གྲགས་སེ་དང་རྨ་ལོ་ཙཱ་བ་རང་གིས་ཀྱང་འཆད་ཉན་ཙམ་སྤེལ་བ་ལ་བོད་རྗེས་རབས་ཀྱི་ལོ་རྒྱུས་མཁན་པོ་རྣམས་ཀྱིས་ཚད་མ་རྙིང་མ་ཞེས་པའི་མིང་བཏགས་པ་ཡིན་ནོ། །

དུས་འདིར་ལོ་ཙཱ་བ་རྨ་དགེ་བའི་བློ་གྲོས་ཀྱིས་རྣམ་འགྲེལ་ཡོངས་སུ་རྫོགས་པ་ཐོག་མར་བོད་སྐད་དུ་བསྒྱུར་ཅིང་། ཕྱིས་སུ་ལོ་ཆེན་བློ་ལྡན་ཤེས་རབ་ཀྱིས་བཅོས་པ་དང་ས་པཎ་ཀུན་དགའ་རྒྱལ་མཚན་གྱིས་བསྒྱུར་ཅིང་ཞུས་ཏེ་གཏན་ལ་ཕབ་པ་ཡིན། ད་ལྟ་བདག་ཅག་རྣམས་ཀྱིས་མཐོང་བའི་བོད་འགྱུར་གྱི་རྣམ་འགྲེལ་ནི་དེ་ཡིན་ནོ། །《གངས་ལྗོངས་སྐད་གཉིས་སྨྲ་བ་དུ་མའི་འགྱུར་བྱང་བློ་གསལ་དགའ་སྐྱེད་》ཅེས་པ་ལས། འདི་ཉིད་(རྨ་ལོ་ཙཱ་བ་)ཀྱི་འགྱུར་ལ། བསྟན་འགྱུར་ལས། 《ཚད་མའི་མདོ་ཀུན་ལས་བཏུས་པའི་དགོངས་པ་འགྲེལ་བ་ཚད་མ་རྣམ་འགྲེལ་གྱི་ཚིག་ལེའུར་བྱས་པ་》འགྲན་ཟླ་མེད་པའི་མཁས་པ་ཆེན་པོ་དཔལ་ཆོས་ཀྱི་གྲགས་པས་མཛད་པ། བོད་ཀྱི་ལོ་ཙཱ་བ་དགེ་སློང་དགེ་བའི་བློ་གྲོས་ཀྱི་འགྱུར་ལ། གྲོང་ཁྱེར་ཆེན་པོ་དཔེ་མེད་ཀྱི་ཤར་ཕྱོགས་ན་ཡུལ་འཁོར་ལོ་འཛིན་པ་ཞེས་བྱ་བ་གྲུབ་པའི་གནས་སུ་གྲགས་པའི་འདབ་རྣམ་པར་རྒྱལ་བའི་ཞིང་ཞེས་བྱ་བར་ཁ་ཆེའི་པཎྜི་ཏ་ཆེན་པོ་སྐལ་ལྡན་རྒྱལ་པོ་དང་། བོད་ཀྱི་ལོ་ཙཱ་བ་ཆེན་པོ་དགེ་སློང་རྔོག་བློ་ལྡན་ཤེས་རབ་ཀྱིས་བཅོས་ཤིང་། དུས་ཕྱིའི་ལོ་ཙཱ་བ་ཀུན་དགའ་རྒྱལ་མཚན་དཔལ་

① འགོས་ལོ་གཞོན་ནུ་དཔལ་གྱིས་མཛད་པ། སི་ཁྲོན་མི་རིགས་དཔེ་སྐྲུན་ཁང་གིས་༡༩༨༥ལོར་པར་དུ་བསྐྲུན་པའི་སྟོད་ཆའི་ཤོག་ངོས་༩༨པར་གསལ།

བཟང་པོས་བསྒྱུར་ཅིང་ཞུས་ཏེ་གཏན་ལ་ཕབ་པའོ་[1]ཞེས་གསུངས་པ་ལྟར་རོ། །

དུས་དེར་(སྤྱི་ལོ་༡༠༤༢)མཉམ་མེད་ཇོ་བོ་ཆེན་པོ་བོད་ལ་གདན་དྲངས། སྤྱི་ལོ་༡༠༧༡ལ་ཇོ་བོའི་ཐུགས་སྲས་རྔོག་ལེགས་པའི་ཤེས་རབ་ཀྱིས་གསང་ཕུ་ནེའུ་ཐོག་གི་དགོན་པ་བཏབ། དེའི་དཔོན་པོ་ལོ་ཙྪ་བ་ཆེན་པོ་བློ་ལྡན་ཤེས་རབ་ཀྱིས་གནས་འདིར་བཤད་གྲྭ་བཙུགས་ཏེ་ཆོས་ཀྱི་འཆད་ཉན་སྤེལ། དེ་ནི་བོད་ཀྱི་བཤད་གྲྭ་ཐོག་མ་ཡིན་པར་གྲགས་སོ། །

དོན་ཚན་གཉིས་པ། ལོ་ཙྪ་བ་བློ་ལྡན་ཤེས་རབ་ཀྱིས་རྣམ་ངེས་འཆད་ཉན་གྱི་སྲོལ་ཐོག་མར་ཕྱེ་ཞིང་བོད་ཀྱི་ཚད་མ་གསར་མ་སྤེལ་ཚུལ།

རྔོག་ལོ་ཙྪ་བ་བློ་ལྡན་ཤེས་རབ་ནི། རབ་བྱུང་དང་པོའི་ས་ཕག་(སྤྱི་ལོ་༡༠༥༩)ལ་ཆོས་རྒྱལ་ཁྲི་སྲོང་ལྡེ་བཙན་གྱི་བློན་པོ་རྔོག་ཆེན་པོའི་རྒྱུད་པ་ཡར་འབྲོག་དོའི་ཕྱི་རོལ་སྒྲོ་བོ་ཞེས་པའི་མཚོ་འགྲམ་དུ་གནས་གཞིས་ཆགས་པ་སྔ་འགྱུར་རྙིང་མ་པའི་དགེ་བཤེས་རྡོ་རྗེ་གཞོན་ནུ་ལ་སྲས་ཆོས་སྐྱབས་དང་ཡུམ་དཔལ་མོ་གཉིས་ཀྱི་སྲས་སུ་འཁྲུངས། སྐུ་ན་ཆུང་ངུའི་དུས་སུ་འཚོ་གོས་ཆ་རྐྱེན་ཞན་པའི་དབང་གིས་སྐུ་ངལ་ཆེན་པོ་མྱངས། དགུང་ལོ་བཅུ་བདུན་པར་ཁྱིམ་ནས་ཁ་ཆེ་ལ་ཕེབས་པའི་ཤེས་རབ་ཀྱི་དྲུང་དུ་བྲོས་བྱོལ་གྱིས་ཕེབས། ཁུ་བོ་དང་གཟུས་ཀྱི་སློབ་མ་སྦྱོར་ཆུང་བ་ཚུལ་ཁྲིམས་ཤེས་རབ་གཉིས་ལས་རབ་ཏུ་བྱུང་ནས་མཚན་བློ་ལྡན་ཤེས་རབ་ཅེས་གསོལ། བློ་ལྡན་དང་ཤེས་རབ་གཅིག་པ་ལ་མིང་གཉིས་བརྟགས་ནས་ཅི་བྱེད་ཞུས་པར་འོ་ན་བློ་ལྡན་བཟང་པོ་གྱིས་གསུངས། ཁོང་གི་བསྟན་བཅོས་མང་པོའི་མཛད་བྱང་ལ་བློ་ལྡན་བཟང་པོ་ཞེས་གསུངས་འདུག ཀློག་ཡིག་སྦྱར་ནས་མཁྱེན་པར་ཁུ་བོས་ཤེར་ཕྱིན་གྱི་འགྲེལ་པ་དོན་གསལ་མཆན་ཅན་ཞིག་གཏད་ནས་དེ་རིང་ནགས་གསེབ་ཕ་གིར་

① ཀུན་ལྡན་བོད་རིགས་རང་སྐྱོང་ཁུལ་རྫོམ་སྒྲུར་ཚུས་ནས་བསྒྲིགས་པའི་ནང་ཁུལ་གྱི་ཡིག་ཆའི་ཤོག་ངོས་༡༣༩ལས་དྲངས།

འདི་བློ་ལ་ཟུངས་ཤིག་གསུངས་པས། ཉིན་གཅིག་ལ་འགྲེལ་པ་དོན་གསལ་གྱི་མཆན་རྣམས་མ་གཏོགས་ཐུགས་ལ་ཟིན་པའི་རིག་སྟོབས་ལ་ཁུ་བོ་ལེགས་པའི་ཤེས་རབ་ཧ་ལས་ཏེ་ཁྱོད་ཀྱི་སློབ་དཔོན་ངས་མི་ཡོང་གསུངས་ནས། དགུང་ལོ་བཅོ་བརྒྱད་པར་ཁུ་བོས་མཐུན་རྐྱེན་གནང་སྟེ་རྒྱ་གར་དུ་ཕེབས། ལམ་གྲོགས་སུ་ལོ་ཙཱ་བ་བཙན་ཁ་བོ་ཆེ། ཁྱུང་པོ་ཆོས་བརྩོན། རྔ་ལོ་ཙཱ་བ། གཉན་ལོ་ཙཱ་བ་རྣམས་མཉམ་དུ་བྱུང་། རྒྱ་གར་ཡུལ་དབུས་དང་ཁ་ཆེ་བཅས་སུ་ལོ་བཅུ་བདུན་རིང་ལ་པཎྜི་ཏ་སཛྫན་དང་པ་ར་ཧེ་ཏ་དང་། སཱུ་ཀྵྨ་ཛ་ན་དང་། སུབ་མ་ཏི་ཀིརྟི་སོགས་དགེ་བའི་གཤེས་གཉེན་མང་པོ་བསྟེན། མདོ་སྔགས་ཀྱི་གཞུང་དང་སྒོས་སུ་ཚད་མར་མཆོག་ཏུ་མཁས་པའི་སློབ་དཔོན་དུལ་བ་ལྷའི་སློབ་མ་པཎྜི་ཏ་གཞན་ཕན་བཟང་པོ་ལས་ཚད་མ་རྣམ་འགྲེལ་སོགས་ལེགས་པར་གསན་ཞིང་སྦྱངས་པ་མཐར་ཕྱིན་པ་མཛད་དེ། ཚད་མའི་འགྱུར་རྙིང་པ་ལ་དག་བཅོས་མཛད་ཅིང་། རྣམ་ངེས་དང་རིགས་ཐིགས་སོགས་ཚད་མ་རིག་པ་དང་ཕར་ཕྱིན་སོགས་གཞུང་མང་པོ་རིགས་མི་འདྲ་བ་སྟོང་ཕྲག་ཏུ་མ་རྒྱ་གར་སྐད་ནས་བོད་སྐད་དུ་བསྒྱུར་བར་མཛད། བོད་ཀྱི་ལོ་ཙཱ་བའི་ནང་ནས་གཞུང་བསྒྱུར་མང་ཤོས་དང་མཁས་ཤོས་ཡིན་པར་གྲགས། དགུང་ལོ་སོ་ལྔ་པ་རབ་བྱུང་དང་པོའི་ཆུ་སྤྲེལ་(སྤྱི་ལོ་༡༠༩༢)ལོར་བོད་དུ་ཕྱིར་ཕེབས། ཇོ་བོ་བཀའ་གདམས་པའི་གདམས་ངག་སྟོན་ཁུ་བོ་ལེགས་པའི་ཤེས་རབ་དང་ཕྱིས་མཁར་ཕུ་བ་ལས་ཐོགས་པར་གསན། གསང་ཕུའི་ཆོས་གྲྭའི་གདན་ས་པ་གནང་སྟེ་ཚད་མ་རྣམ་ངེས་དང་། ཀུན་བཏུས། བྱམས་ཆོས་སྡེ་ལྔ། དབུ་མ་རིགས་ཚོགས་དང་རྒྱན་སྣང་བདེན་གསུམ་ལ་སོགས་པ་འཆད་ཉན་རྒྱ་ཆེར་མཛད། ཆོས་གསུང་བ་ལ་ཤིན་ཏུ་མཁས་པས་ཆོས་ཐེངས་རེ་གསུངས་དུས་ཉན་མཁན་ཁྲི་ཕྲག་ལྷག་དང་ཉུང་མཐར་སྟོང་ཕྲག་ལས་མི་ཉུང་བ་འདུས། ཟུར་ཁྲིད་ཀྱི་འཆད་ཉན་བྱེད་ཐུབ་པའི་སློབ་མ་རྐྱང་པ་ཡང་ཆིག་སྟོང་བརྒྱད་བརྒྱ་ཙམ་ཡོད་ཟེར། ཁོང་ནི་མདོ་སྔགས་གཞུང་ལུགས་ཀུན་ལ་ནང་བྱན་ཆུད་པའི་མཁས་དབང་ཞིག་ཡིན་པར་མ་ཟད། ཐུགས་རྒྱུད་ཀྱང་ཤིན་

ཏུ་དུལ་བ་ཞིག་སྟེ། དེའི་ཞལ་ནས།

བཻ་རོ་ཙྪ་ན་ནམ་མཁའི་མཐའ་དང་མཉམ། །
སྐ་ཅོག་རྣམ་གཉིས་ཉི་ཟླ་ཟུང་དང་མཚུངས། །
རིན་ཆེན་བཟང་པོ་ཐོ་རེངས་སྐར་ཆེན་འདྲ། །
ཁོ་བོ་ཅག་ནི་སྲིན་བུ་མེ་ཁྱེར་ཙམ། །

ཞེས་ཁེངས་སྐྱུང་མཛད། དེ་ནས་ལྷ་ས་དང་། བསམ་ཡས། སྨྱུ་གུ་སྣ། གཉལ་སྨད་ཐོག གཙང་རྒྱལ་མཁར་སོགས་སུ་འཆད་ཉན་མཛད་པའི་ཚེ་སྐྱེ་བོ་ཁྲི་ཕྲག་གཉིས་དང་སྟོང་ཕྲག་གསུམ་ལྷག་འདུས་པར་གྲགས། གསང་ཕུ་ནེའུ་ཐོག་གི་གདན་ས་བསྐྱངས་ཤིང་།(གསང་ཕུ་དགོན་པའི་གདན་རབས་གཉིས་པ་ཡིན།) ཚད་མ་དང་། བྱམས་ཆོས། དབུ་མ། ཛོ་བོའི་ལམ་རིམ་བཅས་ཁྲིད་ནས་འཆད་ཉན་གྱི་མཛད་སྒོ་ཤིན་ཏུ་དར། ལམ་རིམ་གྱི་བསྡུས་བཅོས་དང་རྣམ་ངེས་ཀྱི་འགྲེལ་པ་སོགས་བརྩམས། དགུང་ལོ་ལྔ་བཅུ་རྩ་གཅིག་པ་རབ་བྱུང་གཉིས་པའི་ས་མོ་གླང་སྟེ་སྤྱི་ལོ་༡༡༠༩ལ་དགོངས་པ་ཆོས་དབྱིངས་སུ་གཤེགས་སོ། །

ལོ་ཆེན་ཁོང་ཆོས་སྨྲ་བ་ལ་ཤིན་ཏུ་མཁས་པས་སློབ་མ་ལྷ་ས་དང་བསམ་ཡས་སོགས་སུ་ཁྲི་ཕྲག་མང་པོ་ཡོད་པར་གསུངས་པ་ལས་ཟུར་ཁྲིད་བྱེད་ཐུབ་པ་ཆིག་སྟོང་བརྒྱད་བརྒྱ་ལྔ་བཅུ་རྩ་ལྔ་ལས། རྒྱན་དང་ཆོས་མཆོག་འཆད་མཁན་ལྔ་བཅུ་རྩ་ལྔ་ཙམ་དང་། རྣམ་ངེས་འཆད་མཁན་བརྒྱ་དང་ལྔ་བཅུ་རྩ་ལྔ་ཡོད་པར་གྲགས་ཏེ། 《ཆོས་འབྱུང་མཁས་པའི་དགའ་སྟོན་》ལས། ཆོས་གཞི་བསྐོར་བའི་གནས་ཀྱང་། ལྷ་ས་བསམ་ཡས་སྨད་ཐོག་དང་། །ལྷ་ཡངས་པ་ལམ་སྨྱུག་གུ་སྣར། །འཁོར་གྱི་གྲངས་ནི་རིམ་པ་བཞིན། །ཁྲི་དང་སུམ་སྟོང་བདུན་བརྒྱ་དང་། །གཉིས་སུ་སྟོང་ཚོ་བཅུ་གསུམ་ཚོགས། །ཁྲི་ཚོ་གཉིས་དང་ཁྲི་ཚོ་གཅིག །རྣལ་འབྱོར་ཕོ་མོ་ཁྲི་ཚོ་གཉིས། །ཚོགས་སུ་ལུང་རིགས་སྨྲ་བ་ཡི། །ཞར་ཆོས་སྟོང་དང་བརྒྱད་བརྒྱ་དང་། །བརྒྱད་

ཙུ་ཙ་ལྔ་ཡོད་པ་ལ། །རྒྱན་དང་ཆོས་མཆོག་ལྔ་བཅུ་ལྔ། །རྣམ་ངེས་ཉིས་བརྒྱ་ལྔ་བཅུ་ལྔ། །ལུང་ཆོས་སྨྲ་བ་སྟོང་དང་ནི། །ལྔ་བརྒྱ་བདུན་ཙུ་ཙ་ལྔ་ཡོད། །[1] ཅེས་གསུངས་པ་དང་། སློབ་མ་གྲགས་ཆེ་བ་ནི་ཞང་ཚེ་སྤོང་ཆོས་ཀྱི་བླ་མ་དང་། གྲོ་ལུང་པ་བློ་གྲོས་འབྱུང་གནས། བྲུང་རིན་ཆེན་གྲགས།(གྱ་དམར་བའི་བླ་མ།) འབྲི་ཤེས་རབ་འབར། གངས་པ་ཤེའུ་བློ་གྲོས་བྱང་ཆུབ། གོང་བུ་རྭ་ཅན། ཤམ་པོ་མི་དིག མི་ལྷང་ཚེར། དམར་སྨ་ལང་། རྫོག་སྐྱ་བོ། ཧེ་བོ་མཆོག་གི་བླ་མ་སོགས་བྱུང་ངོ་། །

ལོ་ཆེན་གྱི་བསྒྱུར་ཆོས་ནི། བཀའ་འགྱུར་ལས། 《འཕགས་པ་དོན་ཡོད་ཞགས་པའི་ཕ་རོལ་ཏུ་ཕྱིན་པ་དྲུག་ཡོངས་སུ་རྫོགས་པར་བྱེད་པའི་གཟུངས་》དང་། 《དོན་ཡོད་ཞགས་པའི་རྟོགས་པའི་རྒྱལ་པོའི་ཚེ་ག》སོགས་དང་། བསྟན་འགྱུར་ལས། 《ཤེས་རབ་ཀྱི་ཕ་རོལ་ཏུ་ཕྱིན་པའི་བསྟོད་པ་》དང་། 《དཔལ་མངོན་པར་རྟོགས་པའི་དཀའ་འགྲེལ།》《དཔལ་འཁོར་ལོ་སྡོམ་པའི་ཕྱི་རོལ་གྱི་མཆོད་པའི་ཆོ་ག》《དཔལ་འཁོར་ལོ་སྡོམ་པའི་གཏོར་མའི་ཆོ་ག》《དཔལ་འཁོར་ལོ་སྡོམ་པའི་ལག་མཆོད་ཀྱི་ཆོ་ག》《དཔལ་འཁོར་ལོ་སྡོམ་པའི་དཀྱིལ་འཁོར་གྱི་ཆོ་ག་མདོར་བསྡུས།》《དེ་ཁོ་ན་ཉིད་ཀྱི་སྙིང་པོ།》《དཔལ་དེ་ཁོ་ན་ཉིད་ཡེ་ཤེས་གྲུབ་པ།》《དོན་ཐམས་ཅད་སྒྲུབ་པའི་ཐབས།》《མངོན་རྟོགས་རྒྱན།》《སྤྱོད་འཇུག་དཀའ་འགྲེལ།》《ཚད་མ་བརྟག་པ་ཆེ་བ་》དང་《ཚད་མ་བརྟག་པ་ཆུང་བ་》སོགས་སློབ་དཔོན་ཆོས་མཆོག་གིས་མཛད་པ། 《རྒྱུད་བླ་མའི་འགྲེལ་པ་》དང་། 《ཆོས་དང་ཆོས་ཉིད་ཀྱི་རྣམ་འབྱེད་ཀྱི་འགྲེལ་པ་》དབྱིག་གཉེན་གྱིས་མཛད་པ། 《ཚད་མ་རྣམ་ངེས་》དང་《རིགས་པའི་ཐིགས་པ་》སློབ་དཔོན་ཆོས་གྲགས་ཀྱིས་མཛད་པ། 《ཚད་མ་རྣམ་འགྲེལ་ལེའུ་གཉིས་པའི་མན་ཆད་ཀྱི་འགྲེལ་པ་རྣམ་འགྲེལ་གྱི་རྒྱན་ཞེས་བྱ་བ་བམ་པོ་དྲུག་ཅུ་པ་སློབ་དཔོན་རྒྱན་

[1] དཔའ་བོ་གཙུག་ལག་ཕྲེང་བས་མཛད་པའི་《ཆོས་འབྱུང་མཁས་པའི་དགའ་སྟོན་》སྟོད་ཆ། མི་རིགས་དཔེ་སྐྲུན་ཁང་གིས་༡༩༨༦ལོར་པར་དུ་བསྐྲུན་པའི་ཤོག་ངོས་༧༢༨པར་གསལ།

མཁན་པོ་ཤེས་རབ་འབྱུང་གནས་སྦས་པས་མཛད་པ། 《རྣམ་འགྲེལ་གྱི་རྒྱན་གྱི་ལེའུ་བཞི་པའི་འགྲེལ་པ་》ཛ་མ་རིས་མཛད་པ། 《རྣམ་ངེས་ཀྱི་ཊཱིཀྐ་འཐད་ལྡན་》ཤྲཱ་ལོ་ཀ་སྟོང་ཕྲག་བཅུ་གཉིས་དང་བརྒྱ་ཕྲག་བཞི་དང་དྲུག་ཅུ་རྩ་གསུམ་པ་སློབ་དཔོན་ཆོས་མཆོག་གིས་མཛད་པ། 《ཐོས་པ་བརྟག་པ་ཞེས་བྱ་བ་ཚིག་ལེའུར་བྱས་པ་》དང་། 《གཞན་སེལ་བརྟག་པ་ཚིག་ལེའུར་བྱས་པ།》《དབང་ཕྱུག་འདེགས་པ་ཚིག་ལེའུར་བྱས་པ་》སོགས་དགེ་སྲུང་གིས་མཛད་པ། 《སྐད་ཅིག་མ་འཇིག་པ་གྲུབ་པ་ཞེས་བྱ་བ་རབ་ཏུ་བྱེད་པ་》ཆོས་མཆོག་གིས་མཛད་པ། 《སེལ་བ་གྲུབ་པ་ཞེས་བྱ་བ་》དང་། 《འབྲེལ་བ་གྲུབ་པ་ཞེས་བྱ་བ་》གཉིས་དགེ་བསྙེན་དམ་པ་བྲམ་ཟེ་བདེ་བྱེད་དགའ་བས་མཛད་པ་སོགས་མང་པོ་བོད་ཀྱི་སྐད་དུ་བསྒྱུར་ཏོ། །གྲོ་ལུང་བས་མཛད་པའི་《འཇིག་རྟེན་མིག་གཅིག་བློ་ལྡན་ཤེས་རབ་ཀྱི་རྣམ་ཐར་》ལས།

དམ་ཆོས་བསྒྱུར་ལ་མངའ་བརྙེས་པ། །
རྒྱལ་ཡུམ་གཉིས་ལ་བསྟན་བཅོས་གཞུང་། །
འབུམ་ཕྲག་གཅིག་དང་ཁྲི་ཕྲག་གསུམ། །
སྟོང་ཕྲག་བདུན་ནི་ལྷག་བཅས་བསྒྱུར། །[①]

ཞེས་བསྔགས་པར་མཛད་དོ། །ཁོང་གི་བརྩམས་ཆོས་ལ། 《འགྲེལ་ཆུང་དོན་གསལ།》《ཤེས་རབ་སྙིང་པོ།》《མདོ་སྡེ་རྒྱན།》《རྒྱུད་བླ་མ།》《དབུས་མཐའ་རྣམ་འབྱེད།》《ཆོས་དབྱིངས་རྣམ་འབྱེད།》《དབུ་མ་བདེན་གཉིས།》《དབུ་མ་རྒྱན།》《སྤྱོད་འཇུག་》《ཚད་མ་རྣམ་ངེས་ཀྱི་འགྲེལ་པ།》ཆོས་མཆོག་ཆུང་བ་སྟེ་བཅུ་གཅིག་ལ་རྣམ་བཤད་རེ་དང་བསྡུས་དོན་རེ་བཅས་གཉིས་རེ་དང་། 《བརྒྱད་སྟོང་འགྲེལ་པ།》《དབུ་མ་རྩ་བ་ཤེས་རབ།》《ཤེས་རབ་སྒྲོན་མེ།》《དབུ་མ་

① པོ་ཏ་ལའི་ཕོ་བྲང་དཀར་པོའི་བདེ་ཡངས་པར་མའི་ཤོག་ངོས་༡༡པར་གསལ།

སྣང་བ།》《བསླབ་བཏུས།》《དབུ་མའི་དེ་ཁོ་ན་ཉིད་ལ་འཇུག་པ།》《རྗེ་བོའི་བདེན་ཆུང་།》《དབུ་མའི་མན་ངག》 ཆོས་མཆོག་གི་《ཚད་མ་བརྟག་པ་ཆུང་བ།》དེའི་《སྐད་ཅིག་ལ་འཇིག་པ་གྲུབ་པ་》བཅས་བཅུ་གཅིག་ལ་དོན་བསྡུས་རེ་དང་བསྡོད་འགྲེལ་རེ་བཅས་གཉིས་རེ་མཛད། 《འཐད་ལྡན་》ཆེ་ཆུང་གཉིས། ཆོས་མཆོག་ཆེན་པོ་དང་《དབུ་མའི་ཚོགས་བཅད་བདུན་གྱི་བཤད་པ།》《གཞན་སེལ་གྱི་སྐབས་ཀྱི་བཤད་པ་》རྣམས་མཛད། ཆོས་མཆོག་གི་《སེལ་བ་གྲུབ་པ་》དང་། བྲམ་ཟེ་བདེ་བྱེད་དགའ་བའི་《སེལ་བ་གྲུབ་པ་》《འགྲེལ་པ་གྲུབ་པ་》གསུམ་ལ་དོན་བསྡུས་རེ་དང་བསྡོད་འགྲེལ་རེ་བཅས་གཉིས་རེ་མཛད། 《དབུ་མའི་དོན་བསྡུས་པ་》དང་། 《མངའ་རིས་ཀྱི་བཙན་པོར་གསེར་སློང་བའི་སྤྲིང་ཡིག་》དང་། 《སྤྲིང་ཡིག་བདུད་རྩིའི་ཐིག་ལེ།》《བསྟན་རིམ།》《བསླབ་བཏུས་ཀྱི་འགྲེལ་པ།》《བཀའ་བསྟན་གྱི་དཀར་ཆག་》སོགས་དུ་མ་མཛད་དེ། བོད་ཀྱི་མཁས་པས་བསྟན་བཅོས་རྒྱས་པ་མཛད་པའི་དབུ་ཚུགས་པ་ཡིན་ཏེ། པཎ་ཆེན་ཤཱཀྱ་མཆོག་ལྡན་གྱིས་《ཚད་མའི་བྱུང་བ་ཉིན་མོར་བྱེད་པའི་སྣང་བ་》ལས། སྤྱིར་བོད་ཀྱི་མཁན་པོས་བསྟན་བཅོས་མཛད་པ་ཆ་ཤས་ཙམ་ལས་མེད་ན་ཡང་བདག་ཉིད་ཆེན་པོ་འདི་ནས་བསྟན་བཅོས་རྒྱས་པ་མཛད་པའི་དབུ་ཚུགས་ནས་རྣམ་པར་ངེས་པའི་དཀའ་འགྲེལ་སོགས་ཆོས་འབྱུང་གི་དཀར་ཆག་ཏུ་ཚུད་པའི་རྟོག་གེའི་ཆོས་ཕྲན་དུ་མ་དག་མཛད་[1]ཅེས་གསུངས་པས་སོ། །

སྤྱིར་ལོ་ཆེན་གྱིས་གསང་སྔགས་དགོན་དུ་སྤེལ་པའི་ཚད་མ་རིག་པ་ལ་ཚད་མ་གསར་མ་ཞེས་པར་གྲགས་སོ། །

[1] དཔལ་བརྩེགས་བོད་ཡིག་དཔེ་རྙིང་ཞིབ་འཇུག་ཁང་གིས་དཔེ་རྙིང་ཐྲིས་མ་ཞིག་ལས་བཤུས་ཤིང་པར་གཞི་གསར་དུ་བསྒྲིགས་པའི་སྔ་རིང་དཔར་མའི་ཤོག་ངོས་༥༠པར་གསལ།

དོན་ཚན་གསུམ་པ། ལོ་ཙཱ་བ་ཆེན་པོ་བློ་ལྡན་ཤེས་རབ་ཀྱིས་སྤེལ་བའི་ཚད་མའི་དགོངས་པ།

ལོ་ཙཱ་བ་ཆེན་པོ་བློ་ལྡན་ཤེས་རབ་ཀྱིས་《ཚད་མ་རྣམ་ངེས་ཀྱི་དཀའ་གནས་རྣམ་བཤད་》དང་། 《མཚན་ཉིད་ཀྱི་ཆོས་》ཞེས་བྱ་བ་ཚད་མ་རྣམ་ངེས་ཀྱི་བསྡུས་དོན་སོགས་ཚད་མའི་བསྟན་བཅོས་མཛད་དེ་གསང་ཕུ་དགོན་པར་འཆད་ཉན་རྒྱ་ཆེར་སྤེལ་བར་མཛད་པས། ཚད་མ་ལ་མཁས་པའི་སློབ་མ་མང་པོ་བྱུང་། དེ་ལ་བརྟེན་ནས་འཛིག་རྟེན་མ་རིག་པའི་མུན་པ་སེལ་བའི་ཉི་མ་ལྟ་བུའི་རིགས་གཞུང་ཚད་མ་རིག་པ་ཞེས་པ་དེ་བོད་ཡུལ་དུ་དར་བའི་རྨང་གཞི་ཚུགས། ལོ་ཆེན་གྱིས་སྤེལ་བའི་ཚད་མའི་དགོངས་པ་གཙོ་བོ་དཔལ་ལྡན་ཆོས་གྲགས་ཀྱི་《རྣམ་ངེས་》ཀྱི་དགོངས་པ་ཡིན་ལ། དེའི་ཐད་ལ་དཔྱད་པ་མདོར་ཙམ་བྱེད་པ་འདི་ལྟ་སྟེ།

དང་པོ་ཤེས་བྱའི་ཡུལ་གྱི་སྐོར་ལ། ཡུལ་ལ་གཉིས་ཏེ་གཟུང་བ་དང་འཇུག་པའི་ཡུལ་ལོ། །དེ་ནི་མུ་བཞིར་འགྱུར་ཏེ། གཟུང་ཡུལ་ཡིན་ལ་འཇུག་ཡུལ་མ་ཡིན་པ་ནི། དཔེར་ན་སྒྲོ་བཏགས་པའམ། རང་གི་རྣམ་པ་ལྟ་བུའམ། ཡང་ན་སྣང་ཅིག་མ་ངེས་པ་ཡུལ་དུ་མ་བྱས་པ་ལྟ་བུའོ། །འཇུག་ཡུལ་ཡིན་ལ་གཟུང་ཡུལ་མ་ཡིན་པ་ནི། མིག་གི་བློ་ལ་རེག་པ་ལ་སོགས་པ་ལྟ་བུའོ། །གཉིས་ཀ་ཡིན་པ་ནི། རྣམ་པར་འཇོག་པའི་རྒྱུ་ངེས་པས་ཡུལ་དུ་བྱས་པའམ་འཛིན་པ་རང་གི་ངོ་བོ་བཞིན་ནོ། །གཉིས་ཀ་མ་ཡིན་པ་ནི། དུ་བ་འཛིན་པའི་བློ་ལ་མེ་ལྟ་བུའོ། །

གཉིས་པ་ཤེས་བྱེད་བློའི་སྐོར། བློ་ནི་གཉིས་ཏེ། ཚད་མ་མ་ཡིན་པ་དང་། ཚད་མའོ། །ཚད་མ་མ་ཡིན་པ་ནི་རྒྱས་པར་ཕྱེ་ན་ལྔ་སྟེ། སྣང་ལ་མ་ངེས་པ་དང་། དཔྱད་པའི་ཡུལ་ཅན་དང་། ལོག་པའི་ཤེས་པ་དང་། ཡིད་དཔྱོད་དང་། ཐེ་ཚོམ་མོ། །བསྡུས་ན་གསུམ་དུ་འདུས་ཏེ། དང་པོ་གཉིས་ནི་མ་རྟོགས་པ་དང་། བར་མ་གཉིས་ནི་ལོག་པར་རྟོག་པ་དང་། མཐའ་མ་ཉིད་ནི་ཐེ་ཚོམ་མོ། །

ཚད་མ་ནི་མི་བསླུ་བའི་ཤེས་པ་ཡིན་ལ། དེ་ལ་གཉིས་ཏེ། མངོན་སུམ་དང་། རྗེས་

དཔག་གོ །མངོན་སུམ་ནི་རྟོག་པ་དང་བྲལ་བའི་མ་འཁྲུལ་བའི་རིག་པའོ། །དེ་ལ་རྟོག་པ་དང་བྲལ་བ་ནི་འཛིག་རྟེན་ན་གྲགས་པའི་རྟོག་པས་སྟོང་བའོ། །མ་འཁྲུལ་བ་ནི་འཐོབ་པར་བྱ་བའི་དོན་ལ་ཕྱིན་ཅི་མ་ལོག་པའོ། །མངོན་སུམ་དེ་ཡང་བཞི་སྟེ། དབང་པོ་དང་། ཡིད་དང་། རང་རིག་པ་དང་། རྣལ་འབྱོར་མངོན་སུམ་མོ། །དབང་པོའི་མངོན་སུམ་ནི་དོན་གྱི་མཐུས་བསྐྱེད་པའི་རྟོག་པ་དང་བྲལ་བའི་མ་འཁྲུལ་བའི་རིག་པའོ། །ཡིད་ཀྱི་མངོན་སུམ་ནི་ཡིད་ཙམ་གྱི་བདག་པོ་ལས་འཛིན་པའི་རྣམ་པ་རབ་ཏུ་གྲུབ་པའོ། །འོ་ན་རང་རིག་དང་རྣལ་འབྱོར་མངོན་སུམ་ཡང་དེར་འགྱུར་རོ་ཞེ་ན། དབང་ཤེས་ཀྱི་རང་རིག་དང་གཞན་སེམས་ཤེས་པའི་མངོན་ཤེས་ནི་ཉེ་བར་ལེན་པ་ཙམ་ལས་བྱུང་བས་ཡིད་དུ་ཐལ་བ་མེད་ལ། རྣལ་འབྱོར་མངོན་སུམ་ནི་ཡིད་དུ་ཐལ་བ་འདོད་དེ། འོན་ཀྱང་དེ་ཁྱད་པར་ཅན་ཡིན་པས་ལོགས་ཤིག་ཏུ་སྨོས་སོ། །རང་རིག་པའི་མངོན་སུམ་ནི་རང་རིག་པ་སྟེ། དེ་ལ་གཉིས། རང་གི་ངོ་བོ་ལ་ཚད་མ་ཡིན་པ་དང་། ཚད་མ་མ་ཡིན་པའོ། །དང་པོ་ནི་རྟོག་པའི་ཤེས་པ་མཐའ་དག་དང་རྟོག་པ་སྐྱེད་པའི་རྟོག་མེད་མཐའ་དག་དང་། འཁྲུལ་བ་ཟད་པའི་མངོན་སུམ་མཐའ་དག་སྟེ། དེ་གསུམ་ནི་རང་གི་ངོ་བོ་ལ་ཚད་མ་ཁོ་ནའོ། །ཇི་ལྟར་ཞེ་ན། སྒྲོ་འདོགས་རང་གི་ངོ་བོའི་ཡུལ་ཅན་སེལ་བའི་ཕྱིར་རོ། །གཉིས་པ་ནི་དེ་གསུམ་ལས་གཞན་ནི་རང་གི་ངོ་བོ་ལ་ཚད་མ་ཉིད་མ་ཡིན་ནོ། །རྣལ་འབྱོར་གྱི་མངོན་སུམ་ནི་གང་ཟག་གི་ཁྱད་པར་དང་། རྒྱུའི་ཁྱད་པར་དང་། རང་བཞིན་གྱི་ཁྱད་པར་དང་། ཡུལ་གྱི་ཁྱད་པར་དང་། དཔེའི་ཁྱད་པར་ཏེ་ལྔ་དང་ལྡན་དགོས་པས་དེ་ཁོ་ན་ཉིད་གོམས་པའི་ཤེས་པ་མ་འཁྲུལ་བའོ། །

དེ་ལ་གང་ཟག་གི་ཁྱད་པར་ནི། འཇིག་རྟེན་ལས་འདས་པའི་ཤེས་པ་ཅན་ཁོ་ན་ལ་ཡོད་ཀྱི་ཚུ་རོལ་མཐོང་བ་ལ་ནི་མ་ཡིན་ནོ། །དེ་དག་གིས་ནི་དབང་པོ་ལས་འདས་པའི་དོན་བསྒོམས་པས་མཐོང་ཡང་ཡིད་ཀྱི་མངོན་སུམ་ཙམ་ཡིན་ཏེ། འཇིག་རྟེན་ལས་འདས་པའི་ཕྱིན་ཅི་མ་ལོག་པ་དང་སྒྲོས་པ་མེད་པའི་དོན་དམ་པ་རྣམ་པ

གཉིས་ཀྱི་ཡུལ་ཅན་གྱི་ཡིད་ཀྱི་ན་དོན་དམ་པའི་ཡུལ་ཅན་ཉིད་ཀྱིས་ཡིད་ཀྱི་མངོན་སུམ་གཞན་ལས་ཁྱད་པར་དུ་རྣལ་འབྱོར་གྱི་མངོན་སུམ་དུ་འདོད་པའི་ཕྱིར་རོ། །

རྒྱུའི་རྣམ་པ་གཉིས་ཏེ། སྐྱེ་བར་བྱེད་པའི་རྒྱུ་དང་། ཕྱིན་ཅི་མ་ལོག་པའི་རྒྱུའོ། །སྐྱེ་བའི་རྒྱུ་ནི་དེ་ཁོ་ན་གོམས་པ་དང་སྨོན་ལམ་གྱི་ཁྱད་པར་རོ། །དེ་ལ་འཇིག་རྟེན་ལས་འདས་པའི་ཕྱིན་ཅི་མ་ལོག་པ་དང་སྤྲོས་པའི་རྣམ་པར་རྟོག་པ་མེད་པའི་ཤེས་པ་སྐྱེ་བའི་རྒྱུ་ནི་དེ་ཁོ་ན་ལ་དམིགས་པའི་ཏིང་ངེ་འཛིན་དང་། ཤེས་རབ་གོམས་པ་ཡིན་ལ། དེའི་བདག་པོ་ལས་བྱུང་བའི་འཇིག་རྟེན་པའི་ཤེས་པ་ནི་སྨོན་ལམ་གྱི་དབང་གིས་སྐྱེ་བ་ཡིན་ནོ། །འདིར་དགྲ་བཅོམ་པའི་རྒྱུད་ལ་ཡོད་པའི་འཇིག་རྟེན་པའི་ཤེས་པ་དེ་ཁོ་ན་མཐོང་བའི་བདག་པོ་ལས་བྱུང་བ་མ་ཡིན་པ་ནི་ཅི་རིགས་པར་དབང་པོ་དང་ཡིད་ཀྱི་མངོན་སུམ་ལ་སོགས་པ་ཡིན་ནོ། །དེས་ན་དེ་ཁོ་ནའི་ཏིང་ངེ་འཛིན་གོམས་པ་དང་། སྨོན་ལམ་ནི་རྣལ་འབྱོར་མངོན་སུམ་གཉིས་སྐྱེ་བའི་རྒྱུ་ཡིན་ནོ། །ཕྱིན་ཅི་མ་ལོག་པར་འཇུག་པའི་རྒྱུ་ཡང་འཇིག་རྟེན་ལས་འདས་པ་ལ་ནི་ཡུལ་གྱི་ནུས་པ་མ་ཡིན་གྱི། དེ་ཁོ་ན་གོམས་པ་ཞེས་བྱ་བ་སྐྱེ་བའི་རྒྱུ་དེ་ཉིད་ཡིན་ལ། འཇིག་རྟེན་པའི་རྣལ་འབྱོར་གྱི་མངོན་སུམ་ལ་ནི་སྒྲིབ་པའི་ས་བོན་ཟད་པ་ཡིན་ཏེ། ལོག་པར་འགྲོ་བའི་རྒྱུ་མེད་པས་ཚད་མ་མ་ཡིན་པའི་ཕྱིར་རོ། །མི་རྟག་པའི་དོན་གོམས་པ་ལས་དེ་ལ་ཤེས་པ་སྐྱེས་པ་ནི། འཁྲུལ་བ་ཡང་སྲིད་ཀྱི། རྟག་པའི་དོན་ལ་དེ་མི་སྲིད་པས་ནི་ཚད་མ་ཡིན་ནོ། །དངོས་པོ་རྣམས་ཀྱི་ཆོས་ཉིད་མི་རྟག་པ་ཡིན་ཏེ། དེས་ན་ཕྱིན་གྱི་ལོག་མ་ཡིན་ནོ། །འོ་ན་གོམས་པའི་ཤེས་པས་བཅད་པའི་དོན་དེ་རྣལ་འབྱོར་བས་ཤེས་པས་མཐོང་བས་བཅད་པའི་ཡུལ་ཅན་ཚད་མ་མི་འཐད་དོ་ཞེ་ན། དེ་ལྟ་མ་ཡིན་ཏེ། འཇིག་རྟེན་ལས་འདས་པ་སྔར་མ་མྱོང་བའི་ཁྱད་པར་མྱོང་བའི་ཕྱིར་དོན་ཙམ་ལ་ཚད་མ་ཡིན་ནོ། །སྤྱིའི་དོན་ནི་སྔར་མཐོང་བ་ཁོ་ནའོ། །འོ་ན་ཁྱད་པར་ལ་ཕྱིན་ཅི་མ་ལོག་པར་འཇུག་པའི་རྒྱུ་ཅི་ཡིན་ཞེ་ན། སློབ་དཔོན་ཆོས་མཆོག་ནི་ཡུལ་གྱི་ཕན་འདོགས་པ་ཡིན་པར་བཞེད་ན། དེ་ནི་གོམས་པ་ཙམ་གྱི་ནུས་

པ་ལས་སྐྱེ་བ་གྲུབ་པས་འདོད་པ་སླའོ། །དེས་ན་དེ་ཁོ་ན་ཡིད་ལ་བྱེད་པ་ཉིད་རྒྱུ་ཡིན་ནོ། །འདི་ལྟར་དེ་ཁོ་ན་ཡིད་ལ་བྱེད་པ་ནི་དེ་ཁོ་ནའི་ཁྱད་པར་ཇི་ལྟ་བ་བཞིན་གསལ་བ་སྐྱེད་པ་ལ་ནུས་པ་གྲུབ་པ་ཡིན་ཏེ། མི་རྟོགས་པ་ནི་དེའི་ཁྱད་པར་སྤྱོང་བ་ཡང་ནུས་པ་ཡོད་པ་ཡིན་ནོ། །འཇིག་རྟེན་གྱི་དོན་མ་བསྒོམས་པ་སྣ་ཚོགས་ལ་རྗེས་ཐོབ་ཤེས་པ་ཕྱིན་ཅི་མ་ལོག་པར་འཇུག་པའི་རྒྱུ་ནི་སྒྲིབ་པའི་ས་བོན་བཅོམ་པ་ལས་ཏེ་རྣམ་པར་ཤེས་པ་ཡང་དོན་གྱི་ཆོས་ཉིད་ནི་ཇི་ལྟ་བ་བཞིན་ཡོད་པ་དང་། དེས་ཇི་ལྟ་བ་བཞིན་གསལ་བ་ཡིན་ནོ། །ལོག་པར་གསལ་བ་ནི་ཤེས་པའི་རང་བཞིན་མ་ཡིན་གྱི། མ་རིག་པའི་ནུས་པའོ། །ནུས་པ་དེ་ཡང་དག་པའི་མཐོང་བས་གསལ་བ་ནི་ངོ་བོ་ཉིད་ཀྱི་ཤེས་པ་དོན་ཕྱིན་ཅི་མ་ལོག་པར་འཇུག་པས་ན་ཚད་མར་གྲུབ་བོ། །དེ་ནི་རྒྱུའི་ཁྱད་པར་རོ། །

རང་བཞིན་གྱི་ཁྱད་པར་ནི། གསལ་བར་སྣང་བ་རྣམ་པར་རྟོག་པ་མེད་པ་ཉིད་དོ། །

ཡུལ་གྱི་ཁྱད་པར་ནི། འཇིག་རྟེན་ལས་འདས་པའི་ཤེས་པའི་ཡུལ་ནི་མི་རྟག་པ་ལ་སོགས་པ་དོན་དམ་པའི་དོན་ཡིན་ལ་འཇིག་རྟེན་པའི་ཤེས་པའི་ཡུལ་ནི་ཀུན་རྫོབ་པའི་གཟུགས་ལ་སོགས་པ་སྟེ། དེ་ལ་ལྟོས་ནས་མི་སླུ་བ་ཡིན་པའི་ཕྱིར་རོ། །

དཔེའི་ཁྱད་པར་ནི། ཡུལ་ལ་མི་ལྟོས་པར་གོམས་པ་ཙམ་གྱིས་གསལ་བར་སྣང་བའི་དཔེ་ནི། འཇིགས་པ་ལ་སོགས་པ་གོམས་པ་ལས་དེའི་དོན་གསལ་བར་སྣང་བའི་ཤེས་པ་འགྲུབ་པ་བཞིན་ནོ། །

རྗེས་སུ་དཔག་པ་ནི་རྣམ་པ་གཉིས་ཏེ། རང་གི་དོན་དང་། གཞན་གྱི་དོན་ནོ། །དེ་ལྟར་འབྱེད་པ་ཡང་སྒྲས་བརྗོད་པའི་དབྱེ་བ་དང་མཚན་ཉིད་ཀྱིས་ཁྱབ་པའི་དབྱེ་བ་མ་ཡིན་གྱི། གང་ཟག་གིས་རྗེས་སུ་དཔག་པའི་སྒྲས་བརྗོད་པར་རིགས་པའི་དོན་དེ་རྣམ་པ་གཉིས་སུ་དབྱེ་བ་ཡིན་ནོ། །

རིགས་གཏེར་དར་ཊཱིཀ་ལས་ལོ་ཙཱ་བ་ཆེན་པོས་ཚད་མ་ལ་གཞལ་བྱ་སེལ་བའི་

ཚད་མ་དང་གཞལ་བྱ་སྒྲུབ་པའི་ཚད་མ་ཞེས་ཐ་སྙད་མཛད་ལ། དེའི་དོན་ནི་གཞལ་བྱ་ནི་སྐབས་འདིར་དངོས་པོ་ཡིན་ལ། དེ་ཡང་གཞི་འགར་དངོས་པོའི་བྱེ་བྲག་འགའ་ཞིག་འགོག་པའི་ཚད་མ་དང་། དངོས་པོའི་ཁྱད་པར་ཁ་ཅིག་སྒྲུབ་པའི་ཚད་མ་ལ་བརྗོད་ཅེས་གསུངས་པའོ། །

ལོ་ཙྪ་བ་ཆེན་པོས་ཚད་མའི་བསྟན་བཅོས་ལ་ཇི་ལྟར་འགྲེལ་ཚུལ་ལ། པཎ་ཆེན་ཤཱཀྱ་མཆོག་ལྡན་གྱིས། རྣམ་འགྲེལ་ལ་རྒྱན་གྱི་དགོངས་པ་བཞིན་དབུ་མར་བཀྲལ་བ་དང་། རྣམ་པར་ངེས་པ་ཡང་མདོ་སེམས་ཀྱི་སྐབས་སོ་སོ་བ་རྣམས་ཐད་སོར་བཞག་ནའང་མཐར་ཐུག་ནི་འབྲས་བུའི་རྣམ་པར་རྟོག་པ་བཞི་པའི་སྐབས་ནས་འབྱུང་བ་དེ་ཉིད་དུ་གནས་པས་ན་སེམས་ཙམ་ལས་གོང་དུ་འཕགས་སོ། །དེ་ལྟ་མོད་ཀྱི་སྔྱིར་བྱམས་པའི་ཆོས་རྗེས་འབྲང་དང་བཅས་པའི་འཆད་ཚུལ་འཕགས་ཡུལ་ནས་ཐོན་པ་ལ་ཐོས་བསམ་པའི་ལུགས་ལྟར་འཆད་པ་དང་། བསྒོམ་ལུགས་ལྟར་འཆད་པ་ཞེས་གཉིས་སུ་བགྲང་བ་ལས་ལོ་ཙྪ་བ་ཆེན་པོ་འདིའི་འཆད་ལུགས་ནི་གཙོ་བོར་སྔ་མ་དེ་ཉིད་ཡིན་པས་ཐོས་བསམ་གྱིས་གཏན་ལ་ཕབ་པའི་སྟོང་པ་ཉིད་ནི་མེད་པར་དགག་པ་ལས་མ་འདས་པས་ན་བདག་མེད་གསུམ་ཀའི་ངོས་འཛིན་ཡང་མེད་པར་དགག་པ་ཉིད་ལ་འཆད་པ་ནི་བྱམས་པའི་ཆོས་ཀྱི་གནས་སྐབས་དང་། རྣམ་འགྲེལ་མཛད་པའི་སྐབས་འདིར་དོན་དམ་བདེན་པའི་ངོས་འཛིན་ཡང་ཐ་སྙད་དུ་བློ་ཡི་ཡུལ་ལས་འདས་པ་ཉིད་དུ་བཞེད་དོ། །གལ་ཏེ་འོ་ན་ལོ་ཆེན་གྱིས་རྣམ་འགྲེལ་དབུ་མར་བཀྲལ་ན་ཐལ་རང་དུ་གྲགས་པ་གཉིས་སམ། རྣམ་བརྫུན་དབུ་མར་གྲགས་པ་དག་ལས་གང་དུ་འགྲེལ་ཞེ་ན། རྣམ་འགྲེལ་མཛད་པའི་རིགས་པ་ཉིད་ལ་བརྟེན་པས་ན་ཐལ་རང་གི་ལུགས་ལྟར་ཡང་མི་འགྲེལ་ལ། སྟོང་ཉིད་ཀྱི་ངོས་འཛིན་བྱམས་ཆོས་བསྒོམ་ལུགས་པའི་འཆད་ཚུལ་ལྟར་ཡེ་ཤེས་ལའང་མི་འཆད་པས་ན་ལུགས་ཕྱི་མ་དེའང་མ་ཡིན་ནོ། །ལུགས་དེ་དག་གང་ཡང་མ་ཡིན་ན་དབུ་མའི་འགྲེལ་ཚུལ་གཞན་མེད་དོ་སྙམ་ན། འགྲེལ་ཚུལ་འདི་ནི་སློབ་དཔོན་སྡེ་བ་དེ་དག་ལ་རག་མ

ལས་པའི་ཤིང་རྟའི་སྲོལ་ཆེན་པོ་གཞན་ཞིག་སྟེ། ཇི་སྐད་དུ་《སྙིང་ཡིག་བདུད་རྩི་ཐིགས་པ་》ལས།

ཆོས་རྣམས་རང་བཞིན་མེད་པའི་ཚུལ་ལ་འཇུག་པའི་སྒོ། །
ཡང་དག་རིགས་མཆོག་ཀླུ་སྒྲུབ་ཞལ་ལས་འབྱུང་བ་དང་། །
རིགས་པའི་མཐར་ཐུག་རྣམ་འགྲེལ་མཛད་པའི་གཞུང་བཟང་ལས། །
གསར་པར་རྫོགས་ནས་ལུགས་ངན་གཞན་ཀུན་རྫ་བཞིན་དོར། །

ཞེས་གསུངས་སོ། །འདིས་རྣམ་འགྲེལ་གྱི་རྒྱན་ལ་དཔྱད་པ་མཛད་པ་ནི་ཆ་ཤས་ཙམ་ལས་མ་མཐོང་ལ། ཆོས་མཆོག་གི་བཤད་པ་ལས་ཐུགས་ཡུལ་དུ་འཐད་པ་རྣམས་ཐད་སོར་བཞག་ནས་མི་འཐད་པ་ལ་དགག་པ་མང་དུ་མཛད་དོ། །རྣམ་འགྲེལ་དུ་གཅིག་དང་དུ་བྲལ་གྱི་རིགས་པས་ཕྱི་རོལ་གྱི་དོན་དང་དོན་སྣང་གི་ཤེས་པ་ཐམས་ཅད་བདེན་མེད་དུ་གཏན་ལ་ཕབ་པས་དབུ་མར་འགྲེལ་དུ་རུང་ཡང་རྣམ་ངེས་ཆོས་མཆོག་དང་བཅས་པས་དབུ་མར་བཀྲལ་བ་མ་ཡིན་ནོ་སྙམ་དུ་དོགས་པར་མི་བྱ་སྟེ། དེ་དག་ཏུ་འཛིན་པ་ཆོས་ཀྱི་བདག་མེད་པ་ནི་བློ་བདག་རྣམ་དག་ལས་གནས་སྐབས་སུ་མི་འདྲ་བའི་ཚུལ་གཉིས་གསུངས་ཏེ། ཡུལ་སྤྲོས་པའི་མཐའ་བྲལ་དང་ཡུལ་ཅན་སྤྲོས་པའི་མཐའ་བྲལ་ལོ་ཞེས་དང་། ཡང་ལོ་ཙྪ་བ་ཆེན་པོ་དེས་དེར་ཐལ་འགྱུར་བའི་གཞུང་རྒྱ་གར་ན་ཡོད་པ་གཟིགས་ཀྱང་བོད་དུ་འགྱུར་བ་མེད་ལ། རྟགས་ཆོས་དོན་གསུམ་གནས་སྐབས་པའི་ཚད་མས་མི་འགྲུབ་པའི་གཏན་ཚིགས་དང་ཐལ་འགྱུར་གྱིས་ནི་ཊེས་དཔག་མི་བསྐྱེད་པས་ཚད་མའི་ལུགས་ལ་ཉམས་ཞེས་བཞེད་པ་དེའི་ཚེ་རྣམ་འགྲེལ་མཛད་པའི་ལུགས་ཀྱི་སྟོང་ཉིད་མེད་

དགག་ལ་བཤད་པ་དེ་ཉིད་ཚིག་པ་ཡིན་ནོ་[①]ཞེས་གསུངས་པ་ལྟར་རོ། །

གཞན་ཡང་ཀོང་སྤྲུལ་ཡོན་ཏན་རྒྱ་མཚོས་《ཤེས་བྱ་ཀུན་ཁྱབ་》ལས། བརྗོད་བྱ་གཏན་ལ་ཕབ་པའི་དོན་ལ་དགོངས་ནས་རྫོག་ལོ་ཆེན་པོས་ངོ་བོ་ཉིད་མེད་པར་སྨྲ་བའི་དབུ་མ། ས་ལུགས་པ་རྣམས་ཀྱིས་རྣལ་འབྱོར་སྤྱོད་པའི་དབུ་མ། གཞན་དག་ཕལ་མོ་ཆེ་འཇིག་རྟེན་གྲགས་སྡེ་སྤྱོད་པའི་དབུ་མར་བཀྲལ་ཏེ་བོད་ཀྱི་འགྲེལ་ཚུལ་གསུམ་མོ། །[②]ཞེས་གསུངས་ལ། གློ་བོ་མཁན་ཆེན་བསོད་ནམས་ལྷུན་གྲུབ་ཀྱིས། ལོ་ཙཱ་བ་འདིའི་བཞེད་པས་སྡེ་བདུན་ལ་སོགས་པའི་མཐར་ཐུག་གི་དགོངས་པ་ཡང་དབུ་མའི་ཚུལ་དུ་གནས་པར་བཞེད་ལ། དེ་ཡང་རྣལ་འབྱོར་སྤྱོད་པ་བ་ལ་གྲགས་པའི་དབུ་མ་ཡིན་གྱི། རང་སྟོང་གི་དབུ་མ་ནི་མ་ཡིན་ནོ། །འོན་ཀྱང་ལོ་ཙཱ་བ་ཆེན་པོ་འདིས་བཤད་པའི་རྟོག་གེ་ནི་གཏིང་དཔག་དཀའ་བ་ཞིག་གོ །[③]ཞེས་གསུངས་པ་དག་ལ་རྣམ་དཔྱོད་ལྡན་པ་རྣམས་ཀྱིས་དཔྱད་པར་འཚལ་ལོ། །

དོན་ཚན་བཞི་པ། ལོ་ཆེན་གྱི་སློབ་བརྒྱུད་མདོར་ཙམ་བཤད་པ།

ལོ་ཆེན་ལ་ཐུགས་སྲས་བཞི་ཡོད་དེ། སྐུའི་གདན་ས་འཛིན་པ་ཞང་ཚེ་སྤོང་བ་ཆོས་ཀྱི་བླ་མ། གསུང་གི་བསྟན་པ་རྫོགས་པར་འཛིན་པ་གྲོ་ལུང་བ་བློ་གྲོས་འབྱུང་གནས། ཡུམ་ཤེས་རབ་ཀྱི་ཕ་རོལ་ཏུ་ཕྱིན་པའི་བཤད་སྲོལ་འཛིན་པ་འབྲི་ཆེན་པོ་

① པཎ་ཆེན་ཤཱཀྱ་མཆོག་ལྡན་གྱིས་མཛད་པའི་《ཚད་མའི་བསྟན་བཅོས་ཀྱི་ཤིང་རྟའི་སྲོལ་རྣམས་ཇི་ལྟར་བྱུང་བའི་ཚུལ་གཏམ་དུ་བྱ་བ་ཉིན་མོར་བྱེད་པའི་སྣང་བས་དཔྱོད་ལྡན་མཐའ་དག་དགའ་བར་བྱེད་པ་》ཞེས་པ་དཔལ་བརྩེགས་བོད་ཡིག་ཞིབ་འཇུག་ཁང་གིས་དཔེ་སྙིང་བྲིས་མ་ཞིག་ལས་བཤུས་ཤིང་པར་གཞི་གསར་དུ་བསྒྲིགས་པའི་སྣ་རིང་དཔར་མའི་ཤོག་གྲངས་༩༧པར་གསལ།

② ཀོང་སྤྲུལ་ཡོན་ཏན་རྒྱ་མཚོས་མཛད་པའི་《ཤེས་བྱ་ཀུན་ཁྱབ་》ཅེས་བྱ་བ་མི་རིགས་དཔེ་སྐྲུན་ཁང་གིས་༡༩༨༢ལོར་པར་དུ་བསྐྲུན་པའི་ཤོག་གྲངས་༥༦༨པར་གསལ།

③ གློ་བོ་མཁན་ཆེན་བསོད་ནམས་ལྷུན་གྲུབ་ཀྱིས་མཛད་པའི་《ཚད་མ་རིགས་གཏེར་གྱི་ཕྱོགས་སྔ་མ་རྣམ་པར་བཤད་པ་རིགས་ལམ་གསལ་བའི་ཉི་མ་》ཞེས་པ་ཀྲུང་གོ་བོད་ཀྱི་ཤེས་རིག་དཔེ་སྐྲུན་ཁང་གིས་༡༩༨༨ལོར་པར་དུ་བསྐྲུན་པའི་ཤོག་གྲངས་༣༣༩པར་གསལ།

ཤེས་རབ་འབར། དབུ་ཚད་ཀྱི་བཤད་སྲོལ་འཛིན་པ་ཁྱུང་རིན་ཆེན་གྲགས་རྣམས་སོ་ཞེས་པར་གྲགས་སོ། །

ཞང་ཚེ་སྤོང་བ་ཆོས་ཀྱི་བླ་མ་གསང་ཕུ་ནེའུ་ཐོག་གི་གདན་ས་ལོ་སུམ་ཅུ་རྩ་གཉིས་མཛད། དེ་རྗེས་མཉལ་བ་རི་ལུས་ལོ་གཉིས། དེ་རྗེས་གནམ་འཕར་བས་ལོ་བརྒྱད། དེ་རྗེས་ཕྱྭ་པ་ཆོས་ཀྱི་སེང་གེས་གདན་ས་ལོ་བཅོ་བརྒྱད་མཛད། འབྲི་ཆེན་པོ་ཤེས་རབ་འབར་གྱིས་སྐྱིགས་གནས་སྙིང་དགོན་པ་དང་གཞན་རྣམས་སུའང་ཆོས་གཞི་བསྐོར་ཞེས《དེབ་སྔོན་》ལས་གསུངས།

གོ་ལུང་བ་བློ་གྲོས་འབྱུང་གནས་ནི་གཞོན་ནུའི་དུས་སུ་རྔོག་བོ་དང་འབྲོམ་སྟོན་ལས་བཀའ་གདམས་པའི་ཆོས་སྐོར་རྣམས་ལེགས་པར་གསན། སྐུ་ཚེ་སྟོད་ལ་ཡོངས་སྤྱོད་ཀྱིས་ཐོངས། དེ་ནས་སྣེའུ་ཟུར་བའི་སློབ་མ་གུང་པ་ལྷ་རྗེས་གནོད་སྦྱིན་རྒྱུགས་འཛིན་གྱི་མན་ངག་གནང་བས་ཡོངས་སྤྱོད་ཀྱང་ཤིན་ཏུ་ཆེ། ཁོང་གིས་ལོ་ཙྪ་བ་ཆེན་པོའི་གསུང་མཐའ་དག་ལ་གཅེས་སྤྲས་སུ་བཟུང་། ལོ་ཆེན་གྱི་ཐུགས་དང་ན་བཟའ་བཞུགས་སྣན་བཞུགས་པའི་མཆོད་རྟེན་དང་འདུ་འཕག་གི་ཐང་ཆེན་བརྒྱ་རྩ་བརྒྱད་བཞེངས། ལོ་ཆེན་གྱི་བསྒྱུར་རྩོམ་མཛད་པ་ཐམས་ཅད་ཚར་གསུམ་དུ་བཞེངས་ཏེ། གཅིག་གསང་ཕུར་ཕུལ། གཅིག་སྐུ་འབུམ་དུ་བཞུགས། གཅིག་ཕྱིན་ལས་ཀྱི་སྟེར་བཞག སྤྱིར་སྔགས་དང་མཚན་ཉིད་ཀྱི་བཤད་པའི་ཊཱིཀ་ཤིན་ཏུ་མང་བར་མཛད། བཀའ་གདམས་ཀྱི་ཕྱོགས་ལ་ཡང་ལམ་རིམ་དང་བསྟན་རིམ་ཤིན་ཏུ་ཆེ་བ་རེ་མཛད་ཅིང་། རྣམ་ངེས་ཊཱིཀྐ་《ཚད་མའི་འགྲེལ་ཆུང་》ཞེས་པ་མཛད། ཁོང་གིས་མཛད་པའི་《བསྟན་རིམ་ཆེན་མོ་》ནི་ལམ་སྒྲོན་གྱི་དགོངས་འགྲེལ་ཟླ་མེད་པ་ཞིག་ཡིན་པས་རྗེ་ཙོང་ཁ་པའི་ལམ་རིམ་ཆེན་མོ་ཡང་ཕལ་ཆེར་འདི་དང་མཐུན་པར་སྣང་ངོ་། །

འབྲི་ཆེན་པོ་ཤེས་རབ་འབར་གཙང་ཉང་སྟོད་དུ་འཁྲུངས། གཞོན་དུས་ཡོས་ཆོས་དཔལ་ནས་རབ་ཏུ་བྱུང་སྟེ་གདམས་པ་མང་པོ་གསན། བོ་དོང་དུ་བཤེས་

གཉེན་ཨུ་དྲ་ཆེན་པོ་ལས་ཆོས་མངོན་པ་གསན། ལོ་ཆེན་ལས་ཕར་ཕྱིན་གསན། སྟེ་ཐོ་གྲགས་པ་རྒྱལ་མཚན་ལས་བསྙེན་པར་རྫོགས། ཛོ་ཐོ་སེ་བཙུན་གཞོན་ནུ་དབང་ཕྱུག་མདུན་ཕར་ཚད་མངོན་པ་སོགས་གཙོ་བོར་གྱུར་པའི་མདོ་སྔགས་ཀྱི་གཞུང་མང་པོ་སྦྱང་བརྩོན་གནང་བས་མཁས་པར་གྱུར། གཙང་ཉང་སྟོད་སྐྱིགས་གནས་རྙིང་གི་གདན་སའི་མཁན་རབས་བཞི་པ་གནང་ནས་ཆོས་ཀྱི་འཁྲིན་ལས་སྤེལ། སློབ་མ་ཆིག་སྟོང་ལྷག་ཙམ་འདུས་པར་གྲགས། བརྩམས་ཆོས་ཡུམ་རྒྱས་འབྲིང་བསྡུས་གསུམ་དང་། 《ཉི་ཁྲི་སྣང་བ་》དང་། 《བརྒྱད་སྟོང་འགྲེལ་ཆེན་》ལ་སོགས་པའི་ཊཱི་ཀ་མཛད། སློབ་མ་སྐུའི་གདན་ས་འཛིན་པ་སྟོད་པ་དཀོན་མཆོག་མཁར་དང་། གསུང་གི་བསྟན་པ་སྤེལ་བ་ཨར་བྱང་ཆུབ་ཡེ་ཤེས་དང་། བརྟན་པ་སྲིགས་སྟོན། མངོན་པ་བྱང་གྲགས། བྱ་འདུལ་བརྩོན་འགྲུས་འབར་སོགས་དུ་མ་བྱོན། ཨར་བྱང་ཆུབ་ཡེ་ཤེས་ཀྱིས་ཤེར་ཕྱོགས་ཀྱི་རྣམ་བཤད་མང་དུ་མཛད། གཞན་ཡང་རྗེ་འདིས་སྐྱིགས་གནས་རྙིང་དགོན་པ་དང་གཞན་རྣམས་སུའང་ཆོས་གཞི་བསྐོར་ཅིང་། ཤེས་རབ་ཀྱི་ཕ་རོལ་ཏུ་ཕྱིན་པའི་མདོ་དང་བསྟན་བཅོས་གཉིས་ཀ་ལ་བཤད་པ་རྒྱ་ཆེར་མཛད། ཁོང་གིས་བཤད་པ་དེ་ནི་བསྟན་པ་སྔ་དར་གྱི་ཕ་རོལ་ཏུ་ཕྱིན་པའི་བཤད་པའི་རྒྱུན་ཁམས་སུ་འཕོས་པ་ལས་བྱུང་བ་ཡིན། སློབ་མ་ཤིན་ཏུ་མང་ནའང་། བཤད་པའི་རྒྱུན་གྱི་གཙོ་བོ་ནི་ཨར་བྱང་ཆུབ་ཡེ་ཤེས་ཀྱིས་བཟུང་ཞེས《དེབ་སྔོན་》ལས་གསུངས། དེའི་སློབ་མ་གཞོན་ནུ་ཚུལ་ཁྲིམས་ཡིན། དེའི་སློབ་མ་འཇད་པ་གཞོན་ནུ་བྱང་ཆུབ། དེའི་སློབ་མ་བྱང་ཆུབ་འབུམ། དེའི་སློབ་མ་གཉལ་ཞིག་ཡིན་ནོ། །

ཁྲུང་རིན་ཆེན་གྲགས་ནི། དབུ་ཚད་ལ་ཤིན་ཏུ་མཁས་པས་ལོ་ཆེན་གྱི་ཟུར་ཆོས་ཡུན་རིང་དུ་མཛད། ཕྱིས་ཉང་སྟོད་སྨོན་གྲོ་དང་། སྟག་ཚལ་ལ་ཆོས་ཀྱི་འཕྲིན་ལས་སྤེལ། སློབ་མ་གཙོ་བོ་གངས་པ་ཤེའུ། གོང་བུ་རུ་ཅན། མེས་ལྷང་ཚེར། རྔོག་སྐྱའོ། །རྒྱ་དམར་བ་བྱང་ཆུབ་གྲགས་ལ་སོགས་པ་ཡོད། ས་ཆེན་ཀུན་དགའ་སྙིང་

པོས་ཀྱང་ཁྲིད་ལས་དབུ་ཚད་གསན་ཞེས་པར་གྲགས། དེས་སློབ་ཆེན་གྱི་བཤད་སྲོལ་ལ་རག་མ་ལས་པའི་བྱམས་ཆོས་ལྔ་དང་། རང་རྒྱུད་ཤར་བའི་བསྟན་བཅོས་གསུམ་སྟེ། སློབ་དཔོན་ཞི་བ་འཚོའི་དབུ་མ་རྒྱན་དང་། ཡེ་ཤེས་སྙིང་པོའི་དབུ་མ་བདེན་གཉིས་དང་། ཀ་མ་ལ་ཤཱི་ལའི་དབུ་མ་སྣང་བ་དང་བཅས་གསུམ་དང་། ཚད་མ་རྣམ་པར་ངེས་པ་སོགས་ཀྱི་འཆད་ཉན་སྤེལ། རིགས་པའི་ལམ་ནས་དྲངས་པའི་དགག་སྒྲུབ་ཀྱི་རྣམ་པར་བཞག་པ་ཆོས་ཀྱི་གྲགས་པའི་གཞུང་དང་མཐུན་པར་འཆད་ཤེས་པར་གྲགས་སོ། །

སྤྱིར་ལོ་ཆེན་གྱི་རྗེས་སུ་འཇུག་པའི་སྲོལ་རྒྱུན་ལ་གསུམ་ཡོད་དེ། གྲོ་ལུང་པ་ཆེན་པོ་ནས་བརྒྱུད་པ་དང་། འབྲི་ཨར་ནས་བརྒྱུད་པ་དང་། ཁྲིད་རིན་པོ་ཆེ་ནས་བརྒྱུད་པ་རྣམས་སོ། །ཁྲིད་རིན་པོ་ཆེ་ནས་བརྒྱུད་པ་ནི་རྒྱ་དམར་པ་བྱང་ཆུབ་གྲགས་དང་དེའི་སློབ་མ་ཕྱ་པ་ཆོས་ཀྱི་སེང་གེ་དང་བཅས་སོ། །

ས་བཅད་གསུམ་པ། སློབ་དཔོན་ཕྱྭ་བ་ཆོས་ཀྱི་སེང་གེས་བོད་ཡུལ་དུ་གཏན་ཚིགས་རིག་པ་རྒྱ་ཆེར་སྤེལ་ཚུལ།

དོན་ཚན་དང་པོ། སློབ་དཔོན་ཕྱྭ་བ་ཆོས་སེང་གི་མཛད་རྗེས།

ཁྱི་དར་བསྟན་པའི་འབྱུང་གནས་དཔལ་ལྡན་གསང་ཕུ་ནེའུ་ཐོག་གི་མཁན་རབས་དྲུག་པ་ཕྱྭ་བ་ཆོས་ཀྱི་སེང་གེ་མཆོག་ནི་རབ་བྱུང་གཉིས་པའི་ས་མོ་གླང་ལོ་སྟེ་སྤྱི་ལོ་༡༡༠༩ལ་ཡུལ་དབུས་ཀྱི་ཆ་སྟག་རྩེ་རྫོང་ཕོངས་ཕྱྭ་ཞེས་པའི་སར་སྐུ་འཁྲུངས།(ལོ་འདིར་ལོ་ཙཱ་བ་ཆེན་པོ་བློ་ལྡན་ཤེས་རབ་སྐུ་གཤེགས།) གཞོན་དུས་སྟོད་ལུང་རྒྱ་དམར་པ་བྱང་ཆུབ་གྲགས་ཀྱི་མདུན་ནས་དབུ་ཚད་བྱམས་ཆོས་སོགས་ལ་སྦྱང་བ་མཛད། ཞང་ཚེ་སྤོང་ཆོས་ཀྱི་བླ་མ་ལས་རབ་ཏུ་བྱུང་། མཚན་ཆོས་ཀྱི་སེང་གེ་ཞེས་གསོལ། བྱ་འདུལ་འཛིན་བརྩོན་འགྲུས་འབར་ལས་བསྙེན་པར་

རྫོགས། དགུང་ལོ་ཉེར་གསུམ་ཙམ་ལ་སྐྱེས་སྟོབས་ཀྱི་ཤེས་རབ་ལ་ལྷག་པའི་ལྷའི་བྱིན་རླབས་ཞུགས་པས་རིག་པའི་རྣམ་དཔྱོད་ཀྱི་མཐུ་ཐོགས་པ་མེད་པ་ཞིག་བརྙེས་ནས་དབུ་ཚད་བྱམས་ཆོས་ཀྱི་གཞུང་འགྲེལ་མང་པོ་མཛད་དེ་མཚན་སྙན་ཤིན་ཏུ་རྒྱས། དེ་ནས་གསང་ཕུ་ནེའུ་ཐོག་གི་གདན་རབས་དྲུག་པ་གནང་།(རིན་ཆེན་འབྱོར་ལྡན་གྱི་གསང་ཕུའི་གདན་རབས་ལས། ཁ་ཅིག་ཕྱ་བ་ཆོས་སེང་གིས་དང་པོ་ལོ་བཅོ་བརྒྱད་གདན་ས་པ་མཛད། དེ་ནས་གཉལ་དུ་གྲོ་ལུང་པའི་དྲུང་དུ་ལོ་གཉིས་བཞུགས་པས་དེའི་བར་ལ་གདན་ས་པ་མེད། དེའི་རྗེས་སུ་སླར་ཡང་ལོ་བཅུ་བདུན་གདན་ས་པ་གནང་བ་བཅས་སྤྱི་ཕྱི་དྲིལ་བས་ལོ་སུམ་ཅུ་རྩ་ལྔ་གདན་ས་པ་མཛད་པར་གསུངས་ཀྱང་། ལོ་ཚིགས་གོང་འོག་སྒྲིག་མི་ཐུབ་པས་དཔྱོད་ལྡན་རྣམས་ཀྱིས་དཔྱད་པར་བྱའོ། །) ལོ་བཅོ་བརྒྱད་རིང་གདན་ས་བསྐྱངས། དུས་འདིར་ཚད་བསྡུས་དང་དབུ་བསྡུས་ཀྱི་སྲོལ་ཐོག་མར་ཕྱེ་སྟེ་《ཚད་མ་བསྡུས་པ་ཡིད་ཀྱི་མུན་སེལ་》རང་འགྲེལ་དང་བཅས་པ་དང་《ཡིད་ཀྱི་མུན་སེལ་རྒྱུང་པ་》གཉིས་བརྩམས་ཏེ། བསྡུས་གྲྭའི་ལམ་སྲོལ་གསར་གཏོད་གནང་། དམ་བཅའ་བ་དེ་ཚོགས་པའི་དབུས་སུ་བཞུགས་ཏེ་རྣམ་པར་ཐར་པ་སྒོ་བཞིའི་སྒོ་ནས་ལན་འདེབས་ཚུལ་དང་། རིགས་གླེང་བ་ཚོགས་པའི་དཀྱིལ་དུ་ལངས་ཏེ་ཧྲི་ཆོས་ཅན་ཞེས་ཐལ་འགྱུར་འཕེན་པའི་སྒོ་ནས་རྟགས་གསལ་འགོད་པ་དང་། ཁྱབ་མཐའ་འགོད་པ། རྒྱུ་མཚན་དྲི་བ། ཚ་འཁོར་གསུམ་རྒྱག་པ་སོགས་ཀྱི་སློབ་གཉེར་གྱི་ཐབས་ལམ་གསར་པ་ཞིག་བསྐྲུན། གཏན་ཚིགས་རིགས་ལམ་གྱི་སྒོ་ནས་དབུ་ཚད་བྱམས་ཆོས་སོགས་ཀྱི་སློབ་གཉེར་ལ་འཕེལ་རྒྱས་འགྲོ་བར་སྐུལ་མ་ཆེན་པོ་བྱུང་། ད་ལྟའི་མཚན་མཚོན་གྱི་རྣམ་གཞག་ཀྱང་དུས་འདིར་བྱུང་བར་གྲགས། གསང་ཕུའི་གདན་ས་མཛད་རྗེས་ཞང་གྲོ་ལུང་པའི་ཞབས་ལ་འབད་པ་ཆེན་པོས་གཏུགས་ཏེ་རྔོག་ལོའི་ཁ་ཆེ་ནས་བརྒྱུད་པ་ཕར་ཕྱིན་གཙོ་བོར་བསྒྱུར་པའི་མདོ་ཕྱོགས་ཀྱི་བཤད་བརྒྱུད་རྣམས་ལ་ཁུངས་ཐུབ་ཀྱིས་ཞུན་ཐར་བཅད་དེ་གསན། དུས་འདིར་《ཚད་མའི་འགྲེལ་ཆུང་》ཡང་འབད་པས་གསན་པར་བཤད།

སྤྱིར་ཁོང་གིས་བསྟན་བཅོས་བཞི་བཅུ་ཙམ་གྱི་རྣམ་བཤད་མཛད། གྲུབ་མཐའི་སྤྱི་ཁོག་རྫོག་པོ་དང་མཐུན། ཁོང་ནི་རིགས་ལམ་ལ་ཞིབ་ཆ་ཆེ་བས་གནས་སྐབས་འཛིན་མཚམས་ཕྲན་ཚེགས་ལ་ཡང་དགག་པ་མང་པོ་མཛད། རྟུལ་ཕྲན་ཕྱག་མེད་དང་སྟོང་ཉིད་བདེན་གྲུབ་ཏུ་འདོད་པར་བཤད་པ་ནི། ཁོང་གིས་དབུ་མའི་གྲུབ་མཐའ་སེམས་ཙམ་རྣམ་རྫུན་པར་བཞེད་པའི་དབང་གིས། ཕྱི་རབས་ཐལ་འགྱུར་པ་ཡིས་རིགས་པས་འཕྲུལ་བ་ཙམ་ལས་དངོས་སུ་སྟོང་ཉིད་བདེན་གྲུབ་ཏུ་ཞལ་བཞེས་པ་མི་འདུག སློབ་དཔོན་ཟླ་བ་གྲགས་པའི་ལུགས་ལ་ཉེས་ཆེན་བརྒྱད་སོགས་ཀྱི་དགག་པ་ཡང་མང་པོ་མཛད་པས། རྒྱ་གར་དུ་ཡང་དཔལ་ལྡན་ཟླ་བའི་ལུགས་ཀྱི་དབུ་མ་བོད་དུ་སྨྲ་བ་ཆོས་སེང་གིས་དར་བར་མ་བཙུག་པའི་གྲགས་གཡེར་ཆེན་པོ་བྱུང་། སྐབས་དེ་དུས་ཙམ་ན་དཔལ་ལྡན་ཟླ་བའི་ཞབས་ཀྱི་དབུ་མའི་དགོངས་པ་འགྲེལ་བ་ལ་འགྲན་ཟླ་དང་བྲལ་བ་པཎྜི་ཏ་ཛ་ཡ་ཨ་ནནྟ་བོད་དུ་ཕེབས་ནས་རྩོད་པ་མཛད་པས་པཎྜི་ཏ་ཕམ་སྟེ་ཞལ་སྐྱིངས་གནང་ནས་རྒྱ་ནག་ཏུ་ཕེབས། ལོ་གསུམ་རིང་འཇམ་དབྱངས་ཀྱི་སྒྲུབ་པ་མཛད་དེ་བཞུགས། དེ་རྗེས་སྤོབས་པ་ཅུང་ཟད་སྐྱེས་ཏེ་སླར་བོད་དུ་ཕེབས་ཏེ་ཕྱྭ་བ་དང་རྩོད་པའི་ཤགས་འགྲེད་པར་དགོངས་ཀྱང་། ཕྱྭ་བ་ནི་ལོ་འདིར་ཏེ་རབ་བྱུང་གསུམ་པའི་ས་གླང་(སྤྱི་ལོ་༡༡༦༩)ལོར་སྐུ་གཤེགས་སོ། །ཁོང་གིས་མཛད་པའི་བསྟན་བཅོས་ནི། 《བྱམས་ཆོས་སྡེ་ལྔ་》ལ་བསྡུས་དོན་རེ་དང་འགྲེལ་པ་རེ། 《ཚད་མ་རྣམ་ངེས་》ལ་འགྲེལ་པ་རེ་དང་བསྡུས་དོན་རེ། 《ཕྱི་ནང་གི་གྲུབ་མཐའ།》《དབུ་མ་རྒྱན་སྣང་བདེན་གསུམ་》ལ་འགྲེལ་པ་རེ་དང་བསྡུས་དོན་རེ། 《དབུ་མ་བསྡུས་པ་》ཆེ་ཆུང་གཉིས། 《སྤྱོད་འཇུག་》དང་《བསླབ་བཏུས་》ལ་འགྲེལ་པ་རེ་དང་བསྡུས་དོན་རེ། 《ཚད་མ་ཡིད་ཀྱི་མུན་སེལ་》རང་འགྲེལ་དང་བཅས་པ། 《ཚད་མ་ཡིད་ཀྱི་མུན་སེལ་རྒྱུད་པ།》《ཤེས་བྱའི་གཞི་ལྔའི་རྣམ་བཞག་》རྒྱས་བསྡུས་གཉིས། 《འདུལ་བ་འོད་ལྡན་གྱི་འགྲེལ་པ།》《འདུལ་བའི་སྤྱི་དོན།》《སོར་མདོའི་འགྲེལ་པ་》སོགས་མང་

དུ་ཡོད་པར་གསུངས།

དོན་ཚན་གཉིས་པ། 《ཚད་མ་བསྡུས་པ་ཡིད་ཀྱི་མུན་སེལ་》ལས་བསྟན་པའི་ཚད་མའི་དགོངས་པ།

ཕྱ་བའི་ཚད་མའི་དགོངས་པ་ནི་ཁོང་གིས་མཛད་པའི་ཚད་གཞུང་《ཚད་མ་བསྡུས་པ་ཡིད་ཀྱི་མུན་སེལ་》ལས་ཡོངས་སུ་མཚོན་ཐུབ་སྟེ། གཞུང་དེ་ལ་ལེའུ་ལྔ་ཡོད་དེ། དང་པོ་བློའི་དབྱེ་བ་ངེས་པ། གཉིས་པ་ཚད་མའི་མཚན་ཉིད་དང་དབྱེ་བ་རྣམ་པར་ངེས་པ། གསུམ་པ་མངོན་སུམ་གྱི་ཚད་མ་རྣམ་པར་ངེས་པ། བཞི་པ་རྗེས་སུ་དཔག་པ་རྣམ་པར་ངེས་པ། ལྔ་པ་རྟོད་པའི་ངག་གི་ཚུལ་རྣམ་པར་ངེས་པ་དང་བཅས་སོ། །

ལེའུ་དང་པོ་བློའི་དབྱེ་བ་ངེས་པ་ལ་གཟུང་ཡུལ་ལ་ལྟོས་ནས་རྣམ་པ་གསུམ་དུ་དབྱེ་སྟེ། དོན་རང་མཚན་གཟུང་ཡུལ་དུ་བྱེད་པ་རྟོག་བྲལ་མངོན་སུམ་དང་། དོན་སྤྱི་གཟུང་ཡུལ་དུ་བྱེད་པ་རྟོག་པ་དང་། མེད་པ་གསལ་སྣང་ཅན་གཟུང་ཡུལ་དུ་བྱེད་པ་རྟོག་མེད་འཁྲུལ་ཤེས་དང་གསུམ་མོ། །གཟུང་ཡུལ་དང་ཞེན་ཡུལ་གཉིས་ཀ་ལ་ལྟོས་ནས་རྣམ་པ་བདུན་དུ་དབྱེ་སྟེ། ཐེ་ཚོམ་དང་། སྣང་ལ་མ་ངེས་པ་དང་། ལོག་ཤེས་དང་། མངོན་སུམ་ཚད་མ་དང་། རྗེས་དཔག་དང་། ཡིད་དཔྱོད་དང་། བཅད་པའི་ཡུལ་ཅན་དང་བཅས་སོ། །དེར་ཚད་མ་མ་ཡིན་པའི་བློ་ལྔ་དང་ཚད་མའི་བློ་གཉིས་ཏེ་བདུན་དུ་གྲངས་ངེས་སོ། །བློ་བདུན་པོ་དེ་དག་གོང་གི་བློ་གསུམ་གྱི་ནང་དུ་འདུ་ཚུལ་ནི། མངོན་སུམ་ཚད་མ་དང་སྣང་ལ་མ་ངེས་པ་གཉིས་པོ་རྟོག་མེད་མ་འཁྲུལ་བར་འདུ་ལ། རྗེས་དཔག་དང་ཡིད་དཔྱོད་དང་ཐེ་ཚོམ་གསུམ་རྟོག་པར་འདུ་བ་དང་། ལོག་ཤེས་ནི་རྟོག་མེད་འཁྲུལ་བ་རྣམས་དང་། རྟོག་པ་ལ་སྲིད་པ་བཅད་པའི་ཡུལ་ཅན་ནི་རྟོག་མེད་མ་འཁྲུལ་བ་དང་རྟོག་པ་གཉིས་ཀ་ལ་ཡོད་དོ། །བློ་དེ་དག་ལའང་ཕྱེ་ན་བློ་བཅུ་གཉིས་སུ་འགྱུར་ཏེ། སྣང་ལ་མ་ངེས་

པ་དང་བཅད་པའི་ཡུལ་ཅན་དང་མངོན་སུམ་ཚད་མ་གསུམ་ནི་རང་རིག་གསུམ་དང་གཞན་རིག་གསུམ་སྟེ་དྲུག་དང་། ལོག་ཤེས་ལ་རྟོག་བཅས་རྟོག་མེད་གཉིས་ཏེ་བརྒྱད་དང་། རྟོག་པ་བཅད་པའི་ཡུལ་ཅན་ཏེ་དགུ་དང་། རྗེས་དཔག་དང་ཡིད་དཔྱོད་ཐེ་ཚོམ་གསུམ་སྟེ་བཅུ་གཉིས་སོ། །

ཚད་མ་མ་ཡིན་པའི་བློ་གཏན་ལ་དབབ་པ་ལ། གཞུང་དེ་ཉིད་དུ། སྣང་ལ་མ་ངེས་པ་ནི་གཉིས་ཏེ། ཡུལ་རྣམ་པ་མི་ལྡན་པའི་སྣང་ལ་མ་ངེས་པ་དང་ཡུལ་ལ་ཡིད་མ་གཏད་པས་སྣང་ལ་མ་ངེས་པའོ། །དང་པོ་ནི་དངོས་པོ་མངོན་སུམ་ལ་སྣང་བ་ན་དེ་དང་རྫས་གཅིག་པའི་ད་ལྟར་གྱི་སྐད་ཅིག་མ་དེ་སྔ་ཕྱི་གཉིས་དང་མ་འདྲེས་པའི་སྐད་ཅིག་མ་དེ་མངོན་སུམ་ལ་སྣང་ཡང་འདྲ་བ་གཞན་འབྱུང་དང་ཡོད་པ་བར་མེད་པས་མ་འདྲེས་པའི་རྣམ་པ་མ་གསལ་བས་མ་འདྲེས་པར་མ་ངེས་པ་ལྟ་བུའོ། །གཉིས་པ་ནི་སྟོན་པོ་ལ་སོགས་པ་སྣང་ཡང་རྟོག་པ་ནང་དུ་བསྡུས་པས་དེ་མ་ངེས་པ་ལྟ་བུའོ། །སྣང་ལ་མ་ངེས་པའི་མཚན་ཉིད་ནི་དོན་རང་གི་མཚན་ཉིད་སྣང་བ་དང་བཟློག་པའི་སྒྲོ་འདོགས་དང་མི་འགལ་བ་གཉིས་ཀྱིས་མངོན་སུམ་མ་ཡིན་དང་ཚད་མ་དང་བཅད་པའི་ཡུལ་ཅན་སེལ་བ་ཡིན་ནོ། །

བཅད་པའི་ཡུལ་ཅན་ནི། སྔར་རྟོགས་པ་ལ་ཞེན་པ་འདྲེན་ནུས་ཀྱི་མངོན་སུམ་འཇུག་པ་དང་དྲན་པའི་རྟོག་པ་འཇུག་པ་དང་རྗེས་སུ་སྐྱེས་པའི་ངེས་ཤེས་རྣམས་ཡིན་ནོ། །རྗེས་དཔག་ལ་ནི་བཅད་པའི་ཡུལ་ཅན་མི་སྲིད་དེ་སྒྲ་སྐད་ཅིག་མ་ལ་སོགས་པ་སྔར་ངེས་པ་ན་རྟགས་ལ་ཤེས་འདོད་མེད་པས་ཕྱོགས་ཆོས་མ་ཚང་བས་ཕྱིས་རྟགས་དེ་ལ་དཔོག་པ་རྗེས་དཔག་མ་ཡིན་ལ། སྔར་མ་ངེས་པ་དཔོག་ན་བཅད་པའི་ཡུལ་ཅན་དུ་མི་འཐད་པའི་ཕྱིར་རོ། །

ཡིད་དཔྱོད་ནི། རྟོག་མེད་མ་ཡིན་ཏེ་རྟོག་པ་ཡིན་ལ། དེའང་ཐེ་ཚོམ་མ་ཡིན་ཏེ་ངེས་པ་ཡིན་ཞིང་། དེའང་ལོག་པར་ངེས་པ་མ་ཡིན་ཏེ་ཤེས་བྱ་དང་མཐུན་པར་ངེས་པ་ཡིན་ལ། དེའང་སྔར་རྟོགས་ཟིན་པ་ངེས་པ་མ་ཡིན་ཏེ་མ་རྟོགས་པའི་གློག་གྱུར་སྒྲ་

མི་རྟག་པ་ལ་སོགས་པ་ཡིན་པ་ཡིད་དཔྱོད་ཡིན་ལ། དེའང་ཕྱོགས་ཆོས་དང་ཁྱབ་པ་ཚད་མས་ངེས་པ་ལ་བརྟེན་ནས་ངེས་པ་མ་ཡིན་པས་དེ་ལ་གསུམ་སྟེ། སྒྲ་མི་རྟག་པ་ལྟ་བུ་རྟགས་དང་རྟགས་ལྟར་སྣང་བ་གང་ལའང་མ་བརྟེན་པར་རྒྱུ་མཚན་མེད་པའི་ཡིད་དཔྱོད་དོ། །མིག་གི་གཟུང་བྱ་ལྟ་བུ་མ་གྲུབ་པའམ་གཞལ་བྱ་ལྟ་བུ་མ་ངེས་པ་ལ་བརྟེན་ནས་ངེས་པ་ཕྱོགས་ཆོས་དང་ཁྱབ་པ་དངོས་པོ་ལ་མེད་པ་རྟགས་སུ་བཟུང་ནས་བསྒྲུབ་བྱ་བདེན་པ་ངེས་པ་ལོག་པའི་རྒྱུ་མཚན་ཅན་གྱི་ཡིད་དཔྱོད་དོ། །བྱས་པ་ཡིད་དཔྱོད་ཀྱིས་ངེས་པའམ་དེ་ལ་མི་རྟག་པས་ཁྱབ་པ་ཡིད་དཔྱོད་ཀྱིས་ངེས་པ་ལྟ་ན་ཕྱོགས་ཆོས་དང་ཁྱབ་པ་ཡིད་དཔྱོད་ཀྱིས་ངེས་པ་ལའང་བསྒྲུབ་བྱ་བདེན་པ་དཔོག་པ་རྒྱུ་མཚན་གཏན་ལ་མ་ཕབ་པའི་ཡིད་དཔྱོད་དོ། །ཡིད་དཔྱོད་ཀྱི་མཚན་ཉིད་ནི་སྔར་མ་རྟོགས་པའི་དོན་བདེན་པ་རྟགས་ཚད་མས་ངེས་པ་ལ་མ་བརྟེན་པར་ངེས་པ་སྟེ། ངེས་པས་ནི་མངོན་སུམ་གསུམ་དང་ཐེ་ཚོམ་གཅོད་དོ། །བདེན་པས་ལོག་ཤེས་གཅོད་དོ། །སྔར་མ་རྟོགས་པས་བཅད་པའི་ཡུལ་ཅན་གཅོད་དོ། །རྟགས་ཚད་མས་ངེས་པ་ལ་མ་བརྟེན་པས་རྗེས་དཔག་གཅོད་པ་ཡིན་ནོ། །

ལོག་ཤེས་ལ་གཉིས་ཏེ། སྒྲོ་བཏགས་འཛིན་པ་དང་། ཞེན་ཡུལ་ལ་ཕྱིན་ཅི་ལོག་ཏུ་ངེས་པའོ། །དང་པོ་ནི་ཟླ་བ་གཉིས་ལ་སོགས་པར་སྣང་བའི་རྟོག་མེད་འཁྲུལ་བ་དང་རྗེས་དཔག་དང་ཡིད་དཔྱོད་དང་རྟོག་པ་བཅད་པའི་ཡུལ་ཅན་དང་ཐེ་ཚོམ་དང་ལོག་པར་ངེས་པ་རྣམས་ཀྱི་དོན་སྤྱི་འཛིན་པའི་ཆ་ནས་བཟུང་བ་སྒྲོ་བཏགས་ལ་དམིགས་པའི་ལོག་ཤེས་ཡིན་ནོ། །ཞེན་ཡུལ་ཕྱིན་ཅི་ལོག་ཏུ་ངེས་པ་ནི་སྒྲ་རྟག་པར་ཞེན་པ་ལ་སོགས་པའོ། །ལོག་ཤེས་ཀྱི་མཚན་ཉིད་ནི། དོན་ཕྱིན་ཅི་ལོག་ཏུ་ཡོངས་སུ་གཅོད་པའོ། །

ཐེ་ཚོམ་འཆད་པ་ལ། འདི་རྟག་པའམ་མི་རྟག་ཅེས་དོགས་པ་ཐེ་ཚོམ་མོ། །འདིའི་མཚན་ཉིད་ཀྱང་མཐའ་གཞན་དུ་སྲིད་པའི་དོགས་པ་དང་བཅས་པའོ། །

ལེའུ་གཉིས་པ་ཚད་མའི་མཚན་ཉིད་དང་དབྱེ་བ་རྣམ་པར་ངེས་པ་ལས། ཚད་

མའི་མཚན་ཉིད་ལ་སློབ་དཔོན་ཕྱོགས་ལས་འཕགས་ཡུལ་གྱི་སློབ་དཔོན་རྒྱན་མཁན་པོ་དང་ལྷ་དབང་བློ་དང་ཆོས་མཆོག་གི་བཞེད་པ་མི་འཆད་པར་རང་ལུགས་བཞག་པ་དེ་ལྟར་སྟེ། མ་རྟོགས་དོན་གྱི་གསལ་བྱེད་བྱ་བའི་དོན་ནི་ཡོངས་སུ་བཅད་པའི་དོན་ལ་མི་འཁྲུལ་བའི་བློའི་རྣམ་པས་གནས་ལུགས་དང་འགལ་བའི་སྒྲོ་འདོགས་སྐྱེད་པའི་ནུས་པ་བཞག་པ་སྟེ། དེ་ལ་བདེན་པ་རྟོགས་པ་ཞེས་བྱ་བའོ་ཞེས་པར་བསྟན་ཅིང་། མཚན་ཉིད་དེ་ངེས་པར་བྱེད་པའི་ཚད་མ་ལ་རང་ལས་ངེས་དང་གཞན་ལས་ངེས་གཉིས་སུ་དབྱེ་བའོ། །ཚད་མ་ཅམ་གྱི་སྤྱི་ལྡོག་གཞིར་བྱས་ནས་མངོན་སུམ་དང་རྗེས་དཔག་གཉིས་སུ་དབྱེ་བ་ཡིན་ནོ། །

ལེའུ་གསུམ་པ་མངོན་སུམ་གྱི་ཚད་མ་རྣམ་པར་ངེས་པ་ལས། ཐུན་མོང་གི་མཚན་ཉིད་ལ་གཉིས་ཏེ། རིགས་མི་མཐུན་གཅོད་པའི་མཚན་ཉིད་དང་། ལོག་རྟོག་སེལ་བའི་མཚན་ཉིད་དོ། །དང་པོའི་ཐད་ལ་གཞུང་ངེས་འཕགས་ཡུལ་གྱི་སློན་དཔོན་དུལ་བ་ལྷ་དང་བོད་ཀྱི་ལོ་ཙཱ་བ་ཆེན་པོ་བློ་ལྡན་བཟང་པོའི་བཞེད་པ་མི་འདོད་པར་རང་ལུགས་བཞག་སྟེ། དེས་ན་མ་འཁྲུལ་བའང་གཟུང་ཡུལ་ལྟོས་ནས་ཡིན་ལ་མངོན་སུམ་དུའང་གཟུང་ཡུལ་ལ་ལྟོས་ནས་བརྩི་བས་གཟུང་དོན་ལ་མ་འཁྲུལ་བ་མངོན་སུམ་གྱི་མཚན་ཉིད་དེ་དངོས་པོ་སྣང་བ་མངོན་སུམ་ཡིན་ནོ། །རིགས་མི་མཐུན་མཐའ་དག་ངེས་བསལ་བས་རྟོག་པ་དང་བྲལ་བ་ནི་རིགས་མི་མཐུན་སེལ་བྱེད་མ་ཡིན་ནོ། །ལོག་རྟོག་སེལ་བའི་མཚན་ཉིད་ནི་རྟོག་པ་དང་བྲལ་བ་སྟེ་ཕྱི་རོལ་པ་དག་རྟོག་བཅས་སུ་འདོད་པའི་ལོག་རྟོག་དགག་པའི་དོན་དུ་མངོན་སུམ་གྱི་ཁྱབ་བྱེད་ལ་མཚན་ཉིད་དུ་བཏགས་པ་ཡིན་ནོ། །

སོ་སོའི་མཚན་ཉིད་ལ་དང་པོ་དབང་པོའི་མངོན་སུམ་གྱི་མཚན་ཉིད་ནི། བདག་རྐྱེན་དབང་པོ་གཟུགས་ཅན་པས་སྐྱེས་པ་དང་གཟུང་དོན་ལ་མ་འཁྲུལ་བ་སྟེ་དང་པོས་མངོན་སུམ་གསུམ་པ་སེལ་ལ་གཉིས་པས་ཟླ་བ་གཉིས་སྣང་ལ་སོགས་པ་སེལ་བ་ཡིན་ནོ། །ཡིད་ཀྱི་མངོན་སུམ་ནི་ཉེར་ལེན་གྱི་རྒྱུ་དབང་པོའི་ཤེས་

པས་བསྐྱེད་པ་དང་དབང་ཤེས་ཀྱི་ཡུལ་གྱི་སྐད་ཅིག་མ་གཉིས་པ་ལ་དམིགས་པ་དང་བདག་རྐྱེན་ཡིད་ལས་བྱུང་བ་ཡིན་པ་དེ་ལ་ཡུལ་སྐད་ཅིག་མ་ཡིན་པས་གློའང་སྐད་ཅིག་གཅིག་ཁོ་ནའང་ཡོད་དོ་ཞེས་ལུང་ལས་གྲགས་ཀྱི་ཚད་མས་གྲུབ་པ་མེད་དོ། །རང་རིག་པའི་མངོན་སུམ་གྱི་མཚན་ཉིད་ནི། ཤེས་པའི་རྫས་དེ་ཉིད་གཟུང་ཡུལ་དུ་བྱས་ཏེ་མ་འཁྲུལ་བའོ། །རྣལ་འབྱོར་གྱི་མངོན་སུམ་ནི་གང་ཟག་འཕགས་པ་དག་ལ་རྒྱུ་དེ་ཁོ་ན་གོམས་པ་ལས་ཡུལ་དེ་ཁོ་ན་སྟོང་པ་ཉིད་ཀྱང་འགའ་མ་མཐོང་བ་མེད་པར་གཟིགས་པ་དང་དེའི་བདག་པོ་ལ་ཐ་སྙད་ཀྱི་དངོས་པོའང་གསལ་བར་སྣང་བ་སྟེ། དེའང་ཉན་ཐོས་ཀྱིས་གང་ཟག་གིས་སྟོང་བ་རང་རྒྱལ་པས་གཟུང་ས་མེད་པ་དང་བདེ་བར་གཤེགས་པ་སྲས་དང་བཅས་པས་སྤྲོས་པས་སྟོང་བར་གཟིགས་པ་ཆོས་ཅན་མངོན་སུམ་ལ་སྣང་བ་དང་དེ་དགག་བྱ་དང་བདག་ཅིག་ན་སྣང་དུ་རུང་བ་ལས་མ་གཟིགས་པས་དགག་བྱས་སྟོང་བར་གྲུབ་པ་སྟེ། དངོས་པོ་དང་དེའི་ཆོས་ཉིད་ཉོན་མོངས་སུ་གཟིགས་པ་སྒྲོ་བཏགས་དང་དེའི་ཆོས་ཉིད་ལ་སོགས་པ་དངོས་པོ་དང་ངོ་བོ་ཅིག་མ་ཡིན་པ་རྣམས་ཐུགས་ལ་རྟོགས་པ་ཡིན་ནོ། །

ལེའུ་བཞི་པ་རྗེས་སུ་དཔག་པ་རྣམ་པར་ངེས་པ་ལ། རྗེས་དཔག་གི་མཚན་ཉིད་ལ། ཆོས་འགའ་ཞིག་རྩོད་གཞི་ལ་མཐོང་བས་དེའི་ཁྱབ་བྱེད་དུ་ངེས་པ་དཔག་པ་སྟེ། ཚུལ་གསུམ་པའི་རྟགས་ནས་རྟོགས་པའོ་ཞེས་པར་གསུངས་ལ། གཏན་ཚིགས་དང་གཏན་ཚིགས་ལྟར་སྣང་ལ། བསྒྲུབ་བྱའི་མཚན་ཉིད་གཏན་ལ་འབེབས་པ་ན་ཚོགས་དོན་ལ་འཇུག་སྟེ་རྟགས་ཀྱིས་དཔོག་པའི་ཕྱིར་རོ། །ཁྱབ་པ་ངེས་པ་ན་གྲུབ་ཟིན་པས་ཆོས་ཁ་ཡར་བ་ཡང་བསྒྲུབ་བྱ་མ་ཡིན་ལ་ཕྱོགས་ཆོས་ངེས་པ་ན་ངེས་ཟིན་པས་ཆོས་ཅན་ཡང་བསྒྲུབ་བྱ་མ་ཡིན་ཏེ་དེ་གཉིས་ལ་འཇུག་པ་མ་ཡིན་នོ་ཞེས་བསྒྲུབ་པར་བྱ་བ་ནི་ཆོས་ཅན་དང་བསྒྲུབ་བྱའི་ཆོས་གཉིས་ཀྱི་ཚོགས་དོན་ཡིན་ཏེ་ཆོས་ཅན་དང་ཆོས་གཉིས་སོ་སོ་ནས་བསྒྲུབ་བྱ་དངོས་མ་ཡིན་པར་བསྟན་ཏོ། །དེ་གཉིས་ཀྱི་ཚོགས་དོན་ནི་རྗེས་སུ་དཔག་པར་བྱ་བ་མཚན་ཉིད་པ་སྟེ། རྗེས་དཔག

གི་གཞལ་བྱ་ཡིན་པས་རྗེས་སུ་དཔག་བྱ་དང་། རྟགས་ཀྱི་གོ་བྱ་ཡིན་པས་བསྒྲུབ་བྱ་དང་། རྩོལ་བས་དཔག་པར་འདོད་པས་དམ་བཅའ་དང་། དེ་རྣམས་ཕྱོགས་ཞེས་གྲགས་པ་ཡིན་ནོ། །

ལྟོས་གཞི་ལ་ལྟོས་ནས་གཏན་ཚིགས་དང་གཏན་ཚིགས་ལྟར་སྣང་གི་དབྱེ་བ་བཤད་པ་ལ། རྟགས་ཀྱི་ཕྱོགས་ཆོས་ཞེས་པ་ནི་བསྒྲུབ་བྱ་གྲུབ་བསལ་མེད་པའི་ཆོས་ཅན་ལ་རྟགས་དེ་དབྱེར་མེད་ཀྱི་ལྡོག་པ་ཐ་དད་དུ་ཡོད་པར་ངེས་པ་ཕྱོགས་ཆོས་ཡིན་ནོ། །ཕྱོགས་ཆོས་མེད་པ་ལ་བདུན་ཏེ། གཞི་གཏན་མེད་པ་དང་། གཞི་ཚད་མས་མ་ངེས་པ་དང་། གཞི་ལ་ཤེས་འདོད་མེད་པ་དང་། གཏན་ཚིགས་ཀྱི་ངོ་བོ་མི་སྲིད་པ་དང་། གཞི་དང་རྟགས་འབྲེལ་བ་མེད་པ་དང་། གཞི་དང་ཐ་དད་མེད་པ་དང་། གཞི་ལ་རྗེན་པར་མ་ངེས་པ་དང་བདུན་ནོ། །ཕྱོགས་ཆོས་ཡོད་པ་ལ་གཉིས་ཏེ། རྩོད་གཞི་ལས་གཞན་ལ་འཇུག་པ་དང་གཞན་ལ་མི་འཇུག་པ་གཉིས་སོ། །དང་པོ་གཞན་ལ་མི་འཇུག་པ་ནི་ཐུན་མོང་མ་ཡིན་པའི་མ་ངེས་པའོ། །གཉིས་པ་གཞན་ལ་འཇུག་པ་ནི་ཐུན་མོང་བའི་མ་ངེས་པའོ། །

རྩོད་གཞིའི་མཚན་ཉིད་ནི། གཞི་ལྡོག་པ་གང་ལ་བསྒྲུབ་བྱའི་ཆོས་གྲུབ་བསལ་མེད་པའོ། །རྩོད་གཞི་མ་ཡིན་པ་ནི་གྲུབ་བསལ་མེད་པ་མ་ཡིན་ནོ། །

གཏན་ཚིགས་ཀྱི་མཚན་ཉིད་གཏན་ལ་དབབ་པ་ལ། ཁ་ཅིག་ཚུལ་གཅིག་ཏུ་འདོད་པ་དང་ཚུལ་དྲུག་ཏུ་འདོད་པ་དང་། ཚུལ་གསུམ་དུ་འདོད་པ་བཀག་ནས་ཚུལ་གཉིས་སུ་སྒྲུབ་པར་བྱེད་དོ། །ལྷག་པར་དུ་ཚུལ་དྲུག་ཏུ་འདོད་པ་དགག་པ་ནི། གཞུང་དེ་ཉིད་དུ་ཚུལ་གསུམ་གྱི་སྟེང་དུ་གནོད་པ་མེད་པའི་ཡུལ་ཅན་དང་བརྗོད་པར་འདོད་པའི་གྲངས་གཅིག་པ་དང་ངེས་པ་ཉིད་དེ་མཚན་ཉིད་དེ་མཚན་ཉིད་དྲུག་ཏུ་འདོད་པ་ལ་འདི་དྲི་བར་བྱ་སྟེ། གནོད་པ་མ་མཐོང་བ་ཙམ་གནོད་མེད་ཀྱི་ཡུལ་ཅན་དང་འགལ་བའི་སྒྲུབ་བྱེད་མ་མཐོང་བ་ཙམ་བརྗོད་པར་འདོད་པའི་གྲངས་གཅིག་པར་བརྗོད་དམ། ཡང་ན་གནོད་པ་འཇུག་མི་སྲིད་པར་ངེས་པ

གནོད་པ་མེད་པའི་ཡུལ་ཅན་དང་འགལ་བའི་སྒྲུབ་བྱེད་མི་སྲིད་པར་ངེས་པ་བརྗོད་ཀྱི་གྲངས་གཅིག་པར་བརྗོད། དང་པོ་ལྟར་ན་མངོན་སུམ་གྱི་མཚན་ཉིད་དངོས་པོ་འཛིན་པ་དང་གཟུང་དོན་ལ་མ་འཁྲུལ་བའི་ཚོགས་པ་ཡིན་ནོ་ཞེས་སྨྲ་བ་ཇི་ལྟར་དགག མ་འཁྲུལ་བའི་དོན་ཉིད་དངོས་པོ་འཛིན་པ་ཡིན་པས་དེ་ལས་ཆོས་གཞན་དུ་མེད་དོ་ཞེ་ན། ཕྱོགས་ཆོས་ཀྱི་མཚན་ཉིད་བསྒྲུབ་བྱ་གྲུབ་མ་ཟིན་པ་དང་འགལ་བའི་སྒྲུབ་བྱེད་དང་བསྒྲུབ་བྱ་ལ་གནོད་པ་མ་མཐོང་བ་ལ་རྟགས་མཐོང་བ་ཡིན་པས་དེ་གཉིས་ཕྱོགས་ཆོས་ལས་ལྡོག་པ་གཞན་དུ་མེད་དོ། །གཉིས་པ་ལྟར་ན་མངོན་སུམ་གྱི་གཟུང་དོན་ལ་མ་འཁྲུལ་བ་དང་རྟོག་བཅས་ཚོགས་པར་འདོད་པ་ཅིས་འགོག གཟུང་དོན་ལ་མ་འཁྲུལ་བ་ཡིན་ན་གཟུང་དོན་ལ་འཁྲུལ་བ་ཁེགས་པས། དེ་དང་རྟོག་པ་ཚོགས་མི་སྲིད་དོ་ཞེ་ན། ཕྱོགས་ཆོས་ནི་ཤེས་འདོད་ཀྱི་ཆོས་ཅན་ཡོད་པ་ཡིན་ལ་གནོད་པའི་ཚད་མ་མི་སྲིད་པ་དང་འགལ་བའི་སྒྲུབ་བྱེད་མི་སྲིད་པ་ནི་བསྒྲུབ་བྱ་གྲུབ་པ་ཡིན་པས་ཤེས་འདོད་མེད་པ་ཡིན་པས་ཕྱོགས་ཆོས་དང་དེ་གཉིས་ཚོགས་མི་སྲིད་པ་ཡིན་ནོ། །ཡང་མ་འཁྲུལ་བ་ལས་དངོས་པོར་འཛིན་པ་ལྡོག་པ་གཞན་དུ་མེད་པ་ལྟར་རྗོད་གཞི་ལ་ཡོད་པར་མ་མཐོང་བ་དང་མི་མཐུན་ཕྱོགས་ལ་མི་སྲིད་པ་མཐོང་བ་ལས་ཀྱང་ངེས་པ་ཉིད་ཆོས་གཞན་དུ་ཡོད་པ་མ་ཡིན་ནོ་ཞེས་གསུངས། རྟགས་ཀྱི་མཚན་ཉིད་ཚུལ་གཉིས་སུ་འདོད་དེ། རྗོད་གཞི་ལ་མཐོང་བའི་ཕྱོགས་དང་མི་མཐུན་ཕྱོགས་ལ་འཇུག་མི་སྲིད་པར་ངེས་པའི་ལྡོག་པ་གཉིས་པོ་ན་རྟགས་ཀྱི་མཚན་ཉིད་ཡིན་ནོ། །

རྟགས་ཀྱི་དབྱེ་བ་ནི། ཕྱོགས་ཆོས་དང་ལྡོག་པ་ཚང་བའི་རྟགས་གཞིར་བྱས་ནས་རྟགས་གསུམ་སྟེ། རང་བཞིན་དང་། འབྲས་བུ་དང་མི་དམིགས་པའོ། །རང་བཞིན་ནི་བྱས་པའི་ཕྱིར་སྒྲ་མི་རྟག་ཅེས་པ་ལྟ་བུའོ། །འབྲས་བུ་ནི་ལ་ལ་དུ་བ་ཡོད་པས་མེ་ཡོད་ཅེས་པ་ལྟ་བུའོ། །མི་དམིགས་པ་ནི་མི་དམིགས་པ་བཞི་དང་། འགལ་བ་དམིགས་པ་བཞི་དང་། འགལ་བའི་འབྲས་བུ་དམིགས་པ་བཞི་དང་། འགལ་བའི་

ཁྱབ་བྱེད་དམིགས་པ་བཞི་སྟེ་བཅུ་དྲུག་གོ།

རྟགས་སོ་སོའི་མཚན་ཉིད་ལ་བསྒྲུབ་བྱའི་ཆོས་མེད་དགག་བསྒྲུབ་པ་ལ་ཕྱོགས་ཆོས་དང་ལྡོག་པ་ཚང་བ་མི་དམིགས་པའི་རྟགས་ཀྱི་མཚན་ཉིད་དོ། །བསྒྲུབ་བྱའི་ཆོས་མ་ཡིན་དགག་བསྒྲུབ་པ་ལ་བདག་གཅིག་པའི་རྩ་བ་ལ་བརྟེན་པའི་ལྡོག་པ་དང་ཕྱོགས་ཆོས་ཚང་བ་རང་བཞིན་གྱི་རྟགས་ཀྱི་མཚན་ཉིད་དེ། མ་ཡིན་དགག་མི་བསྒྲུབ་ན་བདག་གཅིག་པའི་འབྲེལ་བ་ཙམ་གྱིས་རང་བཞིན་གྱི་རྟགས་མ་ཡིན་ཏེ་རྫོལ་བྱུང་གིས་རྟག་པའི་དངོས་པོ་འགོག་པའི་འགལ་ཁྱབ་དམིགས་པའང་རྟག་པའི་དངོས་པོས་སྟོང་བས་ཁྱད་པར་དུ་བྱས་པའི་དངོས་པོ་དང་རྫོལ་བྱུང་བདག་གཅིག་པ་ཡོད་ཀྱང་རང་བཞིན་གྱི་རྟགས་མ་ཡིན་པའི་ཕྱིར་རོ། །བསྒྲུབ་བྱའི་ཆོས་མ་ཡིན་དགག་བསྒྲུབ་པ་ལ་དེ་ལས་བྱུང་བའི་འབྲེལ་བའི་རྩ་བ་ལ་བརྟེན་པའི་ལྡོག་པ་དང་ཕྱོགས་ཆོས་ཚང་བ་འབྲས་བུའི་རྟགས་ཀྱི་མཚན་ཉིད་དོ། །ཞེས་གསུངས་སོ། །

གཏན་ཚིགས་ལྟར་སྣང་བཤད་པ་ལ། འགལ་བའི་གཏན་ཚིགས་ནི། སྒྲ་བྱས་པས་རྟག་པར་བསྒྲུབ་པ་དེ་ཉིད་ལ་བྱས་པ་ལ་མི་རྟག་པས་ཁྱབ་པ་ངེས་པའི་གནས་སྐབས་ལྟ་བུའོ། །དབྱེ་ན་གཉིས་ཏེ། མི་མཐུན་ཕྱོགས་ལ་ཁྱབ་པའི་འགལ་བ་དང་། མི་མཐུན་ཕྱོགས་ཀྱི་ཕྱོགས་གཅིག་ལ་ཡོད་པའི་འགལ་བའོ། །ཡང་འགལ་བ་ལ་བཞིར་དབྱེ་སྟེ། ཆོས་ཀྱི་ངོ་བོ་འགོག་པ་དང་། ཆོས་ཀྱི་ཁྱད་པར་འགོག་པ་དང་། ཆོས་ཅན་གྱི་ཁྱད་པར་འགོག་པ་དང་། ཆོས་ཅན་གྱི་ངོ་བོ་འགོག་པའོ། །

མ་ངེས་པའི་གཏན་ཚིགས་ནི་རྫོད་གཞི་ལ་ཡོད་པར་ངེས་པ་དང་མཐུན་ཕྱོགས་ལ་མི་སྲིད་པར་མ་ངེས་པ་སྟེ། དེ་དག་གིས་མ་གྲུབ་པ་དང་འགལ་བ་དང་ཡང་དག་གསུམ་རིམ་པ་བཞིན་སེལ་ཏོ་ཞེས་གསུངས་ཤིང་། མ་ངེས་པ་རྣམ་པ་དགུ་ཡོད་དེ། ཐུན་མོང་མ་ཡིན་པ་དང་། མཐུན་ཕྱོགས་མི་མཐུན་ཕྱོགས་གཉིས་ཀ་ལ་ཡོད་པའི་མུ་བཞི་དང་། རྫོད་གཞི་དང་མི་མཐུན་ཕྱོགས་ལ་ཡོད་པའི་མི་མཐུན་ཕྱོགས་ལ་མཐོང་བ་དང་མཐོང་ཡང་རང་བཞིན་མེད་པ་མ་ངེས་པ་དང་། རྫོད་གཞི་

དང་མཐུན་ཕྱོགས་ལ་ཡོད་པའི་མཐུན་ཕྱོགས་ལ་མ་མཐོང་བ་དང་། མཐོང་ཡང་རང་བཞིན་འབྲེལ་བར་མ་གྲུབ་པའོ། །

མ་གྲུབ་པའི་གཏན་ཚིགས་ལྟར་སྣང་ནི་རྟགས་སུ་བཀོད་ཀྱང་ཕྱོགས་ཆོས་མི་ལྡན་པའོ། །རྣམ་པ་ནི་ཕྱོགས་ཆོས་མེད་པ་བདུན་ཏེ། དང་པོ་གཞི་གཏན་མེད་པ་ནི་དོན་དམ་པའི་སྒྲ་བྱས་པའི་ཕྱིར་མི་རྟག་ཅེས་པ་ལྟ་བུའོ། །གཉིས་པ་གཞི་ཚད་མས་མ་ངེས་པ་ནི་ཤ་ཟའི་བུམ་པ་བྱས་པའི་ཕྱིར་མི་རྟག་ཅེས་པ་ལྟ་བུའོ། །གསུམ་པ་གཞི་ལ་ཤེས་འདོད་མེད་པ་ནི་སྒྲ་མཉན་བྱ་ཡིན་ཏེ་བྱས་པའི་ཕྱིར་ཞེས་པའམ་སྒྲ་མཉན་བྱ་མ་ཡིན་ཏེ་བྱས་པའི་ཕྱིར་ཞེས་པ་ལྟ་བུའོ། །བཞི་པ་གཏན་ཚིགས་ཀྱི་ངོ་བོ་མི་སྲིད་པ་ནི་སྒྲ་མི་རྟག་པར་སྒྲུབ་པ་ལ་དོན་དམ་པར་ཡོད་པ་རྟགས་སུ་བཀོད་པ་ལྟ་བུའོ། །ལྔ་པ་གཞི་དང་རྟགས་འབྲེལ་བ་མེད་པ་ནི་སྒྲ་མི་རྟག་སྟེ་མིག་གི་གཟུང་བྱ་ཡིན་པའི་ཕྱིར་རོ་ཞེས་པ་ལྟ་བུའོ། །དྲུག་པ་གཞི་དང་ཐ་དད་མེད་པ་ནི་སྒྲ་མི་རྟག་སྟེ་སྒྲ་ཡིན་པའི་ཕྱིར་བྱ་བ་ལྟ་བུའོ། །བདུན་པ་གཞི་ལ་རྟེན་པར་མ་ངེས་པ་ནི་སྒྲ་མི་རྟག་སྟེ་བྱས་པའི་ཕྱིར་ཞེས་པ་དེ་ཉིད་ལ་སྒྲ་མ་བྱས་པར་ལོག་པར་རྟོག་པ་དང་བྱས་པ་ལ་ཐེ་ཚོམ་ཟ་བ་དང་བྱས་པ་ཡིད་དཔྱོད་ཀྱིས་ངེས་པ་ལ་སོགས་པའོ། །སྒྲ་མི་རྟག་སྟེ་མི་རྟག་པའི་ཕྱིར་ཞེས་པའང་མི་རྟག་པར་ངེས་ན་ཤེས་འདོད་མེད་པ་དང་མ་ངེས་ན་གཞི་དང་འབྲེལ་བ་མ་ངེས་པར་འདུ་བས་སྔ་མ་བདུན་པོ་ལས་གཞན་དུ་ཡོད་པ་མ་ཡིན་ནོ་ཞེས་གསུངས་སོ། །

ལྔ་པ་རྗོད་པའི་ངག་གི་ཚུལ་རྣམ་པར་ངེས་པ་ལ། སྒྲུབ་པ་དང་སུན་འབྱིན་པའི་ངག་གི་དབྱེ་བ་དང་། ངག་དེ་ཐལ་འགྱུར་དུ་བརྗོད་པའི་ཚུལ་དང་། སྒྲུབ་པ་ཡང་དག་དང་སྒྲུབ་པ་ལྟར་སྣང་། སུན་འབྱིན་དང་སུན་འབྱིན་ལྟར་སྣང་སོགས་བསྟན་ཏོ། །

སྒྲུབ་པའི་ངག་གི་སྤྱིའི་མཚན་ཉིད་ནི། རང་གིས་ངེས་པའི་ཁྱབ་པ་དང་ཕྱོགས་ཆོས་ཚོགས་པ་ཕྱིར་རྒོལ་ལ་མི་སླུ་བའི་ཡུལ་དུ་གྲུབ་པར་སྟོན་པ་ཞེས་གསུངས། འདིར་གང་གིས་གོ་བར་བྱེད་པའི་རྒོལ་བ་དང་གང་ལ་གོ་བར་བྱ་བའི་

ཕྱིར་རྒོལ་གཉིས་ཀྱི་མཚན་ཉིད་ནི། ཆོས་དང་ཆོས་ཅན་ཚོགས་པའི་བསྒྲུབ་བྱར་བཟུང་བ་དེ་ལ་དམིགས་པའི་རྗེས་དཔག་སྐྱེད་པའི་བྱེད་པ་པོར་རང་གི་བློས་འདོད་པ་དེ་རྒོལ་བ་ཡིན་ལ། དེས་གང་ལ་རྗེས་དཔག་སྐྱེད་པའི་ལས་སུ་བྱ་བར་བསམས་པ་དེ་ནི་ཕྱིར་རྒོལ་བ་ཡིན་ནོ། །

སྒྲུབ་པ་ལྟར་སྣང་བ་ནི། རང་གི་ཞེ་འདོད་ཀྱི་སྒྲུབ་བྱེད་དུ་བཀོད་པ་ལ་ཕྱིར་རྒོལ་ལ་ཕྱོགས་ཆོས་དང་ཁྱབ་པ་ཚོགས་པ་མི་སླུ་བའི་ཡུལ་དུ་སྟོན་མི་ནུས་པ་སྒྲུབ་པ་ལྟར་སྣང་ཡིན་ནོ། །མ་གྲུབ་པ་བདུན་དང་མ་ངེས་པ་དགུ་དང་འགལ་བ་འགོད་པའམ། ཡང་དག་པའི་རྟགས་ཉིད་ཁྱབ་པ་དང་། ཕྱོགས་ཆོས་བརྗོད་པ་མ་ཚང་བ་དང་དམ་བཅའ་དང་མཇུག་སྡུད་དང་ཉེ་བར་གཏོད་པ་ལ་སོགས་པ་བརྗོད་པ་ཐམས་ཅད་ཀྱང་སྒྲུབ་པ་ལྟར་སྣང་ཡིན་ནོ། །

སུན་འབྱིན་གྱི་མཚན་ཉིད་ནི། རྒོལ་བ་གྲུབ་པའི་གནས་སུ་བཀོད་པ་ཉེས་པ་ཉིད་ཕ་རོལ་ལ་བརྗོད་པ་སྟེ། སྔར་དོན་དང་བློ་དང་སྒྲའི་ཉེས་པ་བཤད་པ་གང་ཡོད་པ་རྒོལ་བ་ལ་བསྟན་པས། རྒོལ་བས་ངས་སྒྲུབ་བྱེད་བཀོད་དོ་སྙམ་པའི་རློམ་པ་ཞི་བར་བྱེད་པའོ། །སུན་འབྱིན་པ་ལྟར་སྣང་བ་ནི། རྒོལ་བའི་སྒྲུབ་པའི་ཉེས་པ་དང་། མ་འབྲེལ་བ་ལ་ཉེས་པ་དང་ལྡན་པ་ལྟ་བུར་སྟོན་པ་སྟེ། དེ་ལ་ལྟག་ཆོད་ཅེས་བྱའོ། །

ཐལ་བའི་སྦྱོར་བ་བཅུ་གསུམ་དུ་དབྱེ་ཚུལ། ཐལ་བའི་རྟགས་དང་ཁྱབ་པ་ནི་བློ་ཙམ་གྱིས་ངེས་པས་གྲུབ་པར་འགྱུར་གྱི་ཚད་མའི་བློ་ལ་ལྟོས་པ་མ་ཡིན་ལ། དེའང་ཕ་རོལ་ལ་གྲུབ་པ་ཙམ་ཡིན་གྱི་རང་ལ་ལྟོས་པ་ན་གྲུབ་པ་མ་ཡིན་པ་ན་ཐལ་བའི་སྦྱོར་བ་བཀོད་ཚད་ལ་རྟགས་དང་ཁྱབ་པ་གཉི་ག་ཕ་རོལ་ལ་མ་གྲུབ་པ་དང་། ཁྱབ་པ་གྲུབ་ཀྱང་རྟགས་མ་གྲུབ་པ་དང་། རྟགས་གྲུབ་ཀྱང་ཁྱབ་པ་མ་གྲུབ་པ་དང་། གཉི་ག་ཕ་རོལ་ལ་གྲུབ་པ་བཞིའོ། །དང་པོ་ནི་བདེ་བར་གཤེགས་པ་ལ་ཕྱི་རོལ་པས་སྒྲ་རྟག་པའི་ཕྱིར་གཞལ་བྱ་མ་ཡིན་པར་ཐལ་ཞེས་བརྗོད་པ་ན། སངས་རྒྱས་པ་སྒྲ་རྟག་པ་དང་རྟག་པ་ལ་གཞལ་བྱ་མ་ཡིན་པས་ཁྱབ་པ་གཉི་ག་ཁས་མི་

ཞེན་པ་ལྟ་བུའོ། །གཉིས་པ་ཁྱབ་པ་གྲུབ་ཀྱང་རྟགས་མ་གྲུབ་པ་ནི། སངས་རྒྱས་པ་ལ་སྒྲ་རྟག་པའི་ཕྱིར་མ་བྱས་པར་ཐལ་ཞེས་བརྗོད་པ་ན། སངས་རྒྱས་པ་རྟག་པ་ལ་མ་བྱས་པས་ཁྱབ་པ་ཁས་ལེན་ཡང་སྒྲ་རྟག་པར་ཁས་མི་ལེན་པ་ལྟ་བུའོ། །གསུམ་པ་རྟགས་གྲུབ་ཀྱང་ཁྱབ་པ་མ་གྲུབ་པ་ནི་སངས་རྒྱས་པ་ལ་སྒྲ་གཞལ་བྱ་ཡིན་པའི་ཕྱིར་རྟག་པར་ཐལ་ཞེས་བརྗོད་པ་ན། སངས་རྒྱས་པ་སྒྲ་གཞལ་བྱར་ཁས་ལེན་ཡང་གཞལ་བྱ་ལ་རྟག་པས་ཁྱབ་པ་མི་འདོད་པ་ལྟ་བུའོ། །བཞི་པ་རྟགས་དང་ཁྱབ་པ་གཉི་ག་ཕ་རོལ་ལ་གྲུབ་པ་ལ་མུ་བཞི་སྟེ། གཉི་ག་ཚད་མས་གྲུབ་པ་དང་། གཉི་ག་ཁས་བླངས་པ་དང་། ཁྱབ་པ་ཁས་ལེན་ལ་རྟགས་ཚད་མས་ངེས་པ་དང་། རྟགས་ཁས་ལེན་ལ་ཁྱབ་པ་ཚད་མས་ངེས་པའོ། །དང་པོ་ནི་སངས་རྒྱས་པ་ལ་གཞན་གྱིས་སྒྲ་བྱས་པའི་ཕྱིར་མི་རྟག་པར་ཐལ་ཞེས་པ་སྟེ། བྱས་པ་དང་དེ་ལ་མི་རྟག་པས་ཁྱབ་པ་གཉི་ག་ཚད་མས་ངེས་པའི་ཕྱིར་རོ། །དེའི་བསྒྲུབ་བྱ་ནི་བདེན་པ་ཡིན་པས་དེ་ལ་བསལ་བ་མེད་པ་ཁོ་ན་སྟེ། དེ་ལ་ རྣམ་དབྱེ་མེད་དོ། །གཉིས་པ་ནི་ཕ་རོལ་པོ་སྒྲ་མིག་གི་གཟུང་བྱར་ཡང་འདོད་ལ། མིག་གི་གཟུང་བྱ་ལ་རྟག་པས་ཁྱབ་པ་ལ་ཡང་འདོད་པས་ན། སྒྲ་མིག་གི་གཟུང་བྱ་ཡིན་པའི་ཕྱིར་རྟག་པར་ཐལ་ཞེས་པ་ལྟ་བུ་སྟེ། དེ་ལའང་སྒྲ་མི་རྟག་པར་ཕ་རོལ་པོའི་ཚད་མས་ངེས་ན་ཚད་མས་བསལ་བ་ཡིན་ལ། ཡིད་དཔྱོད་ཀྱིས་ངེས་ཏེ་མི་རྟག་པར་ཁས་ལེན་ན། ཁས་བླངས་ཀྱིས་བསལ་བ་ཡིན་ཞིང་མི་རྟག་པར་མ་ངེས་ན་བསལ་བ་མེད་པ་ཡིན་ཏེ་གསུམ་མོ། །གསུམ་པ་ནི་བྱས་པ་ལ་རྟག་པས་ཁྱབ་པ་ཁས་ལེན་པ་ལ་སྒྲ་བྱས་པའི་ཕྱིར་རྟག་པར་ཐལ་ལོ་ཞེས་པ་ལྟ་བུ་སྟེ། དེ་ལའང་སྒྲ་མི་རྟག་པར་ཚད་མས་ངེས་ན་ཚད་མས་བསལ་བ་དང་། ཚད་མས་མ་ངེས་ཀྱང་ཡིད་དཔྱོད་ཀྱིས་ངེས་ནས་མི་རྟག་པར་ཁས་ལེན་པ་རང་གི་ཚིག་གིས་བསལ་བ་དང་། སྒྲ་མི་རྟག་པར་གཏན་མ་ངེས་ན་བསལ་བ་ཡེ་མེད་ཡིན་ཏེ་གསུམ་མོ། །བཞི་པ་ནི་རྟག་པ་ལ་མ་བྱས་པས་ཁྱབ་པ་གནོད་པ་ཅན་གྱིས་ངེས་བཞིན་དུ་སྒྲ་རྟག་པར་ཁས་ལེན་པ་ལ་སྒྲ་རྟག་པའི་ཕྱིར་མ་བྱས་པར་

ཐལ་ཞེས་པ་ལྟ་བུ་སྟེ། དེ་ལའང་སྒྲ་བྱས་པར་ཚད་མས་ངེས་ན་ཚད་མས་བསལ་བ་དང་། ཡིད་དཔྱོད་ཀྱིས་ངེས་ཏེ་ཁས་ལེན་ན་རང་ཚིག་གིས་བསལ་བ་དང་། སྒྲ་བྱས་པར་མ་ངེས་ན་བསལ་བ་ཡེ་མེད་དེ་རྣམ་པ་གསུམ་མོ། །དེ་ལྟར་གཉིས་ག་ཁས་བླངས་དང་། རྟགས་ཚད་མས་ཁྱབ་པ་ཁས་བླངས་དང་། ཁྱབ་པ་ཚད་མས་རྟགས་ཁས་བླངས་གསུམ་ལ་བསལ་བ་ཡེ་མེད་གསུམ་དང་། རང་ཚིག་གིས་བསལ་བ་གསུམ་དང་། གཉིས་ག་ཚད་མས་ངེས་པ་དང་། གཉིས་ག་མ་ཚང་བ་དང་། གཏན་ཚིགས་ཚང་ཡང་ཁྱབ་པ་མ་ཚང་བ་དང་། ཁྱབ་པ་ཚང་ལ་གཏན་ཚིགས་མ་ཚང་བ་སྟེ་སྦྱོར་བ་བཅུ་གསུམ་ཡིན་ནོ། །

དེ་དག་ལ་ཐལ་འགྱུར་དང་ཐལ་འགྱུར་ལྟར་སྣང་དུ་དབྱེ་བ་ནི། རྟགས་དང་ཁྱབ་པ་གཉིས་ག་མ་གྲུབ་པ་དང་ཁྱབ་པ་གྲུབ་ཀྱང་རྟགས་མ་གྲུབ་པ་ལ་ནི་གཏན་ཚིགས་མ་གྲུབ་ཅེས་བརྗོད་ན་ལན་ཐེབས་པར་འགྱུར་ལ། རྟགས་ཚང་ཡང་ཁྱབ་པ་མ་ཚང་བ་ནི་ཁྱབ་པ་མ་གྲུབ་ཅེས་པའི་ལན་ཐེབས་ཤིང་། གཉིས་ག་ཚད་མའི་ཡུལ་དུ་ཚང་བ་དང་བསལ་བ་ཡེ་མེད་གསུམ་སྟེ། བཞི་པོ་དམ་བཅའ་འདོད་པ་ཡིན་ནོ་ཞེས་པའི་ལན་ཐེབས་པར་འགྱུར་བས་བདུན་ནི་ཐལ་འགྱུར་ལྟར་སྣང་ཡིན་ལ། ལྷག་མ་དྲུག་པོ་ནི་དམ་བཅའ་འདོད་པར་བརྗོད་ན་རང་ཚིག་གིས་བསལ་བ་གསུམ་ལ་ཁས་བླངས་དང་འགལ་ལ། ཚད་མས་བསལ་བ་གསུམ་ལ་ཚད་མ་དང་འགལ་བས་འདོད་པ་ཡིན་ཞེས་པའི་ལན་ཡང་གདབ་ཏུ་མེད་ལ། གཉིས་ནི་ཁྱབ་པ་ཚད་མས་ངེས་ལ། བཞི་ནི་ཁྱབ་པ་ཁས་བླངས་པ་ཡིན་པས་ཁྱབ་པ་མ་གྲུབ་ཅེས་པའི་ལན་ཡང་གདབ་པར་མི་ནུས་ཤིང་། གཉིས་གཏན་ཚིགས་ཚད་མས་ངེས་ལ་བཞི་ཁས་བླངས་ཀྱིས་ངེས་པས་གཏན་ཚིགས་མ་གྲུབ་ཅེས་པས་ཀྱང་ལན་གདབ་པར་མི་ནུས་པའི་ཕྱིར་ཐལ་འགྱུར་རྣལ་མ་ཡིན་ནོ། །

ཐལ་འགྱུར་རྣལ་མ་དྲུག་ལ་ཡང་སྒྲུབ་བྱེད་འཕེན་པ་དང་སྒྲུབ་བྱེད་མི་འཕེན་པ་གཉིས་སུ་དབྱེ་བའོ། །

སྒྱུར་བ་བཅོ་བརྒྱད་དེ་མི་དམིགས་པའི་སྒྱུར་བ་བཅུ་དྲུག་དང་། རང་བཞིན་དང་འབྲས་བུ་གཉིས་ཏེ་བཅོ་བརྒྱད་ལ་རིགས་གཞན་འཕེན་པ་བཅུ་དང་། རང་གི་རིགས་འཕེན་པ་གསུམ། ཐལ་འགྱུར་གཏན་མ་ཡིན་པ་ལྔ་ཡིན་ནོ། །

གོང་དུ་ཚད་གཞུང་《ཚད་མ་བསྡུས་པ་ཡིད་ཀྱི་མུན་སེལ་》གྱི་དགོངས་དོན་གཙོ་བོ་བསྟན་ཟིན། གཞུང་འདི་ནི་བོད་ཀྱི་མཁས་པ་རང་གིས་མཛད་པ་དང་། བརྩམས་པའི་དུས་རབས་ཅུང་སྔ་མོ་ཡིན་པ། མཛད་པ་པོས་རང་གི་གྲུབ་མཐའི་འདོད་ཚུལ་ལྟར་བཀྲལ་བ། རང་གི་རྣམ་དཔྱོད་ཀྱི་རྩལ་གྱིས་ཟུར་ཅི་ཐོན་དུ་མཛད་པ་ལ་སོགས་པའི་རྒྱུ་མཚན་དུ་མའི་དབང་གིས་རྗེས་རབས་ཀྱི་མཁས་པ་རྣམས་ཀྱིས་གཞུང་དེ་ལ་སྐྱོན་ཡོན་མང་པོ་བརྗོད་པ་བྱུང་། འོག་ཏུ་ས་སྐྱ་པཎ་ཆེན་ཤཱཀྱ་མཆོག་ལྡན་གྱིས་དཔྱད་པ་མཛད་པ་དེ་ཇི་མ་ཇི་བཞིན་ཐད་སོར་བཀོད་དེ་སྟོན་པ་གཤམ་གསལ།

ཚད་མ་ཡིད་ཀྱི་མུན་སེལ་གྱི་བཤད་པས་ནི་དུས་དེར་གངས་ཅན་གྱི་རྟོག་གེ་བ་མཐའ་དག་ལ་ཁྱབ་ཅིང་གཅེས་སྤྲས་སུ་བྱེད་པ་དེའི་ཆ་ཤས་ཀྱིས་དིང་སང་གི་བར་དུ་ཡང་དཔྱིས་ཕྱིན་པ་མ་ཡིན་པར་སྨྲ་བའི་ལུགས་བྱེད་ཟེར་བ་དག་ཡོད་དོ། །དེས་རྣམ་འགྲེལ་མཛད་པའི་དགོངས་པ་ཇི་ལྟར་བཀྲལ་བ་ནི། མཐར་ཐུག་གི་དགོངས་པ་ངོ་བོ་ཉིད་མེད་པའི་ཚུལ་དུ་གནས་པར་བཤད་ནས་ངེས་དོན་སྟོང་པ་ཉིད་ཀྱི་ངོས་འཛིན་མེད་པར་དགག་པ་ཉིད་དུ་འཆད་པ་དང་དེ་གཏན་ལ་འབེབས་བྱེད་གཅིག་དང་དུ་བྲལ་ལ་འཆད་པ་དང་། སྒྲུབ་པ་དང་སུན་འབྱིན་པའི་གནས་རྣམས་གཞུང་འགྲེལ་ནས་འབྱུང་བ་ཐད་སོར་གཞག་ནས་རང་གི་རྣམ་དཔྱོད་ཀྱི་རྩལ་གྱིས་ཀྱང་ཟུར་ཅི་ཐོན་དུ་མཛད་པས་ཆེས་ཤིན་ཏུ་བཟང་བ་དག་ཡོད་པ་དང་། ཕྱི་རོལ་དོན་འགོག་དང་དོན་སྒྲུབ་ཀྱི་སྐབས་སུ་འབྱུང་བའི་མདོ་སེམས་ཀྱི་གཞུང་རྣམས་ལ་རྩིས་གཞག་ཡེ་མི་མཛད་པར་དགག་པ་དམིགས་ཕྱོགས་ཏེ་མཛད་པ་དང་། དེ་ལྟར་མཛད་ནས་རང་ལུགས་ཀྱི་ཐ་སྙད་ཀྱི་རྣམ་གཞག་འཇིག་རྟེན་གྱི་གྲགས་པ་དང་བྱེ་བྲག་ཏུ་སྨྲ་བ་དང་མཐུན་པར་མཛད་ལ། དེ་ལྟར་མཛད་པ་དེ་ཡང་དབུ་མ་ཐལ་

འགྱུར་བ་དང་མཐུན་པ་ནི་མ་ཡིན་ཏེ་དེའི་བཞེད་པ་ལ་དགག་པ་ཆེས་ཤིན་ཏུ་རྒྱ་ཆེར་མཛད་པའི་ཕྱིར། ཞེས་མདོར་བསྟན་ནས་ཅུང་ཟད་རྒྱས་པར་བཤད་པ་ལ་གསུམ་སྟེ། ཡུལ་དང་ཡུལ་ཅན་སྤྱིའི་རྣམ་གཞག་ཇི་ལྟར་འཆད་པ། གཙོ་བོར་གྱུར་པའི་ཚད་མའི་རྣམ་གཞག་ཇི་ལྟར་འཆད་པ། གཏན་ལ་འབེབས་བྱེད་སྒྲུབ་པ་དང་སུན་འབྱིན་གྱི་རྣམ་གཞག་ཇི་ལྟར་འཆད་པའོ། །དང་པོ་ནི། སྣང་ཡུལ་དང་གཟུང་ཡུལ་གྱི་གོ་དོན་གཞུང་ནས་བཤད་པ་དེ་མི་འཛོག་པར་རང་གི་བློ་གྲོས་ཀྱིས་དཔྱད་པ་ལ་གཟུང་ཡུལ་ནི་རྣམ་པ་གསུམ་སྟེ། དོན་སྤྱི་དང་དོན་རང་མཚན་དང་མེད་པ་གསལ་བའོ། །དེ་གཟུང་ཡུལ་སྣང་ཡུལ་དུ་བྱེད་པའི་ཡུལ་ཅན་ཡང་གསུམ་སྟེ། རྟོག་པ་དང་མངོན་སུམ་དང་རྟོག་མེད་འཁྲུལ་བའོ། །གསུམ་པ་དེའི་མཚན་གཞི་ནི་ཟླ་བ་གཉིས་སྣང་གི་དབང་ཤེས་ལ་སྣང་བའི་ཟླ་གཉིས་ལྟ་བུ་སྟེ། དེའི་ཚེ་ན་ཡུལ་ལ་གཞལ་བྱས་མ་ཁྱབ་སྟེ། གསུམ་པ་དེ་ཡིན་གཞལ་བྱར་འགལ་བས་སོ། །གཟུང་ཡུལ་ཡིན་ན་ཡུལ་ཅན་དེའི་རྒྱུ་ཡིན་པར་འགལ་ཏེ། དེ་དང་དུས་མཉམ་དགོས་པས་སོ། །དུས་མཉམ་པའི་གཟུང་ཡུལ་དེའི་མཚན་གཞི་གང་ལ་བྱེ་ན། སྔོར་སྣང་དབང་ཤེས་ལ་སྔོན་པོར་སྣང་བ་དེ་ཉིད་སྔོན་པོའི་མཚན་གཞིར་འཛོག་པ་སོགས་ཏེ། དེས་དེ་དངོས་སུ་རིག་པ་འཇིག་རྟེན་དང་བསྟན་བཅོས་གཉིས་ཀ་ལ་གྲགས་པའི་ཕྱིར། མདོ་སྡེ་པ་ལྟར་དེས་དེ་མ་རིག་ན་ཕྱི་རོལ་གྱི་དོན་མེད་པར་འགྱུར་ཏེ། དེ་མངོན་སུམ་ལ་སྣང་རུང་མ་དམིགས་པའི་ཕྱིར་དང་། ཡོད་ན་ཡང་ལྐོག་ཏུ་གྱུར་པར་འགྱུར་ཏེ་རྟགས་ལས་རྟོགས་དགོས་པའི་ཕྱིར། ལྐོག་ཏུ་གྱུར་པས་དོན་དང་འདྲ་བར་བསྐྱེད་ན་ནི་བུམ་འཛིན་མངོན་སུམ་ཤ་ཟ་དང་འདྲའོ་ཞེས་ན་ཅིས་འགོག དེ་བཞིན་དུ་རྟོག་པ་ལ་དངོས་སུ་སྣང་བ་དེ་ཉིད་དོན་སྤྱི་ཡིན་པ་དང་། རྟོག་མེད་འཁྲུལ་ཤེས་ལ་མེད་པ་ཉིད་དངོས་སུ་སྣང་བ་དང་། གཞན་ཡང་རང་ལུགས་ཀྱི་འཛོག་མཚམས་ནི་མ་དཔྱད་པ་འཇིག་རྟེན་གྲགས་པ་དང་མཐུན་ལ། ཅུང་ཟད་དཔྱད་ན་བྱེ་བྲག་ཏུ་སྨྲ་བ་དང་མཐུན། དེའི་ཕྱིར་དོན་འདྲ་བ་དོན་རྟོགས་ཀྱི་སྒྲུབ་བྱེད་གཟུང་རྣམ་

རང་གི་སྒྲུབ་བྱེད་དུ་མདོ་སྡེ་པས་འདོད་ཀྱང་མི་འཐད། གཟུང་རྣམ་ཞེས་བྱ་བ་ཅི་ལ་ཟེར་གྱི་དོན་འཛིན་རྒྱུ་མེད། ཤེས་པ་གང་གི་སྣང་ཡུལ་གང་ཡིན་པ་དེ་ཉིད་དངོས་སུ་སྣང་བ་ལ་དེ་སྣང་བར་འཇོག་ཟེར་བ་འགལ་ཁྱབ་ཡིན་ཞེས་ཟེར་བ་སོགས་ཏེ་ཟེར་ལུགས་འདི་དཔྱིས་ཕྱིན་པའི་ཚེ་ན་སངས་རྒྱས་ཀྱི་ས་ཡི་ཟད་པར་ས་ལ་སོགས་པ་མེད་པ་གསལ་སྣང་ཅན་དུ་ཁས་ལེན་པ་དང་། དོན་སྤྱི་སྣང་ཡུལ་དུ་བྱེད་པའི་སངས་རྒྱས་ཀྱི་ཡེ་ཤེས་ཁས་ལེན་དགོས་པ་སོགས་འབྱུང་ལ། མདོ་སེམས་གཉིས་ཀས་ལྷན་ཅིག་དམིགས་ངེས་ཀྱི་རྟགས་ལས་དེར་སྣང་ཐམས་ཅད་ཤེས་པ་དང་རྫས་གཞན་མ་ཡིན་པ་དང་ཤེས་པ་ཉིད་དུ་བསྒྲུབ་པ་ལ་ནི་མཚུངས་འདྲའི་སྐྱོབས་ཀྱིས་དགག་པ་མང་དུ་མཛད་དོ། །དེ་བཞིན་དུ་ཡུལ་དངོས་སུ་རིག་པ་བློ་ཡི་མཚན་ཉིད་དང་། ཚད་མའི་བློ་གཉིས་པོ་ཡང་གཅིག་གིས་ནི་དོན་དང་ཤེས་པ་རང་མཚན་དངོས་སུ་རིག་པས་ན་དེ་དང་དེ་ལ་མངོན་སུམ་དུ་འཇོག་པ་དང་། རྗེས་དཔག་ལ་ཡང་དངོས་སུ་སྣང་བ་དེ་ཉིད་སྤྱི་མཚན་ཡིན་པས་ན་དེས་དེ་དངོས་སུ་འཇལ་བ་དང་། དེ་ཉིད་ལ་མི་བསླུ་བས་ཚད་མར་འཇོག་པ་ཡིན་གྱི་ལྐོག་ཏུ་གྱུར་པའི་དོན་རང་མཚན་ལ་མི་བསླུ་བས་འཇོག་པ་མ་ཡིན་པ་དང་སྣང་ཡུལ་དང་གཟུང་ཡུལ་དོན་གཅིག་པ་ཕོ་ནར་མ་ཟད་ཞེན་ཡུལ་དང་འཇུག་ཡུལ་ཡང་དོན་གཅིག་པར་བཤད་ནས་མངོན་སུམ་གྱི་ཞེན་ཡུལ་དོན་རང་མཚན་དང་རྟོག་པའི་འཇུག་ཡུལ་ཡང་སྤྱི་མཚན་ལས་གཞན་དུ་མེད་དེ། དེས་རང་མཚན་ནི་མ་རྟོགས་པའི་ཕྱིར། སྐབས་འགའ་ཞིག་ཏུ་ཤུགས་རྟོགས་ཀྱི་གཞལ་བྱ་ལ་ཚད་མར་འཇོག་པ་ནི་དམིགས་ཀྱིས་བསལ་བའོ། །ཚད་མིན་གྱི་བློ་ལ་ཡིད་དཔྱོད་ལ་སོགས་པ་ལྔ་ཕྱེ་ནས་ལྔ་པོ་ཡུལ་ལ་འཇུག་ཚུལ་གཞི་མཐུན་མི་སྲིད་པར་འདོད་པ་ནི་གཞུང་ན་མེད་ཅིང་ལོ་ཆེན་གྱིས་ཀྱང་མ་བཤད་ལ། བྱེ་བྲག་ཏུ་མངོན་སུམ་བཅད་ཤེས་ནི་གཏན་ཚིགས་ཐིགས་པའི་གཞུང་གིས་དངོས་སུ་བཀག་ཀྱང་མདོ་སེམས་ཀྱི་གཞུང་དུ་བཞག་ནས་དེ་ལ་རྩི་བ་མ་ཡིན་ནོ། །

གཉིས་པ་ཚད་མའི་རྣམ་གཞག་བྱེ་བྲག་ཏུ་བཤད་པ་ལ། སྤྱིའི་མཚན་ཉིད་དང་། དབྱེ་བ་སོ་སོའི་རྣམ་གཞག་གཉིས་ལས། དང་པོ་ནི་གཞུང་དུ་མི་བསྟུ་བའི་རིག་པ་དང་དེའི་གོ་དོན་ཡང་འཇུག་ཡུལ་རང་མཚན་ལ་བརྒྱུད་ནས་འབྲེལ་བ་ཞིག་ལ་བཤད་ནས་འཇུག་ཡུལ་དེ་གསར་དུ་རྟོགས་དགོས་པར་མི་འཆད་ལ། འདི་བས་ནི་དེ་དང་མི་མཐུན་པར་འཆད་པ་ཡིན་ཏེ། བདེན་པའི་དོན་རྟོགས་ཆོས་གསུམ་ལྡན་ཞིག་ཚད་མའི་མཚན་ཉིད་དུ་བཞག་ནས་ཚད་མ་ལ་རང་གི་འཇུག་ཡུལ་སྔར་མ་རྟོགས་གསར་རྟོགས་ཀྱིས་ཁྱབ་པ་དང་། འཛིན་སྟངས་མ་འཁྲུལ་བ་དང་སྒྲོ་འདོགས་གཅོད་ནུས་ཀྱིས་ཁྱབ་པ་ཡིན་ལ། དེའི་ཚེ་རྗེས་དཔག་རྣམས་ཀྱང་འཇུག་ཡུལ་ལ་མ་འཁྲུལ་བ་དང་། མི་བསྟུ་བའི་གོ་དོན་འཇུག་ཡུལ་རྟོགས་པ་བྱེད་པ་འདི་གཞུང་དང་ཤིན་ཏུ་མི་མཐུན་ཀྱང་ཚད་བསྡུས་རྩོམ་པ་པོ་ནི་དེ་ལྟར་སྟོན་པའི་གཞུང་ཁས་མི་ལེན་ལ། གཞུང་ཁས་ལེན་པའི་ཕྱི་རབས་པ་དག་ཅི་ཞིག་ཏུ་སེམས་དཔྱད་པར་བྱའོ། །གཉིས་པ་དབྱེ་བ་ལ། མངོན་རྗེས་གཉིས་དང་དེའི་ཚད་མ་སོ་སོར་ཕྱེ་ན། སྒྱོང་སྟོབས་ཀྱིས་སྒྲོ་འདོགས་གཅོད་པའི་རིག་པ་དང་། རྟགས་སྟོབས་ཀྱིས་སྒྲོ་འདོགས་གཅོད་པའི་རིག་པ་དེ་ཚད་མ་གཉིས་པོ་སོ་སོའི་མཚན་ཉིད་དང་། ཕྱིར་ཚད་མ་ཡིན་ན་རང་གང་ལ་ཚད་མར་སོང་བའི་འཇུག་ཡུལ་དེ་ལ་སྒྲོ་འདོགས་བཅད་ཟིན་པ་དང་འཇུག་ཡུལ་དེ་རང་གིས་ངེས་པའམ་དེ་ལ་ངེས་པར་རང་སྟོབས་ཀྱིས་དངོས་སུ་འདྲེན་ནུས་པ་གང་རུང་ཞིག་དགོས་པའོ། །ལུགས་འདིར་དབང་ཡིད་ཀྱི་མངོན་སུམ་ལ་དམིགས་རྐྱེན་ཕྱི་རོལ་གྱི་དོན་ཁས་ལེན་པར་མ་ནུས་པས་ན་རྐྱེན་གཉིས་པོ་ཙམ་དུ་ངེས་པར་འདོད་དགོས་སོ། །ཡང་འདི་པས་རྣལ་འབྱོར་མངོན་སུམ་སྒྲུབ་བྱེད་ཀྱི་རིགས་པ་འཆད་པ་ན། རིག་པའི་ཕྱི་མཐའ་ཐུག་མེད་དུ་བསྒྲུབ་པས་མཐར་ཐུག་ཐེག་པ་གཅིག་དང་སྒྲུབ་ཆོས་དོར་བས་སྟོང་ཉིད་མེད་དགག་ཏུ་མཚོན་པ་ཡང་བཤད་པས་ན་དབུ་མར་འགྲེལ་ལུགས་ལེགས་ལྡན་དང་ཟླ་བའི་ཞབས་ཀྱི་རྗེས་སུ་མི་འབྲང་ཡང་། དབུ་མའི་སློལ་འབྱེད་རང་རྐང་

ཚུགས་པ་ཞིག་ཡིན་པར་བཞེད་དོ། །ཚད་མའི་མཚན་ཉིད་ལ་འཁྲིས་ནས་མཚན་མཚོན་གཞི་གསུམ་གྱི་རྣམ་གཞག་རྒྱས་པ་འདི་ནི། རྩོམ་པ་པོ་འདི་ཉིད་ཀྱི་རྩལ་གྱིས་བཏོན་པ་སྟེ་གོང་དུ་དེ་ལྟ་བུའི་རྣམ་གཞག་རྒྱས་པར་ནི་རྒྱ་བོད་ཀྱི་འགྲེལ་བྱེད་སུས་ཀྱང་མ་བཀྲལ་ལ། ཕྱི་མའི་དུས་འདིར་རྣམ་གཞག་དེ་ཆོང་འདུས་ཀྱི་འོ་མ་ལྟ་བུར་གྱུར་མོད། དེའི་བཞེད་པ་དཔྱིས་ཕྱིན་པ་ནི་འདི་ལྟར་དཔེར་ན་དོན་བྱེད་ནུས་པ་ནི་མཚན་ཉིད་དོ། །དངོས་པོའི་ཐ་སྙད་དམ་མིང་ནི་མཚོན་བྱའོ། །དངོས་པོ་ཙམ་དང་དེའི་ཁྱད་པར་སོ་སོ་བ་རྣམས་ནི་མཚན་གཞི་སྟེ། དོན་བྱེད་ནུས་པ་ནི་མཚན་གཞི་དང་མཚོན་བྱ་དེ་གཉིས་ཀའི་མཚན་ཉིད་དོ། །དེ་ཙམ་ཞིག་ནི་ཆོས་མངོན་པའི་གཞུང་རྒྱ་ཆེན་པོ་དང་། རྣམ་འགྲེལ་མཛོད་པའི་གཞུང་དང་ཡང་མཐུན་པས་དོན་རྒྱ་ཆེན་པོ་བཅས་པའོ། །མཚན་མཚོན་གཞི་གསུམ་པོ་དེའི་རང་ལྡོག་ལ་མཚན་ཉིད་སོ་སོར་འཛོག་པ་དང་གོ་བྱེད་དུ་གྱུར་པའི་རང་གི་མཚན་ཉིད་མཚན་ཉིད་ལ་གཞན་མི་དགོས་པ་ནི་བསྟན་བཅོས་དེའི་དགོངས་པར་གསལ་ལ། དེའི་མཚན་ཉིད་དུ་བཞག་པ་ཙམ་གྱིས་དེ་མཚོན་བྱར་འགྲོ་བ་དང་། དེ་མཚོན་བྱར་སོང་བ་ཙམ་གྱིས་དེ་དག་ལ་ཁྱབ་པའི་སྒོ་བཞི་ཁས་ལེན་དགོས་པ་དང་། དངོས་པོ་ཙམ་ནི་དོན་བྱེད་ནུས་པའི་མཚོན་བྱ་ཡིན་གྱི་མཚན་གཞི་མ་ཡིན་ཟེར་བ་དང་། སྒོ་བཞི་ཁས་ལེན་པའི་ཆེད་དུ་མཚོན་སྦྱོར་འགོད་པ་དང་། དེ་བཀོད་པའི་དགོས་པ་ཡང་མཚན་མཚོན་གྱི་འབྲེལ་བ་ངེས་པའི་ཕྱིར་དུ་ཡིན་ཟེར་བ་དང་། འབྲེལ་བ་དེ་ཡང་བདག་གཅིག་གི་འབྲེལ་བ་ཡིན་ཟེར་བ་སོགས་ལ་ནི་དགོས་པ་རྒྱ་ཆེར་མེད་མོད་ཀྱང་། བསྡུས་པ་འདི་ཡི་རྗེས་འབྲང་དང་བཅས་པས་ནི་འབད་རྩོལ་ཆེན་པོས་རང་རང་གི་རྩོམ་པ་གང་ཡིན་དེའི་ཕྱེད་དང་གསུམ་གཉིས་ཙམ་ཐུབ་པར་བྱས་སོ། །དེས་ནས་འགལ་འབྲེལ་གྱི་རྣམ་གཞག་ལ། རྟོག་གེའི་བསྟན་བཅོས་ཀྱི་གནས་སྐབས་ཀྱི་བསྟན་བྱའི་གཙོ་བོ་ནི་དགག་སྒྲུབ་ཡིན་ལ། དེའི་རྩ་བ་ཡང་འགལ་འབྲེལ་ལ་རག་ལས་པས་བསྡུས་པ་འདིའི་རྩ་བ་ན་གཞུང་འགྲེལ་དང་མི་མཐུན་པ་ཆེར་ཡོད་པ་

ཉིད་དུ་མ་མངོན་ཀྱང་། ཕྱི་མའི་དུས་འདིར་ཆེར་ཤིན་ཏུ་རྣམ་པར་འཕྲུམས་པར་འགྱུར་ཏེ། དེ་དང་དེ་ཡིན་ན་གཞན་དེ་མ་ཡིན་པ་བུད་ཅེས་དང་། ཡིན་པ་བུད་ལ་དངོས་སྐྱོན་མ་ཐེབས་པ་ཙམ་གྱིས་འགལ་འབྲེལ་གོ་ཆོད་པར་འདོད་པའོ། །ཡང་གཞན་སེལ་གྱི་རྣམ་པར་གཞག་པ་ནི། ཚད་བསྡུས་ཀྱི་བཤད་པ་འདིའི་ནང་ན་ཤིན་ཏུ་ཉུང་ཞིང་མདོ་སེམས་ཀྱི་གཞུང་ནས་བཤད་པ་ལ་ཐུགས་རྗེས་ཆུང་བས་བཏང་སྙོམས་སུ་བཞག་པ་ཡིན་ལ། དེའི་ཤུགས་ཀྱིས་ཕྱི་མའི་དུས་འདིར་ཡང་གཞན་སེལ་བའི་རྣམ་གཞག་ཤིན་ཏུ་དཀོན་པར་བྱུང་ངོ་། །སྒྲུབ་པ་དང་སུན་འབྱིན་པའི་རྣམ་གཞག་ལ། གཞུང་དང་མི་མཐུན་པ་ཆེར་མེད་ལ་ཟུར་དོད་ཙམ་ཁ་གཅིག་བྱུང་བ་ནི་འདི་ལྟར། རྟགས་ཀྱི་མཚན་ཉིད་ཚུལ་གསུམ་དུ་གྲགས་ཀྱང་ཕྱོགས་ཆོས་དང་ལྡོག་པའི་ཚུལ་ཙམ་གྱིས་ཆོག་པ་དང་། རྗེས་འགྲོ་ཁྱད་པར་ཅན་གྱི་ནང་དུ་ལྡོག་པ་འདུས་ཀྱང་རྟགས་མི་མཐུན་ཕྱོགས་ལ་ཡོད་པ་འགོག་བྱེད་ཀྱི་རིགས་པ་མ་བསམ་ན་རྟགས་སུ་མི་འགྲོ་བས་ན་ལྡོག་ཚུལ་ཉིད་ཀྱིས་ཆོག་པ་དང་། ཚུལ་རེ་རེ་བ་ཅན་གྱི་གཏན་ཚིགས་ཡང་དག་མེད་ཀྱང་རེ་རེ་བ་ཅན་གྱི་རྟགས་ལྟར་སྣང་ཡོད་པ་དང་། རང་རྒྱུད་ཀྱི་སྒྲུབ་ངག་ཡང་དག་ཏུ་མ་ཟད་ཐལ་འགྱུར་གྱི་སྒྲུབ་ངག་ཡང་དག་ལའང་རྟགས་ཁྱབ་གང་རུང་རེ་རེ་བརྗོད་པས་ཆོག་པ་ཞིག་ཀྱང་ཡོད་པ་དང་། སྒྲིར་སྒྲུབ་པའི་ཐལ་འགྱུར་ཆོས་གསུམ་ལྡན་དང་། སུན་འབྱིན་རྐྱང་པའི་རྣམ་གཞག་དང་། ཐལ་འགྱུར་དུ་བཀོད་ཚད་ལ་རྩ་བའི་དབྱེ་བ་བཞིར་བཞག་ནས་ཡན་ལག་གི་དབྱེ་བ་བཅུ་བཞིར་འབྱེད་པ་དང་། སུན་འབྱིན་ལྟར་སྣང་ལ་ལན་འདེབས་ཚུལ་ལ་རྟགས་དང་ཁྱབ་པ་མ་གྲུབ་པ་དང་འདོད་ཐོག་སྒོ་གསུམ་དུ་གྲངས་ངེས་པ་སོགས་ཁོང་རང་གི་རྣམ་དཔྱོད་ཀྱི་རྩལ་གྱིས་བཏོན་པ་ཤིན་ཏུ་མང་སྟེ། འདི་ལ་ནི་ཇི་སྐད་དུ། བློ་ཡི་ནུས་པ་ཅུང་ཟད་ཡོད་ཀྱང་ལེགས་བཤད་སྙིང་པོ་མ་རྙེད་ཅིང་། ཞེས་དཔྱད་པར་མཛད་པ་དག་ཀྱང་ཡོད་དོ་ཞེས་《ཚད་མའི་མདོ་དང་བསྟན་བཅོས་ཀྱི་ཤིང་རྟའི་སྲོལ་རྣམས་ཇི་ལྟར་བྱུང་བའི་ཚུལ་གཏམ་དུ་བྱ་བ་ཉིན་མོར་བྱེད་པའི་སྣང་

བ་》ཞེས་པ་ལས་གསུངས་ལ།[①] གོང་དུ་སྨོས་པའི་བློ་ཡི་ནུས་པ་ཙུང་ཟད་ཡོད་ཀྱང་ལེགས་བཤད་སྙིང་པོ་མ་རྙེད་ཅེས་པའི་ཚིག་ནི་《རིགས་གཏེར་》བྱེད་པོའི་བཞེད་པ་ཡིན་ནོ། །

དོན་ཚན་གསུམ་པ། བསྡུས་གྲྭའི་བསྟན་བཅོས་མཛད་ཅིང་བརྒལ་བརྟག་གི་སྲོལ་གསར་དུ་བཏོད་པ།

སློབ་དཔོན་ཕྱ་བ་ཆོས་སེང་གིས་མཛད་པའི་བསྡུས་གྲྭའི་ཚད་གཞུང་ནི་བོད་མི་རིགས་རང་གི་ཁྱད་ཆོས་དང་ལྡན་པའི་ཚད་མའི་བསྟན་བཅོས་ཤིག་ཡིན་ཏེ། དབལ་མང་པཎྜི་ཏ་དཀོན་མཆོག་རྒྱལ་མཚན་ཞལ་སྔ་ནས་ཀྱིས། གཞུང་གི་གནད་ཡོགས་སུ་བཀོད་ནས་ལས་དང་པོ་བས་འཇུག་བདེ་ཞིང་འདུམ་སླ་བར་བྱས་ཏེ་བརྒལ་ཞིང་བརྟག་པའི་སྲོལ་བཏོད་པར་སྡེ་བདུན་གྱི་རིགས་པའི་གནད་ཕྱོགས་གཅིག་ཏུ་བསྡུས་པའི་གྲྭ་ཡིན་པས་ན་བསྡུས་གྲྭ་ཞེས་གྲགས་ཤིང་། ཆ་བསྡུས་ཀྱང་ཟེར།[②] ཞེས་གསུངས་པ་ལྟར། བསྡུས་གྲྭ་ནི་མདོ་དང་སྡེ་བདུན་གྱི་དགོངས་དོན་གྱི་གནད་སོ་སོར་ཡོགས་སུ་བཀོད་ནས་བཀྲལ་ཏེ། ལས་དང་པོ་བ་རྣམས་ཀྱི་འཇུག་བདེ་ཞིང་གོ་སླ་བར་མཛད་པར་མ་ཟད། རིག་པའི་རྩལ་གྱིས་བརྒལ་བརྟག་གི་རིགས་ལམ་གསར་དུ་བཏོད་དེ་ཕན་ཚུན་རྩོད་པའི་ལམ་སྲོལ་དར་བར་མཛད། དེས་བོད་ཀྱི་ཚད་མ་རིག་པ་ཁྱབ་གདལ་དུ་གཏོང་བ་དང་གོང་དུ་སྤེལ་བ་ལ་ཕྱུག་རྗེས་ཆླ་ན་མེད་པ་མཛད་པས་བཀའ་དྲིན་མཆོག་ཏུ་ཆེའོ། །རིགས་པས་བརྒལ་བརྟག་བྱེད་པའི་ལམ་སྲོལ་ནི་སྔར་འཕགས་ཡུལ་ན་ཡོད་ཀྱང་། འོན་ཏེ་ཕན་

① དཔལ་བརྩེགས་བོད་ཀྱི་དཔེ་སྙིང་ཞིབ་འཇུག་ཁང་གིས་དཔེ་སྙིང་བྲིས་མ་ཞིག་ལས་བཤུས་ཤིང་པར་གཞི་གསར་དུ་བསྒྲིགས་པའི་སྣ་རིང་དཔར་མའི་ཤོག་ངོས་༨༥པར་གསལ།

② དབལ་མང་པཎྜི་ཏས་མཛད་པའི་《བླ་བྲང་བཀྲ་ཤིས་འཁྱིལ་གྱི་གདན་རབས་ལྷའི་རྔ་ཆེན་》ཞེས་བྱ་བ་ཀན་སུའུ་མི་རིགས་དཔེ་སྐྲུན་ཁང་གིས་༡༩༨༧ལོར་པར་དུ་བསྐྲུན་པའི་ཤོག་ངོས་༡༧༨པར་གསལ།

ཚུན་ཙོད་པའི་རྣམ་པ་དང་བཀོད་པའི་སྐྱབ་ངག་མི་འདྲ་སྟེ། སློབ་དཔོན་ཕྱོགས་གླང་ཡབ་སྲས་ཀྱི་ཡར་སྟོན་ལ་ཕྱི་ནང་ཕན་ཚུན་ཙོད་པའི་རྣམ་པ་ནི་འདྲི་བ་དང་ལན་འདེབས་པའི་ཚུལ་གྱི་སྒོ་ནས་ཙོད་པར་བཤད་ལ། དྲི་བའི་རྣམ་པ་རིགས་གསུམ་ཡོད་དེ། ཁྱད་པར་གྱི་གཞི་དྲི་བ་དང་། ཁྱད་པར་གྱི་ཆོས་དྲི་བ་དང་། སྒྲུབ་བྱེད་དྲི་བ་དང་གསུམ་མོ། །ལན་འདེབས་ཚུལ་ནི། མགོ་གཅིག་པ་དང་། རྣམ་པར་ཕྱེ་བ་དང་། དྲི་བ་དང་། རྣམ་པར་བཞག་པའི་སྒོ་ནས་ལན་འདེབས་ཚུལ་དང་བཞི་ཡོད་དེ། མཛོད་ལས།

མགོ་གཅིག་དང་ནི་རྣམ་ཕྱེ་དང་། །
དྲི་དང་བཞག་པར་ལུང་བསྟན་པ། །
འཆི་དང་སྐྱེ་དང་ཁྱད་པར་འཕགས། །
བདག་གཞན་ལ་སོགས་ལྟ་བུ་ཡིན། །

ཞེས་གསུངས་པ་ལྟར། སྐྱེས་པ་ཐམས་ཅད་འཆིའམ་མི་འཆི་ཞེས་དྲིས་པ་ན་ངེས་པར་འཆི་ཞེས་མགོ་གཅིག་གིས་ལན་འདེབས་པ་དང་། ཤི་བ་ཐམས་ཅད་སྐྱེའམ་ཞེ་ན་ཉོན་མོངས་ཅན་ནི་སྐྱེ་ལ། ཉོན་མོངས་མེད་པ་ནི་མི་སྐྱེ་ཞེས་རྣམ་པར་ཕྱེ་ནས་ལན་འདེབས་པ་དང་། མིར་སྐྱེས་པ་བཟང་ངམ་ཞེས་དྲིས་པ་ལ། གང་ལ་ལྟོས། ངན་འགྲོར་ལྟོས་ཏེ་བཟང་ལ། ལྷ་ལ་ལྟོས་ན་ངན་ཞེས་དྲི་བའི་སྒོ་ནས་ལན་འདེབས་པ་དང་། བདག་རྟག་གམ་མི་རྟག་ཅེས་དྲིས་པ་ན། བདག་མ་གྲུབ་པའི་ཕྱིར་ན་རྟག་མི་རྟག་གཉིས་ཀ་མིན་ནོ་ཞེས་རྣམ་པར་བཞག་པའི་སྒོ་ནས་ལན་འདེབས་པར་བྱེད་པའོ། །སློབ་དཔོན་ཕྱོགས་གླང་ཡབ་སྲས་ཀྱི་རྗེས་སུ་གཙོ་བོ་རྟགས་ཀྱི་ཚོར་མ་འབྱིན་པའི་སྒོ་ནས་ཙོད་པར་བྱེད་པ་ཡིན་ཏེ། ཙོད་པའི་ཚེ་ཐོག་མར་སྒྲུབ་ངག་འགོད་དགོས་ལ། དེའི་རྗེས་སུ་རྟགས་ཀྱི་ཚོར་མ་ངེས་པར་འབྱིན་དགོས་ཏེ། དཔེར་ན། རྟགས་འདི་མ་གྲུབ་པ་མ་ཡིན་ཏེ། ཆོས་ཅན་ལ་མཐོང་བའི་

ཕྱིར་རོ། །འགལ་བ་མ་ཡིན་ཏེ། མཐུན་ཕྱོགས་ལ་གྲུབ་པའི་ཕྱིར་རོ། །མ་ངེས་པ་མ་ཡིན་ཏེ། མི་མཐུན་ཕྱོགས་ལ་ཁེགས་པའི་ཕྱིར་རོ་ཞེས་དེ་ལྟ་བུའི་ཚུལ་གྱིས་འཕྲིན་པ་ཡིན་ནོ། །དེ་ལྟར་ཡང་ཕྱིས་ཀྱི་རྟོག་གེ་པ་མང་པོས་ཚེར་མ་འཕྲིན་པའི་རྣམ་གཞག་མི་བྱེད་པའི་རྒྱུ་མཚན་ནི། འདི་སྐད་ཐོས་ཏེ། འཕགས་ཡུལ་གྱི་བློ་ཀྲ་མ་ལ་ཤྲཱི་ལའི་མཁས་པ་ཞིག་དང་། ཤཱནྟ་ལའི་བྲམ་ཟེ་གཅིག་རྒྱལ་པོ་སྒྲ་ཚད་ཤེས་པ་གཅིག་གིས་དཔང་པོ་བྱས་ཏེ་རྩོད་པ་ན། བྲམ་ཟེས་རིག་བྱེད་ཀྱི་སྒྲ་རྟག་པར་འདོད་པ་ལ་སངས་རྒྱས་པས་མི་རྟག་ཅེས་དམ་བཅས། བྲམ་ཟེས་མི་རྟག་སྐྱེ་ཅིའི་ཕྱིར་ཞེས་དྲིས། སངས་རྒྱས་པས་གང་ཡོད་པ་མི་རྟག་སྟེ། བུམ་པ་བཞིན། སྒྲ་ཡང་ཡོད་དོ་ཞེས་པའི་བསྒྲུབ་པའི་ངག་བཀོད། དེ་ལ་བྲམ་ཟས་རྟགས་དེའི་ཚེར་མ་མ་ཕྱུང་ངོ་ཞེས་ཤུབ་ཅིང་རྒྱལ་པོ་ལ་བལྟས། རྒྱལ་པོ་དཔང་པོ་ཡིན་པས་སངས་རྒྱས་པ་ལ་རྟགས་དེའི་ཚེར་མ་ཕྱུངས་ཤིག་ཅེས་སྨྲས། པཎྜི་ཏས་ཁོ་བོའི་རྟགས་སྐྱོན་མེད་པ་ལ་ཚེར་མ་དབྱུང་ཅི་དགོས་ཞེས་ལན་བཏབ་དེར་བྲམ་ཟེས་ཚེར་མ་འཕྲིན་དགོས་པའི་རྒྱུ་མཚན་མ་ཤེས་པས་སྤོབས་པ་མེད་པར་འདུག་གོ །དེའི་མན་ཆད་རྒོལ་བ་ཕལ་ཆེར་དེའི་རྣམ་ཐར་བཟུང་ནས་རྟགས་ལ་ཚེར་མ་འཕྲིན་པ་ལ་སོགས་པའི་རྣམ་གཞག་མི་བྱེད་པ་མང་ངོ་གྲག་གོ །

བོད་ཡུལ་དུ་སློབ་དཔོན་ཕྱོ་བའི་གོང་རོལ་ཏུ་རྩོད་པར་བྱེད་པའི་སྲོལ་ཡོད་དམ་ཞེ་ན། ཡོད་པར་སྣང་སྟེ། བཀའ་གདམས་གླེགས་བམ་ལས་བྱུང་བའི་དམ་པའི་ཆོས་ཀྱི་ཇ་སྐོལ་ཚུལ་ནི་མཚན་ཉིད་པ་རྣམས་ཀྱིས་རྩོད་པའི་རྣམ་གཞག་དང་བགྲོ་གླེང་བྱེད་སྟངས་གསལ་བར་སྟོན་པ་ཡིན་པའི་ཕྱིར་ཏེ། དབལ་མང་པཎྜི་ཏ་དཀོན་མཆོག་རྒྱལ་མཚན་གྱིས་མཛད་པའི་《བླ་མའི་གསུང་རྒྱུན་ཟིན་བྲིས་སུ་བཀོད་པ་བརྒྱལ་བརྟག་རྒྱན་མང་གསལ་བའི་མེ་ལོང་》ལས། །སྤྱིར་བཀའ་གདམས་གླེགས་བམ་ལས། ཇོ་བོའི་ཞལ་ནས། ཞིམ་ཇ་སྐོལ་ལ་ཁྱེར་ཤོག ཅེས་པའི་ལན་དུ། བཤེས་གཉེན་པའི་ཞལ་ནས།

ཁྱེད་གསུང་དྲི་མེད་སྙན་པ་ལེགས། །
ལྡེ་བདེ་རིག་གསལ་འགྲོ་ན་མགྱོགས། །
རིན་ཆེན་སྟོད་དུ་གཏམས་ན་མཛེས། །
གཡོ་དག་ཐོན་པར་བྱས་ཏེ་དྲངས། །
འོད་གསལ་བདེ་བའི་ཞིང་ཁམས་འདིར། །
བྱིན་གྱིས་རླབས་པའི་སྤྲུལ་པ་ང་། །
དུས་གསུམ་དགེ་བའི་སྤྱོད་ཁ་ལ། །
མ་སྦྲུབ་མ་རྫོར་མ་སྦྲགས་པ། །
རིན་ཆེན་སྟོད་མཆོག་རབ་གཏད་ནས། །
ཡེ་ཤེས་མེ་དཔུང་མེས་བསྐྱེད་དེ། །
བདེ་ཆེན་ཐུགས་རྗེའི་དུ་བ་འཕྱུར། །
ཞི་བདེ་བསིལ་བའི་ཆབ་བལྟམས་ནས། །
བླ་མའི་བྱིན་རླབས་རྫོར་དུ་འདེབས། །
ཚོད་ཟིན་རོ་སྙོམས་ཚྭ་ཡིས་མངགས། །
བྱང་ཆུབ་ཤིང་གི་དད་པ་ཅན། །
འཐུང་བ་ཙམ་གྱིས་བདེ་སྐྱིད་ན། །
ཡར་ལ་གྲུས་པའི་སྐྱོགས་ཀྱིས་འདྲེན། །
བར་དུ་གཞུང་རིང་གྲོགས་བསྐྱེད་ལ། །
སྙན་ཞིང་བདེ་བས་ཁྱབ་པར་བྱེད། །
སྒྱུ་མའི་སྐྱེས་བུ་མགྲོན་པོ་ཡིན། །
སྤྲུལ་པའི་ཁྱེའུ་ཆུང་ལག་བདེ་ཡིན། །
སྐོམ་པའི་བསྙེན་བཀུར་བག་ཡོད་ཡིན། །
སྤྲུལ་པའི་ཆོས་ཀྱི་དབྱིངས་ནས་བྱུང་། །

འབྲེལ་ཆགས་ལོ་རྒྱུས་གཏམ་གྱིས་འགྲོལ། །
མགྲོན་རྣམས་ཆོས་ཀྱི་དབྱིངས་སུ་དེངས། །
དགེ་རྩ་བདེ་སྟོང་དག་པར་བསྔོ། །
སྨོན་ལམ་རྟག་ཏུ་བདེ་བར་འདེབས། །
ཀྱང་གཡས་ས་ལ་རབ་བསྣུན་པས། །
ངན་སོང་ཡོང་ཡེ་ཡོད་མ་ཡིན། །
གཡོན་པ་ཞུང་ཟད་གྱེན་བཏེགས་པས། །
ཐམས་ཅད་ང་དང་ལྷན་ཅིག་ཏུ། །
ཐར་པའི་གནས་སུ་ཕྱིན་པར་ཤོག །
ཕྱག་རྒྱ་ཕྱོགས་སུ་རབ་བསྐྱོད་པས། །
བཀྲ་ཤིས་ཕྱོགས་མཐར་རྒྱས་པར་ཤོག །
ཕྱག་རྒྱ་ནང་དུ་རབ་བཀུམ་པས། །
དཔལ་འབྱོར་གཡང་དུ་འདུ་བར་ཤོག །
འཕྲོམ་སྟོན་བཀའ་གདམས་རིན་ཆེན་ངའི། །
དམ་པའི་ཆོས་ཀྱི་ཇ་སྐོལ་ཡིན། །

ཞེས་གསུངས་པ་དག་གི་དོན་ནི། གཞུང་དེ་ཉིད་ལས། བོད་ཀྱི་ཡུལ་ནས་བཟུང་སྟེ་བསྟན་པ་བྱུང་ནས་བྱུང་དུ་དར་ཁྱབ་པའི་བར་གལ་ཆེ་བས་ན། འོད་གསལ་བདེ་བའི་ཞིང་ཁམས་འདིར་ཞེས་གསུངས། ཆོས་ཀྱི་བསྒྲོ་གླེང་འདི་འདྲ་བྱེད་རྒྱུ་བྱུང་བ་ནི་བླ་མའི་བྱིན་རླབས་འབབ་ཞིག་ལས་བྱུང་བས་ན། བྱིན་གྱིས་རླབས་པའི་སྤྲུལ་པ་ང་ཞེས་གསུངས། ཞེས་དང་། ཇ་སྐོལ་ཚུལ་དངོས་ནི། གཞུང་དེ་ཉིད་ལས། དུས་གསུམ་གྱི་དགེ་བའི་སྙིད་ཁར། སྟོད་ཀྱི་སྐྱོན་གསུམ་སྤངས་པའི། སྣ་མཁས་བློ་གསལ་གྱི་སྟོད་དུ། ཞི་བདེ་བསིལ་བའི་རང་བཞིན་གྱི་ཆབ། བླ་མའི་བྱིན་

སྐབས་ཀྱི་རྫོར། འདོད་ཆུང་ཆོག་ཤེས་ནས་ལྟ་བའི་བར་གྱི་རོ་སྙོམས་ཀྱི་ཚོ། བྱང་ཆུབ་ཤིང་གི་དད་པ་ཅན། ཤེས་རབ་མེ་དཔུང་གིས་བསྐོལ་བ་ན་འཕྲལ་ཕུགས་ཀྱི་བདེ་སྐྱིད་དང་ཐུགས་རྗེའི་དུ་བ་འཐུལ། འཐུང་བ་ཙམ་གྱིས་བདེ་བ་སྐྱིད། ཡར་དཀོན་མཆོག་གསུམ་ལ་གུས་པའི་སྐྱོགས་ཀྱིས་འདྲེན་པས་བཀའ་བཞིན་སྒྲུབ་པའི་མཆོད་པ་བྱེད། མར་གདུལ་བྱའི་ཞིང་ལ་སྙིང་རྗེའི་སྐྱོགས་ཀྱིས་འདྲེན་པས་ཆོས་ཀྱི་སྦྱིན་པ་གཏོང་། བར་དུ་ཚེ་རབས་བརྒྱུད་ནས་གཞུང་བསྲིངས་པའི་འདུན་པ་གྲོགས་སྟོབས་ཀྱིས་བསྐྱེད་ལ། བཙུ་བ་བཞིའི་སྒོ་ནས་བརྒལ་བརྟག་ཇ་བར་སྙན་ཞིང་ཡིད་ལ་འཕྲལ་ཕུགས་བདེ་བ་སྟོལ་བས་བསྟན་པ་ས་སྟེང་ཀུན་ལ་ཁྱབ་པར་བྱེད། དེ་ཐམས་ཅད་ཀྱང་བྱང་ཆུབ་ཀྱི་སེམས་དང་། སྟོང་ཉིད་ཀྱི་ལྟ་བའི་རྩིས་ཟིན་པ་དགོས་ན། བྱང་ཆུབ་ཤིང་གི་དད་པ་ཅན་ཞེས་པ་དང་། སྒྱུ་མ་ལྟ་བུའི་སྐྱེས་བུ་མགྲོན་པོ་ཡིན། ཞེས་གསུངས་ཏེ། འཁོར་འདས་ཀྱི་སྲིད་པ་མཐའ་དག་སྒྱུ་མ་ལྟར་ཤེས་དགོས་པའི་དོན་ནོ། །དེ་འདྲ་བྱེད་རྒྱུ་བྱུང་བ་རྗེ་བོ་ཡབ་སྲས་སོགས་རྒྱལ་བ་སྲས་བཅས་ཀྱི་འཕྲིན་ལས་ལས་བྱུང་བས་ན། སྤྲུལ་པའི་ཁྲིའུ་ཆུང་ལག་བདེ་ཡིན་ཞེས་གསུངས་ཏེ། རྩོད་པ་བྱེད་མཁན་ལ་གོ་ བརྒལ་བརྟག་དང་ཐོས་བསམ་གྱིས་གཏན་ལ་ཕབ་པའི་འབྲས་བུར་རང་སེམས་དུལ་ཞིང་ཉོན་མོངས་འཇོམས་པ་དགོས་པས་ན། སྐོམ་པའི་བསྙེན་བཀུར་བག་ཡོད་ཡིན་གསུངས། བརྒལ་བརྟག་ལུང་རིགས་དང་འབྲེལ་དགོས་པས་ན། འབྲེལ་ཆགས་ལོ་རྒྱུས་གཏམ་གྱིས་འགྲོལ། ཞེས་གསུངས། ལམ་དུས་སུ་མདོ་སྔགས་ཟུང་འབྲེལ་གྱི་ཉམས་ལེན་དང་། འབྲས་དུས་སུ་དག་པ་གཉིས་ལྡན་གྱི་ཆོས་དབྱིངས་ཀྱི་སྐུ་བཞིར་འཆར་བས་ན། མགྲོན་རྣམས་ཆོས་ཀྱི་དབྱིངས་སུ་དེངས། །དགེ་རྩ་བདེ་སྟོང་དག་པར་བསྔོ། །ཞེས་གསུངས། བསྐྱེད་རིམ་གྱི་སྒྲུབ་ཐབས་རྣམས་སུ་མཆོད་པ་འབུལ་བའི་ཕྱག་རྒྱ་གསུང་བ་ལྟར་ནང་གི་ཐོས་བསམ་དང་། ཕྱིའི་རྣམ་འགྱུར་ངོ་སྤྲོད་པའི་ཆ་ནས་ཕྱག་རྒྱ་ཕྱོགས་སུ་རབ་བསྐྱོད་སོགས་གསུངས་པའི་དོན་གོང་དུ་སོང་ཟིན་པ་ལྟར་ལགས་སོ། །ཞེས་གསུངས་པ་

དང་། 《འཇིགས་བྱེད་ཆོས་འབྱུང་ཁམས་གསུམ་རྣམ་རྒྱལ་ཉི་འོད་》ལས། རིགས་ལུང་བྱེད་ཚུལ་གྱི་མཚོན་དོན་ཡང་། ཞབས་གཡས་པ་ས་ལ་བསྣུན་ཅིང་བཞག་པས་ངན་སོང་གི་སྒོ་གཅོད་པ་དང་། ཞབས་གཡོན་པ་བཏེགས་པས་ཐམས་ཅད་ཐར་བར་མཚོན་ཞིང་སྟོན་པ། ཕྱག་རྒྱ་ཕྱོགས་སུ་བསྐྱོད་པས་བཀྲ་ཤིས་ཕྱོགས་སུ་རྒྱས་པ་མཚོན། ཕྱག་རྒྱ་ནང་དུ་བསྡུས་ནས་དཔལ་འཁོར་གཡང་དུ་འདུ་བའི་གྲགས་སྙན་གྱི་བརྗ་དང་བཀའ་གདམས་པའི་ཆོས་ཀྱི་ཛ་སྐོལ་ཚུལ་ཡིན་པས་རྟེན་འབྲེལ་ལེགས་པ་ཡོད་དེ། ཞེས་གསུངས་པ་འདི་འདྲའི་བསྒྱུ་གླེང་བྱེད་པ་ནི་བཀའ་གདམས་པའི་ཆོས་ཀྱི་ཛ་སྐོལ་ཚུལ་ཡིན་ཞིང་།[①] ཞེས་གསུངས་པས་སོ། །

ཕྱ་བས་གསར་དུ་བཏོད་པའི་བརྒལ་བརྟག་གི་སྲོལ་ནི་དེ་དག་གཞིར་བྱས་པའི་སྟེང་དུ་གཙོ་བོ་སུན་འབྱིན་པའི་ཐལ་འགྱུར་བཀོད་ནས་རྩོད་པར་བྱེད་པ་ཡིན་ཏེ། ཐལ་འགྱུར་ནི་ སྦྱིར་སུན་འབྱིན་དང་དོན་གཅིག་ཡིན་ཡང་། འདིར་ཕ་རོལ་པོ་ལ་སུན་འབྱིན་པའི་ཐལ་ངག་ལ་གོ་བ་ཡིན། ཐམས་ཅད་མཁྱེན་པ་དགེ་འདུན་གྲུབ་པས་《ཚད་མ་རིགས་རྒྱན་》ལས། ཐལ་འགྱུར་གྱི་མཚན་ཉིད། རྟགས་དང་ཁྱབ་པ་ཕ་རོལ་པོའི་བློ་ངོར་གྲུབ་ཅིང་། དམ་བཅའ་ལ་བསལ་བ་འཕངས་པའི་རྟགས་སྔོན་པའི་ངག[②]ཅེས་གསུངས་ལ། དེ་ཡང་དམ་བཅའ་ལ་བསལ་བ་མེད་ན་ཐལ་འགྱུར་དུ་མི་རུང་། ཡོད་ན་ཕྱོགས་ཆོས་མི་འགྲུབ་པས་ཕྱོགས་ཆོས་དང་ཁྱབ་པ་བློ་ངོར་གྲུབ་པ་ཞེས་མ་སྨོས་པར་རྟགས་དང་ཁྱབ་པ་བློ་ངོར་གྲུབ་པ་ཞེས་སྨོས་པ་ཡིན། དེ་ཡང་རྒོལ་བ་གཉིས་ཀས་གྲུབ་པ་མི་དགོས་ཏེ། རྒོལ་བར་བྱ་བའི་ཡུལ་གྱིས་གྲུབ་པས་ཆོག་པས་ཕ་རོལ་པོའི་བློ་ངོར་གྲུབ་པ་ཞེས་སྨོས་པ་ཡིན། དེ་ཡང་ཚད་མས་གྲུབ་

① དཔལ་མང་པཎྜི་ཏ་དཀོན་མཆོག་རྒྱལ་མཚན་གྱིས་མཛད་པའི་《བླ་མའི་གསུང་རྒྱུན་ཟིན་བྲིས་སུ་བཀོད་པ་བརྒལ་བརྟག་རྒྱན་མང་གསལ་བའི་མེ་ལོང་》ཞེས་པའི་ཤོག་ངོས་༡༧༨ལས་བྲངས།

② 《ཚད་མའི་བསྟན་བཅོས་རིགས་པའི་རྒྱན་ཞེས་བྱ་བ་》ཞེས་པ་ཀན་སུའུ་མི་རིགས་དཔེ་སྐྲུན་ཁང་གིས་༡༩༩༨ལོར་པར་དུ་བསྐྲུན་པའི་ཤོག་ངོས་༡༧༨པར་གསལ།

པ་དང་ཡིད་དཔྱོད་ཀྱིས་གྲུབ་པ་དང་། ལོག་ཤེས་ཀྱིས་གྲུབ་པ་གསུམ་ཡོད་པས་བློ་ངོར་གྲུབ་པ་ཞེས་སྨོས་པ་ཡིན་ནོ། །དམ་བཅའ་ལ་བསལ་བ་མེད་ན་ཐལ་འགྱུར་དུ་མི་རུང་བས་དམ་བཅའ་ལ་བསལ་བ་འབབ་པ་ཞེས་སྨོས་པ་ཡིན་ནོ། །ངག་མ་ཡིན་ན་ཐལ་འགྱུར་དུ་མི་རུང་བས་རྟགས་སྟོན་པའི་ངག་ཅེས་སྨོས་པ་ཡིན་ནོ། །[①]ཞེས་གསུངས་པ་ལྟར་མཚན་ཉིད་དེ་ཚང་ན་ནི་ཐལ་འགྱུར་ཡང་དག་དང་མ་ཚང་བ་ནི་ཐལ་འགྱུར་ལྟར་སྣང་དུ་འགྱུར་རོ། །ཕྱྭ་བ་ཆོས་སེང་གིས་མཛད་པའི་བསྡུས་གྲྭ་ནི་བསྡུས་ཚན་རེ་རེ་ནང་སུན་འབྱིན་པའི་ཐལ་འགྱུར་བཀོད་ནས་གཞུང་དོན་བཀྲལ་བ་ཡིན་ལ། སློབ་གཉེར་བ་རྣམས་ནི་བསྡུས་གྲྭ་སྦྱོང་བ་ལ་བརྟེན་ནས་ཐལ་འགྱུར་གྱི་རྣམ་གཞག་བྱུང་བར་གྱུར་ཏེ་ཕན་ཚུན་རྩོད་པ་བྱེད་པའི་ལག་ཆ་ཉིད། དེ་ལ་བརྟེན་ནས་གསང་ཕུ་དང་སྣར་ཐང་དུ་ཆོས་ཀྱི་བགྲོ་གླེང་བྱེད་པའི་སྲོལ་དར་བ་བྱུང་། ཀློང་བརྡོལ་བླ་མ་ངག་དབང་བློ་བཟང་མཆོག་གིས་《ཚད་མ་རྣམ་འགྲེལ་སོགས་གཏན་ཚིགས་རིག་པ་ལས་བྱུང་བའི་མིང་གི་རྣམ་གྲངས་》ལས། སློབ་དཔོན་ཕྱྭ་བ་ཆོས་སེང་སོགས་ཀྱིས་མདོ་སྡེ་པའི་རིགས་པའི་འགྲོས་དང་སྦྱར་ནས་བསྡུས་གྲྭ་ཞེས་པའི་སྲོལ་གཏོད་པ་[②]ཞེས་གསུངས་པ་ལྟར་སློབ་དཔོན་ཕྱྭ་བས་མདོ་སྡེ་པའི་རིགས་པའི་ལམ་དང་སྦྱར་ནས་ཐལ་འགྱུར་བཀོད་ནས་རྩོད་པ་བྱེད་པའི་བསྡུས་གྲྭའི་སྲོལ་གཏོད་ཅིང་། དེ་ལ་བརྟེན་ནས་བོད་ཡུལ་དུ་ཆོས་ཀྱི་བགྲོ་གླེང་བྱེད་པའི་ལུགས་སྲོལ་སྤེལ་ཏེ་ཚད་མའི་རིགས་གཞུང་དར་རྒྱས་ཆེན་པོ་བྱུང་བས་བཀའ་དྲིན་མཆོག་ཏུ་ཆེའོ། །སློབ་དཔོན་གྱིས་གསར་གཏོད་མཛད་པའི་བསྡུས་གྲྭའི་བསྟན་བཅོས་འདི་ལ་བསྡུས་ཚན་བཅོ་བརྒྱད་ཡོད་པ་གཤམ་གསལ།

---

① 《ཚད་མའི་བསྟན་བཅོས་རིགས་པའི་རྒྱན་》ཞེས་པ་ཀན་སུའུ་མི་རིགས་དཔེ་སྐྲུན་ཁང་གིས་༡༩༩༤ལོར་པར་དུ་བསྐྲུན་པའི་ཤོག་ངོས་༣༠༤པར་གསལ།

② 《ཀློང་རྡོལ་བླ་མ་ངག་དབང་བློ་བཟང་གི་གསུང་འབུམ་》སྟོད་ཆ། བོད་ལྗོངས་མི་དམངས་དཔེ་སྐྲུན་ཁང་གིས་༡༩༩༡ལོར་པར་དུ་བསྐྲུན་པའི་ཤོག་ངོས་༤༠༢པར་གསལ།

དང་པོ། ཁ་དོག་དཀར་དམར་གྱི་རྣམ་གཞག

གཉིས་པ། རྫས་ཆོས་དང་ལྡོག་ཆོས་ཀྱི་རྣམ་གཞག

གསུམ་པ། འགལ་བ་དང་མི་འགལ་བའི་རྣམ་གཞག

བཞི་པ། སྤྱི་དང་བྱེ་བྲག་གི་རྣམ་གཞག

ལྔ་པ། འབྲེལ་བ་དང་མ་འབྲེལ་བའི་རྣམ་གཞག

དྲུག་པ། ཐ་དད་དང་ཐ་དད་མ་ཡིན་པའི་རྣམ་གཞག

བདུན་པ། རྗེས་སུ་འགྲོ་ལྡོག་གི་རྣམ་གཞག

བརྒྱད་པ། རྒྱུ་དང་འབྲས་བུའི་རྣམ་གཞག

དགུ་པ། སྔ་བཙན་བར་བཙན་ཕྱི་བཙན་གྱི་རྣམ་གཞག

བཅུ་པ། མཚན་ཉིད་དང་མཚོན་བྱའི་རྣམ་གཞག

བཅུ་གཅིག་པ། རྟགས་མང་གསལ་མང་གི་རྣམ་གཞག

བཅུ་གཉིས་པ། དགག་པ་ཕར་ཚུར་གྱི་རྣམ་གཞག

བཅུ་གསུམ་པ། དངོས་འགལ་དང་བརྒྱུད་འགལ་གྱི་རྣམ་གཞག

བཅུ་བཞི་པ། ཁྱབ་མཉམ་རྣམ་པ་གཉིས་ཀྱི་རྣམ་གཞག

བཅོ་ལྔ་པ། ཡིན་འགྱུར་མིན་འགྱུར་གྱི་རྣམ་གཞག

བཅུ་དྲུག་པ། ཡིན་ལོག་མིན་ལོག་གི་རྣམ་གཞག

བཅུ་བདུན་པ། ཡོད་རྟོགས་མེད་རྟོགས་ཀྱི་རྣམ་གཞག

བཅོ་བརྒྱད་པ། རྟག་རྟོགས་དངོས་རྟོགས་ཀྱི་རྣམ་གཞག་བཅས་བསྡུས་ཚན་བཅོ་བརྒྱད་དུ་ཕྱེ་ནས་བསྟན་པའོ། །

བསྡུས་ཚན་འདི་དག་ནི་ཚད་མ་རིག་པ་ལ་འཇུག་པའི་ལས་དང་པོ་བ་རྣམས་ཀྱིས་འཇུག་བདེ་ཞིང་གོ་སླ་བའི་ཆེད་དུ་ཚད་གཞུང་ཆེན་མོ་མདོ་དང་སྡེ་བདུན་གྱི་དགོངས་དོན་ཉེ་བར་མཁོ་བ་རྣམས་ལོགས་སུ་བཀར་ཏེ་སོ་སོར་བསྟན་པ་ཞིག་ཡིན་པར་མ་ཟད། བསྡུས་ཚན་རེ་རེ་ལ་ཐལ་འགྱུར་བཀོད་ནས་བརྒལ་ཞིང་བརྟག་པའི་

སློ་ནས་གཞུང་དོན་འགྲེལ་བར་མཛད་པས་ཐུན་མོང་མ་ཡིན་པའི་ཁྱད་ཆོས་གསལ་བར་མངོན་ནོ། །ཁོང་གིས་མཛད་པའི་《ཚད་མ་བསྡུས་པ་ཡིད་ཀྱི་མུན་སེལ་》ཞེས་བྱ་བའི་མཇུག་བྱང་དུ།

མདོ་དང་རྣམ་འགྲེལ་རྣམ་བཤད་རིགས་པའི་གཞུང་བཟང་དུ་མ་ལས། །
དེ་ཉིད་དོན་ལ་ཉེར་མཁོ་དངོས་སྟོབས་ལས་འོངས་རིགས་པ་རྣམས། །
དངོས་པོར་སྨྲ་བའི་ངན་རྟོག་དུག་ཆུའི་དྲི་མས་མ་སླགས་པར། །
མ་འདྲེས་དོན་གྱི་སྙིང་པོ་ལེགས་པར་བདག་གིས་ཕྱེ་བ་ལགས། །

ཞེས་དང་།

དེ་ཕྱིར་བཀའ་དང་བསྟན་བཅོས་དོན་ལ་འཇུག་པར་འདོད་པ་རྣམས། །
ཡིད་ཀྱི་མུན་སེལ་འདི་དོན་འབད་པས་ཁོང་དུ་ཆུད་གྱུར་ལ། །
རིགས་པའི་ཐུར་མས་བློ་གྲོས་མིག་ནི་ཕྱེ་ནས་ཀྱང་། །
གཞུང་གི་སྣང་བས་ཇི་བཞིན་ཇི་སྙེད་དོན་རྣམས་བལྟ་བར་གྱིས། །

ཞེས་མདོ་དང་སྡེ་བདུན་གྱི་དགོངས་པ་ཉེ་བར་མཁོ་བ་དེ་རྣམས་འབད་པས་ཁོང་དུ་ཆུད་པར་བྱེད་པ་དང་། བཀའ་དང་བསྟན་བཅོས་ལ་འཇུག་འདོད་པའི་སློབ་གཉེར་པ་རྣམས་ཀྱིས་རིགས་པའི་ཐུར་མ་ལ་བརྟེན་ནས་བློ་གྲོས་ཀྱི་མིག་ཕྱེ་ནས་གཞུང་དོན་ལེགས་པར་རྟེད་པའི་རེ་སྨོན་བསྟན་པའོ། །

དོན་ཚན་བཞི་པ། ཕྱྭ་བའི་དགོངས་པའི་བཤད་བརྒྱུད་མདོར་ཙམ་བཤད་པ།

སློབ་དཔོན་ཕྱྭ་པ་ཆོས་ཀྱི་སེང་གེས་གསང་ཕུའི་གདན་ས་མཛད་སྐབས། ཁོང་གི་སློབ་མ་དཔེ་འགྲིམས་པ་ལྔ་སྟོང་ལྷག་ཙམ་བྱུང་བའི་ནང་ནས་གཙོ་བོ་གྲུབ་ཐོབ་མི་གསུམ་དང་། ཇོ་སྲས་བཞི་དང་། ཤེས་རབ་ཅན་བཞི་དང་། སེང་ཆེན་བརྒྱད་

ཏུ་གྲགས་པ་སོགས་བྱུང་། གྲུབ་ཐོབ་མི་གསུམ་ནི། གཙྪ་པ་དུས་གསུམ་མཁྱེན་པ།(གཙྪ་པ་སྐྱུ་འཕྲེང་དང་པོ།) ཕག་མོ་གྲུབ་པ། གསལ་སྟོང་ཤ་སྒོམ་གསུམ་མོ། །རྗེ་སྲས་བཞི་ནི། འཁོན་རྗེ་སྲས་རྩེ་མོ་(ས་ཆེན་ཀུན་དགའ་སྙིང་པོའི་སྲས་བསོད་ནམས་རྩེ་མོ་)དང་། རྗོག་རྗེ་སྲས་ར་མོ་དང་། ཁུ་རྗེ་སྲས་ནེ་ཙོ་དང་། གཉོས་རྗེ་སྲས་དཔལ་ལེ་བཞིའོ། །ཤེས་རབ་ཅན་བཞི་ནི། མགར་དབང་གྲུབ་དང་། ཀོང་པོ་འཇག་ཚུང་དང་། ལྷོ་བ་སྒོག་ཟན་དང་། སྤྱར་ཕུ་བ་བློ་གྲོས་སེང་གེ་དང་བཞིའོ། །སེང་ཆེན་བརྒྱད་ནི། གཙང་ནག་པ་བརྩོན་འགྲུས་སེང་གེ་དང་། དན་བག་པ་སྨྲ་བའི་སེང་གེ་དང་། བྲུ་ཤ་བསོད་ནམས་སེང་གེ་དང་། རྨ་བྱ་རྩོད་པའི་སེང་གེ་དང་། རྩེགས་དབང་ཕྱུག་སེང་གེ་དང་། ཉང་བྲན་ཆོས་ཀྱི་སེང་གེ་དང་། ལྡན་མ་དཀོན་མཆོག་སེང་གེ་དང་། གཉལ་པ་ཡོན་ཏན་སེང་གེ་བཅས་མཁས་གྲུབ་གཉིས་ལྡན་གྱི་སློབ་མ་མང་དུ་བྱུང་། གཞན་ཡང་འཛང་པ་སྟོན་སྐྱབས་དང་། རྡོ་རྗེ་འོད་ཟེར་དང་། ཞང་འཚལ་བ་ལ་སོགས་པ་མང་དུ་བྱོན་ནོ། །

དེ་དག་ལས་གཙང་ནག་པ་བརྩོན་འགྲུས་སེང་གེ་ནི། བློ་རྣོ་ཞིང་རྣམ་དཔྱོད་ཡངས་པ། མཁས་པའི་རྩེར་སོན་པ་ཞིག་ཡིན་ཏེ། ཁོང་གིས་དབུ་ཚད་ལ་སོགས་པ་ལ་ཡིག་ཆ་མང་དུ་མཛད། 《ཚད་མ་རྣམ་ངེས་ལ་ཊཱི་ཀ་ཆེན་》ཞིག་དང་། 《ཤེས་རབ་ཀྱི་ཕ་རོལ་ཏུ་ཕྱིན་པའི་མདོ་སྡེ་》དང་། 《བསླབ་བཏུས་》དང་《སྤྱོད་འཇུག་》དང་། 《དབུ་མའི་བསྟན་བཅོས་》རྣམས་ལའང་རྣམ་བཤད་མང་དུ་བརྩམས། སློབ་དཔོན་ཕྱྭ་པས་དཔལ་ལྡན་ཟླ་བ་གྲགས་པ་ལ་དགག་པ་མང་དུ་མཛད་པ་ལ། གཙང་ནག་པས་ནི་སློབ་དཔོན་ཟླ་གྲགས་ཀྱི་ལུགས་ལ་ཤིན་ཏུ་མཁས་པས། དེའི་གསུང་ལས།

དཔལ་ལྡན་ཟླ་བ་གྲགས་པའི་གཞུང་ལུགས་ལ། །
སྦྱངས་པའི་སྟོབས་ཀྱིས་གཞུང་དོན་ངེས་གྱུར་པ། །

ང་འདྲའི་སྐྱེ་བོ་ སྣན་ཆད་འབྱུང་མི་འགྱུར། །

ཞེས་གསུངས། དབུ་མའི་བསྡུས་པ་འང་ཆེས་ཕྲ་མང་དུ་མཛད་པ་རྣམས་ནི་སློབ་དཔོན་ཟླ་གྲགས་ཀྱི་ལུགས་ཡིན་ནོ། །

རྨ་བྱ་བྱང་བརྩོན་རྩོད་པའི་སེང་གེ་ནི། ལུང་དང་ཚད་མ་ལ་ཤིན་ཏུ་མཁས་ཤིང་། དབུ་མ་ལ་བརྟེན་ནས་གཞན་ཕན་མང་དུ་མཛད། རྩ་བ་ཤེས་རབ་དང་ཚིག་གསལ་སྟོང་ཐུན་གྱི་ཊཱིཀ། དབུ་མའི་བསྡུས་པ་དང་། རྟོག་གེ་འབར་བའི་ཊཱིཀ་མཛད། དེ་ནི་སློབ་དཔོན་ཕྱ་བའི་ལུགས་ལས་ཛ་ཡ་ཨཱ་ནནྡ་ལ་སོགས་པའི་ལུགས་ལ་ལྷག་པར་དད་པ་ཡིན། 《ཆོས་འབྱུང་མཁས་པའི་དགའ་སྟོན་》ལས། རྨ་བྱ་བྱང་བརྩོན་རྩོད་པའི་སེང་གེ་ཡང་རང་བཞིན་གྱི་གཟུགས་འདོད་རྒྱུར་བསྒྱུར་བ་གྲུབ་ཅིང་སློབ་དཔོན་ཟླ་བའི་ལུགས་མཛད་ཅེས་གསུངས།

དན་བག་པ་སྨྲ་བའི་སེང་གེས་《ཚད་མའི་བསྡུས་པ་》དང་། 《རྒྱུད་བླ་མའི་ཊཱིཀ་》མཛད། ཕྱ་བའི་རྗེས་སུ་གདན་སར་རྩེགས་དབང་ཕྱུག་སེང་གེས་ལོ་ལྔ། དེ་གཉིས་ཀྱི་སློབ་མ་གཉལ་པ་དད་པ་བཟང་པོས་ལོ་བདུན། འཇམ་རྩེ་ནེས་ལོ་བདུན། འདིའི་སློབ་མ་གཙང་པ་འཇམ་དཔལ་སེང་གེས་གླིང་སྟོད་དུ་བཤད་པས་གླིང་སྟོད་སྨད་གཉིས་སུ་གྱེས་པར་ཆོས་འབྱུང་རྣམས་ལས་གསུངས་སོ། །

དན་བག་པའི་སློབ་མ་གཉལ་ཞིག་འཇམ་དཔལ་རྡོ་རྗེ་དེ། མཚན་དངོས་ཤེས་རབ་བློ་གྲོས་ཡིན། གྲུབ་པ་ཐོབ་པར་གྲགས། གཉལ་ཞིག་གི་དུས་སུ་སྣར་ཐང་དུ་བགྲོ་གླེང་གི་སྲོལ་ཚུགས་པར་ཆོས་འབྱུང་རྣམས་ལས་གསུངས། གཉལ་ཞིག་གིས་འུ་ཤང་རྡོར་ལོ་དགུར་མཚམས་བཅད་དེ་བཤད་པ་མཛད་པ་ལས། གཉལ་ཞིག་གི་བྲུ་དགུ་ཞེས་པ་བྱུང་སྟེ། བཟང་རིང་། ཕུ་ཐང་དར་དགོན། གཙང་པ་གྲུ་གུ་སྟེ་སྟ་ཚར་གསུམ། འུ་ཡུག་པ་བསོད་ནམས་སེང་གེ། བོ་དོང་རིན་རྩེ། གཙང་པ་ཙོ་ནམ་སྟེ་བར་ཚར་གསུམ། རྒྱ་མཆིང་རུ་བ། འཇམ་གསར། སྐྱིལ་ནག་གྲགས་སེང་སྟེ་ཕྱི་ཚར་

གསུམ་སྐྱེ་འཕྲིན་ལས་ཅན་དགུ་བྱུང་།

སྔ་ཚར་གསུམ་གྱི་བཟང་རིང་ནི་ས་པཎ་ལས་མྱུར་བའི་ཤེས་རབ་མངའ་བར་གྲགས། དེས་ཁྲོ་ཕུ་ལོ་ཙཱ་བ་རྩ་བའི་བླ་མར་བསྟེན་ནས་གྲུབ་པ་བརྙེས། ཁྲོ་ཕུར་འཆད་ཉན་སྤེལ་ནས་ལྷོ་པ་གྲུབ་སེང་ལ་སོགས་པའི་མཁས་པ་མང་དུ་བྱུང་ཞིང་། སྟག་སྡེ་བ་སེང་གེ་རྒྱལ་མཚན་དང་དཔང་ལོ་ཆེན་པོ་དང་བུ་སྟོན་ཐམས་ཅད་མཁྱེན་པ་སོགས་ཀྱང་བཤད་རྒྱུན་དེ་ལས་བྱོན་པ་ཡིན་ནོ། །ཕུ་ཐང་བས་ནི་སྟོད་ལུང་མཚོ་སྨད་དང་ཡར་ལུང་སོགས་སུ་བཤད་པ་མཛད་པས་གཉན་དར་མ་སེང་གེ་དང་བྱ་ཡུལ་དཀར་མོ་སོགས་བྱུང་། གཙང་པ་གྲུ་གུས་ནི་ཞ་ལུར་བཤད་གྲྭ་བཙུགས་ནས་ཆོས་ཀྱི་འཆད་ཉན་སྤེལ་བ་ཡིན།

བར་ཚར་གསུམ་གྱི་ཨུ་ཡུག་པས་ས་པཎ་ལ་རྗོད་དུ་བྱོན་པས་གྲལ་དབུ་མཛད། པོ་དོང་རིན་རྩེས་བྲག་རམ་དུ་བཤད་གྲྭ་བཙུགས། སློབ་དཔོན་དར་འོད། དབུ་མ་པ་ཤེས་འབུམ། བུ་སྟོན་གྲགས་སེང་། ཨོ་རྒྱན་པ་རིན་ཆེན་དཔལ་ལ་སོགས་མཁས་པ་མང་དུ་བྱུང་། གཙང་པ་ཙོ་ནམ་གྱིས་གསང་ཕུ་གླིང་སྨད་དུ་བཤད་པ་མཛད།

ཕྱི་ཚར་གསུམ་གྱི་རྒྱ་མཆིང་རུ་བས་སྐྱེ་ཐང་བདེ་བ་ཅན་བཏབ། སློབ་མ་སངས་རྒྱས་དཔལ་དང་སྐགས་གྲགས་ཚུལ་སོགས་བྱོན། འཇམ་དབྱངས་གསར་མ་པས་སློབ་དཔོན་གཉལ་ཞིག་ཉིད་དང་ཕྱོགས་ཆོས་དཔེ་ལ་འགྲོ་མི་འགྲོ་ལ་ཉིན་རངས་པོ་གསུམ་དུ་བརྩད་པས་མཐའ་མའི་ཉིན་སློབ་དཔོན་གྱིས་དར་ཡུག་གནང་མང་ཇ་བསྐོལ་ཏེ་གནས་འདི་ལ་ང་འཇམ་དབྱངས་ལའང་མི་འདྲི་བསམ་པ་ཡོད་དེ་ཁྱོད་འཇམ་དབྱངས་དངོས་སུ་གདའ་གསུངས་ནས་འཇམ་དབྱངས་གསར་མར་བཏགས། རྐྱང་འདུར་དུ་བཤད་གྲྭ་བཙུགས། ཕྱིས་སྦྱོར་དྲུག་གི་གྲུབ་ཐོབ་ཏུ་གྱུར། རྒྱ་ནག་རི་བོ་རྩེ་ལྔར་ཡང་བྱོན། 《དེབ་ཐེར་སྔོན་པོ་》ལས། འཇམ་དབྱངས་གསར་མས་ནི་རྐྱང་འདུར་དུ་བཤད་པའི་གྲྭ་བཙུགས་པས་གྲྭ་པ་མང་དུ་བྱོན། ཀུན་མཁྱེན་ཆོས་སྐུ་འོད་ཟེར་ཞེས་གྲགས་པའང་ཁོང་གི་སློབ་མ་ཡིན། སྐུ་ཚེའི་སྨད་ལ་བཤད་

གྲྭ་དང་སློམ་གྲྭ་གཉིས་སུ་མཛད། སྐབས་ཤིག་ཏུ་རི་བོ་རྩེ་ལྔར་ཡང་ཕྱིན་ནས་སླར་བོད་དུ་ཕྱིན། 《ཕར་ཕྱིན་》དང་《རྣམ་ངེས་》ལ་ཊཱི་ཀ་ཡང་མཛད་སྣང་།[1] ཞེས་གསུངས་པས་སོ། །སྐྱིལ་ནག་གྲགས་སེང་གིས་མཆིམས་ཆེན་པོས་བདག་རྐྱེན་མཛད་དེ་སྟར་ཐང་དུ་བཤད་གྲྭ་བཙུགས། སློབ་མ་སྐྱོ་སྟོན་གྲགས་འབུམ་(ཁ་ཅིག་གིས་སྐྱི་སྟོན་གྲགས་འབུམ་ཞེས་ཟེར་)དང་ཚུ་མིག་པ་སེང་གེ་དཔལ་སོགས་བྱུང་།

སྐྱོ་སྟོན་གྲགས་འབུམ་གྱི་སློབ་མ་བཙོམ་ལྡན་རིགས་པའི་རལ་གྲི་ནི། བོད་རབ་བྱུང་བཞི་པར་དཔལ་བསམ་ཡས་ཀྱི་ཉེ་འགྲམ་དུ་འཁྲུངས། ཇེས་ནས་སྣར་ཐང་གི་ཆོས་གྲྭར་ཞུགས་ཏེ། སྐྱོ་སྟོན་དང་རོང་པ་ཤེས་རབ་སེང་གེ། བླ་མ་ཀུན་དགའ་རྡོ་རྗེ། ས་སྐྱའི་བླ་མ་ཤར་པ་འཇམ་དབྱངས་རིན་ཆེན་རྒྱལ་མཚན་སོགས་བསྟེན་ནས་མདོ་སྔགས་རིག་གནས་རྒྱ་མཚོའི་ཕ་རོལ་ཏུ་སོན། སྣར་ཐང་དུ་བཤད་པ་མཛད་པས་སྡེ་སྣོད་འཛིན་པ་སུམ་གཉིས་འདུས་པར་གྲགས། སྙན་པའི་གྲགས་པ་དབུས་གཙང་ཀུན་ཏུ་ཁྱབ། སྐུ་ན་སྨིན་པའི་སྐབས་སུ་ཐར་པ་གླིང་དུ་འཆད་རྩོད་རྩོམ་གསུམ་གྱི་བྱ་བས་དུས་འདའ་བར་མཛད། བརྩམས་ཆོས་པོ་ཏི་བཅུ་དྲུག་ཙམ་ཡོད་པར་གྲགས་ཀྱང་དེང་སང་ཕལ་ཆེ་བ་ནུབ། ཚད་གཞུང་《སྡེ་བདུན་རྒྱན་གྱི་མེ་ཏོག་》དང་《རྣམ་ངེས་རྒྱན་གྱི་མེ་ཏོག་》གཉིས་ནི་ཀྲུང་གོའི་བོད་ཀྱི་ཤེས་རིག་དཔེ་སྐྲུན་ཁང་གིས་པར་དུ་བསྐྲུན་པ་དང་། 《རྩོད་རིགས་རྒྱན་གྱི་མེ་ཏོག་》དང་《འབྲེལ་བ་བརྟག་པའི་རབ་ཏུ་བྱེད་པ་》གཉིས་མི་རིགས་དཔེ་སྐྲུན་ཁང་གིས་པར་དུ་བསྐྲུན་ཡོད། སློབ་མ་མཁས་པ་དཔལ་སྣར་ཐང་གི་མཁན་པོ་མཆིམས་འཇམ་པའི་དབྱངས་དང་དབུས་པ་བློ་གསལ། ཟེ་དབོན་དང་སྐྱི་སྟོན་ཤཱཀ་འབུམ་སོགས་མང་དུ་ཕྱིན། མཆིམས་འཇམ་པའི་དབྱངས་ཀྱིས་《མཛོད་འགྲེལ་མངོན་པའི་རྒྱན་》མཛད་པ་དང་། 《རྣམ་འགྲེལ་འགྲེལ་པ་》ཆེ་ཆུང་གཉིས་མཛད་དོ། །

[1] འགོས་ལོ་གཞོན་ནུ་དཔལ་གྱིས་མཛད་པའི་《དེབ་ཐེར་སྔོན་པོ་》སྟོད་ཆ། ༡༩༨༦ལོར་སི་ཁྲོན་མི་རིགས་དཔེ་སྐྲུན་ཁང་གིས་པར་དུ་བསྐྲུན་པའི་ཤོག་གྲངས་༦༠༨པར་གསལ།

དོན་ཚན་ལྔ་པ། རྙིང་མའི་བསྟན་འཛིན་མཁན་པོ་ཀུན་མཁྱེན་ཀློང་ཆེན་པས་སྤེལ་བའི་ཚད་མའི་དགོངས་པ།

བོད་རབ་བྱུང་ལྔ་པ་སྟེ་སྤྱི་ལོ་དུས་རབས་བཅུ་བཞི་པའི་དཀྱིལ་ཙམ་ན་རྙིང་མའི་སློབ་དཔོན་ཆེན་མོ་ཀློང་ཆེན་རབ་འབྱམས་པས་《ཚད་མ་དེ་ཁོ་ན་ཉིད་བསྡུས་པ་》ཞེས་བྱ་བའི་ཚད་གཞུང་མཛད། གཞུང་འདིར་བསྟན་བཅོས་གཞན་ལས་མ་བྱུང་བའི་ཚད་མའི་ལྟ་བ་མི་འདྲ་བ་བསྟན་ཏེ་དུས་འདིའི་རྙིང་མའི་གྲུབ་མཐའ་འཛིན་པ་རྣམས་ཀྱི་ཚད་མའི་ལྟ་གྲུབ་མཚོན་པར་མངོན་ནོ། །

ཀུན་མཁྱེན་ཀློང་ཆེན་པ་དྲི་མེད་འོད་ཟེར་ནི། རབ་བྱུང་ལྔ་པའི་ས་སྤྲེལ(སྤྱི་ལོ་༡༣༠༨)ལོར་སྐུ་འཁྲུངས། དགུང་ལོ་ལྔ་ལ་ཕེབས་ཚེ་ཡི་གེ་འབྲི་ཀློག་དཀའ་ཚེགས་མེད་པར་མཁྱེན། དགུང་ལོ་བདུན་ལ་སྔགས་འཆང་གི་དྲུང་ནས་བཀའ་བརྒྱད་བདེ་འདུས། རྟ་མགྲིན། ཕུར་པ། གུ་རུ་ཞི་དྲག་རྣམས་དབང་ལུང་མན་ངག་ཕྱག་བཞེས། སྨན་དང་རྩིས་ལ་སོགས་པ་གསན་ནས་ཐུགས་སུ་ཆུད་པར་མཛད། དགུང་ལོ་བཅུ་གཉིས་པ་ལ་བསམ་ཡས་སུ་མཁན་པོ་བསམ་འགྲུབ་རིན་ཆེན་དང་སློབ་དཔོན་ཀུན་དགའ་འོད་ཟེར་གཉིས་ལས་རབ་བྱུང་གི་སྡོམ་པ་བཞེས་ཏེ་མཚན་ཚུལ་ཁྲིམས་བློ་གྲོས་ཞེས་གསོལ། དགུང་ལོ་བཅུ་དགུ་པ་ལ་གསང་ཕུ་ནེའུ་ཐོག་ཏུ་སློབ་དཔོན་ཆེན་པོ་བཙན་དགོན་པ(གླིང་སྟོད་གདན་རབས་བཅོ་ལྔ་པ)དང་། ཁྱད་པར་བླ་བྲང་པ་ཆོས་དཔལ་རྒྱལ་མཚན(གླིང་སྟོད་གདན་རབས་བཅུ་དྲུག་པ)དང་། ཆོས་གྲགས་གཉིས་པར་གྲགས་པ་གཞོན་ནུ་རིན་ཆེན་གཉིས་གཙོ་བོར་བསྟེན་ཅིང་། ཕར་ཕྱིན་དང་ཚད་མའི་གཞུང་འགྲེལ་མཐའ་དག་གསན་ནས་ཚིག་དོན་རྣམས་མཁས་པར་སྦྱངས། སློབ་དཔོན་གཞོན་ནུ་རྒྱལ་པོ་ལས་དབུ་མ་རྩ་འཇུག་སོགས་ཀྱི་གཞུང་འགྲེལ་མན་ངག དཔང་ལོ་ཆེན་པོ་ལས་མངོན་པ་དང་། ཟབ་མོ་མདོ་ལུའི་བཤད་པ་དང་སྙན་ངག་སོགས་ཐ་སྙད་ཀྱི་གཙུག་ལག་བཅས་གསན་ནས་དེ་དག་གི་ཚིག་དོན་མཐའ་དག་ལོ་གསུམ་ལ་ཀུན་བྱང་དུ་ཆུབ་པར་གྱུར་

ཏེ། ལུང་རིགས་སྨྲ་བའི་གྲྭ་ས་ཆེན་པོའི་སྒོ་ཕལ་ཆེ་བར་གྲྭ་སྐོར་མཛད་པས། གཞུང་ཚོགས་ཀྱི་རྒྱ། མཁྱེན་རབ་ཀྱི་རྩལ། རིག་པའི་རྣམ་འགྱུར་ཀུན་ལ་ཐོགས་པ་མི་མངའ་བས། ཐམས་ཅད་ཀྱི་བསྔགས་པའི་ཡུལ་དུ་མཐུན་སྣང་དུ་གྲུབ། གཞན་ཡང་སློབ་དཔོན་གཞོན་ནུ་དོན་གྲུབ་ལས་མདོ་སྒྱུ་སེམས་གསུམ་གྱི་གདམས་པ། སློབ་དཔོན་བཀྲ་ཤིས་རིན་ཆེན་ལས་ལམ་འབྲས་སྐོར་དང་། ཞི་བྱེད། རྫོགས་ཆེན་གྱི་མན་ངག་སོགས་གསན་ཅིང་། ཀརྨ་པ་རང་བྱུང་རྡོ་རྗེ་དང་། ས་སྐྱའི་བླ་མ་བདག་ཉིད་ཆེན་པོ། བླ་མ་འཇམ་དབྱངས་པ་སོགས་བཅུ་ཕྲག་ལྷག་ཙམ་ལ་བསྟེན་ནས་གངས་ལྗོངས་སུ་དར་བའི་མདོ་སྔགས་ཀྱི་ཆོས་བརྒྱུད་ཡོངས་སུ་གསན་བཞེས་གནང་། ལྷག་པར་དུ་རིག་འཛིན་ཀུ་མཱ་རཱ་ཛའི་དྲུང་ནས་གསང་སྔགས་སྔ་འགྱུར་གྱི་གདམས་པ་མཐའ་དག་ཉམས་ཁྲིད་དུ་གསན་ནས་དབེན་གནས་མང་པོར་སྒྲུབ་པ་ཉམས་བཞེས་མཛད་པ་ལས་རྫོགས་པ་ཆེན་པོ་རང་སྣང་རིས་མེད་ཀྱི་ཉམས་རྟོགས་མཐར་ཕྱིན་ཏེ་གྲུབ་པའི་གོ་འཕང་མཐོན་པོར་གཤེགས། གངས་རི་ཐོད་དཀར་དུ་བཞུགས་ནས་སྐལ་ལྡན་གྱི་སློབ་མ་མང་པོར་སྙིང་ཐིག་གི་ཆོས་རྒྱ་ཆེར་གསུངས་ཤིང་། ཡང་ཏིག་སྐོར་གསུམ། རང་གྲོལ་སྐོར་གསུམ། ངལ་གསོ་སྐོར་གསུམ། མཛོད་བདུན་གྱི་ཕལ་ཆེ་བ་སོགས་གནས་འདི་ཉིད་དུ་མཛད་ཅིང་། ཨོ་རྒྱན་རྫོང་གནས་ཞེས་པའི་དགོན་གནས་བཏབ། དེ་ལྟར་བསྟན་འགྲོའི་དོན་རྒྱ་ཆེར་མཛད་ནས་དགུང་ལོ་ལྔ་བཅུ་ང་དྲུག་བཞེས་པ་རབ་བྱུང་དྲུག་པའི་ཆུ་ཡོས་(སྤྱི་ལོ་༡༣༦༣)ལོར་བསམ་ཡས་མཆིམས་ཕུར་དགོངས་པ་མྱ་ངན་ལས་འདས་སོ། །གསུང་ཆོས་ནི། ཁམས་པ་ཆོས་གྲགས་བཟང་པོས་མཛད་པའི་《ཀུན་མཁྱེན་དྲི་མེད་འོད་ཟེར་གྱི་རྣམ་ཐར་མཐོང་བ་དོན་ལྡན་》ལས་གསུངས་པ་ལྟར་ན། ཕྱིའི་གནས་ཐུན་མོང་གི་སྐོར་བསྟན་བཅོས་དགུ་བཅུ་གོ་ལྔ། ནང་གི་གནས་རྒྱ་ཆེར་བཤད་པའི་བསྟན་བཅོས་བརྒྱ་དང་ཉེར་བརྒྱད། གསང་བའི་གནས་དེ་ཁོ་ན་ཉིད་སྟོན་པའི་བསྟན་བཅོས་སུམ་ཅུ་སྟེ་ཁྱོན་ཆོས་ཚན་ཉིས་བརྒྱ་ལྔ་བཅུ་ང་གསུམ་ཡོད་པར་གསུངས། ཚད་མ་རིག་པའི་བསྟན་བཅོས་《ཚད་མ་

དེ་ཁོ་ན་ཉིད་བསྡུས་པ་》ཞེས་བྱ་བ་ཚད་མ་རིག་པ་ཤིན་ཏུ་ཕྲ་བའི་གནད་ལ་སྦྱོར་པའི་ཐུན་མོང་མ་ཡིན་པའི་ཁྱད་ཆོས་མངོན་པར་ལྡན་པ་ཞིག་ཀྱང་མཛད་དོ། །ཀུན་མཁྱེན་འདིའི་མཚན་གྱི་རྣམ་གྲངས་ལ། མཛོད་བདུན་སོགས་ལས། ཀློང་ཆེན་རབ་འབྱམས་པ། ཀློང་གསལ་དྲི་མེད། རྡོ་རྗེ་གཟི་བརྗིད། རྡོ་རྗེ་སེམས་དཔའ། དྲི་མེད་འོད་ཟེར། བློ་གྲོས་མཆོག་ལྡན། ཚུལ་ཁྲིམས་བློ་གྲོས། པད་མ་ལས་གྲོལ། སྣ་ཚོགས་རང་གྲོལ། བསམ་ཡས་པ་སོགས་རྩོམ་པ་པོ་མཚན་དེ་རྣམས་གསལ་བའི་གསུང་རྩོམ་རྣམས་ཀུན་མཁྱེན་འདིའི་གསུང་རྩོམ་ཡིན་པ་ཤེས་པར་བྱའོ། །

བདག་ཉིད་ཆེན་པོ་འདིས་མཛད་པའི་ཚད་མའི་བསྟན་བཅོས་《ཚད་མ་དེ་ཁོ་ན་ཉིད་བསྡུས་པ་》ཞེས་བྱ་བ་ལས་སྟོན་པའི་ལྟ་གྲུབ་ནི་སྤྱིར་བཤད་ན་གསང་ཕུར་དར་བའི་ལོ་ཙྪ་བ་ཆེན་པོ་དང་ཕྱ་བ་ཆོས་སེང་གི་དགོངས་པ་དང་མཐུན་པར་སྣང་མོད། འོན་ཀྱང་ཆོས་ཚན་སོ་སོའི་དགག་སྒྲུབ་ཀྱི་ཆ་ལ་ཁྱད་ཆོས་མངོན་པར་ལྡན་ཏེ། ཀུན་མཁྱེན་རང་ཉིད་ཀྱི་ཚད་མའི་བཞེད་པ་གསལ་བར་བསྟན་ཏོ། །བདག་ཉིད་ཆེན་པོ་དེས་སྡེ་བདུན་མདོ་དང་བཅས་པའི་ཚད་མའི་བསྟན་བཅོས་ནི་སངས་རྒྱས་ཀྱི་བཀའ་སྤྱིའི་འགྲེལ་པ་ཡིན་པར་བཞེད་ཅིང་། དེ་དག་གི་དོན་མཐའ་དག་ཕྱོགས་གཅིག་ཏུ་བསྡུས་ཏེ། བློ་སྤྱི་ཙམ་སྟོན་པ་དང་། ཚད་མའི་བློ་བྱེ་བྲག་ཏུ་སྟོན་པ་གཉིས་སུ་ཕྱེ་ནས་གཏན་ལ་ཕབ་པ་ཡིན། བློ་ཙམ་ལ་དབྱེ་ན། གཟུང་ཡུལ་ལ་ལྟོས་ནས་བློ་རིག་གསུམ་དུ་དབྱེ་བ་དང་། གཟུང་ཡུལ་དང་འཇུག་ཡུལ་ལ་ལྟོས་ནས་བློ་རིག་རྣམ་པ་བདུན་དུ་དབྱེ་བའོ། །གཟུང་ཡུལ་ནི་དོན་སྤྱི་དང་། དོན་རང་གི་མཚན་ཉིད་དང་། རྟོག་མེད་འཁྲུལ་བའི་དམིགས་པ་སྟེ་གསུམ། ཡུལ་གསུམ་པོ་དེ་ལ་རང་གི་ལུགས་རྣམ་པར་བཞག་པ་ནི། ཉན་ཐོས་བྱེ་བྲག་ཏུ་སྨྲ་བ་དང་མཐུན་པར་དོན་སྤྱི་དང་རྟོག་མེད་འཁྲུལ་བའི་དམིགས་པ་གཉིས་ནི་དངོས་པོར་མ་ཡིན་པར་ཐལ། དབུ་མའི་སྐབས་སུ་ཡང་ལོག་པའི་ཀུན་རྫོབ་པོ། །དོན་རང་གི་མཚན་ཉིད་ནི་དངོས་པོར་ཡོད་དེ། དབུ་མའི་སྐབས་སུའང་ཡང་དག་པའི་ཀུན་རྫོབ་ཡིན་ནོ། །དེ་

གསུམ་ལ་ལྟོས་ནས་བློ་རིག་གསུམ་དུ་དབྱེ་བ་ནི། དོན་སྤྱི་གཟུང་ཡུལ་དུ་བྱེད་པ་རྟོག་བཅས་ཀྱི་ཤེས་པ། དོན་རང་གི་མཚན་ཉིད་གཟུང་ཡུལ་དུ་བྱེད་པ་རྟོག་མེད་མ་འཁྲུལ་བའི་ཤེས་པ། རྟོག་མེད་འཁྲུལ་བའི་དམིགས་པ་ཡུལ་དུ་བྱེད་པ་རྟོག་མེད་འཁྲུལ་བའི་ལོག་ཤེས་སོ། །

གཟུང་ཡུལ་དང་འཇུག་ཡུལ་གཉིས་ཀ་ལ་ལྟོས་ནས་བློ་རིག་བདུན་དུ་དབྱེ་བ་བཤད་པ་ལ། གཟུང་ཡུལ་གྱི་མཚན་ཉིད། སྒྲོ་འདོགས་ཆོད་ཅུང་མ་ཆོད་ཅུང་བློ་ལ་སྣང་བའོ། །འཇུག་ཡུལ་གྱི་མཚན་ཉིད། བློ་ལ་སྣང་ཅུང་མི་སྣང་ཅུང་སྒྲོ་འདོགས་ཆོད་པའོ། །དེ་ལ་མུ་བཞི་ཡོད་དེ། གཉིས་ཀ་ཡིན་པ་ནི་མངོན་སུམ་ཚད་མའི་ཡུལ་སྔོན་པོ་ལྟ་བུའོ། །གཉིས་ཀ་མ་ཡིན་པ་ནི་མིག་གི་རྣམ་པར་ཤེས་པ་ལ་ལྟོས་ནས་སྒྲ་ལྟ་བུའོ། །གཟུང་ཡུལ་ཡིན་ལ་འཇུག་ཡུལ་མ་ཡིན་པ་ནི་སྣང་ལ་མ་ངེས་པའི་ཡུལ་སྔོན་པོའི་སྐད་ཅིག་མ་ལྟ་བུའོ། །འཇུག་ཡུལ་ཡིན་ལ་གཟུང་ཡུལ་མ་ཡིན་པ་ནི་རྗེས་དཔག་ཚད་མའི་ཡུལ་ལ་རྒྱབ་ཀྱི་མེའི་དོན་རང་གི་མཚན་ཉིད་ལྟ་བུའོ། །དེའི་ཡུལ་ཅན་ཡང་མུ་བཞི་ཡོད་དེ། གཉིས་ཀའི་ཡུལ་ཅན་ཡིན་པ་ནི་སྔོན་པོ་འཛིན་པའི་མིག་གི་རྣམ་ཤེས་ལྟ་བུའོ། །གཉིས་ཀའི་ཡུལ་ཅན་མ་ཡིན་པ་ནི་ཐག་པ་ལ་སྦྲུལ་འཛིན་ལྟ་བུའོ། །གཟུང་ཡུལ་གྱི་ཡུལ་ཅན་ཡིན་ལ་འཇུག་ཡུལ་གྱི་ཡུལ་ཅན་མ་ཡིན་པ་ནི་མིག་གི་རྣམ་ཤེས་ལ་སྐད་ཅིག་མ་སྣང་བ་ལྟ་བུའོ། །འཇུག་ཡུལ་གྱི་ཡུལ་ཅན་ཡིན་ལ་གཟུང་ཡུལ་གྱི་ཡུལ་ཅན་མ་ཡིན་པ་ནི་རྗེས་དཔག་ཚད་མ་ལྟ་བུའོ། །འཇུག་ཡུལ་ལ་བདེན་པ་དང་ལྡན་ན་ཚད་མར་འགྱུར་གྱི། གཟུང་ཡུལ་བདེན་པ་དང་ལྡན་ན་ཚད་མར་མི་འགྱུར་རོ། །བློ་བདུན་པོ་ལ་ཚད་མ་མ་ཡིན་པའི་བློ་ལྔ་དང་ཚད་མའི་བློ་གཉིས་ཏེ། ཚད་མ་མ་ཡིན་པའི་བློ་ལྔ་ནི། སྣང་ལ་མ་ངེས་པ། མཚན་ཉིད་ནི། བཟློག་པའི་སྒྲོ་འདོགས་དང་མི་འགལ་ཞིང་དོན་རང་གི་མཚན་ཉིད་སྣང་བའོ། །བཅད་པའི་ཡུལ་ཅན། མཚན་ཉིད་ནི། ཚད་མས་ཐོབ་ཟིན་སྒྲོ་འདོགས་ཆོད་ཟིན་པའི་དོན་ལ་ཡང་བསྐྱར་ནས་འཛིན་པའོ། །ཡིད་དཔྱོད། སྦྱོང་བ་དང་རྟགས་ལ་མ་

བརྟེན་པར་དོན་བདེན་པ་གསར་དུ་ངེས་པའོ། །ཐེ་ཚོམ། མཚན་ཉིད་ནི། བློ་རྩེ་གཉིས་ཀྱི་རྣམ་པས་འཇུག་པ་ཞེས་རྒྱའི་བཞེད་པ། ཞང་ཚེས་དང་ཕྱྭ་བ་ནི་མཐའ་གཞན་དུ་སྲིད་པའི་དོགས་པ་དང་བཅས་པའོ། །ལོག་ཤེས། མཚན་ཉིད་ནི། དོན་མི་བདེན་པ་ཡུལ་དུ་བྱེད་པའོ། །

ཚད་མའི་བློ་བཤད་པ་ལ། ཚད་མ་སྤྱིའི་མཚན་ཉིད་སློབ་དཔོན་ཆོས་མཆོག་གི་ལུགས་ལ། མི་སླུ་བ་ལ་འདོད། བདེན་པའི་དོན་རྟོགས་ཚད་མའི་བྱེད་པ་ཡིན་གྱི་ཚད་མའི་མཚན་ཉིད་མ་ཡིན་ནོ་ཞེས་འདོད་དོ། །རང་འདོད་ཀྱི་མཚན་ཉིད་ནི། སློབ་དཔོན་བྲམ་ཟེ་ཆེན་པོ་བཞིན་དུ་བདེན་པའི་དོན་རྟོགས་ཚད་མའི་མཚན་ཉིད་དུ་ཁས་བླང་ངོ་། །དབྱེ་ན་མངོན་སུམ་དང་རྗེས་དཔག་གཉིས། མངོན་སུམ་གྱི་ཐུན་མོང་གི་མཚན་ཉིད། མངོན་སུམ་ནི་རྟོག་པ་དང་བྲལ་ཞིང་མ་འཁྲུལ་བའོ་ཞེས་རིགས་ཐིགས་ལ་སོགས་པར་བཤད་པ། མངོན་སུམ་སྣང་ལ་མ་ངེས་པ་དང་མངོན་སུམ་བཅད་པའི་ཡུལ་ཅན་ལ་མ་ཁྱབ་བོ། །དབྱེ་ན་རང་གཟུང་ཡུལ་དུ་བྱེད་པ་རང་རིག་མངོན་སུམ་དང་། གཞན་གཟུང་ཡུལ་དུ་བྱེད་པ་བདག་རྐྱེན་དབང་པོ་གཟུགས་ཅན་ལ་བརྟེན་ནས་སྐྱེས་པ་དབང་པོ་མངོན་སུམ་དང་། ཡིད་ལ་བརྟེན་ནས་སྐྱེས་པ་ལ་ཡང་བདག་རྐྱེན་ཐ་མལ་བའི་ཡིད་ལ་བརྟེན་ནས་སྐྱེས་པ་ཡིད་ཀྱི་མངོན་སུམ་དང་། ཡིད་ཁྱད་པར་ཅན་ལ་བརྟེན་ནས་སྐྱེས་པ་རྣལ་འབྱོར་གྱི་མངོན་སུམ་མོ། །མངོན་སུམ་བཞིར་གྲངས་ངེས་པ་རང་མི་འཆའ་སྟེ། ཡིད་ཀྱི་མངོན་སུམ་ལ་སྒྲུབ་བྱེད་མེད་པས་སོ། །

རྗེས་དཔག་གི་ཐུན་མོང་གི་མཚན་ཉིད་ནི། ཚུལ་གསུམ་པའི་རྟགས་ལ་བརྟེན་ནས་ཤེས་པ་སྟེ། སློབ་དཔོན་ཆོས་ཀྱི་གྲགས་པས་ཀྱང་། ཚུལ་གསུམ་རྟགས་ལས་དོན་ཤེས་ཡིན་ཞེས་བཤད་པས་སོ། །རྗེས་དཔག་ཚད་མའི་མཚན་ཉིད་ནི། ཚུལ་གསུམ་པའི་རྟགས་ལས་ཤེས་ཤིང་སྒྲོ་འདོགས་གཅོད་བྱེད་དོ། །ཡང་ཕྱྭ་པ་ན་རེ་རྗེས་དཔག་གི་མཚན་ཉིད་ཁྱབ་བྱ་ངེས་པ་ལ་བརྟེན་ནས་ཁྱབ་བྱེད་ངེས་པའོ་ཞེས་

ཀྱང་འདོད་དོ། །ཚུལ་གསུམ་ཉིད་གང་ཡིན་ཞེ་ན། ཕྱོགས་ཆོས་དང་། རྗེས་འགྲོ་དང་། ལྡོག་པའི་ཚུལ་ལོ། །དེ་ཡང་ལ་ཆོས་ཅན་དུ་བཞག་ནས་མེ་ཡོད་བསྒྲུབ་བྱར་བྱས་ཏེ་དུ་བ་རྟགས་སུ་བསྟན་པའི་ཚེ། ཡང་དུ་བ་དེ་ཉིད་མཚན་གཞི། ཧེ་ཏུའི་(གཏན་ཚིགས་)ཐ་སྙད་དུ་བྱར་རུང་དུ་མཚོན། མཚན་ཉིད་དུ་ཚུལ་གསུམ་དང་ལྡན་པ་བཀོད་པའི་ཚེ། དུ་བ་དེ་ཤེས་འདོད་ཀྱི་ཆོས་ཅན་ལ་ཡོད་པ་ཕྱོགས་ཆོས་ཀྱི་ཚུལ་དང་། དུ་བ་དེ་ཚང་བང་མེ་ལྡན་གྱི་རྗེས་སུ་འགྲོ་བའི་ཚུལ་དང་། མི་མཐུན་ཕྱོགས་ཆུ་ཀླུང་ལ་སོགས་པ་ལས་ལྡོག་པས་ལྡོག་པའི་ཚུལ་ལོ། །

རྟགས་ཀྱི་མཚན་ཉིད་འཆད་པའི་སྐབས་སུ། ཧེ་ཏུའི་མཚན་ཉིད་ནི། ཕྱོགས་ཆོས་དང་མི་མཐུན་ཕྱོགས་ལ་ཁྱབ་པར་མེད་པ་ཞེས་པའི་ཚུལ་གཉིས་ཀྱིས་ཀྱང་མཚོན་ནུས་ལ། ཕྱོགས་ཆོས་དང་མཐུན་ཕྱོགས་ཆོས་ཁོ་ན་ལ་ཡོད་པ་ཞེས་པས་ཀྱང་མཚོན་ནུས་སོ་ཞེས་གསུངས་པ་ཕྱྭ་བའི་བཞེད་པ་དང་མཐུན་ནོ། །ཀུན་མཁྱེན་གྱིས་སློབ་དཔོན་དབང་ཕྱུག་སྡེས་ཚུལ་དྲུག་ཏུ་བཤད་པ་ལ་དགག་པར་མཛད་དེ། སློབ་དཔོན་དབང་ཕྱུག་སྡེ་ན་རེ། ཧེ་ཏུའི་མཚན་ཉིད་ཚུལ་དྲུག་ཡིན་ཏེ་ལྷས་སྦྱིན་གྱི་བུ་སྔ་སངས་སུ་བསྒྲུབ་པ་ལ་ཚུལ་གསུམ་ཚང་ཡང་དེའི་བསྒྲུབ་བྱ་ལ་གནོད་པ་འབབ་པས་ལྷག་ལྡན་འཁྲུལ་བཅས་ཏེ་དེ་ལྟ་བུ་གཅོད་པ་ལ་གནོད་པ་མེད་པའི་ནུས་ཡུལ་ཅན་པོ་ཞེས་བྱ་བའི་ཚུལ་བཞི་པ་སྨྲོས་དགོས་སོ་ཞེས་ཟེར་བ་མི་འཐད་དེ། གནོད་པ་མེད་པ་ཞེས་པ་དེ་གནོད་པ་མ་མཐོང་བ་ཙམ་མམ། གནོད་པ་འཇུག་མི་སྲིད་པ་ཡིན། གཉིས་པ་ལྟར་ན་བསྒྲུབ་བྱ་ལ་མི་ལྡན་ངེས་ཟིན་པས་རྟགས་ཀྱི་རྗེས་སུ་འབྲང་བ་དོན་མེད། དང་པོ་ལྟར་ན་ཕྱོགས་ཆོས་ཀྱི་གྲུབ་བསལ་མེད་པས་ཞེས་པས་ཆོད་པས་གནོད་པ་མེད་པའི་ནུས་ཡུལ་ཅན་པོ་ལ་རྣམ་གཅད་མེད་པ་དང་། གཅད་བྱ་མི་ཆོད་པའི་ཉེས་པ་མེད་པས་སོ། །གཞན་ཡང་རྩོད་གཞི་ཉིད་མི་མཐུན་ཕྱོགས་སུ་གྱུར་པའི་ལྷག་ལྡན་འཁྲུལ་བཅས་དེ་ལ་རྟགས་ཞུགས་སམ་མ་ཞུགས། ཞུགས་ན་མི་མཐུན་ཕྱོགས་ལ་ཁྱབ་པ་མེད་པར་ཞེས་པའི་ཚུལ་གསུམ་གྱི་སྒྲ་གཅིག་གིས་

ཚོད་ལ། མ་ཞུགས་ན་རྗེས་སུ་དཔག་བྱ་ལ་ཡོད་པ་ཉིད་ཅེས་པའི་ཕྱོགས་ཀྱི་ཚུལ་གྱིས་ཆོད་པས་གནོད་པ་མེད་པའི་ནུས་ཡུལ་ཅན་པོ་ཞེས་པའི་ཚུལ་བཞི་པ་སྨྲོས་མི་དགོས་སོ། །ཡང་འགལ་བ་མི་འཁྲུལ་བ་གཙོད་པ་ལ་བརྗོད་པར་འདོད་པའི་གྲངས་གཅིག་པ་ཅན་ཞེས་བྱ་བ་སྨྲོས་དགོས་ཏེ། འགྲན་ཟླའི་ཧེ་དུ་གཅོད་པས་སོ། །འགལ་བ་མི་འཁྲུལ་བ་ཞེས་བྱ་བ་ཇི་ལྟ་བུ་ཞེ་ན། རྩོད་གཞི་ཆོས་ཅན་གཅིག་གི་སྟེང་དུ་རྟགས་འགྲན་བཟློད་གཉིས་ཀྱིས་བསྒྲུབ་བྱའི་ཆོས་སྤངས་འགལ་སྒྲུབ་པ་སྟེ། པེ་ལུ་ཀའི་ས་ཕྱོགས་ཆོས་ཅན། བ་ལང་ཉིད་ཀྱི་སྤྱི་གཅིག་ཡོད་དེ། ཁྱབ་ཅིང་གཡོ་བ་མེད་པའི་ཕྱིར་ཞེས་པས་བ་ལང་གི་སྤྱི་ཡོད་པར་བསྒྲུབས་ལ། པེ་ཏ་རའི་ས་ཕྱོགས་ཆོས་ཅན། བ་ལང་གི་སྤྱི་གཅིག་མེད་དེ། ཡོད་ན་སྣང་དུ་རུང་བ་ལས་མ་དམིགས་པའི་ཕྱིར་ཞེས་སྤྱི་གཅིག་འགོག་པ་ལྟ་བུའོ། །འདི་ཡང་མ་ཡིན་ཏེ། དེ་ལྟར་ན་ཚུལ་གསུམ་གྱི་སྟེང་དུ་རྟག་པའི་དངོས་པོ་མ་ཡིན་པ་ཞེས་སྨྲོས་དགོས་པར་འགྱུར་རོ། །རྟག་པའི་དངོས་པོ་མ་ཡིན་པས་ཅི་གཅོད་ཅེ་ན། གྲངས་གཅིག་པ་ཅན་གྱིས་ཅི་གཅོད་འགལ་བ་མི་འཁྲུལ་བ་གཅོད་དོ་ཞེ་ན། རྟག་པའི་དངོས་པོ་གཅོད་དོ། །རྟག་པའི་དངོས་པོ་ཤེས་བྱ་ལ་མེད་པས་གཅད་མི་དགོས་སོ་ཞེ་ན། དངོས་པོ་སྟོབས་ཞུགས་ཀྱི་རྗེས་དཔག་ལ་ཡང་འགལ་བ་མི་འཁྲུལ་བ་མེད་པས་གཅད་མི་དགོས་སོ། །འོ་ན་སྤྱི་གཅིག་ཡོད་པ་དང་མེད་པར་བསྒྲུབ་པའི་རྟགས་མཐོང་བས་གནོད་དོ་ཞེ་ན། སྤྱི་གཅིག་ཡོད་པ་སྒྲུབ་པ་དེ་ནི་དྲང་སྲོང་སེར་སྐྱ་ལ་སོགས་པའི་ཁས་བླངས་རྟགས་སུ་བཀོད་པ་ཡིན་གྱི་དངོས་པོ་ལ་ཚུལ་གསུམ་ཚང་བ་མ་ཡིན་ནོ་ཞེས་པར་བཀག་གོ །

རྟགས་གསུམ་གྱི་སོ་སོའི་མཚན་ཉིད་ལ། རང་བཞིན་གྱི་རྟགས་ནི། ལོ་ཙཱ་བ་ན་རེ་རང་བཞིན་གྱི་རྟགས་ཀྱི་མཚན་ཉིད་ནི་བདག་གཅིག་པའི་འབྲེལ་སྟོབས་ཀྱིས་བསྒྲུབ་བྱའི་མ་ཡིན་དགག་བསྒྲུབ་པ་ལ་ཕྱོགས་ཆོས་དང་ཁྱབ་པ་ཚང་བ་སྟེ། བདག་གཅིག་པ་ཞེས་པས་འབྲས་རྟགས་བཅད་ལ། མ་ཡིན་དགག་བསྒྲུབ་པས་མི་དམིགས་པའི་རྟགས་བཅད་ཅིང་། ཕྱོགས་ཆོས་དང་ཁྱབ་པ་ཚང་ཞེས་པས་རྟགས་

ལྟར་སྣང་བ་བཅད་དོ། །འབྲས་རྟགས་ཀྱི་མཚན་ཉིད་ནི་དེ་ལས་བྱུང་བའི་འབྲེལ་སྟོབས་ཀྱིས་བསྒྲུབ་བྱའི་ཆོས་མ་ཡིན་དགག་བསྒྲུབ་པ་ལ་ཕྱོགས་ཆོས་དང་ཁྱབ་པ་ཚང་བའོ། །མི་དམིགས་པའི་རྟགས་ཀྱི་མཚན་ཉིད་ནི་བསྒྲུབ་བྱའི་ཆོས་མེད་དགག་བསྒྲུབ་པ་ལ་ཕྱོགས་ཆོས་དང་ཁྱབ་པ་ཚང་བའོ་ཞེས་ལོ་ཙཱ་བ་ཆེན་པོའི་བཞེད་པ་དང་མཐུན་པའོ། །

འགལ་བ་འཆད་པ་ལ། འགལ་བ་ལ་ལྷན་ཅིག་མི་གནས་པའི་འགལ་བ་དང་། ཕན་ཚུན་སྤངས་ཏེ་གནས་པའི་འགལ་བ་གཉིས། དང་པོ་ནི་ཚ་རེག་དང་གྲང་རེག་ལྟ་བུ་བྱེ་བྲག་ཡིན་ལ། གཉིས་པ་ནི་དངོས་པོ་དང་དངོས་མེད་ལྟ་བུ་སྤྱི་ཡིན་ནོ། །ལྷན་ཅིག་མི་གནས་པའི་འགལ་བའི་མཚན་ཉིད་ནི། གནོད་བྱ་རྒྱུ་མ་ཚང་བ་མེད་པར་འབྱུང་བ་ལ་གནོད་བྱེད་དེ་དང་མ་ཕྲད་པའི་སྟོབས་ཀྱིས་ནུས་མེད་དུ་བསྐྱེད་པར་བྱའོ་ཞེས་པར་སྨྲ་བའི་ལུགས་དང་མཐུན་པའོ། །ཕན་ཚུན་སྤངས་འགལ་གྱི་མཚན་ཉིད་ནི། ཕན་ཚུན་གཅིག་གིས་གཅིག་དབེན་པའམ་ཐ་དད་པས་སོ། །དབྱེ་ན་ཕན་ཚུན་སྤངས་པའི་དངོས་འགལ་དང་བརྒྱུད་འགལ་གཉིས། དང་པོའི་མཚན་ཉིད། འགལ་ཟླ་རྣམ་པར་བཅད་ཙམ་དེའི་ངོ་བོར་ཡོངས་སུ་ཆོད་པ་སྟེ། དཔེར་ན་རྟག་པ་རྣམ་པར་བཅད་ཙམ་ན་མི་རྟག་པ་ཡོངས་སུ་ཆོད་པ་ལྟ་བུའོ། །ཕྱྭ་པ་ན་རེ། འགལ་ཟླ་རྣམ་པར་བཅད་པ་ན་དེ་ཡོངས་སུ་ཆོད་པ་ཞེས་པ་ཕན་ཚུན་སྤངས་པའི་དངོས་འགལ་གྱི་མཚན་ཉིད་མ་ཡིན་ཏེ། སྔོ་མ་ཡིན་དང་ཨུཏྤལའི་སྔོན་པོ་དངོས་འགལ་དུ་ཐལ་བས་སོ་ཞེས་ཟེར་ཏེ་བསམ་པར་བྱའོ་ཞེས་གསུངས་སོ། །བརྒྱུད་འགལ་གྱི་མཚན་ཉིད་ནི། འགལ་ཟླ་རྣམ་པར་བཅད་ཙམ་ན་དེའི་ཁྱབ་བྱེད་དུ་ཡོངས་སུ་ཆོད་པ་སྟེ། དཔེར་ན་སྔོ་མ་ཡིན་རྣམ་པར་བཅད་ཙམ་ན་ཨུཏྤལའི་སྔོན་པོ་མི་འགྲུབ་ཀྱང་དེའི་ཁྱབ་བྱེད་སྔོ་ཙམ་དུ་ཡོངས་སུ་ཆོད་པ་ལྟ་བུའོ་ཞེས་གསུངས་སོ། །

གཞན་དོན་རྗེས་དཔག་འཆད་པའི་སྐབས་སུ། བསྒྲུབ་བྱའི་མཚན་ཉིད་གྲུབ་བསལ་མེད་ལ་བསྒྲུབ་འདོད་ཡིན་ཡང་སྒྲ་རྟག་མི་རྟག་རྩོད་པའི་ཚེ་སྒྲ་ནི་ཐ་དད་

པས་དབང་པོས་གཟུང་བར་བྱ་བ་སྒྲ་ཉིད་ཀྱི་སྤྱི་དང་དོན་གཅིག་ལ་འདུ་བའི་མི་རྟག་པ་ཡིན་ནོ་ཞེས་འདོད་པ་ལ་མཚན་ཉིད་ཚང་བས་དམ་བཅར་ཐལ་ལ་ཞེས་གསུངས་པ་ནི། བསྒྲུབ་བྱའི་ཆོས་དེ་རྗོད་གཞི་ཆོས་ཅན་གང་ཡིན་པ་དེ་ཉིད་ཀྱི་སྤྱི་དང་དོན་གཅིག་ལ་ཡོད་པར་བསྟན་ཏེ། ཕྱྭ་བས་རྗོད་གཞི་མཚན་ཉིད་གཞི་ལྡོག་པ་ལ་བསྒྲུབ་བྱའི་ཆོས་གྲུབ་སེལ་མེད་པ་ཞེས་པ་དང་མཐུན་སྣང་དུ་གྲུབ་པོ། །

སྒྲུབ་པ་དང་སུན་འབྱིན་པའི་ངག་གི་རྣམ་པར་དབྱེ་བ་འཆད་པ་ལ། རྒོལ་བ་དང་ཕྱིར་རྒོལ་གྱི་མཚན་ཉིད། ཞེ་འདོད་འགོད་པ་པོ་ནི་རྒོལ་བ་ཡིན། ཞེ་འདོད་དགོད་པའི་ཡུལ་དུ་གྱུར་པ་ནི་ཕྱིར་རྒོལ་བ་ཡིན་ནོ། །སྒྲུབ་པའི་ངག་གི་སྤྱིའི་མཚན་ཉིད་ནི། ཕྱོགས་ཆོས་དང་ཁྱབ་པ་ཕ་རོལ་གྱི་བློ་ངོར་ཚོགས་པར་སྟོན་པའོ། །བསྒྲུབ་པ་ལྟར་སྣང་གི་མཚན་ཉིད་ནི། རང་གི་ཞེ་འདོད་སྒྲུབ་བྱེད་དུ་ནི་བཀོད་པ་དེ་སྒྲུབ་མ་ནུས་པ་སྟེ། དཔེར་ན་སྒྲ་མི་རྟག་པར་ཞེ་ཐག་པ་ནས་བསྒྲུབ་པར་འདོད་པ་ལ་མ་ངེས་པ་དང་འགལ་བ་དང་མ་གྲུབ་པ་རྣམས་སྒྲུབ་བྱེད་དུ་བཀོད་པ་སྟེ་རིམ་པ་བཞིན་དུ་སྒྲ་རྟག་པར་བསྒྲུབ་པ་ལ་ཧེ་དུ་ཏུ་གཞལ་བྱ་དང་མིག་གི་གཟུང་བྱ་ཡིན་པ་ཡང་དག་གི་རྟགས་སུ་བཀོད་པ་ལྟ་བུའོ། །སུན་འབྱིན་ཞེས་བྱ་བ་ནི་བསྒྲུབ་པ་གང་ལ་སྐྱོན་ཆགས་པའི་སྐྱོན་ནས་བརྗོད་པ་དེ་ལ་སུན་འབྱིན་ཞེས་བྱ་སྟེ་རྒོལ་བས་སྒྲ་མི་རྟག་སྟེ་མིག་གི་གཟུང་བྱ་ཡིན་པའི་ཕྱིར་ཞེས་བརྗོད་པ་ན་ཧེ་དུ་མ་གྲུབ་ཅེས་ཟེར་བ་ལྟ་བུ་སྟེ། མ་ཚང་སོགས་བརྗོད་སུན་འབྱིན་ཡིན་ཞེས་བཤད་པའོ། །སུན་འབྱིན་ལྟར་སྣང་ཞེས་བྱ་བ་ནི་སྐྱོན་མེད་སྐྱོན་དུ་བརྗོད་པ་སྟེ་རྒོལ་བས་སྒྲ་མི་རྟག་སྟེ་བྱས་པའི་ཕྱིར་ཞེས་སྒྲུབ་བྱེད་བཀོད་པ་ལ་ཕྱིར་རྒོལ་གྱིས་དོན་དམ་པའི་བྱས་པ་ཡིན་པའི་ཕྱིར་ཞེས་བརྗོད་ན་ཧེ་དུ་མ་གྲུབ་ལ། ཀུན་རྫོབ་པའི་བྱས་པ་ཡིན་པའི་ཕྱིར་ཞེས་བརྗོད་ན་ཁྱབ་པ་མ་གྲུབ་སྟེ་རྨི་ལམ་བཞིན་ནོ་ཞེས་ཟེར་བ་ལྟ་བུ་སྟེ་དེར་སྣང་བ་ནི་ལྟག་ཆོད་ཅེས་པ་ལ་སོགས་པ་བཤད་པ་ལྟ་བུའོ། །

ཐལ་འགྱུར་བཤད་པའི་སྐབས་སུ། ཐལ་འགྱུར་སྤྱིའི་མཚན་ཉིད་ནི་ཧེ་དུ་

དང་ཁྱབ་པ་ཕ་རོལ་གྱི་བློ་ངོར་ཚོགས་པ་ལ་བསྟེན་ནས་དམ་བཅའ་བ་མི་འདོད་པའི་སྟེང་དུ་གཏོང་བྱེད་ཅེས་བྱའོ། །སྒྲུབ་བྱེད་མི་འཕེན་པའི་ཐལ་འགྱུར་གྱི་མཚན་ཉིད། ཐལ་འགྱུར་སྤྱིའི་མཚན་ཉིད་ཀྱི་སྟེང་དུ་བཟློག་པ་ལ་ཚུལ་གསུམ་མ་ཚང་བ་ཞེས་ཁ་བསྐང་བར་བྱའོ། །སྒྲུབ་བྱེད་འཕེན་པའི་ཐལ་འགྱུར་གྱི་མཚན་ཉིད་ནི། སྐབས་སུ་བབ་པའི་རྩོད་གཞི་ཆོས་ཅན་ལ་དངོས་ཀྱི་དམ་བཅའ་ལ་ཚད་མའི་བསལ་བ་བབ་ཅིང་ཁྱབ་པ་ཚད་མས་ངེས་པའི་རྟགས་སྟོན་བྱེད་ཅེས་བྱའོ། །

གོང་དུ་བཀོད་པའི་ཀུན་མཁྱེན་ཀློང་ཆེན་པའི་ཚད་མའི་དགོངས་པ་ནི་སྤྱི་ལོ་དུས་རབས་བཅུ་བཞི་པའི་དཀྱིལ་ཙམ་དུ་བྱུང་བའི་ཚད་མའི་ལྟ་གྲུབ་ཅིག་ཡིན། དུས་དེ་ནི་ཕྱྭ་པ་ཆོས་སེང་སྐུ་གཤེགས་ནས་ལོ་ངོ་ཉིས་བརྒྱ་ཙམ་འགོར་བ་དང་། ས་སྐྱ་པཎ་ཆེན་སྐུ་གཤེགས་ནས་ལོ་ངོ་བརྒྱ་དང་ལྔ་བཅུ་ཙམ་འགོར། དུས་སྐབས་འདི་ལ་ནི་གསང་ཕུ་དང་སྣར་ཐང་དུ་རྣམ་ངེས་དང་བཅས་པའི་ཚད་མའི་གཞུང་ལུགས་ཀྱི་འཆད་ཉན་ཙུང་ཉམས་པར་གྱུར་པ་དང་། ས་སྐྱར་ཚད་མ་རྣམ་འགྲེལ་གྱི་འཆད་ཉན་ཧ་ཅང་དར་ཆེ་བའི་སྐབས་ཡིན་ལ། 《ཚད་མ་རིགས་གཏེར་》དང་དེའི་རྗེས་སུ་འབྲངས་པའི་རྣམ་འགྲེལ་གྱི་རྣམ་བཤད་རྣམས་ལས་སློབ་དཔོན་ཕྱྭ་བ་ཆོས་སེང་དང་དེའི་བུ་སློབ་གཙང་ནག་པ་དང་དན་འབག་པ་སོགས་ཀྱི་ཚད་མའི་ལྟ་གྲུབ་ལ་དགག་པ་མང་པོ་བྱུང་ཡོད་མོད་ཀྱང་། འོན་ཏེ་ཀུན་མཁྱེན་ཀློང་ཆེན་པས་དེ་དག་གི་ཤན་མ་ཞུགས་པར་ལོ་ཙཱ་བ་ཆེན་པོ་དང་ཕྱྭ་བ་ཆོས་སེང་གི་བཞེད་པའི་རྗེས་སུ་འབྲངས་ཏེ་སྡེ་བདུན་མདོ་དང་བཅས་པའི་དགོངས་པ་བཀྲལ་བ་ཡིན། དེ་ནི་ཀུན་མཁྱེན་རང་ཉིད་ཀྱི་ཚད་མའི་ལྟ་གྲུབ་མཚོན་ཕྱིར་དུ་རྒྱ་གཞུང་དང་བོད་སྔ་རབས་པའི་ཚད་གཞུང་དུ་བྱུང་བའི་གནད་དོན་མང་པོ་ལ་དགག་སྒྲུབ་མཛད་པ་ཡིན། ཡིན་ན་ཡང་དེ་ལྟ་བུའི་རིགས་ལམ་ཤིན་ཏུ་ཕྲ་ཞིང་གནད་ལ་སྦྱོད་པ་དང་ཐུན་མོང་མ་ཡིན་པའི་ཁྱད་ཆོས་མངོན་པར་གསལ་བའི་ཚད་མའི་བསྟན་བཅོས་དེ་དུས་ཡུན་རིང་པོར་ཤིང་དཔར་ཙམ་ཡང་མེད་པར་གྲིས་མའི་ཚུལ་དུ་ལུས་ཏེ་དཔེ

ཆ་དཀོན་པོའི་གྲལ་དུ་ཆུད་པས་ཁྱབ་སྤེལ་ཆེར་མ་བྱུང་བ་དེ་ཏ་ཙང་ཡིད་ཕངས་པ་ཞིག་གོ །གཞུང་དེའི་《སྙིང་གཞི་》ཏུ་ཡང་འདི་ལྟར་བཤད་དེ། ཀུན་མཁྱེན་པའི་ཚད་མའི་གཞུང་འདི་དེ་ཙམ་ཁྱབ་སྤེལ་མ་བྱུང་བ་ནི་རྗེས་འཇུག་རྣམས་ཀྱིས་ཐུགས་ཁུར་མ་བཞེས་པའི་སྐྱོན་དུ་ཟད། གཞན་ཡང་《དབུ་མ་འཇུག་པའི་འགྲེལ་པ་རིན་ཆེན་སྒྲོན་མེ་》དང་། 《ཤེར་ཕྱིན་གྱི་འགྲེལ་པ་རིན་ཆེན་ཐེམ་སྐས།》《བཀའ་བརྒྱད་ཀྱི་བསྐྱེད་རིམ་ཆེན་མོ་》སོགས་ཀྱང་མིང་གི་ལྷག་མ་ཙམ་དུ་ལུས་པ་འདི་ཡིད་ཕམ་པའི་གནས་སུ་གྱུར་ཅེས་བཤད་པ་ཅི་མ་བདེན་སྙམ་དུ་སེམས་སོ། །

མདོར་ན་དཔལ་ལྡན་གསང་ཕུ་འདི་ནི་བོད་ཀྱི་རིག་གནས་ཀྱི་ཆུ་བོ་ཐམས་ཅད་ཀྱི་འབྱུང་གནས་གངས་རི་ལྟ་བུ་ཡིན་ལ། ཚད་མ་རིག་པའི་གཞུང་ལུགས་བོད་ཡུལ་དུ་ཐོག་མར་དར་སྤེལ་བྱེད་པའི་གནས་མཆོག་ཀྱང་ཡིན་ནོ། །གསང་ཕུར་སྤེལ་བ་ནི་གཙོ་བོ་རྣམ་ངེས་ཀྱི་དགོངས་པ་ཡིན་ལ། རྣམ་ངེས་ཀྱི་དགོངས་པ་འཛིན་པའི་བརྒྱུད་པ་ཇི་ལྟ་བུ་ཡིན་ཞེ་ན། བུ་སྟོན་གསན་ཡིག་ལས། སངས་རྒྱས་ཐུབ་པ། འཇམ་དབྱངས། དགྲ་བཅོམ་པ་ཆོས་སྐྱོབ། དབྱིག་གཉེན། ཕྱོགས་གླང་། དབང་ཕྱུག་སྡེ། ཤཱཀྱ་གི་ཏི། ལྷ་དབང་བློ། ཤཱཀྱ་བློ། འོད་ཀྱི་བློ། ཆོས་འབྱུང་བྱིན། དགེ་སྡུང་། ཆོས་མཆོག དུལ་བ་ལྷ། ཤེས་རབ་འབྱུང་གནས་སྦས་པ། གཞན་ལ་ཕན་པ་བཟང་པོ། ཛོག་ལོ། ཁྱུང་རིན་ཆེན་གྲགས། རྒྱ་དམར་བྱང་ཆུབ་གྲགས། ཆ་པ། གཙང་ནག་པ། དར་མ་བཀྲ་ཤིས། གཉལ་བ། བོ་དོང་པ། ལྟོང་གྲགས་པ་དཔལ། སྟོ་པ་གྲུབ་སེང་སོགས་ཚད་མའི་སྐྱེས་བུ་ལས་ཚད་མ་རྣམ་པར་ངེས་པའི་བཤད་པ་མང་དུ་ཐོས་[1]ཞེས་གསུངས་པ་ལྟར་ཚད་མ་རྣམ་ངེས་ཀྱི་ཁྲིད་རྒྱུན་འཕགས་ཡུལ་སྟོན་པ་སངས་རྒྱས་ནས་བོད་ཀྱི་གསང་ཕུའི་མཁན་རབས་གཉིས་པ་ལོ་ཆེན་བློ་ལྡན་ཤེས་རབ་བརྒྱུད་དེ་དར་བའི་བྱུང་བ་ཤེས་པར་བྱའོ། །

[1] ཁང་དཀར་ཚུལ་ཁྲིམས་སྐལ་བཟང་གིས་མཛད་པའི་《ཚད་མའི་ལོ་རྒྱུས་》ཞེས་པ་གངས་ལྗོངས་ནང་རིག་མཐུན་ཚོགས་ཀྱིས་༡༩༠༦ལོར་པར་དུ་བསྐྲུན་པའི་ཤོག་ངོས་༢༨༦ལས་དྲངས།

ལེའུ་གསུམ་པ། དུས་རབས་བཅུ་གཉིས་པར་ས་སྐྱ་ནས་《ཚད་མ་རྣམ་འགྲེལ་》འཆད་ཉན་གྱི་སྲོལ་ཕྱེ་ཞིང་སྤེལ་བའི་ཚུལ།

ས་བཅད་དང་པོ། ས་སྐྱ་པཎ་ཆེན་གྱིས《ཚད་མ་རིགས་པའི་གཏེར་》མཛད་ཅིང་རྣམ་འགྲེལ་གྱི་དགོངས་པ་བོད་ཡུལ་དུ་སྤེལ་བ།

དོན་ཚན་དང་པོ། ས་སྐྱ་པཎ་ཆེན་གྱི་མཛད་རྗེས།

བོད་རབ་བྱུང་དང་པོའི་དུས་ཏེ་སྤྱི་ལོ་དུས་རབས་བཅུ་པའི་དཀྱིལ་ཙམ་ན་འཁོན་དཀོན་མཆོག་རྒྱལ་པོ་(སྤྱི་ལོ་༡༠༣༤—༡༡༠༢)ཞེས་པའི་ས་སྐྱའི་མཁས་པ་ཆེན་པོ་དེས་དཔལ་ལྡན་ས་སྐྱའི་གཙུག་ལག་ཁང་བཏབ། དེའི་སྲས་ས་སྐྱ་ཀུན་དགའ་སྙིང་པོ་རབ་བྱུང་གཉིས་པའི་ཆུ་སྤྲེལ་(སྤྱི་ལོ་༡༠༩༢)ལོར་འཁྲུངས། ལྕགས་ཡོས་ལོར་ས་སྐྱ་དགོན་པའི་བདག་པོ་མཛད། དེས་ས་སྐྱ་པའི་རང་ལུགས་འཛིན་སྐྱོང་སྤེལ་གསུམ་ལེགས་པར་མཛད་པས་ས་ཆེན་ཞེས་པའི་མཚན་གསོལ། དེའི་སྲས་བསོད་ནམས་རྩེ་མོ་རབ་བྱུང་གསུམ་པའི་ཆུ་ཁྱི་(སྤྱི་ལོ་༡༡༤༢)ལོར་དཔལ་ལྡན་ས་སྐྱར་འཁྲུངས། གསང་ཕུར་ཕེབས་ཏེ་ཕྱྭ་བ་ཆོས་སེང་གི་དྲུང་དུ་ཆོས་གསན་པར་ལོ་བཅུ་གཅིག་ལྷག་ཙམ་བཞུགས། མཚན་ཉིད་སོགས་ལ་ཤིན་ཏུ་མཁས་པར་གྱུར། ཕྱྭ་བ་ལ་གསེར་གྱི་འབག་འཛི་ར་དང་། ཡུམ་རྒྱས་པ། གཞན་ཡང་ཟང་ཟིང་གི་དངོས་པོ་མང་དུ་ཕུལ་ཏེ་མཉེས་པར་མཛད། སློབ་དཔོན་ཕྱྭ་བའི་བུ་སློབ་གྲགས་ཆེ་བ་ཇོ་སྲས་བཞིའི་ཡ་གྱལ་

འཁོན་ཛ་སྲས་རྩེ་མོ་ཞེས་མཚན་སྙན་ཡོངས་སུ་གྲགས། དེས་དཔལ་ལྡན་ས་སྐྱར་མཁས་གྲུབ་དུ་མ་བསྟེན་ཏེ་གསང་སྔགས་དང་མཚན་ཉིད་འཆད་རྩོད་རྩོམ་གསུམ་གྱི་སྒོ་ནས་གདན་ས་ལོ་ཉེར་གསུམ་མཛད། དེའི་སྲས་རྗེ་བཙུན་གྲགས་པ་རྒྱལ་མཚན་རབ་བྱུང་གསུམ་པའི་མེ་ཡོས་(སྤྱི་ལོ་༡༡༤༧)ལོར་འཁྲུངས། དེས་སློབ་དཔོན་རིན་པོ་ཆེ་དང་། གཉན་གཙུག་ཏོར་རྒྱལ་པོ། གཉན་དབང་རྒྱལ། ཞང་བཙུན་ཚུལ་རྒྱལ་སོགས་མཁས་གྲུབ་མང་པོ་བསྟེན་ནས་མདོ་བསྟན་བཅོས་དང་། རྒྱུད་མན་ངག་མཐའ་དག་གསན་སྦྱངས་ལེགས་པར་མཛད་དེ་སྙན་པའི་གྲགས་པ་ས་སྟེང་ཁྱབ། ས་སྐྱའི་གདན་ས་ལོ་ང་ཞེ་ལྔ་ལྷག་བསྐྱངས། དེའི་སྲས་དཔལ་ཆེན་འོད་པོ་རབ་བྱུང་བཞི་པའི་མེ་བྱི་ལོར་འཁྲུངས། སྙན་ལ་ཤིན་ཏུ་མཁས་པར་གྲགས། དེའི་སྲས་ས་པཎ་ཀུན་དགའ་རྒྱལ་མཚན་ཡིན། ས་པཎ་གྱི་གཅུང་ཟངས་ཚ་བསོད་ནམས་རྒྱལ་མཚན་གྱི་སྲས་འགྲོ་མགོན་འཕགས་པ་བློ་གྲོས་རྒྱལ་མཚན་རབ་བྱུང་བཞི་པའི་ཤིང་ལུག་(སྤྱི་ལོ་༡༢༣༥)ལོར་འཁྲུངས། ཧོར་སེ་ཆེན་རྒྱལ་པོའི་ཏི་ཤྲི་མཛད། མི་རིགས་བར་རིག་གནས་སྤེལ་རེས་བྱེད་པ་སོགས་ཀྱི་ཐད་མཛད་རྗེས་རླབས་ཆེན་བཞག གོང་དུ་བརྗོད་པའི་ས་ཆེན་ཀུན་དགའ་སྙིང་པོ་དང་། བསོད་ནམས་རྩེ་མོ། རྗེ་བཙུན་གྲགས་པ་རྒྱལ་མཚན། ས་པཎ་ཀུན་དགའ་རྒྱལ་མཚན། འགྲོ་མགོན་འཕགས་པ་བློ་གྲོས་རྒྱལ་མཚན་བཅས་ས་སྐྱའི་ལུགས་འཛིན་མཁས་པ་ཆེན་པོ་ལྔ་ལ་ས་སྐྱ་གོང་མ་ལྔར་གྲགས། འདིར་སྐབས་སུ་བབ་པའི་བརྗོད་བྱ་ནི་ས་པཎ་ཀུན་དགའ་རྒྱལ་མཚན་གྱིས་བོད་ཡུལ་ལ་ཚད་མ་རྣམ་འགྲེལ་གྱི་དགོངས་པ་ཇི་ལྟར་འཛིན་པ་དང་སྤེལ་བའི་ཚུལ་ལོ། །

ས་སྐྱ་པཎ་ཆེན་ཀུན་དགའ་རྒྱལ་མཚན་ནི་བོད་རབ་བྱུང་གསུམ་པའི་ཆུ་སྟག་(སྤྱི་ལོ་༡༡༨༢)ལོར་ས་སྐྱར་སྐུ་འཁྲུངས།(ཕྱྭ་བ་ཆོས་སེང་སྐུ་གཤེགས་ནས་ལོ་ང་བཅུ་གསུམ་ཕྱིན།) མཚན་དཔལ་ལྡན་དོན་གྲུབ་ཏུ་གསོལ། རྗེས་སུ་ཁུ་བོ་རྗེ་བཙུན་གྲགས་པ་རྒྱལ་མཚན་གྱི་དྲུང་དུ་དགེ་བསྙེན་གྱི་སྡོམ་པ་བཞེས་པའི་མཚན་ཀུན་

དགའ་རྒྱལ་མཚན་དུ་གསོལ། དགུང་ལོ་ཆུང་དུས་ནས་བཟུང་ཚད་མ་རིག་པ། བཟོ་རིག་པ། སྐར་རྩིས། སྨན་རིག་པ། གསོ་བ་རིག་པ། ཕར་ཕྱིན། དབུ་མ། འདུལ་བ། མཛོད་སོགས་མདོ་ཕྱོགས་དང་། གསང་སྔགས་རྒྱུད་སྡེ་བཞི་ལ་སོགས་པ་ལ་ཤིན་ཏུ་མཁས་པར་གྱུར། སྔན་གྲགས་རྒྱ་གར་ཡུལ་དུ་ཁྱབ་པ་ན་རྒྱ་གར་ལྷོ་ཕྱོགས་ཀྱི་མུ་སྟེགས་པའི་མཁས་པ་འཁྲོག་བྱེད་དགའ་བོ་སོགས་སྟོན་པ་དྲུག་བོད་དུ་སངས་རྒྱས་ཆོས་ལུགས་ལ་ཚུར་རྒོལ་བྱེད་དུ་འོངས། ཆོས་རྗེ་ས་པཎ་ཉིད་ཀྱིས་རྩོད་གླེང་གི་སྒོ་ནས་ཕམ་པར་མཛད། དེའི་དཔང་རྟགས་ཁོའི་རལ་བ་བྲེགས་ནས་བོད་དུ་བསྣམས་ཕེབས་པ་སྔར་ས་སྐྱའི་དབུ་རྩེ་རྙིང་མའི་མགོན་ཁང་ནང་དུ་ཡོད་པར་གྲགས། དགོང་ལོ་ཉེར་གསུམ་པ་བོད་རབ་བྱུང་གསུམ་པའི་ཤིང་བྱི་ལོར་ཁ་ཆེ་པཎ་ཆེན་ཤཱཀྱ་ཤྲཱི་(སྤྱི་ལོ་༡༡༢༧—༡༢༢༥)བོད་དུ་ཕེབས་པ་དང་མཇལ་ནས་བསྙེན་རྫོགས་ཀྱི་སྡོམ་པ་བཞེས། པཎ་ཆེན་ཤཱཀྱ་མཆོག་ལྡན་གྱིས《ཚད་མ་རིག་པའི་བྱུང་བ་ཉིན་མོར་བྱེད་པའི་སྣང་བ་》ལས། རང་ལོ་བཅུ་བདུན་པ་ཙམ་ནས་རྣམ་ངེས་བསྟུས་པ་དང་བཅས་པ་ལ་གསན་སྦྱོང་དཔྱིས་ཕྱིན་པར་མཛད། རང་ལོ་ཉེར་བདུན་པ་ཙམ་ལ་ཁ་ཆེ་པཎ་ཆེན་དང་མཇལ། ཐོག་མར་ཚད་མ་ཆོས་མཆོག་གསན་པ་ནས་བཟུང་སྟེ་བདུན་ལ་བོད་ཀྱི་བཤད་པའི་ལྷད་མ་ཞུགས་པར་པཎྜི་ཏ་གཞན་ལས་ཀྱང་གསན། རྣམ་འགྲེལ་ལ་འགྱུར་བཅོས་དང་ཉིན་རེ་ལ་ཐ་ནའང་ཆོས་ཐུན་རེ་རེ་གསུང་བའི་དམ་བཅའ་མཛད། རྣམ་འགྲེལ་དར་རྒྱས་སུ་སྤེལ་ནུས་པའི་སློབ་མ་མང་དུ་བྱུང་། ཚད་བསྡུས་ཀྱི་བཤད་པ་སྔར་བྱུང་བ་རྣམས་གཞུང་དང་མི་མཐུན་པར་གཟིགས་ནས་མདོ་སེམས་ཀྱི་གཞུང་ཐད་སོར་བཞག་ནས་བསྡུས་པའི་སྲོལ་ཐོག་མར་ཕྱེ་བ་ནི《ཚད་མ་རིགས་པའི་གཏེར་》དང་བཅས་པ་མཛད་[1]ཅེས་གསུངས། མཁན་ཆེན་ངག་དབང་ཆོས་གྲགས་ཀྱིས་མཛད་པའི《ཕོད་ཆེན་དྲུག་གི་འབེལ་གཏམ་》

① དཔལ་བརྩེགས་བོད་ཀྱི་དཔེ་རྙིང་ཞིབ་འཇུག་ཁང་གིས་དཔེ་རྙིང་བྲིས་མ་ཞིག་ལས་དྲངས་ཤིང་པར་གཞི་གསར་དུ་བསྒྲིགས་པའི་སྣ་རིང་དཔར་མའི་ཤོག་ངོས་༥༩པར་གསལ།

ལས། ཚད་མ་མདོ་དང་། ཆོས་གྲགས་ཀྱི་སྡེ་བདུན། ཞེའུ་དང་པོའི་རང་འགྲེལ་རྣམ་ངེས་ཀྱི་རང་འགྲེལ་རྣམས་བརྗོད་བྱ་གཞུང་གོང་འོག་སྣ་ཚོགས་སུ་སིལ་བུ་ཡོད་པ་རྣམས་རིགས་མཐུན་ཕྱོགས་གཅིག་ཏུ་བསྡེབས་ནས 《ཚད་མ་རིགས་གཏེར་》རབ་བྱེད་བཅུ་གཅིག་རང་འགྲེལ་དང་བཅས་པའི་སྒོ་ནས་འཆད་པ་འདི་གངས་རིའི་ཁྲོད་འདིར་འཆད་ཚུལ་རྣམས་ཀྱི་ནང་ནས་མཆོག་ཏུ་གྱུར་པ་ཡིན། རང་འགྲེལ་དུ་ལུང་འདྲེན་པ་ནའང་། མདོ་རྣམ་འགྲེལ་ངེས་ཞེའུ་དང་པོའི་རང་འགྲེལ་སོགས་རིགས་པའི་དབང་ཕྱུག་གཉིས་ཀྱི་གཞུང་དྲངས་པ་མ་གཏོགས། ལྷ་རྒྱན་ཆོས་མཆོག་སོགས་ཀྱི་འགྲེལ་པའི་ཚིག་ཁུངས་ཐུབ་ཏུ་བྱས་ནས་དྲངས་པ་ཡེ་མེད། ལྷ་རྒྱན་སོགས་ལ་ལྟོས་པའི་ས་པཎ་དེ་མིན། ས་པཎ་གྱི་བློ་གྲོས་ཉི་མའི་འོད་ཀྱི་སྣང་བས་མ་ཁྱབ་པ་དེ་སྲིད་དུ་ཆོས་གྲགས་ཀྱི་དགོངས་དོན་གྱི་སར་སྙིང་པོ་གསལ་མི་ནུས་པ་དེ་ཚིག་ཟིན་ལ་བོད་འདིར་གསུངས་ཀྱང་། འདིར་མ་ཟད་འཕགས་ཡུལ་དུའང་དེ་ལྟར་ཡིན་པ་གོར་མ་ཆག[1]ཅེས་གསུངས། དགུང་ལོ་དྲུག་ཅུ་རེ་ལྔ་བཞེས་པ་རབ་བྱུང་བཞི་པའི་མེ་རྟ་(སྤྱི་ལོ་༡༢༤༦)ལོར་ཧོར་གོ་དན་རྒྱལ་པོའི་གདན་ཞུ་ལྟར་ལིང་ཅུ་རྩེར་ཕེབས། མི་ལུག་ལོར་རྒྱལ་པོ་དང་མཇལ། རྒྱལ་པོ་དང་། བློན་པོ། འབངས་མི་རྣམས་ལ་ཆོས་ཀྱི་དགའ་སྟོན་རྒྱ་ཆེན་པོ་སྤེལ་བས་ཧོར་ཡུལ་དུ་སངས་རྒྱས་ཆོས་ལུགས་སྔར་ལས་ལྷག་པར་དར་སྤེལ་མཛད། དགུང་ལོ་བདུན་ཅུ་པ་རབ་བྱུང་བཞི་པའི་ལྕགས་ཕག་(སྤྱི་ལོ་༡༢༥༡)ལོར་ལིང་ཅུ་སྤྲུལ་བའི་སྡེ་ཞེས་བྱ་བར་སྐུ་གཤེགས།

ས་སྐྱ་པཎ་ཆེན་ནི་བོད་ས་གནས་དང་མེས་རྒྱལ་གཅིག་གྱུར་བྱས་པའི་བྱ་གཞག་ནང་མཛད་རྗེས་ཆེན་པོ་བཞག་པའི་བོད་རིགས་ཆོས་ལུགས་མི་སྣ་ཞིག་ཡིན། ཁོང་གིས་མཛད་པའི་བརྩམས་ཆོས་ནི་པོད་གསུམ་ཙམ་ཡོད་ཅིང་། གྲགས་ཆེ་བ་ནི《ཐུབ་པའི་དགོངས་པ་རབ་ཏུ་གསལ་བའི་བསྟན་བཅོས་》ཞེས་པ་དང་།《ལེགས་

① ཁང་དཀར་ཚུལ་ཁྲིམས་སྐལ་བཟང་གིས་མཛད་པའི《ཚད་མའི་ལོ་རྒྱུས་》ཞེས་པ་གངས་ལྗོངས་ནང་རིག་མཐུན་ཚོགས་ཀྱིས་༡༩༩༤ལོར་པར་དུ་བསྒྲུབ་པའི་ཤོག་ངོས་༢༧༩ལས་དྲངས།

པར་བཤད་པ་རིན་པོ་ཆེའི་གཏེར།》《ཚད་མ་རིགས་པའི་གཏེར།》《ཚིག་གི་གཏེར་ཞེས་བྱ་བའི་བསྟན་བཅོས།》《གཞུང་ལུགས་ལེགས་པར་བཤད་པ་ཞེས་བྱ་བའི་བསྟན་བཅོས།》《རོལ་མོའི་བསྟན་བཅོས།》《མཁས་པ་ལ་འཇུག་པའི་སྒོ།》《སྡོམ་པ་གསུམ་གྱི་རབ་ཏུ་དབྱེ་བ་》ཞེས་བྱ་བ་ལ་སོགས་པ་བོད་ཀྱི་རིག་གནས་དང་། ཚད་མ་རིག་པ། སངས་རྒྱས་ཆོས་ལུགས་བཅས་ལ་ཞིབ་འཇུག་གནང་བའི་ལེགས་བཤད་མང་དུ་མཛད་པ་ཞིག་ཡིན་ནོ། །

དོན་ཚན་གཉིས་པ། 《ཚད་མ་རིགས་གཏེར་》གྱི་དགོངས་དོན་མདོར་ཙམ་སྟོན་པ།

《རིགས་གཏེར་རང་འགྲེལ་》ལས། ཡང་དག་པའི་ཤེས་པ་དག་ལ་རིགས་པར་སྨྲ་བར་ཁས་འཆེ་བ་རྣམས་ཀྱང་ཕྱོགས་པར་རྟོག་པ་དུ་མ་མཐོང་བས་དེ་སུན་དབྱུང་བ་དང་ཡང་དག་པའི་དོན་གཏན་ལ་དབབ་པའི་ཕྱིར་འདི་བརྩམས་སོ། །དེ་ལ་གཉིས་ཏེ་ཤེས་བྱ་སྤྱི་ཕྱོག་ནས་གཏན་ལ་དབབ་པ་དང་། ཤེས་བྱེད་ཚད་མའི་རང་བཞིན་ངེས་པར་བྱ་བ་ཞེས་ཚད་མ་རིགས་གཏེར་རྩོམ་པའི་དགོས་པ་དང་བརྗོད་བྱའི་གཙོ་གནད་གསལ་བར་བསྟན་ཏོ། །གཞུང་དོན་ལ་རབ་བྱེད་བཅུ་གཅིག་ཡོད་དེ།

དང་པོ། ཤེས་བྱའི་ཡུལ་བརྟག་པའི་རབ་ཏུ་བྱེད་པ།

གཉིས་པ། ཤེས་བྱེད་ཀྱི་བློ་བརྟག་པའི་རབ་ཏུ་བྱེད་པ།

གསུམ་པ། སྤྱི་དང་བྱེ་བྲག་བརྟག་པའི་རབ་ཏུ་བྱེད་པ།

བཞི་པ། སྒྲུབ་པ་དང་གཞན་སེལ་གྱི་རབ་ཏུ་བྱེད་པ།

ལྔ་པ། བརྗོད་བྱ་དང་རྗོད་བྱེད་བརྟག་པའི་རབ་ཏུ་བྱེད་པ།

དྲུག་པ། འབྲེལ་བ་བརྟག་པའི་རབ་ཏུ་བྱེད་པ།

བདུན་པ། འགལ་བ་བརྟག་པའི་རབ་ཏུ་བྱེད་པ།

བརྒྱད་པ། མཚན་ཉིད་བརྟག་པའི་རབ་ཏུ་བྱེད་པ།

དགུ་པ། མངོན་སུམ་བརྟག་པའི་རབ་ཏུ་བྱེད་པ།

བཅུ་པ། རང་དོན་རྗེས་དཔག་སྟོན་པའི་རབ་ཏུ་བྱེད་པ།

བཅུ་གཅིག་པ། གཞན་དོན་རྗེས་དཔག་བརྟག་པའི་རབ་ཏུ་བྱེད་པ་བཅས་སོ། །

ཤེས་བྱ་སྤྱི་ཕྱོག་ནས་གཏན་ལ་དབབ་པ་ལ། དང་པོ་ཤེས་བྱའི་ཡུལ་བརྟག་པ་ལ། གཞལ་བྱ་རང་མཚན་གཅིག་པོ་ན་ཞེས་གསུངས་ཏེ། ཤེས་པའི་ཡུལ་ནི་རང་གི་མཚན་ཉིད་གཅིག་པོ་ན་ཡིན་པས་སྣང་དོར་བྱེད་པ་ཐམས་ཅད་རང་གི་མཚན་ཉིད་ཡོད་མེད་ལ་འཇུག་གི་དོན་བྱེད་མི་ནུས་པ་ལ་དགོས་ནུས་མེད་པའི་ཕྱིར་མི་འཇུག་གོ །དོན་སྤྱི་དང་མེད་པ་གསལ་བ་ཡུལ་མ་ཡིན་པར་འདོད་དེ། དེ་དག་འཛིན་པའི་ཤེས་པ་འཁྲུལ་བ་ཡིན་པའི་ཕྱིར་རོ། །

གཉིས་པ་ཤེས་བྱེད་ཀྱི་བློ་གཏན་ལ་དབབ་པ་ལ། བློའི་མཚན་ཉིད་རིག་པ་ཡིན་ཞེས་སོ། །བློ་དེ་ཤེས་པའི་སྒོ་ནས་བཤད་ན་རང་རིག་གཅིག་པུའོ། །ཡུལ་གྱི་སྒོ་ནས་དབྱེ་ན་རྟོག་བཅས་རྟོག་མེད་གཉིས་དང་། ངོ་བོའི་སྒོ་ནས་དབྱེ་ན་འཁྲུལ་བ་དང་མ་འཁྲུལ་བ་གཉིས་དང་། འཇུག་ཚུལ་གྱི་སྒོ་ནས་དབྱེ་ན་ཡུལ་ལ་མ་ཞུགས་པ་དང་། འཇུག་བཞིན་པ་དང་། ཞུགས་ཟིན་པ་གསུམ་མོ། །ལས་བྱེད་པ་པོ་བྱ་བའི་སྒོ་ནས་དབྱེ་ན་སྒོ་གསུམ་པོ་དེའང་ཡུལ་ཅན་གྱི་སྒོ་ནས་བསྡུ་ན་རང་རིག་པ་པོ་ནར་འདུ་ལ་དེས་ན་དོན་ཐམས་ཅད་རང་མཚན་དང་ཤེས་པ་ཐམས་ཅད་རང་རིག་ཏུ་འདུའོ་ཞེས་སོ། །ཚད་མ་མ་ཡིན་པའི་བློ་ལ། ཡིད་དཔྱོད་དང་། སྣང་ལ་མ་ངེས་པ་དང་། བཅད་ཤེས་དང་། ལོག་ཤེས་དང་། ཐེ་ཚོམ་དང་ལྔར་མི་འདོད་དེ། དེ་ལ་མ་རྟོགས་པ་དང་། ལོག་པར་རྟོག་པ་དང་། ཐེ་ཚོམ་གསུམ་ལས་མེད་པར་འདོད་དོ། །མངོན་སུམ་དུ་གྱུར་པའི་བཅད་ཤེས་མེད་དེ། བཅད་ཤེས་ཡིན་ན་རྟོག་པ་ཡིན་པས་ཁྱབ་པ་དང་མངོན་སུམ་ཡིན་ན་ཚད་མ་ཡིན་པས་ཁྱབ་པར་འདོད་དོ། །

གསུམ་པ་བློ་དེས་ཡུལ་རྟོགས་པའི་ཚུལ་ལ་བཞི། སྤྱི་དང་བྱེ་བྲག་བརྟག

པ་དང་། སྣང་བ་དང་གཞན་སེལ་དང་། བརྗོད་བྱ་དང་རྗོད་བྱེད་བརྟག་པ་དང་། འབྲེལ་བ་དང་འགལ་བ་བརྟག་པ་དང་བཞིའོ། །

དང་པོ། སྤྱི་དང་བྱེ་བྲག་རྟོགས་པའི་ཚུལ་ལ་ནི།

རང་མཚན་འཛིན་པ་རྟོག་མེད་དེ། །
སྤྱི་འཛིན་པ་ནི་རྟོག་པ་ཡིན། །
དེ་ལ་རང་མཚན་དངོས་པོ་སྟེ། །
སྤྱི་ནི་དངོས་པོར་གྲུབ་པ་མེད། །

ཅེས་སྤྱི་ནི་དངོས་མེད་ཡིན་པ་དང་། དོན་ལ་མི་གནས་པ་དང་། དབང་པོའི་ཡུལ་མ་ཡིན་པ་དང་། རྟོག་པས་སྒྲོ་བཏགས་པ་ཡིན་པར་བསྟན། རྟོག་པ་ངོ་བོས་འབྲུལ་བའི་གཞན་གྱི་སྤྱི་དང་བྱེ་བྲག་ལ་དོན་གྱི་སྤྱི་དང་བྱེ་བྲག་ཏུ་འཁྲུལ་ནས་བྱེ་བྲག་གྲུབ་པས་སྤྱི་འགྲུབ་དེ་ལ། སྤྱི་ཁེགས་པས་བྱེ་བྲག་ཁེགས་པའི་རྣམ་གཞག་བྱེད་པ་དེ་སྤྱི་དང་བྱེ་བྲག་གང་ཡིན་ཅུང་སེལ་ངོའི་ཆོས་ཁོ་ན་ཡིན་པར་བསྟན།

གཉིས་པ། སྣང་བ་དང་གཞན་སེལ་རྟོགས་པའི་ཚུལ་ལ་ནི།

རྟོག་མེད་སྣང་བའི་སྒོ་ནས་འཇུག །
སྒྲ་རྟོག་ཐམས་ཅད་གཞན་སེལ་ཡིན། །

ཅེས་པས་དེ་གཉིས་ཀྱི་འཇུག་ཚུལ་སྤྱིར་བསྟན་པ་ཡིན།

དེ་དག་འབྲེལ་དང་མ་འབྲེལ་བའི། །
དབྱེ་བས་གཉིས་གཉིས་རྣམ་པ་བཞི། །

ཞེས་པས་སྣང་བ་ལ་འབྲེལ་མ་འབྲེལ་གཉིས་དང་། སེལ་བ་ལ་ཕྱིན་ཅི་ལོག་མ་ལོག་གཉིས་ཏེ་བཞིར་དབྱེ་བའོ། །སྣང་བ་སྤྱིའི་མཚན་ཉིད་ནི་རྟོག་མེད་ཀྱི་ཤེས་

པས་མཐོང་བའོ། །སྣང་བ་འཁྲུལ་བའི་མཚན་ཉིད་ནི་རང་མཚན་མེད་པ་མཐོང་བའོ། །དེ་ལ་དབྱེ་ན་དབང་ཤེས་འཁྲུལ་བ་དང་། ཡིད་ཤེས་བསླད་པ་གཉིས་སོ། །སྣང་བ་མ་འཁྲུལ་བ་ནི་རང་གི་མཚན་ཉིད་ཡོད་པ་མཐོང་བའོ། །དབྱེ་ན་རང་རིག་དོན་རིག་གཉིས་སོ། །དེས་ན་མངོན་སུམ་ཚད་མ་ཡང་། །རྟོག་མེད་ཡིན་ཕྱིར་ངེས་མི་དགོས། །ཞེས་པར་འདོད་དོ། །གཞན་སེལ་གྱི་མཚན་ཉིད་ནི།

དངོས་འགལ་བཅད་ནས་འཇུག་པ་ནི། །
གཞན་སེལ་ཡུལ་ཅན་ཡིན་པརབཞེད། །

ཅེས་སོ། །གཞན་སེལ་བརྟགས་པ་ཡིན་གྱི་དོན་ལ་མ་གྲུབ་པས་དངོས་ཀྱི་ཡུལ་མེད་ལ་འཁྲུལ་ནས་འཇུག་པ་ན་ཐོབ་པའི་ཡུལ་རང་མཚན་ཉིད་ཡིན་នོ། །གཞན་སེལ་གྱི་དབྱེ་བ་དངོས་ནི། བསྒྲུབ་བྱ་སྒྲུབ་པ་དང་དགག་བྱ་འགོག་པའི་ཚུལ་གྱིས་ཡོད་པ་གཞན་སེལ་དང་མེད་པ་གཞན་སེལ་གཉིས་དང་། སྒྲའི་གཞན་སེལ་དང་བློའི་གཞན་སེལ་གཉིས་ཀྱིས་ཕྱེ་བས་བཞིར་འགྱུར་ཏེ། ཡོད་པ་སྒྲའི་གཞན་སེལ་དང་། ཡོད་པ་བློའི་གཞན་སེལ་དང་། མེད་པ་སྒྲའི་གཞན་སེལ་དང་། མེད་པ་བློའི་གཞན་སེལ་གཉིས་གཉིས་བཞིར་འགྱུར་རོ། །

གསུམ་པ། བརྗོད་བྱ་དང་རྗོད་བྱེད་རྟོགས་པའི་ཚུལ་ལ། མཚན་ཉིད་ལ། བརྡ་ལས་གོ་བྱ་གོ་བྱེད་ཡིན། །ཞེས་པས་བརྡ་གོ་བར་བྱ་བ་བརྗོད་བྱའི་མཚན་ཉིད། དོན་གོ་བར་བྱེད་པའི་བརྡ་རྗོད་བྱེད་ཀྱི་མཚན་ཉིད་དུ་བསྟན། དབྱེ་བ་ལ།

འཆད་དང་འཇུག་པའི་གང་ཟག་གི །
དབྱེ་བས་གཉིས་གཉིས་རྣམ་པ་བཞི། །

ཞེས་པས་འཆད་པ་དང་འཇུག་པའི་དུས་ཀྱི་བརྗོད་བྱ་རྗོད་བྱེད་གཉིས་གཉིས་ཡོད་པས་བཞིར་གྱུར་པར་བསྟན། འཆད་པའི་ཚེ་སྒྲའི་དངོས་ཀྱི་བརྗོད་བྱ་སྒྲ་དོན་

དང་ཞེན་པའི་བརྗོད་བྱ་དོན་རང་མཚན་ཡིན་ལ། དངོས་ཀྱི་རྗོད་བྱེད་སྒྲ་སྤྱི་དང་ཞེན་པའི་རྗོད་བྱེད་སྒྲ་རང་མཚན་ཡིན་ནོ། །འཇུག་པའི་ཚེ་རང་མཚན་དང་སྤྱི་སོ་སོར་མ་ཕྱེ་བར་གཅིག་ཏུ་འཁྲུལ་བ་ལ་བརྟེན་སྒྲུར་བས་ཐ་སྙད་ཀྱི་ཚེ་དོན་རང་མཚན་ཐོབ་པ་ཡིན་ནོ། །

བཞི་པ། འབྲེལ་བ་དང་འགལ་བ་རྟོགས་པའི་ཚུལ་ལ་གཉིས།

དང་པོ་འབྲེལ་བ་རྟོགས་ཚུལ་ནི། དོན་ཐམས་ཅད་ངོ་བོ་གཅིག་དང་ཐ་དད་དུ་གནས་པས་འབྲེལ་བ་མི་སྲིད་མོད། འོན་ཀྱང་གཞན་སེལ་གྱི་སྒོ་ནས་བློ་ངོར་འབྲེལ་བ་འགྲུབ་སྟེ། དཔེར་ན་བུམ་པའི་རང་མཚན་ཉིད་གཅིག་ཐ་དད་དུ་འབྱེད་པའི་གཞན་སེལ་གྱིས་ལྟོ་ལྡིར་མ་ཡིན་པ་དང་། སྐད་ཅིག་མ་མ་ཡིན་པ་དང་། རྒྱུ་རྐྱེན་གྱིས་བསྐྱེད་པ་མ་ཡིན་པ་སྤོང་བའི་རྣམ་པ་ཅན་གྱི་སྒྲ་རྟོག་གིས་བུམ་པ་དང་། མི་རྟག་པ་དང་། བྱས་པའི་ལྡོག་པ་ལ་སོགས་སུ་ཕྱེ་ལ། དེ་དག་གཅིག་ཏུ་སྡུད་པའི་གཞན་སེལ་གྱིས་གཅིག་ཏུ་བཟུང་བ་ལ་བདག་གཅིག་པའི་འབྲེལ་བ་ཞེས་བཏགས་སོ། །དེ་ལས་བྱུང་བའི་འབྲེལ་བའང་རྫས་ཐ་དད་དུས་མཉམ་དང་། སྔ་ཕྱི་གཉིས་ཀའི་དོན་ལ་མི་སྲིད་པས་སྔར་མཐོང་བའི་མེ་དང་ཕྱིས་མཐོང་བའི་དུ་བ་གཉིས་མངོན་སུམ་དང་མི་དམིགས་པ་ཕྲུགས་གསུམ་ལ་སོགས་པས་བློ་ངོར་འབྲེལ་བ་འགྲུབ་པོ། །

གཉིས་པ་འགལ་བ་རྟོགས་ཚུལ་ནི།

ཆོས་གང་གང་ལ་གནོད་བྱེད་པ། །
དེ་ནི་དེ་ཡི་འགལ་ཟླ་ཡིན། །

ཞེས་པ་ལྟར་འགལ་བའི་མཚན་ཉིད་ནི། ཆོས་གང་ཞིག་གང་ལ་གནོད་པ་བྱེད་པ་ཞེས་བྱ་བ་ཡིན་ནོ། །དབྱེ་བ་ནི། ཡུལ་གྱི་སྒོ་ནས་དབྱེ་ན། ལྷན་ཅིག་མི་གནས་པ་དང་ཕན་ཚུན་སྤང་བ་གཉིས་སོ། །ལྷན་ཅིག་མི་གནས་འགལ་ནི།

དེས་ན་གནོད་བྱ་གནོད་བྱེད་གཉིས། །
རྒྱུ་འབྲས་བཞིན་དུ་ཐ་དད་ཡིན། །
གང་གིས་གནོད་བྱ་ནུས་མེད་དུ། །
སྐྱེད་པའི་རྒྱུ་ལ་གནོད་བྱེད་ཟེར། །

ཞེས་པས་མཚན་ཉིད་བསྟན། དེ་ཡང་རྣམ་ངེས་ལས། རྒྱུ་མ་ཚང་བ་མེད་པར་གཏུགས་པ་འབྱུང་བ་ཅན་གཞན་ཡོད་ན་མེད་པའི་ཕྱིར་འགལ་བར་རྟོགས་ལ་ཞེས་གསུངས་པ་ལྟར་རོ། །ཕན་ཚུན་སྤངས་འགལ་ནི། ཆོས་ཐ་དད་གནོད་པ་བྱེད་ན་འགལ་བའོ། །རང་མིན་འགོག་པ་དངོས་འགལ་ཡིན། །ཞེས་པས་ཕན་ཚུན་སྤངས་འགལ་གྱི་དངོས་འགལ་གྱི་མཚན་ཉིད་བསྟན། དཔེར་ན་རྟག་མི་རྟག་དང་། སྔོན་པོ་དང་སྔོ་མིན་ལ་སོགས་པའོ། །བརྒྱུད་འགལ་རང་མིན་ཁྱབ་བྱེད་འགོག །ཅེས་པས་མཚན་ཉིད་བསྟན། དཔེར་ན་འདུས་བྱས་དང་རྟག་པ་ལ་སོགས་པ་ཕན་ཚུན་འགོག་པའོ། །

ཤེས་བྱེད་ཚད་མའི་རང་བཞིན་ངེས་པར་བྱ་བ་གཉིས་ཏེ། མཚན་ཉིད་ཀྱི་རྣམ་གཞག་དང་། མཚན་གཞི་སོ་སོའི་དོན་གཏན་ལ་དབབ་པའོ། །

དང་པོ་མཚན་ཉིད་ཀྱི་རྣམ་གཞག་ལ།

མཚན་ཉིད་གོ་བྱེད་དོན་གྱི་ཆོས། །
མཚོན་བྱ་གོ་བྱ་བློ་ཡི་ཆོས། །
མཚན་གཞི་གོ་བྱ་རྟེན་གྱི་ཆོས། །
དེ་དག་རྣམ་པར་བཞག་འཇོག་ཡིན། །

ཞེས་པས་མཚན་མཚོན་གཞི་གསུམ་གྱི་རང་བཞིན་བསྟན་པ་ཡིན། ཚད་མའི་མཚན་ཉིད་ལ།

མི་སླུ་མ་ཤེས་དོན་གསལ་གཉིས། །
རང་མཚན་རྟོགས་པར་དོན་ལ་མཐུན། །
ཐ་སྙད་པ་དང་དོན་དམ་པ། །
གཉིས་ཀ་ལ་ཡང་གཉིས་པོ་འཇུག །

ཅེས་པས་ཚད་མའི་མཚན་ཉིད་བསྟན། སློབ་དཔོན་ཕྱོགས་ཀྱི་གླང་པོས་གཞུང་གི་ཆ་འགའ་ཞིག་ཏུ་མི་བསླུ་བ་དང་འགའ་ཞིག་ཏུ་མ་ཤེས་དོན་གསལ་དུ་གསུངས་ལ། དཔལ་ལྡན་ཆོས་ཀྱི་གྲགས་པས་དེ་གཉིས་དགོངས་པ་གཅིག་ཏུ་མཛད་ནས་བློ་དེ་དོན་དེ་ལ་མི་བསླུ་བའི་ནུས་པ་ཉིད་ལ་བཞེད་པ་ཡིན་ནོ། །ཚད་མ་དང་ཡང་དག་པའི་ཤེས་པ་གཉིས་རྣམ་གྲངས་ཡིན་པར་བཞེད་དོ། །ཡང་དག་པའི་ཤེས་པ་ལ་གཉིས་ཏེ། མངོན་སུམ་དང་རྗེས་དཔག་གཉིས་སོ། །མངོན་སུམ་དང་རྗེས་དཔག་ལ་ཚད་མ་མ་ཡིན་པ་མི་སྲིད་པར་འདོད་དོ། །

གཉིས་པ་མཚན་གཞི་སོ་སོའི་དོན་གཏན་ལ་དབབ་པ་ལ་གསུམ། མངོན་སུམ་དང་། རང་དོན་རྗེས་དཔག་དང་། གཞན་དོན་རྗེས་དཔག་དང་གསུམ་མོ། །

དང་པོ་མངོན་སུམ་བརྟག་པ། མངོན་སུམ་རྟོག་བྲལ་མ་འཁྲུལ་བ། །ཞེས་པས་མངོན་སུམ་གྱི་མཚན་ཉིད་བསྟན། དབྱེ་ན་དབང་པོའི་མངོན་སུམ་དང་། ཡིད་ཀྱི་མངོན་སུམ་དང་། རང་རིག་མངོན་སུམ་དང་། རྣལ་འབྱོར་གྱི་མངོན་སུམ་སྟེ་བཞིའོ། །མངོན་སུམ་ལ་བཞིར་དབྱེ་བ་ནི་མདོ་སྡེ་བའི་ལུགས་ཡིན་ལ། བྱེ་བྲག་ཏུ་སྨྲ་བ་རང་རིག་མི་འདོད་པས་མངོན་སུམ་གསུམ་ཡིན་ནོ། །རྣམ་རིག་པའི་ལུགས་ལྟར་ན་རང་རིག་དང་རྣལ་འབྱོར་གྱི་མངོན་སུམ་གཉིས་ལས་གཞན་མི་སྲིད་པ་དཔལ་ལྡན་གྲགས་པའི་དགོངས་པ་ཡིན་ནོ། །དབང་པོའི་མངོན་སུམ་གྱི་མཚན་ཉིད་ནི། དབང་པོ་ལ་བརྟེན་པའི་ཤེས་པ་མ་འཁྲུལ་བའོ། །ཡིད་ཀྱི་མངོན་སུམ་གྱི་མཚན་ཉིད་ནི།

ཡུལ་དང་དབང་ཤེས་རྣམ་གཉིས་ཀྱི། །
དེ་མ་ཐག་ལས་སྐྱེས་པའི་ཡིད། །
དེ་ལ་བརྟེན་ནས་མ་འཁྲུལ་བའི། །
ཤེས་པ་ཡིད་ཀྱི་མངོན་སུམ་ཡིན། །

ཞེས་པས། རང་གི་བདག་རྐྱེན་ཡིད་ཀྱི་དབང་པོ་ལ་བརྟེན་པའི་ཤེས་པ་མ་འཁྲུལ་བ་ཡིད་ཀྱི་མངོན་སུམ་གྱི་མཚན་ཉིད་དུ་བསྟན། རང་རིག་མངོན་སུམ་གྱི་མཚན་ཉིད་ནི། ཤེས་པ་རང་གི་ངོ་བོ་ལ་མ་འཁྲུལ་བའོ། །རྣལ་འབྱོར་མངོན་སུམ་གྱི་མཚན་ཉིད་ནི། བསྒོམས་པ་ལས་བྱུང་བ་མ་འཁྲུལ་བའི་ཤེས་རབ་བོ། །བཅད་ཤེས་དང་དེས་པ་གཉི་ག་རྟོག་པའི་བྱེད་པ་ཡིན་པས་མངོན་སུམ་དང་གཞི་མཐུན་མི་སྲིད་པར་འདོད་དོ། །མངོན་སུམ་ལྟར་སྣང་ནི།

འཁྲུལ་བའི་ཤེས་པ་ཐམས་ཅད་ནི། །
མངོན་སུམ་ལྟར་སྣང་ཉིད་དུ་འདོད། །

ཅེས་སོ། །གཉིས་པ་རང་དོན་རྗེས་དཔག་སྟོན་པ་ལ། མཚན་ཉིད་ནི། ཚུལ་གསུམ་པའི་རྟགས་ལས་གཞལ་བྱ་རྟོགས་པའོ། །

ཕྱོགས་ཆོས་གྲུབ་ཅིང་འབྲེལ་བ་ངེས། །
གཏན་ཚིགས་མཚན་ཉིད་སྐྱོན་མེད་ཡིན། །

ཞེས་པས་གཏན་ཚིགས་ཡང་དག་གི་མཚན་ཉིད་བསྟན། ཡུལ་དུས་རྣམ་པ་ཁྱད་པར་དུ་མ་བྱས་པའི་དུ་བ་དང་བྱས་པ་ལ་སོགས་པ་ཕྱི་ལོག་རྟགས་ཀྱི་མཚན་གཞིའོ། །དེ་ལ་རྩོད་གཞི་མི་ལྡན་རྣམ་གཅོད་དུ་གྲུབ་པ་ཕྱོགས་ཆོས། རྟགས་ཀྱི་རྗེས་སུ་བསྒྲུབ་བྱ་འགྲོ་བ་རྗེས་འགྲོ་བསྒྲུབ་བྱའི་ཆོས་ལྡོག་སྟོབས་ཀྱིས་རྟགས་ལྡོག་པ་ནི་

ལྡོག་པའོ། །དེ་བཞིན་དུ་བསྒྲུབ་བྱའི་ཆོས་ཀྱང་མི་ལྡན་ནམ་གཅོད་དུ་སྦྱོར་རོ། །

མཚན་ཉིད་དེ་དང་ལྡན་པ་ཡི། །
གཏན་ཚིགས་དབྱེ་སྒོ་དུ་མར་འགྱུར། །

ཞེས་པས་གཏན་ཚིགས་དེ་ལ་དབྱེ་སྒོ་དུ་མ་ཡོད་པར་བསྟན་ཏེ། དགོད་བྱའི་སྒོ་ནས་དབྱེ་ན་མེད་དགག་རྟགས་སུ་དགོད་པ་དང་། མ་ཡིན་དགག་རྟགས་སུ་དགོད་པ་གཉིས། བསྒྲུབ་བྱའི་ཆོས་ཀྱིས་དབྱེ་ན་མེད་དགག་སྒྲུབ་པ་དང་མ་ཡིན་དགག་སྒྲུབ་པ་གཉིས། འབྲེལ་བའི་དབང་གིས་དབྱེ་ན་བདག་གཅིག་པ་དང་དེ་ལས་བྱུང་བ་གཉིས། དེ་ལ་ཡང་དངོས་འབྲེལ་བརྒྱུད་འབྲེལ་གཉིས། བསྒྲུབ་ཚུལ་གྱིས་དབྱེ་ན་དོན་བསྒྲུབ་དང་ཐ་སྙད་བསྒྲུབ་གཉིས། སྒྲུབ་བྱེད་ཀྱི་སྒོ་ནས་དབྱེ་ན་གྲགས་པ་དང་དངོས་པོའི་སྟོབས་ཞུགས་གཉིས། སྦྱོར་བའི་སྒོ་ནས་དབྱེ་ན་མི་དམིགས་པ་དང་། རང་བཞིན་དང་། འབྲས་བུའི་རྟགས་གསུམ་བཅས་སོ། །མི་དམིགས་པའི་མཚན་ཉིད་ནི། དགག་བྱ་འགོག་པ་ཚུལ་གསུམ་ཚང་། །ཞེས་པའོ། །དབྱེ་ན། སློབ་དཔོན་གྱིས་གཞུང་ལས་གསུམ་དང་བཞི་ལ་སོགས་པ་ཅི་རིགས་སུ་གསུངས་པས་ཀྱང་། རྗེ་ཏཱ་རིའི་རྗེས་སུ་འབྲངས་ནས་ སྔར་གྱི་བཅུ་གཉིས་པོ་དེ་ཙམ་སྐབས་སུ་བབ་པར་མངོན་ནོ། །རང་བཞིན་གྱི་རྟགས་ནི། ཡིན་པ་བསྒྲུབ་པ་ཚུལ་གསུམ་ཚང་། །ཞེས་པའོ། །

གཏན་ཚིགས་ལྟར་སྣང་ལ། རྟགས་གང་ཚུལ་གསུམ་མ་གྲུབ་པ། །ཞེས་པས་མཚན་ཉིད་བསྟན། དབྱེ་བ་ལ། མ་གྲུབ་པ་དང་། མ་ངེས་པ་དང་འགལ་བ་དང་གསུམ། མ་གྲུབ་པ་ནི། རྟགས་ཕྱོགས་ཆོས་བཀོད་ལྟར་མི་གནས་པའོ། །དབྱེ་ན་གསུམ་སྟེ། དོན་ལ་མ་གྲུབ་པ་དང་། བློ་ལ་མ་གྲུབ་པ་དང་། རྒོལ་བ་ལ་བལྟོས་ཏེ་མ་གྲུབ་པའོ། །མ་ངེས་པ་ནི། ཕྱོགས་ཆོས་གྲུབ་ཅིང་བཟློག་པ་མི་ཆོད་པའོ། །དབྱེ་ན་གཉིས་ཏེ། ཐུན་མོང་མ་ཡིན་པ་དང་ཐུན་མོང་བའོ། །འགལ་བ་ནི། ཕྱོགས་ཆོས་གྲུབ་

ཅིང་བཟློག་པས་ཁྱབ་པའོ། །དབྱེ་བ་ལ་གསུམ་སྟེ། དངོས་པོའི་སྒོ་ནས་གཉིས་སུ་དབྱེ་བ་དང་། བརྗོད་འདོད་ཀྱི་སྒོ་ནས་བཞིར་དབྱེ་བའོ། །

གསུམ་པ་གཞན་དོན་རྗེས་དཔག་བརྟག་པ་ལ།

གཞན་དོན་རྗེས་དཔག་རང་ཉིད་ཀྱིས། །
མཐོང་བ་གཞན་ལ་སྟོན་པའི་ངག །

ཅེས་པས་གཞན་དོན་རྗེས་དཔག་གི་མཚན་ཉིད་བསྟན། དེར་སློབ་དཔོན་གང་ཟག་ནི། སྒྲུབ་བྱེད་བརྗོད་པར་ཁས་ལེན་པ་ཐལ་བ་དང་། སུན་འབྱིན་བརྗོད་པར་ཁས་ལེན་པ་ཕྱིར་ཐལ་དང་། དེ་གཉིས་ཕམ་རྒྱལ་བརྗོད་པར་ཁས་ལེན་པ་དཔང་པོའོ། །ཐལ་ཕྱིར་ཐལ་གཉིས་པོ་གང་སྐྱོན་ཅན་བརྗོད་པ་ཚར་གཅད་པའི་གནས་ཡིན་ལ། སྐྱོན་མེད་བརྗོད་པ་དེ་རྗེས་སུ་གཟུང་བའི་གནས་ཡིན་ནོ། །ཐལ་བས་སྒྲུབ་བྱེད་ཡང་དག་པ་བཀོད་པ་ལ་ཕྱིར་ཐལ་གྱིས་སྐྱོན་མ་བརྗོད་ན་ཕྱིར་ཐལ་ཕམ་ལ། ཐལ་བས་སྒྲུབ་བྱེད་ལྟར་སྣང་བཀོད་པ་ལ་ཕྱིར་ཐལ་གྱིས་སྐྱོན་ཡང་དག་པར་བརྗོད་ན་ཐལ་བ་ཕམ་ཞིང་། དེས་སྒྲུབ་བྱེད་ལྟར་སྣང་བཀོད་ཀྱང་ཕྱིར་ཐལ་སྐྱོན་མི་བརྗོད་པའམ། སྐྱོན་ལྟར་སྣང་བ་ཞིག་བརྗོད་ཀྱང་ཐལ་བས་ཚོར་མ་འབྱིན་མ་ཤེས་ན་དེ་གཉིས་ཀ་ལ་ཕམ་རྒྱལ་མེད་དོ། །ཚར་གཅད་པའི་གནས་ནི་ཐལ་བས་བསྒྲུབ་པའི་ཡན་ལག་མི་བརྗོད་པ་དང་། ཡན་ལག་མ་ཡིན་པ་བརྗོད་པ་གཉིས་དང་། ཕྱིར་ཐལ་སྐྱོན་མི་བརྗོད་པ་དང་། སྐྱོན་མིན་བརྗོད་པ་གཉིས་ལས་གཞན་ནི་མིན་པར་འདོད་དོ། །ས་པཎ་གྱིས་དྲང་སྲོང་རྐང་མིག་གིས་བཤད་པའི་ཚར་གཅད་པའི་གནས་ཉི་ཤུ་རྩ་གཉིས་དང་བོད་སྔ་མ་དག་གིས་བཅུ་དྲུག་ཏུ་འདོད་པ་རྣམས་བཀག་གོ །གཞུང་དེ་ལས།

གཏན་ཚིགས་ལྟར་སྣང་ཚར་གཅད་གནས། །

དཔེར་ན་ལྟག་ཆོད་རྫོད་པ་བཞིན། །

ཞེས་པས་སློབ་དཔོན་ཕྱོགས་གླང་གིས་མུ་སྟེགས་བྱེད་ཀྱི་ལྟག་ཆོད་སུན་ཕྱུང་བའི་ཚུལ་གསལ་པོར་འགྲེལ་བར་མཛད་དོ། །

གཞན་དོན་རྗེས་དཔག་ལ་དགོས་པའི་སྒོ་ནས་སྒྲུབ་པའི་ངག་དང་སུན་འབྱིན་པའི་ངག་གཉིས་སུ་དབྱེ།

སྒྲུབ་པའི་ངག་ལ་ཡང་བརྗོད་ཚུལ་བསྒྲུབ་པ་ལ་ཡང་དག་དང་ལྟར་སྣང་གཉིས། ཚུལ་གསུམ་སྟོན་པ་བསྒྲུབ་པའི་ངག །ཅེས་པས་སྒྲུབ་ངག་ཡང་དག་གི་མཚན་ཉིད་བསྟན། ངག་དགོད་པའི་ཚུལ་ལ་གཉིས་ཏེ། མི་མཁས་པ་ལ་སྦྱར་བའི་ཚུལ་དང་མཁས་པ་ལ་སྦྱར་བའི་ཚུལ་ལོ། །མི་མཁས་པ་ལ་སྦྱར་ཚུལ་ནི། ཆོག་ཡན་ལག་གཉིས་པའི་ངག་ཏུ་སྦྱར་ཏེ་རྗེས་འགྲོ་དང་ཕྱོགས་ཆོས་བརྗོད་པ་ཆོས་མཐུན་པ་ཉིད་ཅན་གྱི་ངག དཔེར་ན་གང་བྱས་པ་དེ་མི་རྟག་སྟེ་བུམ་པ་བཞིན་སྒྲ་ཡང་བྱས་སོ་ཞེས་བྱ་བ་ལྟ་བུའོ། །ཕྱོགས་ཆོས་དང་བཟློག་ཁྱབ་བརྗོད་པ་ཆོས་མི་མཐུན་པ་ཉིད་ཅན་གྱི་ངག་དཔེར་ན་གང་མི་རྟག་པ་མ་ཡིན་པ་དེ་བྱས་པ་མ་ཡིན་ཏེ་ནམ་མཁའ་བཞིན་སྒྲ་ནི་བྱས་སོ་ཞེས་བརྗོད་པ་ལྟ་བུའོ། །མཁས་པ་ལ་སྦྱར་ཚུལ་ནི། མཁས་པ་ལ་ནི་གཏན་ཚིགས་ཉིད། །ཅེས་པས་གཏན་ཚིགས་བརྗོད་པས་ཁྱབ་པ་དྲན་ནུས་པར་ཤེས་པ་དེ་ལ་གཏན་ཚིགས་ཙམ་གྱིས་གྲུབ་སྟེ། དཔེར་ན་བྱས་པ་ལ་མི་རྟག་པར་ཁྱབ་པར་སྨྲ་བའི་རྒོལ་བ་མཁས་པ་ལ་དེ་ལ་འོ་ན་སྒྲ་ཡང་བྱས་སོ་ཞེས་བརྗོད་པས་འགྲུབ་བོ། །ཞེས་པར་ཡན་ལག་གཅིག་པོ་ན་ཅན་གྱི་སྒྲུབ་ངག་ཡང་དག་ཡོད་པར་བཞེད་དོ། །བསྒྲུབ་པ་ལྟར་སྣང་ལ།

སྒྲུབ་བྱེད་ཡང་དག་མ་ཡིན་པ། །

བཀོད་པ་བསྒྲུབ་པ་ལྟར་སྣང་ཡིན། །

ཞེས་པས་སྒྲུབ་ངག་ལྟར་སྣང་གི་མཚན་ཉིད་བསྟན། དབྱེ་ན་གསུམ་སྟེ། རྟགས་ཚུལ་གསུམ་མ་ཚང་བ་བཀོད་པ་དོན་སྐྱོན་ཅན་དང་། རྟགས་ཚུལ་གསུམ་ཚང་ཡང་ཚད་མས་མ་ངེས་པ་བཀོད་པ་བློ་སྐྱོན་ཅན་དང་། ཚུལ་གསུམ་ཚད་མས་ངེས་ཀྱང་བརྗོད་པ་མ་ཤེས་ན་སྒྲ་སྐྱོན་ཅན་བཀོད་པ་སྟེ་གསུམ་མོ། །

སུན་འབྱིན་པ་ལ་ཡང་དག་དང་ལྟར་སྣང་གཉིས། དང་པོ་སུན་འབྱིན་ཡང་དག སྐྱོན་ལ་སྐྱོན་དུ་བརྗོད་པས་སྐྱོན་ཅན་གོ་བ་སུན་འབྱིན་ཡང་དག་གི་མཚན་ཉིད། ཡུལ་གྱི་སྒོ་ནས་དབྱེ་ན་མཚན་ཉིད་དང་། གཏན་ཚིགས་དང་། བསྒྲུབ་བྱའི་སྐྱོན་གསུམ་མོ། །ངོ་བོའི་སྒོ་ནས་དབྱེ་ན། དོན་དང་། བློ་དང་། སྒྲ་སྐྱོན་ཅན་གསུམ་མོ། །བརྗོད་ཚུལ་གྱི་སྒོ་ནས་དབྱེ་ན། ནུལ་མ་དང་ཐལ་བར་བརྗོད་པ་གཉིས་སོ། །གཉིས་པ་སུན་འབྱིན་ལྟར་སྣང་། སྐྱོན་ལ་སྐྱོན་དུ་མ་བརྗོད་པས་སྐྱོན་ཅན་གོ་བ་སུན་འབྱིན་ལྟར་སྣང་གི་མཚན་ཉིད། དབྱེ་ན།

སྐྱོན་མི་བརྗོད་དང་སྐྱོན་མིན་བརྗོད། །
གཉིས་ཡིན་དབྱེ་བ་བསམ་མི་ཁྱབ། །

ཅེས་སོ། །ཐལ་འགྱུར་ལ་ཐལ་བའི་རྣམ་གཞག་དང་ལན་འདེབས་པའི་ཚུལ་གཉིས། ཐལ་འགྱུར་ཡང་དག་གི་མཚན་ཉིད་ནི། ཁས་བླངས་ཀྱི་རྟགས་ལས་མི་འདོད་པའི་བསྒྲུབ་བྱ་འཕེན་པའོ། །དབྱེ་ན། སྒྲུབ་བྱེད་འཕེན་པ་དང་སྒྲུབ་བྱེད་མི་འཕེན་པ་གཉིས་སོ། །ལན་འདེབས་ཚུལ་ནི།

དེས་ན་མཁས་པས་ཐལ་འགྱུར་ལན། །
རྣམ་པར་ཐར་པའི་སྒོ་བཞི་གདབ། །

ཅེས་པས་ཐལ་འགྱུར་གྱི་ལན་ལ། འགལ། མ་ངེས། མ་གྲུབ། འདོད་པ་གྲུབ་པ་སྟེ་སྒོ་བཞིའོ། །

པཎ་ཆེན་ཤཱཀྱ་མཆོག་ལྡན་གྱིས་དོན་དེ་དག་ལ་དམིགས་ནས་འདི་ལྟར་དཔྱད་དེ་གསུངས་པར། དེའི་འཆད་ཚུལ་རགས་པ་ནི་འདི་ལྟར། གཟུང་ཡུལ་ལ་གསུམ་དུ་འབྱེད་པ་དང་། ཡུལ་ཅན་འཁྲུལ་བ་ལ་གཟུང་ཡུལ་ཡོད་པ་གཞུང་དང་འགལ་བར་བརྗོད་ནས་གཟུང་ཡུལ་ནི་ཕྱི་དོན་རང་མཚན་གཅིག་པོར་ངེས་པ་དང་། ཤེས་པ་གང་ལ་ཡང་དུས་མཉམ་པའི་གཟུང་ཡུལ་མ་བཤད་ཅིང་དགོས་པ་མེད་པ་དང་། དེའི་ཤེས་བྱེད་དུ་དམིགས་རྐྱེན་ལས་གཞན་པའི་དབང་ཤེས་ཀྱི་དངོས་ཡུལ་མ་བཤད་ཅིང་། དུས་མཉམ་པའི་རྐྱེན་དུ་མི་རུང་བ་དང་། གཟུང་ཡུལ་དུ་མ་ཟད་འཇུག་ཡུལ་ཀྱང་རང་མཚན་པོ་ནར་ངེས་པ་དང་། དེའི་ཚེ་སྤྱི་མཚན་གཞལ་བྱ་མ་ཡིན་པར་ཐལ་ཞེས་ཟེར་བ་ནི་གཞལ་བྱ་དང་འཇུག་ཡུལ་ཤན་མ་ཕྱེད་པས་ནོངས་པ་དང་། དེའི་ཚེ་དོན་རང་མཚན་གྱི་གཞན་སེལ་པོ་ན་རྗེས་དཔག་གི་གཞལ་བྱར་འཛོག་པ་ཡིན་གྱི། ནམ་མཁའ་དང་སྐྲ་ཤད་ལ་སོགས་པའི་དོན་སྤྱི་ལ་ནི་བཅད་ཞུགས་ཐོབ་གསུམ་མ་ཚང་བས་རྗེས་དཔག་གི་གཞལ་བྱར་མི་རུང་བ་དང་། ཚད་མིན་གྱི་བློ་ལ་ལྟ་ཡི་གྲངས་ངེས་གཞུང་ནས་མ་བཤད་ཅིང་། འཁྲུལ་བ་དང་། འགལ་བ་དང་། ཤེས་པ་ཇི་སྙེད་པ་ལ་ལྟོག་པས་ཕྱི་ན་ཁ་ཕྱིར་ལྟ་དང་ནང་ལྟ་གཉིས་སུ་ངེས་ལ། ནང་ལྟ་རང་རིག་ཏུ་འཇོག་པར་མ་ཟད་ཕྱིར་ལྟའི་ཤེས་པ་ལ་ཡང་ཡུལ་གྱི་རྣམ་པ་མི་སྣང་བ་ནི་མི་སྲིད་ལ། རྣམ་པ་ནི་ཤེས་པ་པོ་ནར་ངེས་པས་བློ་ཐམས་ཅད་རང་རིག་ཏུ་བསྡུ་བ་དང་། ཡུལ་རིག་པ་བློའི་མཚན་ཉིད་དུ་འཇོག་ན་འཇུག་ཡུལ་རིག་པ་ནི་ཁྱབ་ཆུང་ལ། སྣང་ཡུལ་དང་གཟུང་ཡུལ་རིག་པ་ནི་རང་རིག་ལ་མི་སྲིད་པ་དང་། གཞན་སེལ་བའི་རྣམ་གཞག་རྒྱས་པར་མ་ཤེས་ན་སྡེ་བདུན་མཛད་པའི་གཞུང་ཕལ་ཆེ་བ་འཆད་མི་ཤེས་པར་བསམ་ནས་དེའི་རྣམ་གཞག་འཆད་པའི་ཚུལ་འདི་ལྟར། ཤེས་བྱ་མཐའ་དག་རང་མཚན་ཡིན་མིན་གཉིས་སུ་བསྡུ། མ་ཡིན་པ་དེ་ཐམས་ཅད་ལ་གཞན་སེལ་གྱིས་ཁྱབ། རང་མཚན་གྱི་མིང་བཏགས་པ་ལ་ཡང་སྣང་ངོའི་བུམ་སོགས་དང་། སེལ་ངོའི་བུམ་སོགས་གཉིས་སུ་ཁ་མཆོན་ཆོད། ཕྱི་

མ་ལ་གཞན་སེལ་གྱིས་ཁྱབ། རྟོག་མེད་ཀྱི་ཤེས་པའི་སྤྱོད་བྱ་དང་གཟུང་ཡུལ་གང་ཡིན་ཀྱང་གཞན་སེལ་དུ་འགལ། དེས་ན་དོན་རང་མཚན་དགག་བསྒྲུབ་ཀྱི་རྟེན་དུ་མི་རུང་། དགག་བསྒྲུབ་དང་སྤྱི་བྱེ་བྲག་དང་འགལ་བ་དང་འབྲེལ་བ་ཐམས་ཅད་སེལ་ངོའི་ཆོས་ཁོ་ན་ཡིན། རྟོག་མེད་ཀྱི་ཤེས་པའི་དོན་གསལ་ཙམ་ལས་དེ་དག་ཁུ་སྣང་བ་མེད། དེའི་ཕྱིར་དོན་ལ་དེ་དག་དགག་པ། བློ་ངོར་སྒྲུབ་པ། དེ་དག་ངེས་བྱེད་ཀྱི་ཚད་མ་བཤད་པ་གསུམ་གྱི་སྒོ་ནས་འཆད་དོ། །མཚན་མཚོན་བརྟག་པའི་རབ་བྱེད་ནི་དོན་གྱི་གོ་བ་ཕྱི་བསྟུས་དང་མཐུན་ལ། ཚིག་གི་རིགས་མི་འདྲ་བ་དང་། མཚན་ཉིད་ཀྱི་སྐྱོན་སེལ་ཚུལ་ལ་དགག་པ་མདོ་ཙམ་ཞིག་མཛད། ཚད་མ་ཙམ་གྱི་མཚན་ཉིད་ལ་ལྷ་རྒྱན་ཆོས་མཆོག་གསུམ་ཀ་ལ་མི་མཐུན་པ་བཀག་ནས་མཐུན་པའི་འཆད་ཚུལ་མི་བསླུ་བ་དང་མ་ཤེས་དོན་གསལ་གཉིས་ཀ་ཡང་བཤད་པ་ཐ་དད་པ་ཙམ་ཡིན་གྱི་དོན་ནི་གཞལ་བྱ་གསར་དུ་རྟོགས་པ་དང་འཇུག་ཡུལ་རང་མཚན་ལ་མི་བསླུ་བ་ཉིད་དུ་དོན་མཐུན་པར་འཆད། ཕྱི་བསྟུས་ལས་བདེན་པའི་དོན་རྟོགས་ཆོས་གསུམ་ལྡན་ཚད་མའི་མཚན་ཉིད་དུ་བཞག་པ་ལ་མི་དགོས་མ་ཁྱབ་མི་སྲིད་གསུམ་གྱི་སུན་འབྱིན་མཛད། མངོན་སུམ་ལ་ཚད་མ་ཡིན་མིན་གྱི་དབྱེ་བ་མི་མཛད། མདོ་སེམས་གཉིས་དེའི་དབྱེ་གྲངས་ལ་མི་མཐུན། གཞན་ངེས་ཚད་མའི་རྣམ་གཞག་ཆོས་མཆོག་དང་མཐུན་ཞིང་། ཚད་མས་རང་གི་འཇུག་ཡུལ་ལ་སྒྲོ་འདོགས་ཆོད་དགོས་ན། གཞན་སེལ་གྱི་ཚད་མ་མི་སྲིད་པར་འགྱུར། རྗེས་དཔག་གི་རྟེན་གཏན་ཚིགས་ལ་ཕྱི་བསྟུས་དང་མི་མཐུན་པ་ཆེས་ཆེར་མེད་ཅིང་། རྫས་ལྡོག་གི་དགག་སྒྲུབ་བྱེད་ཚུལ་སོ་སོ་བ་དང་། ཕན་ཚུན་སྤང་འགལ་གྱི་དབང་དུ་བྱས་པའི་འགལ་དམིགས་སྦྱོར་ཚུལ་ལ་དགག་པ་མདོ་ཙམ་དང་། རང་རྒྱུད་དུ་མཐར་ཐལ་འགྱུར་ལ་ཡང་འབྲས་རང་མ་དམིགས་པ་གསུམ་དུ་འབྱེད་པ་དང་། ལོག་རྟོག་སེལ་བ་དང་རྗེས་དཔག་བསྐྱེད་པའི་ཐལ་འགྱུར་གང་ཡིན་ཀྱང་གསུམ་པོ་དེར་ངེས་པ་དང་། དེ་ལྟར་ངེས་པའི་ཚེ་ན་སྒྲུབ་བྱེད་མི་འཕེན་པ་གསུམ་དང་། འཕེན་

པ་ལ་རང་རིགས་འཕེན་པ་བཞི་དང་། གཞན་རིགས་འཕེན་པ་བཅུ་དྲུག་ཏུ་འབྱེད་པ་དང་། ཐལ་འགྱུར་ལྟར་སྣང་ལ་གྲངས་ངེས་མི་མཛད་ཅིང་། ལན་འདེབས་པའི་ཚུལ་རྣམ་པར་ཐར་པའི་སྒོ་བཞི་ཉིད་དུ་གྲངས་ངེས་པར་མཛད་དོ། །དེ་ལྟར་གོང་དུ་སྨྲས་པའི་སྤྱོལ་འབྱེད་གསུམ་པོ་དེ་དག་ནི་ཕན་ཚུན་དུ་དགོངས་པ་མཐུན་མི་མཐུན་ཅི་རིགས་པར་བྱུང་ཞིང་། རྩ་བའི་གཞུང་ཐད་སོར་འཇོག་མི་འཇོག་དང་འཕགས་ཡུལ་གྱི་འགྲེལ་པ་ཚད་ལྡན་དུ་གྲགས་པ་དག་ལ་དགག་གཞག་སྣ་ཚོགས་པར་མཛད་ཡོད། གསུམ་པོ་དེ་དག་བོད་ཀྱི་འགྲེལ་མཛད་ཚད་ལྡན་དུ་བྱེད་དགོས་ཏེ། ཐུགས་རྒྱུད་བྱང་ཆུབ་ཀྱི་སེམས་ཀྱིས་ཕྱུག བདེ་བར་གཤེགས་པའི་གསུང་རབ་རབ་འབྱམས་ཐུགས་སུ་ཆུད། དངོས་བརྒྱུད་ཀྱི་སྒོ་ནས་མཛད་པ་འཕྲིན་ལས་བསམ་གྱིས་མི་ཁྱབ་པའི་ཕྱིར་རོ། །[1]ཞེས་གསུངས་པ་ལྟར་《རིགས་གཏེར་》གྱི་དགོངས་པའི་ཁྱད་ཆོས་མངོན་པར་བསྟན་པས་བློ་ལྡན་རྣམས་ཀྱིས་ཞིབ་ཏུ་དཔྱད་པར་འོས་སུ་ཆེའོ། །གཞན་ཡང་ཀུན་མཁྱེན་བསོད་ནམས་སེང་གེས།

རིགས་པའི་གཙུག་རྒྱན་གཉིས་ཀྱི་གཞུང་ལུགས་ལ། །
སྔེ་བདུན་གོང་འོག་བསྡེབས་ནས་འཆད་པ་དང་། །
རྒྱ་འགྲེལ་ལེགས་ཆ་བཏུས་ནས་འཆད་པ་དང་། །
རང་གི་རྣམ་རྟོག་ཉིད་ཀྱིས་འཆད་པ་སྟེ། །
གངས་རིའི་ཁྲོད་འདིར་འཆད་ཚུལ་རྣམ་གསུམ་ལས། །
སྔོ་བ་དུ་མར་རིགས་ལམ་གོམས་བྱས་ནས། །
སྐྱོན་མེད་བརྒྱུད་པའི་མན་ངག་དང་ལྡན་ཅིང་། །
འཇམ་དབྱངས་ཐུགས་ཀྱི་མཁྱེན་པ་མངའ་བ་ཡི། །

---

① དཔལ་བརྩེགས་བོད་ཡིག་དཔེ་རྙིང་ཞིབ་འཇུག་ཁང་གིས་དཔེ་རྙིང་བྲིས་མ་ཞིག་ལས་བཤུས་ཞིང་པར་གཞི་གསར་དུ་བསྒྲིགས་པའི་སྣ་རིང་དཔར་མའི་ཤོག་ངོས་༡༥པར་གསལ།

ས་སྐྱ་པ་ནི་འཆད་ཚུལ་དང་པོ་བཞིན། །

ཅེས་གསུངས་པ་ལྟར། ས་པཎ་ནི་ཚད་མ་མདོ་དང་ཆོས་གྲགས་ཀྱི་སྡེ་བདུན། ལེའུ་དང་པོའི་རང་འགྲེལ་རྣམས་ཀྱི་བརྗོད་བྱ་གཞུང་གོང་འོག་སྔ་ཚོགས་སུ་སིལ་བུར་ཡོད་པ་རྣམས་རིགས་མཐུན་ཕྱོགས་གཅིག་ཏུ་བསྡེབས་ནས་འཆད། བོད་སྟོན་གཞན་ཕལ་མོ་ཆེས་ལྷ་ཤཱཀྱ་རྒྱན་མཆོག་རྣམས་ཀྱི་འགྲེལ་པའི་ལེགས་ཆ་བཏུས་ནས་འཆད། རྒྱལ་ཚབ་རྗེ་དང་མཁས་གྲུབ་རྗེ་གཉིས་ནི་རང་གི་རིག་པའི་སྨོས་འཆད་པ་སྟེ་འཆད་ཚུལ་གསུམ་དུ་བཞེད་དོ། །[①]ཞེས་གསུངས་པ་དེ་བོད་གངས་ཅན་གྱི་ཡུལ་དེར་མདོ་དང་སྡེ་བདུན་ཇི་ལྟར་འཆད་ཚུལ་ཐད་བསམ་བློ་རྣམ་པར་དག་པས་བསྡོམས་ཏེ་གསུངས་པས་ལུགས་དང་མཐུན་པའི་ལེགས་བཤད་རྨད་དུ་བྱུང་བ་ཞིག་ཡིན་ནོ། །

དོན་ཚན་གསུམ་པ། 《རྣམ་འགྲེལ་》དང་《རིགས་གཏེར་》གྱི་དགོངས་པ་བོད་ཡུལ་དུ་སྤེལ་ཚུལ།

ས་པཎ་གྱི་དངོས་སློབ་ཤར་པ་ཤེས་རབ་འབྱུང་གནས་དང་། ནུབ་པ་ཨུ་ယུག་པ་རིགས་པའི་སེང་གེ་དང་། གུང་པ་སྐྱོ་སྟོན་དྲི་མེད་གསུམ་གྱིས《རྣམ་འགྲེལ་》དང་《རིགས་གཏེར་》གྱི་དགོངས་པ་རྒྱ་ཆེར་སྤེལ་ཏེ་རིགས་པ་སྨྲ་བ་ཁྱད་པར་དུ་འཕགས་པ་མང་པོ་བྱུང་། དེ་གསུམ་གྱི་ཡ་གྱལ་ཨུ་ယུག་པ་རིགས་པའི་སེང་གེ་ནི། དུས་རབས་བཅུ་གཉིས་པའི་དུས་མཇུག་ལ་གཙང་ཉང་ཡུལ་ཨུ་ယུག་ཅེས་པའི་སར་སྐུ་འཁྲུངས། སྐུ་ན་ཆུང་དུས་མཁས་དབང་གཉལ་ཞིག་འཇམ་པའི་རྡོ་རྗེའི་ཞབས་ལ་གཏུགས་ཏེ། ཕར་ཕྱིན་སོགས་གཞུང་མང་སྦྱངས་པ་དཔྱིས་ཕྱིན་པར་

① ཀོང་སྤྲུལ་ཡོན་ཏན་རྒྱ་མཚོས་མཛད་པའི་《ཤེས་བྱ་ཀུན་ཁྱབ་》ཅེས་བྱ་བ་མི་རིགས་དཔེ་སྐྲུན་ཁང་གིས་༡༩༨༢ལོར་པར་དུ་བསྐྲུན་པའི་ཤོག་ངོས་༥༦༨ལས་དྲངས།

མཛད་དེ། གཉལ་ཞིག་གི་སློབ་བུ་དགུ་ལས་བར་ཚར་གསུམ་གྱི་ཡ་གྱལ། ཙ་ཡུག་པ་བསོད་ནམས་སེང་གེ་ཞེས་མཁས་སྐན་གྱི་གྲགས་པའི་བ་དན་དཀར་པོ་ཕྱོགས་ཀུན་ཏུ་གཡོ། ཕྱིས་ཆོས་རྗེ་ས་པཎ་གྱི་ཞབས་ལ་གཏུགས་ཏེ། 《རྣམ་འགྲེལ་》དང་《རིགས་གཏེར་》སོགས་གསན། ས་སྐྱར་ཆོས་ཀྱི་དགའ་སྟོན་ལེགས་པར་སྤེལ་ཏེ་གསུང་ལས་སྐྱེས་པའི་སློབ་མ་མཁས་པ་ཆེན་པོ་ཞང་སྟོན་མདོ་སྡེ་དཔལ་བ། གཉན་དར་མ་སེང་གེ་དང་། ཁང་སྟོན་འོད་ཟེར་རྒྱལ་མཚན་དང་། ཟུར་ཁང་པ་དཀར་ཤཱཀྱ་གྲགས་པ་སོགས་མཁས་པ་མང་དུ་བྱོན། བརྩམས་ཆོས་《ཚད་མ་རྣམ་འགྲེལ་གྱི་རྣམ་བཤད་ལ་རྒྱས་པ་རིགས་མཛོད་》དང་། 《བསྡུས་པ་རིགས་གྲུབ་》ཅེས་པ་གཉིས་དང་། དེའི་བསྡུས་དོན་བཅས་མཛད་པས་རྣམ་འགྲེལ་ལ་བོད་འགྲེལ་གྱི་ཐོག་མའི་ལམ་སྲོལ་བཏོད། 《རིགས་གཏེར་གྱི་རྣམ་བཤད་ལ་རིགས་པ་གྲུབ་པ་》ཞེས་བྱ་བ་མཛད་ནས་རིགས་གཏེར་ལ་གཞན་འགྲེལ་གྱི་སྒོ་བས་པ་ཡངས་པོར་ཕྱེས། 《དབུ་མ་སྒྲིག་གི་འཁོར་ལོ་》སོགས་མཛད། སྐུ་ཚེའི་སྨད་དུ་ཆོས་རྗེ་ཧོར་ཡུལ་དུ་ཐེབས་སྐབས། དཔལ་ས་སྐྱའི་གདན་སའི་ཁྲུར་ཆེན་བཞེས་ཏེ་ཆོས་སྡེ་ཆེན་པོའི་འཆད་ཉན་གྱི་རྒྱུན་འཛིན་གཙོ་བོ་མཛད། 《དེབ་སྔོན་》ལས། ཙ་ཡུག་པས་ས་སྐྱར་ས་པཎ་ལ་རྣམ་འགྲེལ་གསན་ནས་དེར་བཤད་པ་མཛད་པས་མཁས་པ་ཆེན་པོ་ཞང་མདོ་སྡེ་དཔལ་ལ་སོགས་པའི་སློབ་མ་མང་དུ་བྱུང་ཞིང་། དེང་སང་གི་བར་དུ་རྣམ་འགྲེལ་དར་བ་འདི་པཎ་ཆེན་དང་ཁོང་རྣམ་གཉིས་ཀྱི་དྲིན་ཡིན། གསང་ཕུ་བ་རྣམས་ཀྱང་ཁོ་བོ་གཙོན་པའི་དུས་ན་རྣམ་ངེས་ཀྱི་བདག་པོ་མཛད་པས། དེང་སང་ནི་རྣམ་འགྲེལ་བར་གྱུར་ཏོ། །[①]ཞེས་གསུངས། དུས་རབས་བཅུ་གསུམ་པའི་ཆུ་སྨད་(སྤྱི་ལོ་༡༢༥༣)ལོར་དགོངས་པ་རྫོགས་སོ། །

ས་སྐྱར་ཞང་མདོ་སྡེ་དཔལ་དང་ཙ་ཡུག་པས་འཆད་ཉན་ཡུན་རིང་མཛད་

① འགོས་ལོ་གཞོན་ནུ་དཔལ་གྱིས་མཛད་པའི་《དེབ་ཐེར་སྔོན་པོ་》སྟོད་ཆ། ༡༩༨༤ལོར་སི་ཁྲོན་མི་རིགས་དཔེ་སྐྲུན་ཁང་གིས་པར་དུ་བསྐྲུན་པའི་ཤོག་ངོས་༩༠༨པར་གསལ།

པས་གསུང་གི་རྒྱུན་ལས་འཛམ་དབྱངས་སྐྱ་བོ་དང་། དཔང་ལོ་ཙྪ་བ་བློ་གྲོས་བརྟན་པ་དང་། ཆོས་རྗེ་བླ་མ་དམ་པ་བསོད་ནམས་རྒྱལ་མཚན་དང་། ཉ་དབོན་ཀུན་དགའ་དཔལ་རྣམས་སྤྱི་ཕྱི་ཅི་རིགས་སུ་བྱུང་། དཔང་ལོ་ཙྪ་བ་བློ་གྲོས་བརྟན་པས་《རྣམ་འགྲེལ་ཊཱིཀ་ཆེན་》མཛད། ལོ་ཙྪ་བ་གྲགས་པ་རྒྱལ་མཚན་གྱིས་ཀྱང་《རྣམ་འགྲེལ་གྱི་ཊཱིཀྐ་ཆེན་མོ་》མཛད། དེ་གཉིས་ཀྱི་དབོན་པོ་བོ་དོང་ཕྱོགས་ལས་རྣམ་རྒྱལ་གྱིས་《ཚད་མ་དཀའ་འགྲེལ་ཆེན་མོ་》དང་། 《ཚད་མ་དཀའ་གནད་བྱེ་བྲག་ཏུ་བཤད་པ་རིགས་པའི་སྙིང་པོ་》དང་། 《རིགས་གཏེར་གྱི་ཊཱིཀྐ་ཚད་མ་བསྡུས་པ་》དང་། 《ཚད་མ་རིགས་པའི་སྣང་བ་》སོགས་མཛད་ཅིང་། ཚད་མ་རིག་སྣང་བྱ་བའི་སྲོལ་ཟུར་དུ་ཕྱེ་བར་《ཤེས་བྱ་ཀུན་ཁྱབ་》ལས་གསུངས།

བླ་མ་དམ་པ་བསོད་ནམས་རྒྱལ་མཚན་(སྤྱི་ལོ་༡༣༡༢—༡༣༧༥)གྱིས་དཔང་ལོ་ཙྪ་བ་ལས་《ཚད་མ་ཀུན་བཏུས་》རྩ་འགྲེལ་བཅས་པ་དང་། 《གཏན་ཚིགས་ཐིགས་པ་》དང་། 《འབྲེལ་བ་བརྟག་པ་》དང་། 《རྟོད་པའི་རིགས་པ་》དང་། 《རྒྱུད་གཞན་གྲུབ་པ་》སོགས་གསན། དགུང་ལོ་སོ་གཉིས་པར་ས་སྐྱའི་གདན་སའི་ཁྲི་ལ་བཞུགས་ནས་ཆོས་སྲིད་གཉིས་ཀྱིས་ལེགས་པར་བསྐྱངས། བརྩམས་ཆོས་《ཚད་མ་རྣམ་འགྲེལ་གྱི་ཊཱིཀྐ་》རྒྱས་འབྲིང་བསྡུས་གསུམ་སྟེ་《རྣམ་འགྲེལ་གྱི་འགྲེལ་པ་ལེགས་པར་བཤད་པའི་སྙིང་པོ་》དང་། 《བསྡུས་པ་ཆེ་བ་རིགས་པའི་དེ་ཉིད་རྣམ་པར་ངེས་པ་》དང་། 《སྡེ་བདུན་གྱི་སྙིང་པོ་རིགས་པའི་དེ་ཁོ་ན་ཉིད་རབ་ཏུ་གསལ་བ་》སོགས་མཛད་ཅིང་། 《ཚད་མ་རིགས་གཏེར་གྱི་དགོངས་པའི་རྒྱུད་འཛིན་མདོར་བསྡུས་》སོགས་མཛད་དོ། །

ཉ་དབོན་ཀུན་དགའ་དཔལ་བ་(སྤྱི་ལོ་༡༣༨༥—༡༨༣༩)དེ་ཁམས་པའི་དགེ་བཤེས་ཉ་དར་མ་རིན་ཆེན་གྱི་དབོན་པོ་ཡིན་པས་ཉ་དབོན་དུ་གྲགས། དོལ་བུ་བ་ཤེས་རབ་རྒྱལ་མཚན་སོགས་བཤེས་གཉེན་དམ་པ་མང་པོའི་ཞབས་ལ་གཏུགས་ཤིང་མདོ་སྔགས་རིག་གནས་དང་བཅས་པར་སྦྱངས་པ་དཔྱིས་ཕྱིན་པར་མཛད་པས་

གངས་ཅན་མཁས་པའི་མིག་རྒྱན་དུ་གྱུར། རབ་བྱུང་དྲུག་པའི་མེ་འབྲུག་ལོར་ཆོས་ཀྱི་རྒྱལ་པོ་ཙོང་ཁ་པ་ཆེན་པོ་ཁོང་གི་ཞབས་ལ་གཏུགས་ནས་ཕར་ཕྱིན་གྱི་ཆོས་སྐོར་རྣམས་གསན། ཚད་མ་རིག་པ་ལ་མཆོག་ཏུ་མཁས་པས་ཚད་མ་ཉ་ལ་ཐུག་ཅེས་པའི་གཏམ་གྲགས། 《རྣམ་འགྲེལ་གྱི་ཊཱིཀྐ་ཡིད་ཀྱི་མུན་སེལ་》ཞེས་པ་མཛད། རྒྱལ་བ་དགེ་འདུན་གྲུབ་ཀྱིས་སྔར་ཐང་དུ་འདིའི་སྟེང་དུ་ཁྲྭ་སྐོར་མཛད་པར་གྲགས།

ཉ་དབོན་གྱི་སློབ་མ་གཡག་སྟོན་སངས་རྒྱས་དཔལ་བ་(སྤྱི་ལོ་༡༣༥༠—༡༤༡༤)ནི། 《དེབ་སྔོན་》ལས། གཡག་ཕྲུག་སངས་རྒྱས་དཔལ་ཞེས་གྲགས་པ་དེའི་རྩ་བའི་གྲྭ་ས་ནི་གསང་ཕུ་བ་ཡིན། དེར་དབུ་ཊཱིཀ་ལ་མང་པོ་སྦྱངས། ཐུགས་ལ་བཀའ་བསྟན་བཅོས་ཀྱིས་གཙོ་བྱས་པའི་གསུང་རབ་བཞུགས་པ་ཁོང་ལས་མང་བ་མེད་ཅེས་གྲགས་པ་དེས། ས་སྐྱ་དགའ་ལྡན་གྱི་བདག་པོ་མཛད། དབུས་གཙང་ཡར་མར་དུ་བཤད་ཉན་མཛད་པས་ཕ་རོལ་ཏུ་ཕྱིན་པའི་བསྟན་པ་ཤིན་ཏུ་དར་བར་མཛད་①ཅེས་གསུངས། དེས་《རྣམ་འགྲེལ་ཊཱིཀྐ་ཡིད་ཀྱི་མུན་སེལ་》དང་། 《སྡེ་བདུན་གྱི་དགོངས་འགྲེལ་ཚད་མ་རིགས་གཏེར་གྱི་དེ་ཁོ་ན་ཉིད་གསལ་བར་བྱེད་པ་རིགས་པའི་འོད་སྟོང་འཕྲོ་བ་》ཞེས་བྱ་བ་སོགས་མཛད། ཉ་དབོན་གྱི་སློབ་མ་དཔལ་ལྡན་རྡོ་རྗེ་ནང་པའི་ཆོས་བརྒྱུད་འཛིན་པ་མཚལ་མིན་པ་བསོད་ནམས་བཟང་པོས་(སྤྱི་ལོ་༡༣༤༡—༡༤༣༣)《རྒྱས་པའི་བསྟན་བཅོས་རྣམ་འགྲེལ་གྱི་འགྲེལ་བཤད་རིན་ཆེན་ཕྲེང་བ་》ཞེས་པ་མཛད།

རེད་མདའ་བ་གཞོན་ནུ་བློ་གྲོས་(སྤྱི་ལོ་༡༣༤༩—༡༤༡༢)ཀྱིས་ཉ་དབོན་ཀུན་དགའ་དཔལ་དང་གཡག་ཕྲུག་སངས་རྒྱས་དཔལ་བ་གཉིས་ལས《ཚད་མ་རྣམ་འགྲེལ།》བླ་མ་བསོད་ནམས་རྒྱལ་མཚན་ལས་ཕར་ཕྱིན། ལོ་ཆེན་བྱང་ཆུབ་རྩེ་མོ་ལས་མངོན་པ་གོང་འོག ལྷོག་ལོད་པ་ཀུན་དགའ་བཟང་པོ་ལས་འདུལ་བ། ཆོས་རྗེ་བྱང་ཆུབ་

---

① འགོས་ལོ་གཞོན་ནུ་དཔལ་གྱིས་མཛད་པའི་《དེབ་ཐེར་སྔོན་པོ་》སྟོད་ཆ། ༡༩༨༩ལོར་སི་ཁྲོན་མི་རིགས་དཔེ་སྐྲུན་ཁང་གིས་པར་དུ་བསྐྲུན་པའི་ཤོག་ངོས་༤༡༢པར་གསལ།

སེང་གེ་ལས་དབུ་མ་བཅས་ཐོས་གསན་ཡོངས་སུ་རྫོགས་པ་མཛད། དེ་ནས་སྟགས་ལ་ཕྲོ་ཁ་ཕྱོགས་ཏེ། ལོ་ཆེན་བྱང་ཆུབ་རྩེ་མོ་ལས་གསང་འདུས་དང་། ལོ་ཆེན་སྐྱབས་མཆོག་དཔལ་བཟང་ལས་རྒྱུད་ཀྱི་བཤད་པ། ས་བཟང་པཎ་ཆེན་ལས་བདེ་མཆོག རྒྱལ་སྲས་ཐོགས་མེད་བཟང་པོ་ལས་ལམ་རིམ་དང་བློ་སྦྱོང་སོགས་གསན་པར་མཛད་ཅིང་མཁས་པ་ཆེན་པོར་གྱུར། སློབ་མ་གྲགས་ཆེ་བ་ནི། ཉིད་ཀྱི་ཞལ་ནས།

ཀུན་མཁྱེན་ཤེར་འོད་བློ་བཟང་གྲགས་པ་སོགས། །
གཞུང་ལུགས་རབ་འབྱམས་ཤེས་པའི་བཤེས་གཉེན་བདུན། །
དཀའ་བཞི་ལེགས་པར་སྨྲ་བ་བཅུ་ཕྲག་གཅིག །
ཕར་ཚད་ཤེས་པའི་སློབ་མ་བརྒྱ་ཕྲག་བརྒལ། །

ཞེས་གསུངས་པ་ལྟར་མང་དུ་བྱུང་ངོ་། །བརྩམས་ཆོས་ཤིན་ཏུ་མང་། ཚད་མ་རིག་པའི་ཐད་ལ་《རྣམ་འགྲེལ་སྙིང་དོན་》དང་། 《རྣམ་འགྲེལ་རྒྱན་གྱི་འགྲེལ་བཤད་ཆེན་མོ་》དང་། 《རྣམ་འགྲེལ་ཊཱིཀྐ་རིགས་པའི་འདོད་འཇོ་》ཞེས་བྱ་བ་སོགས་མཛད།

རེད་མདའ་བའི་ཐུགས་སྲས་རོང་སྟོན་ཤེས་བྱ་ཀུན་རིག (སྤྱི་ལོ་༡༣༦༧—༡༤༤༩) ནི། 《དེབ་སྔོན་》ལས། དེའི་ཐུགས་སྲས་རོང་སྟོན་སྨྲ་བའི་སེང་གེ་ཆེན་པོ་ནི། རྒྱལ་མོ་རོང་ནས་གཞོན་ནུ་ལ་གསང་ཕུ་ནེའུ་ཐོག་ཏུ་ཕེབས། བརྩོན་པ་དང་སྐལ་བ་གཉིས་ཀ་ཕུན་སུམ་ཚོགས་པས་དགུང་ལོ་ཉི་ཤུ་ཙམ་བཞེས་པ་ན། བསྟན་བཅོས་ཆེན་པོ་ལ་ཊཱིཀ་བྱ་བར་ནུས་པའི་དགེ་བཤེས་ཆེན་པོར་གྱུར། དབུས་དང་ལས་སྟོད་ཕྱིན་གྱི་ས་སྟོད་སྨད་རྣམས་སུ་ཆོས་པར་མཛད་ཅིང་། བཤད་པ་རྒྱ་ཆེན་པོ་མཛད་པ་ལ་བརྟེན་ནས་མཁས་པའི་སློབ་མ་མང་དུ་བྱུང་①ཞེས་གསུངས་པ་

① འགོས་ལོ་གཞོན་ནུ་དཔལ་གྱིས་མཛད་པའི་《དེབ་ཐེར་སྔོན་པོ་》སྟོད་ཆ། ༡༩༨༩ལོར་སི་ཁྲོན་མི་རིགས་དཔེ་སྐྲུན་ཁང་གིས་པར་དུ་བསྐྲུན་པའི་ཤོག་ངོས་༧༡༣པར་གསལ།

ལྟར་གཞོན་དུས་རྣམ་ངེས་ལ་མཁས་ཤིང་རིགས་པ་སྨྲ་བ་ལ་འགྲན་པའི་ཟླ་དང་བྲལ་བས་མཚན་ལ་སྨྲ་བའི་སེང་གེ་ཞེས་གྲགས། སློབ་མ་ཆོས་སྨྲ་བ་ཆེན་པོ་སངས་རྒྱས་འཕེལ་དང་པཎ་ཆེན་ཤཱཀྱ་མཆོག་ལྡན་སོགས་བྱུང་། ཚད་མའི་བསྟན་བཅོས་《ཚད་མ་མདོའི་འགྲེལ་པ་》དང་། 《ཚད་མའི་སྤྱི་དོན་ཆེ་བ་སྡེ་བདུན་གྱི་རྒྱན་》དང་། 《ཚད་མའི་སྤྱི་དོན་ཆུང་བ་སྡེ་བདུན་གནད་ཀྱི་ཟླ་ཟེར་》དང་། 《ཚད་མ་རིགས་གཏེར་གྱི་འགྲེལ་པ་》སོགས་མཛད་དོ། །

ས་སྐྱའི་བསྟན་འཛིན་མདོ་སྔགས་གཉིས་ལ་མཁས་པ་གསེར་མདོག་པ་པཎ་ཆེན་ཤཱཀྱ་མཆོག་ལྡན་(སྤྱི་ལོ་༡༤༢༨—༡༥༠༧)གྱིས་རོང་སྟོན་ལ་བསྟེན་ནས་མཁས་པའི་ཕ་རོལ་ཏུ་སོན། 《རིགས་གཏེར་འགྲེལ་པ་རྟོག་གེའི་འབྲུལ་འཇོམས་ཆེན་མོ་》དང་། 《སྡེ་བདུན་དེ་ཉིད་བསྡུས་པ་རྟོག་གེའི་སྙིང་པོ་》དང་། 《ཚད་མ་རྣམ་འགྲེལ་གྱི་རྣམ་བཤད་》དང་། 《ཚད་མའི་ལོ་རྒྱུས།》《སྡེ་བདུན་བང་མཛོད།》《དཀའ་འགྲེལ་རིགས་སྣང་།》《སྤྱི་བདུན་ངག་རོལ་》བཅས་ཚད་མའི་བསྟན་བཅོས་མང་དུ་མཛད།

གཞན་ཡང་རོང་སྟོན་གྱི་སློབ་མ་ཆོས་ལུང་དཀའ་བཅུས་《རིགས་གཏེར་གྱི་ཊཱིཀྐ་རིགས་པའི་མགུལ་རྒྱན་》ཞེས་བྱ་བ་མཛད། ཀུན་མཁྱེན་རོང་སྟོན་གྱི་སློབ་མ་མཁྱེན་རབ་དབང་ཕྱུག་གྲགས་བཟང་གིས་《རྣམ་འགྲེལ་》སོགས་ལ་ཊཱིཀྐ་མཛད། གཞི་གྲུབ་ན་རྟགས་ཡང་དག་ཡིན་པས་ཁྱབ། གཞི་གྲུབ་ན་གཞན་སེལ་ཡིན་པས་ཁྱབ་པ་སོགས་ཀྱི་ཁྱབ་ཆེན་བཞིར་གྲགས་པ་བྱུང་ངོ་། །

བྱམས་ཆེན་རབ་འབྱམས་པ་སངས་རྒྱས་འཕེལ་བ་(སྤྱི་ལོ་༡༤༡༡—༡༤༨༥)ནི་རོང་སྟོན་དང་མཁྱེན་རབ་དབང་ཕྱུག་གཉིས་ཀྱི་སློབ་མ་ཡིན། དེས་ཡིག་ཆ་ཆེར་མ་མཛད་ཅིང་། འཆད་ཉན་གྱི་སྒོ་ནས་ས་སྐྱ་པའི་བསྟན་འཛིན་མཁས་པ་མང་དུ་བསྐྱངས། གྲགས་ཆེ་བ་ནི་མཁས་གྲུབ་བསྟན་གསལ་དང་། རྗེས་ཐང་སངས་རྒྱས་ལྷུན་གྲུབ། གོ་བོ་རབ་འབྱམས་པ་བསོད་ནམས་སེང་གེ། འབུམ་ཕྲག་གསུམ་

པ། བྱམས་པ་ཆོས་ཀྱི་དོན་གྲུབ། འཇམ་དབྱངས་ཀུན་དགའ་ཆོས་འཕེལ་སོགས་མང་པོ་བྱུང་། མཁས་གྲུབ་བསྟན་གསལ་གྱིས་རྟགས་རིགས་ཆེན་མོ་མཛད།

གོ་བོ་རབ་འབྱམས་པ་སོད་ནམས་སེང་གེས་(སྤྱི་ལོ་༡༤༢༩—༡༤༨༩)སྔ་ཕྱིར་བཤེས་གཉེན་དམ་པ་བཅོ་བརྒྱད་ཙམ་བསྟེན་ཏེ་མདོ་སྔགས་རིག་གནས་རྒྱ་མཚོའི་ཕ་རོལ་ཏུ་སོན་ཅིང་། གངས་ཅན་མཁས་མང་ཀུན་གྱི་གཙུག་རྒྱན་དུ་གྱུར། གསུང་རྩོམ་《རྣམ་འགྲེལ་ཊཱིཀྐ་ཆེ་བ་ཀུན་བཟང་འོད་ཟེར་》དང་། 《ཚུང་བ་སྦྱོར་ཊཱིཀ》《རིགས་གཏེར་གྱི་དགོངས་པ་ཐུན་མོང་མ་ཡིན་པ་འགྲེལ་བའི་སྤྱི་དོན་ཆེ་བ་སྡེ་བདུན་རབ་གསལ་》དང་། 《སྤྱི་དོན་ཆུང་བ་རིགས་གཏེར་གསལ་བྱེད་》སོགས་པོད་བཅུ་གསུམ་བཞུགས་སོ། །

བྱམས་ཆེན་པའི་སློབ་མ་པཎ་ཆེན་འདུམ་ཕྲག་གསུམ་པ་(སྤྱི་ལོ་༡༤༣༣—༡༥༠༨)འདུམ་ཟླ་བ་གསུམ་ལ་ཐུགས་ལ་ཟིན་པས་འདུམ་ཕྲག་གསུམ་པར་གྲགས། དེས་《རིགས་གཏེར་སྤྱི་དོན་》མཛད། 《རྣམ་འགྲེལ་》སོགས་ཀུན་ལ་ཊཱིཀྐའི་རིགས་ཚིག་ཚོགས་ཆུང་བའི་གོ་བདེ་རེ་དང་། སྤྱི་དོན་རིགས་མཐའ་དཔྱོད་རིགས་པའི་རྣམ་གྲངས་མང་པོ་དང་བཅས་པའི་རྒྱས་པ་མཛད། འཇམ་དབྱངས་ཀུན་དགའ་ཆོས་འཕེལ་གྱིས་《རྣམ་འགྲེལ་གྱི་ཊཱིཀྐ་གཞུང་དོན་རབ་གསལ་》མཛད། གཞན་ཡང་བྱམས་ཆེན་པའི་སློབ་མ་པཎ་ཆེན་གཞུང་བརྒྱ་པས་《རིགས་གཏེར་གྱི་ཊཱིཀྐ་》མཛད། པཎ་ཆེན་གོང་སྟོན་གྱིས་《ཚད་མའི་སྤྱི་དོན་》བློ་རྟགས་སུ་གྲགས་པ་མཛད། རྒྱལ་བ་ཨུས་རབ་འབྱམས་པས་《རྣམ་འགྲེལ་གྱི་ཊཱིཀ་སྡེ་བདུན་དགོངས་རྒྱན་》དང་། 《རིགས་གཏེར་གྱི་ཊཱིཀ་རིགས་ལམ་གསལ་བའི་ཉི་མ།》《རྣམ་རིགས་གཉིས་ཀའི་སྤྱི་དོན་རྗོ་རྗེ་ཐོག་འབེབས་》སུ་གྲགས་པ་སོགས་མཛད། ལྷ་གྲུབ་བྱམས་ཆེན་པ་དང་མཐུན། །གཞན་ཡང་ས་སྐྱ་པ་གྲགས་པའི་བློ་གྲོས་ཀྱི་སློབ་མ་སྟག་ཚང་ལོ་ཙཱ་བ་ཤེས་རབ་རིན་ཆེན་(སྤྱི་ལོ་༡༤༠༥—?)གྱིས་《རིགས་གཏེར་གྱི་ཊཱིཀ་ཆེན་》མཛད།

ཀློ་བོ་མཁན་ཆེན་བསོད་ནམས་ལྷུན་གྲུབ་ནི། ས་སྐྱ་པཎ་ཆེན་སྐུ་འཁྲུངས་ནས་ལོ་ངོ་སུམ་བརྒྱ་ཙམ་ལོན་པའི་བོད་རབ་བྱུང་བདུན་པའི་ལྕགས་བྱ(སྤྱི་ལོ་༡༤༤༡)ལོར་ས་སྐྱ་དྲུང་ཆེན་པའི་སྲས་སུ་འཁྲུངས། ཆོས་རྗེ་གྲགས་པ་རྒྱལ་མཚན་སོགས་མཁས་གྲུབ་དམ་པ་མང་པོའི་ཞབས་ལ་གཏུགས་ཏེ་དགེ་ཚུལ་སྡོམ་གྱི་སྡོམ་པ་དང་། རིག་པའི་གནས་སྤྱི་དང་ས་ལུགས་ཀྱི་ལུང་རྟོགས་ཕུལ་དུ་བྱུང་བ་ཐོབ་པས་མཁས་ཆེན་གྱི་མཚན་གནས་སུ་འཁོད་ཅིང་འགྲོ་དོན་རྒྱ་ཆེར་མཛད་པ་བྱུང་། སྤྱི་ལོ་༡༥༣༢ལ་སྐུ་གཤེགས། ཚད་མའི་བསྟན་བཅོས་《སྡེ་བདུན་མདོ་དང་བཅས་པའི་དགོངས་འགྲེལ་ཚད་མ་རིགས་པའི་གཏེར་གྱི་འགྲེལ་པའི་རྣམ་བཤད་རིགས་ལམ་གསལ་པའི་ཉི་མ་》ཞེས་པ་མཛད་དེ་བོད་སྔ་རབས་པ་རྣམས་དང་མི་མཐུན་པའི་ཚད་མའི་ལྟ་བ་གསར་པ་མང་དུ་བསྟན། གཞུང་དེའི་གཞོགས་འདེགས་སུ་《ཚད་མ་རིགས་གཏེར་ལ་ཉེ་བར་མཁོ་བ་མཐའ་གཉིས་གསལ་བྱེད་》ཅེས་པ་དང་། 《ཚད་མ་རིགས་གཏེར་གྱི་ཕྱོགས་སྔ་རྣམ་པར་བཤད་པ་རིགས་ལམ་གསལ་བྱེད་》ཅེས་པ་མཛད་དེ་རང་ཉིད་ཀྱི་ལྟ་གྲུབ་ནན་གྱིས་སྟོན་པར་མཛད་དོ། །

ཚར་ཆེན་བློ་གསལ་རྒྱ་མཚོའི་སློབ་མ་མཁས་པ་ཆེན་པོ་མང་ཐོས་ཀླུ་སྒྲུབ་རྒྱ་མཚོས་(སྤྱི་ལོ་༡༥༢༢—༡༥༩༦)《ཕྱོགས་ཆོས་འཁོར་ལོའི་རྣམ་བཤད་ལེགས་བཤད་ཉི་མའི་འོད་ཟེར་》དང་། 《གཞན་དང་ཐུན་མོང་མ་ཡིན་པའི་ཁྱད་ཆོས་ཞེས་བྱ་བ་》དང་། 《ལེགས་བཤད་ཉི་མའི་འོད་ཟེར་》ལས་ཚད་མ་གྲུབ་པའི་གཞུང་འགྲེལ་མཐའ་དཔྱོད་དོགས་དཔྱོད་དང་བཅས་པ། 《ལེགས་བཤད་ཉི་མའི་འོད་ཟེར་ལས་གཏན་ཚིགས་འཁོར་ལོའི་གཞུང་གསུམ་གསལ་བྱེད།》《ཡིད་མཚོན་གྱི་ལེགས་བཤད་ཉི་མའི་འོད་ཟེར་》ལས་《བློ་གསལ་མིག་འབྱེད་རིགས་པའི་ཐུར་མ།》《ཚད་འབྲས་གཉིས་པའི་གསུང་རྒྱུན།》《ལེགས་བཤད་ཉི་མའི་འོད་ཟེར་ཟླ་མ་ཏོག་ཁ་ཕྱེ་བ་》ལས་རང་ཉིད་རྒྱས་བཤད་ཀྱི་སྐབས། 《ལེགས་བཤད་ཉི་མའི་འོད་ཟེར་ལས་མ་བསལ་བའི་རྣམ་བཤད།》《གྲགས་བསལ་གནྣའི་ཆུ་རྒྱུན།》《ཡན་

ལག་རྗེས་འགོག་གི་རྣམ་བཤད་གནྡྷའི་ཚ་རྒྱན།》《སྒྲུབ་ངག་གི་རྣམ་བཤད་བདུད་རྩིའི་ཟ་མ་ཏོག་ཁ་ཕྱེ་བ།》《འགོག་ཡུལ་ཕྱི་རྒོལ་གྱི་རྣམ་བཤད་གཞན་གྱི་སྤྱོད་ཡུལ་མིན་པའི་གནད་ཀྱི་སྙིང་པོ།》《ཚད་མའི་བསྟན་བཅོས་ལ་མ་གོ་བ་བརྒྱ་རྩ།》《རྣམ་འགྲེལ་སྡེ་ལྔང་གི་སྒྱུར་བ་》བཅས་དང་། 《རིགས་ལམ་སྤྱིའི་རྣམ་གཞག་ལེགས་བཤད་ཉི་མའི་འོད་ཟེར་》ཞེས་བྱ་བ་དང་། 《ཚད་མ་རིགས་པའི་གཏེར་གྱི་དཀའ་འགྲེལ་གནད་ཀྱི་སྙིང་པོ་གསལ་བྱེད་》ཅེས་བྱ་བ་སོགས་མཛད་དོ། །

མང་ཐོས་ཀླུ་སྒྲུབ་རྒྱ་མཚོའི་སློབ་མ་མཁན་ཆེན་ངག་དབང་ཆོས་གྲགས་(སྤྱི་ལོ་༡༥༧༢—༡༦༤༡)ཀྱིས་《ཚད་མ་རིགས་གཏེར་གྱི་དགོངས་དོན་གསལ་བར་བྱེད་པའི་ལེགས་བཤད་ངག་གི་དཔལ་སྟེར་》ཞེས་བྱ་བ་མཛད། གཞན་ཡང་ས་སྐྱ་པ་འཇམ་དབྱངས་མཁྱེན་བརྩེ་དབང་པོའི་སློབ་མ་བློ་གཏེར་དབང་པོས་(སྤྱི་ལོ་༡༨༤༧—༡༩༡༤)《ཚད་མ་རིགས་གཏེར་གྱི་མཆན་འགྲེལ་སྡེ་བདུན་གསལ་བའི་སྒྲོན་མེ་》ཞེས་བྱ་བ་མཛད་པ་དང་། མཁན་པོ་བློ་གྲོས་བཟང་པོས་《ཚད་མ་རིགས་གཏེར་ལེགས་བཤད་བཟང་པོ་གསུམ་ལྡན་》ཞེས་བྱ་བ་སོགས་མཛད་དོ། །གཞན་ཡང་རྙིང་མའི་གྲུབ་མཐའ་འཛིན་པ་རང་གཞན་གྲུབ་མཐའི་རྒྱ་མཚོའི་ཕ་རོལ་ཏུ་སོན་པ་རིགས་པ་སྨྲ་བ་མཁས་ཆེན་འཇམ་མགོན་མི་ཕམ་འཇམ་དབྱངས་རྣམ་རྒྱལ་རྒྱ་མཚོ་(སྤྱི་ལོ་༡༨༤༦—༡༩༡༢)མཆོག་གིས་《རིགས་གཏེར་》གྱི་རྗེས་སུ་འབྲངས་ནས་《ཚད་མ་རྣམ་འགྲེལ་གྱི་གཞུང་གསལ་པོར་བཤད་པ་སྣང་བའི་གཏེར་》ཞེས་བྱ་བའི་རྣམ་འགྲེལ་གྱི་འགྲེལ་པ་མཛད་དོ། །

སྤྱིར་ཚད་མ་རྣམ་འགྲེལ་གྱི་བཤད་རྒྱུན་ནི། ས་སྐྱ་པཎ་ཆེན་གྱིས་ཁ་ཆེ་པཎ་ཆེན་ཤཱཀྱ་ཤྲཱི་ནས་རྣམ་འགྲེལ་ལེགས་པར་གསན་ནས་ཐོག་མར་དཔལ་ལྡན་ས་སྐྱ་ནས་བཤད་པ་མཛད། དེ་ནས་ས་སྐྱ་པའི་མཁས་པ་མང་པོ་བརྒྱུད་དེ་རིམ་གྱིས་བོད་གངས་ཅན་གྱི་ཡུལ་ཀུན་ཏུ་དར་བར་བྱས། 《དེབ་ཐེར་སྔོན་པོ་》ལས་རྣམ་འགྲེལ་གྱི་བརྒྱུད་པའི་སྐབས་ལ་འདི་ལྟར་གསུངས་ཏེ། ཐུབ་པ། དགྲ་བཅོམ་པ་

ཆོས་སྐྱོབ། པཎ་ཆེན་མི་ཕྲཾ་ག དབྱིག་གཉེན། ཕྱོགས་གླང་། དབང་ཕྱུག་སྡེ། ཆོས་གྲགས། ལྷ་དབང་བློ། ཤཱཀྱ་བློ། དུལ་བ་ལྷ། ཆོས་གྲགས། ཤེར་འབྱུང་། ཉི་མ་སྦས་པ། ཛ་མ་རི། ཛྙཱ་ན་ཤྲཱི་མི་ཏྲ། ཆོས་ཀྱི་མཆོག ཨཱ་ནནྡ། ཤཾ་ཀ་པཎྜི་ཏ། ཁ་ཆེ་པཎ་ཆེན་ཤཱཀྱ་ཤྲཱི། ས་པཎ། ཨུ་ཡུག་པ། ཞང་བཙུན་མདོ་སྡེ་དཔལ། འཇམ་དབྱངས་སྐྱ་བོ། དཔལ་ལྡན་པ། འཇམ་དབྱངས་སྟོན་གཞོན། ནོར་བཟང་དཔལ། གྲགས་རིན་པ། འཇམ་སྟོན་པ། ཆོས་སེང་པ། རྗེ་ཐོག་པ་ཆོས་ཀྱི་བཟང་པོ། མཁན་ཆེན་རིན་པོ་ཆེ་རྒྱལ་མཚན་བཟང་པོ། ཡང་། ཆོས་སེང་པ་ལ་རྒྱལ་ལྷ་ཁང་པ་བསམ་གྲུབ་ཡེ་ཤེས། དེ་ལ་སློབ་དཔོན་བསམ་གྲུབ་བཟང་པོ་བ་རྣམས་ཏེ། འདི་རྣམ་འགྲེལ་པ་གཞན་རྣམས་ལ་མི་སྣང་བས། མཁན་ཆེན་རིན་པོ་ཆེ་རྒྱལ་མཚན་བཟང་པོས་འབད་པ་ཆེན་པོས་བཙལ་བས་རྙེད་པ་ཡིན་གསུང་ངོ་། ཚད་མ་རྣམ་འགྲེལ་གྱི་བརྒྱུད་པའོ་①ཞེས་གསུངས་པ་དང་། བུ་སྟོན་གསན་ཡིག་ལས། སངས་རྒྱས། འཇམ་དབྱངས། དགྲ་བཅོམ་པ་ཆོས་སྐྱོབ། བཙུན་པ་མི་ཕྲཾ་ག དབྱིག་གཉེན། ཕྱོགས་གླང་། དབང་ཕྱུག་སྡེ། ཆོས་གྲགས། ལྷ་དབང་བློ། ཤཱཀྱ་བློ། ཤེས་རབ་འབྱུང་གནས་སྦས་པ། ཆོས་མཆོག ཛ་མ་རི། དུལ་བ་ལྷ། ཤཾ་ཀ་རནྡ་དང་། ཤཾ་ཀ་པཎྜི་ཏ། པཎ་ཆེན་ཤཱཀྱ་ཤྲཱི། ཆོས་རྗེ་ས་སྐྱ་པ། ཨུ་ཡུག་པ་བསོད་སེང་། ཁང་སྟོན་འོད་ཟེར་རྒྱལ་མཚན། སློབ་དཔོན་ཚད་མ་ལས་པཎ་ཆེན་ཤཱཀྱ་ཤྲཱི་ནས་བརྒྱུད་པའི་རྣམ་འགྲེལ་ས་ལུགས་བཤད་བཀའ་ཐོས་②ཞེས་གསུངས་ལ། མཁས་པའི་དབང་པོ་དབལ་མང་དཀོན་མཆོག་རྒྱལ་མཚན་གྱི་གསུང་ལས། ཆོས་གྲགས་ཀྱི་སློབ་མ་ལྷ་དབང་བློས་རྣམ་འགྲེལ་རང་འགྲེལ་ལ་ཁ་སྐོང་གི་ཚུལ་དུ་ལེའུ་ཕྱི་མ་གསུམ་གྱི་འགྲེལ་པ་

① འགོས་ལོ་གཞོན་ནུ་དཔལ་གྱིས་མཛད་པའི་《དེབ་ཐེར་སྔོན་པོ་》སྟོད་ཆ། ༡༩༨༩ལོར་སི་ཁྲོན་མི་རིགས་དཔེ་སྐྲུན་གྱིས་པར་དུ་བསྐྲུན་པའི་ཤོག་གྲངས་༩༢༡པར་གསལ།

② ཁང་དཀར་ཚུལ་ཁྲིམས་སྐལ་བཟང་གིས་མཛད་པའི་《ཚད་མའི་ལོ་རྒྱུས་》ཞེས་པ་གངས་ལྗོངས་ནང་རིག་མཐུན་ཚོགས་ཀྱིས་༢༠༠༩ལོར་པར་དུ་བསྐྲུན་པའི་ཤོག་གྲངས་༢༨༦པར་གསལ།

མཛད། དེའི་སློབ་མ་ཤཱཀྱ་བློས་རང་འགྲེལ་དང་ལྷ་དབང་བློའི་འགྲེལ་པ་གཉིས་ཀ་ལ་འགྲེལ་བཤད་མཛད། དེའི་སློབ་མ་ཤེས་རབ་འབྱུང་གནས་སྦས་པས་ལེའུ་ཕྱི་མ་གསུམ་གྱི་འགྲེལ་པ་《རྣམ་འགྲེལ་གྱི་རྒྱན་》ཞེས་བྱ་བ་མཛད་པས་རྒྱན་མཁན་པོར་ཡང་གྲགས། དེའི་སློབ་མ་ཆོས་མཆོག་གམ་རྒྱལ་ཛ་བདུན་པར་གྲགས་པས་《རྣམ་ངེས་ཀྱི་ཊཱིཀྐ་འཐད་ལྡན་》སོགས་མཛད། དེའི་སློབ་མ་ཛ་མ་རིས་རྣམ་འགྲེལ་རྒྱན་གྱི་འགྲེལ་བཤད་མཛད། དེའི་སློབ་མ་དུལ་བ་ལྷས་《རིགས་ཐིགས་ཀྱི་འགྲེལ་པ་སློབ་མ་ལ་ཕན་པ་》མཛད། དེའི་སློབ་མ་ཤཾ་ཀ་རནནྡའམ་བྲམ་ཟེ་བདེ་བྱེད་དགའ་བས་ཀྱང་《རྣམ་འགྲེལ་གྱི་འགྲེལ་བཤད་》མཛད། དེའི་སློབ་མ་ཕཾ་གུ་པཏྟི་ཀ་དང་། དེའི་སློབ་མ་པཎ་ཆེན་ཤཱཀྱ་ཤྲཱི། དེའི་སློབ་མ་ས་སྐྱ་པཎ་ཆེན་གྱིས་རྣམ་འགྲེལ་བསྒྱུར་བཤད་ཀྱིས་གཏན་ལ་ཕབ་སྟེ་《ཚད་མ་རིགས་གཏེར་》རང་འགྲེལ་དང་བཅས་པ་མཛད་ལ་རྣམ་འགྲེལ་གྱི་འགྱུར་བྱང་དུའང་། སྨྲ་དོན་ཇི་བཞིན་ལེགས་པར་བཏྲ་སྦྱར་ནས། །སྟོན་པ་གངས་ཅན་འདི་ན་ཁོ་བོ་ཙམ། །ཞེས་གསུངས་སོ། །འདི་ནི་འགྱུར་གྱི་གོ་རིམ་དང་བསྟུན་ན་ཚད་མ་གསར་པར་གྲགས་སོ། །དེའི་སློབ་མ་འུ་ཡུག་པ་རིགས་པའི་སེང་གེས་《རྣམ་འགྲེལ་རིགས་མཛོད་》མཛད་ཅིང་འདིས་རྗེ་རིན་པོ་ཆེའི་ཐུགས་ཕྲོགས་ཏེ་སྤྱན་ཆབ་འཁྲུགས་པར་རྣམ་ཐར་དུ་གསལ། དེ་ནས་ཞང་མདོ་སྡེ་དཔལ། འཇམ་ནམ་མཁའ་དཔལ། དཔང་བློ་གྲོས་བརྟན་པ། བླ་མ་དམ་པ་བསོད་ནམས་རྒྱལ་མཚན། ཉ་དབོན་ཀུན་དགའ་དཔལ་བ། རྗེ་རེད་མདའ་བ་གཞོན་ནུ་བློ་གྲོས་ཀྱི་བར་བརྒྱུད་①ཅེས་གསུངས་ལ། དེའི་རྒྱུད་པ་རྗེ་བླ་མ་ཙོང་ཁ་པ་ཆེན་པོས་སྤེལ་བར་མཛད་པ་ཤེས་པར་བྱའོ། །

① དབལ་མང་དཀོན་མཆོག་རྒྱལ་མཚན་གྱིས་མཛད་པའི་《བཀྲ་ཤིས་འཁྱིལ་གྱི་གདན་རབས་》ཞེས་པ་ཨ་མཆོག་དགའ་ལྡན་ཆོས་འཁོར་གླིང་གི་ཤིང་དཔར་གྱི་ཤོག་ངོས་༧༠༢པར་གསལ།

ས་བཅད་གཉིས་པ། ས་སྐྱ་པའི་བསྟན་འཛིན་མཁན་པོ་པཎ་ཆེན་ཤཱཀྱ་མཆོག་ལྡན་གྱི་ཚད་མའི་བཞེད་པ།

ས་སྐྱ་པ་རོང་སྟོན་ཤེས་བྱ་ཀུན་རིག་གི་སློབ་མ་མདོ་སྔགས་གཉིས་ཀ་ལ་མཆོག་ཏུ་མཁས་པའི་གསེར་མདོག་པ་པཎ་ཆེན་ཤཱཀྱ་མཆོག་ལྡན་གྱིས་ཚད་མའི་བསྟན་བཅོས་མང་དུ་མཛད་ཅིང་ཚད་མའི་ལྟ་གྲུབ་ཐུན་མོང་མ་ཡིན་པ་མང་དུ་བསྟན་པ་གཤམ་གསལ།

དང་པོ། ཚད་མ་དང་ཚད་མའི་བསྟན་བཅོས་ཞེས་པའི་ཐ་སྙད་ནི་སློབ་དཔོན་ཕྱོགས་ཀྱི་གླང་པོ་ཉིད་ཀྱིས་མཛད་པར་བཞེད་པ།

ཁོང་གིས་མཛད་པའི་《ཚད་མའི་བྱུང་བ་ཉིན་མོར་བྱེད་པའི་སྣང་བ་》ལས། ཚད་མ་ཞེས་བྱ་བའི་མིང་དེ། འཇིག་རྟེན་དང་གསུང་རབ་གཞན་ལས་སྐབས་སྟོབས་ཀྱིས་དོན་མང་པོ་ལ་འཇུག་པར་བཤད་མོད། འདི་ཡང་དག་པའི་ཤེས་པ་ཁོ་ན་ལ་ཚད་མ་ཞེས་བྱ་བའི་མིང་སྒྲ་བཤད་འཇུག་གཉིས་ཀ་ཡོད་པས་དངོས་མིང་དུ་བཏགས་པ་ཡིན་ལ། ལུགས་འདིར་ནི་དོན་དེ་ལས་གཞན་གང་ལ་ཡང་མིང་དེ་དངོས་མིང་དུ་འཇུག་པ་མེད་དོ། །དེའི་ཕྱིར་དོན་དེ་ཉིད་རྟོག་གེའི་ལུས་སམ་ཡན་ལག་བརྒྱད་པོ་གང་རུང་གི་སྒོ་ནས་གཏན་ལ་འབེབས་པའི་མིང་ཚིག་ཡི་གེའི་ཚོགས་པ་ལ་ཡང་ཚད་མའི་གསུང་རབ་ཅེས་བཏགས་པ་ནི་དངོས་མིང་ཡིན་ལ། ཚད་མ་ཞེས་བྱ་བ་ནི་བཏགས་པའི་མིང་ངོ་། །གསུང་རབ་སྤྱི་ལས་ཡང་དག་པའི་ཤེས་པ་སྤྱི་དང་བྱེ་བྲག་གི་ངོས་འཛིན་རྒྱ་ཆེ་བར་གསུངས་ཀྱང་འདིར་ནི་གསར་དུ་མི་བསླུ་བའི་རིག་པ་ཞེས་སམ་མི་བསླུ་བ་དང་མ་ཤེས་དོན་གསལ་གྱི་ཚོགས་དོན་ཞིག་ལ་དེར་བཤད་པས་ན། འདིར་ནི་དེའི་ངོས་འཛིན་གསུང་རབ་གཞན་ལས་རྒྱ་ཆུང་བ་ཡིན་ནོ། །དེ་ལྟར་མིང་དོན་གྱི་ངོས་འཛིན་དང་ཐ་སྙད་དེ་དག་ནི། བདག་ཉིད་ཆེན་པོ་ཕྱོགས་ཀྱི་གླང་པོ་ཁོ་ནས་མཛད་པ་ཡིན་ལ། དེ་ཡི་གོང་གི་གསུང་རབ་གཞན་

ལས་ཐ་སྙད་དེ་གསལ་བར་གསུངས་པ་མེད་དོ། །[1]ཞེས་གསུངས་པས་སློབ་དཔོན་ཕྱོགས་གླང་གི་གོང་རོལ་ཏུ་ཚད་མ་ཞེས་པ་ལ་ཡང་དག་པའི་ཤེས་པར་མི་འདོད་ལ། ཚད་མ་རིག་པ་ཞེས་པའི་མིང་ཡང་མེད་པར་འདོད་ལ། ཚད་མ་རིག་པའི་བསྟན་བཅོས་ཞེས་པའི་ཐ་སྙད་ཀྱང་མེད་པར་འདོད་དེ། ཐ་སྙད་དེ་དག་བདག་ཉིད་ཆེན་པོ་སློབ་དཔོན་ཕྱོགས་ཀྱི་གླང་པོ་ཁོ་ནས་མཛད་ཅིང་སློབ་དཔོན་གྱི་རྗེས་སུ་རིམ་གྱིས་དར་ཁྱབ་ཏུ་སོང་བའི་བཞེད་ཚུལ་དེ་ཤིན་ཏུ་འཐད་དོ། །

གཉིས་པ། ཕྱོགས་གླང་ཡབ་སྲས་ཀྱི་ཚད་མའི་བསྟན་བཅོས་འདི་ཐེག་པ་གང་དང་གྲུབ་མཐའ་གང་དུ་གཏོགས་པའི་བཞེད་པ།

ཚད་མ་མདོ་དང་སྡེ་བདུན་གྱི་དགོངས་པ་དེ་གནས་སྐབས་གྲུབ་མཐའ་གང་ནས་འཇུག་པ་དང་། མཐར་ཐུག་གྲུབ་མཐའ་གང་དུ་འཇོག་པ་དང་། ཐེག་པ་ཆེན་པོ་གཞན་དང་ཁྱད་པར་གང་གིས་འབྱེད་པ་བཅས་ཀྱི་ཕྱོགས་ལ་བདག་ཉིད་ཆེན་པོ་དེའི་བཞེད་ཚུལ་ནི། དང་པོ་ལ། རྣམ་འགྲེལ་མཛད་པའི་གཞུང་གི་དབང་དུ་བྱས་ན་ཐེག་པ་གསུམ་ཀའི་ལྟ་བ་དང་། དེ་ལ་འཇུག་པའི་ཚུལ་གསུམ་ཀ་ཡང་རིམ་གྱིས་སྟོན་པ་ཡིན་ཏེ། གང་ཟག་གི་བདག་མེད་པའི་ལྟ་བའི་ཚུལ་ལ་ལ་ནི་ཐེག་པ་གསུམ་ཀ་ཡང་ཁྱད་པར་མེད་ལ། དེ་ཉིད་ཀྱང་ཚད་མ་གྲུབ་པའི་ལེའུ་ནས་སྟོན་ནོ། །བདག་མེད་དེ་ལ་འཇུག་པའི་ཚུལ་ཡང་དེ་དང་འདྲ་བས་སྤྱི་ཙམ་ནས་བཤད་ཀྱི་གྲུབ་མཐའ་སོ་སོའི་དབྱེ་བས་མ་གསུངས་སོ། །ཆོས་ཀྱི་བདག་མེད་ལ་འཇུག་པའི་རིམ་པ་ནི་བྱེ་བྲག་ཏུ་སྨྲ་བ་ལ་ཡང་ཇི་སྐད་དུ། གང་ལ་བཅོམ་དང་བློ་ཡིས་གཞན་ཞེས་སོགས་ལྟར། ལུགས་དེ་ལ་ཡང་རགས་རྒྱུན་བདེན་པར་མེད་པ་སོགས་ཀྱི་རྣམ་གཞག་ཡོད་མོད། ལུགས་དེ་ལ་གཞུང་བཙུགས་ནས་མི་འཆད་པར་ཞར་བྱུང་གི་ཚུལ་དུ་དོན་ནམ་དོན་བྱེད་ནུས་པ་གང་ཞེས་སོགས་ཀྱིས་བཤད། དེ་ནས་ན་ཐོག་མར་མདོ་སྡེ་

---

[1] དཔལ་བརྩེགས་བོད་ཡིག་དཔེ་རྙིང་ཞིབ་འཇུག་ཁང་གིས་དཔེ་རྙིང་བྲིས་མ་ཞིག་ལས་བཤུས་ཤིང་པར་གཞི་གསར་དུ་བསྒྲིགས་པའི་སྣ་རིང་དཔར་མའི་ཤོག་ངོས་༤པར་གསལ།

པའི་སྐབས་ཉིད་ནས་འཇུག་པ་ཡིན་ཏེ། ལུགས་འདིར། ཐོག་མར་ཕྱི་རོལ་དོན་གྲུབ་དང་དོན་འགོག་གི་སྐབས་གཉིས་ལས་དང་པོའི་ཚེ་ན། མདོ་སྡེ་པའི་གཞུང་ཇི་ལྟ་བ་བཞིན་དུ་ཁས་ལེན་ཏེ། ཕྱི་རོལ་གྱི་དོན་ཁས་བླངས་ནས་རྣམ་མེད་རྗེན་ཆར་འགོག་པའི་ཕྱིར་དང་། ཕྱི་རོལ་གྱི་དོན་ཡོད་པར་ཡང་རྟགས་ལས་བསྒྲུབ་དགོས་ཀྱི་མངོན་སུམ་གྱིས་མཐོང་བར་མི་འཆད་པའི་ཕྱིར། ལྟོག་པ་གཞན་སེལ་གྱི་རྣམ་གཞག་དང་དེ་བདེན་པར་མེད་པའི་ཚུལ་ནི་བྱེ་སྨྲ་ལ་མེད་པས་ན། ཚུལ་འདི་ནི་དེ་ལས་ཁྱད་པར་འཕགས་སོ། །དེའི་ཚེ་ནི་ཉན་ཐོས་ཀྱི་གྲུབ་མཐའ་དང་འབྲས་བུ་ཡང་ཉན་ཐོས་ཀྱི་ཐེག་པའོ། །གཉིས་པ་དོན་འགོག་གི་སྐབས་སུ་ནི། གྲུབ་པའི་མཐའ་སེམས་ཙམ་པ་དང་། འབྲས་བུ་རང་སངས་རྒྱས་ཀྱི་ཐེག་པ་སྟེ། ཆོས་ཀྱི་བདག་མེད་ལ་འཇུག་ཚུལ་ཕྱོགས་གཅིག་མདོ་སྡེ་པ་དང་མཐུན་ལ། ཕྱི་རོལ་གྱི་དོན་བཀག་པས། གཟུང་བ་ཆོས་ཀྱི་བདག་མེད་ལ་འཇུག་ཅིང་། འཛིན་པ་ཆོས་ཀྱི་བདག་མེད་ལ་འཇུག་ཚུལ་ནི་སེམས་ཙམ་པ་ལ་མེད་དོ། །གཉིས་པ་ནི། ལུགས་འདི་ཡི་མཐར་ཐུག་གི་གྲུབ་མཐའ་ནི་དབུ་མར་གནས་པ་ཉིད་དོ་ཞེས་མངོར་བསྟན་ནས། དེ་ཡང་བསྟན་པ་འདི་ལ་གྲུབ་མཐའ་བཞི་ཡི་རྩེ་མོར་གྱུར་པའི་དབུ་མ་ནི་རྣམ་པ་གཉིས་འབྱུང་སྟེ། མདོ་སྡེ་དགོངས་འགྲེལ་ལས་བཀའ་འཁོར་ལོ་རིམ་པ་གསུམ་གྱི་རྣམ་གཞག་འབྱུང་བ་དེའི་ནང་ནས་བར་པ་སྨྲ་ཇི་བཞིན་པ་ཉིད་དུ་བཞག་པའི་དབུ་མ་དང་། འཁོར་ལོ་གསུམ་པ་སྨྲ་ཇི་བཞིན་པ་ཉིད་དུ་བཞག་པའི་དབུ་མའོ། །དང་པོ་ནི། མགོན་པོ་ཀླུ་སྒྲུབ་ཞབས་ཀྱིས་རིགས་ཚོགས་སུ་བཀྲལ་བ་དེ་ཡིན་ལ། གཉིས་པ་དེ་ནི་བྱམས་པའི་ཆོས་ཀྱི་རྗེས་སུ་འབྲངས་ནས་ཐོགས་མེད་ཞབས་ཀྱིས་བཀྲལ་བ་དེ་ཡིན་ནོ། །དེ་དག་གི་ནང་ནས། ལུགས་འདིར་ནི་སློལ་ཕྱི་མ་དེའི་རྗེས་སུ་འབྲངས་ནས་འཆད་པའོ་ཞེས་དང་། གསུམ་པ་ནི། ལུགས་འདི་དབུ་མར་འཆད་པ་དེའི་ཚེ། ངོ་བོ་ཉིད་མེད་པ་བ་དག་དང་ཁྱད་པར་མེད་པར་འཆད་ནུས་སམ་ཞེ་ན། དེ་ལྟར་ངེས་པ་མ་ཡིན་ཏེ། རྗོ་རྗེ་ཐེག་པ་བ་དག་གི་དབུ་མ་བཞིན་ནོ། །ལུགས་འདིར་ངོ་བོ་ཉིད་མེད་པ་བ་དག་ལ་

མ་གྲུགས་པའི་ཁྱད་པར་ནི་འདི་ལྟ་སྟེ། གང་ཅི་སྣང་བ་དེ་ཐམས་ཅད་རང་གི་སེམས་དང་། སེམས་དེ་ཡང་གཟུང་བ་དང་འཛིན་པས་སྟོང་བ་དང་། སྟོང་བ་དེ་ཡང་རང་རིག་པའི་ཡེ་ཤེས་ཉིད་དུ་དང་། ཡེ་ཤེས་དེ་ཡང་གཞི་ལམ་འབྲས་བུའི་གནས་སྐབས་ཐམས་ཅད་དུ་རྒྱུན་མི་ཆད་པ་ཉིད་དུ་དང་། ཕར་ཕྱིན་ཐེག་པ་བའི་མཉམ་གཞག་ཡེ་ཤེས་ལ་འཇིག་རྟེན་ན་གྲགས་པའི་ཤེས་བྱ་ཇི་སྙེད་པ་མཐའ་དག་གཟུགས་བརྙན་གྱི་ཚུལ་དུ་འཆར་ཡང་དེས་འཇིག་རྟེན་ན་གྲགས་པ་དེ་དངོས་སུ་རིག་པ་མ་ཡིན་པར་ཁས་ལེན་པ་སོགས་མཐའ་ཡས་སོ། དཔེ་དེ་ཙམ་ཞིག་ཏུ་མདོར་བསྡུས་ལ་རང་གི་རྣམ་གཞག་མ་ནོར་བ་འཆད་ན་ནི་ཁས་ལེན་སྤྱ་མ་དེ་དག་མི་འབྱུང་ལ། དེ་ལྟ་ན་ནི་རྗོ་རྗེ་ཐེག་པའི་མན་ངག་པ་དག་གི་ལུགས་དང་སྙོ་གང་ནས་ཀྱང་མཐུན་པ་ཉིད་དུ་མི་འགྱུར་རོ། །[①]ཞེས་གསུངས་པ་ལྟར་རོ། །

གསུམ་པ། བོད་ཕྱི་རབས་པའི་ཚད་མའི་ཚོས་སྐད་དུ་མ་ཁྲུངས་མེད་པར་བཞེད་དེ་སྐྱོན་བརྗོད་མཛད་པ།

རྗེ་བདག་ཉིད་ཆེན་པོ་དེའི་གསུང་ལས། ལྷོངས་འདིར་ལོ་བརྒྱ་ལོན་པ་ཙམ་ཆད་དུ་ཚད་མར་ཁས་འཆེ་རྣམས་འདི་སྐད་ཅེས་ཟེར་ཏེ། རང་གི་གཞལ་བྱ་ལ་གསར་དུ་མི་བསླུ་བའི་རིག་པ་ཚད་མའི་མཚན་ཉིད་དང་། མི་བསླུ་བའི་ཤེས་བྱེད་དུ་གཞལ་བྱ་དེ་རྟོགས་པ་དང་། དེའི་རྟོགས་པའི་ཤེས་བྱེད་དུ་ཡང་དེ་ལ་གསར་དུ་མི་བསླུ་བ་ཞེས་འཇོག་པས་རྟོགས་པ་ཕན་ཚུན་བརྟེན་པའི་སྐྱོན་དང་། གཞུང་ལ་མི་རྩི་བའི་བསྡུས་པའི་བཤད་པ་དང་། གཞུང་གི་བཤད་པ་འདྲེས་པའི་སྐྱོན་དང་། ཡང་ཤེས་བྱ་སྤྱིའི་རྣམ་གཞག་འཆད་པའི་སྐབས་སུ་ཤེས་བྱའི་མཚན་ཉིད་བློའི་ཡུལ་དུ་བྱ་རུང་ཟེར་བ་ལ་དབུ་མ་ཐལ་རང་གི་ཚེ་དོན་དམ་པའི་བདེན་པས་མ་ངེས། བློས་རིག་བྱ་ཡུལ་གྱི་མཚན་ཉིད་དུ་འདོད་པ་ལ་ཡུལ་དང་གཞི་གྲུབ་པ་ཁྱབ་མཉམ་པའི་

① དཔལ་བརྩེགས་བོད་ཡིག་དཔེ་རྙིང་ཞིབ་འཇུག་ཁང་གིས་དཔེ་རྙིང་ཕྱིས་མ་ཞིག་ལས་བཤུས་ཤིང་པར་གཞི་གསར་དུ་བསྒྲིགས་པའི་སྔ་རིང་དཔར་མའི་ཤོག་ངོས་༨—༡༢བར་གསལ།

ཚེ་མེད་པ་གསལ་བ་གཟུང་ཡུལ་དུ་འཆད་པས་མ་ངེས། དེའི་འཇུག་ཡུལ་ལ་ཡང་ངེས་ཁྱབ་ན་སྔོན་པོའི་རྡུལ་རྫས་བརྒྱད་པོ་སྔོར་སྣང་དབང་ཤེས་ཀྱི་འཇུག་ཡུལ་ཡིན་པས་མ་ངེས། དེ་ལ་མངོན་སུམ་ཡིན་པ་ལ་དེས་མཐོང་བས་ཁྱབ་པ་ལ་ཡང་དེ་དག་ཉིད་ཀྱིས་མ་ངེས། སྤྱི་མཚན་ཡོད་པར་འདོད་ན་མདོ་སྡེ་པའི་ཐད་དུ་དོན་བྱེད་ནུས་པ་ཡོད་པའི་མཚན་ཉིད་དུ་གསུངས་པས་མ་ངེས། རྣམ་རིག་པའི་ཐད་དུ་མི་རྟོག་ཡེ་ཤེས་ལ་མི་སྣང་ན་མེད་པས་ཁྱབ་པར་བཤད་པས་མ་ངེས། སྤྱི་མཚན་མངོན་སུམ་གྱིས་རྟོགས་པར་འདོད་པ་ཚད་མའི་གྲངས་ངེས་སྒྲུབ་བྱེད་དང་འགལ་བས་མི་འཐད། དངོས་པོ་ལ་འདུས་བྱས་ཀྱིས་ཁྱབ་པར་འདོད་ན་མ་འོངས་པའི་དངོས་པོ་སྐྱེ་བ་དང་མི་སྐྱེ་བའི་ཆོས་ཅན་གཉིས་ཀས་མ་ངེས། དངོས་པོ་ལ་སྐྱེ་བ་དང་སྐྱེས་པ་གཉིས་ཀས་ཁྱབ་པར་འདོད་པ་ལ་སྐྱེས་ཟིན་སླར་ཡང་སྐྱེ་བ་དང་། ཞིག་ཟིན་སླར་ཡང་འཇིག་པར་ཐལ་བས་མི་འཐད། ཁ་སང་གི་བུམ་པ་དེ་རིང་གི་དུས་སུ་ཞིག་ཀྱང་སྐྱེ་ན་ལན་གཅིག་ཞིག་པས་ཞིག་པའི་གོ་མི་ཆོད་པ་དང་། ལན་གཅིག་སྐྱེ་བས་སྐྱེས་པའི་གོ་མི་ཆོད་པར་འགྱུར། དངོས་པོ་ལ་རྫས་དང་རང་མཚན་གྱིས་ཁྱབ་ན་གཞུང་ལས་དངོས་པོ་ལ་ཀུན་རྫོབ་དང་དོན་དམ་གཉིས་སུ་ཕྱེ་བས་མི་འཐད། མི་རྟག་པ་ལ་དངོས་པོས་ཁྱབ་ན་གཞུང་དུ་ཞིག་འཇིག་གཉིས་ཀ་མི་རྟག་པར་བཤད་པ་དང་འགལ། སྐྱེས་པ་ལ་དངོས་པོས་ཁྱབ་ན་སྐྱེས་པ་དང་ཞིག་པའི་གཞི་མཐུན་བཤད་པ་དང་འགལ། ཚིག་ཙམ་ལ་བསམ་ནས་རྒྱུ་འབྲས་དུས་མཉམ་པ་དང་རྒྱུ་དུས་སུ་འབྲས་བུ་ཡོད་པར་འདོད་ན། བདག་སྐྱེ་ཡོད་པར་ཐལ་བ་དང་། དུས་མཉམ་ན་རྒྱུའི་རྗེས་སུ་འབྲས་བུ་མི་འབྱུང་བར་ཐལ་བ་དང་། འབྲས་བུའི་སྔ་རོལ་ཏུ་རྒྱུ་མེད་པར་ཐལ་བ་དང་། ཡང་བདག་སྣང་ཙང་མ་དམིགས་པ་བདག་མེད་ཀྱི་མཚན་ཉིད་དུ་འདོད་པ་ནི་གཞུང་ལས་བདག་ཡོད་ཀྱང་སྣང་མི་ཙང་དུ་བཤད་པ་དང་འགལ་ཞིང་། རྣམ་འགྲེལ་མཛད་པའི་བདག་མེད་ཀྱི་གོ་དོན་གཉིས་སྟོང་གི་ཡེ་ཤེས་ལ་བཤད་པ་དང་འགལ། ལ་ལ་དག་དོན་བྱེད་ནུས་པ་དངོས་པོའི་ཐ་སྙད་བྱ་ཙང་གི་

མཚན་ཉིད་ཅེས་སོགས་ཟེར་བ་མཚོན་བྱ་ལ་བསམ་པ་ཡིན་ན་ཐ་སྙད་མཚོན་བྱར་བཤད་ཀྱི་ཐ་སྙད་བྱ་ཙམ་མཚོན་བྱར་མ་བཤད་པས་མི་འཐད། ཁྱབ་པའི་སྒོ་བཞི་རྩི་བ་ལ་བསམ་ན་བརྗོད་ཙམ་གྱི་གྲགས་པ་དང་འགལ་བས་མི་འཐད། ཡང་དངོས་པོ་སོགས་ཀྱི་རང་ལྡོག་ནས་མཚོན་བྱར་འདོད་ན་དོན་བྱེད་ནུས་པ་དང་དངོས་པོ་ལ་དོན་ཆོས་དང་བློ་ཆོས་ཀྱི་ཁྱད་པར་དང་རྫས་ཡོད་དང་བཏགས་ཡོད་ཀྱི་ཁྱད་པར་ཅན་དུ་འཆད་དགོས་པས་མི་འཐད། དེ་བས་ན་མཚོན་བྱ་དང་མཚན་ཉིད་ལ་ཁྱབ་པའི་སྒོ་བཞི་རྩི་བ་གཞུང་ལས་མ་བཤད། མཚན་གཞི་ཙམ་པོ་དེ་དང་དེའི་མཚན་ཉིད་ལ་མ་ཁྱབ་ཁྱབ་ཆེས་ཀྱི་སྐྱོན་སྤོང་དགོས་པར་གཞུང་ལས་བཤད། ཡང་དུས་འདིར་རྫས་དང་ལྡོག་པ་ཅི་ལ་ཟེར་ཡང་ངོ་མི་ཤེས་ཤིང་། རྫས་ཆོས་དང་ལྡོག་ཆོས་ཀྱི་མཚན་ཉིད་དང་དབྱེ་བ་ཁོ་ཁོ་རང་ཡིན་མིན་སོགས་སྤྲོས་པ་མང་དུ་བྱེད་པ་དེ་དག་ནི་ཆང་རྒྱང་བ་དག་རྩེད་མོའི་ཕྱིར་ཡིན་ན་ཆོ་ལོ་རྩེ་བ་དང་འདྲ་བས་མ་བཀག་ལ། སངས་རྒྱས་ཀྱི་བསྟན་པ་ལ་རབ་ཏུ་བྱུང་ནས་ཡོན་ཡོངས་སུ་སྦྱོང་བར་འདོད་པ་དག་གིས་ནི་གཞུང་གི་ཐོས་བསམ་དང་སྒྲུབ་པའི་འཁོར་ལོ་ལ་གནོད་པས་རིང་དུ་དོར་བར་བྱ་བ་ཁོ་ནའོ། །དེ་བཞིན་དུ་གཞན་ཡང་དགག་སྒྲུབ་ཀྱི་རྩ་བ་འགལ་འབྲེལ་ལ་རག་ལས་པས་གོ་བ་མ་ནོར་བར་ཤེས་དགོས་ཀྱང་། དེའི་གོ་དོན་རྗེས་སུ་འགྲོ་ལྡོག་རྣལ་ཡོགས་སུ་ཚད་མས་ངེས་པ་ལ་བཤད་པ་དེ་བོར་ནས་ཐ་དད་གཞི་མཐུན་མི་སྲིད་པ་དང་བཀག་ན་ཁེགས་པ་ཙམ་ལ་དེའི་གོ་དོན་དུ་འདོད་པ་ནི་རྟགས་ཡང་དག་ཅིག་གི་རྟགས་ཆོས་འགལ་བ་དང་། གཏན་ཚིགས་ལྟར་སྣང་འགའ་ཞིག་གི་རྟགས་ཆོས་ལ་རང་ལུགས་ཀྱི་འབྲེལ་བ་གྲུབ་པར་ཁས་བླངས་པས་ནོངས་པ་དང་། མེད་ན་མི་འབྱུང་བའི་འབྲེལ་བ་ངེས་པ་དེ་གཏན་ཚིགས་ཡང་དག་ལ་གསུམ་དུ་ངེས་པའི་ཤེས་བྱེད་དུ་བཤད་པ་མི་འཐད་པར་འགྱུར་རོ། །

ཡང་རྩོད་པ་རྒྱལ་ཕམ་གྱི་ཚད་ལོག་རྟོག་རློག་ཙམ་དང་། དེ་ནས་ཚད་མ་སྐྱེས་པ་དང་། ཐལ་འགྱུར་དེའི་འཁོར་གསུམ་གང་ཙམ་ལ་ལན་ཐེབས་མི་ཐེབས་

སོགས་ཀྱི་སྒོ་ནས་འཇོག་པ་དེ་མི་ཤེས་པར། དངོས་འགལ་ལ་ལན་བཏབ་མ་བཏབ་དང་། འཁོར་གསུམ་དངོས་འགལ་དུ་སོང་མ་སོང་གི་སྒོ་ནས་འཇོག་པ་ནི་གཞུང་གི་དགོངས་པ་མ་ཡིན་ཏེ། གཞུང་དུ་ནི་དངོས་སྟོབས་ཡུལ་ལ་དཔྱོད་པའི་ཚེ་ཁས་བླངས་སྤུ་ཕྱི་དང་། རང་ཚིག་སྤུ་ཕྱི་འགལ་བས་འགལ་བའི་གོ་མི་ཆོད་པ་དང་། གལ་ཏེ་ཆོད་དུ་ཆུགས་ཀྱང་སྒྲ་མི་རྟག་པ་དང་རྟག་པ་ལ་འདོད་ལན་རིམ་བཞིན་བཏབ་པའི་ཚེ་རྟག་ན་མི་རྟག་པ་བྱུད་ཅེས་ཟེར་བ་ནི་སངས་རྒྱས་པའི་ཆོས་ལ་སྒྲ་རྟག་པས་མི་རྟག་པ་འབྱུད་ནུས་པ་མི་སྲིད་ལ། ཚུར་ལ་འབྱུད་ན་ནི། ཁས་བླངས་སྤུ་མ་རྙིང་མའི་སྙིང་དུ་འབྱུད་པ་མེད་ཅེས་ཟེར་བ་དེ་ཅི། ཡང་རྒོལ་བས་སྔར་སྒྲ་རྟག་པར་ཁས་བླངས་པ་ལ་ཕྱིར་རྒོལ་བས་ཐལ་འགྱུར་འཕངས་པའི་བྱེད་པ་ལ་བརྟེན་ནས་རྒོལ་བའི་རྒྱུད་ལ་ཚད་མ་སྐྱེས་ནས་སྒྲ་མི་རྟག་པར་ཁས་བླངས་པ་དེའི་ཚེ་དངོས་འགལ་ཕུད་ནས་རྒྱལ་བར་འཇོག་པ་ཡིན་ནམ། དེ་ལྟ་ན་ཚར་བཅད་ཀྱི་གནས་སུ་འགྱུར་ཏེ། རྒོལ་བས་རང་གི་རྗེས་སུ་འབྲང་བཞིན་དུ་དངོས་འགལ་ལ་བྱུད་ཅེས་སྤྲེའུ་ལྟར་འཕགས་པས་ཆོག་པའི་ཕྱིར་དང་། ཁྱེད་ལྟར་ན་དེའི་ལྡོག་ཁྱབ་ཀྱང་འབྱུད་དགོས་པས་སྒྲ་རྟག་ན་མི་རྟག་པ་བྱུད་ཅེས་ཟེར་ལ། དེ་ལྟ་ན་རྒོལ་བའི་རྒྱུད་ལ་ཚད་མ་སྐྱེས་པ་དེ་བཞག་དགོས་པར་འགྱུར་རོ། །

སྤྱིར་ཡང་གཞལ་བྱ་ལ་མི་རྟག་པས་ཁྱབ་པ་དང་སྒྲ་གཞལ་བྱ་རྟག་པར་ཁས་བླངས་པའི་ཚེ། སྒྲ་ཆོས་ཅན་མི་རྟག་པར་ཐལ། གཞལ་བྱའི་ཕྱིར་ཞེས་འཕངས་པ་ན། ཁྱེད་ཅག་ལྟར་ན་འཁོར་གསུམ་དངོས་འགལ་དུ་སོང་བས་རྗོད་པ་རྒྱལ་བ་ཡིན་ནོད། ཁོ་བོ་ཅག་ལྟར་ན་དེ་ལྟར་འཕེན་པ་པོ་ཚར་བཅད་ཀྱི་གནས་ཁོ་ན་སྟེ། ཁས་ལེན་དེ་ལ་ཐལ་འགྱུར་ཡང་དག་འཕེན་རྒྱུ་ཡོད་བཞིན་དུ་ལྟར་སྣང་འཕངས་པའི་ཕྱིར། ལྟར་སྣང་ཇི་ལྟར་འཕངས་ཤེ་ན། ཐལ་འགྱུར་དེའི་ཁྱབ་པ་ཚད་མས་མི་འགྲུབ་ཅིང་ཐལ་ཆོས་ལ་བསལ་བ་སྟོན་རྒྱུ་མེད་པའི་ཕྱིར་མེད་དེ། འདི་ལ་ཚད་མས་བསལ་བ་མེད་ཅིང་ཁས་བླངས་ཀྱིས་བསལ་བས་གོ་མི་ཆོད་པའི་ཕྱིར། ཁྱབ་པ་མ་ངེས་པའི་

ལན་ཡང་ཐེབས་པ་ཡིན་ཏེ། དེའི་ཁྱབ་པ་མ་ངེས་པ་ཉིད་གནས་ཚུལ་ལ་ཞུགས་པའི་ཕྱིར་དང་། དེ་ཚད་མས་མི་འགྲུབ་ན་དེ་ཁས་ལེན་པ་འགལ་ཞེས་པ་ཙམ་གྱིས་རྗོད་པ་རྒྱལ་བར་འཛོག་ན་ནི། དེ་སྐད་ཅེས་བརྗོད་པས་ཕྱི་རོལ་པ་སོགས་ཀྱི་གྲུབ་མཐའ་ནོར་བ་ཐམས་ཅད་སུན་འབྱིན་ནུས་པར་འགྱུར་རོ། །ཡང་དག་གི་ཐལ་བ་ཇི་ལྟར་འཕེན་རྒྱུ་ཡོད་ན། འོ་ན་ནམ་མཁའ་ཡང་མི་རྟག་པར་ཐལ། གཞལ་བྱ་ལ་མི་རྟག་པས་ཁྱབ་པའི་ཕྱིར་ཞེས་འཕངས་ན་ཕྱི་རྒོལ་གྱི་ལོག་རྟོག་བཟློག་པས་ཕམ་ཞིང་སྔར་རྒོལ་ནི་རྒྱལ་བ་ཡང་དག་པ་སྟེ། རྟགས་ཁས་བླངས་ཁྱབ་པ་ཚད་གྲུབ་ཐལ་ཆོས་ལ་ཚད་མས་བསལ་བ་ཞུགས་པས་གནམ་ལྕགས་ཐོག་གི་འཁྲིང་བ་འཕངས་པའི་ཕྱིར། དེ་ལྟར་འཕངས་པ་ལ་དུས་འདིར་ནི་འཁོར་གསུམ་དངོས་འགལ་བྱེད་རྒྱུ་ཡོད་བཞིན་དུ་བྱེད་མ་ཤེས་ཟེར་རོ། །ཡང་དེ་ལྟར་ཐལ་འགྱུར་གྱི་འཕེན་ལུགས་སྐྱོན་ཅན་དེ་ལྟར་མཚོན་པ་ཙམ་དུ་མ་ཟད། རང་རྒྱུད་ཀྱི་བསྒྲུབ་ལུགས་སྐྱོན་དང་བཅས་པ་ཡང་འདི་ལྟར་གྲགས་ཏེ། ཕྱི་རྒོལ་པས་སྒྲ་དངོས་པོ་མ་ཡིན་པར་ཁས་བླངས་པ་ལ་སྔར་རྒོལ་གྱིས་སྒྲ་ཆོས་ཅན། དངོས་པོར་ཐལ། དོན་བྱེད་ནུས་པའི་ཕྱིར། རྟགས་མ་གྲུབ་ན་དེར་ཐལ། ཞེས་སོགས་ཀྱི་རྟགས་བསྒྲུབ་པ་ཡིན་ཞེས་འཆད་དོ། །འདི་ནི་ཡང་དག་པ་མ་ཡིན་ཏེ། སྔོར་དམ་བཅའ་འདི་སྔར་རྒོལ་གྱིས་འཛོག དེའི་ཚེ་ཕྱིར་རྒོལ་གྱིས་མི་འཐད་པ་ལ་སུན་འབྱིན་བརྗོད། ཐེ་ཚོམ་དུ་གྱུར་ན། སྒྲུབ་བྱེད་འདྲི་བ་ཡིན་པ་ལ། དྲིས་པའི་ཚེ་ན་སྔར་རྒོལ་སྐྱོན་མེད་ཀྱིས་ཐོག་མར་རང་རྒྱུད་ཀྱི་རྩ་བའི་སྦྱོར་བ་ཙམ་ཞིག་འགོད། དེ་ནས་ཚུལ་གསུམ་བསྒྲུབ། དེ་ཤེས་ནས་སྒྲུབ་པའི་ངག་གིས་ཚུལ་གསུམ་དྲན་ལམ་དུ་འཕེན་དགོས་རྒྱུ་ཡིན་པ་ལ་རྣམ་དབྱེ་གང་ཡང་མེད་པར་དེར་ཐལ་དེའི་ཕྱིར་ཟེར་བ་དེ་ཙམ་གྱི་རྗེས་ལ་ཁྱབ་པ་མ་གྲུབ་པ་ལ་ཚད་འབུད་ཀྱི་ཐ་སྙད་དང་། རྟགས་མ་གྲུབ་ན་ཐལ་ངག་གིས་རིམ་པར་བསྒྲུབས་ནས་མཇུག་ཏུ་ཁྱབ་པ་ཚད་འབུད་བྱེད་རྒྱུ་ཅི་ཡོད་ཅིག་ལ་བློ་རྩེ་གཏད་པས་ནི། སྡེ་བདུན་གྱི་རིགས་ལམ་རྩ་བ་ནས་སུན་ཕྱུང་བ་ཡིན་ཏེ། འཕེན་ལུགས་དེ་རང་རྒྱུད་ཀྱི་གཏན་

ཚོགས་སྐྱོན་མེད་དུ་འདོད་པ་ནི། མ་གྲུབ་སྒྲུབ་བྱེད་དུ་བཀོད་པར་སོང་བས་ཚར་བཅད་ཀྱི། ཐལ་འགྱུར་དེ་བྱེད་ན་རྟགས་ཁྱབ་ལ་ཁས་བླངས་མེད། ཐལ་ཆོས་ལ་བསལ་བ་སྟོན་རྒྱུ་མེད་པས་ཚར་བཅད་ཀྱི་གནས་བསལ་བ་སྟོན་རྒྱུ་ཡོད་དེ། སྔར་སྒྲ་དངོས་པོ་མ་ཡིན་པར་ཁས་བླངས་པས་སོ་ཞེ་ན། སྒྲ་དངོས་པོ་མ་ཡིན་པར་ཁས་བླངས་པས། དེ་དངོས་པོ་ཡིན་པ་སེལ་ནུས་ན། དེ་དག་གང་ལ་ཚད་མ་མེད། །དེ་ནི་དེ་ལ་གནོད་བྱེད་འགྱུར། །ཞེས་འདོན་དགོས་པར་འགྱུར་རོ། །སྒྲ་དངོས་པོ་མ་ཡིན་པར་ཁས་བླངས་པ་ལ་སྔར་རྐྱལ་གྱིས་ཅིས་ཀྱང་ཐལ་འགྱུར་ཞིག་འཕེན་དགོས་ན། སྒྲ་ཆོས་ཅན་དོན་བྱེད་མི་ནུས་པར་ཐལ་ཞེས་འཕེན་དགོས་པ་ཡིན་ཏེ། དེ་ལྟ་འཕངས་པའི་ཚེ་ན་རྟགས་ཁས་བླངས། ཁྱབ་པ་ཚད་མས་གྲུབ། ཐལ་ཆོས་ལ་ཚད་མས་བསལ་བ་སྟོན་རྒྱུ་ཡོད་པས་སོ། །བསལ་བ་ཇི་ལྟར་སྟོན། སྒྲས་འབྲས་བུ་བསྐྱེད་པ་མངོན་སུམ་གྱིས་གྲུབ་པས་བསལ་ཞེས་པ་ལྟ་བུ་ཅིག་བརྗོད་དགོས་པ་ཡིན་གྱི་དོན་བྱེད་ནུས་པར་ཐལ་ཞེས་སོགས་ཐུག་མེད་དུ་བསྒྲུབ་པས་ནི་ཅིར་ཡང་མི་ཙང་སྟེ། སྒྲ་དོན་བྱེད་ནུས་པར་ཚད་མའི་ངེས་པ་བསྐྱེད་མ་ནུས་ན་དེ་འདྲ་དེ་ལ་ཚད་བསལ་ཇི་ལྟར་སྟོན། ཡང་ཕྱི་རབས་པ་དག་དོན་བྱེད་ནུས་པའི་སྒྲུབ་བྱེད་དུ་དངོས་པོ་དང་སྐད་ཅིག་མའི་སྒྲུབ་བྱེད་དུ་མི་རྟག་པ་འགོད་པ་ལ་ཡང་བར་མི་བྱེད་ཅིང་། དངོས་པོ་དང་བྱས་པའི་སྒྲུབ་བྱེད་དུ་མི་རྟག་པ་དང་དོན་དམ་པར་དོན་བྱེད་ནུས་པ་འགོད་པ་སོགས་ལ་ངོ་ཚ་བར་མི་བྱེད་ཅིང་། རྩོད་གཞི་རྟགས་སུ་བཀོད་ནས་སྒྲུབ་པ་ལ་བག་ཚ་བར་མི་བྱེད་པ་དེ་དག་གིས་ནི། མངོན་གྱུར་གྱི་སྒྲུབ་བྱེད་དུ་ལྐོག་གྱུར་བཀོད་པ་དང་། དམ་བཅའ་རྟགས་སུ་བཀོད་པས་ན་ཐ་ཆད་པའི་གནས་སོ། །སྐབས་ཁ་ཅིག་ཏུ་ཁྱབ་པ་མ་ངེས་པའི་ལན་བཏབ་པ་ན། དངོས་སྐྱོན་གཏོང་རྒྱུ་མེད་པ་ཙམ་ཞིག་རྒྱུ་མཚན་དུ་བྱས་ནས་ཁོ་བོ་ལ་འདི་འདྲ་འབུད་རྒྱུ་བྱུང་ཞེས་ང་རྒྱལ་བྱེད་པ་ནི་ཐུན་མོང་མ་ཡིན་པའི་དང་། ལྷག་ལྡན་གྱི་མ་ངེས་པ་ཁོང་དུ་མ་ཆུད་ཅིང་རྗེས་སུ་འགྲོ་ལྡོག་གི་ཁྱབ་པ་ཅི་ལ་ཟེར་ངོ་མ་ཤེས་པས་ནོངས་པ་ཡིན་

ནོ། །གཞན་དུ་ན་རྟགས་ཆོས་ཐ་མི་དད་དང་། བརྟག་པ་མཐའ་བཟུང་དུ་གྲགས་པ་རྣམས་ལ་ཁྱབ་པ་ཡོད་པ་ཉིད་དུ་ཁས་ལེན་དགོས་པར་འགྱུར་རོ། །

ཡང་སྔར་རྒོལ་གྱིས་དམ་བཅའ་བཞག་པའི་ཚེ་སྔར་རྒོལ་མགོ་འཁོར་བ་དང་ཅི་ཟེར་བརྟག་པའི་ཕྱིར་དུ་རྟགས་ཆོས་ཐ་མི་དད་ཀྱི་ཐལ་བ་འཕེན་པ་ནི་ཚར་བཅད་པའི་གནས་པོ་ན་སྟེ། ཁས་བླངས་མེད་པའི་ཐལ་འགྱུར་བཏང་བའི་ཕྱིར་དང་། ཁས་བླངས་ངན་པ་ཞིག་མ་འོངས་ན་འབྱུང་དུ་རེ་ནས་རྟགས་ཆོས་གང་ཙུང་ཞིག་གཏོང་ངོ་ཞེས་ཟེར་ན་ནི་འབྱུང་ཙུང་གི་དམ་བཅའ་མ་འོངས་པ་ལ་ད་ལྟར་གྱི་ཐལ་འགྱུར་འཕེན་པ་ནི་ཐ་ཆད་པའི་ཕྱིར་དང་། རྟགས་ཆོས་ཐ་མི་དད་ལ་ཁྱབ་པ་མ་ངེས་པའི་ལན་ཐེབས་པས་སོ། །མི་ཐེབས་ཏེ་ཚད་འགལ་དུ་འབུད་པས་སོ་ཞེ་ན། ཁོ་བོ་ཅག་གིས་ཀྱང་འབུད་དོ། །དེའི་ཚེ་དངོས་འགལ་དུ་སོང་སྟེ་ཤུད་པའི་ཚེ་ཁྱབ་པ་ཚད་གྲུབ་ཏུ་ཁས་བླངས་སོ་ཞེ་ན། འོ་ན་མཉན་བྱའི་རྟགས་ཀྱིས་སྒྲ་མི་རྟག་པར་བསྒྲུབ་པ་དང་། སྒྲ་རྟག་པའི་རྟགས་ཀྱིས་སྒྲ་མི་རྟག་པར་བསྒྲུབ་པ་སོགས་ཀྱིའང་ཁྱབ་པ་ཚད་མས་གྲུབ་པར་འགྱུར་ཏེ་ཁྱེད་ཀྱིའང་དེ་ལྟར་ཤུད་པས་ཆོག་པའི་ཕྱིར། མི་ཆོག་ན་ཁོ་བོ་ཅག་གིས་དེ་ལྟར་ཤུད་ཆོག་པས་རྒྱལ་བར་འགྱུར་རོ། །དེའི་ཕྱིར་གཏན་ཚིགས་ཡང་དག་དང་ཐལ་འགྱུར་ཡང་དག་གི་དང་། དེ་དག་ལྟར་སྣང་གི་རྣམ་གཞག་ནི་གཞུང་ལས་བྱུང་བའི་ཚུལ་གསུམ་དང་འགལ་མ་ངེས་མ་གྲུབ་པའི་རྣམ་གཞག་ཉིད་ཚད་མར་བྱེད་དགོས་པ་ཡིན་གྱི། དེ་དག་དང་འབྲེལ་བ་མེད་པའི་གོང་དུ་སྨོས་མ་ཐག་པ་དེ་དག་རང་དབང་མེད་པར་འཛིན་པ་དང་། ཉམས་ལེན་བྱེད་པ་དེ་དག་ནི་ཚངས་པའམ་རྒྱལ་བྱིན་ཞིག་གིས་བྱས་པ་ཡིན་ཞེས་བསམ་པར་བྱའོ། །[1]ཞེས་པ་ལ་སོགས་པ་ཁོང་རང་གི་བཞེད་པ་བོད་སྔ་མའི་མཁས་པ་རྣམས་ཀྱི་ལྟ་ཚུལ་དང་མི་མཐུན་པ་མང་དུ་བརྗོད་པ་འདི་དག་ནི། བོད་ཡུལ་དུ་ཚད་མ་རིག་པ་དར་སྤེལ་

① དཔལ་བརྩེགས་བོད་ཡིག་དཔེ་རྙིང་ཞིབ་འཇུག་ཁང་གིས་དཔེ་རྙིང་བྲིས་མ་ཞིག་ལས་བཤུས་ཤིང་པར་གཞི་གསར་དུ་བསྒྲིགས་པའི་སྣ་རིང་དཔར་མའི་ཤོག་ངོས་༥༨—༦༧བར་གསལ།

བྱེད་པ་ལ་སྐུལ་འདེད་ཀྱི་ནུས་པ་ཆེན་པོ་བྱུང་ངོ་། །

ས་བཅད་གསུམ་པ། བཀའ་བརྒྱུད་པའི་གྲུབ་མཐའ་འཛིན་པ་རྣམས་ཀྱི་ཚད་མའི་དགོངས་པ།

དོན་ཚན་དང་པོ། གཙང་པ་སྨྲ་ཕྲེང་བདུན་པ་ཆོས་གྲགས་རྒྱ་མཚོའི་ཚད་མའི་དགོངས་པ།

དེ་ཡང་སྤྱི་ལོ་དུས་རབས་བཅུ་གཉིས་བའི་རྗེས་སུ་བོད་ཡུལ་དུ་གྲུབ་ཆེན་ཏེ་ལོ་བ་ནས་བརྒྱུད་པའི་བཀའ་བབས་བཞིའི་གདམས་པའི་བརྒྱུད་འཛིན་གྱི་གྲུབ་མཐའ་བཀའ་བརྒྱུད་པ་ཞེས་པ་བྱུང་ཞིང་དར་བར་གྱུར། གྲུབ་ཆེན་ཏེ་ལོ་པས་བཀའ་བབས་བཞིའི་གདམས་པ་འཆད་ཉན་མང་དུ་མཛད་པ་ལས་མན་ངག་དང་། བཤད་རྒྱུད་འཛིན་པའི་སློབ་མ་ཀ་ཆེན་བཞི་སྟེ། མི་ལ་རས་པ་དང་། མེས་སྟོན་ཚོན་པོ། རྔོག་ཆོས་སྐུ་རྡོ་རྗེ། མཚུར་སྟོན་དབང་གི་རྡོ་རྗེ་བཅས་བྱུང་ཞིང་། རྗེ་བཙུན་མི་ལ་རས་པ་དང་དེའི་སློབ་མ་མཉམ་མེད་དྭགས་པོ་ལྷ་རྗེ་ནས་བཀའ་ཕྱག་ཆུ་བོ་གཉིས་འདྲེས་སྒྲུབ་བརྒྱུད་ཀྱི་བསྟན་པ་ཉི་མ་ཤར་བ་ལྟར་འཕེལ་རྒྱས་བྱུང་། དེ་ལ་བརྟེན་ནས་བཀའ་བརྒྱུད་ཆེ་བཞི་དང་ཆུང་བརྒྱད་བཅས་རིམ་བཞིན་བྱུང་བ་ལགས། སྤྱིར་བཀའ་བརྒྱུད་པའི་གྲུབ་མཐའི་ཁྱད་ཆོས་ནི། སྒྲུབ་པ་ཉམས་ལེན་གཙོ་བོར་མཛད་པ་ལས་མཚན་ཉིད་སློབ་གཉེར་ཆེར་མི་མཛད་དེ། ཁང་དཀར་ཚུལ་ཁྲིམས་སྐལ་བཟང་ལགས་ཀྱིས། "མར་མི་དྭགས་གསུམ་དང་བཀའ་བརྒྱུད་ཆེ་བཞི་ཆུང་བརྒྱད་ཀྱི་སྤྱོལ་འབྱེད་བཅས་བཀའ་བརྒྱུད་གོང་མ་རྣམས་ཀྱིས་དཀའ་སྤྱད་སྙིང་རུས་ཀྱི་རྐྱེན་ངན་ཐམས་ཅད་ལམ་དུ་ཁྱེར་ནས་སྒྲུབ་པ་མཐར་ཕྱིན་ཏེ་གྲུབ་པའི་གོ་འཕང་མངོན་པོར་གཤེགས་པ་ཤ་སྟག་ཡིན་རུང་། དེ་དག་གིས་མཛད་པའི་ཚད་མའི་བསྟན་བཅོས་མེད་པའི་ཐོག་གདན་ས་ཁག་ཀྱང་སྒྲུབ་གྲྭ་ལས་བཤད་གྲྭ་གཙོ་བོར་མིན་པར་བརྟེན་

དུས་ཕྱིས་སུ་དབུས་གཙང་དུ་བཀའ་བརྒྱུད་པའི་བཤད་སྲོལ་གདན་ས་གྲགས་ཆེ་བ་མེད་” ①ཅེས་གསུངས་པ་དེ་བདེན་མོད་ཀྱང་། མཐའ་གཅིག་ཏུ་བཀའ་བརྒྱུད་པའི་གྲུབ་མཐའ་འཛིན་མཁན་མཐའ་དག་ཚད་མ་མི་སྦྱོང་བ་དང་ཚད་མ་མི་ཤེས་པ་ཞིག་ག་ལ་ཡིན། ལོ་རྒྱུས་ཐོག་ཚད་མ་ལ་མཆོག་ཏུ་མཁས་པའི་བཀའ་བརྒྱུད་ཀྱི་གྲུབ་མཐའ་འཛིན་པའི་སྐྱེས་བུ་དམ་པ་མང་པོ་བྱུང་ཡོད་དེ། དཔེར་ན། ཕྱི་ལོ་དུས་རབས་བཅུ་བཞི་པར་སྟག་ལུང་བཀའ་བརྒྱུད་ཀྱི་བླ་མ་སྟག་ལུང་ལོ་ཙཱ་བ་ཤཱཀྱ་བཟང་པོས་(ཕྱི་ལོ་༡༣༢༢—༡༤༠༤)《ཚད་མ་རྣམ་འགྲེལ་གྱི་ཊཱི་ཀྐ་》མཛད། དུས་རབས་བཅོ་ལྔ་པར་ཀརྨ་བཀའ་བརྒྱུད་པའི་ཀརྨ་པ་སྐུ་འཕྲེང་བདུན་པ་ཆོས་གྲགས་རྒྱ་མཚོ་ཚད་མ་ལ་ཤིན་ཏུ་མཁས་ཤིང་ཚད་མ་མདོ་དང་སྡེ་བདུན་གྱི་འགྲེལ་པ་ཁྱད་པར་ཅན་ཞིག་མཛད། སྐུ་ཕྲེང་བརྒྱད་པ་ཀརྨ་མི་བསྐྱོད་རྡོ་རྗེས་ཚད་མའི་བསྟན་བཅོས་མཛད་པ་མ་མཐོང་ཡང་ཚད་མ་ལ་མཁས་པའི་སྒྲོན་པ་ཀུན་ཏུ་གྲགས་ཤིང་རིགས་པ་སྨྲ་བ་རྣམས་ཀྱིས་བསྟགས། དུས་རབས་བཅུ་དྲུག་པར། འབྲུག་པ་བཀའ་བརྒྱུད་ཀྱི་བསྟན་འཛིན་མཁན་པོ་འབྲུག་ཆེན་སྐུ་ཕྲེང་བཞི་པ་ཀུན་མཁྱེན་པདྨ་དཀར་པོ་ཡང་ཚད་མ་ལ་མཆོག་ཏུ་མཁས་ཤིང་། དེས་འཕགས་ཡུལ་གྱི་མཁས་པ་རྒྱན་མཁན་པོ་ཤེས་རབ་འབྱུང་གནས་སྦས་པའི་རྗེས་སུ་འབྲངས་ཏེ་རྣམ་འགྲེལ་ལ་དབུ་མ་རང་རྒྱུད་པའི་ལུགས་ལྟར་འགྲེལ་པ་མཛད་པ་ཤིན་ཏུ་ལེགས་སོ། །

ཀརྨ་པ་སྐུ་འཕྲེང་བདུན་པ་ཆོས་གྲགས་རྒྱ་མཚོ་ནི་བོད་རབ་བྱུང་བརྒྱད་པའི་ཤིང་ཁྱི་(ཕྱི་ལོ་༡༤༥༤)ལོར་འཁྲུངས། གོ་ཤྲཱི་དཔལ་འབྱོར་དོན་འགྲུབ་དང་། བན་སྒར་འཇམ་དཔལ་བཟང་པོ་སོགས་མཁས་གྲུབ་དམ་པ་རྣམས་ལས་ སློམ་པ་གསུམ་ནོད། མདོ་སྔགས་རིག་གནས་བཅས་ལ་གསན་བསམ་དང་སྒོམ་པ་མཐར་ཕྱིན་མཛད་དེ། མཁས་དང་གྲུབ་པའི་གོ་འཕང་ལེགས་པར་བརྙེས། བཤད་སྒྲུབ་ཀྱི་སྡེ་དུ

① ཁང་དཀར་ཚུལ་ཁྲིམས་སྐལ་བཟང་གིས་མཛད་པའི་《ཚད་མའི་ལོ་རྒྱུས་》ཞེས་པ་གངས་ལྗོངས་ནང་རིག་མཐུན་ཚོགས་ཀྱིས་༢༠༠༤ལོར་པར་དུ་བསྒྲུན་པའི་ཤོག་ངོས་༢༤༤པར་གསལ།

མ་གསར་དུ་བཙུགས་པ་དང་། འབྲུགས་པ་རྣམས་ལེགས་པར་བཅྲུམས་པ་བཅས་པའི་སྒོ་ནས་འགྲོ་བ་སློབ་གྲོལ་ལ་བཀོད་པའི་ངོ་མཚར་བའི་རྣམ་ཐར་སྙ་བརྗོད་ཀྱི་ཡུལ་ལས་འདས། དགུང་ལོ་ང་གསུམ་པ་མེ་སྟག(སྤྱི་ལོ་༡༥༠༦)ལོར་དགོངས་པ་ཆོས་དབྱིངས་སུ་ཐིམ། གསུང་ལས་སྐྱེས་པའི་སློབ་མ་གཙོ་བོ་རྒྱལ་ཚབ་བཀྲ་ཤིས་རྣམ་རྒྱལ། ཞྭ་དམར་སྤྱན་སྔ་ཆོས་གྲགས། སི་ཏུ་བཀྲ་ཤིས་དཔལ་འབྱོར། ནྭགས་རམས་པ་ཆོས་རྒྱལ་བསྟན་པ། པཎ་ཆེན་ཤཱཀྱ་མཆོག སངས་རྒྱས་མཉན་པ་རས་ཆེན། ཀརྨ་ཕྲིན་ལས་པ་ཆེན་པོ། དཔའ་བོ་ཆོས་དབང་ལྷུན་གྲུབ་སོགས་དང་། གསུང་རྩོམ《ཤེར་ཕྱིན་གྱི་འགྲེལ་པ་འཇིག་རྟེན་གསུམ་སྒྲོན།》《དབུ་ཚད་ཆོས་འབྱུང་ཆེན་མོ།》《ཕྱག་ཆེན་རྒྱ་གཞུང་གི་རྒྱས་ཁྲིད།》《ཟབ་མོ་དབུ་མའི་ལྟ་ཁྲིད།》《ཚད་མ་རིགས་གཞུང་རྒྱ་མཚོ་》(སྟོད་སྨད་པོད་གཉིས་)སོགས་བཞུགས། འདིར་ཆེད་དམིགས་ཀྱིས་བརྟག་འོས་པ་ནི་རྗེ་འདིས་མཛད་པའི་ཚད་མའི་བསྟན་བཅོས《ཚད་མ་ལེགས་པར་བཤད་པ་ཐམས་ཅད་ཀྱི་ཆུ་བོ་ཡོངས་སུ་འདུ་བ་རིགས་པའི་གཞུང་ལུགས་ཀྱི་རྒྱ་མཚོ་》ཞེས་བྱ་བ་འདི་སློབ་དཔོན་ཕྱོགས་ཀྱི་གླང་པོའི《ཚད་མ་མདོ་》དང་། དཔལ་ལྡན་ཆོས་ཀྱི་གྲགས་པའི་ཚད་མ་སྡེ་བདུན་པོ་ཐམས་ཅད་ཀྱི་དགོངས་པ་མ་ཚང་བ་མེད་པར་གཞུང་གཅིག་གི་ནང་དུ་འདུས་ཤིང་། རྒྱས་འབྲིང་བསྡུས་གསུམ་གྱི་སྒོ་ནས་འཆད་པའི་སྲོལ་དཀྱུས་གཅིག་ཏུ་བཀོད་པ་ཞིག་ཡིན་པས་སྡེ་འགྲེལ་ལས་ཁྱད་པར་དུ་འཕགས་ཤིང་། འཆད་ཚུལ་གྱི་ཐད་ལའང་བོད་སྔ་རབས་པ་རྣམས་ཀྱི་བཤད་སྲོལ་དང་། ཕྱི་རབས་པ་རྣམས་ཀྱི་བཤད་སྲོལ་གཉིས་ཀྱི་ལེགས་ཆ་རྣམས་བསྡུས་ཤིང་། རང་ལུགས་ཀྱི་ཁྱད་པར་རིགས་པའི་རྩལ་གྱིས་བརྟོན་ནས་འཆད་པས་བཀའ་བརྒྱུད་པའི་གྲུབ་མཐའ་འཛིན་མཁན་གྱི་ཚད་མའི་བཤད་ལུགས་ཐུན་མོང་མ་ཡིན་པ་མངོན་པར་གསལ་བ་ཞིག་ཡིན་ལ། མཛད་པ་པོའི་ཚད་མའི་ལྟ་གྲུབ་ཀྱང་གསལ་བར་སྟོན་པའི་གཞུང་ཞིག་ཡིན་པར་མངོན་ཏེ། 《ཤེས་བྱ་ཀུན་ཁྱབ་》ལས། དེའི་ཚུལ་མ་ནོར་བར་ལྷག་པར་གསལ་བར་མཛད་པ་འཇིག

རྗེ་དབང་ཕྱུག་སྤྱན་རས་གཟིགས་རྒྱལ་མཆོག་ཐམས་ཅད་མཁྱེན་པ་བདུན་པ་ཆོས་གྲགས་རྒྱ་མཚོས་སྟོན་ཆོས་ཀྱི་གྲགས་པར་སྐྱེ་བ་བཞེས་པའི་བག་ཆགས་སད་དེ་ཐུགས་ནས་ཤར་གྱིས་གསུང་བ་ཉིད་ཡི་གེ་བས་འབྲི་བ་པོ་ན་ལས་རྩོམ་གཞི་དང་ཕྱག་དཔེ་གཟིགས་རྟོག་གི་རྩོལ་བ་གང་ཡང་མ་མཛད་པ་སོགས་ཁྱད་འཕགས་ངོ་མཚར་དུ་མ་དང་ལྡན་པའི་ཚད་མ་རིགས་གཞུང་རྒྱ་མཚོ་ཞེས་གྲགས་པ་བློ་ལྡན་རྣམས་ཀྱི་ཉེར་འཚོར་བསྐྱིལ་བར་མཛད་དེ། ཆོས་གྲགས་དགོངས་པའི་ཆུ་བོ་མ་ལུས་ཤིང་ལུས་པ་མེད་པ་ཀུན་འདུས་པའི་འཇུག་ངོགས་ཆེན་པོར་གྱུར་ཏོ། །[1]ཞེས་གསུངས་པ་ལྟར། ཚད་མ་རིག་པ་སློབ་སྦྱོང་དང་ཞིབ་འཇུག་བྱེད་པ་ལ་རིན་ཐང་མི་དམན་པ་ལྡན་པའི་ཡིག་ཆ་ཞིག་ཡིན་པར་མཁས་པ་རྣམས་ཀྱིས་མགྲིན་གཅིག་ཏུ་བསྔགས་སོ། །

《ཚད་མ་ལེགས་པར་བཤད་པ་ཐམས་ཅད་ཀྱི་ཆུ་བོ་ཡོངས་སུ་འདུ་བ་རིགས་པའི་གཞུང་ལུགས་ཀྱི་རྒྱ་མཚོ་》ཞེས་བྱ་བའི་ཚད་མའི་བསྟན་བཅོས་འདི་མཛད་པ་པོས་མདོ་དང་སྡེ་བདུན་གྱི་དགོངས་དོན་མ་ཚང་བ་མེད་པ་ཡོངས་སུ་རྫོགས་པ་ཕྱོགས་གཅིག་ཏུ་བསྡུས་ཏེ་ཁ་གསལ་ཞིང་གོ་བདེ་བ། མཛད་པ་པོ་རང་ཉིད་ཀྱི་ཐུན་མོང་མ་ཡིན་པའི་ལྟ་བ་གསལ་བ། མཁས་པ་ཕལ་མོ་ཆེ་དང་མི་མཐུན་པའི་སྒྲིག་རིམ་ལྡན་པ་བཅས་ཀྱི་སྒོ་ནས་བཀྲལ་བས། ཚད་མ་ཤེས་འདོད་པའི་སྐྱེས་བུ་སུ་དང་སུ་ཡིན་པ་ཐམས་ཅད་དེའི་དགེ་མཚན་ལ་ཡི་རང་སྤྲོ་གཅེས་སུ་འཛིན་པར་གྱུར་པ་ཞིག་གོ །དེ་ཡང་འགྲེལ་ཚུལ་ནི་གཞན་དང་མི་མཐུན་པའི་ཁྱད་ཆོས་མངོན་པར་གསལ་བ་ཞིག་ཡིན་ཏེ། 《ཆོས་འབྱུང་མཁས་པའི་དགའ་སྟོན་》ལས། ཚད་མ་ཀུན་ལས་བཏུས་བཤད་གཞིར་མཛད་དེ་དེ་ལ་སྡེ་བདུན་མཁན་པོས་ཚད་མ་རྒྱས་

① ཀོང་སྤྲུལ་ཡོན་ཏན་རྒྱ་མཚོས་མཛད་པའི་《ཐེག་པའི་སྒོ་ཀུན་ལས་བཏུས་པ་གསུང་རབ་རིན་པོ་ཆེའི་མཛོད་བསླབ་པ་གསུམ་ལེགས་པར་སྟོན་པའི་བསྟན་བཅོས་ཤེས་བྱ་ཀུན་ཁྱབ་》ཅེས་བྱ་བ་མི་རིགས་དཔེ་སྐྲུན་ཁང་གིས་༡༩༩༢ལོར་པར་དུ་བསྐྲུན་པའི་དེབ་དང་པོའི་ཤོག་ངོས་༥༦༧པར་གསལ།

པ་རྣམ་འགྲེལ་འབྲིང་རྣམ་ངེས་བསྡུས་པ་རིགས་ཐིགས་གསུམ་དུ་ཇི་ལྟར་བཀྲལ་བ་དང་། ཐུར་གྱི་དཀའ་གནས་གྲེས་པ་ཡན་ལག་གི་བསྟན་བཅོས་བཞིས་ཇི་ལྟར་བཀྲལ་བ་རྣམས་རྒྱས་འབྲིང་བསྡུས་པའི་གསེབ་ཚངས་སུ་བཤད་ཅིང་། སྡེ་བདུན་ལྷ་ཤཱཀྱ་རྒྱན་སོགས་རྒྱ་འགྲེལ་དུ་ཇི་ལྟར་བཀྲལ་བ་ཐམས་ཅད་མདོར་བསྡུས་པས་བརྗོད་དེ་ཚད་མའི་ལེགས་བཤད་ཀྱི་ཆུ་བོ་ཀུན་འདུས་རིགས་པའི་གཞུང་ལུགས་ཀྱི་རྒྱ་མཚོ་ཞེས་བྱ་བ་བོད་གཞུང་གང་ལ་ཡང་མ་བལྟོས་པར་རང་སྟོབས་ཀྱིས་མཛད།[①] ཅེས་གསུངས་པ་དང་། ཡང་དེ་ཉིད་དུ། གཟུར་གནས་ཀྱི་མཁས་པས་བལྟས་ན་ཚད་མའི་བསྟན་བཅོས་འདི་ལྟ་བུ་བོད་ཡུལ་ལྟ་ཞོག་འཕགས་ཡུལ་དུའང་མ་བྱུང་བ་སྙམ་སྟེ།

འཕགས་པའི་ཡུལ་དང་གངས་རིའི་ཁྲོད་འདིར་ཡང་། །
རིགས་གཞུང་སོ་སོའི་རྣམ་འགྲེལ་མཛད་པ་མང་། །
མདོ་དང་སྡེ་བདུན་འགྲེལ་པར་བཅས་རྣམས་ཀུན། །
ཚིག་དོན་གཉིས་ཅར་གླེགས་བམ་གཅིག་ཉིད་དུ། །
ཏ་ཅང་མངས་དང་ཉུངས་སོགས་སྐྱོན་མེད་ཅིང་། །
གཞུང་དོན་འཁྲུག་དང་ཕྱིན་ཅི་ལོག་མེད་པར། །
ཇི་བཞིན་བཤད་འདི་རྒྱལ་བ་སྲས་བཅས་མཐུས། །
ཡིན་གྱི་གཞན་དུ་བློ་ཡི་སྤྱོད་ཡུལ་མིན། །[②]

ཞེས་པར་བསྔགས་སོ། །གཞུང་དེ་ལེའུ་བཞིར་དབྱེ་སྟེ། དང་པོ་བཅོམ་ལྡན་འདས་ཚད་མའི་སྐྱེས་བུར་གྲུབ་པའི་ལེའུ། གཉིས་པ་མངོན་སུམ་རྒྱ་ཆེར་བཤད་

① དཔལ་བོ་གཙུག་ལག་ཕྲེང་བས་མཛད་པའི་《ཆོས་འབྱུང་མཁས་པའི་དགའ་སྟོན་》སྨད་ཆ། མི་རིགས་དཔེ་སྐྲུན་ཁང་གིས་༡༩༨༨ལོར་པར་དུ་བསྐྲུན་པའི་ཤོག་ངོས་༡༡༠༧པར་གསལ།

② གོང་དང་མཚུངས། ཤོག་ངོས་༡༡༠༨པར་གསལ།

པའི་ལེའུ། གསུམ་པ་རང་གི་དོན་གྱི་རྗེས་སུ་དཔག་པ་རྣམ་པར་བཤད་པ། བཞི་པ་གཞན་དོན་རྗེས་སུ་དཔག་པ་རྒྱ་ཆེར་བཤད་པ་དང་བཅས་སོ། །

ལེའུ་དང་པོ་ནི་རྣམ་འགྲེལ་གྱི་ལེའུ་གཉིས་པའི་དགོངས་པ་འགྲེལ་མཛད་པའི་ཚུལ་གྱིས་འཆད་དེ། ཚད་མའི་བློ་འཆད་པའི་སྐབས་ལ། ཤེས་པའི་མཚན་ཉིད་ཡུལ་རིག་པ་ཞེས་བྱ་ལ། ཁ་བ་ཅན་པ་ལ་ལ་དག་གསལ་ཞིང་རིག་པ་ཤེས་པའི་མཚན་ཉིད་དུ་འདོད་པ་ལ་ནི་སྐྱོན་འདི་ཡོད་དེ། རྟོག་པ་ཐམས་ཅད་རང་བཞིན་ཡུལ་དང་འཇུག་ཡུལ་ལ་ཤེས་པ་མ་ཡིན་པའམ། དེ་ལ་གསལ་ཞིང་རིག་པ་ཡིན་པ་གང་རུང་དུ་འགྱུར་རོ་ཞེས་པར་གསུངས། ཚད་མ་ནི། འཇིག་རྟེན་གྱི་གྲགས་པ་དང་མཐུན་པའི་ཚད་མའི་མཚན་ཉིདདང་། སྒྲ་བཤད་པ་དང་མཐུན་པའི་ཚད་མའི་མཚན་ཉིད་གཉིས་ལས། དང་པོ་ནི། ཡུལ་རང་དབང་དུ་ཡོངས་སུ་དཔྱོད་པའི་ཡང་དག་པའི་ཤེས་པ་གཅིག་ལ་ཚད་མ་ཞེས་བྱ་ལ། དེ་མཚོན་པར་བྱེད་པའི་མཚན་ཉིད་ནི་དང་པོར་རང་གིས་ཡོངས་སུ་དཔྱད་པའི་དོན་ལ་མི་བསླུ་བར་བྱེད་པའི་རིག་པའོ། །ཚད་མ་དེ་ལ་ངོ་བོའི་སྒོ་ནས་དབྱེ་ན་རང་ལས་ངེས་པའི་ཚད་མ་དང་། གཞན་ལས་ངེས་པའི་ཚད་མ་གཉིས། ཡུལ་ལ་འཇུག་ཚུལ་གྱི་སྒོ་ནས་མངོན་སུམ་དང་། རྗེས་དཔག་གི་ཚད་མ་གཉིས་སོ། །ཚད་མ་མ་ཡིན་པའི་བློའི་མཚན་ཉིད་ནི། རང་གིས་ཡོངས་སུ་དཔྱད་པའི་ཡུལ་ལ་བསླུ་བའི་རིག་པའོ། །དབྱེ་བ་ལ་རིགས་པའི་དབང་ཕྱུག་ཕྱོ་བ་ན་རེ། ཡིད་དཔྱོད། སྣང་ལ་མ་ངེས་པ། བཅད་ཤེས། ལོག་ཤེས། ཐེ་ཚོམ་སྟེ་ཚད་མིན་གྱི་བློ་ལྔའོ་ཞེས་བཤད། རིགས་གཏེར་ལ་ནི་མ་རྟོགས་ལོག་རྟོག་ཐེ་ཚོམ་སྟེ། །ཚད་མའི་འགལ་ཟླ་རྣམ་པ་གསུམ། །ཞེས་གསུངས། དེ་ལ་ཡིད་དཔྱོད་དང་བཅད་ཤེས་གཉིས་མ་རྟོགས་པའི་བློ་ལས་གཞན་མ་ཡིན་པ་དང་། མངོན་སུམ་དང་བཅད་ཤེས་ཀྱི་གཞི་མཐུན་མེད་པ་ནི་བདེན་མོད་ཀྱང་། མངོན་སུམ་ཐམས་ཅད་ཡུལ་ད་ལྟར་བ་ཁོ་ན་ལ་འཇུག་པར་མ་ངེས་ཏེ། དོན་རིག་མངོན་སུམ་གྱི་གཟུང་ཡུལ་ནི་མངོན་སུམ་རང་གི་དུས་སུ་འདས་ཟིན་པ་ཞལ་གྱིས་བཞེས་པ་དང་འགལ་བའི་

ཕྱིར་དང་། མ་རྟོགས་པའི་བློ་ནི་དབྱེ་གཞི་ཡིན་པས་དབྱེ་བའི་ཡ་གྱལ་དུ་མི་རིགས་པའི་ཕྱིར་དང་། མ་རྟོགས་པའི་བློ་ལ་དབྱེ་ན་ཐེ་ཚོམ་དང་ལོག་ཤེས་གཉིས་སུ་ཡོད་པའི་ཕྱིར་དང་། ཐེ་ཚོམ་དང་ལོག་ཤེས་གཉིས་མ་རྟོགས་པའི་བློ་མིན་པར་འགྱུར་བའི་ཕྱིར་རོ། །དེས་ན་ཚད་མིན་གྱི་བློ་ཐམས་ཅད་ཐེ་ཚོམ་དང་ལོག་ཤེས་གཉིས་སུ་གྲངས་ངེས་སོ། །ཞེས་གསུངས་པའང་ལུགས་དང་མཐུན་པའི་ལྟ་བ་གསར་པ་ཞིག་ཡིན་ནོ། །

སྟོན་པ་བཅོམ་ལྡན་འདས་ཚད་མར་གྲུབ་པར་འཆད་པ་ལ། ཕྱོགས་ཀྱི་གླང་པོས་བཅོམ་ལྡན་འདས་ལ་ཚད་མར་གྱུར་པ་ཞེས་བསྟོད་པ་མཛད་ན། དེ་ཚད་མ་ཡིན་པར་རིགས་པ་གང་གིས་གྲུབ་ཅེ་ན། ཤེས་བྱ་ཇི་ལྟ་བ་དང་ཇི་སྙེད་པའི་ཆོས་ཐམས་ཅད་མངོན་སུམ་དུ་མཁྱེན་པ་ལ་བསླུ་བ་མེད་པ་ཅན་གྱི་ཤེས་པ་ཁྱད་པར་ཅན་དང་ལྡན་པས་ན་འགྲོ་བ་མ་ལུས་པ་འཁོར་བ་ལས་སྒྲོལ་བའི་དོན་བྱེད་ནུས་པ་དངོས་པོའི་གནས་ཚུལ་ལ་གྲུབ་པ་དེ་ནི་བཅོམ་ལྡན་འདས་མི་བསླུ་བའི་སྐྱབས་གནས་ཚད་མར་སྒྲུབ་པའི་རིགས་པ་ཡིན་ནོ། །ཡང་ན་བཅོམ་ལྡན་འདས་ནི་ཚད་མ་ཡིན་ཏེ། འགྲོ་བ་ཐམས་ཅད་ལ་ཕན་པར་བཞེད་པའི་ཐུགས་རྗེ་ཆེན་པོ་གོམས་པའི་དབང་གིས་འགྲོ་བ་རྣམས་བསླུ་བ་མེད་པར་རང་ཉིད་ཀྱིས་སྒྲིབ་གཉིས་སྤངས་ཤིང་གནས་ལུགས་རྟོགས་པའི་བདེ་བར་གཤེགས་པ་དེ་ཐོབ་པའི་ཐབས་མངོན་མཐོ་ངེས་ལེགས་ཀྱི་ལམ་བསྟན་ནས་དེའི་མི་མཐུན་ཕྱོགས་ལས་སྐྱོབ་པར་ནུས་པ་ཅན་གྱི་ཤེས་པ་ཁྱད་པར་ཅན་དང་ལྡན་ཅིང་བསམ་པ་ཕུན་སུམ་ཚོགས་པའི་སྒོ་ནས་འགྲོ་བའི་གནས་སྐབས་དང་མཐར་ཐུག་གི་དོན་ཐམས་ཅད་བྱེད། ལམ་སྦྱོར་བ་ཕུན་ཚོགས་ཀྱི་རྒྱུ་ལས་དོན་དེ་ཐོབ་ནུས་པར་གནས་པ་དེ་ནི་གཏན་དུ་མི་བསླུ་བའི་སྐྱོབ་པར་གྲུབ་པའི་ཕྱིར། ཞེས་གསུངས་སོ། །གཉིས་པ་སྒྲ་བཤད་དང་མཐུན་པའི་ཚད་མའི་མཚན་ཉིད་ལ། གལ་ཏེ་དང་པོར་མི་བསླུ་བའི་ཤེས་པ་ཁོ་ནའམ་མཚན་ཉིད་གཞན་ཡོད་ཅེ་ན། ཐ་མ་ཁོ་ནར་མ་ཟད་བཅོམ་ལྡན་འདས་ནི་སྟོན་སོ་སོ་སྐྱེ་བོའི་གནས་སྐབས

སུ་མ་ཤེས་པ་བདེན་པ་བཞིའི་དོན་གྱི་གནས་ཚུལ་གསར་དུ་མངོན་སུམ་དུ་གསལ་བར་མཁྱེན་ཅིང་གཟིགས་པར་བྱེད་པའི་ཚད་མ་དང་ལྡན་པས་ཀྱང་ཚད་མར་གྲུབ་པའོ། །འདི་ནི་མཚོན་བྱ་མཚོན་བྱེད་དཔེའི་ཚད་མ་ལ་ཡང་སྦྱར་བར་བྱ་སྟེ། དཔེར་ན་གཟུགས་འཛིན་མིག་ཤེས་མ་འཁྲུལ་བས་སྔར་མ་ཤེས་པའི་དོན་གཟུགས་ཀྱི་དངོས་པོ་གསལ་བར་བྱེད་པ་དེ་དག་ཀྱང་ཚད་མ་ཡིན་པ་བཞིན་ནོ་ཞེས་པའོ། །

རྗེ་ཉིད་ཀྱིས་མདོ་དང་སྡེ་བདུན་པའི་གཞུང་དེ་དག་གྲུབ་མཐའ་རྣལ་འབྱོར་སྤྱོད་པའི་དབུ་མ་པར་བཞེད་དེ། མཚན་ཉིད་གསུམ་འཆད་པའི་སྐབས་སུ་དེ་ལྟར་གསུངས་ཏེ། ཡང་ཁ་ཅིག་སྣང་བ་སེམས་སུ་སྒྲུབ་པ་དང་། མཚན་ཉིད་གསུམ་ཁས་ལེན་པ་དེ་དག་ཐམས་ཅད་སེམས་ཙམ་པར་འདོད་ལ། དེ་ནི་མ་ཡིན་ཏེ། མདོ་སྡེ་པས་ཀྱང་སྣང་བ་སེམས་སུ་ཁས་ལེན་པའི་ཕྱིར་དང་། ཡུམ་གྱི་བྱམས་ཞུས་ཀྱི་ལེའུ་ལས། གཟུགས་ནས་རྣམ་མཁྱེན་གྱི་བར་གྱི་ཆོས་ཐམས་ཅད་མཚན་ཉིད་གསུམ་གྱི་སྒོ་ནས་གཏན་ལ་ཕབ་ནས་བསྟན་པའི་ཕྱིར། དེ་དང་དེ་ཉིད་ཀྱང་སེམས་ཙམ་པ་དང་དེའི་ལུགས་སུ་འགྱུར་རོ། །དེས་ན་འཕགས་པ་ཐོགས་མེད་སྐུ་མཆེད་ཀྱི་རྗེས་སུ་འབྲང་བའི་རྣལ་འབྱོར་སྤྱོད་པའི་དབུ་མ་ཆེན་པོ་རྣམས་ཀྱི་དེ་ཁོ་ན་ཉིད་ལ་སྒྲིབ་པར་བྱེད་པའི་གཟུང་བ་དང་འཛིན་པ་གཉིས་སུ་སྣང་བ་ལྟར་དུ་མ་གྲུབ་པར་གཏན་ལ་ཕབ་ནས་སེམས་རང་རིག་རང་གསལ་རྟོགས་པའི་ཡེ་ཤེས་གཙོ་བོར་སྟོན་པར་མཛད་ལ། འཕགས་པ་ཀླུ་སྒྲུབ་ཡབ་སྲས་ཀྱིས་ནི་དེ་ཁོ་ན་ཉིད་ལ་སྒྲིབ་པར་བྱེད་པའི་བདེན་འཛིན་ཡུལ་དང་བཅས་པ་རྣམས་གཏན་ཚིགས་ཆེན་པོ་རྣམས་ཀྱིས་ལེགས་པར་དཔྱད་ནས་རང་བཞིན་མེད་པར་གཏན་ལ་ཕབ་སྟེ། སེམས་གསལ་བའི་ངོ་བོ་སྟོང་པ་ཉིད་དུ་གནས་པ་གཙོ་བོར་སྟོན་པར་མཛད་དོ། །ཤིང་རྟའི་སྲོལ་གཉིས་ཀའང་མཐར་ཐུག་དེ་ཁོ་ན་ཉིད་སྟོན་པ་ལ་ཁྱད་པར་ཡོད་པ་མ་ཡིན་ཏེ། སེམས་གསལ་བའི་ངོ་བོ་དེ་ཉིད་དང་པོ་ཉིད་ནས་སྟོང་པ་ཉིད་ཡིན་ལ། སྟོང་པ་ཉིད་དེའང་དང་པོ་ནས་གསལ་བའི་བདག་ཉིད་དུ་གནས་པའི་ཕྱིར་རོ། །དེའི་ཕྱིར་

སློབ་དཔོན་ཕྱོགས་ཀྱི་གླང་པོ་དང་། དཔལ་ཆོས་ཀྱི་གྲགས་པ་གཉིས་ཀྱང་འཕགས་པ་ཐོགས་མེད་ནས་ཉེ་བར་བརྒྱུད་པའི་ཤིང་རྟའི་སྲོལ་ཉིད་དྲི་མ་མེད་པའི་རིགས་པས་གཏན་ལ་ཕབ་ནས་འཛིན་པར་མཛད་པས་ན་རྣལ་འབྱོར་སྤྱོད་པའི་དབུ་མ་པར་གྲུབ་ལ། དེའི་གཞུང་ཀུན་ལས་བཏུས་སྡེ་བདུན་དང་བཅས་པའི་མཐར་ཐུག་གི་དགོངས་པ་ནི་རྣལ་འབྱོར་སྤྱོད་པའི་གཞུང་ལུགས་སུ་གསལ་ཞིང་འབབ་པ་ཡིན་ནོ་ཞེས་བྱ་བ་འདི་འཐད་པ་ཡིན་ནོ། །ཞེས་གསུངས་སོ། །

རང་སྤྱིའི་མཚན་ཉིད་འཆད་པའི་སྐབས་ལ། རང་གི་མཚན་ཉིད་ཀྱི་ཡུལ་ཅན་མངོན་སུམ་དང་། སྤྱིའི་མཚན་ཉིད་ཀྱི་ཡུལ་ཅན་ནི་རྗེས་སུ་དཔག་པའི་ཚད་མ་ཡིན་པའི་ཕྱིར་རོ། །དེ་ལ་གཞན་དག་ན་རེ། གཞལ་བྱ་གཉིས་སུ་མཐོང་བའི་རྟགས་ཀྱིས་ཚད་མ་གཉིས་པོ་ནར་ངེས་པ་དང་། གཅིག་དང་གསུམ་ལ་སོགས་པ་སེལ་བར་མི་ནུས་ཏེ། ཁ་དོག་མི་རྟག་པ་ལྟ་བུ་ནི་རང་སྤྱི་འདྲེས་པའི་གཞལ་བྱ་གཞན་ཡིན་པའི་ཕྱིར་དང་། ཡུལ་གཅིག་ཉིད་ལ་ཡང་ལན་གཅིག་མ་ཡིན་པར་ཡང་ཡང་འཛིན་པའི་ཚད་མཐའ་ཡོད་པའི་ཕྱིར་ཞེ་ན། དེ་ནི་མ་ཡིན་ཏེ། རྟགས་ལས་ཁ་དོག་མི་རྟག་པར་རྟོགས་པའི་ཚད་མ་ནི། ཁ་དོག་གི་སྤྱི་དེ་ལ་མི་རྟག་པའི་སྤྱི་ཙམ་རབ་ཏུ་སྦྱོར་ཞིང་སྣང་ནས་གཞལ་བྱར་བྱེད་པའི་ཚད་མ་ཡིན་པའི་ཕྱིར་ན། མངོན་སུམ་དང་རྗེས་སུ་དཔག་པའི་ཚད་མ་ལས་མ་འདས་སོ། །དེ་བས་ན་རང་སྤྱི་འདྲེས་པའི་གཞལ་བྱ་གསུམ་པ་ཡོད་པ་མ་ཡིན་པས་དེ་རྟོགས་པའི་ཚད་མ་ལ་སོགས་པ་གཞན་ནི་ཡོད་པ་མ་ཡིན་ནོ། །འདི་ལ་ཁ་བ་ཅན་པ་དག་ནི། རྟགས་ལས་ཁ་དོག་མི་རྟག་པར་རྟོགས་པའི་ཚད་མའི་ཡུལ་དུ་གྱུར་པའི་ཁ་དོག་མི་རྟག་པ་རང་མཚན་དུ་འབད་པ་ཆེན་པོས་སྒྲུབ་པར་བྱེད་ལ། རིགས་པའི་དབང་ཕྱུག་རྣམ་གཉིས་ནི་དེ་ཉིད་སྤྱི་མཚན་དུ་བཞེད་པ་ཡིན་ཏེ། སྤྱི་མཚན་གྱི་ཁ་དོག་ལ་མི་རྟག་པ་ཙམ་ཡིད་ཀྱིས་སྦྱར་བ་ཡིན་པར་བཞེད་པའི་ཕྱིར། ཞེས་རང་ཉིད་ཀྱི་བཞེད་པ་གསལ་བར་བསྟན་ཏོ། །

དབང་ཡུལ་དེ་ཕྱིར་རྟུལ་ཐུན་མིན། །ཞེས་པའི་རྣམ་འགྲེལ་གྱི་ལུང་དེ་འགྲེལ་

བའི་སྐབས་ལ། གཟུགས་སོགས་དབང་ཤེས་ཀྱི་ཡུལ་རྣམས་ནི་རྟུལ་ཕྲན་མཚན་ཉིད་པ་དང་། རགས་པ་བཏགས་པ་བ་ཡིན་ནོ་ཞེས་བྱ་བ་འདི་ནི་མདོ་སྡེ་པའི་གྲུབ་མཐའ་ཁ་ན་མ་ཐོ་བ་མེད་པ་ཡིན་ནོ། །ཁ་བ་ཅན་པ་ཕལ་ཆེར་གཟུགས་ལ་སོགས་པ་ནི་རྟུལ་ཕྲན་མ་ཡིན་པར་རགས་པར་སྨྲ་ཞིང་། རྟུལ་ཕྲན་དབང་ཤེས་ཀྱི་ཡུལ་མ་ཡིན་ནོ་ཞེས་མཁྱེན་པ་གཟིངས་བསྐྱོད་དེ་སྒྲོག་པར་བྱེད་དོ། །དེ་དག་ནི་མདོ་སྡེ་པའི་གཞུང་ལུགས་རྒྱུས་མེད་པའི་གཏམ་དུ་ཟད་དོ་ཞེས་གསུངས་སོ། །

བརྗོད་བྱ་ཉིད་ཕྱིར་དེ་དངོས་མིན། །དབང་ཚོགས་འབྲས་བཅས་ཉིད་ཕྱིར་རོ། །ཞེས་པའི་ལུང་དེ་འགྲེལ་བ་ལ། སྒྲའི་དངོས་ཀྱི་བརྗོད་བྱ་ཉིད་ཡིན་པའི་ཕྱིར། གཞན་སེལ་བའི་སྤྱི་དེ་ནི་དངོས་པོ་མིན་ཏེ། སྒྲའི་དོས་ཀྱི་བརྗོད་བྱའམ་རྟོག་པ་ལ་སྣང་བ་ཕྱི་རོལ་གྱི་དངོས་པོ་ཡིན་ན་དབང་པོ་དགོས་མེད་དུ་འགྱུར་བ་ལས་དབང་པོའི་ཚོགས་འབྲས་བུ་དང་བཅས་པ་དོན་ཡོད་པ་ཉིད་ཀྱི་ཕྱིར་རོ། །དེས་ན་རང་མཚན་སྒྲའི་དངོས་ཀྱི་བརྗོད་བྱའམ་རྟོག་པའི་སྣང་ཡུལ་དུ་མི་རིགས་སོ། །ཁ་བ་ཅན་པ་ཕལ་མོ་ཆེ་དག་ཆོས་ཐམས་ཅད་སྒྲའི་དངོས་ཀྱི་བརྗོད་བྱར་འདོད་པ་ནི་གཞུང་དེས་བཀག་པ་ཡིན་ནོ། །ཞེས་གསལ་བར་བསྟན་ཏོ། །

མངོན་སུམ་འཆད་པའི་སྐབས་ལ། མངོན་སུམ་གྱི་མཚན་ཉིད། མིང་དང་རིགས་སོགས་སྦྱོར་བའི་རྟོག་པ་དང་བྲལ་ཞིང་འཁྲུལ་གྱི་འཁྲུལ་རྒྱུས་བསླད་པའི་དབང་གིས་མ་འཁྲུལ་བའི་རིག་པ་ནི་མངོན་སུམ་ཞེས་བྱའོ། །དེས་ནི་རྗེས་དཔག་འཁྲུལ་ཤེས་སུ་བཞེད་པར་མངོན་ནོ། །མ་འཁྲུལ་བ་འདིར་དངོས་སུ་སྨོས་པ་ནི་མདོའི་གོ་རིམ་མིན་ཀྱང་འཇུག་པར་བདེ་བའི་དབང་དུ་བྱས་པ་ཡིན་ནོ་ཞེས་གསུངས་སོ། །མཚན་གཞིའི་དབྱེ་བ་བཤད་པ་ལ། དབང་མངོན། ཡིད་མངོན། རང་རིག རྣལ་འབྱོར་མངོན་སུམ་བཞིའོ། །དབང་མངོན་བཤད་པ་ལ། རྟོག་པ་དང་བྲལ་ཞིང་མ་འཁྲུལ་བའི་ཤེས་པ་གང་ཇི་སྐད་བཤད་པའི་རྐྱེན་གསུམ་ལས་སྐྱེས་པའི་ཤེས་པ་ནི་དབང་པོའི་མངོན་སུམ་ཡིན་ནོ། །དབང་ཤེས་ཀྱི་གཟུང་དོན་སྒྲའི་དངོས་

ཀྱི་བརྗོད་བྱ་མ་ཡིན་པར་བསྒྲུབ་པ་ལ། དབང་པོའི་ཤེས་པའི་གཟུང་དོན་ནི་ཆོས་ཅན། སྒྲའི་དངོས་ཀྱི་བརྗོད་བྱ་མ་ཡིན་ཏེ། ཡུལ་དུས་གཞན་དུ་རྗེས་སུ་འགྲོ་བ་དང་ལྡན་པ་མ་ཡིན་པའི་ཕྱིར། ཁྱབ་སྟེ། སྔར་བརྡ་དུས་སུ་སྦྲ་སྦྱར་བ་ཡང་ཕྱིས་ཐ་སྙད་ཀྱི་དུས་སུ་དོན་རྟོགས་པར་བྱ་བའི་ཕྱིར་བརྡ་སྦྱར་བ་ཡིན་པའི་ཕྱིར་ཏེ། བརྡ་བྱས་པའི་རྒྱུ་མཚན་གང་ལས་བརྡ་དུས་སུ་སྒྲ་དང་དོན་འབྲེལ་བར་མཐོང་བ་ལས་ཐ་སྙད་ཀྱི་ཚེ་དོན་དེ་རྟོགས་པར་འགྱུར་བའི་ཕྱིར་རོ། །ཞེས་པར་བསྟན་ཏོ། །ཡིད་ཀྱི་མངོན་སུམ་བཤད་པ་ལ། རྒྱན་མཛད་པས་ཇི་སྐད་དུ།

> གོམས་ནས་མདུན་དུ་གནས་པ་ལ། །
> འདིའོ་ཞེས་སོགས་བློ་འབྱུང་བ། །
> མངོན་དུ་བྱེད་ཕྱིར་དེ་ལ་ནི། །
> ཡིད་ཀྱི་མངོན་སུམ་བྱེད་པར་འདོད། །

ཅེས་བཤད། སྐྱེ་ཚུལ་ནི། དབང་མངོན་གྱིས་མཚུངས་པ་དེ་མ་ཐག་རྐྱེན་བྱས། དེ་དང་དུས་མཉམ་པའི་དོན་གྱིས་དམིགས་རྐྱེན་བྱས་ནས་ཡིད་མངོན་སྐྱེ་བས། བཟུང་ཟིན་འཛིན་པ་དང་ཡོང་བ་ལ་སོགས་པས་དོན་གསལ་བར་མཐོང་བའི་སྐྱོན་ལས་གྲོལ་བ་ཡིན་ནོ། །ཞེས་པར་བསྟན་ཏོ། །རང་རིག་མངོན་སུམ་ལ་ནི། འདོད་ཆགས་ལ་སོགས་པ་ཤེས་པ་རང་གི་བདག་ཉིད་ཉམས་སུ་མྱོང་བ་གང་ཡིན་པ་དེ་ནི་རང་རིག་པའི་མངོན་སུམ་ཡིན་ཞེས་པའམ། ཡང་ན་དོན་གྱི་ངོ་བོ་ཙམ་འཛིན་པའི་སེམས་དང་། དོན་གྱི་ཁྱད་པར་འཛིན་པའི་སེམས་ལས་བྱུང་བ་ཐམས་ཅད་ཀྱི་རང་གི་ངོ་བོ་རིག་པ་ནི་རྟོག་པ་དང་བྲལ་ཞིང་མ་འཁྲུལ་བའི་ཕྱིར་མངོན་སུམ་མོ་ཞེས་པར་བཤད། རྣལ་འབྱོར་མངོན་སུམ་བཤད་པ་ལ། འཕགས་པའི་རྣལ་འབྱོར་པ་རྣམས་ཀྱི་བླ་མ་རྫོགས་པའི་སངས་རྒྱས་དེས་བསྟན་པའི་བདེན་པ་བཞི་པོ་དེ་དག་གི་རྣམ་པ་མི་རྟག་པ་ལ་སོགས་པ་བཅུ་དྲུག་པོ་དེ་བསྒོམས་པ་ལ་

བརྟེན་ནས་རྣམ་པར་རྟོག་པ་དང་མ་འདྲེས་པའི་དོན་རང་མཚན་བདག་མེད་པ་ཙམ་མཐོང་བའི་ཤེས་པ་ནི་མངོན་སུམ་མོ་ཞེས་དང་། འཕགས་པའི་རྒྱུད་ཀྱི་ཤེས་པ་གང་ཡང་དག་པའི་དོན་ལ་བསླུ་བ་ཅན་མིན་པའི་རྟོག་མེད་དེ་རྣལ་འབྱོར་གྱི་མངོན་སུམ་ཡིན་པར་སྒྲུབ་པ་ལ། འཕགས་པའི་རྒྱུད་ཀྱི་མི་བསླུ་བའི་རྟོག་མེད་ཀྱི་བློ་ཆོས་ཅན། རྣལ་འབྱོར་གྱི་མངོན་སུམ་ཡིན་ཏེ། འཇིགས་སོགས་གོམས་པས་གསལ་སྣང་འབྱུང་བ་བཞིན་དུ་བསྒོམས་པའི་སྟོབས་ཀྱིས་གོམས་ཡུལ་ཡང་དག་པའི་དོན་ལ་གསལ་བར་སྣང་བ་འཐོབ་པར་འགྱུར་བའི་ཕྱིར་ཞེས་པར་བསྒྲུབས་སོ། །མངོན་སུམ་གྱི་ཁྲལ་བྱ་རྟོག་པའང་རང་རིག་པར་བསྟན་པ་ལ། སློབ་དཔོན་ཕྱོགས་ཀྱི་གླང་པོས། རྟོག་པའང་རང་རིག་ཉིད་དུ་འདོད། །ཅེས་པ་རྟོག་པ་ཐམས་ཅད་རང་རིག་ཡིན་པས་རྟོག་མེད་དུ་ཐལ་ལོ་ཞེ་ན། དེ་དགག་པ་ལ། སློབ་དཔོན་ཕྱོགས་གླང་ཆོས་ཅན། རྟོག་པ་ཐམས་ཅད་ཡུལ་ལ་བལྟོས་ནས་རྟོག་མེད་མ་ཡིན་ཏེ། བློ་རིག་པའི་ཤེས་པ་གང་ཞིག་ཡུལ་གང་ལ་སྒྲ་དོན་བསྲེས་ནས་འཛིན་པ་དེ་ནི་ཡུལ་དེ་ལ་བལྟོས་ནས་རྟོག་པ་ཡིན་པར་བཞེད་པའི་ཕྱིར། ཞེས་པར་བསྟན་ཏོ། །མངོན་སུམ་ལྟར་སྣང་ནི། ཡུལ་ལ་འཁྲུལ་བའི་ཤེས་པ་ཐམས་ཅད་ནི་མངོན་སུམ་ལྟར་སྣང་བ་ཁོ་ན་ཡིན་ནོ་ཞེས་གསུངས།

གཞན་ཡང་། མངོན་སུམ་གྱིས་རང་གི་གཟུང་བའི་ཡུལ་ལ་ངེས་པ་དྲངས་པ་ན་ཡུལ་ལ་ཕྱིན་ཅི་ལོག་ཏུ་སྒྲོ་འདོགས་པ་བསལ་བ་དེ་ཙམ་ལ་ངེས་པ་དང་རྟོགས་པའི་ཐ་སྙད་བྱེད་ཀྱི། ཡང་དག་པ་ནི་མ་ཡིན་ནོ། །རང་འགྲེལ་ལས། ད་ནི་ཇི་ལྟར་མ་ངེས་པ་མངོན་སུམ་གྱིས་ཀྱང་གཟུང་བ་ཡིན་ཅེ་ན། མངོན་སུམ་གང་གིས་ཀྱང་ངེས་པར་བྱེད་པ་མ་ཡིན་ཏེ། ངེས་གང་ཞིག་འཛིན་པ་དེ་ཡང་ངེས་པས་ནི་མ་ཡིན་ནོ། །འོ་ན་ཅི་ཞེ་ན། དེར་སྣང་བས་སོ། །དེ་བས་ན་ངེས་པ་དང་མ་ངེས་པའི་དབང་གིས་མངོན་སུམ་གྱིས་འཛིན་པ་དང་མི་འཛིན་པ་དག་མ་ཡིན་ནོ། །ཞེས་གསུངས་སོ། །

ཚད་མའི་འབྲས་བུའི་རྣམ་གཞག་བསྟན་པ་ལ། དེར་རྣམ་པ་གསུམ་དུ་ཕྱེ་ནས་

བསྟན་པ་ཡིན་ཏེ། དང་པོ་འཇིག་རྟེན་གྱི་གྲགས་པ་དང་མཐུན་པར་མ་བརྟགས་མ་དཔྱད་པའི་ཚད་འབྲས། གཉིས་པ་རིགས་པས་ཅུང་ཟད་དཔྱད་པའི་ཚད་འབྲས། གསུམ་པ་རིགས་པས་ཤིན་ཏུ་དཔྱད་པའི་ཚད་འབྲས་སོ། །

རང་དོན་རྗེས་དཔག་འཆད་པ་ལ། ཚུལ་གསུམ་པའི་རྟགས་ལས་རྗེས་སུ་དཔག་པར་བྱ་བ་ལ་དམིགས་པའི་ཤེས་པ་དེ་ནི་རང་གི་རྗེས་སུ་དཔག་པ་ཡིན་ནོ། །ཚད་མའི་འབྲས་བུ་ནི། མངོན་སུམ་གྱི་འབྲས་བུའི་རྣམ་གཞག་བཞིན་དུ་རིག་པར་བྱའོ། །དེ་ཡང་ཇི་ལྟར་ཞེ་ན། འདི་ལྟར་མངོན་སུམ་གྱིས་སྔོན་པོ་ཉམས་སུ་མྱོང་བ་ན་སྔོན་པོར་རྟོགས་པའི་ཐ་སྙད་དུ་རྣམ་པར་འཇོག་པའི་རྒྱུ་སྔོན་པོ་དང་འདྲ་བ་ནི་ཚད་མ་ཡིན་ལ། སྔོན་པོ་རྟོགས་པའི་ཐ་སྙད་དུ་རྣམ་པར་བཞག་པ་ནི་ཚད་མའི་འབྲས་བུ་ཡིན་ནོ། །དེ་བཞིན་དུ་རྗེས་སུ་དཔག་པ་རང་གི་འཇུག་ཡུལ་གྱི་རྣམ་པ་ཅན་དུ་སྐྱེ་བ་ན། འཇུག་ཡུལ་དང་འདྲ་བ་ནི་འདིའི་ཚད་མ་ཡིན་ལ། འཇུག་ཡུལ་ལ་མངོན་པར་ཞེན་ཅིང་རྟོགས་པའི་ཐ་སྙད་དུ་བཞག་པ་ནི་ཚད་མའི་འབྲས་བུ་ཡིན་ནོ། །གཏན་ཚིགས་ཡང་དག་གི་མཚན་ཉིད་ལ། ཚུལ་གསུམ་ཚང་བའི་དོན་ནི་རྟགས་ཡང་དག་གི་མཚན་ཉིད། ཚུལ་གསུམ་ནི་རྗེས་སུ་དཔག་པར་བྱ་བའི་ཕྱོགས་གཅིག་ཤེས་འདོད་ཆོས་ཅན་ལ་ཡོད་པ་ཉིད་ཀྱི་ཕྱོགས་ཆོས་དང་། དེ་དང་མཐུན་པའི་ཕྱོགས་ཁོ་ན་ལ་ཡོད་པ་རྗེས་འགྲོ་དང་། མཐུན་ཕྱོགས་སུ་མེད་པ་ཉིད་དེ་མི་མཐུན་པའི་ཕྱོགས་ལ་མེད་པ་ཉིད་དུ་ངེས་པ་ལྡོག་པའོ། །ཚུལ་གསུམ་ལས་གང་ཡང་ཉུང་བ་ཞིག་མ་བསྟན་ན་སྒྲུབ་པ་ཡན་ལག་མ་ཚང་བའི་སྐྱོན་དུ་འགྱུར་རོ། །རྗེས་དཔག་ནི་སྣང་ཡུལ་ལ་འཁྲུལ་ཀྱང་འཇུག་ཡུལ་ལ་ཚད་མ་ཡིན་པས། འཁྲུལ་བ་ཡིན་ཀྱང་ཚད་མ་ཡིན། རྗེས་དཔག་དེ་མངོན་སུམ་བཞིན་དུ་ཡང་ཚད་མ་ཡིན་ནོ། །རྟགས་ལ་དབྱེ་ན། མ་དམིགས་པ་དང་། རང་བཞིན་དང་། འབྲས་བུའི་རྟགས་སོ། །མེ་དུ་རྒྱུ་འབྲས་སུ་གྲུབ་པའི་ཚད་མ་ཕྲུགས་ལྔ་ནི། སྣང་ཉུང་གི་གཞི་ལ་དང་པོར་མེ་དུ་གཉིས་ཀ་མ་དམིགས། དེའི་རྗེས་ལ་རྒྱུ་མེ་དམིགས། དེའི་རྗེས་ལ་འབྲས་

བུ་དུ་བ་དམིགས། དེའི་རྗེས་ལ་མེ་སྣང་ཡོད་མ་དམིགས། དེའི་རྗེས་ལ་དུ་བ་སྣང་ཡོད་མ་དམིགས་ཏེ་ཕྲུགས་ལྔའོ། །དེ་ཡང་ཕྲུགས་དང་པོ་གསུམ་གྱིས་མེ་དུ་རྒྱུ་འབྲས་སུ་ངེས་པས་ཕྱི་མ་གཉིས་ཞར་བྱུང་དུ་ཟད་དོ། །ཞེས་གསུངས་པ་རྒྱན་མཆོག་གི་དགོངས་པ་ལྟར་བཀྲལ་ཅིང་བོད་འགྲེལ་རིགས་གཏེར་གྱི་ལུགས་དང་ཕལ་ཆེར་མཐུན་ནོ། །

གཞན་དོན་རྗེས་དཔག་འཆད་པའི་སྐབས་ལ། གཞན་དོན་རྗེས་སུ་དཔག་པ་ནི། །གཞན་ལ་ཕན་པའི་བསམ་པས་བཤད། །ཅེས་གསུངས་ཤིང་། གཞན་དོན་རྗེས་དཔག་གི་མཚན་ཉིད་ནི་རྒོལ་བ་རང་གི་ཚད་མས་མཐོང་བའི་ཚུལ་གསུམ་པ་ཅན་གྱི་དོན་སྐྱོན་གསུམ་དང་བྲལ་བར་རྒོལ་བ་གཞན་ལ་རབ་ཏུ་གསལ་བར་བྱེད་པའི་ཚིག་གོ །

སྦྱོད་པའི་ཚུལ་ཡང་ཆོས་དང་མཐུན་པ་དང་ཆོས་དང་མི་མཐུན་པ་གཉིས་ལས། ཆོས་དང་མཐུན་པ་ནི། 《སྦྱོད་རིགས་》ལས་བྱུང་བ་ལྟར། སྒྲུབ་བྱེད་ཡང་དག་པར་བརྗོད་པ་དང་། སྐྱོན་ཡང་དག་པར་བརྗོད་པའི་སྒོ་ནས་རིགས་པའི་རྗེས་སུ་འཇུག་པར་འགྱུར། ཆོས་དང་མི་མཐུན་པ་ནི། ཕ་རོལ་པོར་སྨྲ་དབབ་དང་། རང་ཉིད་རྒྱལ་བའི་གྲགས་པ་འདོད་པའི་བསམ་པས་ཀུན་ནས་བསླངས་ཏེ་གཡོ་སྒྱུ་སྣ་ཚོགས་པའི་སྒོ་ནས་སྦྱོད་པ་སྟེ། ངག་གི་ཊ་བགད་དང་། བདག་ལ་བསྟོད་པ་དང་། གཞན་ལ་སྨད་པ་དང་། ཀུ་རེ་ལ་སོགས་པ་ངག་འཁྱལ་བ་སྣ་ཚོགས་སྨྲ་བ་དང་། ལུས་ཀྱིས་བྲོ་འཁྲབ་པ་དང་། མཆོང་བ་དང་། རྒྱུག་པ་དང་། རྐང་ལག་རྡེབ་པ་དང་། གར་གྱི་རྣམ་འགྱུར་དུ་མ་བྱེད་པ་སོགས་ལུས་ངག་ཡིད་གསུམ་བག་དང་མི་ལྡན་པའི་སྦྱོད་པ་ནི། དེང་སང་ཁ་བ་ཅན་གྱི་ལྗོངས་ན་བཞུགས་པའི་མཁས་པ་རྣམས་དང་། སྐྱེ་བོ་ཕལ་མོ་ཆེ་ཐམས་ཅད་ཀྱིས་ཐུན་མོང་དུ་ཨེ་མ་ཧོ་ངོ་མཚར་བའི་གནས་སུ་བྱེད་མོད་ཀྱི། སྐྱེས་བུ་དམ་པ་རིགས་པའི་རྗེས་སུ་འབྲང་བ་རྣམས་ཀྱི་ཐུགས་ཀྱིས་ཁྲེལ་བའི་གནས་ཡིན་ནོ། །ཡང་ཡན་ལག་གཉིས་ལྡན་དུ་སྨྲ་བའི་རྒོལ་

བ་ལ་ནི་དམ་བཅའི་སྐྱོན་བརྗོད་པར་བྱ་བ་མ་ཡིན་ཏེ། དམ་བཅའ་དངོས་སུ་སྨྲས་པ་མེད་པའི་ཕྱིར་དང་། ཞེ་འདོད་ཀྱི་བསྒྲུབ་བྱ་ལ་གྲུབ་པའམ་བསལ་བ་ཞུགས་ཀྱང་རྟགས་ཀྱི་སྐྱོན་འགལ་མ་ངེས་མ་གྲུབ་གསུམ་དུ་འདུ་བའི་ཕྱིར་རོ། །དེས་ན་ཡན་ལག་གཉིས་ལྡན་པ་ལ་ནི་རྟགས་སྐྱོན་ལས་མ་གཏོགས་པའི་ཕྱོགས་སྐྱོན་ཅུང་ཟད་ཀྱང་མེད་དོ། །རྒྱལ་ཕམ་གྱི་རྣམ་པར་བཞག་པ་ནི། རྒོལ་བས་སྒྲུབ་བྱེད་ཡང་དག་བཀོད་པ་ལ་ཕྱིར་རྒོལ་གྱིས་སྐྱོན་བརྗོད་པའམ་སྐྱོན་མ་ཡིན་པ་བརྗོད་ན་ཕྱིར་རྒོལ་ཕམ་ལ། རྒོལ་བས་སྒྲུབ་བྱེད་ལྟར་སྣང་བཀོད་པའམ་སྒྲུབ་བྱེད་མ་ཡིན་པ་བཀོད་པ་ལ་ཕྱིར་རྒོལ་གྱིས་སྐྱོན་ཡང་དག་པར་བརྗོད་ན་རྒོལ་བ་ཕམ་ཞིང་། དེས་སྒྲུབ་བྱེད་ལྟར་སྣང་བརྗོད་ཀྱང་ཕྱིར་རྒོལ་གྱིས་སྐྱོན་མ་བརྗོད་པའམ་སྐྱོན་མ་ཡིན་པ་བརྗོད་པ་དང་། ཕྱིར་རྒོལ་གྱིས་སྐྱོན་ལྟར་སྣང་བརྗོད་ཀྱང་རྒོལ་བས་ཚེར་མ་འཕྲིན་མ་ཤེས་ན་དེ་གཉིས་ཀ་རྒྱལ་ཕམ་མེད་དེ། སྐྱོན་ཅན་ཡིན་ཀྱང་སྒྲུབ་པ་དང་སུན་འཕྲིན་མ་ཤེས་པའི་ཕྱིར་སྤོབས་པ་འཇོམས་པར་མི་ནུས་ཞེས་སོགས་གསུངས།

དེས་ན་རྒོལ་བས་སྒྲུབ་པའི་ཚུལ་ཇི་ལྟར་འགོད་པར་བྱ་ཞེ་ན། ཕྱི་རྒོལ་ལ་བསྟན་པར་བྱ་བའི་སྒྲུབ་ངག་གི་ངོ་བོ་ནི། ཚུལ་གསུམ་པ་ཅན་གྱི་རྟགས་ཏེ། དེ་ལས་ཕྱི་རྒོལ་གྱིས་བསྒྲུབ་བྱ་ཡང་དག་པར་རྟོགས་པའི་ཕྱིར། ཚུལ་གསུམ་དེ་ཡང་ཕྱི་རྒོལ་ལ་སྟོན་པ་ན་ངག་གི་ལྷག་ཆད་མེད་པར་བསྟན་དགོས་ཏེ། ལྷག་པའམ་ཆད་པར་སྨྲས་ན་སྨྲ་བ་པོ་ལ་ཕམ་ཀར་འགྱུར་རོ། །ཞེས་ལྷ་ཤཱཀྱ་གི་འགྲེལ་པའི་རྗེས་སུ་མཐུན་པར་སྣང་བས་འདིར་མ་སྤྲོས་སོ། །

དོན་ཚན་གཉིས་པ། འབྲུག་པ་བཀའ་བརྒྱུད་ཀྱི་བསྟན་འཛིན་མཁན་པོ་པད་མ་དཀར་པོའི་ཚད་མའི་དགོངས་པ།

ཆོས་རྗེ་པད་མ་དཀར་པོ་ནི་བོད་རབ་བྱུང་དགུ་པའི་མེ་ཕག་(སྤྱི་ལོ་༡༥༢༧)ལོར་མཆིམས་ཡུལ་དགོན་གྱི་གྲོང་དུ་སྐུ་འཁྲུངས། དགུང་ལོ་དགུ་པར་སྟོན་གྱི་

གནས་སྔོ་ཕྱོགས་ཡངས་པའི་རྒྱལ་ཁམས་སུ་ཕེབས། མེ་ཕོ་སྤྲེའུའི་ལོར་རྒྱལ་བས་ཚོ་འཕྲུལ་ཆེན་པོ་བསྟན་པའི་དགའ་བ་དང་པོ་ལ་གདན་སེང་གེའི་ཁྲི་ཆེན་པོར་མངོན་པར་དབང་བསྐུར་ཏེ་ཆོས་ཀྱི་རྒྱལ་སྲིད་སྐྱོང་བར་མངའ་གསོལ། དེ་ནས་བཟུང་སྟེ་སློབ་དཔོན་ཆོས་གྲགས་འཕེལ་བ་དང་། ཀུན་མཁྱེན་བཀྲ་ཤིས་རྣམ་པ་སོགས་མཁན་ཆེན་མང་པོ་བསྟེན་ནས་ཐུན་མོང་དང་ཐུན་མིན་གྱི་རིག་གནས་མཁས་པར་སྦྱངས། བསྟན་པའི་བདག་པོ་ཀུན་མཁྱེན་ངག་གི་དབང་པོར་གཙུག་ཕུད་ཕུལ། ཡོངས་སུ་རྫོགས་པའི་དགེ་བསྙེན་གྱི་སྡོམ་པ་མནོས། དབང་ལུང་རྗེས་གནང་མང་པོ་གསན། དགུང་ལོ་བཅུ་བདུན་ལ་དགེ་བསྙེན། དགེ་ཚུལ། གསོལ་བ་དང་བཞིའི་ལས་ཀྱི་བསྙེན་པར་རྫོགས་པ་ཆིག་རྫོགས་སུ་མནོས། མཚན་ངག་དབང་ཀུན་དགའ་རྣམ་རྒྱལ་ནོར་བུ་དཔལ་བཟང་པོར་གསོལ། བྱང་ཆུབ་ཏུ་སེམས་བསྐྱེད་པའི་མཚན་ནི་མི་ཕམ་པད་མ་དཀར་པོ་ཕྱོགས་ལས་རྣམ་པར་རྒྱལ་བའི་སྡེའོ། །སྐུ་ཚེ་གང་པོར་བསྟན་འགྲོའི་བྱ་བ་མང་པོ་མཛད། དུས་དེའི་བཀའ་བརྒྱུད་ཀྱི་རང་ལུགས་འཛིན་པའི་མཁས་པ་གྲགས་ཆེ་བའི་གྲས་ཡིན་ནོ། །《ཆོས་འབྱུང་བསྟན་པའི་པདྨ་རྒྱས་པའི་ཉིན་བྱེད་》ཅེས་པའི་བསྟན་བཅོས་གཙོ་བྱས་པའི་ཕྱི་ནང་རིག་པའི་གསུང་ཆོས་པོད་བཅུ་བཞི་བཞུགས་ཤིང་། ཚད་མ་རིག་པའི་ཐད་ཀྱི་གསུང་ཆོས《ཚད་མ་མདོ་དང་སྡེ་བདུན་གྱི་དགོངས་དོན་གཏན་ལ་ཕབ་པའི་བསྟན་བཅོས་རྗེ་བཙུན་འཇམ་པའི་དབྱངས་ཀྱི་དགོངས་རྒྱན་》ཞེས་པ་དང་། 《ཚད་མ་མདོ་སྡེ་བདུན་དང་བཅས་པའི་སྤྱི་དོན་རིགས་པའི་སྙིང་པོ་》སོགས་བཞུགས། རབ་བྱུང་བཅུ་པའི་མེ་སྤྲེལ（སྤྱི་ལོ་༡༥༩༦）ལོར་དགོངས་པ་ཆོས་དབྱིངས་སུ་བསྡུས་སོ། །

རྗེ་བདག་ཉིད་ཆེན་པོ་འདིས་ཚད་མའི་མདོ་དང་སྡེ་བདུན་གྱི་དགོངས་པའི་སྙིང་པོ་ནི་དབུ་མ་པར་གནས་པར་བཞེད་ཅིང་། ཉིད་ཀྱིས་མཛད་པའི་ཚད་མའི་བསྟན་བཅོས་ཀྱང་དབུ་མའི་ལུགས་ལྟར་འགྲེལ་བཤད་མཛད་པ་ཤིན་ཏུ་ལེགས། ལྟ་བ་དེ་ནི་ཁོང་གི་རིག་པའི་རྩལ་ལས་བྱུང་བའི་ཚད་མའི་བསྟན་བཅོས《ཚད་མའི་

མདོ་སྡེ་བདུན་དང་བཅས་པའི་སྤྱི་དོན་རིགས་པའི་སྙིང་པོ་》ཞེས་པ་ལས་གསལ་བར་བསྟན་ཏེ། བཤད་བྱ་ཚད་མའི་མདོ་ཀུན་ལས་བཏུས་པ། འཆད་བྱེད་སྡེ་བདུན་གྱི་བཤད་པས་ཐེག་པ་ཆེན་པོའི་ཆོས་མངོན་པ་དབུ་མ་རང་རྒྱུད་ཀྱི་སྒོ་ནས་གཏན་ལ་འབེབས་པ་ཞིག་སྟོན་ཏེ། ཞེས་དང་། གཞན་དག་ན་རེ། ཕྱོགས་ཀྱི་གླང་པོ་སེམས་ཙམ་རྣམ་རྫུན་པ་ཡིན་ཞིང་། མདོ་ཡང་གྲུབ་པའི་མཐའ་དེར་བསྟན་ཞིང་། ཆོས་ཀྱི་གྲགས་པས་དེ་དང་མཐུན་པར་བཀྲལ་ལོ་ཞེས་སྒྲོག་མོད། སློབ་དཔོན་ཆེན་པོ་འདིས་ཚད་མའི་མདོ་མ་མཛད་ཕན་སེམས་ཙམ་པ་ཡིན་དུ་ཆུག་ཀྱང་རབ་ཏུ་བྱེད་པ་འདི་བརྩམས་པ་ནས་དབུ་མ་པ་ཡིན་ཏེ། ཞེས་དང་། ཆོས་ཀྱི་གྲགས་པས་རྣམ་འགྲེལ་གྱི་ལེའུ་དང་པོ་རང་དོན་རྗེས་དཔག་གི་རང་འགྲེལ་སྟོང་ཕྲག་ཕྱེད་དང་བཞི་པ་མཛད། ལྷག་མ་ལ་ལྷ་དབང་བློར་འགྲེལ་པ་རྩོམ་དུ་བཅུག དེས་གཞུང་དབུ་མར་གནས་པ་མ་མཐོང་བར་བརྩམས་པ་ལན་གཉིས་སུ་སློབ་དཔོན་གྱིས་བསྲེགས་པས། གསུམ་པའི་གཞུག་ཏུ།

ཕལ་ཆེར་སྐལ་བ་མེད་ཉིད་དང་། །
དུས་ལ་སྤོད་པ་མེད་པ་དང་། །
གོམས་པའི་ཕྱིར་ནི་མདོར་བསྡུས་ནས། །
ཁོ་བོས་དཀའ་འགྲེལ་འདི་བྱས་སོ། །

ཞེས་སྨྲར་ཏེ་ཕུལ་བས་ཐུགས་སྨྲོ་སྟེ་ཉིད་ཀྱི་བསྟན་བཅོས་ཀྱི་ཐོག་མར། སྐྱེ་བོ་ཕལ་ཆེར་ཕལ་ལ་ཆགས་ཤིང་སོགས་དང་། མཇུག་ཏུ། བློ་ཡི་ནུས་པ་ཆུང་བ་མེད་པ་དེ་དག་གིས་ཀྱང་ཟབ་མོའི་དེ་ཉིད་རྟོགས་མེད་ཅན། །ཞེས་སོགས་སྨྲར་བར་མཛད་དོ། །ཕྱིས་བི་ཀྲ་མ་ལ་ཤཱི་ལའི་མཁས་པ་ཤེས་རབ་འབྱུང་གནས་སྦས་པ་དབུ་མར་གནས་པ་གཟིགས་ཏེ་ལེགས་པར་གཏན་ལ་ཕབ་བོ། །ཤཱཀྱ་བློ་དང་རྒྱལ་དབང་བློ་གཉིས་ནི་རྣམ་བཤད་སྔ་མའི་རྗེས་འབྲང་། ལྷག་མ་ཉི་མ་སྦས་པ། རྒྱལ་བ་

ཅན། ཡ་མ་ཕྲི་གཉིས་པའི་དང་། ཆོས་མཆོག་ཀྱང་ལུགས་དེའི་རྗེས་སུ་འབྲང་བར་སྣང་ངོ་། །[1]ཞེས་གསུངས་པ་ལས་ཤེས་སོ། །

ཚད་མ་ལ་དོན་དམ་པའི་ཚད་མ་དང་། ཀུན་ཏུ་ཐ་སྙད་པའི་ཚད་མ་གཉིས་སུ་བསྟན། མ་ཤེས་དོན་གྱི་གསལ་བྱེད་དོན་དམ་པའི་ཚད་མའི་མཚན་ཉིད། རྒྱུ་ནི། འདིར་དོན་གྱི་སྐབས་ན་དོན་དམ་པ་བརྗོད་པ་ཡིན་ཏེ། མ་ཤེས་པའི་དོན་གྱི་གསལ་བྱེད་ཅེས་བྱ་བ་དོན་དམ་པ་གསལ་བྱེད་ཅེས་བྱ་བའི་དོན་ནོ། །དོན་དམ་པར་གཉིས་སུ་མེད་པའི་རང་བཞིན་ཉིད་ཡིན་པས་དེ་གསལ་བར་བྱེད་པ་ཉིད་ཚད་མ་ཡིན་ནོ། །ཞེས་དང་། ཀུན་རྫོབ་ཀྱི་ཤེས་པ་ནི་མ་ཤེས་པའི་དོན་གསལ་བར་བྱེད་པ་མ་ཡིན་នོ་ཞེས་གསུངས་སོ། །དོན་དམ་པའི་ཤེས་པ་འདི་ཡང་། པྲ་ཛྙཱ་ཀ། རབ་ཏུ་འཇལ་བ། རབ་སྟེ་མཆོག་གི་དོན་དམ་པ། དེ་འཇལ་བ་ནི་རྣམ་པ་ཐམས་ཅད་མཁྱེན་པའི་ཡེ་ཤེས་ཤེས་རབ་ཀྱི་ཕ་རོལ་ཏུ་ཕྱིན་པ་ཡིན་པས་འདི་ཚད་མ་མཚན་ཉིད་པ་དང་ཆོས་མངོན་པར་འགྱུར་བའི་གནད་དེ་ལྟ་བུའོ། །ཚད་མ་འདིའི་རྣམ་གྲངས་ནི། མི་གནས་པའི་མྱང་འདས་དང་། བདེ་བར་གཤེགས་པ། སངས་རྒྱས། བཅོམ་ལྡན་འདས། དབུ་མའི་ལམ། ཐེག་པ་ཆེན་པོ་ཞེས་བྱ་བ་ལ་སོགས་པའོ། །དེ་ལ་བཅོམ་ལྡན་འདས་ནི་ཀུན་ཏུ་ཐ་སྙད་པའི་ཚད་མའི་མཚན་ཉིད་དང་འདྲ་ཞིང་དོན་དམ་པའི་ཚད་མ་ངོ་མ་ཡིན་པས་དེའི་མཚན་ཉིད་དང་ལྡན་པས་ན་དེ་ལྟར་བཅོམ་ལྡན་ཚད་མ་ཉིད། །ཅེས་བྱ་ལ། དེ་སྐྱེས་བུ་ཚད་མ་ཡིན་ལ་ཤེས་པ་མ་ཡིན་ཞེས་པ་ནོར་བའོ། །བཅོམ་ལྡན་འདས་ཀྱང་སྐུ་གསུམ་གྱི་བདག་ཉིད་དེ། ཆོས་སྐུ་ལོངས་སྐུ་སྤྲུལ་པའི་སྐུའོ། །དེ་ལ་ཆོས་སྐུ་ནི་། རྣམ་པར་མི་རྟོག་པའི་ཡེ་ཤེས་ཀྱི་རང་བཞིན་གཟུགས་ཅན་མ་ཡིན་པ། ཤེས་བྱ་ཐམས་ཅད་དུ་ཁྱབ་པ། སངས་རྒྱས་

[1] བློ་བ་སོགས་ཀྱིས་བསྒྲིགས་པའི་《བོད་ཀྱི་ཚད་མའི་རིག་པའི་བསྟན་བཅོས་དཀོན་པོ་བདམས་བསྒྲིགས་》དེབ་བཞི་པ། མི་རིགས་དཔེ་སྐྲུན་ཁང་གིས་༢༠༡༨ལོར་པར་དུ་བསྐྲུན་པའི་ཤོག་ངོས་༣༥༨པར་གསལ།

ཀྱི་ཆེ་བ་ཉིད་ཏིང་ངེ་འཛིན་ལ་སོགས་པའི་ཡོན་ཏན་ཐམས་ཅད་ཀྱི་འབྱུང་གནས་ཏེ། ཆོས་ཀྱི་དབྱིངས་དང་། མེ་ལོང་ལྟ་བུའི་ཡེ་ཤེས་གཉིས་ཀྱི་བདག་ཉིད་ཅན་ནོ། །ཐམས་ཅད་མཁྱེན་པ་ཞེས་གདུལ་བྱའི་བློས་ཕར་བཞག་ནས་བཟོ་བའི་དབང་དུ་མཛད་པ་ཡིན་ལ། སངས་རྒྱས་རང་ངོས་ལ་ཡེ་ཤེས་མི་མངའ་བ་དང་། སངས་རྒྱས་དེ་ཉིད་ཡེ་ཤེས་སུ་བཞག་པ་ནི་ཤིན་ཏུ་འཐད་པར་འདོད་དོ། །བསླུ་བ་མེད་པ་ཅན་གྱི་ཤེས་པ་ཀུན་ཏུ་ཐ་སྙད་པའི་ཚད་མའི་མཚན་ཉིད། བསླུ་བ་མེད་པ་ཡང་འདི་དག་གི་དོན་ཡོངས་སུ་དཔྱད་ནས་འཇུག་པ་ན་ཐོབ་པར་ངེས་པ་ལ་བྱེད་དེ། དོན་བྱེད་ནུས་པར་གནས་པ་ནི། །མི་བསླུ་ཞེས་པས་སོ། །ཀུན་ཏུ་ཐ་སྙད་པའི་ཤེས་པ་དེ་ཡང་། པྲ་ཏི་མ་ཏཱ། སོ་སོར་འཇལ་བ། རང་གི་གཞལ་བྱ་གཞལ་བས་སོ་སོར་གཞལ་བ་ཞེས་བྱ། རྒྱུ་མཚན་དེས་ཚད་མ་ཞེས་བྱའོ། །ཡང་ན་པྲ་ཏི་མ་ཏཱའི་པྲ་ནི་ཚིག་སྔུད་ཀྱིས་ཕྱིས་པས་དང་པོར་འཇལ་བ་ལ་ཡང་གཞལ་བྱ་སྔར་མ་གཟུང་བ་འཛིན་པས་དང་པོར་གཞལ་བ་དེས་ཀྱང་ཚད་མ་ཞེས་བྱའོ། །ཞེས་ཉིད་ཀྱིས་མཛད་པའི་ཚད་གཞུང་《སྡེ་དོན་རིགས་པའི་སྙིང་པོ་》[1]ལས་གསུངས་སོ། །

ཀུན་ཏུ་ཐ་སྙད་པའི་ཚད་མ་བཤད་པ་ལ། སྤྱིར་ཡུལ་ལམ་གཞལ་བྱའམ་ཤེས་བྱ་ལ་བལྟོས་ནས་ཡུལ་ཅན་ནམ་འཇལ་བྱེད་དམ་ཤེས་པ། ཚད་མ་དང་ཚད་མ་མ་ཡིན་པར་འཇོག་པ་ཡིན་ལ། ཚད་མའི་གཞལ་བྱ་དེ་ཡང་གཞལ་བྱ་རང་དང་གཞན་གྱིས་ངོ་བོ་རྟོགས་པའི་ཚུལ་གྱིས་གཉིས་སུ་དབྱེ་བ་སྟེ། མངོན་སུམ་དང་རྗེས་སུ་དཔག་པའོ། །མངོན་སུམ་ནི་དེའི་རྣམ་པ་ཅན་ཡིན་པས་རང་གི་མཚན་ཉིད་འཛིན་ལ། རྗེས་དཔག་ནི་སྒྲོ་བཏགས་ཀྱི་རྗེས་སུ་འབྲངས་ནས་རང་གི་མཚན་ཉིད་ངེས་པ་ཡིན་ཀྱང་ལྡོག་པ་གཅིག་གི་ཡུལ་གྱི་རང་བཞིན་དུ་ཞེན་པས་ན་གཞན་རྟོགས་པ་

---

① བླ་བ་སོགས་ཀྱིས་བསྒྲིགས་པའི་《བོད་ཀྱི་ཚད་མའི་རིག་པའི་བསྟན་བཅོས་དཀོན་པོ་བདམས་བསྒྲིགས་》དེབ་བཞི་པ། མི་རིགས་དཔེ་སྐྲུན་ཁང་གིས་༢༠༡༩ལོར་པར་དུ་བསྐྲུན་པའི་ཤོག་ངོས་༣༥༧—༣༥༨བར་གསལ།

ཞེས་བྱའོ། །རྒྱུ་མཚན་དེས་ན་ཚད་མ་ལ་མངོན་སུམ་གྱི་ཚད་མ་དང་རྗེས་དཔག་གི་ཚད་མ་གཉིས་དབྱེའོ། །དེ་ལས་གཞན་ངེས་པ་འདྲེན་ཚུལ་གྱི་སྒོ་ནས་རང་ངེས་དང་གཞན་ངེས་ཚད་མ་དེ་སོ་སོའི་ནང་གསེས་དང་བཅས་པ་ནི་བོད་ཀྱི་ཕྱི་བསྡུས་ཞེས་པའི་རིགས་པ་སྟེ། འཕགས་པའི་ཡུལ་གྱི་གདན་ཚོགས་རིག་པའི་ལུང་གང་ཡང་མི་སྣང་ཞེས་གསུངས་སོ། །

ཚད་མའི་ཡུལ་འཆད་པ་ལ། དོན་བྱེད་ནུས་པ་རང་མཚན་གྱི་མཚན་ཉིད། དོན་བྱེད་མི་ནུས་པའི་ཆོས་སྤྱི་མཚན་གྱི་མཚན་ཉིད་དུ་བཞག མཚན་གཞི་ཕུང་པོ་ཁམས་སྐྱེ་མཆེད་སོགས་བཞག་གོ །རང་མཚན་ལ་སྐྱེ་མཆེད་ཀྱི་རང་མཚན་དང་རྫས་ཀྱི་རང་མཚན་གཉིས་བཤད། མདོ་སྡེ་པ། རྣམ་པར་རིག་བྱེད་མ་ཡིན་པ་དང་། དབྱིབས་ཀྱི་གཟུགས་དང་། ལྡན་མིན་འདུ་བྱེད། འདུས་མ་བྱས་གསུམ་འདས་མ་འོངས་ཐམས་ཅད་བཏགས་ཡོད་དུ་འདོད། རང་མཚན་ཐམས་ཅད་དོན་དམ་པ་སྟེ། ཡོད་པ་དང་དངོས་པོ་རྣམས་རྣམ་གྲངས། ཡོད་པའི་མཚན་ཉིད་དོན་བྱེད་ནུས་པ་ཞེས་གསུངས་པས་སོ། །དེ་ཡང་བེམ་པོ་དང་ཤེས་པ་གཉིས་སུ་བསྡུས་སོ། །སྤྱི་མཚན་གྱི་ཆོས་ཐམས་ཅད་ཀུན་རྫོབ་ཀྱི་བདེན་པའོ། །དེ་ཡང་དངོས་མེད་དང་འདུས་མ་བྱས་པར་བཞག་ལ། རྟག་པ་ཞེས་པ་ནི། དབུ་མའི་ལུགས་ལ་གདན་དུ་བའི་དོན་ལ་མཛད་མི་རྟག་པ་མེད་པའི་དོན་དུ་བཤད་དེ། རྟག་པ་དངོས་པོ་མེད་པ་དང་ཁྱབ་མཉམ། སྤྱི་ཞེས་པ་རྣམ་པ་གསུམ་སྟེ། དངོས་པོ་ལ་བརྟེན་པའི་སྤྱི། དངོས་པོ་མེད་ལ་བརྟེན་པའི་སྤྱི། གཉིས་ཀ་ལ་བརྟེན་པའི་སྤྱིའོ། །སྤྱི་གསལ་དང་། སྤྱི་དང་ཁྱད་པར། ཁྱབ་བྱེད་ཁྱབ་བྱ། སྤྱི་དང་བྱེ་བྲག་ཅེས་པ་རྣམས་དོན་གཅིག དེའི་སྤྱི་ལ་རིགས་སྤྱི་དང་། ཚོགས་སྤྱི། སྒྲ་སྤྱི་ལ་སོགས་པ་འབྱེད་ཅིང་། ངོ་བོ་སྒྲུབ་པའི་ཚུལ་གྱིས་ཡིན་པས་སྒྲུབ་པ་དང་། ངོ་བོ་དགག་པའི་ཚུལ་གྱིས་ཡིན་པས་དགག་པ། དེ་ལ་ཡང་དངོས་པོ་མེད་པ་ཞིག་འགོག་པར་བྱེད་པས་སྟོན་པ་ནི། མེད་པར་དགག་པ་ཞེས་བྱ། དངོས་པོ་ཡོད་པ་ཞིག་འགོག་པར་བྱེད་པའི་ཚིག་གིས་སྟོན་པ་ནི་མ་

ཡིན་པར་དགག་པ་ཞེས་བྱ་ལ། དེ་གཉིས་ཀྱང་དགག་པར་བྱ་བས་བྱེ་བྲག་ཏུ་ཕྱེ་བ་ཡིན་གྱི། འགེགས་པར་བྱེད་པས་ནི་མ་ཡིན་ནོ། །འགལ་འབྲེལ་ཞེས་པའི་འགལ་བ་ནི། ཕན་ཚུན་སྤངས་ཏེ་གནས་པའམ་དངོས་སུ་འགལ་བ་ནི་དངོས་པོ་དང་དངོས་མེད་ལྟ་བུ། ཆོས་གང་ལ་གནོད་པར་བྱེད་པས་འགལ་བའམ་ལྷན་ཅིག་མི་གནས་འགལ་བ་སྟེ། ཚ་རེག་སྟོབས་ཅན་དང་གྲང་རེག་ལྟ་བུ། འབྲེལ་བ་ནི་འཆད་པར་འགྱུར་བའི་མེད་ན་མི་འབྱུང་བའི་འབྲེལ་བ་ངོ་ན་སྟེ། དེ་བྱུང་འབྲེལ་དང་། བདག་གཅིག་འབྲེལ་རྣམ་པ་གཉིས་སོ། །

གཞན་ཡང་གཞལ་བྱ་མངོན་གྱུར་དང་། ལྐོག་གྱུར། ཤིན་ཏུ་ལྐོག་གྱུར། ཡུལ་གང་ཞིག་ཉེ་བ་གེགས་བྱེད་པ་མེད་པར་མངོན་སུམ་དུ་གྱུར་པ་ནི་མངོན་གྱུར། ཡུལ་གང་ཞིག་རིང་བ་གེགས་བྱེད་པས་བར་ཆད་པ་མངོན་སུམ་དུ་བྱར་མི་ནུས་པ་དེ་ལྐོག་གྱུར། ལོ་རྒྱུས་སམ་ལུང་མ་ཡིན་པས་རྟོགས་པར་མི་ནུས་པ་ནི་ཤིན་ཏུ་ལྐོག་གྱུར་རོ། །གྲུབ་པའི་མཐའ་དེ་མུ་སྟེགས་ཅན་གྱིས་བཏགས་པའི་བདག་དང་། སེམས་ཅན་ལ་སོགས་པ་མེད་པས་ཆོས་ཐམས་ཅད་བདག་མེད་པར་འདོད་ལ། དེའི་ཕྱིར་བདག་གི་བས་ཀྱང་སྟོང་། དེ་ཙམ་གྱི་སྟོང་བར་ཡང་འདོད་ལ། བདག་མེད་པའི་ཁོངས་སུ་འདུ་སོད། སངས་རྒྱས་པ་ཐམས་ཅད་ངར་འཛིན་གྱི་རྟེན་དུ་འཛིན་པའི་བདག་གམ་གང་ཟག་ནི་ཉེར་ལེན་གྱི་ཕུང་པོ་ལྔ་ལ་བརྟེན་ནས་བདག་ཅེས་གདགས་པ་འདིར་འདོད་ཅིང་། དེ་ཡང་གང་ཟག་ལ་དེ་ཕུང་པོ་དང་གཞན་དང་དེ་ཉིད་མིན་པ་སོགས་ཀྱིས་མེད་པ་བཞིན་དུ་གདགས་གཞི་གཟུགས་ནི་དབུ་བ་རྫོལ་བ་འདྲ་སོགས་ཕུང་པོ་ལྔ་ལ་རིམ་པ་བཞིན་གསུངས་པས་ཕུང་པོ་ཁམས་ཐམས་ཅད་སྒྱུ་མ་ཙམ་རྟོགས་པ་ཡོད་ཅིང་དེ་ཁ་ཟད་དུ་བསྟན། ཞེས་དང་། རྣལ་འབྱོར་སྤྱོད་པས་ནི། གཟུགས་ལ་སོགས་པའི་ཕྱི་རོལ་གྱི་དོན་མེད་ཀྱི་རྣམ་པར་ཤེས་པ་ཉིད་དེ་ལྟར་དུ་སྣང་བ་ཡིན་ནོ། །དེས་ན་ཤེས་པ་དེ་ཡང་གཟུང་བའི་རྣམ་པ་དང་། འཛིན་པའི་རྣམ་པ་གཉིས་སོ། །འཇིག་རྟེན་གྲགས་པ་དང་། བསྟན་བཅོས་ལས་བྱུང་བའི་

བདག་ཏུ་བརྗོད་པ་སྣ་ཚོགས་པ་དང་། ཆོས་སྣ་ཚོགས་སུ་ཉེ་བར་འདོགས་པ་འབྱུང་བ་ནི་རྣམ་པར་ཤེས་པ་ཁོ་ན་ཡིན་ལ། དེ་དག་དངོས་སུ་ཡོད་པ་ལ་འདོགས་པ་མ་ཡིན་གྱི་ཐོག་མ་མེད་པའི་དུས་ནས་བདག་ལ་སོགས་པ་དང་གཟུགས་ལ་སོགས་པ་ཆོས་སུ་རྣམ་པར་རྟོག་པའི་བག་ཆགས་ཀུན་གཞི་རྣམ་པར་ཤེས་པ་ལ་ཡོད་པ་མཐུ་བརྟས་པས། ཀུན་གཞི་རྣམ་ཤེས་དེ་ལས་བདག་དང་ཆོས་སུ་སྣང་ངོ་སྙམ་དུ་རྣམ་པར་རྟོག་པ་འབྱུང་བས་ཡུལ་མེད་དོ། །རྣམ་པར་ཤེས་པ་ཚོགས་བརྒྱད་དུ་སྨྲ་སྟེ། སྔར་གྱི་དྲུག་གི་ཁར་ཉོན་ཡིད་དང་ཀུན་གཞི་རྣམ་ཤེས་སོ། །ཉོན་མོངས་པ་ཅན་གྱི་ཡིད་ཀྱི་འཁོར་བཞི་ནི། བདག་ཏུ་རྨོངས་པ། བདག་ཏུ་ལྟ་བ། བདག་ཏུ་ང་རྒྱལ་བ། བདག་ཏུ་ཆགས་པའོ། །ཀུན་གཞི་ནི་ས་བོན་གྱི་གཞི་ཉིད་དོ། །ཤེས་བྱ་ཐམས་ཅད་མཚན་ཉིད་གསུམ་དུ་སྨྲ་དེ། ཀུན་བརྟགས་གཞན་དབང་ཡོངས་སུ་གྲུབ་པའོ། །རྣམ་བདེན་པ་གཞན་དབང་རྫས་ཡོད་དུ་འདོད་ཅིང་། སེམས་སེམས་བྱུང་ཐམས་ཅད་དེར་འདོད། ཡོངས་གྲུབ་དོན་དམ་པར་ཡོད་པ་སྟེ། ཕྱིན་ཅི་ལོག་པའི་ཡོངས་གྲུབ་དང་། འགྱུར་མེད་ཡོངས་གྲུབ་གཉིས། ལམ་བདེན་དང་པོ་དང་འགོག་བདེན་ཕྱི་མ། གཞན་ཐམས་ཅད་ཀུན་བརྟགས་སོ། །དེ་བཏགས་ཡོད། རྣམ་རྫུན་པ་ནི། མ་བརྟགས་མ་དཔྱད་པའི་ངོ་བོའི་ཆོས་ཐམས་ཅད་གཞན་དབང་སྟེ། སྒྱུ་མ་ལྟ་བུ། བརྟགས་ན་དེའི་སྟེང་གི་གཟུང་བའི་རྣམ་པ་དང་། འཛིན་པའི་རྣམ་པ་གཉིས་ནི་ཀུན་བརྟགས་ཏེ། གཏན་མེད་པས། ཤུལ་ན་ངོ་བོ་ལས་ཆོས་ཉིད་ཡིན་པས་ཡོངས་གྲུབ་བོ། །དེས་ན་གཞན་ཀུན་བརྟགས་ཀྱིས་སྟོང་ལ། ཡོངས་སུ་གྲུབ་པ་རང་གི་ངོ་བོས་མི་སྟོང་བས་འདི་ཁོ་ན་གཞན་སྟོང་དབུ་མའོ་ཞེས་མགྲིན་པ་བསྟོད་དེ་སྒྲོག་གོ།

དེ་ལ་དབུ་མ་པས། ཕྱི་རོལ་གྱི་ཡུལ་མེད་ཀྱི་སེམས་ཉིད་དོན་དུ་སྣང་ཞེས་བྱ་བ་ཡང་མི་རུང་སྟེ། ཇི་ལྟར་ཞེ་ན། ཡུལ་ཉིད་རྣམ་པར་ཤེས་པའི་རང་བཞིན་ཡིན་པས་ཡུལ་ཡང་ཤེས་པ་ཅན་དུ་འགྱུར་རོ། །ཡང་ན་ནི་སེམས་ཀྱང་གཟུགས་ཅན་དུ་འགྱུར་

ར། །ཡང་ན་ནི་གཟུགས་ཀྱང་སེམས་བཞིན་དུ་ལྟར་མི་མངོན་ནོ། །ཡང་རྣམ་པ་གཅིག་ཏུ་ན་ཡུལ་མེད་ཅིང་སེམས་ཉིད་ཡུལ་དུ་སྣང་ན་ནི་གཟུགས་དང་ཁ་དོག་གི་རྣམ་པ་ཇི་ལྟ་བུ་བསམ་པ་དང་། ཇི་ལྟར་འདོད་པ་དེ་བཞིན་དུ་ཐམས་ཅད་ཀྱང་ཡུལ་ཉིད་དུ་འབྱུང་ཞིང་སྣང་བར་རིགས་སོ། །ཡང་རྣམ་པ་གཅིག་ཏུ་ན་གཟུགས་ཀྱང་རྡུལ་དུ་བཤིག་སྟེ་རྡུལ་ཕྲ་རབ་ཀྱང་ཆ་ཤས་ཀྱིས་བཤིག་ན་མེད་པ་བཞིན་དུ་སེམས་ཀྱང་མེད་པར་འགྱུར་ཏེ་དེ་ལྟར་སེམས་ཉིད་ཡུལ་དུ་སྣང་ཞེས་བྱར་མི་རུང་ངོ་། །ཐོག་མ་མེད་པ་ནས་གཟུགས་སུ་རྟོག་པའི་བག་ཆགས་སྨིན་པས་དེ་ལྟར་སྣང་ངོ་ཞེས་བྱར་ཡང་ཡུལ་ལར་ནས་མེད་ན་དེར་རྟོག་པ་མི་འབྱུང་བས། དེའི་བག་ཆགས་ཀྱང་ཡོད་པར་མི་འགྱུར་རོ། །ལང་གཤེགས་ལས། ཕྱི་རོལ་དོན་མེད་ཀྱི་སེམས་ཉིད་དེ་ལྟར་སྣང་ངོ་། །ཞེས་འབྱུང་བ་ཡང་དངོས་པོ་དོན་དམ་པར་ཡོད་པར་འདོད་པ་དགག་པ་དང་། སེམས་ཙམ་དུ་བཤད་པས་འདུལ་བ་ལ་ཕན་གདགས་པའི་ཕྱིར་གསུངས་སོ། །རང་ཉིད་བདག་བཟློག་པའི་ཚེ། ཕྱིར་དངོས་པོ་རྣམས་རྟེན་ཅིང་འབྲེལ་བར་འབྱུང་བ་ཡིན་པས་ཀུན་རྫོབ་དུ་ནི་སྒྱུ་མ་དང་འདྲ་བ་ཙམ་དུ་སྐྱེ་བ་ཡོད་ལ། དོན་དམ་པར་ནི་བདག་དང་། གཞན་དང་། གཉི་ག་དང་། རྒྱུ་མེད་པ་ལས་ཀྱང་སྐྱེར་མི་རུང་སྟེ་རང་བཞིན་མེད་དོ་ཞེས་འཆད་དོ། །

མངོན་སུམ་གྱི་ཚད་མ་གཏན་ལ་འབེབས་པའི་ཚེ། སྒྲ་དོན་འདྲེར་རུང་བའི་ཤེས་པ་རྟོག་པའི་མཚན་ཉིད་དུ་བཞག དེས་ན་རྟོག་བྲལ་མ་འཁྲུལ་བའི་བློ་མངོན་སུམ་གྱི་མཚན་ཉིད། མངོན་སུམ་ཡིན་པ་ཉིད་ཀྱིས་རྟོག་བྲལ་དུ་གྲུབ་ཅིང་། མ་འཁྲུལ་བ་ནི་ཞར་གྱིས་བསྟན། དེ་ལ་རབ་དབྱེ་བཞིར་དབྱེ་བ་རང་སྡེ་སངས་རྒྱས་པ་ཐམས་ཅད་ལ་འཐད་པ་ཡིན་ཏེ། སྟོན་པའི་བསྟན་པ་ལ་མངོན་སུམ་ཚད་མ་དེ་ལྟར་གྲུབ་པའི་ཕྱིར་རོ། །མངོན་སུམ་ལྟར་སྣང་ནི། རྟོག་པ་མངོན་སུམ་ལྟར་སྣང་དང་རྟོག་མེད་མངོན་སུམ་ལྟར་སྣང་གཉིས་སོ། །ཞེས་སོགས་བསྟན་པར་མཛད་དོ། །

ལེའུ་བཞི་པ། དུས་རབས་བཅོ་ལྔ་པའི་རྗེས་སུ་རི་བོ་དགའ་ལྡན་པས་ཚད་མའི་གཞུང་ལུགས་བོད་ཡུལ་ལ་ཁྱབ་གདལ་དུ་སྤེལ་བ།

ས་བཅད་དང་པོ། རྗེ་ཙོང་ཁ་པ་ཆེན་པོས་ཚད་མ་རིག་པ་དེ་ནང་རིག་པར་མཛད་དེ་སྤེལ་བ།

དོན་ཚན་དང་པོ། རྗེ་ཙོང་ཁ་པ་ཆེན་པོའི་ཞུལ་དུ་བྱུང་བའི་མཛད་རྗེས།

སྤྱི་ལོ་དུས་རབས་བཅུ་བཞི་པར་རྗེ་ཙོང་ཁ་པ་ཆེན་པོས་དཔལ་མཉམ་མེད་རི་བོ་དགའ་ལྡན་པའི་བསྟན་པ་ཞྭ་སེར་ཅོད་པན་འཆང་བའི་རིང་ལུགས་གསར་དུ་བཏོད་པ་ནས་བཟུང་། བོད་ཁ་བ་ཅན་གྱི་ལྗོངས་འདིར་རྒྱལ་བའི་བསྟན་པ་སྔར་ལས་ཆེས་ཆེར་འཕེལ་རྒྱས་བྱུང་ཞིང་། ཕྱི་ནང་ཐུན་མོང་དུ་གྱུར་པའི་རིག་པའི་གནས་སྣ་ཚོགས་ཀྱང་འཕེལ་རྒྱས་ཆེན་པོ་བྱུང་། ནང་སློས་སུ་འགྲོ་བའི་མ་རིག་པའི་མུན་པ་སེལ་བ་ལ་མེད་དུ་མི་རུང་བ་དང་གྲོལ་བ་དོན་གཉེར་ལ་མཁོ་བ་ཧ་ཅང་ཆེ་བའི་གཞུང་ལུགས་ཆེན་པོ་ཚད་མ་རིག་པ་ལའང་སྔར་མེད་པའི་དར་རྒྱས་ཆེན་པོ་བྱུང་། འདི་ལྟ་བུའི་དགེ་བའི་མཚན་མ་རྨད་དུ་བྱུང་བ་དེ་དག་ནི། ཁམས་གསུམ་ཆོས་ཀྱི་རྒྱལ་པོ་མཉམ་མེད་ཙོང་ཁ་པ་ཆེན་པོ་ཡབ་སྲས་ཀྱི་ཞུལ་དུ་བྱུང་བའི་མཛད་སྤྱོད་ལས་བྱུང་བ་ཡིན་པས་བཀའ་དྲིན་མཆོག་ཏུ་ཆེའོ། །

རྗེ་ཙོང་ཁ་པ་ཆེན་པོ་ནི་བོད་རབ་བྱུང་དྲུག་པའི་མེ་བྱ(སྤྱི་ལོ་༡༣༥༧)ལོར་མདོ་སྨད་ཙོང་ཁའི་ཡུལ་དུ་སྐུ་འཁྲུངས། དགུང་ལོ་གསུམ་པ་ན་ཤར་ཕྱོགས་རིག་པའི་

དཔའ་བོ་ཆོས་རྗེ་དོན་གྲུབ་རིན་ཆེན་གྱི་དྲུང་དུ་རབ་ཏུ་བྱུང་སྟེ་མཚན་བློ་བཟང་གྲགས་པར་གསོལ། དགུང་ལོ་བཅུ་དྲུག་པར་དབུས་ཕྱོགས་སུ་ཕེབས། དེ་ནས་སྨྲུན་ཐང་ཆོས་ཀྱི་རྒྱལ་པོ་ལ་སེམས་བསྐྱེད་ཀྱི་གདམས་པ་སོགས་གསན། ཚལ་གུང་ཐང་དུ་ཚལ་གྱི་སྨན་པ་དཀོན་མཆོག་སྐྱབས་ལ་གསོ་རིག་གསན་ཅིང་གསོ་དཔྱད་ཡན་ལག་བརྒྱད་པ་ཐུགས་འཛིན་མཛད། སྐྱེ་ཐང་བདེ་བ་ཅན་དུ་རིན་པོ་ཆེ་བཀྲ་ཤིས་སེང་གེ་དང་། སློབ་དཔོན་ཡོན་ཏན་རྒྱ་མཚོ། བླ་མ་ཨུ་རྒྱན་པ་སོགས་ལ་མངོན་རྟོགས་རྒྱན་འགྲེལ་པ་དང་བཅས་པར་གསན་སྦྱོང་གནད་སྨིན་མཛད། བླ་མ་འཇམ་དབྱངས་རིན་ཆེན་ལ་བྱམས་ཆོས་ཞུས་ཏེ་མཁས་པར་གྱུར། ཉང་སྟོད་རྩེ་ཆེན་དུ་མཁས་པའི་དབང་པོ་ཉ་དབོན་ཀུན་དགའ་དཔལ་བའི་སྨྲུན་སྔར་ཕར་ཕྱིན་མདོ་རྒྱན་སྦྱར་བ་སོགས་འགྲེལ་པ་ཉེར་གཅིག་ལ་སོ་སོའི་བཞེད་པ་དགག་སྒྲུབ་དང་བཅས་པའི་གཟབ་བཤད་ཚར་གཅིག་གསན། རེད་མདའ་བ་གཞོན་ནུ་བློ་གྲོས་ལ་མངོན་པ་མཛོད་དང་ཀུན་བཏུས་སོགས་གསན་ཅིང་། སྐོས་སུ་《ཚད་མ་རྣམ་འགྲེལ་》རང་འགྲེལ་དང་བཅས་པ་ལེགས་པར་གསན་པས་ཚིག་དོན་དངོས་ཤུགས་བསྟན་དོན་མཐའ་དག་ཐུགས་སུ་ཆུད། དགུང་ལོ་ཉེར་བདུན་པར་བསྙེན་པར་རྫོགས། དེ་ནས་སྐྱོར་མོ་ལུང་པའི་མཁན་པོ་དཀའ་བཞི་པ་བློ་གསལ་བར་བསྟེན་ནས་འདུལ་བའི་བཤད་སྲོལ་ཐམས་ཅད་བུམ་པ་གང་བྱོའི་ཚུལ་དུ་གསན། ཡང་བོ་དོང་ཨེའི་ཆོས་གྲྭར་བླ་མ་རེད་མདའ་བ་ལ་དབུ་མ་རྩ་འཇུག་བཞི་གསུམ་བཅས་ཞིབ་ཏུ་གསན། སྐྱིད་ཤོད་དུ་བླ་མ་དབུ་མ་བ་དཔའ་བོ་རྡོ་རྗེ་ལ་འཇམ་དབྱངས་ཀྱི་ཆོས་སྐོར་མཐའ་དག་གསན། ཞྭ་ལུ་རི་སྦུག་ཏུ་བུ་སྟོན་རིན་པོ་ཆེའི་སློབ་མ་ཁྱུང་པོ་ལྷས་པ་གཞོན་ནུ་བསོད་ནམས་ལ་གངས་ཅན་ན་གསང་བ་སྔགས་ཀྱི་ཆོས་ཚུལ་ལས་དབང་གི་རྒྱུན་གང་བཞུགས་ཕལ་ཆེར་བུམ་པ་གང་བྱོའི་ཚུལ་དུ་མནོས། དེ་ནས་ས་སྐྱ་པ་བླ་མ་རྡོ་རྗེ་རིན་ཆེན་ལས་རྩ་རྒྱུད་བརྟག་གཉིས་དང་བུ་སྟོན་གྱིས་མཛད་པའི་རྩ་རྒྱུད་རྣམ་བཤད་གསན། སྨྲུན་སྔ་གྲགས་པ་བྱང་ཆུབ་ལ་སྙན་བརྒྱུད་

ཚད་མ་བཞི་ལྡན་གྱི་ཁྲིད་ཡོངས་སུ་རྫོགས་པ་ཞུས། ལོ་ཆེན་ནམ་མཁའ་བཟང་པོ་ལ་ལེགས་སྦྱར་སྒྲ་རིག་པའི་གཞུང་《ཀཱ་ལ་པ་》དང་《ཙནྡྲ་པ།》《སྙན་ངག་མེ་ལོང་མ་》སོགས་གསན། གཞན་ཡང་ས་བཟང་མ་ཏི་པཎ་ཆེན་ལ་སྙན་ངག་དང་སྡེབ་སྦྱོར། བཟོའི་བསྟན་བཅོས་ལས་བྱུང་བའི་གསེར་འགྱུར། སྤོས་སྦྱོར། ལྷའི་ཕྱག་ཚད། དབྱངས་རོལ་མོ། གར་སོགས་ལ་ལུང་ཙམ་མ་ཡིན་པར་ལག་ལེན་ཐེབས་ངེས་སུ་སྦྱངས་ཤིང་རིག་པའི་གནས་དེ་དག་ལ་ཡང་མཁས་པའི་གོ་འཕང་བརྙེས། དེ་ནས་ལྷོ་བྲག་བྲ་ཐོ་དགོན་དུ་ལྷོ་བྲག་གྲུབ་ཆེན་ནམ་མཁའ་རྒྱལ་མཚན་གསང་འཛིན་ལས་ཀྱི་རྡོ་རྗེ་ལ་བཀའ་གདམས་པའི་ལམ་རིམ་ཆོས་སྐོར་གྱི་ཁྲིད་ཞུས་ཏེ་དེའི་དོན་ཐམས་ཅད་གདམས་ངག་ཏུ་ཤར། གསང་ཕུ་སོགས་སུ་མཁས་པ་མང་པོའི་དབུས་སུ་གྲྭ་སྐོར་ལན་དུ་མར་བྱོན་པས་མཁས་བཙུན་བཟང་བའི་སྙན་གྲགས་ཀྱིས་ས་སྟེང་ཁྱབ། ཚལ་གུང་ཐང་དུ་ཤེས་རབ་ཀྱི་ཕ་རོལ་ཏུ་ཕྱིན་པའི་མན་ངག་གི་བསྟན་བཅོས་མངོན་པར་རྟོགས་པའི་རྒྱན་འགྲེལ་པ་དང་བཅས་པའི་རྣམ་བཤད་《ལེགས་བཤད་གསེར་གྱི་ཕྲེང་བ་》ལྦུགས་རྩོམ་གནང་། གཞན་ཡང་《རྣམ་ཐར་དད་པའི་འཇུག་ངོགས་》ལས། བར་ཞིག་ཏུ་སྐུ་མཚམས་བཅད་ནས་ཐུགས་དམ་མཛད། 《རྣམ་འགྲེལ་གྱི་རྣམ་བཤད་རིགས་མཛོད་》(ཙ་ཡུག་པས་མཛད་པ་)ལ་གཟིགས་རྟོག་མཛད་ཅིང་། ལེའུ་གཉིས་པའི་སྐབས་ཀྱི་ལམ་གྱི་རྣམ་གཞག་སྟོན་པའི་སྐབས་ལ་ལེགས་པར་གཟིགས་པས་རྐྱེན་བྱས་ནས། ཆོས་ཀྱི་གྲགས་པའི་གཞུང་ལུགས་དང་རིགས་པའི་སྲོལ་ལ་དཔག་ཏུ་མེད་པའི་དད་པ་ཤུགས་དྲག་པོ་མནན་པས་མི་ཐོན་པ་འཁྲུངས་ཤིང་། སྟོན་དེར་བཞུགས་ཀྱི་རིང་ལ་རྣམ་འགྲེལ་གྱི་གཞུང་ལ་གཟིགས་ཙམ་ནས་དད་པའི་སྤྲུ་ལོང་གཡོས་ཏེ་སྤྱན་ཆབ་ཀྱི་རྒྱུན་བཅད་པར་མི་ནུས་པ་རྟག་ཏུ་འོང་བ་ཞིག་བྱུང་གསུང་ངོ་། །དེའི་དགུན་ཆོས་བདེ་བ་ཅན་དུ་བཞུགས། དཔྱིད་ཆོས་སྟོན་མ་ལ། གྲྭ་སྐོར་མཛད་བཞིན་པའི་པོ་ཏི་འགའ་ཡར་གྱི་གཟིགས་རྟོག་མཛད་ནས་གཙང་ལ་བྱོན། སྣར་ཐང་དུ་ཕེབས། བླ་མ་ལོ་ཙཱ་བ་དོན་

བཟང་པས་ཚད་མའི་ཊཱིཀྐཱ་ཞིག་མཛད་འདུག་པ་དེ་ཚར་གཅིག་ཅིས་ཀྱང་ཉོན་ཞེས་བཀའ་གནང་ནས་གསན་དགོས་པ་བྱུང་། དབྱར་ཆོས་དེ་སྐར་ཐང་དུ་རྣམ་འགྲེལ་མངོན་པ་གོང་འོག་མདོ་རྩ་དང་བཅས་པའི་གྲྭ་སྐོར་མཛད། སྐར་ཐང་དུ་གཞུང་བསྐྱར་བཙུགས་པའི་ཐོག་མ་དེ་ཡིན།[1] ཞེས་གསུངས་པ་ལྟར་ཚད་མ་མདོ་དང་སྡེ་བདུན་གྱི་དགོངས་པ་ལ་དད་པ་ལྷག་པར་སྐྱེས་ཏེ་གསན་སྦྱོང་མཛད། གཞན་ཡང་ཀྱཻ་བྲག་དང་། གཉལ། ལྷ་སྡིངས་སོགས་སུ་བསགས་སྦྱང་ཉམས་ལེན་ལ་འབད་པས་ཐོས་པའི་ཆོས་ཐམས་ཅད་གདམས་ངག་ཏུ་གོ། ལྟ་བའི་ཁྱད་ཆོས་སྔ་ན་མེད་པའི་《དབུ་མ་འཇུག་པའི་ཊཱི་ཀ་དགོངས་པ་རབ་གསལ་》དང་། 《རྩ་ཤེས་ཊཱི་ཀ་ཆེན་རིགས་པའི་རྒྱ་མཚོ་》སོགས་མཛད། དེར་མ་ཟད་དེའི་སྟོན་ལ་སྔགས་མཚན་ཉིད་ཀྱི་ལམ་གྱི་རིམ་པ་གཉིས་ཏེ་ས་གསུམ་གྱི་སྲིད་པའི་སྒྲོན་མེ་རྣམ་གཉིས་ཀྱང་རྩོམ་པར་མཛད་པ་སོགས་ཀྱིས་གཙོས་སྟོན་མེད་ཀྱི་བསྟན་བཅོས་མང་དུ་མཛད། ཁྱད་པར་དུ་རབ་བྱུང་བདུན་པའི་ས་སྣང་ལོར་འབྲོག་རི་བོ་ཆེ་དགའ་ལྡན་རྣམ་པར་རྒྱལ་བའི་གླིང་བཏབ་བོ། །

གཞན་ཡང་ཡོངས་སུ་གྲགས་པའི་རྗེ་བླ་མའི་མཛད་ཆེན་བཞི་ནི། དགུང་ལོ་སོ་དྲུག་པར་འོལ་ཁ་རྫིང་ཕྱིའི་བྱམས་པ་རྟེན་དང་བརྟེན་པར་བཅས་པ་ལ་ཞིག་གསོའི་མཆོད་འབུལ་རྒྱ་ཆེར་གནང་བ་དང་། དགུང་ལོ་སོ་དགུ་པར་གཉལ་གྱི་ལུང་རར་ཆོས་འཁོར་རྒྱ་ཆེར་བསྐོར་བ། དགུང་ལོ་ང་གསུམ་པར་ལྷ་ལྡན་སྤྲུལ་པའི་གཙུག་ལག་ཁང་དུ་ཇོ་ཤཱཀ་རྣམ་གཉིས་སོགས་ལ་དབུ་རྒྱན་སོགས་ཕུལ་ཏེ་ཚོ་འཕྲུལ་སྨོན་ལམ་ཆེན་མོ་བཙུགས་པ། དགུང་ལོ་ང་དགུ་པ་ལ་དགའ་ལྡན་རྣམ་པར་རྒྱལ་བའི་གླིང་དུ་སྐྱབ་མཆོད་ཆེན་མོ་བཙུགས་པ་སྟེ་བཞིའོ། །དེ་ལྟར་བསྟན་པ་དང་འགྲོ་བའི་དོན་དུ་མཛད་པ་དཔག་པར་དཀའ་བ་བསྐྱངས་ཤིང་གངས་རིའི་ལྗོངས་སུ་

[1] མཁས་གྲུབ་རྗེས་མཛད་པའི་《རྣམ་ཐར་དད་པའི་འཇུག་ངོགས་》ཞེས་པ་མཚོ་སྔོན་སྐུ་འབུམ་བྱམས་པ་གླིང་གི་ཤིང་དཔར་གྱི་ཤོག་ངོས་༡༧པར་གསལ།

མདོ་སྔགས་རིག་གནས་དང་བཅས་པའི་འཆད་ཉན་བཤད་སྒྲུབ་ཀྱི་སྲོལ་ལེགས་པར་བཙུགས། དགུང་ལོ་རེ་བཞི་པ་རབ་བྱུང་བདུན་པའི་ས་ཕག་(སྤྱི་ལོ་༡༨༡༩)ལོར་དགོངས་པ་ཆོས་དབྱིངས་སུ་གཤེགས། ཁོང་གི་མཁྱེན་རབ་ཀྱི་བདག་རྐྱེན་ལས་བྱུང་བའི་བཀའ་གསུང་དམ་པ་སྟོ་མ་རྣམས་ཀྱིས་བསྒྲིགས་པའི་རྗེ་བླ་མའི་གསུང་འབུམ་པོད་ཉེར་ལྔ་ཅན་དང་སུམ་ཅུ་ཅན་གཉིས་ཡོད་ལ། དེ་དག་ལས་ཚད་མ་རིག་པའི་སྐོར་གྱི་བསྟན་བཅོས་ནི་《ཚད་མའི་ལམ་བསྒྲིགས་》དང་། 《སྡེ་བདུན་ལ་འཇུག་པའི་སྒོ་ཡིད་ཀྱི་མུན་སེལ་》དང་། རྒྱལ་ཚབ་ཆོས་རྗེས་རྗེའི་དྲུང་དུ་གསན་པའི་《ཚད་མའི་བརྗེད་བྱང་ཆེན་མོ་》དང་《མངོན་སུམ་ལེའུའི་བརྗེད་བྱང་》སོགས་བཞུགས།

གསུང་ལས་སྐྱེས་པའི་བུ་སློབ་རྣམས་ནི། ཐམས་ཅད་ལུང་རྟོགས་ཀྱི་ཡོན་ཏན་དཔོག་པར་དཀའ་ཞིང་རིམ་གཉིས་ཀྱི་ཏིང་ངེ་འཛིན་བརྟན་པོ་མངའ་བ་ཡི་དམ་གྱི་ལྷས་རྗེས་སུ་འཛིན་པ་ཤ་སྟག་གོ །དེ་ལྟ་བུའི་རྗེ་བླ་མའི་རིང་ལུགས་འཛིན་པ་ལུང་རིགས་འབྲུམ་ཕྲག་སྨྲ་བའི་དངོས་སློབ་ནམ་མཁའ་དང་མཉམ་པ་གྲངས་ཀྱིས་མི་ཟིན་པ་བྱུང་ལ། དེ་དག་གིས་རྗེ་བླ་མའི་དགོངས་པ་བཞིན་དུ་རྒྱལ་བའི་བསྟན་པ་རིན་པོ་ཆེ་ཆ་ཐམས་ཅད་འགལ་མེད་དུ་རྟོགས་པ་དང་། མདོ་སྔགས་རིག་གནས་དང་བཅས་པའི་ཐེག་པ་ཆེ་ཆུང་གི་གསུང་རབ་ཐམས་ཅད་གདམས་ངག་ཏུ་ཤར་བ། རྒྱལ་བའི་དགོངས་པ་མཐར་ཐུག་ཟབ་མོ་དབུ་མའི་ལྟ་བ་བདེ་བླག་ཏུ་རྙེད་པ། ཐེག་པ་ཆེ་ཆུང་དང་མདོ་སྔགས་ཀྱི་ཆོས་ཕན་ཚུན་སོ་སོར་འགལ་བར་འཛིན་ཅིང་རིས་སུ་གཅོད་པའི་ཆོས་སྤོང་བའི་ཉེས་སྤྱོད་ཆེན་པོ་རང་འགགས་སུ་སོང་བ་བཅས་ཆེ་བ་བཞི་དང་ལྡན་པའི་སྐྱེས་བུ་དམ་པ་དེ་དག་གིས་རྗེ་བླ་མའི་དགོངས་པའི་བ་དན་དཀར་པོ་བོད་གངས་ཅན་གྱི་ཡུལ་གྲུ་ཀུན་ཏུ་མཐོན་པོར་བསྒྲེངས་པར་མཛད་དོ། །

དོན་ཚན་གཉིས་པ། རྗེ་ཙོང་ཁ་པ་ཆེན་པོའི་ཁྱད་འཕགས་ཀྱི་ཚད་མའི་བཞེད་པ།

དང་པོ། ཚད་མ་རིག་པ་ནང་རིག་པ་ཡིན་པ་དང་། ཚད་མའི་བསྟན་བཅོས་དག་མངོན་པའི་བསྟན་བཅོས་ཡིན་པར་གཏན་ལ་ཕབ་པ།

རྗེ་བླ་མས་མདོ་དང་སྡེ་བདུན་གྱི་དགོངས་དོན་ལ་ཞིབ་ཏུ་གཟིགས་ནས་ཚད་མ་རིག་པ་དེ་ནང་རིག་པ་ཡིན་པ་དང་ཚད་མའི་བསྟན་བཅོས་ལྷག་པ་ཤེས་རབ་ཀྱི་བསླབ་པ་གཙོ་བོར་སྟོན་པའི་མངོན་པའི་བསྟན་བཅོས་ཡིན་པའི་ལྟ་བ་ཡང་དག་ཐོག་མར་བསྟན་ཅིང་། བསྟན་བཅོས་དེ་དག་ཏུ་བདེན་བཞིའི་བླང་དོར་ཐབས་དང་བཅས་པ་དང་། གང་ཟག་དང་ཆོས་ཀྱི་བདག་མེད་ལ་སོགས་པ་ཐེག་པ་གསུམ་གྱི་ལམ་གྱི་གནད་རྣམས་མ་ཚང་བ་མེད་པར་རིགས་པས་སྟོན་པས་ན་གྲོལ་བ་དོན་གཉེར་ལ་ཉེ་བར་མཁོ་བའི་བསྟན་བཅོས་ཤིག་ཡིན་པར་གཏན་ལ་ཕབ་སྟེ། དེའི་ལོག་ཕྱོགས་འཛིན་པའི་ལྟ་ངན་སྣ་ཚོགས་ལ་དགག་པར་མཛད། 《ཚད་མའི་ལམ་བསྒྲིགས་》ལས། ཁ་ཅིག་ན་རེ། ཚད་མའི་བསྟན་བཅོས་དེ་དག་ནི་ཕྱིའི་སྤྲོས་པ་ཅམ་གཅོད་པའི་རྟོག་གེ་ཙམ་ཡིན་པས་གྲོལ་བ་དོན་གཉེར་ལ་ཉེ་བར་མཁོ་བ་མེད་དོ་སྙམ་པ་ནི་ལོག་རྟོག་ཆེན་པོ་ཡིན་ནོ། །དེ་ལ་རྟོག་གེ་ལ་གཉིས་ཏེ། ཆོས་འདི་ལས་ཕྱི་རོལ་ཏུ་གྱུར་པ་རྣམས་ཀྱི་འཁོར་བ་ལས་གྲོལ་བར་བྱེད་པའི་ལམ་སྟོན་པར་བྱེད་པའི་སྟོན་པ་དྲང་སྲོང་ཕྱིང་སྐྱེས་ལ་སོགས་པ་རྣམས་ཀྱིས་དངོས་པོའི་དེ་ཁོ་ན་ཉིད་ཁོང་དུ་མ་ཆུད་པར་རྟོག་པས་བཏགས་པ་ཙམ་གྱིས་གྲོལ་ལམ་རྣམ་པར་བཞག་པ་ལ་རྟོག་གེར་བྱས་པ་དང་། ཡང་མདོ་སྡེ་རྒྱན་ལས། རྟོག་གེ་བརྟེན་ཅིང་མ་ངེས་ལ། །མ་ཁྱབ་ཀུན་རྫོབ་སྐྱོ་བ་ཅན། །བྱིས་པ་ལ་ནི་བརྟེན་པར་འདོད། །ཅེས་དེ་ཁོ་ན་ཉིད་སྒྲ་དང་རྟགས་ལ་བརྟེན་ནས་རྟོགས་པ་དང་། རྟོགས་སུ་ཟིན་ཀྱང་གཞན་དུ་འགྱུར་བས་མ་ངེས་པ་དང་། ཇི་ལྟ་བ་དང་ཇི་སྙེད་པ་མཐའ་དག་ལ་བློ་མི་འཇུག་པས་མ་ཁྱབ་པ་དང་། དེ་ཁོ་ན་ཉིད་མངོན་དུ་མ་གྱུར་པར་རགས་པ་ཙམ་ཡུལ་དུ་

བྱེད་པས་ཀུན་རྫོབ་པའི་ཡུལ་ཅན་དང་། སྦྱོབས་པ་གཏུགས་པར་འགྱུར་བས་སྐྱོ་བ་ཅན་ཏེ་མཚན་ཉིད་ལྔ་དང་ལྡན་པ་དེ་ཁོ་ན་ཉིད་རྟོག་དཔྱོད་ཙམ་གྱིས་ཡུལ་དུ་བྱེད་པ་ལ་རྟོག་གེར་བཞག་པ་གཉིས་ལས། དང་པོ་ཡིན་པའི་ཕྱིར་གྲོལ་བ་དོན་གཉེར་ལ་ཉེ་བར་མཁོ་བ་མེད་དོ་ཞེས་ཟེར་ན། རྟགས་མ་གྲུབ་པ་ཡིན་ཏེ། སྟོན་པ་བཅོམ་ལྡན་འདས་ཀྱིས་ཤེས་བྱ་ཇི་ལྟ་བ་དང་ཇི་སྙེད་པ་མ་ལུས་པ་མངོན་སུམ་དུ་ཐུགས་སུ་ཆུད་ནས་བསྟན་པའི་གསུང་རབ་ཀྱི་དེ་ཁོ་ན་ཉིད་ཕྱིན་ཅི་མ་ལོག་པར་རིགས་པའི་བསྟན་བཅོས་འདིར་གཏན་ལ་འབེབས་པ་ཡིན་པའི་ཕྱིར་རོ། །ཕྱི་མ་ཡིན་པའི་ཕྱིར་གྲོལ་བ་དོན་གཉེར་ལ་ཉེ་བར་མཁོ་བ་མེད་དོ་ཞེས་ཟེར་ན། ཁྱབ་པ་མ་གྲུབ་པ་ཡིན་ཏེ། དེ་ལྟར་ན་སྦྱོར་ལམ་ཆོས་མཆོག་ལ་སོགས་པ་རྣམས་ཀྱང་དེ་ཁོ་ན་ཉིད་རྟོག་དཔྱོད་ཙམ་གྱིས་ཡུལ་དུ་བྱེད་དགོས་པའི་ཕྱིར། གྲོལ་བ་དོན་གཉེར་ལ་ཉེར་མཁོ་མེད་པར་འགྱུར་ལ། དེ་ལྟར་ན་མཐོང་ལམ་ཡན་ཆད་རྒྱུ་མེད་དུ་སྐྱེ་བར་འགྱུར་བ་དང་། དེ་ལྟར་དམ་བཅའ་བའི་བློ་ཡང་གྲོལ་བ་དོན་གཉེར་ལ་མི་མཁོ་བར་འགྱུར་ཏེ། རྟོག་དཔྱོད་ཙམ་ཡིན་པའི་ཕྱིར་རོ། །གཉིས་པ་ནི། ཁ་ཅིག་ན་རེ། སྡེ་བདུན་པོ་དེ་དག་ནི་གཏན་ཚིགས་རིག་པ་ཡིན་གྱི་ནང་རིག་པ་མིན་པས་གྲོལ་བ་དོན་གཉེར་ལ་ཉེ་བར་མཁོ་བ་མེད་དོ་ཞེས་ཟེར་བ་ཡང་ཐར་ལམ་གྱི་རྩ་བ་གཅོད་པར་བྱེད་པ་ཡིན་ཏེ། གཏན་ཚིགས་རིག་པ་ནི། རང་ཕྱོགས་སྒྲུབ་པར་བྱེད་པའི་སྒྲུབ་བྱེད་འགོད་ལུགས་སོགས་དང་། གཞན་ཕྱོགས་སུན་འབྱིན་ཚུལ་སོགས་བརྗོད་པ་དང་ཐུན་མོང་བ་ལ་གྲགས་པ་རྣམས་ཀྱང་ཡིན་མོད། ནང་རིག་ནི་ནང་གི་སེམས་རྒྱུད་འདིའི་སྙིང་གི་མི་འདོད་པའི་ཕྱོགས་ཀྱི་རྒྱུ་འབྲས་བུ་དང་བཅས་པ་དང་། དེ་འགོག་པར་བྱེད་པའི་རྒྱུ་འབྲས་བུ་དང་བཅས་པ་སྟེ་སྟོད་དམ། བསྟན་བཅོས་གང་གིས་རིག་པར་བྱེད་པ་རྣམས་ཡིན་ལ། དེ་ལ་འདིར་ནི་ལྷག་པ་ཤེས་རབ་ཀྱི་བསླབ་པ་གཙོ་བོར་གཏན་ལ་འབེབས་པར་བྱེད་པས་མངོན་པའི་བསྟན་བཅོས་ཡིན་ཞིང་། རང་གི་ཕྱོགས་སྒྲུབ་པར་བྱེད་པ་ཡང་། མི་རྟག་བདག་མེད་སོགས་གཏན་ཚིགས་ཡང་དག་

གི་སྒོ་ནས་གཏན་ལ་འབེབས་པར་བྱེད་པས་ན་ནང་རིག་པ་དང་གཏན་ཚིགས་རིག་པ་ལ་འགལ་བ་ག་ལ་ཡོད། དེས་ན་ནང་རིག་པ་ཁོ་ན་ཡིན་པ་འདུལ་བ་མདོ་རྩ་བ་ལྟ་བུ། གཉིས་ཀ་ཡིན་པ་སྡེ་བདུན་ལྟ་བུ། གཏན་ཚིགས་རིག་པ་རྐྱང་པ་ཡིན་པ་བརྡ་སྤྲོད་ལ་གྲགས་པ་ཕྱིར་རྒོལ་གྱི་རྩོད་ཚུལ་ཙམ་སྟོན་པ་རྣམས་སོ། །[①]ཞེས་གསལ་བར་བསྟན་པ་དང་། ཚད་མ་རིག་པ་དེ་ཡུལ་གྱི་ཁྱད་པར་ལ་བལྟོས་ཏེ་ལོག་པར་རྟོག་པ་རྣམས་ལ་དགག་པ་མཛད་པ་ནི། 《ཚད་མའི་ལམ་བསྒྲིགས་》ལས། ཁ་ཅིག་ན་རེ། ཕྱི་རོལ་པ་ཡོད་པའི་ཡུལ་དུ་བསྟན་པ་ལ་ལོག་པར་རྟོག་པ་ཆར་གཅོད་དགོས་པས། ཚད་མའི་བསྟན་བཅོས་ཉེ་བར་མཁོ་བ་ཡིན་གྱི། བོད་ལྟ་བུ་ལ་དེ་ལྟ་བུའི་བསྟན་བཅོས་དགོས་པ་མེད་དོ་ཞེས་ཟེར་བ་ནི་མི་རིགས་ཏེ། དེ་ཡང་ཕྱི་རོལ་པ་རྣམས་ཀྱིས་ཕུང་པོ་ལ་བདག་ཏུ་ཡོད་པ་སྒྲོ་བཏགས་ནས་གྲོལ་བ་དོན་དུ་གཉེར་བ་རྣམས་ལ་བསླུ་བ་མེད་ན་བསྟན་པ་བསྲུང་བའི་ཕྱིར་ཡང་དགོས་པ་མེད་པར་འགྱུར་ལ། འདིར་ཡང་སེམས་ཅན་རྣམས་ཀྱི་རྒྱུད་ལ་ཕུང་པོ་གཙང་བདེ་རྟག་བདག་ཏུ་སྒྲོ་འདོགས་པའི་འཁོར་བར་འཆིང་བྱེད་ཡོད་ན་ཚད་མའི་བསྟན་བཅོས་ཤིན་ཏུ་དགོས་པ་དང་བཅས་པར་འགྱུར་ཏེ། དེ་དག་གི་ཞེན་ཡུལ་རིགས་པས་ལེགས་པར་སུན་ཕྱུང་ནས། ཐར་པ་བླ་ན་མེད་པའི་ལམ་ཕྱིན་ཅི་མ་ལོག་པར་གཏན་ལ་འབེབས་པར་བྱེད་པ་ཡིན་པས། གྲོལ་བ་དོན་གཉེར་ལ་ཉེ་བར་མཁོ་བའི་འཇུག་ངོགས་དམ་པར་འགྱུར་རོ། །ཞེས་གསུངས་པ་དང་། ཚད་མ་རིག་པ་གྲོལ་བ་དོན་གཉེར་ལ་མཁོ་བ་ཡོད་ཀྱང་དམན་པར་འདོད་པ་རྣམས་ལ་དགག་པ་མཛད་དེ། 《ལམ་བསྒྲིགས་》ལས། ཁ་ཅིག་ན་རེ། དགོས་པ་མེད་པ་མིན་ཏེ། འགལ་འབྲེལ་ཚོད་ནས་ལམ་གཞན་ལ་དམིགས་བྱེད་པའི་གྲོགས་ཙམ་དུ་འགྱུར་བས། རྩྭ་དང་འདྲ་བ་ཡིན་ནོ་ཞེས་ཟེར་བ་ཡང་མི་རིགས་ཏེ། འདིར་ནི་མངོན་པར་མཐོ་བ་དང་ངེས་པར་ལེགས་པའི་

① 《གངས་ལྗོངས་རིག་བཅུའི་སྙིང་བཅུད་ཆེན་མོ་》གླེགས་བམ་བཞི་པ། མི་རིགས་དཔེ་སྐྲུན་ཁང་གིས་༢༠༠༤ལོར་པར་དུ་བསྐྲུན་པའི་ཤོག་ངོས་༣༧པར་གསལ།

ལམ་ཕྱིན་ཅི་མ་ལོག་པར་གཏན་ལ་འབེབས་པར་བྱེད་པ་ཡིན་པས། གང་གཏན་ལ་དབབ་པར་བྱ་བའི་གཞི་འདི་ལས་མཆོག་ཏུ་གྱུར་པ་གཞན་ཞིག་ཡོད་པ་ཡང་བསྟན་དགོས་སོ། །[①]ཞེས་གསུངས་སོ། །

ཚད་མ་རིག་པ་དེ་གྲོལ་བ་དོན་གཉེར་ལ་ཉེ་བར་མཁོ་བའི་རྒྱུ་མཚན་ནི། ཐུབ་པ་ཉག་གཅིག་གྲོལ་བ་དོན་གཉེར་ལ་བསླུ་མེད་ཀྱི་ཚད་མའི་སྐྱེས་བུར་བསྒྲུབ་པར་བྱ་བའི་ཕྱིར་དུ་ཡིན་ལ། དེ་ཡང་སྟོན་པ་དེའི་བསྟན་པ་སྐྱོན་མེད་པར་བསྒྲུབས་པའི་སྒོ་ནས་སྒྲུབ་པར་བྱེད་པ་ཡིན་ནོ། །《ཚད་མའི་ལམ་བསྒྲིགས་》ལས། དེ་ལ་སྤྱིར་རིགས་པའི་བསྟན་བཅོས་ཀྱི་དགོས་པ་ནི། མངོན་པར་འདོད་པའི་དོན་དམ་བཅར་བྱས་ནས། ཐ་སྙད་པའི་ཚད་མས་བསློན་མི་ནུས་པ་རྣམས་ལ་མ་ཐུག་གི་བར་ལེགས་པར་སྒྲུབ་པའི་ཚུལ་འཆད་པ་ཡིན་ནོ། །འདིར་ཡང་ཚུ་རོལ་མཐོང་བ་རྣམས་ལ། ལྐོག་ཏུ་གྱུར་པའི་ངེས་ལེགས་དང་། ཤིན་ཏུ་ལྐོག་ཏུ་གྱུར་པའི་མངོན་མཐོ་བསྒྲུབ་བྱར་བྱས་ནས། དེའི་སྒྲུབ་བྱེད་བར་མ་ཆད་པའི་ཕྱིར་ལྡན་སྐྱེས་ཀྱི་ཚད་མ་ལ་མཐར་ཐུག་པར་སྒྲུབ་པར་བྱེད་པ་ཡིན་ནོ། །མདོར་ན་སྟོན་པ་དང་། དེའི་བསྟན་པ་དང་། དེ་བསྒྲུབ་པའི་གྲོགས་དགེ་འདུན་དཀོན་མཆོག་གསུམ་ལ་མཐའ་གཞན་དུ་སྲིད་པའི་དོགས་པ་བཅད་ནས། ཚད་མའི་སྒོ་ནས་སྐྱབས་གནས་ལ་ངེས་པ་བརྟན་པོ་སྐྱེད་པར་བྱེད་པ་ཡིན་ནོ། །འདི་ལས་གཞན་དུ་འཆད་ན། ལྷུ་བའི་རྟོག་པོ་ཆང་པའི་རྟེན་འཆའ་བ་ཡིན་ནོ། །ཞེས་དང་། འཁོར་བ་ལས་ཐར་པ་དོན་དུ་གཉེར་བ་རྣམས་ཀྱིས་ནི། འཁོར་བའི་རྩ་བ་གཅོད་བྱེད་ཕྱིན་ཅི་མ་ལོག་པ་སྟོན་པའི་བསྟན་བཅོས་འདི་ལྟ་བུ་ལ་ཐོས་པ་དང་བསམ་པས་གཅེས་སྤྲས་སུ་བཟུང་བར་རིགས་སོ་[②]ཞེས་གསུངས་ཏེ་ཚད་མ་རིག་པ་གྲོལ་བ་དོན་གཉེར་ལ་མཁོ་བའི་རྒྱུ་མཚན་དང་དེ་ལྟ་བུའི་བསྟན་

① 《གངས་ལྗོངས་རིག་བཅུའི་སྙིང་བཅུད་ཆེན་མོ་》གླེགས་བམ་བཞི་པ། མི་རིགས་དཔེ་སྐྲུན་ཁང་གིས་༢༠༠༣ལོར་པར་དུ་བསྐྲུན་པའི་ཤོག་ངོས་༣༢པར་གསལ།

② གོང་དང་མཚུངས།

བཅོས་ལ་ཐོས་བསམ་གྱིས་གཅེས་སྤྲས་སུ་གཟུང་དགོས་པའི་རེ་སྨོན་བསྟན་ཏོ། །

གཉིས་པ། སྟོན་པ་སངས་རྒྱས་གྲོལ་བ་དོན་གཉེར་ལ་མི་བསླུ་བར་སྒྲུབ་པའི་རྟགས་སྦྱོར་ལ་བརྟེན་ནས་སྐྱེས་བུ་གསུམ་གྱི་ལམ་གྱི་རིམ་པ་འཕེན་ཚུལ་སྟོན་པ།

སངས་རྒྱས་བཅོམ་ལྡན་འདས་གྲོལ་བ་དོན་གཉེར་ལ་ཚད་མའི་སྐྱེས་བུར་གྲུབ་པའི་ཚུལ་གཏན་ཚིགས་བཀོད་དེ་སྒྲུབ་པར་བྱེད་ན། ཐུབ་པ་སངས་རྒྱས་བཅོམ་ལྡན་འདས་ཆོས་ཅན། གྲོལ་བ་དོན་གཉེར་ལ་ཚད་མའི་སྐྱེས་བུ་ཡིན་ཏེ། གྲོལ་བ་དོན་གཉེར་ལ་བལྟོས་ཏེ་མི་བསླུ་བ་དང་མ་ཤེས་དོན་གསལ་གཉིས་དང་ལྡན་པའི་སྐྱེས་བུ་ཡིན་པའི་ཕྱིར། ཞེས་གསུངས་ལ། 《ལམ་བསྡུས་》ལས། སྦྱོར་བ་སྔར་གཅིག་པོ་དེའི་ཚུལ་བསྒྲུབ་པས་སྐྱེས་བུ་གསུམ་གྱི་ལམ་གྱི་རིམ་པ་ཇི་ལྟར་འཕེན་པའི་ཚུལ་ནི། སྡུག་བསྔལ་ལ། ངན་འགྲོར་ཉེར་མཚམས་སྦྱོར་བ་དང་། བདེ་འགྲོར་ཉིང་མཚམས་སྦྱོར་བ་གཉིས་ཡོད་ལ། དེའི་རྒྱུ་ཀུན་འབྱུང་ལ་ཡང་ངན་འགྲོ་བསྐྱེད་པ་དང་། བདེ་འགྲོ་བསྐྱེད་པ་གཉིས་སོ། །དེས་ན་འགོག་པ་ལམ་ལ་ཡང་གཉིས་གཉིས་སུ་འགྱུར་བ་ཡིན་ནོ། །དེ་ལྟར་ན་ངན་འགྲོའི་རྒྱུ་འབྲས་གཉིས་དང་། དེ་སྤོང་བའི་ལམ་དང་། དེ་འགགས་པའི་འགོག་པ་བཞི་ལ་མི་བསླུ་བར་བསྒྲུབ་པས་སྐྱེས་བུ་ཆུང་ངུའི་ལམ་གྱི་རིམ་པ་འབྱུང་ལ། བདེ་འགྲོའི་དེ་རྣམས་ལ་མི་བསླུ་བར་བསྒྲུབ་པས་སྐྱེས་བུ་འབྲིང་གི་ལམ་དང་། ཆོས་ཅན་བསྒྲུབ་པས་སྐྱེས་བུ་ཆེན་པོའི་ལམ་གྱི་རིམ་པ་འབྱུང་བ་ཡིན་ནོ། །[①]ཞེས་གསུངས་པ་ལྟར་རོ། །

གསུམ་པ། ཚད་གཞུང་ནི་བྱང་ཆུབ་ཏུ་བགྲོད་པའི་ཉམས་ལེན་གྱི་རིམ་པ་སྟོན་པའི་བསྟན་བཅོས་ཡིན་པར་གདན་ལ་ཕབ་པ།

《རྟོགས་བརྗོད་མདུན་ལེགས་མ་》ལས།

① 《གངས་ལྗོངས་རིག་བཅུའི་སྙིང་བཅུད་ཆེན་མོ་》གླེགས་བམ་བཞི་པ། མི་རིགས་དཔེ་སྐྲུན་ཁང་གིས་༢༠༠༣ལོར་པར་དུ་བསྐྲུན་པའི་ཤོག་ངོས་༣༢པར་གསལ།

བྱང་ཕྱོགས་འདི་ན་ཚད་མའི་གཞུང་ལུགས་ལ། །
སྦྱངས་དང་མ་སྦྱངས་དུ་མ་མགྲིན་གཅིག་ཏུ། །
མདོ་དང་སྡེ་བདུན་ཀུན་ལ་བྱང་ཆུབ་ཏུ། །
བགྲོད་པའི་ཉམས་ལེན་རིམ་པ་ཡོད་མིན་ཟེར། །
འཛམ་པའི་དབྱངས་ཀྱིས་ཕྱོགས་ཀྱི་གླང་པོ་ལ། །
དངོས་སུ་འདི་རྣམས་འདི་ནི་མ་འོངས་དུས། །
འགྲོ་བ་ཀུན་གྱི་མིག་ཏུ་འགྱུར་རོ་ཞེས། །
གསུང་གི་གནང་བ་སྩལ་བའང་ཚད་མར་བྱེད། །
དེ་ནི་མི་རིགས་སྨྲ་བའི་ཕྱུལ་བྱུང་དུ། །
མཐོང་ནས་ལྷག་པར་ཚུལ་དེར་དཔྱད་པ་ལ། །
ཚད་མ་ཀུན་ལས་བཏུས་པའི་མཆོད་བརྗོད་དོན། །
ཚད་མ་གྲུབ་པར་ལུགས་འབྱུང་ལུགས་ལྡོག་གིས། །
རྣམ་འགྲེལ་དོན་དུ་གཉེར་ལ་བཅོམ་ལྡན་འདས། །
ཚད་མར་བསྒྲུབས་ཤིང་དེ་ལས་དེ་ཡི་ནི། །
བསྟན་པ་པོ་ན་ཐར་འདོད་འཇུག་ངོགས་སུ། །
ངེས་པ་གཏིང་ནས་རྙེད་པས་ཐེག་གཉིས་ཀྱི། །
ལམ་གྱི་གནད་ཀུན་འདྲིལ་བར་རིགས་ལམ་ནས། །
ལེགས་པར་ཐོན་པས་ལྷག་པར་དགའ་བ་རྙེད། །[①]

ཅེས་སྔོན་དུས་བོད་ཡུལ་གྱི་མཁས་པ་རྣམས་ཀྱིས་མདོ་དང་སྡེ་བདུན་ལ་སོགས་པའི་བསྟན་བཅོས་དག་བྱང་ཆུབ་ཀྱི་ལམ་དུ་བགྲོད་པའི་ཉམས་ལེན་གྱི་རིམ་

① 《རྗེ་ཙོང་ཁ་པ་ཆེན་པོའི་བཀའ་འབུམ་ཐོར་བུ་》ཞེས་པ་མཚོ་སྔོན་མི་རིགས་དཔེ་སྐྲུན་ཁང་གིས་༡༩༨༧ལོར་པར་དུ་བསྐྲུན་པའི་ཤོག་ངོས་༩༩པར་གསལ།

པ་ཡོད་པར་མི་བཤད་ལ། རྗེ་བླ་མས་སྡེ་བདུན་མདོ་དང་བཅས་པའི་དགོངས་དོན་ཐོག་མར་ཉམས་ལེན་དང་སྦྱར་ནས་འཆད་པ་ངོ་མཚར་ཆེའོ། །གངས་རིའི་ལྗོངས་འདིར་སྔོན་མེད་པའི་བཤད་སྲོལ་ལེགས་པར་ཕྱེ་བ་བཀའ་དྲིན་མཆོག་ཏུ་ཆེའོ། །དེ་ལ་ཡང་《རྣམ་ཐར་དད་པའི་འཇུག་ངོགས་》ལས། རིམ་གྱིས་ཕྱིན་ནས་ལྷས་ཕུ་དགོན་གསར་དུ་ཕྱུག་ཕེབས། བློ་གྲོས་དང་ལྡན་པའི་སྡེ་སྣོད་འཛིན་པ་དུ་མ་ལ། ཚད་མ་རྣམ་འགྲེལ་གྱི་བརྗོད་བྱའི་གཙོ་བོ་མཐའ་དག་རིགས་པའི་ལམ་ནས་དྲངས་ཏེ། གཞུང་ལམ་གྱི་རིམ་པར་བསྒྲིགས་ནས་ཉམས་ལེན་ལ་སྦྱར་ཏེ་གསུང་བས། སྡེ་སྣོད་འཛིན་པ་ཐམས་ཅད་སྔོན་ལན་ཅིག་ཀྱང་མ་མྱོང་བའི་ལེགས་པར་བཤད་པའི་བདུད་རྩིའི་རོ་ཕུལ་དུ་བྱུང་བ་མྱོང་བས་ཡིད་ཀྱི་སྐྱེས་བུ་རང་དབང་མེད་པར་ཁྲོགས་ཏེ་ངོ་མཚར་བའི་གཏམ་གྱིས་དུས་འདའ་བར་བྱེད་ཅིང་། དེ་ཕྱིན་ཆད་ཀྱང་སྐབས་སྐབས་སུ་གསུངས་པས། སྔོན་ཆད་གངས་རིའི་ཁྲོད་འདིར་ཚད་མའི་ཚིག་གི་ན་ཡམ་མམ། ཕྱིའི་གོ་རྒྱ་གཙོད་པའི་ཚེ་བསྟན་བཅོས་གཞན་ལྟ་བ་ལ་བློ་ཙུང་ཟད་དྲག་ཏུ་འགྲོ་བའི་ཡན་ལག་ཙམ་དུ་ཉེ་བར་མཁོ་བར་འཛིན་པར་ཟད་ཀྱི། འདི་ཉམས་ལེན་ལ་མཁོ་བའི་ཐེ་ཚོམ་ཙམ་ཡང་སུ་ལའང་མེད་པས། ཕལ་མོ་ཆེ་ཞིག་དོན་མ་ཡིན་པ་སྐྱིད་པར་བྱེད་པ་ལ། ད་ལྟ་བློ་གྲོས་དང་ལྡན་ཞིང་གཟུ་བོར་གནས་པ་དག་ལ། འདི་ཉིད་ཉམས་ལེན་སྟོན་པའི་བསྟན་བཅོས་ཤིག་ལ་རྨད་དུ་བྱུང་བའི་ཕྱོགས་མཐོང་ཙམ་ཡོད་པ་འདི་ནི། རྗེ་རིན་པོ་ཆེ་འདི་འབའ་ཞིག་གི་ཐུགས་རྗེ་ལ་བརྟེན་པ་ཡིན་ཏེ། འདི་ཙམ་གྱི་བཀའ་དྲིན་གངས་ཅན་པ་ཡོངས་ཀྱིས་བསབ་པར་སླ་བ་མ་ཡིན་ནོ། །[1]ཞེས་གསུངས་པ་ལྟར་རྣམ་འགྲེལ་གྱི་དགོངས་དོན་ལམ་གྱི་རིམ་པར་བསྒྲིགས་ནས་ཉམས་ལེན་དང་སྦྱར་ནས་གསུངས་པ་ནི་རྗེ་བླ་མའི་ཁྱད་པར་དུ་འཕགས་པའི་བཞེད་པ་ཞིག་ཡིན་པས་མཁས་པ་རྣམས་ཀྱིས་བསྔོད་པའི་གནས་དང་

① མཁས་གྲུབ་རྗེས་མཛད་པ། སྐུ་འབུམ་བྱམས་པ་གླིང་གི་ཤིང་དཔར་གྱི་ཤོག་ངོས་༤༢པར་གསལ།

བསྡུགས་པའི་ཡུལ་དུ་གྱུར་ཏོ། །

བཞི་པ། 《སྡེ་བདུན་ལ་འཇུག་པའི་སྒོ་དོན་གཉེར་ཡིད་ཀྱི་མུན་སེལ་》ལས་སྟོན་པའི་ཚད་མའི་ལྟ་གྲུབ།

རྗེ་ཙོང་ཁ་པ་ཆེན་པོས་《སྡེ་བདུན་ལ་འཇུག་པའི་སྒོ་དོན་གཉེར་ཡིད་ཀྱི་མུན་སེལ་》ཞེས་བྱ་བའི་ཚད་མའི་བསྟན་བཅོས་མཛད་དེ་རང་ཉིད་ཀྱི་ཚད་མའི་བཞེད་པ་གསལ་བར་བསྟན་པ་འདི་ལྟ་སྟེ། ཚད་མའི་བསྟན་བཅོས་ཀྱི་བརྗོད་བྱ་སྤྱི་ལ་ཡུལ་དང་། ཡུལ་ཅན་དང་། ཡུལ་དེ་རྟོགས་པའི་ཐབས་བཅས་ཁག་གསུམ་དུ་ཕྱེ་ནས་བཀྲལ། དང་པོ་ཡུལ་འཆད་པའི་སྐབས། ཡུལ་དང་། ཤེས་བྱ་དང་། གཞལ་བྱ་རྣམས་གཙོ་བོར་དོན་གཅིག་ཡིན་པར་བཞེད་དོ། །ཡུལ་ལ་ངོ་བོའི་སྒོ་ནས་དབྱེ་ན། དངོས་པོ་དང་དངོས་མེད། འདུས་བྱས་དང་འདུས་མ་བྱས། རྟག་པ་དང་མི་རྟག་པའོ། །དངོས་པོའི་མཚན་ཉིད་དོན་བྱེད་ནུས་པ། དེ་ལ་ངོ་བོའི་སྒོ་ནས་དབྱེ་ན་བེམ་རིག་གཉིས། འདིར་ལྡན་མིན་འདུ་བྱེད་ཀུན་བཏགས་ཡིན་པས་དངོས་པོ་མ་ཡིན་པར་བཞེད་དོ། །དངོས་མེད་ཀྱི་མཚན་ཉིད་དོན་བྱེད་ནུས་སྟོང་། དངོས་པོ་ལ་བྱེད་པའི་སྒོ་ནས་དབྱེ་ན་རྒྱུ་དང་འབྲས་བུ་གཉིས། རྒྱུ་ལ་ངོ་བོའི་སྒོ་ནས་དབྱེ་ན་དངོས་རྒྱུ་དང་བརྒྱུད་རྒྱུ་གཉིས། གཙོ་ཕལ་གྱི་སྒོ་ནས་དབྱེ་ན་ཉེར་ལེན་དང་ལྷན་ཅིག་བྱེད་རྐྱེན་གཉིས་བཅས་དང་། རགས་རྒྱུན་འཆད་པ་ལ། རགས་པའི་མཚན་ཉིད་རང་གི་བདག་ཉིད་དུ་གྱུར་པའི་ཕྱོགས་ཆ་ཡོད་པའི་རྫས། དཔེ་བུམ་པ་ལྟ་བུ། ཆ་མེད་ཀྱི་རྫས་ཀྱི་མཚན་ཉིད། རང་གི་བདག་ཉིད་དུ་གྱུར་པའི་ཕྱོགས་ཆ་མེད་པའི་རྫས། དཔེ་མདུན་གྱི་རྫས་ཆུང་ཐ་གཅིག་ལྟ་བུ། རྒྱུན་གྱི་མཚན་ཉིད། རང་གི་བདག་ཉིད་དུ་གྱུར་པའི་སྐད་ཅིག་སྔ་ཕྱི་དུ་མ་ཡོད་པའི་དངོས་པོ་ཞེས་སོགས་བྱུང་། ཡང་ཡུལ་གྱི་དབྱེ་བ་འཆད་པའི་སྐབས། ཡུལ་ལ་ཡུལ་དུ་བྱས་ཚུལ་མི་འདྲ་བའི་སྒོ་ནས་སྣང་ཡུལ་ལམ་གཟུང་ཡུལ། ཞེན་ཡུལ། འཇུག་ཡུལ་དང་གསུམ་དུ་དབྱེ་བ། གཟུང་ཡུལ་ལའང་མངོན་སུམ་གྱི་གཟུང་ཡུལ། རྟོག་པའི་གཟུང་ཡུལ། རྟོག་མེད་འཁྲུལ་ཤེས་ཀྱི་

གཟུང་ཡུལ་དང་གསུམ་དུ་དབྱེ་བ། དབྱེ་ཚུལ་འདི་སྔར་གྱི་སྡེ་བས་བཞེད་ཀྱང་རྗེས་སུ་ས་པཎ་གྱིས་བཀག་ལ། རྗེ་བླ་མས་སྡེ་བའི་བཞེད་པ་ལ་འཐད་ཅིང་ནན་ཏན་གྱིས་བསྟན། ཡུལ་ཅན་འཆད་པ་ལ། གོ་བྱེད་དམ་རིག་བྱེད་ཡུལ་ཅན་གྱི་མཚན་ཉིད་དུ་བཞག བློ་དང་། རིག་པ་དང་། ཤེས་པ་རྣམས་དོན་གཅིག དབྱེ་ན་ཚད་མ་ཚད་མིན། རྟོག་པ་རྟོག་མེད། འཁྲུལ་མ་འཁྲུལ། རང་རིག་གཞན་རིག སེམས་སེམས་བྱུང་རྣམས་སོ། །ཚད་མའི་མཚན་ཉིད་རང་ཡུལ་གསར་དུ་རྟོགས་པའི་བློ། དེས་ན་ཚད་མ་སླུ་མེད་ཅན་ཤེས་པ་ཞེས་པའི་དོན་མི་སླུ་བ་ཙམ་མིན་གྱི། གསར་དུ་རྟོགས་པ་འདི་ལྟ་བུ་ཡིན་ཞེས་ཤེས་པའི་ཕྱིར་དུ། མ་ཤེས་དོན་གྱིས་གསལ་བྱེད་ཀྱང་། །ཞེས་པས་གཞུང་སྔ་མའི་དོན་གསལ་དུ་བཏང་བ་ཡིན་ནོ། །ཚད་མིན་བློའི་མཚན་ཉིད། རང་ཡུལ་གསར་དུ་རྟོགས་པ་མ་ཡིན་པའི་བློ། དབྱེ་ན་བཅད་ཤེས། ལོག་ཤེས། ཐེ་ཚོམ། ཡིད་དཔྱོད། སྣང་ལ་མ་ངེས་པའི་བློ་དང་ལྔ། དབྱེ་ཚུལ་འདི་ནི་ལོ་ཆེན་དང་སྡེ་བ་གཉིས་ཀས་བཞེད་ཀྱང་ས་པཎ་གྱིས་བཀག འདིར་རྗེ་བླ་མས་སྡེ་བའི་བཞེད་པ་དང་མཐུན་པར་གསུངས། ཚད་མ་གྲངས་ངེས་ཀྱི་སྒོ་ནས་དབྱེ་ན་མངོན་སུམ་ཚད་མ་དང་རྗེས་དཔག་ཚད་མ་གཉིས། མངོན་སུམ་ཚད་མའི་མཚན་ཉིད། རྟོག་བྲལ་མ་འཁྲུལ་བ་གང་ཞིག རང་ཡུལ་གསར་དུ་རྟོགས་པ། མཚན་ཉིད་དེ་ལས་མངོན་སུམ་ཡིན་ན་མངོན་སུམ་ཚད་མ་ཡིན་པས་མ་ཁྱབ་པར་བསྟན་ཏོ། །རྗེས་དཔག་ཚད་མའི་མཚན་ཉིད། ཚུལ་གསུམ་ཚང་བའི་རྟགས་ལ་བརྟེན་ནས་རང་ཡུལ་ལྐོག་གྱུར་གསར་དུ་རྟོགས་པའི་བློ། ཚད་མ་ལ་ཡུལ་ཅན་ལ་ངེས་པ་འདྲེན་ནུས་ཀྱི་སྒོ་ནས་དབྱེ་ན་རང་ལས་ངེས་ཀྱི་ཚད་མ་དང་། གཞན་ལས་ངེས་ཀྱི་ཚད་མ་གཉིས་སོ། །རྟོག་པ་འཆད་པའི་སྐབས་ལ། རྟོག་པའི་མཚན་ཉིད། རང་གི་སྣང་ཡུལ་ཡིན་ན་སྤྱི་མཚན་ཡིན་དགོས་པ། རྟོག་མེད་ཤེས་པའི་མཚན་ཉིད། ཤེས་པ་གང་ཞིག རང་གི་སྣང་ཡུལ་ཡིན་ན་རང་མཚན་དང་གཞི་མ་གྲུབ་གང་རུང་ཡིན་དགོས་པ། རྟོག་པ་ལ་སྦྱོར་ཚུལ་གྱི་སྒོ་ནས་དབྱེ་ན་སྒྲ་སྦྱོར་རྟོག་པ་དང་དོན་སྦྱོར་

རྟོག་པ་གཉིས། དང་པོའི་མཚན་ཉིད་བརྡ་དུས་ཀྱི་མིང་དང་ཐ་སྙད་དུས་ཀྱི་དོན་གཉིས་སྦྱར་ནས་འཛིན་པའི་ཤེས་པ། དཔེར་ན་ཡལ་འདབ་ཅན་གྱི་ཤིང་ངོ་སྙམ་པའི་བློ་ལྟ་བུའོ། །གཉིས་པའི་མཚན་ཉིད་ཁྱད་གཞི་ཁྱད་ཆོས་སྦྱར་ནས་འཛིན་པའི་ཤེས་པ། དཔེར་ན་སྐྱེས་བུ་དབྱུག་པ་ཅན་ནོ་སྙམ་དུ་འཛིན་པའི་བློ་ལྟ་བུའོ། །རྟོག་པ་ལ་སྣང་ཡུལ་གྱི་སྒོ་ནས་དབྱེ་ན་སྒྲ་སྤྱི་རྐྱང་པ་ལ་སྣང་བ་དང་། དོན་སྤྱི་རྐྱང་པ་ལ་སྣང་བ་དང་། གཉིས་ཀ་སྣང་བའི་རྟོག་པ་གསུམ་མོ། །རྟོག་པ་ལ་དགོས་པའི་སྒོ་ནས་དབྱེ་ན་བརྡ་རྗེན་ཅན་གྱི་རྟོག་པ་དང་། དོན་གཞན་ལ་སྒྲོ་འདོགས་པའི་རྟོག་པ་དང་། ལྐོག་ཏུ་གྱུར་པའི་དོན་གྱི་རྟོག་པ་གསུམ་མོ། །དྲན་པ་ནི་འདས་པ་ལ་དམིགས་པའི་རྟོག་པའོ། །ཚད་འབྲས་ཀྱི་རྣམ་གཞག་འཆད་པ་ལ། འབྲས་རྟོགས་དང་པོའི་སྐབས་སུ། སྔོན་པོ་གཞལ་བྱ། སྔོན་པོའི་རྣམ་པ་ཤར་ནས་སྔོན་པོ་ལ་གསར་དུ་མི་སླུ་བ་ཚད་མ། སྔོན་པོ་དངོས་སུ་རྟོགས་པའི་ཚད་མ་འབྲས་བུར་འཇོག་པ། འབྲས་རྟོགས་གཉིས་པའི་སྐབས་སུ། གཟུང་རྣམ་གཞལ་བྱ། གཟུང་རྣམ་ཡོངས་སུ་དཔྱོད་བྱེད་འཛིན་རྣམ་ཚད་མ། གཟུང་རྣམ་ཉམས་སུ་མྱོང་བའི་རང་རིག་འབྲས་བུར་འཇོག་ཅིང་། འབྲས་རྟོགས་གསུམ་པའི་སྐབས་སུ། སྔོན་པོ་གཞལ་བྱ། སྔོན་པོའི་རྣམ་པ་ཤར་ནས་སྔོན་པོ་ལ་གསར་དུ་མི་སླུ་བའི་ཤེས་པ་ཚད་མ། སྔོན་པོ་ལ་བལྟོས་ནས་རང་གི་བདག་ཉིད་དུ་གྱུར་པའི་ཡུལ་དངོས་སུ་རྟོགས་པའི་ཚད་མ་འབྲས་བུར་འཇོག་གོ །རྗེས་དཔག་གི་ཚད་འབྲས་ནི། སྒྲ་མི་རྟག་པ་གཞལ་བྱ། སྒྲ་མི་རྟག་པར་སྒྲུབ་པའི་ཚུལ་གསུམ་ཚང་བའི་རྟགས་ལས་སྒྲ་མི་རྟག་པའི་རྣམ་པ་ཤར་ནས་སྒྲ་མི་རྟག་པ་ལ་གསར་དུ་མི་སླུ་བའི་ཤེས་པ་ཚད་མ། སྒྲ་མི་རྟག་པ་དངོས་སུ་རྟོགས་པའི་རྗེས་དཔག་འབྲས་བུའོ། །

ཡུལ་རྟོགས་པའི་ཐབས་འཆད་པ་ལ། ཁག་བརྒྱད་དང་རྣམ་པ་བཅུ་དྲུག་ཏུ་ཕྱེ་ནས་གཏན་ལ་ཕབ། རྣམ་པ་བཅུ་དྲུག་ནི། འགལ་བ་འབྲེལ་བ། དགག་པ་སྒྲུབ་པ། སྤྱི་བྱེ་བྲག གཅིག་དང་ཐ་དད། སེལ་འཇུག་དང་སྒྲུབ་འཇུག མཚན་ཉིད་དང་

མཚོན་བྱ། རྫས་ཆོས་དང་ལྡོག་ཆོས། རྗེས་དཔག་རྣམ་གཉིས་བཅས་སོ། །

འདིའི་རྫས་ལྡོག་གི་རྣམ་གཞག་འཆད་པ་ལ། རྫས་ཀྱི་མཚན་ཉིད་སྐྱེས་བུའི་དགོས་དོན་སྒྲུབ་ནུས་གཟུགས་ལྟ་བུ། རྫས་ཆོས་ཀྱི་མཚན་ཉིད་རྫས་ཀྱི་བདག་ཉིད་དུ་གྱུར་པའི་གཟུགས་ཀྱི་ཡོན་ཏན། གཟུགས་ཀྱི་མི་རྟག་པ་ལྟ་བུ། ལྡོག་པའི་མཚན་ཉིད། རྟོག་པ་ལ་རིགས་མི་མཐུན་ལས་ལོག་པར་སྣང་བའི་ཆོས་གང་ཞིག དངོས་པོ་མ་ཡིན་པ། རྟོག་པ་ལ་གཟུགས་སུ་སྣང་བ་ལྟ་བུ། གོང་དུ་བསྟན་པའི་རྫས་ལྡོག་གི་མཚན་ཉིད་དང་བཅས་པ་འདི། རྗེ་བླ་མས་གསལ་བཤད་འདི་ལྟར་མཛད་དེ། རྫས་ལྡོག་གི་བཤད་པ་ནི་རྗེ་བཙུན་རེད་མདའ་བའི་བཞེད་པར་སྣང་ངོ་། །དེང་སང་གྲགས་ཆོད་ལ་རྫས་ལྡོག་གི་མཚན་ཉིད་རིམ་བཞིན། ཁྱོད་གཞི་གྲུབ། ཁྱོད་ཁྱོད་རང་ཡིན། ཁྱོད་མ་ཡིན་དེ་ཁྱོད་ཡིན། ཁྱོད་གཞི་གྲུབ། ཁྱོད་ཁྱོད་རང་མ་ཡིན་པའམ། ཁྱོད་མ་ཡིན་དེ་ཁྱོད་ཡིན་པ་གང་རུང་ཡིན་པ། དང་པོ་གཟུགས་ལྟ་བུ། ལྡོག་ཆོས་ལ་དབྱེ་ན་གཉིས་ལས། རང་མ་ཡིན་པའི་ལྡོག་ཆོས་ཀྱི་མཚན་ཉིད། ཁྱོད་གཞི་གྲུབ། ཁྱོད་ཁྱོད་རང་མ་ཡིན། མཚན་ཉིད་ལྟ་བུ། རང་ཡིན་གྱི་ལྡོག་ཆོས་ཀྱི་མཚན་ཉིད། ཁྱོད་གཞི་གྲུབ། ཁྱོད་ཁྱོད་རང་ཡིན་ཁྱོད་མ་ཡིན་དེ་ཁྱོད་ཡིན་པ། མཚོན་བྱ་ལྟ་བུ། རང་ཡིན་དང་རང་མ་ཡིན་དང་རང་ཡིན་སོགས་ཤིན་ཏུ་ཁས་ལེན་དགོས་ཤིང་། འདི་དག་ལ་རྫས་ལྡོག་གི་ཐ་སྙད་དུ་བཞག་པ་ལ་ཡིད་བརྟན་མི་སྣང་ངོ་། །ཞེས་རྗེ་བླ་མས་རང་གི་བཞེད་ཚུལ་བསྟན་ཏོ། །

རྗེས་དཔག་རྣམ་གཉིས་ཀྱི་ནང་གསེས་རང་དོན་རྗེས་དཔག་འཆད་པ་ལ། ཤེས་འདོད་ཆོས་ཅན་ནམ་བསྒྲུབ་བྱའི་ཆོས་ཅན་གྱི་མཚན་ཉིད། དེ་སྒྲུབ་ཀྱི་ཕྱོགས་བཏགས་པ་བ་གང་ཞིག དེ་སྒྲུབ་ཀྱི་བསྒྲུབ་བྱའི་ཆོས་ཀྱི་དཔག་གཞིར་གཟུང་བ། སྒྲ་ལྟ་བུ། བསྒྲུབ་བྱའི་ཆོས་ཀྱི་མཚན་ཉིད། དེ་སྒྲུབ་ཀྱི་ཕྱོགས་བཏགས་པ་བ་གང་ཞིག དེ་སྒྲུབ་ཀྱི་བསྒྲུབ་བྱའི་ཆོས་ཅན་གྱི་སྟེང་དུ་རྟགས་ཀྱིས་དཔག་པར་བྱ་བ། མི་རྟག་པ་ལྟ་བུ། ཞེས་པར་བསྟན་ཅིང་། གཞན་དོན་རྗེས་དཔག་འཆད་པའི

ཆོ། གཞན་དོན་གྱི་རྟགས་ཡང་དག་གི་བསྒྲུབ་བྱའི་མཚན་ཉིད། ཟ་བོའི་དོན་སོགས་ཆོས་ལྔ་ཚང་བ། ཡང་ན་བསྒྲུབ་བྱར་འོས་ཤིང་རྒོལ་བས་བསྒྲུབ་བྱར་ཁས་བླངས་པ། ཆོས་ལྔ་ནི། ཀུན་ལས་བཏུས་ལས། ཟ་བོ་ཁོ་ན་རང་ཉིད་དང་། །འདོད་འགྱུར་མ་བསལ་བསྟན་བྱ་བ། །ཞེས་འབྱུང་བ་ལྟར་དུ། དེ་སྒྲུབ་ཀྱི་ཕྱིར་རྒོལ་གྱིས་ཚད་མས་གྲུབ་ཟིན་མ་བརྗེད་པ་མ་ཡིན་པ་དང་། དེ་སྒྲུབ་ཀྱི་སྒྲུབ་བྱེད་དུ་བཀོད་བཞིན་པ་མ་ཡིན་པ་དང་། དེ་སྒྲུབ་ཀྱི་རྒོལ་བས་དཔག་འདོད་ཀྱི་ཡུལ་དུ་བྱས་པ་དང་། དེ་སྒྲུབ་ཀྱི་རྒོལ་བ་ཞེ་བས་འདོད་པ་དང་། དེ་སྒྲུབ་ཀྱི་ཕྱིར་རྒོལ་གྱིས་ཚད་མས་མ་བསལ་བ་རྣམས་སོ། །གཞན་དོན་གྱི་ཕྱོགས་ལྟར་སྣང་གི་མཚན་ཉིད། སྔ་རྒོལ་གྱིས་དམ་བཅས་པའི་ཚིགས་དོན་གང་ཞིག ཟ་བོའི་དོན་སོགས་ཆོས་ལྔ་མ་ཚང་བ། དབྱེ་ན་ལྔ་སྟེ། གྲུབ་ཟིན་པའི་ཕྱོགས་ལྟར་སྣང་། སྒྲུབ་བྱེད་དུ་བཀོད་བཞིན་པའི་ཕྱོགས་ལྟར་སྣང་། རྒོལ་བ་དཔག་འདོད་མེད་པའི་ཕྱོགས་ལྟར་སྣང་། རྒོལ་བ་ཞེ་བས་མི་འདོད་པའི་ཕྱོགས་ལྟར་སྣང་། བསལ་བ་ཞུགས་པའི་ཕྱོགས་ལྟར་སྣང་བཅས་སོ། །བསལ་བ་ཞུགས་པའི་ཕྱོགས་ཀྱི་ནང་གསེས་ཡིད་ཆེས་བསལ་བ་ལ། རྗེ་བླ་མས་འདི་ལྟར་བསྟན་ཏེ། དེས་ན་ཡིད་ཆེས་བསལ་བ་ཡིན་པ་ལ་ཡིད་ཆེས་རྗེས་དཔག་གི་བསལ་བ་ཡིན་པས་མ་ཁྱབ་ཅིང་། སྤྱིར་ཡིད་ཆེས་བསལ་བ་དང་དངོས་པོ་སྟོབས་ཞུགས་ཀྱི་བསལ་བ་ཡང་མི་འགལ་ལོ། །ཀུན་ལས་བཏུས་སུ། ཡིད་ཆེས་ཞེས་གཅིག་ཏུ་བསྡུས་ནས་བཤད་པའི་རང་ཚིག་དང་ལུང་ཚིག་གི་མཚན་ཉིད། རིམ་པ་བཞིན་རྒོལ་བ་རང་གིས་བདེན་ཞེན་གྱིས་སྨྲས་པའི་བསྒྲུབ་བྱ་བརྗོད་པའི་ཚིག་དང་། དཔྱད་པ་གསུམ་གྱིས་དག་པའི་ལུང་ཡིན་པ། བླ་མ་སྔ་མ་དག་གཉིས་པོའི་མཚན་ཉིད་རིམ་བཞིན། བསྒྲུབ་བྱ་བརྗོད་པའི་ཚིག་གང་ཞིག ཆོས་ཅན་ཡོད་ན་ཚུར་མཐོང་གིས་དངོས་པོའི་སྟོབས་ཞུགས་ཀྱིས་འགྲུབ་པ་ལུང་ལ་མི་བལྟོས་པ་དང་བལྟོས་པ་ཞེས་གསུངས་ཏེ་དཔྱད་དོ་ཞེས་གསུངས་སོ། །

སུན་འབྱིན་བཤད་པ་ལ། སུན་འབྱིན་ཡང་དག་གི་མཚན་ཉིད། སྐྱོན་ལ་

སྐྱོན་དུ་བརྗོད་པས་སྐྱོན་ཅན་གོ་ནུས་པའི་ངག ཐལ་འགྱུར་ཡང་དག་གི་མཚན་ཉིད། ལན་གྱིས་ལྡོག་མི་ནུས་པའི་ཐལ་ངག ཐལ་འགྱུར་ལྟར་སྣང་གི་མཚན་ཉིད། ལན་གྱིས་ལྡོག་པར་ནུས་པའི་ཐལ་འགྱུར། ཐལ་འགྱུར་ལྟར་སྣང་ལ་ལན་འདེབས་ཚུལ་ལ། ཁྱབ་པ་འགལ། ཁྱབ་པ་མ་ངེས། རྟགས་མ་གྲུབ། རྟགས་ལ་ཐེ་ཚོམ་ཟ། འདོད་བཅས་སོ། །

ལྔ་པ། རྗོད་པ་ལ་མཁས་ཤིང་། བསམ་སྦྱོར་རྣམ་དག་གིས་གདུལ་བྱ་སློབ་མ་གྲངས་མེད་ངང་གིས་འདུས་པ།

བདག་ཉིད་ཆེན་པོ་རྗེ་བླ་མ་རྗོད་པ་ལ་ཞུགས་པའི་ཚེ། སྐྱེས་སྟོབས་ཀྱི་ཤེས་རབ་ཆེ་བ་དང་། ཚིག་དོན་དང་ལྡན་ཞིང་གསལ་ལ་འཇམ་པ། ལུང་དང་རིགས་པ་གསལ་ལ་རྣོ་བ། སྙིད་ལུག་དང་ང་རྒྱལ་མེད་པ། ཕ་རོལ་པོ་ལ་དམའ་དབབ་པར་འདོད་པའི་ཞེ་སྡང་དང་། རང་ཉིད་མཐོ་འདོད་ཀྱི་འདོད་ཆགས་དང་། རིགས་ལམ་འདོར་བར་འདོད་པའི་གཡོ་སྒྱུ་སོགས་ཀྱི་བསམ་པ་གཏན་ནས་མེད་པར། གཞན་གྱིས་སྨྲས་པའི་རིགས་ལམ་རྣམ་དག་རང་གིས་ཤེས་འདོད་པའི་འདུན་པ་དང་། གཞན་རྒྱུད་ཀྱི་ལོག་རྟོག་སེལ་བར་འདོད་པའི་སྙིང་རྗེ་དང་། རང་གིས་ཤེས་པའི་རིགས་ལམ་རྣམ་དག་གཞན་ལ་སྤེར་འདོད་ཀྱི་བསམ་པ་བཅས་གཞན་ལ་ཕན་པ་ཁོ་ན་ལས་ཞེ་གཙོད་པའི་ཚིག་ངན་ཡེ་མི་སྨྲ་བ་ཞིག་ཡིན་ཏེ། 《ལམ་རིམ་བླ་མ་བརྒྱུད་པའི་རྣམ་ཐར་》ལས། མཚན་ཉིད་ཀྱི་སློབ་གཉེར་མཛད་པའི་སྐབས་སུའང་དེང་སང་གི་གདུལ་བྱ་ཕལ་ཆེར་ཕ་རོལ་དང་རྗོད་པའི་ཚེ་ཕ་རོལ་དམའ་དབབ་པའི་ཚིག་སྨྲ་གང་ཐུབ་དང་། ལུས་ཀྱི་རྣམ་འགྱུར་ཡང་འགྱིང་བ་དང་ཁེངས་པ་དང་ཕ་རོལ་གནོན་པའི་རྣམ་འགྱུར་བྱེད་པ་འདི་འདྲ་གཏན་ནས་མིན་པར་རྗེ་བླ་མ་འདིས་དབུས་གཙང་གྲྭ་ས་ཆེན་པོ་རྣམས་སུ་ཐུགས་གཉེར་མཛད་པ་དང་། གྲྭ་སྐོར་མཛད་པའི་སྐབས་གང་དུའང་རྐོལ་བ་ཕ་རོལ་པོ་ལ་ངན་སྨྲ་མཛད་པ་ནམ་ཡང་མི་སྲིད་ཅིང་སྐུ་ལུས་ཀྱི་རྣམ་འགྱུར་ཡང་ཞི་ཞིང་དུལ་བ་དང་འཇམ་ཞིང་

དེས་པ་དང་། གསུང་སྙན་ཞིང་བརྗིད་ལ་གསོང་པོར་སྨྲ་བ་དང་། ཕ་རོལ་པོ་ལ་ཕན་པའི་ཚིག་ཁོ་ན་བརྗོད་པ་ལས་སྐུ་དང་གསུང་གི་རྣམ་འགྱུར་ལ་སྐྱོན་ཆགས་པ་དེ་དུས་སུ་སྐུ་དངོས་སུ་མཐོང་བ་ལའང་དུས་འདིའི་ཆ་འདི་ལྟར་མཛད་དོ་ཞེས་བསྟན་རྒྱུ་མེད་པ་ཡོངས་སུ་གྲགས་པ་ལྟར་ཡིན་ལ། དེའི་དབང་གིས་གྲྭ་ས་གང་དང་གང་དུ་ཕྱིན་པ་དེ་དང་དེར་རྗེ་འདིའི་སྐུ་མཐོང་བ་དང་གསུང་གི་གདངས་ཐོས་པ་ཙམ་གྱིས་སྣང་བ་འགྱུར་ཏེ་རྗེ་འདིའི་ཞབས་དྲུང་དུ་བསྙེན་ཏེ་སློབ་མར་ཁས་ལེན་པ་ཤ་སྟག་བྱུང་སྟེ་སྐད་ཅིག་ཉིད་ལ་གངས་ཅན་གྱི་སའི་ཆ་ཐམས་ཅད་རྗེ་འདིའི་སློབ་མས་ཁྱབ་པ་འདི་བྱུང་བ་ཡིན་ནོ། །①ཞེས་གསུངས་ལ། འོ་ན་རྗེ་བླ་མའི་ཆོས་འབྲེལ་གྱི་སློབ་མ་ཅི་ཙམ་ཡོད་ཅེ་ན། ཡང་གཞུང་དེ་ཉིད་ལས། རྗེ་རིན་པོ་ཆེ་ལ་མི་ཕྱེད་པའི་དད་པ་ཅན་ཞང་བཟང་ནེ་རིང་བ་འཆི་མེད་རབ་རྒྱས་ཀྱིས། རྗེའི་ཐུགས་སྲས་གཙོ་བོ་རྣམས་བསྡུས་པའི་སྡོམས་འདི་ལྟར་མཛད་དེ། ལུང་བསྟན་རྣམ་དག་ཡོད་པའི་བུ་ཆེན་ཐུགས་སྲས་བདུན། སྔོན་དུས་བྱ་བྲལ་མཛད་དུས་ཀྱི་ཕྱུག་ཕྱི་བ་གློས་བཏང་བརྒྱད། སྐུ་བསྟེན་དུས་བསྟེན་གཡོག་དང་། སྐུ་རིམ་རྐང་ཚུགས་མཛད་པའི་བུ་ཆེན་བདུན། གདན་སའི་ལུགས་གཉིས་སྐྱེལ་བའི་བུ་ཆེན་མཁས་གྲུབ་བརྒྱད། ཡི་གེས་ཐུགས་ཟིན་པའི་བུ་ཆེན་གསུམ། འཕྲིན་ལས་རྩོད་པ་མེད་པའི་བུ་ཆེན་གསུམ། སྒྲུབ་པ་གཙོ་བོར་མཛད་པའི་བུ་ཆེན་རྟོགས་ལྡན་གྱི་མཚན་ཅན་བཞི་དང་། རི་སྒྲུབ་གཉིས། གཞུང་ལུགས་རབ་འབྱམས་མཁྱེན་པའི་མཁས་མཆོག་གཉིས། སྟོད་སྨད་ཀྱི་ཤེས་རབ་བཟང་པོ་རྣམ་གཉིས། བྱང་སེམས་རྣམ་གཉིས། སེམས་དཔའ་རྣམ་གཉིས། གྲགས་པ་རྣམ་གཉིས། བཀའ་བབ་ཀྱི་བུ་ཆེན་དྲུག སྔེ་དཔོན་གྲུབ་ཐོབ་ཀྱི་བུ་ཆེན་རྩོད་མེད་གསུམ། རིགས་ཅུས་ཁྱུངས་

① ཡོངས་འཛིན་ཡེ་ཤེས་རྒྱལ་མཚན་གྱིས་མཛད་པའི་《ལམ་རིམ་བླ་མ་བརྒྱུད་པའི་རྣམ་ཐར་》ཞེས་པ་བོད་ལྗོངས་མི་དམངས་དཔེ་སྐྲུན་ཁང་གིས་༡༩༩༠ལོར་པར་དུ་བསྐྲུན་པའི་ཤོག་ངོས་༣༧༧པར་གསལ།

བཙུན་གྱི་མཁས་གྲུབ་རྣམ་པ་གསུམ། རྒྱལ་ཚབ་བསྟན་འཛིན་གྱི་བུ་ཆེན་རིན་པོ་ཆེ་རྣམ་པ་གསུམ། སྟེ་དཔོན་ཐུགས་གྲོལ་གྱི་མཁས་པ་གཅིག བྱ་བཏང་སྨྲས་པའི་གྲུབ་ཐོབ་གཅིག མཁས་མཆོག་ཡོངས་གྲགས་ཀྱི་ཆོས་རྗེ་གཉིས། བྱ་བཏང་ཡོངས་གྲགས་ཀྱི་གྲུབ་ཐོབ་གཅིག་ཅེས་སྡེ་ཚན་ཚོམས་སུ་བགྲངས་སོ། །①ཞེས་གསུངས་པ་ལྟར་རོ། །དེ་དག་ཞིབ་ཏུ་བརྗོད་ན། རྗེ་བླ་མའི་ཆོས་འབྲེལ་གྱི་བུ་སློབ་གནམ་གྱིས་ས་བཀབ་པ་ལྟ་བུ་མང་དུ་བྱུང་མོད་ཀྱང་། གཙོ་བོ་ནི་ཐུགས་སྲས་རྒྱལ་ཚབ་དར་མ་རིན་ཆེན། འདུལ་འཛིན་གྲགས་པ་རྒྱལ་མཚན། ནང་ཐུགས་ཀྱི་སྲས་གཅིག་མཁས་གྲུབ་དགེ་ལེགས་དཔལ་བཟང་སྟེ་སྲས་ཀྱི་ཐུ་བོ་རྣམ་གསུམ། རྟོགས་ལྡན་འཇམ་དཔལ་རྒྱ་མཚོ། དགེ་བཤེས་ཤེས་རབ་གྲགས་པ། དགེ་བཤེས་འཇམ་དཔལ་བཀྲ་ཤིས། དགེ་བཤེས་དཔལ་སྐྱོང་བ་སྟེ་མདོ་སྨད་པ་བཞི་དང་། རྟོགས་ལྡན་འཇམ་དཀར་པ། གནས་བསྟན་བྱང་སེང་བ། ཤར་པ་རིན་རྒྱལ་བ། གནས་བསྟན་བཟང་སྐྱོང་བ་སྟེ་དབུས་པ་བཞི་བཅས་འཁོར་དག་པ་རྣམ་བརྒྱད། ཚ་ཁོ་དཔོན་པོ་ངག་དབང་གྲགས་པ། མདོ་སྨད་པ་གྲགས་པ་བློ་གྲོས། ལྷོང་སྟོན་ལྷ་ན་སྲི། དགེ་བཤེས་ཤ་སྟོན་ཏེ་སྲས་སྤྲ་ཚར་བཞི། ཞྭ་ལུ་ལེགས་པ་རྒྱལ་མཚན། རྗེ་བློ་གྲོས་ཆོས་སྐྱོང་། བ་སོ་ཆོས་ཀྱི་རྒྱལ་མཚན་ཏེ་འཇམ་དབྱངས་སྐན་བརྒྱུད་ཆུ་བོའི་འགོ་འཛིན་ཆོས་རྗེ་གསེར་ཁྲི་རྣམ་གསུམ། ཧོར་སྟོན་ནམ་མཁའ་དཔལ། ཤར་པ་རིན་རྒྱལ་བ་གཉིས་ཏེ་རྩེ་ཤར་གྱི་བསྟན་པའི་གསལ་བྱེད་གཉིས། འཇམ་དབྱངས་ཆོས་རྗེ་བཀྲ་ཤིས་དཔལ་ལྡན་པ། མཚུངས་མེད་ཆོས་རྗེ་ཀུང་རུ་རྒྱལ་མཚན་བཟང་པོ། རྗེ་བཙུན་ཤེས་རབ་སེང་གེ། ཐམས་ཅད་མཁྱེན་པ་དགེ་འདུན་གྲུབ། ཚ་གོ་དཔོན་པོ་ངག་དབང་གྲགས་པ། སྟོད་ཤེར་སེང་། སྨད་ཤེར་སེང་སྟེ་འཕྲིན་ལས་ནམ་མཁའ་

① ཡོངས་འཛིན་ཡེ་ཤེས་རྒྱལ་མཚན་གྱིས་མཛད་པའི་《ལམ་རིམ་བླ་མ་བརྒྱུད་པའི་རྣམ་ཐར་》ཞེས་པ་བོད་ལྗོངས་མི་དམངས་དཔེ་སྐྲུན་ཁང་གིས་༡༩༩༠ལོར་པར་དུ་བསྐྲུན་པའི་ཤོག་ངོས་༣༤༥པར་གསལ།

དང་མཉམ་པའི་སྲས་ཆེན་བདུན། ཆོས་རྗེ་དཀོན་མཆོག་ཚུལ་ཁྲིམས། མཁས་པ་རྒྱལ་དབང་ཁ་ཆེ། གཉལ་རྐོང་རིན་བསམ། མཁྱེན་རབ་གྲགས་བཟང་། གཉལ་ཆེན་ཤེས་རབ་རྒྱལ་མཚན། ཆོས་རྗེ་དཔལ་སེང་བ། སྣར་ཐང་རབ་མཆོག་སྐྱེ་དབུས་གཙང་བསྟན་པའི་སྒྲོན་མེ་བདུན། བྱང་སེམས་ཤཱཀྱ་བསོད་ནམས། བྱང་སེམས་ཀུན་དགའ་བཟང་པོ། བྱང་སེམས་བློ་གྲོས་རྒྱལ་མཚན། བྱང་སེམས་ཚུལ་ཁྲིམས་དཔལ་བཟང་། བྱང་སེམས་གཞོན་ནུ་རྒྱལ་མཆོག བྱང་སེམས་རྒྱལ་མཚན་གྲགས་བཟང་། བྱང་སེམས་རྒྱལ་སྲས་བདེ་འབྱུང་སྟེ་གཞན་དོན་ལྷུན་གྱིས་གྲུབ་པའི་སེམས་དཔའ་བདུན། བྱམས་ཆེན་ཤཱཀྱ་ཡེ་ཤེས། བྱང་དར་མ། མདོ་སྔགས་པ་ལེགས་བཟང་སྟེ་མི་དབང་གཙུག་ན་མཛེས་པའི་ཏྲི་ཤྲི་གསུམ། མ་ཅིག་དཔོན་པོ་ནམ་མཁའ་དཔལ། ཡར་རྒྱབ་དཔོན་པོ་བསོད་ནམས་རྣམ་རྒྱལ། ཞྭ་ལུ་བ་བཀྲ་ཤིས་རྒྱ་མཚོ། སྨུས་སྲད་པ་བློ་གྲོས་རིན་ཆེན་ཏེ་མང་ཐོས་མཁས་པ་བཞི། ཞང་ཞུང་ཆོས་དབང་གྲགས་པ། གུ་གེ་ངག་དབང་གྲགས་པ། ལྷོ་པ་རྒྱལ་མཚན་སེང་གེ། བླ་མ་དཔལ་ལྡན་པ། ལྡན་མ་ཡོན་ཏན་དཔལ། མདོ་སྔགས་པ་བསོད་ནམས་ཤེས་རབ། རོང་པོ་ཨོ་ནག་པ། མདོ་སྔགས་པ་འོད་ཟེར་ཏེ་བསྟན་པ་ཕྱོགས་མཐར་སྐྱོང་བའི་དར་ཆེན་བརྒྱད། འགོས་ལོ་གཞོན་ནུ་དཔལ་བ། སྟག་ལུང་འཇིག་རྟེན་མིག་སྐྱེ་ལོ་ཆེན་གཉིས། རིན་པོ་ཆེ་དཔལ་ལྡན་པ། རིན་པོ་ཆེ་བསོད་ནམས་བཟང་པོ། རིན་པོ་ཆེ་བྱང་ཆུབ་རྡོ་རྗེ། རིན་པོ་ཆེ་བསོད་ནམས་རྒྱལ་མཚན། འབྲི་གུང་རིན་པོ་ཆེ་དོན་གྲུབ་རྒྱལ་པོ། སྟག་ལུང་རིན་པོ་ཆེ་བཀྲ་ཤིས་དཔལ་འོད་དེ་ས་སྐྱོང་ཆོས་རྗེ་དྲུག ཆོས་རྗེ་ཤར་འབྱུང་བ། རྒྱལ་བ་རིན་བསམ་པ། ཞྭ་ལུ་བྱང་ལུང་གྲགས་རིན་པ། མངའ་རིས་བསོད་ནམས་རིན་ཆེན། འཇམ་དབྱངས་རིན་ཆེན་རྒྱལ་མཛད། གུ་གེ་སངས་རྒྱས་རྒྱལ་མཚན། འཇམ་དབྱངས་རིན་ཆེན་གྲགས་པ། དམར་ཁམས་གྲགས་པ་བཟང་བ། སློབ་དཔོན་བརྩོན་གྲགས་པ། སློབ་དཔོན་ལེགས་ལྡན་པ། བླ་མ་སྟག་ལེབ་བྱང་རྒྱལ་པ། བླ་མ་བྱང་དཔལ་བ་སྟེ་མང་དུ་མཁྱེན་པའི་

བསྟན་འཛིན་བཅུ་གཉིས། རིན་པོ་ཆེ་བྱང་དཔལ་བ། རིན་ཆེན་དཔལ་ཏེ་མཁའ་སྤྱོད་གྲུབ་པའི་གདུང་རྒྱུད་གཉིས། སྐྱེས་མཆོག་སྨོན་ལམ་པ་དང་། རི་ནས་མི་འབབ་པ་བསོད་ནམས་རིན་ཆེན་ཏེ་ངོ་མཚར་ཅན་གྱི་སྐྱེས་བུ་གཉིས། སྤྱན་སྔ་ཀུན་བློ་བ། སྤྱན་སྔ་གཞོན་འོད་པ། སྤྱན་སྔ་བློ་རྒྱན་པ། སྤྱན་སྔ་དཔལ་བཟང་བ། སྤྱན་སྔ་ནམ་མཁའ་རྒྱལ་མཚན། སྤྱན་སྔ་བསོད་ནམས་ལྷུན་གྲུབ། སྤྱན་སྔ་རིན་ཆེན་རྒྱལ་མཚན། སྤྱན་སྔ་རིན་ཆེན་འཕེལ་ཏེ་སྐྱེ་དགུའི་བླ་མ་སྤྱན་སྔ་བརྒྱད། གུང་ཐང་ཆོས་རྗེ་མཛེས་པ་དཔལ། བླ་ཆེན་ཉན་ཤག་པ། སྟག་ལུང་གུ་ཤྲཱི་དཔལ་དོན་པ། ཨེ་ཏིའུ་ར་བ་ཡ་ཤེས་དཔལ། མཁན་ཆེན་ཆོས་རྒྱལ་དཔལ་བཟང་། མཁན་ཆེན་རྒྱལ་བཟང་། མཁན་ཆེན་ཀུན་དོར། མཁན་ཆེན་བྱང་དཔལ་ཏེ་བླ་ཆེན་བརྒྱད། ཆེན་པོ་གྲགས་བཟང་། ཆེན་པོ་དྭགས་པོ། ཆེན་པོ་བློ་འཕེལ། ཆེན་པོ་ཀུན་རྒྱལ། ཆེན་པོ་བཀྲས་རྒྱན། ཆེན་པོ་འཇམ་དབྱངས་ཁ་ཆེ། ཆོས་སྒོ་བ་བཀྲ་ཤིས་རིན་ཆེན་ཏེ་ཆེན་པོ་བདུན། དཀའ་བཅུ་དར་བཟང་། འབའ་སེར་དཀའ་བཅུ། ཙོ་ཚ་དཀའ་བཅུ་ཡོན་ཏན་རྒྱལ་མཚན། ལྷུ་ལ་དཀའ་བཅུ། མཐིལ་ཆུང་དཀའ་བཅུ་པ་དོན་ཡོད། བྲག་དགོན་དཀའ་བཞི་པ་རིན་ཆེན་དཔལ། རྒྱལ་བ་དཀའ་བཞི་པ་རིན་ཆེན་ཆོས་རྒྱལ། གྱེ་རེ་དཀའ་བཞི་པ་སངས་རྒྱས་དབང་ཕྱུག སྟག་ཕུ་དཀའ་བཞི་པ་སངས་རྒྱས་བཟང་པོ། གཡག་སྡེ་དཀའ་བཞི་པ་བསོད་ནམས་བཟང་པོ། གྲོས་དཀའ་བཞི་པ། མཚུར་ཕུ་དཀའ་བཞི་པ། དཀའ་བཞི་པ་ཆོས་སེང་། དཀའ་བཞི་པ་གྲགས་པ་རྒྱལ་མཚན་ཏེ་གཞུང་ལུགས་སྨྲ་བའི་དཀའ་ཆེན་བཅུ་བཞི། རྗེ་གདན་ཟླ་བ་བློ་གྲོས། རྗེ་གདན་བསོད་ནམས་ལྷུན་གྲུབ། རྗེ་གདན་ལེགས་རིན་པ། ཀོང་པོ་རྗེ་གདན་པ་སྡེ་སྦྱངས་པའི་ཡོན་ཏན་བརྟུལ་ཞུགས་འཛིན་པའི་རྗེ་བོ་སྟན་གཅིག་པ་བཞི། གནས་བརྟན་ཆོས་བཟང་བ། གནས་བརྟན་རྒྱལ་སྡིང་པ་དོན་གྲུབ་དཔལ། གནས་བརྟན་རྒྱ་མ་པ་དགེ་འདུན་རྒྱལ་པོ། གནས་བརྟན་འོད་ཟེར་བཀྲ་ཤིས། གནས་བརྟན་གཞོན་ནུ་སངས་རྒྱས། གནས་བརྟན་ཀུན་འབུམ་

སྤྱི་ཚུལ་ཁྲིམས་རྣམ་པར་དག་པའི་གནས་བརྟན་དྲུག གུ་ཅོར་རྟོགས་ལྡན་པ་སངས་རྒྱས་དཔལ་བཟང་། རྟོགས་ལྡན་ནམ་མཁའ་ཤེ་རེ། རྒོད་ཕྲུག་གྲགས་པ་འབྱུང་གནས། རྟོགས་ལྡན་རལ་ཞིག་པ། བུ་ལེན་ནམ་རྒྱལ་ཏེ་ཟབ་མོའི་རྟོགས་ལྡན་ལྔ། ལྷ་གཟིགས་གྲགས་པ་རྒྱ་མཚོ། རྒྱ་སྟོན་བློ་བཟང་གྲགས་པ། དྲུང་གཞོན་ནུ་དཔལ་བ། མཁན་པོ་བསམ་རྒྱལ། བླ་མ་གསེར་ཐུབ་པ། ཡངས་སྟེང་རིན་པོ་ཆེ། ཞི་བློ་དཔོན་པོ། དྲུང་ནམ་མཁའ་པ། བླ་མ་མགོན་པོ་བྱང་ཆུབ། བླ་མ་བསོད་རིན་པ། དྲུང་ཆོས་འཕགས་པ། བླ་མ་ཤཱཀ་རིན་པ། བླ་མ་ཟླ་བ་བཟང་པོ། བླ་མ་ཆོས་རྒྱལ་མཚན། རྒྱ་ར་སངས་རྒྱས་ཡེ་ཤེས་ཏེ་ལུང་རྟོགས་ཀྱི་ཡོན་ཏན་དཔོག་པར་དཀའ་ཞིང་རིམ་གཉིས་ཀྱི་ཏིང་ངེ་འཛིན་བརྟན་པོ་མངའ་བ་ཤ་སྟག་གོ།

ས་བཅད་གཉིས་པ། རྗེ་ཙོང་ཁ་པའི་བུ་སློབ་རྣམས་ཀྱིས་ཚད་མའི་གཞུང་ལུགས་བོད་ཡུལ་ལ་རྒྱ་ཆེར་སྤེལ་ཚུལ།

དོན་ཚན་དང་པོ། སྲས་ཀྱི་ཐུ་བོ་རྒྱལ་ཚབ་དར་མ་རིན་ཆེན་གྱིས་ཚད་གཞུང་མང་པོའི་འགྲེལ་ཊཱིཀ་མཛད་ཅིང་ཚད་མའི་ལྟ་གྲུབ་གསར་པ་སྤེལ་བ།

དང་པོ། རྗེ་མི་ཕམ་བླ་མ་རྒྱལ་ཚབ་དར་མ་རིན་ཆེན་གྱི་མཛད་རྗེས།

རྗེ་བླ་མའི་སྲས་ཀྱི་ཐུ་བོ་རྒྱལ་ཚབ་དར་མ་རིན་ཆེན་ནི། གཙང་མྱང་སྟོད་ཀྱི་སའི་ཆ་རི་ནང་ཞེས་བྱ་བའི་ཡུལ་དུ་རབ་བྱུང་དྲུག་པའི་ཤིང་ཕོ་འབྲུག་གི་ལོར་(སྤྱི་ལོ་༡༣༦༤)སྐུ་འཁྲུངས། དགུང་ལོ་བཅུ་བཞེས་པ་ལ་གདན་ས་ཆེན་པོ་གནས་རྙིང་དུ་དགེ་ཚུལ་གྱི་སྡོམ་པ་མནོས། མཚན་དར་མ་རིན་ཆེན་ཞེས་གསོལ། དེ་ནས་སློབ་དཔོན་དཔལ་མགོན་པའི་དྲུང་དུ་ཡི་གེ་འབྲི་ཀློག་ཕུལ་དུ་ཕྱིན་པ་བསླབས། དེ་ནས་མཁས་དབང་ཀུན་དགའ་དཔལ་ཡོངས་འཛིན་དུ་བསྟེན་ཏེ་ཚད་མ་རྣམ་འགྲེལ་ཚད་མ་རྣམ་ངེས་ཆ་ལག་དང་བཅས་པ་སྦྱངས། མཁས་དབང་རེ་ནང་པ་རིན་ཆེན་

རྗོ་རྗེ་ལས་ཕར་ཕྱིན་གྱི་གཞུང་རྣམས་སྦྱངས། མཁས་དབང་བྲན་མ་བྲག་ཁ་བ་ཆོས་རྗེ་དོན་གྲུབ་རིན་ཆེན་གྱི་དྲུང་དུ་མངོན་པ་སྦྱངས། དགའ་བཞི་པ་བློ་གསལ་གྱི་དྲུང་དུ་འདུལ་བ་སྦྱངས། གཞན་ཡང་ལོ་ཆེན་སྐྱབས་མཆོག་དཔལ་བཟང་དང་། ཤངས་པ་ཀུན་མཁྱེན་པ་སོགས་དགེ་བའི་བཤེས་གཉེན་དུ་མ་ལ་མདོ་སྔགས་ཀྱི་ཆོས་མང་དུ་གསན། ཁྱད་པར་དུ་གངས་ཅན་གྱི་ཤིང་རྟ་ཆེན་པོ་རྗེ་བཙུན་རེད་མདའ་བའི་ཞབས་རྟུལ་སྤྱི་བོས་བསྟེན་ཏེ་ཕར་ཕྱིན་དང་། ཚད་མ། འདུལ་བ། མངོན་པ། དབུ་མ་སོགས་མདོ་ཕྱོགས་ཀྱི་གཞུང་རྣམས་དང་དཔལ་གསང་བ་འདུས་པ་སོགས་སྔགས་ཀྱི་གཞུང་རྣམས་ཕལ་ཆེ་བ་གསན་ཏེ་རང་དང་གཞན་གྱི་གྲུབ་མཐའ་རྒྱ་མཚོ་ལྟ་བུའི་ཕ་རོལ་ཏུ་སོན་པའི་མཁས་པའི་དབང་པོར་གྱུར་ཏེ་རྗེ་བཙུན་རེད་མདའ་བའི་སློབ་ཀྱི་ཐུ་བོ་གཞུང་ལུགས་རབ་འབྱམས་ཤེས་པའི་བཤེས་གཉེན་བདུན་གྱི་ནང་ཚན་རྩོལ་བཟང་མཆོག་གྱུར་གྱི་མཚན་ཡང་ཐོགས། དེ་ནས་ས་སྐྱ་དང་། གསང་ཕུ། རྩེད་ཐང་བཅས་སུ་པོ་ཏི་དགའ་བ་བཅུའི་གྲྭ་སྐོར་གནང་། རོང་སྟོན་ཤཱཀྱ་རྒྱལ་མཚན་དང་མཁན་ཆེན་གཡག་པ་སོགས་ས་སྐྱའི་མཁན་ཆེན་རྣམས་དང་རྩོད་གླེང་ལེགས་པར་མཛད་དེ་མཁས་པའི་གྲགས་པ་ཐོབ་ཅིང་དགའ་བཅུ་པའི་མཚན་རྟགས་བཞེས། བོད་ལ་དགའ་བཅུ་པ་ཞེས་པའི་མཚན་ཡང་ཐོག་མར་འདི་ནས་བྱུང་བར་གྲགས། དགུང་ལོ་ཉེར་ལྔ་པ་ལ་བསྙེན་པར་རྫོགས། དེ་ནས་དབུས་ཕྱོགས་ཀྱི་གྲྭ་ས་རྣམས་སུ་གྲྭ་སྐོར་མཛད། འཇམ་མགོན་བླ་མའི་གྲགས་པ་གསན་པས་རྩོད་པ་མཛད་པར་གཉལ་གྱི་ར་སྒྲེང་དུ་ཕྱིན། རྗེ་བདག་ཉིད་ཆེན་པོའི་སྐུ་གསུང་ཐུགས་ཀྱི་ཡོན་ཏན་ལ་ཤིན་ཏུ་དད་དེ་སློབ་མའི་གཙོ་བོར་གྱུར། ལོ་བཅུ་གཉིས་ཀྱི་བར་དུ་རྗེ་རིན་པོ་ཆེའི་ཞབས་ཕྱིར་རྒྱུན་མཐུད་ནས་དགའ་ལྡན་གསར་བཞེངས་ཀྱི་མཁར་ལས་ཀྱང་བསྐྱུབས། རྗེའི་ཆོས་གསུངས་ཚད་གསན། གསན་ཚད་བཟུང་། བཟུང་ཚད་བརྗེད་དུ་མ་བཅུག་པར་མདོ་སྔགས་མཐའ་དག་ཐོགས་པ་མེད་པའི་མཁྱེན་པས་མཁས་པ་རྣམས་ལེགས་བཤད་ཀྱིས་ཡིད་འཕྲོག་པར་མཛད་ཅིང་། རྗེ་ཙོང་ཁ་པ་

ཞིང་གཞན་དུ་གཤེགས་ཁར་རྗེ་འདི་ལ་དབུ་པཎ་དང་སྐུ་བེར་གནང་སྟེ་གདན་སར་བཞུགས་པར་དོན་གྱིས་གོ་བར་མཛད་པ་བཞིན་འདུལ་བ་འཛིན་པ་དང་གནས་བརྟན་རིན་ཆེན་རྒྱལ་མཚན་སོགས་བུ་སློབ་ཐམས་ཅད་ཀྱིས་མགྲིན་གཅིག་ཏུ་གསོལ་བ་བཏབ་པས། དགུང་ལོ་ང་དྲུག་པ་རབ་བྱུང་བདུན་པའི་ས་ཕག་(སྤྱི་ལོ་༡༧༡༩)ལོར་རྗེ་ཐམས་ཅད་མཁྱེན་པ་ཞིང་གཞན་དུ་གཤེགས་པ་དང་རྗེ་འདི་དགའ་ལྡན་གསེར་ཁྲིར་ཕེབས་ཏེ་ཁྲི་པའི་གདན་རབས་གཉིས་པར་གྱུར་ཅིང་། རྒྱལ་ཚབ་ཅེས་པའི་མཚན་ཐོབ། ཁྲི་ཐོག་ཏུ་ལོ་ངོ་བཅུ་གསུམ་བཞུགས་རིང་འཆད་རྩོད་རྩོམ་གསུམ་གྱི་བྱ་བ་རྒྱ་ཆེར་སྤེལ། རྗེ་བླ་མའི་ལེགས་བཤད་མཐའ་དག་རང་གི་ཉམས་མྱོང་དང་ལུང་རིགས་དྲི་མ་མེད་པས་འཆད་པར་མཛད་པས་རྗེའི་དངོས་སློབ་ཕལ་ཆེ་བ་དང་སྐལ་ལྡན་རྣམ་དཔྱོད་ཅན་མཐའ་དག་རང་དབང་མེད་པར་ཡིད་འཕྲོག་སྟེ་རྗེ་རིན་པོ་ཆེ་དང་ཁྱད་པར་མེད་པའི་གུས་འདུད་མཛད་པར་བརྟེན་ཕ་རྗེས་བུས་ཟིན་པ་རྗེའི་བཤད་སྒྲུབ་ཀྱི་བསྟན་པ་ཀང་ཚུགས་པར་གྱུར། དེ་ནས་དགུང་ལོ་རེ་བརྒྱད་ལ་ཕེབས་པ་ལྕགས་ཕག་(སྤྱི་ལོ་༡༧༣༧)ལོར་མཁས་གྲུབ་དགེ་ལེགས་དཔལ་བཟང་དགའ་ལྡན་ཁྲི་ཐོག་གསུམ་པར་རང་གི་རྒྱལ་ཚབ་ཏུ་དབང་བསྐུར། དགུང་ལོ་རེ་དགུ་ཕེབས་པ་རབ་བྱུང་བདུན་པའི་ཆུ་བྱི་(སྤྱི་ལོ་༡༧༣༢)ལོར་ཟླ་སའི་པོ་ཏ་ལར་དགོངས་པ་ཆོས་དབྱིངས་སུ་གཤེགས། གསུང་ལས་སྐྱེས་པའི་སློབ་མ་མཁས་པ་རཏྣ་བཀྲ་ཤིས་དང་། བྱམས་པ་གླིང་པ། རིན་ཆེན་དཔལ། འདུལ་དཀར་པ་གྲགས་པ་དཔལ་ལྡན། བློ་གྲོས་མགོན་པོ། གླིང་སྨད་ཡོན་རྒྱམ་པ། ཆེན་པོ་རིན་བྱང་བ། འདུལ་འཛིན་བསམ་འཕེལ་པ། སངས་རྒྱས་བཟང་པོ། བློ་བརྟན་པ། དཔལ་ལྡན་བཟང་པོ་སོགས་བསྟན་འཛིན་གྱི་སྐྱེས་བུ་དམ་པ་ཤིན་ཏུ་མང་པོ་བྱུང་། ཕྱི་རབས་ཀྱི་གདུལ་བྱ་རྣམས་ཀྱི་དོན་དུ་མཛད་པའི་བསྟན་བཅོས་ཀྱང་མང་དུ་བཞུགས་ཏེ། 《མངོན་རྟོགས་རྒྱན་གྱི་འགྲེལ་པ་དོན་གསལ་བའི་རྣམ་བཤད་སྙིང་པོའི་རྒྱན་》དང་། 《དབུ་མ་རིན་ཆེན་ཕྲེང་བའི་རྣམ་བཤད་སྙིང་པོའི་དོན་གསལ་བར་བྱེད་པ་》སོགས་དབུ་མ་

དང་བྱམས་ཆོས་དང་མངོན་པའི་ཕྱོགས་ཀྱི་བསྟན་བཅོས་མང་དུ་མཛད་ཅིང་། 《དཔལ་གསང་བ་འདུས་པ་འཇམ་དཔལ་རྡོ་རྗེའི་དཀྱིལ་འཁོར་གྱི་ཆོ་ག་དངོས་གྲུབ་ཀྱི་སྙེ་མ་》དང་། 《དཔལ་དུས་ཀྱི་འཁོར་ལོའི་ལམ་རིམ་པ་གཉིས་ཇི་ལྟར་ཉམས་སུ་ལེན་པའི་ཚུལ་བདེ་བ་ཆེན་པོའི་ལམ་དུ་མྱུར་དུ་འཇུག་པ་》སོགས་སྔགས་ཕྱོགས་ཀྱི་བསྟན་བཅོས་ཀྱང་མང་དུ་མཛད་པར་མ་ཟད། ཁྱད་པར་དུ་ཚད་མ་རིག་པའི་ཕྱོགས་ལ་འགྲེལ་ཊཱིཀ་གྲགས་ཅན་མང་དུ་མཛད་པ་འདི་ལྟ་སྟེ། 《ཚད་མ་མདོའི་རྣམ་བཤད་མཐར་འཛིན་གྱི་གདུང་བ་འཇོམས་བྱེད་རིགས་པའི་རྒྱ་མཚོ་》དང་། 《ཚད་མ་རྣམ་འགྲེལ་གྱི་རྣམ་བཤད་ཐར་ལམ་ཕྱིན་ཅི་མ་ལོག་པར་གསལ་བར་བྱེད་པ།》《བསྟན་བཅོས་ཚད་མ་རྣམ་ངེས་ཀྱི་ཊཱིཀ་ཆེན་དགོངས་པ་རབ་གསལ།》《ཚད་མ་རིགས་ཐིགས་ཀྱི་འགྲེལ་པ་ལེགས་བཤད་སྙིང་པོའི་གཏེར།》《འབྲེལ་བ་བརྟག་པའི་རྣམ་བཤད་ཉི་མའི་སྙིང་པོ།》《རྗེའི་གསུང་ཟིན་བྲིས་ཚད་མའི་བརྗེད་བྱང་ཆེན་མོ།》《རྣམ་འགྲེལ་གྱི་བསྡུས་དོན་ཐར་ལམ་དེ་ཉིད་གསལ་བྱེད།》《ཚད་མའི་ལམ་བསྒྲིགས།》《འགལ་འབྲེལ་གྱི་རྣམ་གཞག》《མངོན་སུམ་ལེའུའི་བརྗེད་བྱང་།》《ཚད་མ་རིགས་གཏེར་གྱི་རྣམ་བཤད་ལེགས་པར་བཤད་པའི་སྙིང་པོ་》སོགས་མཛད་དེ་བོད་ཡུལ་དུ་ཚད་མའི་གཞུང་ལུགས་དར་སྤེལ་བྱེད་པ་ལ་ཕྲུག་རྗེས་ཆེན་པོ་བཞག ལྷག་པར་དུ《རྣམ་འགྲེལ་ཐར་ལམ་གསལ་བྱེད་》དེ་རྣམ་འགྲེལ་གྱི་ཚིག་དོན་ཙམ་མིན་པར་ཚད་མ་རིག་པའི་དཀའ་གནད་ཡོད་དོ་ཅོག་ལ་བརྒལ་ལན་མཐའ་དཔྱོད་དམིགས་ཕུག་པར་མཛད་པའི་སྔར་མེད་ཀྱི་བསྟན་བཅོས་རྨད་དུ་བྱུང་བ་ཞིག་ཡིན་པས། དགེ་ལུགས་པའི་ཡིག་ཆ་ཀུན་དེའི་རྗེས་སུ་འབྲངས་པ་ཡིན་པར་གསུངས། །

གཉིས་པ། ཚད་མའི་གཞུང་དུ་གསུངས་མེད་ཀྱང་རང་གི་རིག་པའི་རྩལ་ལས་བྱུང་བའི་ལྷ་གྲུབ་གསར་པ།

བོད་གངས་ཅན་གྱི་མཁས་པའི་ནང་དུ་ཚད་མ་སྡེ་བདུན་མདོ་དང་བཅས་པ་

ལ་མཁས་པའི་རྩལ་ཡོངས་སུ་རྫོགས་པ་ནི་མི་ཕམ་བླ་མ་རྒྱལ་ཚབ་དར་མ་རིན་ཆེན་ཉིད་དུ་ངེས་ཏེ། དེས་མཛད་པའི་ཚད་མ་མདོ་དང་རྣམ་འགྲེལ། རྣམ་ངེས། རིགས་ཐིགས་དང་བཅས་པའི་འགྲེལ་པས་རིག་པའི་དབང་ཕྱུག་རྣམ་གཉིས་ཀྱི་ཚད་མའི་དགོངས་པ་ཡོངས་སུ་རྫོགས་པ་གསལ་བར་མཛད་ཅིང་། གཞུང་དེ་དག་ཏུ་མ་གསུངས་ཀྱང་གཞུང་གི་འཕྲོས་དོན་དང་ཚིག་གི་ཟུར་གྱིས་མཚོན་པའི་དོན་རྣམས་རིག་པའི་རྩལ་གྱིས་དཔྱད་དེ་རང་གི་ཐུན་མོང་མ་ཡིན་པའི་ལྟ་གྲུབ་ཀྱང་མི་ཤུང་བ་བསྟན། སྤྱིར་རྒྱལ་ཚབ་རྗེའི་ཚད་མའི་དགོངས་པ་ནི་ལྷ་ཤཱཀ་དང་ཆོས་མཆོག་གི་དགོངས་པ་གཙོ་བོར་བཟུང་ནས་བཀྲལ་བ་ཡིན་ལ། རང་གི་རིག་པའི་རྩལ་ལས་བྱུང་བའི་ཐུན་མོང་མ་ཡིན་པའི་དགོངས་པ་ནི། ཐོག་མར་ཁོང་གིས་རྗེ་བླ་མའི་བཞེད་པའི་རྗེས་སུ་འབྲངས་ནས་སྡེ་བདུན་མདོ་དང་བཅས་པ་སོགས་ཚད་མའི་བསྟན་བཅོས་དེ་དག་ནི་ནང་རིག་པའི་བསྟན་བཅོས་ཡིན་པར་གཏན་ལ་ཕབ་སྟེ་འགྲེལ་བར་མཛད་དེ། 《རྣམ་འགྲེལ་རྣམ་བཤད་ཐར་ལམ་གསལ་བྱེད་》ལས། བསྟན་བཅོས་འདིར་ནི་བསྟན་པ་དང་སྟོན་པ་ཚད་མར་སྒྲུབ་པའི་སྒོ་ནས་ཐར་པ་དང་ཐམས་ཅད་མཁྱེན་པའི་ལམ་འབྲས་བུ་དང་བཅས་པ་ཕྱིན་ཅི་མ་ལོག་པར་གསལ་བར་བྱེད་པ་ཡིན་ལ། དེ་དག་ཀྱང་རྗེས་སུ་དཔག་པ་ཉིད་ཀྱིས་དངོས་སུ་ངེས་པར་བྱེད་པ་དང་། དེ་ལ་ཡང་གསུང་རབ་ཀྱི་དགོངས་པ་འགྲེལ་བའི་སྒོ་དུ་མ་བྱུང་ཡང་སློབ་དཔོན་ཡབ་སྲས་གཉིས་ཀྱིས་ཐར་པ་རྒྱུ་འབྲས་རྣམས་གཏན་ལ་འབེབས་བྱེད་ཀྱི་ཚད་མ་ཡང་དག་དང་ལྟར་སྣང་ལེགས་པར་ཕྱེ་ནས་དེའི་རྗེས་སུ་ཞུགས་པས་སྐྱེས་བུའི་འདོད་དོན་ཕྱིན་ཅི་མ་ལོག་པར་འཐོབ་ནུས་པའི་ཐབས་གཏན་ལ་ཕབ་པའི་སྒོ་ནས་གསུང་རབ་འགྲེལ་བར་བྱེད་ལ་①ཞེས་གསུངས་པ་ལྟར་མདོ་དང་སྡེ་བདུན་ནི་ཐར་པ་དང་ཐམས་ཅད་མཁྱེན་པའི་ལམ་འབྲས་བུ་

① དར་མ་རིན་ཆེན་གྱིས་མཛད། ཞང་ཀང་ཐེན་མ་དཔེ་སྐྲུན་ཁང་གིས་༢༠༠༠ལོར་པར་དུ་བསྐྲུན་པའི་ཤོག་ངོས་༥པར་གསལ།

དང་བཅས་པ་ཕྱིན་ཅི་མ་ལོག་པར་གསལ་བར་སྟོན་པའི་བསྟན་བཅོས་ཤིག་ཡིན་པར་བསྟན་ཅིང་། བསྟན་བཅོས་དེ་དག་ནི་ནང་རིག་པའི་བསྟན་བཅོས་ཡིན་པར་གཏན་ལ་ཕབ་པའོ། །གཞན་ཡང་པཎ་ཆེན་ཤཱཀྱ་མཆོག་ལྡན་གྱིས་《ཚད་མའི་བྱུང་བ་ཉིན་མོར་བྱེད་པའི་སྣང་བ་》ལས་དཔྱད་པ་འདི་ལྟར་མཛད་དེ། ཕྱི་རོལ་གྱི་དོན་བསྒྲུབ་འགོག་གི་སྐབས་མདོ་སེམས་ཀྱི་གཞུང་གཞིར་བཞག་ནས། ཚད་མའི་མཚན་ཉིད་ཀྱི་མི་བསླུ་བའི་གོ་དོན་གང་ལ་མི་བསླུ་བ་དེ་ཉིད་གསར་དུ་རྟོགས་པ་དང་། དེའི་ཡང་གོ་དོན་སྒྲོ་འདོགས་གསར་དུ་གཅོད་བྱེད་ལ་འདོད་པ་དང་། ཕྱི་རོལ་དོན་སྣང་གི་ཚད་མས་དོན་དངོས་སུ་རྟོགས་པ་དང་། དེའི་ཚེ་དོན་དུ་སྣང་བ་དེ་ཉིད་དོན་དངོས་སུ་འདོད་པར་གསུངས་སོ། །ཡང་ཚད་འབྲས་འཆད་པའི་སྐབས་སུ། འབྲས་རྟོགས་དང་པོའི་རྣམ་གཞག་ནི་མདོ་སེམས་གཉིས་ཀྱི་ཐུན་མོང་གི་ལུགས་ཏེ། སྔོན་པོ་དངོས་སུ་རྟོགས་པའི་ཚད་མ་འབྲས་བུའོ། །རྣམ་གཞག་གཉིས་པ་ནི་མདོ་སེམས་དབུ་མ་པ་ཀུན་གྱི་རྣམ་གཞག་ཐུན་མོང་བ་སྟེ། གཟུང་རྣམ་གཞལ་བྱ་ལ་འཛིན་རྣམ་ཚད་མ་ནི་དེ་དག་ཀུན་གྱིས་འདོད་པས་སོ། །རྣམ་གཞག་གསུམ་པ་ནི། སེམས་ཙམ་པའི་ཐུན་མོང་མ་ཡིན་པ་སྟེ། ཤེས་པ་རང་གི་བདག་ཉིད་དུ་གྱུར་པའི་སྔོ་སོགས་གཞལ་བྱ་ལ་དེའི་རྣམ་པ་ཤར་ནས་དེ་ལ་གསར་དུ་མི་བསླུ་བའི་རིག་པ་ཚད་མ་དང་། དེ་དངོས་སུ་རྟོགས་པའི་ཚད་མ་འབྲས་བུའོ་ཞེས་གསུངས་སོ། །ཡང་གཞན་སེལ་འཆད་པའི་སྐབས་སུ། བློས་རྣམ་བཅད་ཀྱི་རྟོགས་བྱ་གཞན་སེལ་གྱི་མཚན་ཉིད་དང་། དབྱེ་ན་རང་མཚན་དང་། བློའི་གཞན་སེལ་དང་། མེད་དགག་གི་གཞན་སེལ་ཏེ་གསུམ་དུ་འབྱེད་པ་ཤཱཀྱ་བློ་དང་ཞི་འཚོའི་དགོངས་པ་དང་མཐུན་ལ། སོ་སོའི་ངོས་འཛིན་ནི་རྗེ་བླ་མའི་རྗེས་སུ་འབྲངས་ཏེ་བུམ་པ་མ་ཡིན་པ་ལས་ལོག་པའི་བུམ་པ་དོན་རང་མཚན་གྱི་གཞན་སེལ་དང་། རང་འཛིན་རྟོག་པ་ལ་རང་མ་ཡིན་པ་ལས་ལོག་པར་སྣང་བ་བློའི་གཞན་སེལ་དང་། བུམ་པ་སྣམ་བུས་སྟོང་བ་མེད་དགག་གི་གཞན་སེལ་གྱི་མཚན་གཞིར་གསུངས་སོ། །ཡང་མངོན་སུམ་

གྱི་མཚན་ཉིད་འཆད་པའི་སྐབས་སུ། སྔ་བདུན་དུ་རྟོག་བྲལ་མ་འཁྲུལ་བའི་རིག
པ་མངོན་སུམ་གྱི་མཚན་ཉིད་དུ་བཞག་པ་དེའི་ཚེ་སེམས་ཙམ་པས་དབང་ཡིད་ཀྱི་
མངོན་སུམ་གཉིས་མངོན་སུམ་དུ་བཞེད་ཀྱང་མཚན་ཉིད་དེ་ཚང་བར་མི་འདོད་
པས་སྐྱོང་སྟོབས་ཀྱིས་སྒྲོ་འདོགས་གསར་དུ་གཅོད་བྱེད་ཀྱི་རིག་པ་མངོན་སུམ་ཚད་
མའི་མཚན་ཉིད་དུ་བཞག་པ་ནི་མདོ་སེམས་གཉིས་ཀ་ལ་རྗེས་སུ་འགྲོ་བའི་མཚན་
ཉིད་དོ། །དེའི་ཕྱིར་སེམས་ཙམ་པས་ཀྱང་གཞུང་ནས་བཤད་པའི་མངོན་སུམ་བཞི་
ཀ་ཁས་ལེན་ཏེ། གཞན་དུ་ན་ཕུང་ཁམས་སྐྱེ་མཆེད་ཀྱི་རྣམ་གཞག་ཐམས་ཅད་
ཉམས་པ་དང་། རྣམ་རིག་པའི་གཞུང་དུ་བག་ཆགས་བརྟན་བྱུང་གི་ཤེས་པ་མངོན་
སུམ་དུ་བཤད་པ་རྣམས་མི་འཐད་པར་འགྱུར་རོ་ཞེས་གསུངས་སོ། །ཡང་རྟགས་
ཡང་དག་གི་མཚན་ཉིད་འཆད་པའི་སྐབས་སུ། ཚུལ་གསུམ་ཡིན་པ་དེ་རྟགས་ཡང་
དག་གི་མཚན་ཉིད་དང་། རྟགས་སུ་གཟུང་བྱ་གཅིག་པོ་དེ་ལས་གཞན་མེད་དོ་ཞེས་
པར་འཆད་པ་དེ་ཁོང་རང་གི་སྔ་རོལ་ཏུ་བྱུང་བའི་གཞུང་འགྲེལ་གཞན་ལ་མེད་
དོ། །གཞན་དོན་རྗེས་དཔག་གི་མཚན་ཉིད་འཆད་པའི་ཚེ། སྔ་རྒོལ་རང་གི་ཚད་
མས་མཐོང་བའི་རྟགས་ཀྱི་ཚུལ་གསུམ་གཞན་ཕྱིར་རྒོལ་ལ་གསལ་བར་སྟོན་པའི་
ངག་ཡན་ལག་གཉིས་ལྡན་ཏེ། གཞན་དོན་རྗེས་དཔག་གི་མཚན་ཉིད་དུ་བཞག
ནས། དེ་ཡང་ཇི་སྐད་དུ། རང་གི་མཐོང་དོན་རབ་གསལ་བྱེད་ཅེས་པའི་ཚིག་གསུམ་
གྱི་རྣམ་བཅད་དང་ཡོངས་གཅོད་ལས་བྱུང་བ་ཡིན་ནོ་ཞེས་དང་། དབྱེ་བ་ལ་རང་
དོན་སྐབས་ཀྱི་སྒྲུབ་ངག་བྱ་བའི་དོན་དང་ཐ་སྙད་གཉིས་ཀ་མེད་པ་དང་རྣམ་བཅད་
གསུམ་པོའི་གོ་དོན་ཡང་ཕྱོགས་ཆོས་སྔར་རྒོལ་གྱི་ཚད་མས་མ་གྲུབ་པའི་རྟགས་ཡང་
དག་ཡོད་པ་དང་། དེ་སྐབས་ཀྱི་ཕྱོགས་དང་མཐུན་ཕྱོགས་གང་རུང་དེ། དེ་སྐབས་
ཀྱི་རྟགས་ཡང་དག་ཡིན་པ་དང་། ཕྱོགས་ཚིག་སྒྲུབ་བྱེད་ཡིན་པ་རྣམས་བསལ་
བས། ཡོངས་གཅོད་ཀྱི་དོན་བཤད་མ་ཐག་པ་དེ་དག་གྲུབ་པ་ཡིན་ནོ་ཞེས་གསུངས་
པ་དེ་དག་ནི་གཞུང་ལས་མ་གསུངས་ཀྱང་རང་གི་རིག་པའི་རྩལ་གྱིས་དཔྱད་དེ་

གསུངས་པ་ཡིན་ནོ། །གཞན་དོན་རྗེས་དཔག་གི་བསྒྲུབ་བྱ་འཆད་པའི་ཚེ། ཇོ་བོའི་དོན་སོགས་ཆོས་ལྔ་ཚང་བ་དེ་གཞན་དོན་བསྒྲུབ་བྱ་ཡང་དག་གི་མཚན་ཉིད་དུ་བཞག་ནས། རང་དོན་སྐབས་ཀྱི་བསྒྲུབ་བྱ་ཡང་དག་ལ་མཚན་ཉིད་དེ་མ་ཚང་བ་དང་། སྒྲ་རྟག་པ་ལྟ་བུ་རྟགས་སྒྲུབ་མི་ནུས་པ་རྣམས་བསྒྲུབ་བྱ་ཡང་དག་ཏུ་འགྱུར་བ་མི་སྲིད་དོ་ཞེས་གསུངས་པ་ནི་ཡང་གཞུང་ལས་རང་དོན་དང་གཞན་དོན་དེ་གཉིས་སོ་སོར་ཕྱེ་ནས་མ་བཤད་ཀྱང་རང་གིས་རིགས་པས་དཔྱད་ནས་དེ་ལྟར་གསུངས་པ་ཡིན་ནོ། །དུས་གསུམ་གྱི་རྣམ་གཞག་འཆད་པ་ལ། དངོས་པོ་ལ་ད་ལྟ་བས་ཁྱབ་པས་ན། འདས་མ་འོང་གི་དངོས་པོ་ནི་ད་ལྟ་བ་ཁོ་ནའོ། །དེ་ལྟ་ན་ཡང་དེ་དག་གི་མཚན་གཞི་ནི་བུམ་པ་འདས་པ་དང་བུམ་པ་མ་འོངས་པ་ལྟ་བུའོ་ཞེས་གསུངས་པ་ནི་གཞུང་ལུགས་གཞན་དང་མི་མཐུན་པའི་བཞེད་པ་ཞིག་གོ །[1]ཞེས་གསུངས་པ་ལྟར་ཐུན་མོང་མ་ཡིན་པའི་ལྟ་གྲུབ་མང་དུ་བརྟོན་པ་ལ་ཤེས་ལྡན་རྣམས་ཀྱིས་དཔྱད་པར་བྱའོ། །

དོན་ཆན་གཉིས་པ། ཐུགས་སྲས་མཁས་གྲུབ་དགེ་ལེགས་དཔལ་བཟང་གིས་ཚད་གཞུང་རྣམ་དག་མཛད་ཅིང་རིགས་པའི་རྒྱལ་ཁྲི་ཡང་རྩེར་སོན་པ།

དང་པོ། མཁས་གྲུབ་སྐུ་བའི་ཉི་མའི་མཛད་རྣམ།

རྗེ་བླ་མའི་ནང་ཐུགས་ཀྱི་སྲས་གཅིག་མཁས་གྲུབ་སྐུ་བའི་ཉི་མ་དགེ་ལེགས་དཔལ་བཟང་ནི་རབ་བྱུང་དྲུག་པའི་ཤིང་མོ་གླང་(སྤྱི་ལོ་༡༣༨༥)གི་ལོར་གཙང་ལ་སྟོད་ཆུ་འོག་ཏུ་སྐུ་འཁྲུངས། སྐུ་ན་ཆུང་དུས་ནས་ཐ་མལ་བའི་སྤྱོད་པ་ལས་རིང་དུ་འདས་ཤིང་། མཁས་གྲུབ་ལྷ་དབང་བའི་སྐྱེ་བ་ཡིན་པར་གྲགས་པས་མཁས་གྲུབ་ཅེས་པའི་མཚན་ཆུང་ངུ་ནས་གསོལ་ལོ། །དེ་ནས་མཁན་ཆེན་སེང་གེ་རྒྱལ་མཚན་གྱིས་མཁན་

[1] དཔལ་བརྩེགས་བོད་ཡིག་དཔེ་རྙིང་ཞིབ་འཇུག་ཁང་གིས་དཔེ་རྙིང་བྲིས་མ་ཞིག་ལས་བཤུས་ཤིང་པར་གཞི་གསར་དུ་བསྒྲིགས་པའི་སྨ་རིང་དཔར་མའི་ཤོག་ངོས་༣༣པར་གསལ།

པོ་མཛད། རྒྱ་མ་བ་ཡོན་ཏན་འོད་ཀྱིས་སློབ་དཔོན་མཛད་ནས་རབ་ཏུ་བྱུང་ཞིང་དགེ་ཚུལ་གྱི་སྡོམ་པ་བཞེས། མཚན་དགེ་ལེགས་དཔལ་བཟང་པོ་ཞེས་གསོལ། དེ་ནས་མཁན་སློབ་གཉིས་ལས་བསླབ་བྱ་མང་པོ་གསན་པ་གཞིར་བཟུང་ནས་གངས་ཅན་གྱི་པཎྜི་ཏ་ཆེན་པོ་རྗེ་བཙུན་རེད་མདའ་པའི་ཞབས་ལ་གཏུགས་ཏེ་ཚད་མ་སྡེ་བདུན། མངོན་པ་གོང་འོག བྱམས་ཆོས་སྡེ་ལྔ། དབུ་མ་རིགས་ཚོགས། འདུལ་བ་ལ་སོགས་པའི་དམ་པའི་ཆོས་དང་རིག་པའི་གནས་ཀྱི་གཞུང་གང་དང་ཅི་ལ་གསན་བསམ་མཛད་པའི་དད་བརྩོན་ཤུགས་ཆེན་པོས་དྲངས་ཏེ་རིང་པོར་མ་ཐོགས་པར་མཁས་པའི་ཕ་རོལ་ཏུ་སོན། རྡོ་རྗེ་འཛིན་པ་ཡེ་ཤེས་དཔལ་བ་ལ་ཀྱི་རྡོ་རྗེའི་དབང་དང་ལམ་འབྲས་ཚ་ལག་དང་བཅས་པ་ཡོངས་སུ་རྫོགས་པ་གསན། གཞན་ཡང་བླ་མ་དམ་པ་བསོད་ནམས་རྒྱལ་མཚན་པ་དང་། ན་བཟའ་བ་སོགས་བཤེས་གཉེན་དམ་པ་དུ་མ་ལས་མདོ་སྔགས་ཀྱི་ཆོས་མཐའ་ཡས་པ་གསན་ཏེ། མདོ་སྔགས་ཀྱི་གཞུང་རབ་འབྱམས་སྨྲ་བ་ལ་མི་འཇིགས་པའི་སྤོབས་པ་ཐོབ་ཅིང་རང་དང་གཞན་གྱི་གྲུབ་པའི་མཐའ་རྒྱ་མཚོ་ལྟ་བུའི་ཕ་རོལ་ཏུ་སོན་པར་གྱུར་ཏོ། །དེ་ནས་གཙང་ཕྱོགས་ཀྱི་གྲྭ་ས་རྣམས་སུ་གྲྭ་སྐོར་མཛད་ཅིང་། ངམ་རིང་ཆོས་སྡེར་ཕེབས་པ་ན་གངས་ཅན་གྱི་མཁས་པ་ཆེན་པོ་པཎ་ཆེན་ཕྱོགས་ལས་རྣམ་རྒྱལ་ཡང་དེར་ཕེབས་ནས་འཇིགས་མེད་སྨྲ་བའི་གད་རྒྱངས་བསྒྲགས་ཏེ་དམ་བཅའ་བཞག་པ་ན་ཕྱོགས་དེའི་མཁས་པ་སུས་ཀྱང་རྩོལ་བའི་གླགས་མ་རྙེད་པ་ན་པཎ་ཆེན་ཕྱོགས་རྒྱལ་པས་ས་པཎ་གྱི་རིགས་གཏེར་འདི་ནང་འགལ་གྱི་ཕུང་པོ་ཡིན་པས་ངས་ཐར་ཚགས་སུ་དགག་པར་བྱ་ཡིས། ལན་སྤོབས་པ་ཡོད་ན་སྨྲོས་ཤིག་ཅེས་ངམ་རིང་དང་། ས་སྐྱ། བོ་དོང་སོགས་ཆོས་སྡེ་ཕལ་མོ་ཆེར་དྲིལ་བསྒྲགས་པ་ན། ཇི་ལྟར་སེང་གེའི་སྐད་ཀྱིས་ཝ་སྐྱེས་རྣམས་འདར་བ་བཞིན་དུ་ཕྱོགས་དེའི་མཁས་པར་རློམས་པ་སུས་ཀྱང་ལན་འདོན་པར་མ་ནུས་པ་ན་ཕྱོགས་དེའི་དགེ་འདུན་ཕལ་མོ་ཆེས་གྲོས་བྱས་ཏེ་སྐྱེས་ཙམ་ཉིད་ནས་ཤེས་རབ་ཀྱི་སྣང་བ་རྒྱས་པ་དཀའ་བཅུ་དགེ་ལེགས་དཔལ་

བ་འདི་ལ་གསོལ་བ་བཏབ་པ་དྲག་ཅེས་ཐམས་ཅད་ཀྱིས་མགྲིན་གཅིག་ཏུ་མཁས་གྲུབ་ཆེན་པོ་ཞུས་པ་ན་དེ་དུས་མཁས་གྲུབ་ཆེན་པོ་འདི་པ་དགུང་ལོ་བཅུ་དྲུག་གི་སྐབས་ཡིན་པས་སྐུ་ན་ཤིན་ཏུ་ཕྲ་བ་ཡིན་ཡང་འཇིགས་པ་མེད་པར་ཁྲི་མཆོག་རླབས་པོ་ཆེའི་གནས་སུ་དམ་བཅས་ཏེ་དེ་ཁོ་བོས་ནུས་སོ་ཞེས་ཞལ་གྱིས་བཞེས་ཏེ་དགེ་འདུན་ཐམས་ཅད་ཚོགས་པའི་དབུས་སུ་པཎ་ཆེན་ཕྱོགས་རྒྱལ་པས་དམ་བཅའ་བཞག དེ་ལ་མཁས་གྲུབ་རིན་པོ་ཆེས་རེ་རེ་ནས་འདི་ནི་མི་རིགས་པ། འདི་ནི་མི་འཐད་པ། ལུང་དང་འགལ་བ་དང་རིགས་པ་དང་འགལ་བ་སྟེ། དེ་དག་མི་འཐད་པའི་རྒྱུ་མཚན་འདི་དང་འདི་ལྟར་རོ་ཞེས་རིགས་གཏེར་འགོག་པའི་དམ་བཅའ་རེ་རེ་ནས་དྲི་མ་མེད་པའི་རིགས་པ་བརྒྱ་ཕྲག་སྟོང་གིས་སུན་ཕྱུང་ནས་པཎ་ཆེན་ཕྱོགས་རྒྱལ་པ་སྤོབས་པ་ལན་མེད་དུ་གྱུར། སླར་ཡང་མཁས་གྲུབ་རིན་པོ་ཆེས་རིགས་པའི་ང་རོ་ཆེས་ཆེར་བསྒྲགས་པ་ན་རིགས་པའི་འཕྲུལ་མཚམས་ཆེས་ཞིབ་ཅིང་ཕྲ་བར་གྱུར་ཏེ་པཎ་ཆེན་ཕྱོགས་རྒྱལ་པས་མདོ་སྡེ་པའི་ལུགས་ལ་རྒྱུ་ལས་མ་སྐྱེས་པའི་དངོས་པོ་ཡོད་གསུང་དགོས་པ་བྱུང་ནས་དེ་མདོ་སྡེ་པ་རང་རང་གི་གྲུབ་མཐའི་ནང་འགལ་ཡིན་གསུངས་ཤིང་ཅུང་ཟད་ཞལ་སྐྱིངས་ཏེ་ཕྱག་གིས་ཞལ་རྒྱན་ལ་ནོམ་ཞིང་བཞུགས་པ་ན། མཁས་གྲུབ་རིན་པོ་ཆེས་ཉམས་མཚར་གྱི་ཚུལ་དུ། རྒྱུ་ལས་མ་སྐྱེས་པའི་དངོས་པོ་ཡོད་གསུང་བ་དེ་མདོ་སྡེ་པའི་གྲུབ་མཐའི་ནང་འགལ་ཡིན་གསུང་བ། ད་ཁ་སྤུ་འཐོག་པའི་ལས་ལ་བརྩོན་པར་གྱིས་ཤིག་ཅེས་གསུངས་པ་ན་ཚོགས་པ་ཐམས་ཅད་གད་མོའི་གནས་སུ་གྱུར་ཏོ། །དེ་དུས་སུ་ཁོང་གཉིས་ཀྱིས་རྩོད་པ་མཛད་པའི་ཚེ་བདག་ཉིད་ཆེན་པོ་དེ་གཉིས་ཀ་དྲི་མ་མེད་པའི་རིགས་པའི་རྣམ་འགྱུར་གཞན་དང་མི་འདྲ་བས་མཁས་པ་མང་པོས་རྩོད་ཡིག་ཟིན་བྲིས་སུ་མཛད་པ་ཡོད་འདུག་ཀྱང་། ཕྱིས་མཁས་གྲུབ་ཐམས་ཅད་མཁྱེན་པ་ཉིད་ཀྱིས་ཚད་མ་སྡེ་བདུན་གྱི་དཀའ་གནས་གསལ་བར་སྟོན་པ་ཡིད་ཀྱི་མུན་སེལ་མཛད་པའི་ནང་དུའང་དེ་དུས་ཀྱི་རྩོད་པའི་ཚིག་རྣམས་དྲངས་སོ། །ཕྱིས་པཎ་ཆེན་ཕྱོགས་

ལས་རྣམ་རྒྱལ་པས་མཁས་གྲུབ་རིན་པོ་ཆེ་ལ་ཆེད་དུ་བརྗོད་པའི་བསྟོད་པ་མང་དུ་མཛད་དོ། །དགུང་ལོ་བཅོ་བརྒྱད་བཞེས་པའི་ཚེ། སླན་ངག་གི་ལམ་ནས་དྲངས་པའི་ཕྲུག་རྩོམ་《རྗེ་བཙུན་འཇམ་པའི་དབྱངས་སྨྲ་བའི་སེང་གེ་ལ་བསྟོད་པ་》ཞེས་བྱ་བ་མཛད་པ་སོགས་འཆད་རྩོད་རྩོམ་པ་གང་ལའང་ཐོགས་པ་མེད་པ་ཀུན་ལ་མཐུན་སྣང་དུ་གྲུབ་བོ། །དགུང་ལོ་ཉེར་གཅིག་པ་རབ་བྱུང་བདུན་པའི་ཤིང་བྱ་(སྤྱི་ལོ་༡༨༠༥)ལོར། སྟོད་འདུལ་བའི་མཁན་རྒྱུད་གངས་རིའི་ཁྲོད་ཀྱི་ཤིང་རྟ་ཆེན་པོ་རེད་མདའ་བ་གཞོན་ནུ་བློ་གྲོས་ཀྱིས་མཁན་པོ། རྗེ་དཔལ་འབྱོར་ཤེས་རབ་ཀྱིས་ལས་སློབ། མཉམ་མེད་བློ་གྲོས་མཚུངས་མེད་ཀྱིས་གསང་སྟོན་མཛད་ནས་བསྙེན་པར་རྫོགས་པ་དགེ་སློང་གི་སྡོམ་པ་ཡང་དག་པར་བཞེས། དེ་ནས་རྗེ་བཙུན་རེད་མདའ་བ་ཆེན་པོས་ཁྱེད་རྗེ་བཙུན་ཙོང་ཁ་པ་དང་མཇལ་ན་གཞན་དང་མི་འདྲ་བ་འོང་ཞེས་བསྐུལ་བ་དང་། རང་ཉིད་ཀྱང་རྗེ་རིན་པོ་ཆེའི་སྙན་པ་གསན་པས་དད་པ་ཆེས་ཆེར་བསྐྱལ་ཏེ་མེ་ཕག་(སྤྱི་ལོ་༡༨༠༧)ལོར་ཁམས་གསུམ་ཆོས་ཀྱི་རྒྱལ་པོ་ཙོང་ཁ་པ་ཆེན་པོ་དང་མཇལ། དེ་ནས་དགུང་ལོ་སོ་ལྔ་རིང་བར་དུ་རྗེ་བླ་མའི་དྲུང་དུ་བཞུགས་ཏེ། མདོ་རྒྱུད་མན་ངག་གི་གདམས་པ་ཐམས་ཅད་བུམ་པ་གང་བྱོའི་ཚུལ་དུ་མནོས་པས། མཁས་བཙུན་བཟང་གྲུབ་དང་འཆད་རྩོད་རྩོམ་པའི་ཡོན་ཏན་གྱི་གཏེར་དུ་གྱུར། རྗེ་བླ་མས་ཀྱང་འཕྲིན་ཡིག་ཚིགས་བཅད་མའི་མཇུག་ཏུ། བསྟན་པའི་རྩ་ལག་དམ་པ་སྡོམ་བརྩོན་ཆེན་པོ་དཀའ་བཅུ་པ་དགེ་ལེགས་དཔལ་བ་ཞེས་ཆེད་བསྟགས་མཛད་ཅིང་ནང་ཐུགས་ཀྱི་སྲས་གཅིག་པུར་གྱུར། གཞན་རྒྱལ་ཚབ་རིན་པོ་ཆེ་དང་ར་རིན་ཆེན་དང་འདུལ་འཛིན་འཇམ་དཀར་པ་སོགས་ལས་ཟབ་ཆོས་མང་པོ་གསན། དེ་རྗེས་གཙང་ཕྱོགས་སུ་ཕེབས། བདག་པོ་རབ་བརྟན་པ་དང་མཆོད་ཡོན་དུ་འབྲེལ་ནས་རྒྱལ་རྩེ་དཔལ་འཁོར་བདེ་ཆེན་ཆོས་སྡེ་བཏབ་ཅིང་དགེ་ལུགས་ཀྱི་གྲྭ་ཚང་མང་དུ་བཙུགས་ཏེ་འཇམ་མགོན་བསྟན་པའི་སྣང་བྱེད་དམ་པར་བཞེངས། དེ་ནས་རི་བོ་མདངས་ཅན་དུ་བྱོན་ཏེ་ཐུགས་དམ་མཉམ་བཞེས་ལ་བརྩོན་

པ་དང་། སྐལ་ལྡན་གྱི་བུ་སློབ་མང་པོ་ལ་ཆོས་ཀྱི་དགའ་སྟོན་སྤེལ་བ་དང་། མདོ་སྔགས་ཀྱི་བསྟན་བཅོས་མང་དུ་རྩོམ་པ་གསུམ་སྦྲེལ་དུ་མཛད། དགུང་ལོ་ཞེ་བདུན་པ་ལྷུགས་ཕག་（སྤྱི་ལོ་༡༨༣༡）ལོར་དགའ་ལྡན་གསེར་ཁྲིར་མངའ་གསོལ་ཏེ་གསེར་མདོག་ཅན་པན་འཆང་བའི་མཁས་གྲུབ་རྒྱ་མཚོའི་དབུས་སུ། དཔལ་མཉམ་མེད་རི་བོ་དགེ་ལྡན་པའི་བཤད་པའི་ཤིང་རྟའི་སྲོལ་ཆེན་པོ་ལེགས་པར་ཕྱེ་ནས། རྗེ་ཐམས་ཅད་མཁྱེན་པའི་མདོ་སྔགས་ཟུང་འབྲེལ་གྱི་བསྟན་པ་རིན་པོ་ཆེ་ཆ་ཐམས་ཅད་ནས་གངས་ཅན་བོད་ནས་ཤར་རྒྱ་མཚོ་ལ་ཐུག་གི་བར་དུ་ཁྱབ་གདལ་དུ་སྤེལ་བའི་ཕྲུག་རྗེས་ཁྱད་པར་ཅན་བསྐྲུན། དགུང་ལོ་ང་བཞི་པ་ས་རྟ་（སྤྱི་ལོ་༡༨༣༨）ལོར་གཟུགས་སྐུའི་བཀོད་པ་བསྡུས་ཏེ་གཤེགས་སོ། །

རྗེ་འདིའི་མཛད་རྗེས་གཙོ་བོ་ནི། སྐུང་སྟོད་ལྕུང་རའི་གདན་ས་དང་། དཔལ་འཁོར་བདེ་ཆེན་ཆོས་སྡེ་སོགས་དགོན་གནས་གསར་དུ་བཏབ། གསུང་ཆོས་ནི། 《ཟབ་མོ་སྟོང་པ་ཉིད་རབ་ཏུ་གསལ་བར་བྱེད་པའི་བསྟན་བཅོས་སྐལ་བཟང་མིག་འབྱེད་》དང་། 《འགྲེལ་པ་དོན་གསལ་གྱི་རྣམ་བཤད་རྟོགས་དགའི་སྣང་བ།》《དབུ་མའི་རྣམ་བཤད་སྟོང་ཐུན་སྐལ་བཟང་མིག་འབྱེད།》《སྡོམ་གསུམ་རྣམ་འབྱེད་ཐུབ་བསྟན་བྱི་དོར།》《ཚད་མ་སྡེ་བདུན་གྱི་རྒྱན་ཡིད་ཀྱི་མུན་སེལ།》《ཚད་མ་རྣམ་འགྲེལ་ཊཱིཀ་ཆེན་རིགས་པའི་རྒྱ་མཚོ།》《དེའི་ཊཱིཀ་ཆུང་རིགས་པའི་སྙིང་པོ།》《ཚད་འབྲས་ཀྱི་རྣམ་གཞག་ཆེན་མོ་》ལ་སོགས་པ་གངས་ཅན་མཁས་པ་གཞན་གྱིས་སྨྲུན་དུ་མེད་པའི་བསྟན་བཅོས་པོ་ཏི་བཅུ་གཉིས་སྐྲི་བོའི་མིག་ལམ་དུ་དངོས་སུ་མཆིས། ཆོས་ཀྱི་བདུད་རྩིས་བསྐྱངས་པའི་བུ་སློབ་ནི། ཆོས་རྗེ་བློ་གྲོས་ཆོས་སྐྱོང་དང་། གསང་སྔགས་མཁར་པ་ཆོས་ལྡན་རབ་འབྱོར། རྗེ་རང་གི་གཅུང་པོ་ཆོས་ཀྱི་རྒྱལ་མཚན། ལྷའི་བཙུན་པ་རིན་ཆེན་རྒྱ་མཚོ་བློ་གྲོས། ཞྭ་ལུ་ལེགས་པ་རྒྱལ་མཚན། ཚ་སྐོ་བ་ཆོས་ཀྱི་གྲགས་པ། ཆོས་རྗེ་དོན་གྲུབ་དཔལ། རྗེ་ཤེས་རབ་སེང་གེ། མཁན་ཆེན་བསོད་ནམས་མཆོག་གྲུབ། ཀུན་མཁྱེན་འཕགས་པ་

འོད། སྤྱན་སྔ་པ་བློ་གྲོས་རྒྱལ་མཚན། ཞང་ཞུང་པ་ཆོས་དབང་གྲགས་པ། གནས་བརྟན་ཆོས་སྐྱོང་སོགས་མཁས་མཆོག་དམ་པ་གྲངས་ལས་འདས་པ་བྱུང་ངོ་། །

གཉིས་པ། མཁས་གྲུབ་རིན་པོ་ཆེའི་ཚད་མའི་དགོངས་པ།

ཐམས་ཅད་མཁྱེན་པ་མཁས་གྲུབ་རིན་པོ་ཆེའི་ཚད་མ་རིག་པའི་ཐད་ཀྱི་ཕྱག་རྩོམ་ནི་གོང་དུ་བཤད་ཟིན་པ་ལྟར་བཞི་ལྷག་ཡོད་པ་ལས། འདིར་སྐབས་བབས་《སྡེ་བདུན་རྒྱན་ཡིད་ཀྱི་མུན་སེལ་》གཞིར་བཟུང་ནས་རྗེ་འདིའི་ཚད་མའི་དགོངས་པ་བརྟག་ཙམ་བྱེད་ན། སྤྱིར་ན་《སྡེ་བདུན་རྒྱན་ཡིད་ཀྱི་མུན་སེལ་》གྱི་དགོངས་དོན་ནི་མཁས་གྲུབ་རིན་པོ་ཆེའི་ཚད་མའི་དགོངས་པ་མཐར་ཐུག་མ་ཡིན་པར་བཤད་ཀྱང་། བསྟན་བཅོས་དེ་ལས་རྗེ་འདིའི་ཚད་མའི་དགོངས་པ་སྤྱི་ཙམ་ཞིག་མཚོན་ཐུབ་པས་འདིར་དེ་སྐོར་བྱ་བར་བྱའོ། །

གཞུང་དེ་ལ་ལེའུ་གསུམ་དུ་ཕྱེ་ནས་བཤད་པར་བྱ་སྟེ། ལེའུ་དང་པོ་གཞུང་དོན་གཏན་ལ་ཕབ་པ་དང་། གཉིས་པ་གཞུང་དོན་དངོས་རྒྱས་པར་བཤད་པ། གསུམ་པ་མཇུག་བྱང་ངོ་། །

དང་པོ་ལ་ཚད་མའི་བསྟན་བཅོས་ཀྱི་དགོས་པ་བསྟན་པ་ལ། གཞུང་དེ་ཉིད་དུ། སྡེ་བདུན་མདོ་དང་བཅས་པའི་བསྟན་བཅོས་རྩོམ་པའི་དགོས་པ་ཡང་། ཐུབ་པ་ཉག་གཅིག་གྲོལ་བ་དོན་གཉེར་ལ་མི་བསླུ་བའི་ཚད་མར་བསྒྲུབ་པའི་ཕྱིར་ཡིན་ལ། དེ་ཡང་སྟོན་པ་དེའི་བསྟན་པ་སྐྱོན་མེད་པར་བསྒྲུབས་པའི་སྒོ་ནས་ཡིན་ནོ་[1]ཞེས་གསལ་བར་གསུངས་ཤིང་། ཁ་ཅིག་གིས་ཚད་མའི་བསྟན་བཅོས་དེ་དག་གྲོལ་བ་དོན་གཉེར་ལ་ཉེ་བར་མཁོ་བ་མ་ཡིན་ཏེ། རྟོག་གེའི་བསྟན་བཅོས་ཡིན་པས་ནང་རིག་པའི་སྡེ་སྣོད་ལས་ཕྱི་རོལ་ཏུ་གྱུར་པའི་ཕྱིར་རོ་ཞེས་ཟེར་བ་ལ། རྗེ་འདིས་ནང་རིག་པའི་བསྟན་བཅོས་ཞེས་བྱ་བ་ནི། སྤང་བྱ་མ་རིག་པ་སྤོང་བ

① 《ཚད་མ་སྡེ་བདུན་གྱི་རྒྱན་ཡིད་ཀྱི་མུན་སེལ་》ཞེས་པ་མི་རིགས་དཔེ་སྐྲུན་ཁང་གིས་༡༩༨༩ལོར་པར་དུ་བསྐྲུན་པའི་ཤོག་ངོས་༡༡པར་གསལ།

དང་། གཉིས་པོ་བདག་མེད་རྟོགས་པའི་ཤེས་རབ་སྐྱེད་པའི་ཐབས་སྟོན་པའི་བསྟན་བཅོས་ལ་བརྗོད་པ་ཡིན་ལ། ཚད་མའི་བསྟན་བཅོས་དེ་དག་ལས་ཀྱང་། གང་ཟག་དང་ཆོས་ཀྱི་བདག་མེད་རིགས་པས་ལེགས་པར་གཏན་ལ་ཕབ་ནས་ལྷག་པ་ཤེས་རབ་ཀྱི་བསླབ་པ་གཙོ་བོར་སྟོན་པའི་ཕྱིར་རོ། །དེ་ཙམ་གྱིས་ནང་རིག་པར་མི་འགྱུར་ན་ནང་རིག་པའི་སྤྱི་སྡོད་གང་ཡིན་པ་སྨོས་ཤིག①ཅེས་སྐྱོན་བརྗོད་མཛད། དེ་ཡང་དགོས་པ་དེ་ཚད་མའི་བསྟན་བཅོས་ལ་རག་ལས་པའི་ཚུལ་ནི། སྟོན་པ་དང་བསྟན་པ་སྐྱོན་མེད་པར་ངེས་པ་ནི་མངོན་སུམ་གྱིས་མི་ནུས་ཏེ་རྗེས་སུ་དཔག་པའི་ཚད་མས་ངེས་པར་བྱེད་དགོས་ལ། དེ་ལྟ་བུའི་རྗེས་དཔག་ཚད་མ་སྐྱེ་བ་ཡང་གཏན་ཚིགས་སྐྱོན་མེད་པ་ཉིད་ལ་རག་ལས་ལ། གཏན་ཚིགས་སྐྱོན་མེད་དེ་ཡང་ཚུལ་གསུམ་ཚད་མས་གྲུབ་པ་ལ་རག་ལས་ཤིང་ཚུལ་གསུམ་མཐའ་དག་ཀྱང་མཐར་ཚུར་མཐོང་གི་མངོན་སུམ་གྱིས་གྲུབ་དགོས་ཀྱི་རྗེས་དཔག་ཁོ་ནས་སྒྲུབ་པ་མ་ཡིན་ནོ། །དེས་ན་མངོན་མཐོ་དང་ངེས་ལེགས་ཀྱི་གོ་འཕང་འཐོབ་འདོད་སྐྱེས་ནས་ཡོག་པའི་ལམ་སྤངས་ཏེ་ཡང་དག་པའི་ལམ་ལ་ཚུལ་གཞན་གྱིས་བཀྲི་བར་མི་ནུས་པའི་བློས་ཚུལ་བཞིན་དུ་སློབ་པ་ནི་སྟོན་པ་དང་བསྟན་པ་སྐྱོན་མེད་པར་ཚད་མས་ངེས་པ་ལ་རག་ལས་ཤིང་། དེ་ཡང་གཏན་ཚིགས་དང་དེའི་ཚུལ་གསུམ་སྒྲུབ་བྱེད་ཀྱི་ཚད་མ་སོགས་ལ་རག་ལས་ལ། དོན་དེ་དག་མཐའ་གཞན་དུ་དོགས་པ་བཅད་པའི་སྒོ་ནས་རྫོགས་པར་སྟོན་པ་ནི་རིགས་པའི་དབང་ཕྱུག་རྣམ་གཉིས་ཀྱི་གསུང་རབ་ལས་གཞན་པའི་དགོངས་འགྲེལ་གྱི་བསྟན་བཅོས་ཕལ་ཆེ་བ་ལ་མ་མཐོང་བའི་ཕྱིར། འདི་དག་ཉིད་ལ་རག་ལས་པ་འབད་པ་མེད་པར་གྲུབ་པ་ཡིན་པར་གསལ་པོར་བསྟན་ཏོ། །དགོས་པ་དེ་ལྡན་གྱི་བསྟན་བཅོས་ལ་གཅེས་པར་གཟུང་བར་གདམས་པ་ནི། རང་གཞན་འཁོར་བ་ལས་གྲོལ་བ་དོན་དུ་གཉེར་བ་དག་གིས་ནི་འཁོར་བའི་རྩ་

① 《ཚད་མ་སྡེ་བདུན་གྱི་རྒྱན་ཡིད་ཀྱི་མུན་སེལ་》ཞེས་པ་མི་རིགས་དཔེ་སྐྲུན་ཁང་གིས་༡༩༨༩ལོར་པར་དུ་བསྒྲུན་པའི་ཤོག་གྲངས་༧པར་གསལ།

བ་གཙོད་བྱེད་ཀྱི་ཐབས་ཕྱིན་ཅི་མ་ལོག་པ་སྟོན་པར་བྱེད་པའི་བསྟན་བཅོས་འདི་དག་ལ་གཅེས་སྤྲས་སུ་བྱ་བར་རིགས་སོ་ཞེས་པར་བསྟན་ཏོ། །

གཉིས་པ། གཞུང་དོན་དངོས་བཤད་པ་ལ་ཁག་གསུམ་དུ་ཕྱེ་ནས་བསྟན་ཏེ། དང་པོ་ཤེས་བྱ་ཡུལ་གྱི་རྣམ་གཞག་བཤད་པ། གཉིས་པ་ཤེས་པར་བྱེད་པའི་བློའི་རྣམ་གཞག་བཤད་པ། གསུམ་པ་ཤེས་པ་ཡུལ་ལ་ཇི་ལྟར་འཇུག་པའི་ཚུལ་བཤད་པ་དང་གསུམ་མོ། །

དང་པོ་ལ། ཡུལ་གྱི་མཚན་ཉིད་བློས་རིག་པར་བྱ་བའོ། །རྣམ་གྲངས། ཡུལ་དང་། ཤེས་བྱ་དང་། གཞལ་བྱ་དང་། ཡོད་པ་དང་། གཞི་གྲུབ་པ་རྣམས་ནི་དོན་གཅིག་ལ་མིང་གི་རྣམ་གྲངས་ཡིན་ནོ། །ཡུལ་ལ་དབྱེ་ན་དབྱེ་སྒོ་བཞི་ལས། དང་པོ་ཡུལ་ཅན་ཚད་མའི་མཇལ་ཚུལ་ལམ་སྣང་ཚུལ་གྱི་སྒོ་ནས་ཕྱེ་བ་མངོན་གྱུར་དང་ལྐོག་གྱུར་གཉིས་དང་། རང་མཚན་དང་སྤྱི་མཚན་གཉིས་སོ། །ངོ་བོའི་སྒོ་ནས་དབྱེ་ན་ཀུན་རྫོབ་དང་དོན་དམ་པའི་བདེན་པ་གཉིས་སོ། །ཡུལ་ཅན་བློའི་འཛིན་ཚུལ་སོགས་ཀྱི་སྒོ་ནས་དབྱེ་ན་སྣང་ཡུལ་དང་། གཟུང་ཡུལ་དང་། ཞེན་ཡུལ་དང་། འཇུག་ཡུལ་དང་བཞིའོ། །

དེ་ཡང་ཀུན་རྫོབ་དང་དོན་དམ་བདེན་པ་འཆད་པའི་སྐབས་སུ། རིག་པའི་དབང་ཕྱུག་རྣམ་གཉིས་ཀྱི་དགོངས་པ་དེ་སངས་རྒྱས་ཀྱི་གསུང་རབ་གང་དག་ལ་བརྟེན་ནས་གསུངས་པ་དང་སློབ་དཔོན་མཁས་པ་རྣམས་ཀྱིས་དགོངས་པ་དེ་ཇི་ལྟར་འགྲེལ་ཚུལ་ལ་འདི་ལྟར་བསྟན་ཏེ། དེས་ན་གཞུང་དེ་དག་ཏུ་ཡང་ཉན་ཐོས་ཀྱི་རིགས་ཅན་རྗེས་སུ་གཟུང་བའི་ཕྱིར་དུ་གང་ཟག་གི་བདག་མེད་སྟོན་པའི་དབང་དུ་བྱས་ཏེ་བཀའ་དང་པོའི་རྗེས་སུ་འབྲངས་ནས་གཞན་དོར་ཕྱི་རོལ་གྱི་ཁས་བླངས་པའི་རྣམ་གཞག་དང་། རང་ལུགས་ཀྱི་ཐེག་ཆེན་གྱི་ལམ་བསྟན་པའི་ཕྱིར་དུ་ཆོས་ཀྱི་བདག་མེད་གཏན་ལ་འབེབས་པའི་དབང་དུ་བྱས་ཏེ་བཀའ་ཐ་མའི་རྗེས་སུ་འབྲངས་ནས་ཕྱི་རོལ་གྱི་དོན་བཀག་ཅིང་། གཉིས་མེད་ཀྱི་ཤེས་པ་དེ་ཁོ་ན་ཉིད་དུ་གཏན་

ལ་ཕབ་ནས་བཀའ་བར་པ་དགོངས་པ་ཅན་དུ་འཆད་པའི་ཚུལ་གཉིས་ལས། ཕྱི་རོལ་གྱི་དོན་ཁས་ལེན་པའི་ཚེ་མདོ་སྡེ་པའི་ལུགས་དང་རྗེས་སུ་མཐུན་པར་ཞལ་གྱིས་བཞེས་ལ། མདོ་སྡེ་པ་ལའང་ཤེས་པ་གཅིག་ལ་རྣམ་པ་དུ་མ་འཆར་བར་ཁས་ལེན་པ་སྣ་ཚོགས་གཉིས་མེད་དང་། ཤེས་པ་གཅིག་ལ་རྣམ་པ་གཅིག་ཁོ་ན་འཆར་བར་ཁས་ལེན་པ་སྒོ་ང་ཕྱེད་ཚལ་པ་དང་། རྣམ་པ་དུ་མ་འཆར་བ་ན་ཤེས་པ་ཡང་དུ་མ་ཁས་ལེན་པ་ཤབ་མ་ཤེས་གྲངས་མཉམ་པ་གསུམ་ཡོད་པར་དབུ་མ་རྒྱན་ལས་གསུངས་པ་ལས། འདིར་ནི་མདོ་སྡེ་པའི་རྣམ་གཞག་ཁས་ལེན་པའི་ཚེ་སྣ་ཚོགས་གཉིས་མེད་པའི་ལུགས་ལ་བརྟེན་པ་ཡིན་ལ། སེམས་ཙམ་པ་ལ་ཡང་ཤེས་པའི་གཟུང་རྣམ་རྫས་གྲུབ་ཏུ་འདོད་པ་རྣམ་བདེན་པ་དང་། གཟུང་རྣམ་སྒྲོ་བཏགས་སུ་འདོད་པ་རྣམ་རྫུན་པ་གཉིས་ཡོད་ཅིང་། རྣམ་བདེན་པ་ལ་སྣ་ཚོགས་གཉིས་མེད་སྒྲ་བ་སོགས་གོང་དུ་བཤད་པ་དང་རྗེས་སུ་མཐུན་པ་གསུམ་དང་། རྣམ་རྫུན་པ་ལ་ཀུན་རྫོབ་ཀྱི་སྣང་བ་མཐའ་དག་མ་རིག་པའི་བག་ཆགས་ཀྱི་དབང་གིས་སྣང་བ་ཡིན་པས། དེ་ལོག་ན་ཕྱོག་པའི་ཕྱིར་སངས་རྒྱས་ལ་རྫུན་སྣང་མེད་པར་འདོད་པ་དྲི་མེད་པ་དང་། ཀུན་རྫོབ་ཀྱི་སྣང་བ་མ་རིག་པ་དང་འབྲེལ་བ་གང་ཡང་མེད་པའི་དྲི་བཅས་པ་གཉིས་ལས། སློབ་དཔོན་ལྷ་ཤཱཀྱ་གཉིས་ཀྱིས་སློབ་དཔོན་གྱི་དགོངས་པ་རྣམ་བདེན་དུ་འགྲེལ་ལ། རྒྱན་མཁན་པོས་རྣམ་རྫུན་དྲི་མེད། ཆོས་མཆོག་གིས་དྲི་བཅས་སུ་བཀྲལ་མོད། བདག་གི་བླ་མ་དག་ནི། རྣམ་རྫུན་ལས་རྣམ་བདེན་གྲུབ་པའི་མཐའ་བསྙིང་ཞིང་། སློབ་དཔོན་གྱི་དགོངས་པ་ཡང་དེ་ཉིད་དུ་གནས་སོ་ཞེས་གསུང་བ་ལྟར། སྡེ་བདུན་གྱི་དགོངས་པ་མཐར་ཐུག་སྣ་ཚོགས་གཉིས་མེད་དུ་སྨྲ་བའི་རྣམ་བདེན་པ་ཡིན་པར་ཁོ་བོས་ཀྱང་ལུང་དང་རིགས་པ་དུ་མ་ལས་ཤེས་ལ་[1]ཞེས་པར་བསྟན་ཏོ། ཚད་མའི་གཞུང་ལུགས་ཀྱི་འབྱུང་ཁུངས་དང་དགོངས་

① 《ཚད་མ་སྡེ་བདུན་གྱི་རྒྱན་ཡིད་ཀྱི་མུན་སེལ་》ཞེས་པ་མི་རིགས་དཔེ་སྐྲུན་ཁང་གིས་༡༩༨༩ལོར་པར་དུ་བསྐྲུན་པའི་ཤོག་ངོས་༨༨པར་གསལ།

དོན་གྱི་ངོ་བོ་བསྟན་པ་དེ་ཤིན་ཏུ་གལ་ཆེན་ཡིན་པས་འདིར་ནན་གྱིས་བརྗོད་པར་བྱས་སོ། །

གཉིས་པ་ལ། ཤེས་བྱེད་ཀྱི་བློ་ལ་ཚད་མ་མ་ཡིན་པའི་བློ་དང་ཚད་མའི་བློ་གཉིས་སུ་དབྱེ་བ་ལས། ཚད་མ་མ་ཡིན་པའི་བློ་ལ་རྟོག་པ་དང་རྟོག་མེད་ལོག་ཤེས་གཉིས། རྟོག་པའི་མཚན་ཉིད། སྒྲ་དོན་འཛིན་པའི་བློ། དབྱེ་བ་ལ། དགོས་པའི་དབང་གིས་དབྱེ་ན། མིང་སྦྱོར་རྟོག་པ་དང་དོན་སྦྱོར་རྟོག་པ་གཉིས། དང་པོའི་མཚན་ཉིད། བརྡ་དུས་ཀྱི་མིང་དང་ཐ་སྙད་དུས་ཀྱི་དོན་སྦྱར་ནས་འཛིན་པའི་ཤེས་པ། དཔེར་ན་དཀར་ཟལ་འདི་བ་ལང་ངོ་སྙམ་དུ་འཛིན་པའི་རྟོག་པ་ལྟ་བུ། གཉིས་པའི་མཚན་ཉིད། ཁྱད་གཞིའི་དོན་དང་ཁྱད་ཆོས་ཀྱི་དོན་སྦྱར་ནས་འཛིན་པའི་རྟོག་པའོ། །དཔེར་ན་སྐྱེས་བུ་འདི་དབྱུག་པ་ཅན་ནོ་སྙམ་དུ་འཛིན་པའི་བློ་ལྟ་བུའོ། །རྟོག་པ་ལ་བློ་རིགས་མི་འདྲ་བའི་སྒོ་ནས་དབྱེ་ན། མ་རྟོགས་པའི་རྟོག་པ་དང་ངེས་ཤེས་གཉིས། དང་པོའི་མཚན་ཉིད། རང་གི་ཞེན་སྟངས་ཚད་མས་དངོས་སུ་འགོག་ནུས་ཀྱི་བློ། དབྱེ་ན་ལོག་རྟོག་དང་ཐེ་ཚོམ་གཉིས། དང་པོ་དང་རྟོག་པ་ལོག་ཤེས་དོན་གཅིག དེའི་མཚན་ཉིད། རང་གི་ཞེན་སྟངས་ཀྱི་ཡུལ་ཐ་སྙད་དུའང་མ་གྲུབ་པའི་རྟོག་པ། འདི་དང་སྒྲོ་འདོགས་ཀྱང་དོན་གཅིག་གོ །གཉིས་པ་ངེས་ཤེས་ཀྱི་མཚན་ཉིད། ཚད་མ་ཡིན་པའམ་ཚད་མའི་སྟོབས་ཀྱིས་དྲངས་པའི་བློ་གང་ཞིག རང་ཡུལ་ངེས་པའི་སྒོ་ནས་འཛིན་པ། དབྱེ་ན་རྗེས་དཔག་ཚད་མ་དང་བཅད་ཤེས་གཉིས། བཅད་ཤེས་ཀྱི་མཚན་ཉིད། རང་འདྲེན་བྱེད་ཀྱི་ཚད་མ་སྔ་མས་ངེས་ཟིན་གྱི་དོན་དེ་ཉིད་སླར་དྲན་པའི་སྒོ་ནས་ངེས་པའི་བློ་ཞེས་པའོ། །བཅད་ཤེས་ཀྱི་ངོ་བོ་དྲན་པ་ཡིན་པར་འདོད་ཅིང་། དྲན་པ་ཡིན་ན་རྟོག་པ་ཡིན་པས་ཁྱབ་པས་མངོན་སུམ་དུ་གྱུར་པའི་བཅད་ཤེས་མེད་པར་བཞེད་དོ། །རྟོག་མེད་ལོག་ཤེས་ཀྱི་མཚན་ཉིད། རང་གི་བདག་རྐྱེན་དབང་པོ་བསླད་པའི་སྟོབས་ཀྱིས་རྣམ་པ་གསལ་བར་སྣང་བའི་གཞན་རིག་གི་ཤེས་པ་ཞེས་པའོ། །

ཚད་མའི་བློ་བཤད་པ་ལ། ཚད་མའི་མཚན་ཉིད། རང་དབང་དུ་རང་གིས་ཡོངས་སུ་བཅད་པའི་གཞལ་བྱ་ལ་བསླུ་བ་མེད་པའི་ཤེས་པ། ཚད་མ་ཡིན་ན་ངེས་པས་མ་ཁྱབ་པར་བཞེད་དོ། །ཚད་མའི་དབྱེ་བ། མངོན་སུམ་ཚད་མ་དང་། རྗེས་དཔག་ཚད་མ་གཉིས་སོ། །མངོན་སུམ་ཚད་མའི་མཚན་ཉིད། རྟོག་པ་དང་བྲལ་ཞིང་བློ་བུར་གྱི་འཁྲུལ་རྒྱུས་འཁྲུལ་བར་མ་བསྐྱེད་པ། མ་འཁྲུལ་བ་ལ་རྟོག་པ་དང་བྲལ་བས་ཁྱབ། འདི་ལྟར་བྱས་ན་མཚན་ཉིད་འདིས་མདོ་སེམས་གཉིས་ཀའི་ལུགས་ལ་ཁྱབ་པ་ཡིན་ཏེ། སེམས་ཙམ་པའི་ལུགས་ལ་དབང་ཤེས་རྣམས་ཀྱང་ཐོག་མ་མེད་པ་ནས་འབྲལ་བའི་གཉིས་སྣང་གི་བག་ཆགས་ཀྱི་དབང་གིས་རང་གི་དམིགས་ཡུལ་རང་ལས་ཕྱི་རོལ་ཏུ་མེད་ཀྱང་ཕྱི་རོལ་ལྟ་བུར་སྣང་བའི་འཁྲུལ་ཤེས་ཡིན་ཀྱང་། མངོན་སུམ་ཐམས་ཅད་རབ་རིབ་ལ་སོགས་པའི་བློ་བུར་གྱི་འཁྲུལ་རྒྱུ་ལས་འཁྲུལ་བར་མ་སྐྱེས་པར་འདོད་པའི་ཕྱིར་རོ། །གཞན་ཡང་། མངོན་སུམ་ཡིན་པ་ལ་མངོན་སུམ་ཚད་མ་ཡིན་པས་ཁྱབ་ཀྱང་། དེ་ལ་མངོན་སུམ་ཡིན་པ་ལ་དེ་ལ་མངོན་སུམ་ཚད་མ་ཡིན་པས་མ་ཁྱབ་སྟེ། དཔེར་ན། རྗེས་དཔག་ཚད་མ་ཡིན་པ་ལ་འཁྲུལ་ཤེས་ཡིན་པས་ཁྱབ་ཀྱང་། དེ་ལ་རྗེས་དཔག་ཚད་མ་ཡིན་པ་ལ་དེ་ལ་འཁྲུལ་ཤེས་ཡིན་པས་མ་ཁྱབ་པ་ལྟ་བུའོ། །མངོན་སུམ་ཚད་མ་ལ་དབྱེ་ན། དབང་པོའི་མངོན་སུམ་ཚད་མ་དང་། ཡིད་ཀྱི་མངོན་སུམ་ཚད་མ་དང་། རང་རིག་མངོན་སུམ་ཚད་མ་དང་། རྣལ་འབྱོར་མངོན་སུམ་ཚད་མ་དང་བཞིའོ། །ཚད་མའི་འབྲས་བུ་རྣམ་པར་གཞག་པ་ལ། ཚད་མའི་འབྲས་བུ་ལ་ཚད་མའི་ཆོད་པའི་འབྲས་བུ་དང་། མ་ཆོད་པའི་འབྲས་བུ་གཉིས་སོ། །ཚད་མའི་འབྲས་བུ་བྱེད་པ་གཞན་གྱིས་བར་ཆོད་གང་ཞེ་ན། དེ་ཡང་གཙོ་བོར་སྐྱེས་བུའི་དོན་མངོན་མཐོ་དང་ངེས་ལེགས་ཀྱིས་བསྡུས་པ་རྣམས་དང་། བདེན་བཞི་བླང་དོར་ཐབས་དང་བཅས་པ་རྟོགས་ནས་དེ་དག་ལ་འཇུག་ལྡོག་བྱེད་པའོ། །བྱེད་པ་གཞན་གྱིས་མ་ཆོད་པའི་ཚད་མའི་འབྲས་བུ་ནི། དེ་ལ་གཉིས་ཏེ། ཚད་མ་རང་གི་བདག་ཉིད་དུ་མ་གྱུར་པ་དང་གྱུར་པའོ། །དང་པོ་ནི། ཚད་

མའི་དངོས་སུ་དྲངས་པའི་ངེས་ཤེས་ལྟ་བུ་སྟེ། དེ་ཡང་ཚད་མས་དངོས་སུ་བསྐྱེད་པའི་འབྲས་བུ་ཡིན་པའི་ཕྱིར་མ་རྫོད་པའི་འབྲས་བུ་ཞེས་བྱའོ། །གཉིས་པ་ནི། ཚད་མ་རང་གིས་གཞལ་བྱ་རྟོགས་པའི་ཆ་ལྟ་བུའོ། །རྗེས་དཔག་ཚད་མ་བཤད་པ་ལ། སྒྲ་བཤད། རྟགས་མཐོང་ཞིང་འབྲེལ་བ་དྲན་པའི་རྗེས་སུ་བསྒྲུབ་བྱ་དཔོག་པས་ན་རྗེས་སུ་དཔག་པ་ཞེས་བྱའོ། །དབྱེ་ན་རྣམ་པ་གཉིས་ཏེ། རང་གི་དོན་གྱི་རྗེས་སུ་དཔག་པ་དང་། གཞན་གྱི་དོན་གྱི་རྗེས་སུ་དཔག་པའོ། །རང་དོན་རྗེས་དཔག་གི་མཚན་ཉིད། རང་གི་རྟེན་དུ་གྱུར་པའི་རྟགས་ཀྱི་ཚུལ་གསུམ་དྲན་པའི་དྲན་ཤེས་ལས་དངོས་སུ་སྐྱེས་སྟོབས་ཀྱིས་རང་གི་གཞལ་བྱ་ཡོངས་སུ་གཅོད་པའི་བློ། དབྱེ་ན། དངོས་པོའི་སྟོབས་ཞུགས་ཀྱི་རྗེས་དཔག་ཚད་མ། གྲགས་པའི་རྗེས་དཔག་ཚད་མ། ཡིད་འཆེས་པའི་རྗེས་དཔག་ཚད་མ་དང་གསུམ། དང་པོའི་མཚན་ཉིད། རང་གི་རྟེན་དུ་གྱུར་པའི་དངོས་པོའི་སྟོབས་ཞུགས་ཀྱི་རྟགས་ཀྱི་ཚུལ་གསུམ་དྲན་པའི་དྲན་ཤེས་ལས་དངོས་སུ་སྐྱེས་སྟོབས་ཀྱིས་རང་གི་གཞལ་བྱ་ལྐོག་ཏུ་གྱུར་པ་འགའ་ཞིག་ཡོངས་སུ་གཅོད་པའི་བློ། གཉིས་པའི་མཚན་ཉིད། རང་གི་རྟེན་དུ་གྱུར་པའི་གྲགས་པའི་རྟགས་ཀྱི་ཚུལ་གསུམ་དྲན་པའི་དྲན་ཤེས་ལས་དངོས་སུ་སྐྱེས་སྟོབས་ཀྱིས་རང་གི་གཞལ་བྱ་འདོད་པ་ཙམ་གྱིས་བཞག་པ་འགའ་ཞིག་ཡོངས་སུ་གཅོད་པའི་བློ། གསུམ་པའི་མཚན་ཉིད། རང་གི་རྟེན་དུ་གྱུར་པའི་ཡིད་འཆེས་པའི་རྟགས་ཀྱི་ཚུལ་གསུམ་དྲན་པའི་དྲན་ཤེས་ལས་དངོས་སུ་སྐྱེས་སྟོབས་ཀྱིས་རང་གི་གཞལ་བྱ་ཤིན་ཏུ་ལྐོག་གྱུར་འགའ་ཞིག་ཡོངས་སུ་གཅོད་པའི་བློ་ཞེས་སོ། །

གཞན་དོན་རྗེས་དཔག་བཤད་པ་ལ། གཞན་དོན་རྗེས་དཔག རྟགས་ཚིག་ཡང་དག སྒྲུབ་ངག་ཡང་དག་དོན་གཅིག་མིང་གི་རྣམ་གྲངས་སོ། །སྒྲ་བཤད་ནི། ངག་སྨྲ་བ་པོ་རང་ཉིད་ལས་གཞན་པའི་གང་ཟག་གིས་བསྒྲུབ་བྱ་རྟོགས་པའི་དོན་བྱེད་པས་གཞན་གྱི་དོན་ཞེས་སྨོས་ལ། རྗེས་དཔག་ཅེས་པ་ནི། རྒྱུ་མཚན་དང་དགོས་པ་ལ་བརྟེན་ནས་རྗེས་དཔག་ཏུ་བཏགས་པ་ཙམ་ཡིན་ཅིང་། འདོགས་

པའི་རྒྱུ་མཚན་ནི་འབྲས་བུ་རྗེས་དཔག་གི་རྒྱུ་ཡིན་པས་རྒྱུ་ལ་འབྲས་བུའི་མིང་གིས་བཏགས་པའོ། །བཏགས་པའི་དགོས་པ་ནི་ཚུལ་གསུམ་བརྗོད་པའི་ངག་ལ་རྗེས་དཔག་སྐྱེད་པའི་ནུས་པ་ཡོད་པར་རྟོགས་པར་བྱ་བའི་ཕྱིར་ཡིན་ལ། དངོས་ལ་གནོད་བྱེད་ནི་ངག་ཡིན་པས་བེམ་པོའི་རང་བཞིན་ཡིན་པའི་ཕྱིར་རོ། །གཏན་ཚིགས་ཡང་དག་གི་ཚུལ་གསུམ་བརྗོད་པའི་ཚིག་ཡིན་པའི་ཕྱིར་རྟགས་ཚིག་ཡང་དག་ཅེས་བྱ་ལ། སྒྲུབ་བྱེད་ཡང་དག་བརྗོད་པའི་ངག་ཡིན་པའི་ཕྱིར་སྒྲུབ་ངག་ཡང་དག་ཅེས་བྱའོ། །མཚན་ཉིད་ནི། རྒོལ་བ་རང་གིས་མཐོང་བའི་ཚུལ་གསུམ་སྐབས་དང་མཐུན་པའི་རྒོལ་བ་གཞན་ལ་ལྷག་ཆད་དང་བྲལ་བའི་སྒོ་ནས་གསལ་བར་བྱེད་པའི་ངག་ཅེས་པའོ། །དབྱེ་ན། ཆོས་མཐུན་སྦྱོར་གྱི་སྒྲུབ་ངག་ཡང་དག་དང་། ཆོས་མི་མཐུན་སྦྱོར་གྱི་སྒྲུབ་ངག་ཡང་དག་གཉིས། དེ་ལ་ཆོས་མཐུན་སྦྱོར་གྱི་སྒྲུབ་ངག་གིས་ནི་དེ་སྒྲུབ་ཀྱི་རྗེས་ཁྱབ་དངོས་སུ་བརྗོད་ཅིང་། ལྡོག་ཁྱབ་ཤུགས་ལ་བརྗོད་པ་ཡིན་ལ། ཆོས་མི་མཐུན་སྦྱོར་གྱི་སྒྲུབ་ངག་གིས་དེ་སྒྲུབ་ཀྱི་ལྡོག་ཁྱབ་དངོས་སུ་བརྗོད་ཅིང་རྗེས་ཁྱབ་ཤུགས་ལ་བརྗོད་པ་ཡིན་ལ། གཉིས་ཀས་ཀྱང་དེ་སྒྲུབ་ཀྱི་ཕྱོགས་ཆོས་དངོས་སུ་བརྗོད་པ་ནི་ཁྱད་པར་མེད་དོ་ཞེས་པར་འདོད་པ་དང་། སྒྲུབ་ངག་གི་བྱེད་ལས་ནི། ཚུལ་གསུམ་ཤེས་ཟིན་དྲན་པར་བྱེད་པ་ཡིན་གྱི། མ་ཤེས་པ་ཤེས་པར་བྱེད་པ་མ་ཡིན་པར་འདོད་དེ། གཞུང་དེ་ཉིད་ལས། ཁྱབ་འབྲེལ་ཤེས་ཟིན་དྲན་པར་བྱ་བའི་ཕྱིར་སྒྲུབ་ངག་འགོད་ཚུལ་གྱི་ཁྱད་པར་བསྟན་པ་ཡིན་ནོ། །གཞུང་འདི་དག་དཔྱིས་ཕྱིན་པར་བཤད་པ་སྔོན་ཆད་གངས་རིའི་ཁྲོད་དུ་ཀོ་བོ་འབའ་ཞིག་ཡིན་ལ། འཕགས་པའི་ཡུལ་དུ་ནི་གཞུང་སྔ་མ་ཚུལ་གསུམ་ངེས་བྱེད་ཀྱི་ཚད་མ་ལ་འཆད་པར་འགྲེལ་པ་མཁན་པོ་ཕལ་ཆེ་བ་མཐུན་ཅིང་། རང་འགྲེལ། ཤཱཀྱ་བློ། བྲམ་ཟེ་ཆེན་པོའི་འགྲེལ་བཤད་སོགས་ན་ཆེས་གསལ་བར་ཡོད་པས་བློ་གྲོས་དང་ལྡན་པ་དག་

གིས་བལྟས་པས་རྟོགས་པར་འགྱུར་ལ།[1] ཞེས་སོགས་གསུངས་པ་ནི། བོད་ཡུལ་གྱི་ཚད་གཞུང་འགྲེལ་བཤད་མཁན་པོ་སྔ་རབས་པ་རྣམས་ཀྱིས་སྒྲུབ་ངག་གི་བྱེད་ལས་ཚུལ་གསུམ་ཤེས་ཟིན་དྲན་པར་བྱེད་པ་ཡིན་པར་མ་རྟོགས་པར་མངོན་ལ། ཁོང་རང་འབའ་ཞིག་གིས་གཞུང་དོན་དེ་དཔྱིས་ཕྱིན་པར་བཤད་པར་བསྟན་ཏོ། །

གཞན་དོན་རྗེས་དཔག་གི་དངོས་ཀྱི་བསྟན་བྱ་གཏན་ཚིགས་བཤད་པ་ལ། གཏན་ཚིགས་ཡང་དག་དང་། བཟློག་ཕྱོགས་གཏན་ཚིགས་ལྟར་སྣང་བཤད་པ་གཉིས། དང་པོ་གཏན་ཚིགས་ཡང་དག་གི་མཚན་ཉིད། ཚུལ་གསུམ་ཚང་བའོ། །ཚུལ་གསུམ་སོ་སོའི་མཚན་ཉིད། ཕྱོགས་ཆོས་ཀྱི་མཚན་ཉིད། དེ་སྒྲུབ་ཀྱི་འགོད་ཚུལ་དང་མཐུན་པའི་སྒོ་ནས་རང་གི་གཞི་ཤེས་འདོད་ཆོས་ཅན་དེའི་ཆོས་སུ་ཡོད་པ་ཁོ་ནར་ངེས་པའི་གཏན་ཚིགས། རྗེས་ཁྱབ་ཀྱི་མཚན་ཉིད། དེ་སྒྲུབ་ཀྱི་མཐུན་ཕྱོགས་ཁོ་ན་ལ་ཡོད་པར་ཚད་མས་ངེས་པའི་གཏན་ཚིགས། ལྡོག་ཁྱབ་ཀྱི་མཚན་ཉིད། དེ་སྒྲུབ་ཀྱི་མི་མཐུན་ཕྱོགས་ལ་མེད་པ་ཁོ་ནར་ཚད་མས་ངེས་པའི་གཏན་ཚིགས། གཞན་ཡང་སྦྱོར་བ་སྐོར་གཅིག་གི་རྟགས་ལ་བསྒྲུབ་བྱའི་ཆོས་ཀྱིས་ཁྱབ་པ་རྗེས་ཁྱབ་དང་། ཆོས་ལོག་ལ་རྟགས་ལོག་གིས་ཁྱབ་པ་ལྡོག་ཁྱབ་ཏུ་འདོད་པ་མི་འཐད་དེ། དེ་ལྟར་འདོད་ན། ཤེས་བྱ་ཆོས་ཅན། ནམ་མཁའ་གཞལ་བྱར་སྒྲུབ་པ་ལ་རྟག་པ་རྟགས་སུ་བཀོད་པའི་ཚེ་གཞལ་བྱ་མ་ཡིན་པ་ལ་མི་རྟག་པས་ཁྱབ་པར་ཐལ། རྟག་པ་ལ་གཞལ་བྱ་ཡིན་པས་ཁྱབ་པའི་ཕྱིར། འདི་ལ་ལན་གདབ་པར་ནུས་པ་ཡོད་ན་ཁོ་བོས་མཆོག་སྦྱིན་པར་བྱའོ། །ཅི་སྟེ། དེ་སྒྲུབ་ཀྱི་རྟགས་ལོག་ནི་མི་རྟག་པ་མ་ཡིན་ནོ་ཞེ་ན། རྟག་མི་རྟག་དངོས་འགལ་མ་ཡིན་པར་ཐལ་ལོ། །རྟག་པ་ལ་གཞལ་བྱས་མ་ཁྱབ་བོ་ཞེ་ན། འོ་ན། གཞལ་བྱ་སྒྲ་རྟག་སྒྲུབ་ཀྱི་མཐུན་ཕྱོགས་མི་མཐུན་ཕྱོགས་གཉིས་ཀ་ལ་ཁྱབ་བྱེད་དུ་འཇུག་པ་མ་ཡིན་པར་ཐལ་ལོ། །ཞེས་ཐུན་

[1] 《ཚད་མ་སྡེ་བདུན་གྱི་རྒྱན་ཡིད་ཀྱི་མུན་སེལ་》ཞེས་པ་མི་རིགས་དཔེ་སྐྲུན་ཁང་གིས་༡༩༨༩ལོར་པར་དུ་བསྐྲུན་པའི་ཤོག་ངོས་༢༥༩པར་གསལ།

མོང་མ་ཡིན་པའི་བཞེད་ཚུལ་བསྟན་ཏོ། །

དེ་ཡང་ཁྱབ་པ་ལ་རྣམ་པ་བཞི་སྟེ། རྗེས་ཁྱབ། ལྡོག་ཁྱབ། དངོས་ཁྱབ། བཟློག་པའི་ཁྱབ་པ་རྣམས་སོ། །དང་པོ་གཉིས་ནི་གོང་དུ་བཤད་ཟིན། དངོས་ཀྱི་ཁྱབ་ནི་དེ་སྐོར་གྱི་རྟགས་ལ་ཆོས་ཀྱིས་ཁྱབ་པ་ཡིན་ལ། དེ་ལས་བཟློག་པའི་ཁྱབ་པ་ནི་ཆོས་ལོག་ལ་རྟགས་ལོག་གིས་ཁྱབ་པ་ཡིན་ནོ། །

རྟགས་ཡང་དག་གི་དབྱེ་བ་བཤད་པ་ལ་གསུམ། སྒྲུབ་བྱེད་ཀྱི་སྒོ་ནས་དབྱེ་བ། བསྒྲུབ་བྱའི་སྒོ་ནས་དབྱེ་བ། སྒྲུབ་ཚུལ་གྱི་སྒོ་ནས་དབྱེ་བ་དང་གསུམ། དང་པོ་ལ། འབྲས་རང་མ་དམིགས་པའི་རྟགས་ཡང་དག་དང་གསུམ་ལས། དང་པོའི་མཚན་ཉིད། དེ་སྒྲུབ་ཀྱི་རྟགས་ཀྱིས་དངོས་སུ་ཟིན་པར་བཀོད་པའི་འབྲས་བུ་དེའི་རྒྱུ་བསྒྲུབ་བྱའི་ཆོས་ཀྱིས་དངོས་སུ་ཟིན་པར་བྱེད་པའི་སྒོ་ནས་རང་གི་ཤེས་འདོད་ཆོས་ཅན་གྱི་སྟེང་དུ་སྒྲུབ་པ་ལ་ཚུལ་གསུམ་ཚང་བའི་གཏན་ཚིགས། དབྱེ་ན། རྒྱུ་དངོས་སྒྲུབ་པའི་འབྲས་རྟགས། རྒྱུ་སྔོན་སོང་སྒྲུབ་པའི་འབྲས་རྟགས། རྒྱུའི་ཁྱད་པར་སྒྲུབ་པའི་འབྲས་རྟགས། རྒྱུའི་རང་ལྡོག་སྒྲུབ་པའི་འབྲས་རྟགས། རྒྱུ་ཆོས་རྗེས་དཔག་གི་འབྲས་རྟགས་རྣམས་སོ། །འདི་དག་ཀྱང་ཕྱི་རོལ་གྱི་ཤེས་འདོད་དང་ཕྱི་རོལ་གྱི་དཔག་འདོད་ཀྱི་དབང་གིས་རྟགས་ཀྱི་འགོད་ཚུལ་ཇི་ལྟར་འབྱུང་བ་དང་མཐུན་པར་ཐ་སྙད་བྱེད་པ་ཙམ་ཡིན་གྱི། ཤེས་འདོད་དང་དཔག་འདོད་ཀྱི་དབང་གིས་རྟགས་ཀྱི་འགོད་ཚུལ་མཐའ་ཡས་པའི་ཕྱིར། དེའི་རྟགས་ཆོས་དོན་གསུམ་ངོས་གཟུང་བ་ལ། མེ་ཡོད་བསྒྲུབ་བྱའི་ཆོས་དང་དུ་ཡོད་རྟགས་སུ་སྦྱོར་བའོ། །ཞེས་《སྡེ་བདུན་རྒྱན་》ལས་དེ་ལྟར་བཤད་ཀྱང་། རྗེས་ཀྱི་《ཊཱིཀ་ཆེན་རིགས་པའི་རྒྱ་མཚོ་》ལས་མེ་བསྒྲུབ་བྱའི་ཆོས་དང་དུ་བ་རྟགས་ཡིན་པར་འཆད་པའོ། །གཞན་ཡང་། ལ་ལ་མེ་ཡོད་པར་སྒྲུབ་པ་ལ་དུ་ཡོད་རྟགས་སུ་བཀོད་པའི་ཚེ། རྟགས་འདིའི་ཕྱོགས་ཆོས་གྲུབ་དུས་ན་དམ་བཅའ་ཚད་མས་བསལ་བར་འགྱུར་ལ། དམ་བཅའ་ཚད་མས་གྲུབ་དུས་ན་ཕྱོགས་ཆོས་མི་འགྲུབ་སྟེ། ལ་ལ་མེ་ཡོད་དུས་ན་མེ་

དེའི་འབྲས་བུ་དུ་བ་མེད་པའི་ཕྱིར་རོ་ཞེ་ན། སྐྱོན་མེད་དེ། ལ་ལ་དུ་བ་ཡོད་པའི་རྟགས་ཀྱིས་དུ་བའི་དུས་ན་མེ་ཡོད་པར་སྒྲུབ་པ་མིན་གྱི། དུ་བའི་རྒྱུར་གྱུར་པའི་མེ་ཡོད་པ་ཙམ་ཞིག་དུས་ཀྱི་ཁྱད་པར་དུ་མ་བྱས་པར་སྒྲུབ་པ་ཡིན་གྱི། ལ་ལ་དུ་བ་ཡོད་ན་དེའི་ཚེ་རང་རྒྱུ་མེ་ཡོད་མི་དགོས་ཀྱང་། ཕྱིར་ལ་ལ་རང་རྒྱུ་མེ་ཡོད་དགོས་ཏེ། དཔེར་ན་ཆོས་གཅིག་གི་ཉིན་མོ་ལ་ཕྱི་དྲོ་ཡོད་ན་དེའི་རྒྱུར་གྱུར་པའི་སྔ་དྲོ་ཡོད་དགོས་ཀྱང་། ཆོས་གཅིག་གི་ཕྱི་དྲོ་ཡོད་དུས་སྔ་དྲོ་ཡོད་མི་དགོས་པས་ཆོས་གཅིག་གི་ཉིན་མོ་ལ་སྔ་དྲོ་ཡོད་དེ་ཕྱི་དྲོ་ཡོད་པའི་ཕྱིར་ལ། ཕྱོགས་ཆོས་གྲུབ་ན་དམ་བཅའ་བསལ་བའི་སྐྱོན་མི་འབྱུང་བ་དང་འདྲའོ། །ཞེས་གསུངས་པ་གནས་ལུགས་ལྡན་པའི་ལེགས་བཤད་ཡིན་ནོ། །གཉིས་པ་རང་བཞིན་གྱི་རྟགས་ཡང་དག་གི་མཚན་ཉིད། རང་དང་རང་བཞིན་གཅིག་པའི་བསྒྲུབ་བྱའི་ཆོས་སྒྲུབ་པ་ལ་ཚུལ་གསུམ་ཚང་བའི་སྒྲུབ་རྟགས་གང་ཞིག དེ་སྒྲུབ་ཀྱི་བསྒྲུབ་བྱ་འགྲུབ་པ། རྟགས་དང་བསྒྲུབ་བྱའི་ཆོས་ཀྱི་དངོས་སུ་ཟིན་པའི་ཆོས་གཉིས་རྒྱུ་འབྲས་སུ་ངེས་པ་ལ་བལྟོས་མི་དགོས་པའོ། །དབྱེ་ན་ཁྱད་པར་དག་པ་བ་དང་ཁྱད་པར་བལྟོས་པ་བ་གཉིས་སོ། །གསུམ་པ་མ་དམིགས་རྟགས་ཡང་དག་གི་མཚན་ཉིད། དེ་སྒྲུབ་ཀྱི་ཚུལ་གསུམ་ཚང་བའི་གཏན་ཚིགས་གང་ཞིག དེ་སྒྲུབ་ཀྱི་བསྒྲུབ་བྱའི་ཆོས་ཡིན་ན་མེད་དགག་ཡིན་དགོས་པ་ཞེས་པའོ། །

རྟགས་ཡང་དག་ལ་བསྒྲུབ་བྱའི་སྒོ་ནས་དབྱེ་ན། དངོས་པོ་སྟོབས་ཞུགས་ཀྱི་དང་ཡིད་ཆེས་པའི་དང་གྲགས་པའི་རྟགས་ཡང་དག་དང་གསུམ་མོ། །རྟགས་ཡང་དག་ལ་སྒྲུབ་ཚུལ་གྱི་སྒོ་ནས་དབྱེ་ན། དོན་སྒྲུབ་ཀྱི་རྟགས་ཡང་དག་དང་། ཐ་སྙད་སྒྲུབ་ཀྱི་རྟགས་ཡང་དག་གཉིས་སོ། །

གཏན་ཚིགས་ལྟར་སྣང་བཤད་པ་ལ། མཚན་ཉིད། ཚུལ་གསུམ་ཚང་བ་མ་ཡིན་པའི་གཏན་ཚིགས། དབྱེ་ན། མ་གྲུབ་པའི་རྟགས། འགལ་བའི་རྟགས། མ་ངེས་པའི་རྟགས་དང་གསུམ་མོ། །རྗེ་འདིས་ལྟག་ལྡན་གྱི་མ་ངེས་པ་མི་བཞེད་དེ། གཞུང་

དེ་ཉིད་དུ། གངས་ཅན་གྱི་རིགས་པ་སྨྲ་བ་དག་ལྟག་ལྡན་གྱི་མ་ངེས་པའི་རྟགས་ནི་ཐུན་མོང་གི་མ་ངེས་པའི་རྟགས་ཀྱི་དབྱེ་བར་བྱེད་མོད། རི་བོང་གི་ཅལ་གྱི་རྗེས་འབྲང་འདི་དག་ལ་སྒྲུབ་བྱེད་ཀྱི་ལུང་རིགས་གང་ཡང་མ་མཐོང་ངོ་། །དེས་ན། ལྟག་ལྡན་ཞེས་པ་ནི་ཁྱབ་འབྲེལ་ལ་ཐེ་ཚོམ་གྱི་ལྟག་མ་དང་ལྡན་པར་བྱེད་ཀྱི། རྟགས་མཐུན་ཕྱོགས་ཁོ་ན་ལ་ཡོད་ངེས་དང་། མི་མཐུན་ཕྱོགས་ལ་མེད་ངེས་གང་དུ་ཡང་གོ་བར་མི་བྱེད་པ་ལ་བརྗོད་པ་ཡིན་པས་ལྟག་ལྡན་གྱི་རྟགས་དང་མ་ངེས་པའི་རྟགས་མིང་གི་རྣམ་གྲངས་ཡིན་ལ། ཞེས་བཞེད་ཚུལ་མི་མཐུན་པ་གསལ་བར་བསྟན་ཏོ། །

སྒྲུབ་ངག་གི་ལམ་སྦྱོར་བཤད་པ་ལ། སུན་འབྱིན་བཤད་པ་དང་། ཐལ་འགྱུར་གྱི་ལན་གདབ་ཚུལ་སོགས་བཤད་པའོ། །དང་པོ་སུན་འབྱིན་བཤད་པ་ལ། སུན་འབྱིན་དང་ཐལ་འགྱུར་ནི་དོན་གཅིག་པ་ཡིན་པས་དེའི་དབང་དུ་བྱས་ནས་བཤད་པར་བྱ་སྟེ། །ཐལ་འགྱུར་ཡང་དག་དང་ལྟར་སྣང་གཉིས་ལས། དང་པོའི་མཚན་ཉིད། སྐབས་སུ་བབ་པའི་ལན་གྱིས་ཟློག་པར་མི་ནུས་པའི་ཐལ་ངག དབྱེ་ན། སྒྲུབ་བྱེད་འཕེན་པའི་ཐལ་འགྱུར་དང་། མི་འཕེན་པའི་ཐལ་འགྱུར་གཉིས། དང་པོའི་མཚན་ཉིད། ཐལ་འགྱུར་ཡང་དག་གང་ཞིག ཆོས་ལོག་གིས་རང་གི་ཆོས་ཅན་གྱི་སྟེང་དུ་རྟགས་ལོག་བསྒྲུབས་ན་ཚུལ་གསུམ་ཚང་བ། དབྱེ་ན་བཟློག་པ་རང་རིགས་འཕེན་པ་དང་གཞན་རིགས་འཕེན་པའི་ཐལ་འགྱུར་གཉིས། དང་པོའི་མཚན་ཉིད། བཟློག་ན་རང་དང་སྦྱོར་བའི་སྡེ་ཚན་རིགས་གཅིག་པའི་གཏན་ཚིགས་ཡང་དག་འགྱུར་བའི་ཐལ་ངག གཉིས་པའི་མཚན་ཉིད། བཟློག་ན་རང་དང་སྦྱོར་བའི་སྡེ་ཚན་རིགས་མི་གཅིག་པའི་གཏན་ཚིགས་ཡང་དག་འཕེན་པའི་ཐལ་ངག་ཅེས་སོ། །སྒྲུབ་བྱེད་མི་འཕེན་པའི་ཐལ་འགྱུར་ཡང་དག་གི་མཚན་ཉིད། ཐལ་འགྱུར་ཡང་དག་གང་ཞིག ཆོས་ལོག་གིས་རང་གི་ཆོས་ཅན་གྱི་སྟེང་དུ་རྟགས་ལོག་བསྒྲུབས་ན་ཚུལ་གསུམ་མ་ཚང་བ་ཞེས་སོ། །ཐལ་འགྱུར་ལྟར་སྣང་གི་མཚན་ཉིད། སྐབས་སུ

བབ་པའི་ལན་གྱིས་ཟློག་པར་ནུས་པའི་ཐལ་ངག་ཅེས་པའོ། །ཐལ་འགྱུར་གྱི་བསལ་བ་ངོས་གཟུང་བ་ནི། ཐལ་འགྱུར་དེའི་ཐལ་ཆོས་ལ་འདོད་ལན་བཏབ་ན་ཚད་མས་བསལ་བའི་དོན་ཁས་བླངས་པར་འགྱུར་བས་ཐལ་འགྱུར་གྱི་བསལ་བ་ཞེས་ཟེར་བ་ཡིན་ཏེ། དཔེར་ན། སྒྲ་ཆོས་ཅན། རྟག་པར་ཐལ། ཞེས་པ་ལ་འདོད་ལན་བཏབ་ན་སྒྲ་རྟག་པར་ཁས་བླང་དགོས་ལ། སྒྲ་རྟག་པ་ནི་ཚད་མས་བསལ་བ་ལྟ་བུའོ། །དེས་ན། ཐལ་འགྱུར་གྱི་ཐལ་ཆོས་དང་བསལ་བ་ནི་དོན་གཅིག་པ་མ་ཡིན་ཏེ་སྒྲ་རྟག་པར་ཁས་བླངས། བྱས་པར་ཡང་ཁས་བླངས་པ་ལ། སྒྲ་ཆོས་ཅན། ཁྱོད་རྒྱུ་ལས་སྐྱེས་པར་ཐལ། བྱས་པའི་ཕྱིར། ཞེས་བརྗོད་པ་ལ་འདོད་ལན་བཏབ་ན་ཐལ་ཆོས་ཁས་ལེན་ལ་འགྲོ་ཡང་ཚད་བསལ་མ་ཡིན་ཏེ། སྒྲ་རྒྱུ་ལས་སྐྱེས་པ་ཚད་མས་མ་བསལ་བའི་ཕྱིར་རོ། །

ཐལ་འགྱུར་གྱི་ལན་གདབ་ཚུལ་ནི། ཐལ་འགྱུར་དེའི་ཐལ་ཆོས་ཆོས་ཅན་གྱི་སྟེང་དུ་ཚད་མས་གྲུབ་ཅིང་། རང་ལ་ཁས་ལེན་འགལ་བའི་ཉེས་པ་མི་འབྱུང་བའི་ཚེ་འདོད་ཅེས་ལན་གདབ་པར་བྱའོ། །ཐལ་འགྱུར་དེའི་རྟགས་ཆོས་ཅན་གྱི་སྟེང་དུ་ཚད་མས་མ་གྲུབ་ཅིང་། རང་ལ་ཁས་ལེན་འགལ་བའི་སྐྱོན་མི་འབྱུང་བའི་ཚེ་རྟགས་མ་གྲུབ་ཅེས་ལན་གདབ་པར་བྱའོ། །ཐལ་འགྱུར་དེའི་དངོས་ཁྱབ་ཚད་མས་མ་གྲུབ་ཅིང་རང་གིས་ཁས་མ་བླངས་ན། ཁྱབ་པ་མ་གྲུབ་ཅེས་ལན་གདབ་པར་བྱའོ། །ཐལ་འགྱུར་དེའི་འཁོར་གསུམ་ག་རང་གིས་ཁས་མ་བླངས་ན། ཁས་ལེན་མེད་ཅེས་ལན་གདབ་པར་བྱའོ། །ཁས་ལེན་མེད་པ་ནི་ཐལ་འགྱུར་གྱི་ཉེས་པ་ཆེ་ཤོས་ཏེ། འདིའི་སྐྱོན་ལ་འདི་འདྲའི་ལན་མི་སྟོན་ན་ངོ་མཚར་ཏོ་ཞེས་གསུངས་སོ། །

གསུམ་པ། ཤེས་པ་ཡུལ་ལ་ཇི་ལྟར་འཇུག་པའི་ཚུལ་བཤད་པ་ལ། དང་པོ་དགག་པ་དང་སྒྲུབ་པ་བཤད་པ། དགག་པའི་མཚན་ཉིད། བློས་དགག་བྱ་དངོས་སུ་བཅད་པའི་རྣམ་པས་རྟོགས་པར་བྱ་བ། དབྱེ་ན། མེད་དགག་དང་མ་ཡིན་དགག་གཉིས། དང་པོ་ནི། བློ་ཡུལ་དུ་དགག་བྱ་དངོས་སུ་བཅད་ནས་ཆོས་གཞན་མི་འཕེན་

པའམ་མི་སྲུབ་པ། མ་ཡིན་དགག་ནི། བློའི་ཡུལ་དུ་དགག་བྱ་བཅད་ནས་ཆོས་གཞན་འཕེན་པའམ་སྒྲུབ་པའོ། །སྒྲུབ་པའི་མཚན་ཉིད། དགག་བྱ་བཅད་པ་ལ་མ་བལྟོས་པར་རང་དབང་དུ་བློ་ཡུལ་དུ་འཆར་བའི་ཆོས། མཚན་གཞི་ནི་དངོས་པོ་རྣམས་ཡིན་ནོ། །

གཉིས་པ་འགལ་བ་དང་འབྲེལ་བ་བཤད་པ་ལ། དང་པོ་འགལ་བའི་མཚན་ཉིད། ཐ་དད་གཞི་མཐུན་མི་སྲིད་པ། དབྱེ་ན། ལྷན་ཅིག་མི་གནས་འགལ་དང་། ཕན་ཚུན་སྤངས་འགལ་གཉིས། དང་པོའི་མཚན་ཉིད། ནུས་པ་མཚུངས་པའི་སྒོ་ནས་རྒྱུན་འགོག་སུ་མི་རུང་བའི་དངོས་པོ། དབྱེ་ན། བེམ་པོ་ལས་གྱུར་པའི་ལྷན་ཅིག་མི་གནས་འགལ་དང་ཤེས་པར་གྱུར་པའི་ལྷན་ཅིག་མི་གནས་འགལ་གཉིས། དང་པོ་ནི། ཚ་རེག་དང་གྲང་རེག་ལྟ་བུ། གཉིས་པ་ནི། བདག་མེད་མངོན་སུམ་དུ་རྟོགས་པའི་ཤེས་རབ་དང་བདག་འཛིན་ལྟ་བུའོ། །གཉིས་པ་ཕན་ཚུན་སྤངས་འགལ་གྱི་མཚན་ཉིད། ཕན་ཚུན་གཅིག་ཡིན་པས་ཅིག་ཤོས་ཡིན་པ་གཅོད་ནུས་པའི་ཆོས། དབྱེ་ན། དངོས་ཀྱི་ཕན་ཚུན་སྤངས་འགལ་དང་། བརྒྱུད་པའི་ཕན་ཚུན་སྤངས་འགལ་གཉིས། དང་པོའི་མཚན་ཉིད། ཕན་ཚུན་གཅིག་ཡིན་པ་རྣམ་པར་བཅད་པས་ཅིག་ཤོས་ཡིན་པར་གོ་ནུས་པའི་འགལ་ཟླ་དངོས། དཔེར་ན་རྟག་མི་རྟག་གཉིས། གཉིས་པའི་མཚན་ཉིད། ཆོས་དེ་དང་གཞི་མཐུན་མི་སྲིད་པའི་སྒོ་ནས་འགལ་བ་གང་ཞིག ཆོས་དེ་རྣམ་པར་བཅད་ཤུགས་མ་ཡིན་པ། དཔེར་ན་བྱས་པ་དང་རྟག་པ་ལྟ་བུའོ། །གཉིས་པ་འབྲེལ་བའི་མཚན་ཉིད། ཁྱོད་ཆོས་དེ་དང་ཕན་ཚུན་ཐ་དད། ཆོས་དེ་ཁེགས་ན་ཁྱོད་ཁེགས་པ། དབྱེ་ན། བདག་གཅིག་འབྲེལ་དང་དེ་འབྱུང་འབྲེལ་གཉིས། དང་པོའི་མཚན་ཉིད། རང་བཞིན་གཅིག་པའི་སྒོ་ནས་རྗེས་སུ་འགྲོ་ལྡོག་མི་འཁྲུལ་བ། གཉིས་པའི་མཚན་ཉིད། རང་བཞིན་ཐ་དད་པའི་སྒོ་ནས་རྗེས་སུ་འགྲོ་ལྡོག་མི་འཁྲུལ་བ་ཞེས་པའོ། །

གསུམ་པ་བརྗོད་བྱ་དང་རྗོད་བྱེད་གཏན་ལ་དབབ་པ་ལ། བརྗོད་བྱའི་མཚན་

ཉིད། བརྗ་ལས་གོ་བར་བྱ་བ། རྗོད་བྱེད་ཀྱི་མཚན་ཉིད། བརྡའི་དབང་གིས་རང་ཡུལ་གོ་བྱེད། དེ་ལ་བརྗོད་བྱ་ནི་ཆོས་ཐམས་ཅད་ཡིན་ཏེ། སྒྲས་བརྗོད་མི་རུང་བའི་ཆོས་མེད་པའི་ཕྱིར་རོ། །

བཞི་པ་སྤྱི་དང་བྱེ་བྲག་བཤད་པ་ལ། སྤྱིའི་མཚན་ཉིད། དུ་མ་ལ་རྗེས་སུ་འགྲོ་བའི་ཆོས། བྱེ་བྲག་གི་མཚན་ཉིད། ཁྱབ་བྱེད་དུ་འཇུག་པའི་རང་གི་རིགས་ཡོད་པ་ཞེས་པའོ། །

ལྔ་པ་སྒྲུབ་པ་དང་གཞན་སེལ་བཤད་པ་ལ། སྒྲུབ་པ་དང་སྣང་བ་དོན་གཅིག་མིང་གི་རྣམ་གྲངས་ཡིན་ལ། སྣང་བའི་མཚན་ཉིད། རང་འཛིན་མངོན་སུམ་ལ་རང་གི་རྣམ་པ་གསལ་བར་སྣང་བའི་དངོས་པོ། གཞན་སེལ་བའི་ངོ་བོ། ཤེས་བྱ་ཐམས་ཅད་དགག་སྒྲུབ་གཉིས་སུ་ངེས་པ་ཡིན་ལ། སྒྲུབ་པ་དང་སྣང་བ་དོན་གཅིག་ཅིང་། དངོས་པོ་ཐམས་ཅད་གཉིས་ཀ་ཡིན་ནོ། །སེལ་བ་དང་དགག་པ་དོན་གཅིག་ཅིང་། དངོས་མེད་ཐམས་ཅད་དེ་ཡིན་ནོ། །

དྲུག་པ་རྫས་དང་ལྡོག་པ་བཤད་པ་ལ། རྫས་ཆོས་ཞེས་པ་ནི། དོན་རང་མཚན་གྱི་ཆོས་དང་། ལྡོག་པའི་ཆོས་ཞེས་པ་ནི། རྟོག་པས་བཏགས་པ་ཙམ་གྱི་ཆོས་རྣམས་ལ་བརྗོད་དེ། རྫས་ཆོས་ལྡོག་ཆོས་ཞེས་པ་རྫས་ཡོད་བཏགས་ཡོད་ཅེས་པ་ཡིན་པ་ལ་འདིར་ནི་དོན་བྱེད་ནུས་པ་དང་མི་ནུས་པའི་ཆོས་ལ་རྫས་ཡོད་བཏགས་ཡོད་དུ་བྱས་པའི་དབང་དུ་བྱས་ནས་དེ་ལྟར་བཤད་པ་ཡིན་ནོ། །

བདུན་པ་གཅིག་དང་ཐ་དད་བཤད་པ་ལ། གཅིག་གི་མཚན་ཉིད། སོ་སོ་བ་མ་ཡིན་པའི་ཆོས། ཐ་དད་ཀྱི་མཚན་ཉིད། སོ་སོ་བའི་ཆོས། གཅིག་ལ་དབྱེ་ན་གཉིས་ལས། རྫས་གཅིག་གི་མཚན་ཉིད། ངོ་བོ་སོ་སོ་མ་ཡིན་པར་སྐྱེས་པ། ལྡོག་པ་གཅིག་གི་མཚན་ཉིད། རང་ལྡོག་སོ་སོ་བ་མ་ཡིན་པའི་ཆོས། ཐ་དད་ལ་དབྱེ་ན་གཉིས་ལས། རྫས་ཐ་དད་ཀྱི་མཚན་ཉིད། ངོ་བོ་སོ་སོར་སྐྱེས་པ། ལྡོག་པ་ཐ་དད་ཀྱི་མཚན་ཉིད། རང་ལྡོག་སོ་སོ་བའི་ཆོས་ཞེས་སོ། །

བརྒྱད་པ་མཚན་མཚོན་བཤད་པ་ལ། མཚོན་བྱའི་མཚན་ཉིད། རྣམ་པར་གཞག་བྱ་ཆོས་གསུམ་ཚང་བ། ཆོས་གསུམ་ནི། སྤྱིར་མཚོན་བྱ་ཡིན་པ། རང་གི་མཚན་ཉིད་ལས་གཞན་གྱི་མཚོན་བྱ་མ་ཡིན་པ། མཚན་གཞི་ལ་སྲིད་པ། མཚན་ཉིད་ཀྱི་མཚན་ཉིད། རྣམ་པར་འཇོག་བྱེད་ཆོས་གསུམ་ཚང་བ། ཆོས་གསུམ་ནི། སྤྱིར་མཚན་ཉིད་ཡིན་པ། རང་གི་མཚོན་བྱ་གཅིག་པོ་དེ་ལས་གཞན་གྱི་མཚན་ཉིད་མ་ཡིན་པ། མཚན་གཞི་ལ་སྲིད་པའོ། །མཚན་ཉིད་ལ་དབྱེ་ན། རིགས་མི་མཐུན་སེལ་བའི་མཚན་ཉིད་དང་། ལོག་རྟོག་སེལ་བའི་མཚན་ཉིད་གཉིས། མཚན་གཞིའི་མཚན་ཉིད། མཚན་ཉིད་ཀྱི་སྐབས་སུ་བབ་པའི་མཚོན་བྱ་མཚོན་པའི་གཞིར་གྱུར་པ་ཞེས་པའོ། །

དགུ་པ་དུས་གསུམ་བཤད་པ་ལ། འདས་པའི་མཚན་ཉིད། ཞིག་པ། ད་ལྟ་བའི་མཚན་ཉིད། སྐྱེས་པ། མ་འོངས་པའི་མཚན་ཉིད། མ་སྐྱེས་པ། མཚན་གཞི་རིམ་པ་ལྟར། ཟ་བུམ་ཞིག་པ་ལྟ་བུ་དང་། བུམ་པ་དང་། སྨྱུ་གུ་མ་སྐྱེས་པའི་ཆ་ལྟ་བུའོ། །ཞེས་ཤེས་པ་ཡུལ་ལ་ཇི་ལྟར་འཇུག་པའི་ཚུལ་ལ་དོན་ཚན་དགུར་ཕྱེ་ནས་བཤད་ཟིན་ཏོ། །

སྤྱིར་མཁས་གྲུབ་སྨྲ་བའི་ཉི་མས་《སྡེ་བདུན་རྒྱན་ཡིད་ཀྱི་མུན་སེལ་》དང་《ཊཱི་ཀ་ཆེན་རིགས་པའི་རྒྱ་མཚོ་》ལས་བསྟན་པའི་ཚད་མའི་ལྟ་བ་དག་ནི་རྒྱལ་ཚབ་རིན་པོ་ཆེའི་དགོངས་པ་དང་མི་མཐུན་པ་མང་དུ་ཡོད་པ་དེ་ནི་མཁས་གྲུབ་རྗེས་རྒྱལ་ཚབ་ལ་མ་གུས་པ་མ་ཡིན་ཏེ། ཁོང་གཉིས་ཀྱི་རྒྱབ་བརྟེན་གྱི་གཞུང་ཁུངས་མི་མཐུན་པའི་དབང་གིས་ཡིན་ལ། ལྕང་སྐྱ་རིན་པོ་ཆེས《གྲུབ་མཐའི་རྣམ་བཞག་ཐུབ་བསྟན་ལྷུན་པོའི་མཛེས་རྒྱན་》ལས། སྡེ་བདུན་གྱི་སྐོར་ལ་རྒྱལ་ཚབ་ཐམས་ཅད་མཁྱེན་པ་པཎ་ཆེན་ཆོས་མཆོག་གི་འགྲེལ་པ་གཙོ་བོར་མཛད་པ་དང་། མཁས་གྲུབ་སྨྲ་བའི་ཉི་མས་ལྷ་དབང་བློའི་འགྲེལ་པ་གཙོ་བོར་མཛད་པར་འདུག་པས་རྗེ་བདག་ཉིད་ཆེན་པོས་རྣམ་འགྲེལ་གྱི་བཤད་པ་གནང་བའི་ཚེ་འགྲེལ་པ་སོ་སོའི་

ལུགས་ལ་བརྟེན་པའི་འཆད་ཚུལ་ཞིག་གི་ཁྱད་པར་བྱུང་བ་ཡིན་ནམ་སྙམ་མོ་[①]ཞེས་གསུངས་པ་ལྟར་གོ་བར་བྱས་ན་ལེགས་སྙམ་དུ་སེམས་སོ། །

དོན་ཚན་གསུམ་པ། རྒྱལ་བ་དགེ་འདུན་གྲུབ་པས་ཚད་མའི་གཞུང་ལ་ཞུ་ཐག་ཆོད་ཅིང་རྗེ་ཙོང་ཁ་པའི་དགོངས་པ་ལེགས་པར་སྒྲེལ་ཚུལ།

དང་པོ། ཐམས་ཅད་མཁྱེན་པ་དགེ་འདུན་གྲུབ་པའི་མཛད་རྣམ།

རྗེ་ཙོང་ཁ་པའི་དངོས་སློབ་དགེ་ལུགས་པའིབསྟན་འཛིན་མཁན་པོ་རྒྱལ་བ་དགེ་འདུན་གྲུབ་པ་དཔལ་བཟང་པོ་ནི། གུར་མ་ཞེས་བྱ་བའི་ཡུལ་གྱི་ལྷས་ར་ཞིག་ཏུ་རབ་བྱུང་བདུན་པའི་ལྕགས་ལུག་(སྤྱི་ལོ་༡༣༩༡)ལོར་ངོ་མཚར་བའི་ལྟས་དང་བཅས་ཏེ་སྐུ་འཁྲུངས། འཁྲུངས་པའི་ནུབ་མོ་དེ་ཕྱོགས་ཀྱི་འཁྲུག་པ་ལ་དགྲ་ཇག་བྱུང་བས་ཁྱིམ་གཞིས་ལ་གཏོང་གུན་ཆེན་པོ་ཐེབས། དགུང་ལོ་བདུན་པའི་ཚེ་ཡབ་སྐུ་གཤེགས། དེའི་ཚེ་རྗེ་འདིས་སྟོན་པ་སྨན་པའི་རྒྱལ་པོའི་མདོ་ཞིག་ཕྱག་བྲིས་མཛད་དེ་བཞེངས། འདི་ལ་བདག་གི་ཕའི་སྒྲིབ་སྦྱོང་བྱེད་པ་ཡིན་ནོ་གསུངས། དེ་ནས་རྒྱལ་བའི་བསྟན་པ་ལ་འཇུག་པར་བཞེད་དེ་སྣར་ཐང་མཁན་ཆེན་གྲུབ་པ་ཤེས་རབ་ལས་ཡོངས་རྫོགས་དགེ་བསྙེན་གྱི་སྡོམ་པ་བཞེས་ཏེ་བསླབ་ཁྲིམས་རྣམས་ཚུལ་བཞིན་བསྲུང་བར་མཛད་ཅིང་། ཆོས་སྤྱོད་མང་པོ་ཞལ་ཏོན་དུ་མཛད་པ་ན་བཙུན་ཆུང་པད་རྗེར་ཞེས་འབོད་པ་བྱུང་། དེ་ནས་ཀློག་ཡིག་སྦྱོང་བའི་ཚུལ་བསྟན་པ་ཙམ་གྱིས་ཐོགས་མེད་དུ་མཁྱེན་པ་བྱུང་། དེ་དུས་ཀྱི་ཡིག་དཔོན་ཤཱཀྱ་དཔལ་ཞེས་པ་ལ་ཡི་གེ་སྦྱངས་པས་ཡི་གེའི་རིགས། རྒྱ་ཡིག བོད་ཡིག ཧོར་གྱི་ཡི་གེ། རྒྱ་གར་གྱི་ཡི་གེའང་། ལཉྫ། ཝརྟུ། བོད་ཡིག་ལའང་། ཆེ་ཡིག ཆུང་ཡིག དེ་ལའང་། འབྲུ་མ། ཚག་བྲིས། ཟླུམ་བྲིས་སོགས་ཐམས་ཅད་ཐོགས་པ་མེད་པར་མཁྱེན་ཅིང་སྣར་

① ལྕང་སྐྱ་རོལ་པའི་རྡོ་རྗེས་མཛད། ཀྲུང་གོའི་བོད་ཀྱི་ཤེས་རིག་དཔེ་སྐྲུན་ཁང་གིས་༡༩༨༨ལོར་པར་དུ་བསྐྲུན་པའི་ཤོག་ངོས་༢༧༣པར་གསལ།

ཐང་དུ་སློག་ཡིག་གིས་བུ་སློབ་མང་པོ་བསྐྱངས་པས་མི་རྣམས་ཀྱིས་དཔོན་ཡིག་དགེ་འདུན་གྲུབ་ཅེས་འབོད་པའང་བྱུང་། དགུང་ལོ་བཅོ་ལྔ་པ་ཤིང་མོ་བྱའི་ལོར་དཔལ་སྣར་ཐང་གི་གཙུག་ལག་ཁང་དུ་མཁན་ཆེན་གྲུབ་པ་ཤེས་རབ་པས་མཁན་པོ་དང་། བཤེས་གཉེན་ཆེན་པོ་བློ་ལྡན་པས་སློབ་དཔོན་མཛད་དེ་རབ་ཏུ་བྱུང་ཞིང་། ཚོགས་སྔ་མ་དགེ་ཚུལ་གྱི་སྡོམ་པ་ཡང་དག་པར་མནོས་ཏེ། དགེ་འདུན་གྲུབ་དཔལ་བཟང་པོ་ཞེས་མཚན་གསོལ། དེ་ནས་མ་ཧཱ་པཎྜི་ཏ་སངྒྷ་ཤྲཱི་ཞེས་པའི་མཁས་གྲུབ་ཆེན་པོ་དེ་ལ་བསྟེན་ནས་སྙན་ངག་མེ་ལོང་དང་། མངོན་བརྗོད་འཆི་མེད་མཛོད་དང་། སྒྲ་མཚམས་སྦྱོར་ལྔ་པ་རྣམས་གསན་ཅིང་། བཤེས་གཉེན་དམ་པ་གཞན་མང་པོ་ལའང་དབང་ལུང་མན་ངག་རྒྱ་ཆེར་གསན་ནོ། །དགུང་ལོ་ཉི་ཤུ་བཞེས་པ་ལྕགས་སྟག་ལོར་ཚོགས་སྟ་མའི་མཁན་པོ་གྲུབ་པ་ཤེས་རབ་པས་མཁན་པོ་དང་། ཚོགས་སྔ་མའི་སློབ་དཔོན་བློ་ལྡན་པས་ལས་སློབ། དེའི་གདན་ས་པ་ཆེན་པོ་གྲགས་པ་ཤེས་རབ་པས་གསང་སྟོན་མཛད་ཅིང་མཚན་ཉིད་ལྡན་པའི་ཁ་སྐོང་གྲངས་ཚང་བས་དད་པའི་དགེ་འདུན་མཛད་ནས་བསྙེན་པར་རྫོགས་པའི་སྡོམ་པ་ཡང་དག་པར་བཞེས་ཏེ། ལྷག་པ་ཚུལ་ཁྲིམས་ཀྱི་བསླབ་པའི་འཛིག་རྟེན་གྱི་ཡོན་གནས་གཅིག་པུར་གྱུར་ཏོ། །དེ་ནས་ཚད་མ་རྣམ་འགྲེལ་གྱི་གཞུང་ལ་སྦྱངས་ཏེ་སྣར་ཐང་དུ་གྲྭ་སྐོར་མཛད། དེ་ནས་སྣར་ཐང་མཁན་ཆེན་སོགས་བཤེས་གཉེན་མང་པོ་ལ་མདོ་སྔགས་ཀྱི་ཆོས་མང་དུ་གསན། དགུང་ལོ་ཉེར་ལྔ་པ་ཤིང་མོ་ལུག་གི་ལོར་དབུས་ཕྱོགས་སུ་བྱོན་ཏེ། ཁྲ་འབྲུག་ཏུ་སེམས་དཔའ་ཆེན་པོ་ཀུན་བཟང་པ་ལ་ཚད་མ་དང་དབུ་མ་སོགས་ཀྱི་ཐུགས་སྦྱོང་མཛད། དེ་ནས་རྗེ་བཙུན་ཙོང་ཁ་པ་ཆེན་པོ་ས་སྐྱོང་མིའི་དབང་པོ་གྲགས་པ་རྒྱལ་མཚན་གྱིས་བཀྲ་ཤིས་རྫོང་ཁར་སྤྱན་དྲངས་པའི་དུས་སུ། རྗེ་བླ་མའི་ཞབས་ལ་གཏུགས་ཏེ་ཚད་མ་རྣམ་ངེས་ཀྱི་དོགས་གཅོད། དྲང་ངེས་རྣམ་འབྱེད། ཙ་ཤེའི་རྣམ་བཤད། བླ་མ་ལྔ་བཅུ་པའི་རྣམ་བཤད། ཙ་ལྟུང་གི་རྣམ་བཤད་སོགས་ཆོས་མང་པོ་གསན། རྗེ་རིན་པོ་ཆེ་ཐུགས་ཤིན་ཏུ་དགྱེས་པ་བྱུང་། དེ་

ནས་རྗེ་འདི་པས་སྟོན་ཆོས་སོགས་ལ་དགེ་ལྡན་དུ་ཕེབས། རྗེ་རིན་པོ་ཆེ་ལ་ལམ་རིམ་ཆེན་མོ། འཁོར་ལོ་བདེ་མཆོག་གི་རྩ་རྒྱུད་ཀྱི་བཤད་པ་སྔགས་དབང་། སྒྲུབ་དཀྱིལ་གྱི་ལུང་སོགས་སྔགས་ཆོས་མང་པོ་གསན་ཅིང་། རྒྱལ་ཚབ་དར་མ་རིན་ཆེན་ལ་ཚད་མ། ཕར་ཕྱིན། བྱམས་ཆོས་ཕྱི་མ་སོགས་ཀྱི་བཤད་པ་མང་དུ་གསན། ཡང་གསང་ཕུར་ཕེབས་ཏེ་རིགས་ལུང་འགྲིམས་པ་སོགས་ཀྱི་ཐུགས་སྦྱོང་མཛད། སྟོན་དགེ་ལྡན་ལ་ཕེབས་ཏེ་རྗེ་བླ་མ་དངརྒྱལ་ཚབ་སྙེ་ཡབ་སྲས་གཉིས་ལ་མདོ་སྔགས་ཀྱི་ཆོས་རྒྱ་ཆེར་གསན། དེའི་རྗེས་སུ་སྣར་ཐང་བྱང་ཆེན་ཧ་ནག་རི་ཁྲུལ་རྣམས་ལ་འཆད་ཉན་སྤེལ་བ་དང་རྒྱལ་ཚབ་དང་མཁས་གྲུབ་རྗེ་ཡབ་སྲས་གཉིས་ལ་བཀའ་ཆོས་མང་པོ་གསན། དེ་ནས་ཚུ་ཁྲི་ལོར་ཚད་མ་རྣམ་འགྲེལ་གྱི་ཊཱིཀྐ་རྩོམ་པ་མཛད། མེ་སྤྲུལ་ལོར་སྣར་བཀྲ་ཤིས་རྡོ་ཁར་རྗེ་ཙོང་ཁ་པ་ཆེན་པོར་ཚད་མ་རྣམ་ངེས་ཀྱི་དོགས་གཅོད་གསན་པའི་ཟིན་བྲིས་རྣམས་དང་། དགེ་ལྡན་དུ་རྒྱལ་ཚབ་ལ་རྣམ་འགྲེལ་གསན་པའི་གསུང་རྒྱུན་རྣམས་ལ་གཞི་བྱས་ནས་《ཚད་མའི་བསྟན་བཅོས་ཆེན་པོ་རིགས་པའི་རྒྱན་》ཞེས་བྱ་བ་རྫོགས་པར་མཛད། རབ་བྱུང་བརྒྱད་པའི་མེ་ཡོས་（ཕྱི་ལོ་༡༤༤༧）ལོར་བཀྲ་ཤིས་ལྷུན་པོ་དཔལ་གྱི་བདེ་ཆེན་ཕྱོགས་ཐམས་ཅད་ལས་རྣམ་པར་རྒྱལ་བའི་གླིང་བཏབ། སྐུ་གསུང་ཐུགས་རྟེན་བསམ་གྱིས་མི་ཁྱབ་པ་བཞེངས་ཤིང་། ལོ་ངོ་ཉེར་བརྒྱད་ཀྱི་རིང་ལ་འཆད་ཉན་གྱི་དགའ་སྟོན་སྤེལ་བས་འཛམ་མགོན་བླ་མའི་བསྟན་པ་དར་བ་ལ་བཀའ་དྲིན་ཤིན་ཏུ་ཆེའོ། །《ལམ་རིམ་བླ་མ་བརྒྱུད་པའི་རྣམ་ཐར་》ལས། རྗེ་འདི་པས་རང་གི་སྐུ་དང་སྲོག་ལའང་མ་གཟིགས་པར་འཛམ་མགོན་བླ་མའི་བསྟན་པ་ཆེས་ཆེར་འཕེལ་ཕྱིར་ཆོས་གྲྭ་ཆེན་པོ་བཀྲ་ཤིས་ལྷུན་པོ་བཏབ་ཅིང་། མདོ་སྔགས་གཉིས་ཀའི་བཤད་སྒྲུབ་ཀྱང་ཚུགས་པར་མཛད་དེ་བསྟན་པའི་སྲོག་ཤིང་བཟུང་བས་ན་རྗེ་འདི་ནི་འཛམ་མགོན་བླ་མའི་བསྟན་པ་

འདི་ལ་བཀའ་དྲིན་བླ་ལྷག་ཏུ་ཆེ་བ་ཞིག་གོ[1]ཞེས་གསུངས་པ་ལྟར་རོ། །དགུང་ལོ་བརྒྱད་ཅུ་རྩ་བཞི་པ་རབ་བྱུང་བརྒྱད་པའི་ཤིང་རྟ(ཕྱི་ལོ་༡༤༧༤)ལོར་དགོངས་པ་ཆོས་དབྱིངས་སུ་གཤེགས་སོ། །

རྗེ་ཐམས་ཅད་མཁྱེན་པ་དགེ་འདུན་གྲུབ་པས་དམ་པའི་ཆོས་སྤེལ་བའི་ཆེད་དུ་བསྟན་བཅོས་《འདུལ་བའི་སྙིང་འབུམ་ཆེན་མོ་》དང་། 《མདོ་རྩའི་ཊཱིཀ་ཆེན།》《སོ་སོ་ཐར་པའི་ཊཱིཀྐ》《རྣམ་འགྲེལ་གྱི་ཊཱིཀྐ》《ཚད་མའི་བསྟན་བཅོས་རིགས་པའི་རྒྱན།》《རྩ་འཇུག་》གཉིས་ལ་ཊཱིཀྐ་རེ་རེ། 《ཐུབ་པའི་བསྟོད་པ་ལུང་ཀུན་ལས་བཏུས་པ་》སོགས་རྗེ་ཉིད་ཀྱིས་མཛད་པ་ལས་གཞན་གྱིས་ཟིན་བྲིས་མཛད་པའང་མང་དུ་བཞུགས་འདུག རྗེ་འདིས་བསྟན་པ་ལ་བྱ་བ་རྒྱ་ཆེར་མཛད་པས་རྒྱུད་འཛིན་མཐའ་ཡས་པ་བྱུང་སྟེ། འཕྲིན་ལས་རྒྱ་ཆེར་སྤེལ་བའི་བསྟན་འཛིན་དམ་པ་འདུལ་འཛིན་བློ་གྲོས་སྦས་པ། བྱང་སེམས་འདུལ་ནག་པ་དཔལ་ལྡན་བཟང་པོ། པཎ་ཆེན་བཟང་པོ་བཀྲ་ཤིས། པཎ་ཆེན་ལུང་རིགས་རྒྱ་མཚོ། པཎ་ཆེན་ཡེ་ཤེས་རྩེ་མོ། ཀུན་མཁྱེན་ཆོས་འབྱོར་དཔལ་བཟང་། མཁས་གྲུབ་ནོར་བཟང་རྒྱ་མཚོ། གནས་རྙིང་ཞབས་དྲུང་ཀུན་དགའ་བདེ་ལེགས། ལས་ཆེན་ཀུན་དགའ་རྒྱལ་མཚན། འཇམ་དབྱངས་དགའ་བའི་བློ་གྲོས། ཀུན་མཁྱེན་ཕྱོགས་ལྷ་འོད་ཟེར། སྔོན་ལམ་དཔལ་ལེགས་བློ་གྲོས་བཟང་པོ་སོགས་མང་དུ་བྱུང་ངོ་། །

གཉིས་པ། བདག་ཉིད་ཆེན་པོ་འདིའི་ཚད་མའི་དགོངས་པ།

སྤྱིར་རྗེ་དགེ་འདུན་གྲུབ་པའི་ཚད་མའི་དགོངས་པ་ནི་རྒྱལ་ཚབ་རིན་པོ་ཆེའི་དགོངས་པ་དང་རྗེས་སུ་མཐུན་ལ། དེས་མཛད་པའི་ཚད་མའི་བསྟན་བཅོས་《རྣམ་འགྲེལ་ཊཱིཀྐ་》དང་《ཚད་མ་རིགས་རྒྱན་》གཉིས་ཀྱི་དགོངས་དོན་ནི་རྒྱལ་ཚབ་རིན་པོ་ཆེའི་《རྣམ་འགྲེལ་ཐར་ལམ་གསལ་བྱེད་》ཀྱི་དགོངས་པའི་བསྡུས་དོན་

① ཡོངས་འཛིན་ཡེ་ཤེས་རྒྱལ་མཚན་གྱིས་མཛད། བོད་ལྗོངས་མི་དམངས་དཔེ་སྐྲུན་ཁང་གིས་༡༩༩༠ལོར་པར་དུ་བསྐྲུན་པའི་ཤོག་ངོས་༧༥༢པར་གསལ།

ཡིན་པར་མཁས་པ་རྣམས་ཀྱིས་གསུང་བ་བདེན་འདུག་སྙམ་མོ། །འདིར་རྗེ་འདིས་མཛད་པའི་《ཚད་མའི་བསྟན་བཅོས་རིགས་པའི་རྒྱན་》གཞིར་བྱས་ནས་ཅུང་ཙམ་དཔྱད་ན།

བསྟན་བཅོས་དེ་དོན་ཚན་གསུམ་དུ་ཕྱེ་ནས་བསྟན་ཏེ། བསྟན་བཅོས་ཀྱི་དགོས་པ་བཤད་པ་དང་། བརྗོད་བྱ་ངོས་བཟུང་བ་དང་། དེ་རྒྱས་པར་གཏན་ལ་དབབ་པའོ། །དགོས་པ་བཤད་པ་དང་བརྗོད་བྱ་ངོས་བཟུང་བ་ནི་བསྟན་བཅོས་འདི་ལ་འཇུག་པའི་སྔོན་འགྲོའི་ཚུལ་གྱིས་བསྟན་ཅིང་། བརྗོད་བྱ་རྒྱས་པར་གཏན་ལ་དབབ་པ་ནི་གཞུང་དངོས་སོ། །ཐོག་མར་རིགས་པའི་བསྟན་བཅོས་འདི་དག་ནང་རིག་པའི་བསྟན་བཅོས་ཡིན་པར་བཞེད་དེ། དེ་ཉིད་ལས། རིགས་པའི་བསྟན་བཅོས་འདི་དག་ནང་རིག་པའི་བསྟན་བཅོས་མ་ཡིན་པའང་མི་འཐད་དེ། རིགས་པའི་བསྟན་བཅོས་འདི་དག་གིས་གང་ཟག་དང་ཆོས་ལ་བདག་མེད་པའི་སྟོང་ཉིད་རིགས་པས་ཕྱིན་ཅི་མ་ལོག་པར་གཏན་ལ་ཕབ་ནས་ལྷག་པ་ཤེས་རབ་ཀྱི་བསླབ་པ་བརྗོད་བྱའི་གཙོ་བོར་སྟོན་པའི་ཕྱིར་དང་། འཁོར་བ་འཇུག་ལྡོག་རྒྱས་པར་གཏན་ལ་ཕབ་ནས་ནང་གི་སེམས་རྒྱུད་འདུལ་བའི་ཐབས་བདག་མེད་རྟོགས་པའི་ཤེས་རབ་སྐྱེད་པའི་ཚུལ་ཕྱིན་ཅི་མ་ལོག་པར་སྟོན་པའི་ཕྱིར་རོ། །ཞེས་གསུངས་པ་དང་། རིགས་པའི་བསྟན་བཅོས་འདི་དག་གིས་ཀྱང་ལུང་དང་རྟོགས་པས་བསྡུས་པའི་སངས་རྒྱས་ཀྱི་བསྟན་པ་རིན་པོ་ཆེ་སྐྱོན་མེད་པ་དང་། དེ་སྟོན་པའི་སྟོན་པ་ཚད་མའི་སྐྱེས་བུ་དང་། བསྟན་པའི་དོན་ཚུལ་བཞིན་དུ་ཉམས་སུ་ལེན་པའི་དགེ་འདུན་རྣམས་སྐྱོན་མེད་པར་རིགས་པས་གཏན་ལ་འབེབས་པ་ཡིན་པས་དེ་ལྟར་རྟོགས་པ་ནི་རིགས་པའི་བསྟན་བཅོས་འདི་དག་གི་དགོས་པ་ཡིན་ནོ་ཞེས་གསལ་བར་བསྟན་ཏོ། །

བསྒྲུབ་བྱ་རྒྱས་པར་གཏན་ལ་འབེབས་པ་ལ། ཚད་མ་དང་ཚད་མའི་ཡུལ་གཉིས་སུ་ཕྱེ་ནས་བསྟན་ཏེ། ཚད་མ་བཤད་པ་ལ། ཚད་མའི་མཚན་ཉིད། གསར་

དུ་མི་སླུ་བའི་ཤེས་པ། ཚད་མ་ལ་མངོན་སུམ་ཚད་མ་དང་། རྗེས་དཔག་ཚད་མ་གཉིས་སུ་གྲངས་ངེས་ཏེ། ཚད་མའི་སྣང་ཡུལ་གྱི་གཞལ་བྱ་ལ་རང་མཚན་དང་སྤྱི་མཚན་གཉིས་སུ་གྲངས་ངེས་པའི་ཕྱིར་རོ་ཞེས་གསུངས་པ་རིག་པའི་དབང་ཕྱུག་རྣམ་གཉིས་ཀྱི་དགོངས་པ་དང་མཐུན། གཉིས་པ་སོ་སོའི་དོན་བཤད་པ་ལ། མངོན་སུམ་གྱི་མཚན་ཉིད། རྟོག་བྲལ་མ་འཁྲུལ་བའི་ཤེས་པ། མངོན་སུམ་ཚད་མའི་མཚན་ཉིད། གསར་དུ་མི་སླུ་བའི་ཤེས་པ་གང་ཞིག རྟོག་བྲལ་མ་འཁྲུལ་བའོ། །འོ་ན་འདིར་བསྟན་མངོན་སུམ་གྱི་མཚན་ཉིད་འདི་མདོ་སྡེ་པ་ཁོ་ནའི་ལུགས་ཡིན་ནམ། མདོ་སེམས་ཐུན་མོང་བའི་ལུགས་ཡིན་ཞེ་ན། འདིར་མངོན་སུམ་རྟོག་བྲལ་དུ་སྒྲུབ་པའི་སྐབས་སུ། སེམས་ཙམ་པས་དབང་མངོན་རྣམས་གཟུང་དོན་ལས་སྐྱེ་བར་མི་འདོད་པའི་ཕྱིར། མདོ་སྡེ་པའི་ཐུན་མོང་མ་ཡིན་པའི་ལུགས་ཡིན་ནོ། །སེམས་ཙམ་པའི་ལུགས་ལ་རྟོག་པ་དང་བྲལ་ཞིང་བག་ཆགས་བརྟན་པ་ལས་བྱུང་བའི་ཤེས་པ་དེ་མངོན་སུམ་ཡིན་པར་རྣམ་ངེས་ལས་གསུངས་པས་སོ། །

མངོན་སུམ་ནི་གཟུང་ཡུལ་ལ་མ་འཁྲུལ་བའི་ཤེས་པ་ཡིན་པས་དེ་ལ་བཞི་སྟེ། དབང་པོ་མངོན་སུམ་དང་། ཡིད་ཀྱི་མངོན་སུམ་དང་། རང་རིག་མངོན་སུམ་དང་། རྣལ་འབྱོར་མངོན་སུམ་དང་བཞིའོ། །མངོན་སུམ་ལ་བཞིར་གྲངས་ངེས་པ་ཡིན་ཏེ། གཟུང་ཡུལ་ལ་མ་འཁྲུལ་བའི་ཤེས་པ་ལ། རང་གི་རྫས་གཟུང་ཡུལ་དུ་བྱེད་པ་དང་། རང་ལས་རྫས་གཞན་གཟུང་ཡུལ་དུ་བྱེད་པ་གཉིས་སུ་ངེས། རང་ལས་རྫས་གཞན་གཟུང་ཡུལ་དུ་བྱེད་པ་ལའང་། དབང་པོ་གཟུགས་ཅན་ལ་བརྟེན་པ་དང་ཡིད་དབང་ལ་བརྟེན་པ་གཉིས་སུ་ངེས་ཤིང་། ཕྱི་མ་ལ་ཡང་། ཡིད་ཙམ་ལ་བརྟེན་པ་དང་ཡང་དག་པའི་དོན་བསྒོམས་པའི་སྟོབས་ལས་བྱུང་བའི་ཡིད་ཁྱད་པར་ཅན་ལ་བརྟེན་པ་གཉིས་སུ་ངེས་པའི་ཕྱིར་རོ། །འདི་ནི་མདོ་སྡེ་པའི་ལུགས་ཡིན་ཡང་། སེམས་ཙམ་པས་ཀྱང་མངོན་སུམ་ལ་བཞིར་འདོད་པ་ཡིན་ཏེ། སེམས་ཙམ་པའི་ལུགས་ལ་འཁྲུལ་ཤེས་དང་མངོན་སུམ་མི་འགལ་ཏེ། དེའི་ལུགས་ལ་བག་ཆགས་བརྟན་བྱུང་གི་

དབང་ཤེས་རྣམས་འཁྲུལ་ཤེས་དང་མངོན་སུམ་དུ་འདོད་པའི་ཕྱིར་རོ། །

དབང་པོའི་མངོན་སུམ་ཚད་མའི་མཚན་ཉིད། རང་གི་བདག་རྐྱེན་དབང་པོ་གཟུགས་ཅན་ལས་དངོས་སུ་སྐྱེས་པའི་གསར་དུ་མི་སླུ་བའི་ཤེས་པ་གང་ཞིག རྟོག་བྲལ་མ་འཁྲུལ་བའོ། །ཡིད་ཀྱི་མངོན་སུམ་གྱི་མཚན་ཉིད། རང་གི་བདག་རྐྱེན་ཡིད་ཀྱི་དབང་པོ་ལས་དངོས་སུ་སྐྱེས་པའི་གཞན་རིག་གི་ཤེས་པ་གང་ཞིག རྟོག་བྲལ་མ་འཁྲུལ་བ། འདིར་དངོས་སུ་བསྟན་པའི་ཡིད་ཀྱི་མངོན་སུམ་གྱི་མཚན་ཉིད། དབང་པོའི་མངོན་སུམ་གྱི་ས་མཚུངས་པ་དེ་མ་ཐག་རྐྱེན་བྱས་པ་ལས་བྱུང་བའི་གཞན་རིག་གི་ཡིད་ཀྱི་ཤེས་པ་གང་ཞིག རྟོག་བྲལ་མ་འཁྲུལ་བ། ཡིད་མངོན་རང་གི་སྔ་ལོགས་དེ་མ་ཐག་ཏུ་བྱུང་བའི་དབང་པོའི་མངོན་སུམ་ནི་དེ་མ་ཐག་རྐྱེན་དང་། དེ་དང་དུས་མཉམ་པའི་དོན་དམིགས་རྐྱེན་དང་། ཡིད་མངོན་རང་གི་སྔ་ལོགས་དེ་མ་ཐག་ཏུ་བྱུང་བའི་རྣམ་ཤེས་ནི་བདག་རྐྱེན་ཡིན་ཏེ་སྡེ་བདུན་གྱི་གཞུང་གང་དུ་ཡང་ཡིད་མངོན་གྱི་བདག་རྐྱེན་གཞན་གསལ་པོར་མ་བཤད་ཅིང་དེ་ཡིད་མངོན་གྱི་བདག་རྐྱེན་ཡིན་པ་ལ་རིགས་པས་གནོད་པ་མེད་པའི་ཕྱིར། འདིར་བསྟན་ཡིད་མངོན་དེ་སྐད་ཅིག་མ་གཅིག་ཡིན་པས། ཚུར་མཐོང་གི་རྒྱུད་ལ་འདིར་བསྟན་ཡིད་ཀྱི་མངོན་སུམ་ཚད་མ་མེད་པའི་དབང་གིས་གོང་དུ་ཡིད་མངོན་གྱི་མཚན་ཉིད་བཤད་པ་ལས་ཡིད་མངོན་ཚད་མའི་མཚན་ཉིད་མ་བཤད་དོ། །རང་རིག་མངོན་སུམ་གྱི་མཚན་ཉིད། ཁ་ནང་ཁོ་ནར་ཕྱོགས་པའི་ཤེས་པ། རང་རིག་མངོན་སུམ་ཚད་མའི་མཚན་ཉིད། གསར་དུ་མི་སླུ་བའི་ཤེས་པ་གང་ཞིག ཁ་ནང་ཁོ་ནར་ཕྱོགས་པའི་ཤེས་པ། སྔོ་སྣང་དབང་ཤེས་ལྟ་བུའོ། །རྣལ་འབྱོར་མངོན་སུམ་མཚན་ཉིད། ཡང་དག་པའི་དོན་བསྒོམས་པའི་སྟོབས་ལས་བྱུང་བའི་འཕགས་རྒྱུད་ཀྱི་ཤེས་པ་གང་ཞིག ཡང་དག་པའི་དོན་ལ་རྟོག་བྲལ་མ་འཁྲུལ་བ། རྣལ་འབྱོར་མངོན་སུམ་ལ་རྟེན་གྱི་སྒོ་ནས་དབྱེ་ན་གསུམ་སྟེ། ཉན་ཐོས་དང་། རང་རྒྱལ་དང་། ཐེག་ཆེན་འཕགས་པའི་རྣལ་འབྱོར་མངོན་སུམ་མོ། །དེ་རེ་རེ་ལ་ཡང་མཐོང་ལམ། སྒོམ་ལམ། མི་སློབ་ལམ་གསུམ་

གསུམ་ཡོད་དོ། །ཡུལ་གྱི་སྒོ་ནས་དབྱེ་ན་གཉིས་ཏེ། ཇི་ལྟ་བ་དང་ཇི་སྙེད་པ་མཁྱེན་པའི་རྣལ་འབྱོར་མངོན་སུམ་མོ། །ཡུལ་ནི་ཐར་པ་དོན་གཉེར་གྱི་དོར་བྱ་འཁོར་བ་ལ། རྒྱུ་ཀུན་འབྱུང་བདེན་པ་དང་འབྲས་བུ་སྡུག་བསྔལ་བདེན་པ་གཉིས་དང་། བླང་བྱ་མྱ་ངན་ལས་འདས་པ་ལ་འཁོར་བ་ལས་གྲོལ་བའི་ཐབས་ལམ་གྱི་བདེན་པ་དང་འཁོར་བ་གྲོལ་བའི་ངོ་བོ་འགོག་པའི་བདེན་པ་གཉིས་སུ་གྲངས་ངེས་སོ། །

ཚད་འབྲས་ཀྱི་རྣམ་གཞག་བཤད་པ་ལ། སྤྱིར་ཚད་མའི་འབྲས་བུ་ལ་བར་དུ་ཆོད་པའི་འབྲས་བུ་དང་། བར་དུ་མ་ཆོད་པའི་འབྲས་བུ་གཉིས། དང་པོ་ནི། བླང་དོར་ཕྱིན་ཅི་མ་ལོག་པར་རྟོགས་ནས་ཞུགས་པས། མི་འདོད་པའི་དོན་སྤངས་ཤིང་འདོད་པའི་དོན་ཐོབ་པའི་མངོན་མཐོ་དང་ངེས་ལེགས་ཡིན་ལ། དེ་སྒྲུབ་པ་ཡང་བར་དུ་མ་ཆོད་པའི་འབྲས་བུ་ལ་རག་ལས་ཤིང་། དེ་ནི་གཞལ་བྱ་རྟོགས་པའི་ཚད་མ་ཡིན་ལ། དེ་གང་གིས་འཇོག་པར་ནུས་པ་དེ་ཚད་མ་ཡིན་ནོ། །འདིར་ཕྱི་དོན་གཞལ་བྱར་བཞག་པའི་ཚད་འབྲས་དང་། ཕྱི་དོན་གཞལ་བྱ་ཡིན་པ་བཀག་ནས་ཤེས་པའི་བདག་ཉིད་དུ་གྱུར་པའི་གཟུགས་སོགས་གཞལ་བྱར་བྱས་པའི་ཚད་འབྲས་དང་། དོན་སྨྲ་བས་ཕྱི་རོལ་དོན་དུ་འདོད་པའི་གཟུགས་སོགས་གཞལ་བྱར་བྱེད་ནའང་ཤེས་པའི་བདག་ཉིད་དུ་གྱུར་པའི་གཟུགས་སོགས་རིག་པ་འབྲས་བུར་ཁས་ལེན་དགོས་སོ་ཞེས་བྱ་བའི་ཚད་འབྲས་ཀྱི་རྣམ་གཞག་གསུམ་ལས། འབྲས་རྟོགས་དང་པོའི་ཚད་འབྲས་ནི། གཟུགས་གཞལ་བྱ། རང་ཡུལ་གྱི་རྣམ་པ་ཤར་ནས་གཟུགས་ལ་གསར་དུ་མི་སླུ་བའི་ཤེས་པ་ཚད་མ། གཟུགས་རྟོགས་པའི་ཚད་མ་འབྲས་བུ་ཞེས་བྱ་བ་ནི། མདོ་སྡེ་པ་དང་སེམས་ཙམ་པ་གཉིས་ཀས་ཐུན་མོང་དུ་ཁས་ལེན་པའི་ཚད་འབྲས་ཡིན་ལ། ཕྱི་རོལ་གྱི་གཟུགས་གཞལ་བྱ། རང་ཡུལ་གྱི་རྣམ་པ་ཤར་ནས་ཕྱི་རོལ་གྱི་གཟུགས་ལ་གསར་དུ་མི་སླུ་བའི་ཤེས་པ་ཚད་མ། ཕྱི་རོལ་གྱི་གཟུགས་རྟོགས་པའི་ཚད་མ་འབྲས་བུ་ཞེས་བྱ་བ་ནི། མདོ་སྡེ་པའི་ལུགས་ཀྱི་ཐུན་མོང་མ་ཡིན་པའི་ཚད་འབྲས་ཡིན་ནོ། །འབྲས་རྟོགས་གཉིས་པའི་ཚད་འབྲས་ལ་

གཞན་རིག་གི་ཚད་འབྲས་དང་རང་རིག་གི་ཚད་འབྲས་གཉིས། དང་པོ་ནི། ཤེས་པའི་བདག་ཉིད་དུ་གྱུར་པའི་སྔོན་པོ་གཞལ་བྱ། རང་ཡུལ་གྱི་རྣམ་པ་ཤར་ནས་ཤེས་པའི་བདག་ཉིད་དུ་གྱུར་པའི་སྔོན་པོ་ལ་གསར་དུ་མི་སླུ་བའི་ཤེས་པ་ཚད་མ། ཤེས་པའི་བདག་ཉིད་དུ་གྱུར་པའི་སྔོན་པོ་རྟོགས་པའི་ཚད་མ་འབྲས་བུའོ། །གཉིས་པ་ནི། ཤེས་པའི་བདག་ཉིད་དུ་གྱུར་པའི་སྔོན་པོ་རྟོགས་པའི་གཟུང་རྣམ་གཞལ་བྱ། དེ་ལ་ངེས་པ་གསར་དུ་འདྲེན་ནུས་ཀྱི་འཛིན་རྣམ་ཚད་མ། དེ་ཡོངས་སུ་གཅོད་བྱེད་ཀྱི་རང་རིག་ཚད་མ་འབྲས་བུའོ། །འདིར་ཕྱི་དོན་འགོག་བྱེད་ལྷན་ཅིག་དམིགས་ངེས་ཀྱི་རྟགས་བཤད་པ་ལ། ལྷན་ཅིག་དམིགས་ངེས་ཀྱི་རྟགས་ཀྱིས་གཟུང་འཛིན་རྫས་གཞན་གྱིས་སྟོང་བར་གཏན་ལ་འབེབས་པ་ཡིན་ཏེ། སྔོན་པོ་དང་སྔོན་འཛིན་ཤེས་པ་ཆོས་ཅན། རྫས་གཞན་མིན་ཏེ། ལྷན་ཅིག་དམིགས་ངེས་ཡིན་པའི་ཕྱིར། དཔེར་ན་ཟླ་བ་གཉིས་སུ་སྣང་བ་བཞིན་ནོ། །དེའི་བསྒྲུབ་བྱའི་ཆོས་ཀྱི་དོན་ནི། རྫས་གཞན་བཀག་ཙམ་ཡིན་ནོ། །རྟགས་ཀྱི་དོན་ནི། ལྷན་གཅིག་པ་ནི་དུས་གཅིག་པ། དམིགས་པ་ནི་རྟོགས་པ། ངེས་པ་ནི་ཁྱབ་པའོ། །འབྲས་རྟོགས་གསུམ་པ་ལ། ཕྱི་དོན་གཞལ་བྱ་ཡིན་པ་བཀག་པའི་རང་ལྡོག་ནས་མ་བསྟན་པར་དོན་སྣྲ་བ་ཁྲིད་རང་དུ་འདོད་པའི་གཟུགས་སོགས་གཞལ་བྱར་བྱས་པའི་ཚེ་ནའང་། ཤེས་པའི་བདག་ཉིད་དུ་གྱུར་པའི་གཟུགས་སོགས་རིག་པ་འབྲས་བུར་འཇོག་དགོས་སོ་ཞེས་འབྲས་རྟོགས་གསུམ་པ་བསྟན་ཏེ། འདི་ཡང་སེམས་ཙམ་པའི་ལུགས་ཡིན་ནོ། །ཚད་འབྲས་ཀྱི་རྣམ་གཞག་ནི། མདོ་སྡེ་པས་ཕྱི་རོལ་དོན་དུ་འདོད་པའི་གཟུགས་གཞལ་བྱ། རང་ཡུལ་གྱི་རྣམ་པ་ཤར་ནས་གཟུགས་ལ་གསར་དུ་མི་སླུ་བའི་ཤེས་པ་ཚད་མ། ཤེས་པའི་བདག་ཉིད་དུ་གྱུར་པའི་གཟུགས་རྟོགས་པའི་ཚད་མ་འབྲས་བུའོ། །

རྗེས་དཔག་བཤད་པ་ལ་གཉིས། རང་དོན་རྗེས་དཔག་དང་། གཞན་དོན་རྗེས་དཔག་གོ །དང་པོ། རྗེས་དཔག་ཚད་མའི་མཚན་ཉིད། ཚུལ་གསུམ་ཚང་བའི་རྟགས་ལ་བརྟེན་ནས་རང་གི་གཞལ་བྱ་ལྐོག་གྱུར་ལ་གསར་དུ་མི་སླུ་བའི་ཤེས་

པ། དབྱེ་ན་དངོས་པོ་སྟོབས་ཞུགས་ཀྱི་རྗེས་དཔག གྲགས་པའི་རྗེས་དཔག ཡིད་ཆེས་པའི་རྗེས་དཔག་དང་གསུམ་མོ། །

རྟགས་འཛིན་སེམས་བཤད་པ་ལ། རྟགས་འཛིན་སེམས་ཀྱི་མཚན་ཉིད། རང་འབྲས་རྗེས་དཔག་གི་རྒྱུར་གྱུར་པའི་རྟགས་ཀྱི་ཚུལ་འཛལ་བའི་བློ། དབྱེ་ན་ཕྱོགས་ཆོས་འཛལ་བའི་རྟགས་འཛིན་སེམས་དང་། ཁྱབ་པ་འཛལ་བའི་རྟགས་འཛིན་སེམས་གཉིས། དང་པོ་ལ་ཕྱོགས་ཆོས་འཛལ་བའི་ཚད་མ་དང་བཅད་ཤེས་གཉིས། གཉིས་པ་ལ་ཁྱབ་པ་འཛལ་བའི་ཚད་མ་དང་བཅད་ཤེས་གཉིས་སོགས་ཡོད་དོ། །

རྗེས་དཔག་གི་རྟེན་གཏན་ཚིགས་བཤད་པ་ལ། རྟགས་ཡང་དག་བཤད་པ་དང་། རྟགས་ལྟར་སྣང་བཤད་པ་གཉིས། རྟགས་ཡང་དག་བཤད་པ་ལ། དེ་སྒྲུབ་ཀྱི་རྟགས་ཡང་དག་གི་མཚན་ཉིད། དེ་སྒྲུབ་ཀྱི་ཚུལ་གསུམ། ཚུལ་གསུམ་ནི། ཕྱོགས་ཆོས་དང་། རྗེས་སུ་འགྲོ་ལྡོག་གི་ཚུལ་རྣམས་ཡིན། ཕྱོགས་ཆོས་ཀྱི་མཚན་ཉིད། རང་གི་རྟེན་ཤེས་འདོད་ཆོས་ཅན་གྱི་སྟེང་དུ་འགོད་ཚུལ་དང་མཐུན་པར་ཡོད་པ་ཉིད་དུ་ངེས་པ། ཤེས་འདོད་ཆོས་ཅན་གྱི་མཚན་ཉིད། དེ་སྒྲུབ་ཀྱི་ཕྱོགས་བཏགས་པ་བ་གང་ཞིག བསྒྲུབ་བྱ་མ་གྲུབ་པའི་སྐབས་སུ་བསྒྲུབ་བྱའི་ཆོས་ཀྱི་དཔག་གཞིར་བློས་བཟུང་བ། དེ་སྒྲུབ་ཀྱི་རྗེས་ཁྱབ་ཀྱི་མཚན་ཉིད། དེ་སྒྲུབ་ཀྱི་བསྒྲུབ་བྱ་ངེས་པའི་སྐབས་སུ་དེ་སྒྲུབ་ཀྱི་བསྒྲུབ་བྱའི་ཆོས་ལ་འབྲེལ་སྟོབས་ཀྱིས་དེ་སྒྲུབ་ཀྱི་མཐུན་ཕྱོགས་ཁོ་ན་ལ་ཡོད་པར་ངེས་པ། དེ་སྒྲུབ་ཀྱི་ལྡོག་ཁྱབ་ཀྱི་མཚན་ཉིད། དེ་སྒྲུབ་ཀྱི་བསྒྲུབ་བྱ་ངེས་པའི་སྐབས་སུ། དེ་སྒྲུབ་ཀྱི་བསྒྲུབ་བྱའི་ཆོས་ལ་འབྲེལ་སྟོབས་ཀྱིས་དེ་སྒྲུབ་ཀྱི་མི་མཐུན་ཕྱོགས་ལ་མེད་པ་ཁོ་ནར་ངེས་པའོ། །

རྟགས་ཡང་དག་གི་དབྱེ་བ་ལ་དྲུག་སྟེ། ངོ་བོའི་སྒོ་ནས་དབྱེ་བ། བསྒྲུབ་བྱའི་ཆོས་ཀྱི་སྒོ་ནས་དབྱེ་བ། བསྒྲུབ་བྱའི་སྒོ་ནས་དབྱེ་བ། སྒྲུབ་ཚུལ་གྱི་སྒོ་ནས་དབྱེ་བ། མཐུན་ཕྱོགས་ལ་འཇུག་ཚུལ་གྱི་སྒོ་ནས་དབྱེ་བ། རྒོལ་བའི་སྒོ་ནས་དབྱེ་

བའོ། །ངོ་བོའི་སྒོ་ནས་དབྱེ་བ་ལ་གསུམ་སྟེ། འབྲས་རྟགས། རང་བཞིན་གྱི་རྟགས། མ་དམིགས་པའི་རྟགས་སོ། །བསྒྲུབ་བྱའི་ཆོས་ཀྱི་སྒོ་ནས་དབྱེ་བ་ལ་གཉིས་ཏེ། དགག་རྟགས་དང་སྒྲུབ་རྟགས་གཉིས་སོ། །བསྒྲུབ་བྱའི་སྒོ་ནས་དབྱེ་བ་ལ་གསུམ་སྟེ། དངོས་པོ་སྟོབས་ཞུགས་ཀྱི་རྟགས་ཡང་དག་དང་། ཡིད་ཆེས་པའི་རྟགས་ཡང་དག་དང་། གྲགས་པའི་རྟགས་ཡང་དག་དང་གསུམ་མོ། །སྒྲུབ་ཚུལ་གྱི་སྒོ་ནས་དབྱེ་བ་གཉིས་ཏེ། དོན་སྒྲུབ་ཀྱི་རྟགས་ཡང་དག་དང་། ཐ་སྙད་སྒྲུབ་ཀྱི་རྟགས་ཡང་དག་གཉིས་སོ། །མཐུན་ཕྱོགས་ལ་འཇུག་ཚུལ་གྱི་སྒོ་ནས་དབྱེ་བ་ལ་གཉིས་ཏེ། མཐུན་ཕྱོགས་ལ་ཁྱབ་བྱེད་དུ་འཇུག་པའི་རྟགས་ཡང་དག་དང་། མཐུན་ཕྱོགས་ལ་ཆ་གཉིས་སུ་འཇུག་པའི་རྟགས་ཡང་དག་གོ །རྒོལ་བའི་སྒོ་ནས་དབྱེ་བ་ལ་གཉིས། རང་དོན་གྱི་རྟགས་ཡང་དག་དང་། གཞན་དོན་གྱི་རྟགས་ཡང་དག་གཉིས་སོ། །

རྟགས་ལྟར་སྣང་བཤད་པ་ལ། དེ་སྒྲུབ་ཀྱི་རྟགས་ལྟར་སྣང་གི་མཚན་ཉིད། དེ་སྒྲུབ་ཀྱི་རྟགས་སུ་བཀོད་པ་གང་ཞིག དེ་སྒྲུབ་ཀྱི་ཚུལ་གསུམ་མ་ཚང་བ། གཏན་ཚིགས་ལྟར་སྣང་གི་དབྱེ་བ་ལ་གསུམ། འགལ་བའི་རྟགས་དང་། མ་ངེས་པའི་རྟགས་དང་། མ་གྲུབ་པའི་རྟགས་སོ། །དེ་སྒྲུབ་ཀྱི་འགལ་རྟགས་ཀྱི་མཚན་ཉིད། དེ་སྒྲུབ་ཀྱི་ཕྱོགས་ཆོས་གང་ཞིག རང་ཕྱོགས་ཆོས་ཅན་དུ་སོང་བའི་གང་ཟག་གིས་དེ་སྒྲུབ་ཀྱི་རྗེས་སུ་འགྲོ་ལྡོག་གི་ཁྱབ་པ་ཕྱིན་ཅི་ལོག་ཏུ་ངེས་པ། དེ་སྒྲུབ་ཀྱི་མ་ངེས་པའི་རྟགས་ཀྱི་མཚན་ཉིད། དེ་སྒྲུབ་ཀྱི་ཕྱོགས་ཆོས་གང་ཞིག རང་ཕྱོགས་ཆོས་ཅན་དུ་སོང་བའི་གང་ཟག་གིས་དེ་སྒྲུབ་ཀྱི་ཁྱབ་པ་རྣལ་མར་ཡང་མ་ངེས་ཕྱིན་ཅི་ལོག་ཏུ་ཡང་མ་ངེས་པ། དེ་སྒྲུབ་ཀྱི་མ་གྲུབ་པའི་རྟགས་ཀྱི་མཚན་ཉིད། དེ་སྒྲུབ་ཀྱི་རྟགས་སུ་བཀོད་པ་གང་ཞིག དེ་སྒྲུབ་ཀྱི་ཕྱོགས་ཆོས་མ་གྲུབ་པ་ཞེས་པའོ། །

གཞན་དོན་རྗེས་དཔག་བཤད་པ་ལ་གཉིས། རྗོད་བྱེད་ངག་བཤད་པ་དང་། བརྗོད་བྱ་དོན་གྱི་རང་བཞིན་བཤད་པའོ། །དང་པོ་རྗོད་བྱེད་ངག་བཤད་པ་ལ། སྒྲུབ་ངག་བཤད་པ་དང་། སུན་འབྱིན་བཤད་པ་དང་། རྒོལ་ཕྱི་རྒོལ་དཔང་པོ་གསུམ་གྱི་རྣམ་

གཞག་བཤད་པ་དང་གསུམ། གཞན་དོན་རྗེས་དཔག་གི་མཚན་ཉིད། རྒོལ་བ་རང་གི་ཚད་མས་མཐོང་བའི་རྟགས་ཀྱི་ཚུལ་གསུམ་ཕྱི་རྒོལ་ལ་གསལ་བར་སྟོན་པའི་སྒྲུབ་ངག་ཡན་ལག་གཉིས་ལྡན་ནོ། །དབྱེ་ན་ཆོས་མཐུན་སྦྱོར་གྱི་སྒྲུབ་ངག་ཡང་དག་དང་། ཆོས་མི་མཐུན་སྦྱོར་གྱི་སྒྲུབ་ངག་ཡང་དག་གོ །དང་པོའི་མཚན་ཉིད། རྟགས་དེ་དེ་སྒྲུབ་ཀྱི་མཐུན་ཕྱོགས་ཁོ་ན་ལ་ཡོད་པར་དངོས་སུ་སྟོན་པའི་ཡན་ལག་གཉིས་ལྡན་གྱི་ངག གཉིས་པའི་མཚན་ཉིད། རྟགས་དེ་དེ་སྒྲུབ་ཀྱི་མི་མཐུན་ཕྱོགས་ལ་མེད་པ་ཁོ་ནར་དངོས་སུ་སྟོན་པའི་ཡན་ལག་གཉིས་ལྡན་གྱི་ངག འོ་ན་ཆོས་མཐུན་སྦྱོར་གྱི་སྒྲུབ་ངག་དང་ཆོས་མི་མཐུན་གྱི་སྒྲུབ་ངག་གཉིས་ཀ་དངོས་སུ་བསྟན་དགོས་པའི་སྒྲ་མི་རྟག་པར་སྒྲུབ་དགོས་ཀྱི་ཕྱི་རྒོལ་ཡོད་དམ་མེད་ཅེ་ན། མེད་ཀྱི། གང་རུང་རེ་དངོས་སུ་བསྟན་པས་ཆོག་སྟེ། རྗེས་སུ་འགྲོ་ལྡོག་གི་ཁྱབ་པ་གཉིས་གང་རུང་ཞིག་དངོས་སུ་བསྟན་པས་ཅིག་ཤོས་དོན་གྱིས་གོ་བར་འགྱུར་བའི་ཕྱིར་རོ། །འདིར་རྗེ་རིས་སྒྲུབ་ངག་ལ་འཆད་པ་དང་འགོད་པའི་སྐབས་གཉིས་ཡོད་པའི་བཞེད་པ་སྟོན་པ་འདི་ལྟར། ཁ་ཅིག་ཐོགས་མེད་སྐུ་མཆེད་སྒྲུབ་ངག་ཡན་ལག་ལྔ་ལྡན་བཞེད་ལ། ཕྱོགས་གླང་ཡབ་སྲས་ཀྱིས་དེ་བཀག་ནས་སྒྲུབ་ངག་ཡན་ལག་གཉིས་ལྡན་བཞེད་དོ་ཞེས་སྨྲ་བ་མི་འཐད་དེ། སྒྲུབ་ངག་ལ་འཆད་པ་དང་འགོད་པའི་སྐབས་གཉིས་ལས་འཆད་པའི་ཚེ། ཕྱོགས་གླང་ཡབ་སྲས་ཀྱིས་ཀྱང་སྒྲུབ་ངག་ཡན་ལག་ལྔ་ལྡན་བཞེད་ལ། ཕྱི་རྒོལ་ལ་འགོད་པའི་ཚེ་ནི་ཐོགས་མེད་སྐུ་མཆེད་ཀྱིས་ཀྱང་སྒྲུབ་ངག་ཡན་ལག་གཉིས་ལྡན་བཞེད་པའི་ཕྱིར་རོ་ཞེས་པའི་ལྟ་བ་དེ་ལ་བློ་ལྡན་རྣམས་ཀྱིས་བརྟག་པར་བྱའོ། །

སུན་འབྱིན་བཤད་པ་ལ། སུན་འབྱིན་དང་ཐལ་འགྱུར་དོན་གཅིག་པས་འདི་ལ་གཉིས། ཐལ་འགྱུར་གྱི་རྣམ་གཞག་དང་། འབྲས་མཚུངས་ཀྱི་ལྟག་ཆོད་བཤད་པའོ། །

ཐལ་འགྱུར་གྱི་མཚན་ཉིད། རྟགས་དང་ཁྱབ་པ་ཕ་རོལ་པོའི་བློ་ངོར་གྲུབ་

ཅིང་། དམ་བཅའ་ལ་བསལ་བ་འབབ་པའི་རྟགས་སྟོན་པའི་ངག དེ་ཡང་དམ་བཅའ་ལ་བསལ་བ་མེད་ན་ཐལ་འགྱུར་དུ་མི་རུང་ལ། ཡོད་ན་ཕྱོགས་ཆོས་མི་འགྲུབ་པས། ཕྱོགས་ཆོས་དང་ཁྱབ་པ་བློ་ངོར་གྲུབ་པ་ཞེས་མ་སྨོས་པར་རྟགས་དང་ཁྱབ་པ་བློ་ངོར་གྲུབ་པ་ཞེས་སྨོས་པ་ཡིན་ནོ། །དེ་ཡང་རྒོལ་བ་གཉིས་ཀས་གྲུབ་པ་མི་དགོས་ཀྱི་འགོད་པར་བྱ་བའི་ཡུལ་གྱིས་གྲུབ་པས་ཆོག་པས་ཕ་རོལ་པོའི་བློ་ངོར་གྲུབ་པ་ཞེས་སྨོས་པ་ཡིན་ནོ། །དེ་ཡང་ཚད་མས་གྲུབ་པ་དང་ཡིད་དཔྱོད་ཀྱིས་གྲུབ་པ་དང་ལོག་ཤེས་ཀྱིས་གྲུབ་པ་གསུམ་ཡོད་པས་བློ་ངོར་གྲུབ་པ་ཞེས་སྨོས་པ་ཡིན་ནོ། །དམ་བཅའ་ལ་བསལ་བ་མེད་ན་ཐལ་འགྱུར་དུ་མི་རུང་བས་དམ་བཅའ་ལ་བསལ་བ་འབབ་པ་ཞེས་སྨོས་པ་ཡིན་ནོ། །ངག་མ་ཡིན་ན་ཐལ་འགྱུར་དུ་མི་རུང་བས་རྟགས་སྟོན་པའི་ངག་ཅེས་སྨོས་པ་ཡིན་ནོ། །ཞེས་ཐལ་འགྱུར་གྱི་མཚན་ཉིད་འདི་ལྟར་འཇོག་པའི་རྒྱུ་མཚན་གསལ་བར་བསྟན་ཏོ། །ཐལ་འགྱུར་ལ་བཀོད་ཚོད་ཀྱི་དབྱེ་བ་ནི། ཁྱབ་རྟགས་གཉིས་ཀ་མ་གྲུབ་པ་དང་། རྟགས་ཁོ་ན་མ་གྲུབ་པ་དང་། ཁྱབ་པ་ཁོ་ན་མ་གྲུབ་པ་དང་། ཁྱབ་རྟགས་གཉིས་ཀ་གྲུབ་པ་དང་བཞིའོ། །དེ་ལ་ཡང་དག་དང་ལྟར་སྣང་གཉིས་སུ་དབྱེ་བ་ནི། ཁྱབ་རྟགས་གཉིས་ཀ་མ་གྲུབ་པ་དང་། རྟགས་ཁོ་ན་མ་གྲུབ་པ་དང་། ཁྱབ་པ་ཁོ་ན་མ་གྲུབ་པ་དང་། ཁྱབ་རྟགས་གཉིས་ཀ་ཚད་མས་གྲུབ་ལ་དམ་བཅའ་ལ་བསལ་བ་མེད་པ་དང་། ཁྱབ་རྟགས་གཉིས་ཀ་ཁས་བླངས་ཀྱིས་གྲུབ་ལ་དམ་བཅའ་ལ་བསལ་བ་མེད་པ་དང་། རྟགས་ཚད་མ་དང་ཁྱབ་པ་ཁས་བླངས་ཀྱིས་གྲུབ་ལ་དམ་བཅའ་ལ་བསལ་བ་མེད་པ་དང་། ཁྱབ་པ་ཚད་མ་དང་རྟགས་ཁས་བླངས་ཀྱིས་གྲུབ་ལ་དམ་བཅའ་ལ་བསལ་བ་མེད་པའི་ཐལ་འགྱུར་ནི་ལྟར་སྣང་དང་། དེ་ལས་གཞན་པ་བདུན་ནི་ཡང་དག་ཡིན་ནོ། །ཡང་དག་བདུན་ལ་རང་རྒྱུད་འཕེན་པ་དང་མི་འཕེན་པ་གཉིས་སུ་དབྱེ་བ་ནི། རྟགས་ཕ་རོལ་པས་ཁས་བླངས་ཁྱབ་པ་ཚད་མས་གྲུབ། དམ་བཅའ་ལ་བསལ་བ་འབབ་པའི་ཐལ་འགྱུར་ནི་རང་རྒྱུད་འཕེན་པའི་ཐལ་འགྱུར་ཡང་དག་ཡིན་ལ། དེ་ལས་གཞན་པ་དྲུག་ནི་

རང་རྒྱུད་མི་འཕེན་པའི་ཐལ་འགྱུར་ཡིན་ནོ། །

འབྲས་མཚུངས་ཀྱི་ལྟག་ཆོད་བཤད་པ་ལ། ལྟག་ཆོད་ནི་སུན་འབྱིན་ལྟར་སྣང་ཡིན་ལ། མཚན་ཉིད་ནི། བསྒྲུབ་བྱ་སྒྲུབ་ནུས་ཀྱི་སྦྱོར་རྟགས་སུ་བཀོད་པ་ལ། ཁྱད་པར་ལ་བརྟགས་ནས་སུན་འབྱིན་པའི་སུན་འབྱིན་ལྟར་སྣང་། སྒྲ་བཤད་ནི། བསྒྲུབ་བྱ་སྒྲུབ་ནུས་ཀྱི་སྦྱོར་རྟགས་སུ་བཀོད་པ་ལ་ཁྱད་པར་ལ་བརྟགས་ནས་སུན་འབྱིན་པའི་འབྲས་བུ་ཉེས་པ་དེ། སུན་འབྱིན་པ་པོ་ཁྱེད་རང་གིས་སྒྲུབ་བྱེད་ཡང་དག་གང་འདོད་པ་ཐམས་ཅད་ལ་ཡང་མཚུངས་པས་འབྲས་བུ་མཚུངས་པའི་ལྟག་ཆོད་ཅེས་བྱའོ། །

སུན་འབྱིན་ལ་ཡང་ཡང་དག་དང་ལྟར་སྣང་གཉིས། དང་པོ་ནི། ལུང་གིས་བསལ་བ་དང་། རང་ཚིག་གིས་བསལ་བ་འབབ་པ་དང་གསུམ་ཡོད་པ་ཡིན་ནོ། །སུན་འབྱིན་ལྟར་སྣང་ལ་གསུམ་སྟེ། རྟགས་མེད་པ་མཚོན་ཆ་ཁྲི་སྐྱོགས་དང་། ཁྱབ་པ་མེད་པ་དཔའ་བོ་ལག་རྫུམ་དང་། བསལ་བ་མེད་པ་རྒྱ་བྱ་དུག་འཛོམས་ཀྱི་ཐལ་འགྱུར་རོ། །

བརྗོད་བྱ་དོན་གྱི་རང་བཞིན་བཤད་པ་ལ། དོན་གྱི་གོ་བྱ་བསྒྲུབ་བྱ་བཤད་པ་དང་། དངོས་ཀྱི་བརྗོད་བྱ་གཏན་ཚིགས་ཀྱི་རབ་དབྱེ་བཤད་པའོ། །དང་པོ་ལ། བསྒྲུབ་བྱའི་མཚན་ཉིད། ཆོས་དང་ཆོས་ཅན་གྱི་ཚོགས་དོན་གང་ཞིག རྟགས་ལས་དཔག་པར་བྱ་བ། དེ་ལ་རང་དོན་བསྒྲུབ་བྱ་དང་། གཞན་དོན་བསྒྲུབ་བྱའོ། །དང་པོའི་མཚན་ཉིད། རང་དོན་གྱི་རྟགས་ལས་དཔག་པར་བྱ་བ། གཉིས་པའི་མཚན་ཉིད། ངོ་བོ་ཁོ་ན་བསྟན་བྱ་བ། རང་ཉིད་འདོད་དང་མ་བསལ་བ། །ཞེས་ངོ་བོའི་དོན་སོགས་ཆོས་ལྔ་ཚང་བ་གཞན་དོན་བསྒྲུབ་བྱའི་མཚན་ཉིད། དེ་ལ་རིགས་མི་མཐུན་སེལ་བ་དང་། ལོག་རྟོག་སེལ་བ་གཉིས། ངོ་བོ་དང་འདོད་པ་དང་མ་བསལ་བའི་ཚིག་གསུམ་གྱིས་རིགས་མི་མཐུན་སེལ་ལ། ཁོ་ན་དང་རང་ཉིད་ཅེས་པའི་ཚིག་གིས་ལོག་རྟོག་སེལ་བའོ། །

ཚད་མའི་གཞལ་བྱ་བཤད་པ་ལ། ཡུལ་དང་། ཤེས་བྱ་དང་། གཞལ་བྱ་དང་། ཡོད་
ངེས་དང་། གཞི་གྲུབ་རྣམས་དོན་གཅིག་པས། ཡུལ་གྱི་མཚན་ཉིད། བློས་རིག་
པར་བྱ་བ། ཤེས་བྱའི་མཚན་ཉིད། བློའི་ཡུལ་དུ་བྱར་རུང་བ། གཞལ་བྱའི་མཚན་
ཉིད། ཚད་མས་རྟོགས་པར་བྱ་བ། ཡོད་ངེས་ཀྱི་མཚན་ཉིད། ཚད་མས་དམིགས་
པ། གཞི་གྲུབ་ཀྱི་མཚན་ཉིད། ཚད་མས་གྲུབ་པའོ། །དབྱེ་བ་ལ་བརྒྱད། རང་སྤྱི་
གཉིས་སུ་དབྱེ་བ་དང་། ཡུལ་བཞིར་དབྱེ་བ་དང་། མངོན་ལྐོག་གཉིས་སུ་དབྱེ་བ་
དང་། འདུས་བྱས་འདུས་མ་བྱས་གཉིས་སུ་དབྱེ་བ་དང་། དགག་སྒྲུབ་གཉིས་སུ་
དབྱེ་བ་དང་། སྣང་སེལ་གཉིས་སུ་དབྱེ་བ་དང་། སྤྱི་དང་བྱེ་བྲག་གཉིས་སུ་དབྱེ་བ་
དང་། བདེན་པ་གཉིས་སུ་དབྱེ་བའོ། །

རང་སྤྱི་གཉིས་བཤད་པ་ལ། རང་མཚན་གྱི་མཚན་ཉིད། དོན་དམ་པར་
དོན་བྱེད་ནུས་པ། སྤྱི་མཚན་གྱི་མཚན་ཉིད། དོན་དམ་པར་དོན་བྱེད་མི་ནུས་པའི་
ཆོས་ཞེས་སོ། །ཡུལ་བཞི་བཤད་པ་ལ། ཆོས་དེའི་སྣང་ཡུལ་གྱི་མཚན་ཉིད། ཆོས་
དེས་སྣང་ཙམ་གྱི་སྒོ་ནས་རིག་པར་བྱ་བ། སྣང་ཡུལ་དང་གཟུང་ཡུལ་དོན་གཅིག
གོ །ཆོས་དེའི་འཇུག་ཡུལ་གྱི་མཚན་ཉིད། ཆོས་དེས་བླང་དོར་བྱ་བའི་ཕྱིར་ཞུགས་
པ་ན་མི་སླུ་བ། ཆོས་དེའི་ཞེན་ཡུལ་གྱི་མཚན་ཉིད། ཆོས་དེས་ཞེན་པའི་སྒོ་ནས་རིག་
པར་བྱ་བ། ཆོས་དེའི་གཟུང་ཡུལ་གྱི་མཚན་ཉིད། ཆོས་དེ་ལ་རང་འདྲའི་རྣམ་པ་
གཙོ་བོར་དངོས་སུ་གཏོད་བྱེད་ཅེས་སོ། །མངོན་ལྐོག་གཉིས་བཤད་པ་ལ། མངོན་
གྱུར་གྱི་མཚན་ཉིད། མངོན་སུམ་ཚད་མས་དངོས་སུ་རྟོགས་པར་བྱ་བ། ལྐོག་གྱུར་གྱི་
མཚན་ཉིད། རྗེས་དཔག་ཚད་མས་དངོས་སུ་རྟོགས་པར་བྱ་བ་ཞེས་འཇོག་པ་ཡིན་
ནོ། །མངོན་གྱུར་ལ་དབྱེ་ན། རང་རིག་མངོན་སུམ་དང་གཞན་རིག་མངོན་སུམ་གྱི་
བྱེད་པ་འཇུག་པའི་ཡུལ་གཉིས། ལྐོག་གྱུར་ལ་དབྱེ་ན། དངོས་སྟོབས་རྗེས་དཔག་
དང་། ཡིད་ཆེས་རྗེས་དཔག་དང་། གྲགས་པའི་རྗེས་དཔག་གི་བྱེད་པ་འཇུག་པའི་
ཡུལ་གཉིས་སོ། །འདུས་བྱས་དང་འདུས་མ་བྱས་གཉིས་བཤད་པ་ལ། འདུས་བྱས་

ཀྱི་མཚན་ཉིད། རང་གི་རྒྱུ་རྐྱེན་ལས་སྐྱེས་པ། དབྱེ་ན་བེམ་རིག་གཉིས། རྒྱུ་འབྲས་གཉིས་སོ། །འདུས་མ་བྱས་ཀྱི་མཚན་ཉིད། རང་གི་རྒྱུ་རྐྱེན་ལས་མ་སྐྱེས་པ། དབྱེ་ན་འདུས་མ་བྱས་ཀྱི་ནམ་མཁའ། སོ་སོར་བརྟགས་འགོག སོ་སོར་བརྟགས་མིན་གྱི་འགོག་པ་དང་གསུམ་མོ། །དགག་སྒྲུབ་གཉིས་བཤད་པ་ལ། དགག་པའི་མཚན་ཉིད། དགག་བྱ་དངོས་སུ་བཅད་པའི་ཚུལ་གྱིས་རྟོགས་པར་བྱ་བ། དབྱེ་ན་མེད་དགག་དང་། མ་ཡིན་དགག་གཉིས། སྒྲུབ་པའི་མཚན་ཉིད། གཞི་གྲུབ་པ་གང་ཞིག་དགག་བྱ་དངོས་སུ་བཅད་པའི་ཚུལ་གྱིས་རྟོགས་པར་བྱ་བ་མ་ཡིན་པ། དཔེར་ན་མི་རྟག་པ་ལྟ་བུའོ། །སྣང་སེལ་གཉིས་བཤད་པ་ལ། སྣང་བ་ནི་སྒྲུབ་པ་དང་དོན་གཅིག གཞན་སེལ་དང་དགག་པ་གཉིས་དོནགཅིག གཞན་སེལ་གྱི་མཚན་ཉིད། དགག་བྱ་དངོས་སུ་བཅད་པའི་ཚུལ་གྱིས་རྟོགས་པར་བྱ་བ། དེ་ལ་དབྱེ་ན་དོན་གྱི་གཞན་སེལ། བློའི་གཞན་སེལ། མེད་དགག་གི་གཞན་སེལ་དང་གསུམ་མོ། །སྤྱི་བྱེ་བྲག་བཤད་པ་ལ། སྤྱིའི་མཚན་ཉིད། རང་གི་གསལ་བ་དུ་མ་ལ་རྗེས་སུ་འགྲོ་བྱེད་པ། སྤྱི་ལ་དབྱེ་ན། རིགས་སྤྱི། ཚོགས་སྤྱི། དོན་སྤྱི་དང་གསུམ། ཆོས་དེའི་བྱེ་བྲག་གི་མཚན་ཉིད། ཆོས་དེ་ཡིན། ཆོས་དེ་ལ་བདག་གཅིག་ཏུ་འབྲེལ། ཁྱོད་མ་ཡིན་ཞིང་ཆོས་དེ་ཡིན་པ་དུ་མ་གྲུབ་པ་ཞེས་བྱའོ། །

བདེན་པ་གཉིས་བཤད་པ་ལ། བྱེ་བྲག་ཏུ་སྨྲ་བའི་ལུགས་ལ། ཀུན་རྫོབ་བདེན་པའི་མཚན་ཉིད། བཅོམ་པའམ་བློས་གཞིག་པས་དེར་འཛིན་གྱི་བློ་འདོར་བའི་ཆོས། དོན་དམ་བདེན་པའི་མཚན་ཉིད། བཅོམ་པའམ་བློས་གཞིག་པས་དེར་འཛིན་གྱི་བློ་མི་འདོར་བའི་ཆོས། མདོ་སྡེ་པའི་ལུགས། དོན་དམ་བདེན་པའི་མཚན་ཉིད། རྟོག་པས་སྒྲོ་མ་བཏགས་པར་དོན་བྱེད་ནུས་པ། ཀུན་རྫོབ་བདེན་པའི་མཚན་ཉིད། རྟོག་པས་སྒྲོ་བཏགས་པའི་ཆོས་ཞེས་སོ། །ཅིའི་ཕྱིར་དོན་དམ་བདེན་པ་ཞེས་བྱ་ཞེ་ན། བློ་དོན་དམ་པ་སྣང་ཡུལ་ལ་མ་འཁྲུལ་བའི་ངོར་བདེན་པས་ན་དོན་དམ་བདེན་པ་ཞེས་བྱའོ། །ཅིའི་ཕྱིར་ཀུན་རྫོབ་བདེན་པ་ཞེས་བྱ་ཞེ་ན། བློ་ཀུན་རྫོབ་པའི་

རྟོག་པའི་ངོར་བདེན་པས་ན་ཀུན་རྫོབ་བདེན་པ་ཞེས་བྱའོ། །དེ་ཡང་སྒྲ་བཤད་པའི་དབང་དུ་བྱས་པ་ཡིན་གྱི་བློ་ཀུན་རྫོབ་པ་རྟོག་པའི་ངོར་བདེན་པ་ཡིན་ན་ཀུན་རྫོབ་བདེན་པ་ཡིན་པས་ཁྱབ་པ་ནི་མེད་དེ། དོན་དམ་བདེན་པ་ཡང་བློ་ཀུན་རྫོབ་པ་རྟོག་པའི་ངོར་བདེན་པའི་ཕྱིར་དང་། གང་ཟག་གི་བདག་དང་སྒྲ་རྟག་པ་ལྟ་བུ་ཡང་བློ་ཀུན་རྫོབ་པ་རྟོག་པའི་ངོར་བདེན་པ་ཡིན་ཡང་ཐ་སྙད་དུ་ཡང་མ་གྲུབ་པའི་ཕྱིར་རོ། །སེམས་ཙམ་པའི་ལུགས་ལ། དོན་དམ་བདེན་པའི་མཚན་ཉིད། ཁྱོད་ལ་དམིགས་ནས་བསྒོམས་པས་སྒྲིབ་པ་དག་པར་འགྱུར་བའི་དམིགས་པ་མཐར་ཐུག ཀུན་རྫོབ་བདེན་པའི་མཚན་ཉིད། ལྷག་པར་དམིགས་ན་ཀུན་ནས་ཉོན་མོངས་འཕེལ་བར་འགྱུར་བའི་དམིགས་པའི་རིགས་སུ་གནས་པ་ཞེས་སོགས་གསུངས་པ་ནི་ཐམས་ཅད་《སྡེ་དོན་རིགས་རྒྱན་》ལས་དྲངས་པའི་དགོངས་དོན་ཡིན་ནོ། །

ས་བཅད་གསུམ་པ། རྗེ་ཡབ་སྲས་ཀྱི་ཚད་མའི་དགོངས་པ་བོད་ཡུལ་དུ་ཇི་ལྟར་སྤེལ་ཚུལ།

དོན་ཚན་དང་པོ། རྗེ་ཙོང་ཁ་པའི་དགོངས་པའི་རྒྱུད་འཛིན་མཁན་པོ་རྣམས་ཀྱིས་ཚད་གཞུང་མང་དུ་མཛད་ཅིང་ཕྱོགས་ཡོངས་ལ་སྤེལ་བའི་ཚུལ།

གོང་དུ་བཤད་མ་ཐག་པའི་རྗེ་ཡབ་སྲས་གསུམ་དང་རྒྱལ་བ་དགེ་འདུན་གྲུབ་པའི་ཚད་མའི་དགོངས་པ་ནི་སྤྱིར་དགེ་ལུགས་པའི་གྲུབ་མཐའ་འཛིན་མཁན་རྣམས་ཀྱི་ཚད་མའི་ལྟ་གྲུབ་ཀྱི་གཞིར་གྱུར་པ་ཡིན་ལ། དེ་དག་གི་རྗེས་སུ་འབྲངས་ནས་ཚད་མའི་གཞུང་ལུགས་འཛིན་པ་དང་སྤེལ་བར་མཛད་པའི་རིགས་པ་སྨྲ་བའི་མཁས་པ་མང་པོ་རིམ་གྱིས་བྱོན་སྟེ། རྗེ་ཡབ་སྲས་ཀྱི་ཚད་མའི་དགོངས་པ་བོད་ཡུལ་ཡོངས་ལ་འབད་པ་ཆེན་པོས་སྤེལ་ཏེ་ཚད་མའི་རིགས་གཞུང་དེ་བོད་ཡུལ་དུ་གོང་ནས་གོང་དུ་འཕེལ་རྒྱས་སུ་འགྲོ་བའི་གོ་སྐབས་རྙེད། རྗེ་ཡབ་སྲས་གསུམ་གྱི་

རྗེས་ནས་འཇམ་དབྱངས་སྙན་བརྒྱུད་ཚུ་བོའི་འགོ་འཛིན་ཆོས་རྗེ་གསེར་ཁྲི་རྣམ་གསུམ་སྟེ། ཆོས་རྗེ་ཞྭ་ལུ་པ་ལེགས་པ་རྒྱལ་མཚན་དགུང་ལོ་རེ་བཞི་པ་ས་རྟ་ལོར་དགའ་ལྡན་གྱི་ཁྲིར་ཕེབས་(ཁྲི་ཐོག་བཞི་པ་)ཏེ་ཆོས་ཀྱི་འཁོར་ལོ་བསྐོར། ཆོས་རྗེ་བློ་གྲོས་ཆོས་སྐྱོང་འཇམ་མགོན་བླ་མ་དང་རྒྱལ་ཚབ་རིན་པོ་ཆེ། རྗེ་སྦྲ་བའི་ཉི་མ་མཁས་གྲུབ་རིན་པོ་ཆེ་སོགས་བསྟེན་ནས་མདོ་སྔགས་གཞུང་ལུགས་ལ་མཁས་པར་སྦྱངས། དགུང་ལོ་རེ་གཉིས་པར་རབ་བྱུང་བརྒྱད་པའི་ལྕགས་རྟ་ལོར་གསེར་ཁྲིར་ཕེབས།(ཁྲི་ཐོག་ལྔ་པ།) བྱང་ཆུབ་སེམས་དཔའི་སྤྱོད་པ་རྣམ་པར་དག་པས་ཆོས་ཀྱི་འཁོར་ལོ་བསྐོར། མཆོད་ཁང་གསར་པ་བཞེངས། བ་སོ་ཆོས་རྗེ་ཆོས་ཀྱི་རྒྱལ་མཚན་མཁས་གྲུབ་རྗེའི་གཅུང་པོར་འཁྲུངས། འཇམ་མགོན་བླ་མའི་ཞབས་རྡུལ་སྤྱི་བོར་བསྟེན་ནས་གསུང་རབ་ལ་སྦྱངས་པས་མཁས་པར་གྱུར། གཙང་རོང་ལྷན་པ་སོར་སྒྲུབ་པ་མཛད་པས་བདེ་སྟོང་གི་ཏིང་ངེ་འཛིན་ཟབ་མོ་འཁྲུངས་ཤིང་བ་སོ་ཆོས་རྗེར་གྲགས། དགུང་ལོ་རེ་གཉིས་པ་ཆུ་ལུག་ལོར་དགའ་ལྡན་གྱི་ཁྲིར་ཕེབས།(ཁྲི་ཐོག་དྲུག་པ།) འཆད་རྩོད་རྩོམ་གསུམ་གྱི་སྒོ་ནས་རྒྱལ་བསྟན་གསལ་བར་མཛད་ཅིང་འགྲོ་རྣམས་སྨིན་གྲོལ་ལ་འགོད་པར་མཛད་དོ། །གོང་སྨོས་བླ་མ་དམ་པ་འདི་དག་ནི་རིགས་པའི་བསྟན་བཅོས་མཛད་པར་མ་མཐོང་ཡང་ཚད་མ་ལ་མཆོག་ཏུ་མཁས་ཤིང་ཚད་མའི་བཤད་པ་མང་དུ་མཛད་ཏེ་གསུང་ལས་སྐྱེས་པའི་སློབ་མ་རྣམས་ཀྱིས་ཚད་མ་རིག་པ་བོད་ཡུལ་དུ་དར་སྤེལ་བྱེད་པ་ལ་ཕྱུག་རྗེས་ཕུལ་དུ་བྱུང་བ་བཞག་ཡོད་པ་གོར་མ་ཆག་གོ།

དགའ་ལྡན་ཁྲི་ཐོག་བདུན་པ་མཁས་མཆོག་བློ་གྲོས་བརྟན་པ་(སྤྱི་ལོ་༡༤༠༢—༡༤༧༦)ནི། འཇམ་མགོན་ཆོས་ཀྱི་རྒྱལ་པོ་དང་རྒྱལ་ཚབ་རིན་པོ་ཆེ་བསྟེན་ནས་གསུང་རབ་ཀུན་དང་ཁྱད་པར་བྱམས་ཆོས་སྦྱངས་པས་མཁས་པ་ཆེན་པོར་གྱུར། རྣམ་དཀར་གྱི་འཕྲིན་ལས་ཆེ། བསྟན་བཅོས་ཀྱང་《བྱམས་ཆོས་ཕྱི་མ་བཞིའི་ཊཱི་ཀཱ་》དང་《རྣམ་འགྲེལ་གྱི་ལམ་བསྒྲིགས་》སོགས་མཛད། དགུང་ལོ་དོན་གཉིས་པ་ཆུ་སྤྲེལ་

ལོར་དགའ་ལྡན་གྱི་ཁྲིར་ཕེབས། ཟབ་པ་དང་རྒྱ་ཆེ་བའི་ཆོས་ཀྱི་དགའ་སྟོན་རྒྱ་ཆེར་མཛད་དོ། །

ཁྲི་ཐོག་བརྒྱད་པ་སྨོན་ལམ་དཔལ་ལེགས་པའི་བློ་གྲོས་(སྤྱི་ལོ་༡༤༡༤—༡༤༩༡) ཀྱིས་ཐམས་ཅད་མཁྱེན་པ་དགེ་འདུན་གྲུབ་པ་བསྟེན་ནས་བཀྲ་ཤིས་ལྷུན་པོར་སློབ་གཉེར་མཛད་དེ་སྡེ་སྣོད་ཀྱི་ཆོས་རྣམས་གསན་པས་ཚོགས་མེད་པར་མཁྱེན། ཆོས་གྲྭ་ཆེན་པོ་རྩེས་ཐང་དུ་དཀའ་ཆེན་བཞིས་གཙོས་པའི་པོ་ཏི་སུམ་ཅུ་རྩ་དྲུག་གི་གྲྭ་བསྐོར་དང་བཤད་པ་མཛད། སྣེ་གདོང་ཕོ་བྲང་དུ་བྱམས་ཆེན་རབ་འབྱམས་པ་སངས་རྒྱས་འཕེལ་དང་ཆོས་ཀྱི་བགྲོ་གླེང་བཞེངས་པས་རབ་འབྱམས་པས་ཐུགས་དགྱེས་པའི་རྟེར་སོན། ཕྱོགས་ལས་རྣམ་པར་རྒྱལ་བའི་སྙན་པ་ཐོབ། བཀྲ་ཤིས་ལྷུན་པོ་དང་གསེར་ཁང་གོང་དུ་བཀའ་དང་བསྟན་བཅོས་མང་པོ་ལ་བཤད་པ་མཛད། སེ་རའི་རྒྱ་གྲྭ་ཚང་། ཤར་གྱི་མཚན་ཉིད་གྲྭ་ཚང་། ཐང་སྐྱ་རྣམས་སུ་འཆད་ཉན་མཛད། དགུང་ལོ་རེ་བདུན་པ་ལྕགས་ཁྱི་ལོར་དགའ་ལྡན་གྱི་ཁྲིར་ཕེབས། དེའི་ཕྱི་ལོ་འབྲས་སྤུངས་ཀྱི་ཁྲིར་ཡང་ཕེབས་ཏེ་གདན་ས་གཉིས་ཀར་ཆོས་འཁོར་བསྐོར། རྗེ་འདིའི་ཐུག་རྗེས་གཙོ་བོ་ནི་རྒྱལ་བ་བྱམས་པའི་ཕོ་བྲང་བཞེངས། 《རྣམ་འགྲེལ་ལེའུ་བཞིའི་རྣམ་བཤད་》ཤིན་ཏུ་གསལ་བ་ཡོངས་གྲགས་སུ་སྨོན་ཊཱིཀྐ་ཞེས་པའི་བསྟན་བཅོས་མཛད། བསྟན་བཅོས་དེ་དགེ་ལུགས་པ་སྤྱི་དང་ལྷག་པར་བཀྲ་ཤིས་ལྷུན་པོའི་དཀྱིལ་ཁང་གྲྭ་ཚང་གི་ཡིག་ཆ་ཡིན་པའི་ཆ་ནས་གྲགས་ཆེའོ། །

གཞན་ཡང་། རྗེ་བླ་མའི་དངོས་སློབ་སྤྱན་སྔ་པ་བློ་གྲོས་རྒྱལ་མཚན་གྱིས 《རྣམ་འགྲེལ་ལ་བརྟེན་པའི་ལྷ་ཁྲིད་》དང་། རྗེ་བླ་མ་དང་མཁས་གྲུབ་རྗེ་གཉིས་ཀྱི་སློབ་མ་ཞང་ཞུང་ཆོས་དབང་གྲགས་པ་མཆོག་གིས་《རྣམ་ངེས་འཐད་ལྡན་གྱི་འགྲེལ་བཤད་》མཛད། རྒྱལ་ཚབ་རིན་པོ་ཆེའི་སློབ་མ་སྨར་ཁམས་པ་གྲགས་པ་བཟང་པོས 《རྣམ་འགྲེལ་སྤྱི་དོན་ལུང་རིགས་སྒྲོན་མེ་》ཞེས་པ་མཛད། རྒྱལ་ཚབ་ཀྱི་དངོས་སློབ་ལོ་སྟོན་ཀུན་དགའ་བཟང་པོ་(སྤྱི་ལོ་༡༤༢༨—༡༥༤༠)ནི། རབ་བྱུང་

བདུན་པ་མེ་རྟ་ལོར་ལྷེའི་རིགས་སུ་སྐུ་འཁྲུངས། གཞོན་ནུ་ནས་རབ་ཏུ་བྱུང་། རྩེས་ཐང་དུ་ཐུགས་སྦྱོང་མཛད་པས་མཁས་པར་གྱུར། སྟར་བརྩམས་པའི་རྣམ་འགྲེལ་གྱི་སྦྱོར་ཊཱིཀ་སོགས་དུ་མ་སྣང་། ཕྱིས་རྗེ་རིན་པོ་ཆེའི་བཤད་སྲོལ་ལ་བརྟེན་ནས་《རྣམ་འགྲེལ་གྱི་དཀའ་འགྲེལ་ཆེན་མོ་》སོགས་མཛད། གཙང་སྟོན་ཀུན་དགའ་རྒྱལ་མཚན་གྱིས་《ཚད་མ་མདོའི་ཊཱིཀྐ་》མཛད་དོ། །

དགའ་ལྡན་ཁྲི་ཐོག་བཅོ་ལྔ་པ་པཎ་ཆེན་བསོད་ནམས་གྲགས་པ་རབ་བྱུང་བརྒྱད་པའི་ས་ཁྱི（སྤྱི་ལོ་༡༥༢༨）ལོར་འཁྲུངས། གསང་ཕུ་ཉི་མ་ཐང་དང་སེར་བྱེས་སུ་སློབ་གཉེར་མཛད། རྩེས་ཐང་དང་གཡའ་བཟང་དགོན་དུ་ཕར་ཕྱིན་དང་རྣམ་འགྲེལ་སྒྲུངས་ཤིང་གྲྭ་བསྐོར་མཛད། དེ་ནས་བླ་མ་དོན་ཡོད་དཔལ་བཟང་པ་བསྟེན་ནས་ཚད་མ་དང་དབུ་མ་སོགས་འཇམ་མགོན་ཆོས་ཀྱི་རྒྱལ་པོའི་རིང་ལུགས་ལ་སྦྱངས་པ་མཐར་ཕྱིན་པ་མཛད་པས་མཁས་པ་ཆེན་པོར་གྱུར། གཞན་ཡང་གཉལ་སྟོན་དཔལ་འབྱོར་ལྷུན་གྲུབ་སོགས་དགེ་བའི་བཤེས་གཉེན་མང་པོ་བསྟེན་ནས་མདོ་སྔགས་ཀྱི་ཆོས་རྒྱུན་མཐའ་ཡས་པ་གསན། དགུང་ལོ་སོ་བཞི་པར་རྒྱུད་སྟོད་གྲྭ་ཚང་གི་མཁན་པོའི་ཁྲིར་ཕེབས། དེ་ནས་འབྲས་སྤུངས་བློ་གསལ་གླིང་གི་མཁན་པོ་དང་། དགའ་ལྡན་ཤར་རྩེ་གྲྭ་ཚང་གི་མཁན་པོ་མཛད་ནས་གྲྭ་ཚང་གཉིས་ཟུང་འབྲེལ་དུ་སྐྱོང་བར་མཛད། རབ་བྱུང་དགུ་པའི་ས་གླང（སྤྱི་ལོ་༡༥༢༩）ལོར་དགའ་ལྡན་གྱི་ཁྲི་ཐོག་ཏུ་ཕེབས། དགུང་ལོ་ང་བརྒྱད་པ་ལ་ཟུར་བཞུགས་མཛད། གསུངས་ཆོས་《གསང་བ་འདུས་པའི་བསྐྱེད་རྫོགས་ཀྱི་ཁྲིད་ཡིག་མཁས་པའི་ཡིད་འཕྲོག་》དང་། 《ཕར་ཕྱིན་སྤྱི་དོན་ཡུམ་དོན་གསལ་བའི་སྒྲོན་མེ།》《དབུ་མའི་སྤྱི་དོན་ཟབ་དོན་གསལ་བའི་སྒྲོན་མེ།》《འདུལ་བའི་རྣམ་བཤད་ལུང་རིགས་ཉི་མ།》《དབུ་མའི་མཐའ་དཔྱོད་ཟབ་དོན་ཡང་གསལ་སྒྲོན་མེ།》《ཚད་མ་རྣམ་འགྲེལ་གྱི་དཀའ་འགྲེལ་དགོངས་པ་རབ་གསལ།》བློ་རྟགས་སོགས་མཛད། གཞན་ཡང་《མངོན་པ་མཛོད་ཀྱི་འགྲེལ་པ་》དང་། 《དེབ་ཐེར་དམར་པོ་གསར་མའམ་རྒྱལ་

རབས་འཕྲུལ་གྱི་ལྡེ་མིག》《མངོན་པ་ཀུན་བཏུས་ཀྱི་འགྲེལ་པ་》སོགས་མང་དུ་མཛད་པར་མ་ཟད། བླ་མ་དམ་པ་དེའི་བཀའ་གསུང་ཤིན་ཏུ་དག་པའི་དབང་གིས་རྗེ་འདི་འབྲས་སྤུངས་བློ་གསལ་གླིང་གི་ཡིག་ཆའི་བདག་པོར་གྱུར། རབ་བྱུང་དགུ་པའི་ཤིང་སྟག་(སྤྱི་ལོ་༡༥༥༨)ལོར་སྐུ་གཤེགས་སོ། །

བཀྲ་ཤིས་ལྷུན་པོར་རྣམ་འགྲེལ་གྱི་འཆད་ཉན་ཏ་ཙང་དར་ཆེ་བས་རིགས་པ་སྨྲ་བའི་མཁས་པ་མང་དུ་བྱོན་ཞིང་ཚད་མའི་བསྟན་བཅོས་མང་དུ་མཛད། ཐོས་གླིང་པ་པཎ་ཆེན་བསོད་ནམས་རྣམ་རྒྱལ་གྱིས《རྣམ་འགྲེལ་ལེའུ་བཞིའི་སྤྱི་དོན་》དང་《མཐའ་དཔྱོད།》ཐོས་གླིང་སངས་རྒྱས་དཔལ་རིན་གྱིས《རྣམ་འགྲེལ་སྤྱི་དོན་རིན་ཆེན་གཏེར་མཛོད་》མཛད། ཐོས་གླིང་བྱང་སྟོན་བློ་གྲོས་རྒྱ་མཚོས《རྣམ་འགྲེལ་རྣམ་བཤད་ཊཱིཀ་ཆེན་ལྷ་བའི་མེ་ལོང་》དང་། 《རྣམ་འགྲེལ་ལེའུ་དང་པོའི་མཐའ་དཔྱོད་ལེགས་བཤད་ཕྲེང་བ།》《ལེའུ་གཉིས་པའི་མཐའ་དཔྱོད་》སོགས་མཛད། ཐོས་གླིང་ཧ་ནག་པ་དགེ་འདུན་བློ་བཟང་གིས《རྣམ་འགྲེལ་ལེའུ་བཞིའི་སྤྱི་དོན་མཐའ་དཔྱོད་》སོགས་མཛད། དཀྱིལ་ཁང་པ་པཎྜི་ཏ་བློ་གྲོས་རྒྱལ་མཚན་གྱིས《རྣམ་འགྲེལ་ལུང་རིགས་གཏེར་མཛོད་》མཛད། དེའི་སློབ་མ་བསྟན་པ་དར་བཟང་གིས《རྣམ་འགྲེལ་གྱི་རྣམ་བཤད།》འདུལ་འཛིན་བློ་གྲོས་སྦས་པས《རྣམ་འགྲེལ་ལེའུ་བཞིའི་སྤྱི་དོན།》སྨོན་ལམ་དཔལ་བས《རྣམ་འགྲེལ་སྨོན་ཊཱིཀ་》ཤར་རྩེ་གྲྭ་ཚང་གི་ཀུན་མཁྱེན་ལེགས་པ་དོན་གྲུབ་ཀྱིས《རྣམ་འགྲེལ་ཊཱིཀྐ་མཐའ་དཔྱོད་》སོགས་དང་བཀྲིས་ལྷུན་གྲྭ་ཚང་གསུམ་གྱི་ཡིག་ཆ་སོགས་མང་པོ་མཛད་དོ། །

གཞན་ཡང་སེ་ར་ཐེག་ཆེན་གླིང་གི་ཁྲི་ཐོག་གསུམ་པ་མཚུངས་མེད་ཆོས་རྗེ་རྒྱལ་མཚན་བཟང་པོས《ཚད་མའི་བསྟན་བཅོས་མཁས་པ་དགའ་སྐྱེད་》ཅེས་པ་མཛད། ཁྲི་ཐོག་ལྔ་པ་རིན་ཆེན་བློ་གྲོས་སེང་གེས་རྗེ་དགེ་འདུན་གྲུབ་པ་དང་འཇམ་དབྱངས་ཆོས་རྗེ་བསྟེན་ཏེ་མཁས་པར་སྦྱངས། འབྲས་སྤུངས་ཟུར་ཁང་པའི་འཆད་ཉན་པ་མཛད། དེ་ནས་སེ་རའི་ཁྲིར་ཐེབས། དབུ་ཚད་ཀྱི་བཤད་རྒྱུན་དང་བསྟན་

བཙོས་བརྩམས་ཞེས་《ཆོས་འབྱུང་བཻཌཱུརྱ་སེར་པོ་》ལས་གསུངས། ཁྲི་ཐོག་བརྒྱད་པ་གཉལ་སྟོན་དཔལ་འབྱོར་ལྷུན་གྲུབ་ཀྱིས་པཎ་ཆེན་ཤཱཀྱ་མཆོག་དང་རྗེ་ཉག་པ་གཉིས་ཐལ་འགྱུར་གྱིས་བཙམ་པས་ཚད་མ་ལ་མཁས་པའི་གྲགས་པ་ཆེ།

ཁྲི་ཐོག་བཅུ་གཉིས་པ་རྗེ་བཙུན་ཆོས་ཀྱི་རྒྱལ་མཚན་ནི། རབ་བྱུང་བརྒྱད་པའི་ས་གླང་(སྤྱི་ལོ་༡༤༦༩)ལོར་འཁྲུངས། དགུང་ལོ་བདུན་ལ་གནས་རྙིང་ཆོས་རྗེ་ཀུན་དགའ་བདེ་ལེགས་རིན་ཆེན་གྱི་དྲུང་དུ་དགེ་ཚུལ་གྱི་སྡོམ་པ་བཞེས། མཚན་ཆོས་ཀྱི་རྒྱལ་མཚན་དུ་གསོལ། དེའི་དྲུང་ནས་ཟབ་ཆོས་མང་དུ་གསན། དེ་རྗེས་ཀུན་མཁྱེན་ཆོས་འབྱོར་དཔལ་བཟང་དགེ་རྒན་དུ་བསྟེན་ནས་གཞུང་ཆེན་བཀའ་པོད་ལྔ་ལ་གསན་སྦྱོང་ལེགས་པར་མཛད། དགུང་ལོ་བཅོ་ལྔ་ལ་ཚད་མ་སྡེ་བདུན་གཟིགས་ནས་མཁས་པའི་གྲགས་པ་ཐོབ། དེ་ནས་པཎ་ཆེན་ཡེ་ཤེས་རྩེ་མོའི་དྲུང་ནས་འདུལ་བ་མདོ་རྩ། མངོན་པ་མཛོད་སོགས་གསན་ཏེ། ཕར་ཚད་དབུ་གསུམ་དང་འདུལ་མཛོད་བཅས་བཀའ་པོད་ལྔ་ལ་མཁས་པའི་གཙུག་རྒྱན་དུ་གྱུར། དགུང་ལོ་ཉེར་གསུམ་ལ་བཀྲ་ཤིས་ལྷུན་པོའི་དགེ་སྐོས་མཛད། དེ་ནས་དཔལ་འཁོར་བདེ་ཆེན་དང་། གནས་རྙིང་གཙུག་སྐྱབ་རྣམས་སུ་རབ་འབྱམས་པའི་གྲྭ་བསྐོར་མཛད། དགུང་ལོ་ཉེར་བཞི་པར་བསྙེན་པར་རྫོགས། ཞེ་གསུམ་པར་སེ་ར་བྱེས་མཁས་སྣན་གྲྭ་ཚང་གི་མཁན་པོ་མཛད། མཁས་པའི་གྲགས་པ་ཤིན་ཏུ་ཆེ་བས་སྡེ་པ་སྣར་པས་ས་སྐྱའི་དགེ་བཤེས་མང་པོ་བསགས་ནས་པོ་ཏ་ལ་དང་གཞིས་ཀ་རྩེའུ་རྣམས་སུ་སེ་འབྲས་ཀྱི་བླ་མ་རྣམས་ཀྱི་དབུས་སུ་རྗེ་འདིས་ས་སྐྱའི་མཁས་པ་དང་བགྲོ་གླེང་མཛད་དེ་ཕས་ཀྱི་རྒོལ་བར་མཛད། རྗེ་འདི་རྒྱུ་མཚན་ཉིད་དང་འབྲས་བུ་སྔགས་ལ་མཁས་པས་སྔགས་པ་ཆེན་པོའི་མཚན་ཐོབ་ཅིང་། དེ་ནས་མི་རིང་བར་སེ་རའི་ཁྲི་ཐོག་བཅུ་གཉིས་པར་ཕེབས། དགུང་ལོ་དོན་དྲུག་ལ་ཕེབས་པར་རབ་བྱུང་དགུ་པའི་ཤིང་འབྲུག་(༡༥༤༤)ལོར་ཞི་བར་གཤེགས། གསུང་ཆོས་《བསྟན་བཅོས་མངོན་རྟོགས་རྒྱན་གྱི་མཐའ་དཔྱོད་སྐོར།》《དྲང་ངེས་རྣམ་འབྱེད་ཀྱི་སྤྱི་དོན་

རྒོལ་ངན་ཚར་གཅོད་རིན་པོ་ཆེའི་ཕྲེང་བ།》《བསམ་གཟུགས་ཀྱི་མཐའ་དཔྱོད།》《ཟབ་མོ་སྟོང་པ་ཉིད་ཀྱི་ལྟ་བ་ལོག་རྟོག་འགོག་པར་བྱེད་པའི་བསྟན་བཅོས་ལྟ་བ་ངན་པའི་མུན་སེལ་》ཞེས་གོ་ཤཱཀ་གཉིས་ལ་གདམས་པ། 《རྒྱས་པའི་བསྟན་བཅོས་ཚད་མ་རྣམ་འགྲེལ་གྱི་དོན་འགྲེལ་རྒྱལ་ཚབ་དགོངས་པ་རབ་གསལ་བློ་གསལ་གྱི་མགུལ་རྒྱན་》སོགས་མཛད། གསུང་ཤིན་ཏུ་རྣམ་དག་ཡིན་པས་སེར་བྱེས་མཁས་མང་གྲྭ་ཚང་དང་དགའ་ལྡན་བྱང་རྩེ་གྲྭ་ཚང་གི་ཡིག་ཆར་མཛད།

གཞན་ཡང་ཤངས་པ་ཀུན་མཁྱེན་ཕྱོགས་སྣང་འོད་ཟེར་དང་། དྷགས་པོ་བཀྲ་ཤིས་རྣམ་རྒྱལ། བདེ་ཡངས་པ་གྲྭ་ཚུང་ཡོན་ཏན་རྒྱ་མཚོ། གུང་རུ་རིན་ཆེན་བྱང་ཆུབ་རྣམས་ཀྱིས《རྣམ་འགྲེལ་ལེའུ་བཞིའི་རྣམ་བཤད་དང་མཐའ་དཔྱོད་》མཛད་དོ། །

ཀློང་མང་པ་ཀུན་མཁྱེན་འཇམ་དབྱངས་བཞད་པའི་རྡོ་རྗེ་ནི། རབ་བྱུང་བཅུ་གཅིག་པའི་ས་བྱི་(སྤྱི་ལོ་༡༦༤༨)ལོར་འཁྲུངས། དགུང་ལོ་བཅུ་གསུམ་ལ་འདུལ་འཛིན་ཁྲུ་མཆོག་ཡེ་ཤེས་རྒྱ་མཚོའི་སྤྱན་སྔར་རབ་བྱུང་དང་དགེ་ཚུལ་གྱི་སྡོམ་པ་བཞེས། དགུང་ལོ་ཉེར་གཅིག་པར་ལྷ་སར་ཕེབས་ཏེ་བཀྲ་ཤིས་ཀློང་མང་གི་ཆོས་གྲྭར་ཞུགས། ཞྭང་སྐྱ་ངག་དབང་ཆོས་ལྡན་དང་སྐྱེ་ཐང་པ་ཤེས་རབ་སྦྱིན་པ་སོགས་བསྟེན་ཏེ་བཀའ་པོད་ལྔས་མཚོན་གཞུང་ལུགས་རབ་འབྱམས་ལ་གསན་སྦྱོང་མཛད། དགུང་ལོ་ཉེར་བདུན་ཐོག་ཀུན་གཟིགས་ལྔ་པ་ཆེན་པོའི་སྤྱན་སྔར་བསྙེན་རྫོགས་ཀྱི་སྡོམ་པ་བཞེས། དེ་ནས་རྒྱུད་ཆེན་དཀོན་མཆོག་ཡར་འཕེལ་དང་། ཁྲི་རྒྱ་ནག་པ་བློ་གྲོས་རྒྱ་མཚོ། མི་ཉག་བླ་མ་ངག་དབང་བློ་གྲོས་སོགས་མཁས་གྲུབ་གཉིས་འཛོམས་ཀྱི་བླ་མ་དམ་པ་མང་པོ་བསྟེན་ནས་མདོ་སྔགས་ཀྱི་བཤད་ཁྲིད་བཀའ་བསྟན་སོགས་རྒྱ་བོད་ཀྱི་གཞུང་མང་པོའི་བསླབ་ལུང་མཐའ་ཡས་པ་གསན་ཏེ་མདོ་སྔགས་ཡོངས་རྫོགས་ཀྱི་བསྟན་པའི་བདག་པོར་གྱུར། དགུང་ལོ་སོ་གསུམ་ནས་ང་གསུམ་བར་གནས་མཆོག་རི་བོ་དགེ་འཕེལ་དུ་ཐུགས་དམ་ཉམས་བཞེས་ཀྱིས་སྐལ་ལྡན་གྱི་འདུལ་བྱ་མཐའ་ཡས་པར་དབང་ལུང་མན་ངག་བཤད་ཁྲིད་སོགས་ཟབ

རྒྱས་ཀྱི་གདམས་པ་བསམ་གྱིས་མི་ཁྱབ་པ་བསྣྭལ། དགུང་ལོ་ང་གསུམ་པ་ལྕགས་འབྲུག་ལོར་སྔོ་མང་གྲྭ་ཚང་གི་མཁན་པོའི་ཁྲིར་བཀོད། དེ་ནས་སྔོ་མང་དུ་གཞུང་ལུགས་རྒྱ་མཚོའི་དགོངས་དོན་ལ་ནང་བྱན་ཆུད་པའི་དགེ་བཤེས་ས་སྟེང་ཁྱབ་པ་བྱུང་། ས་གླང་(སྤྱི་ལོ་༡༧༠༩)ལོར་མདོ་སྨད་དུ་གདན་དྲངས། ལྕགས་སྟག་ལོར་མདོ་སྨད་ཀྱི་དགོན་སྡེ་ཆེན་པོ་བླ་བྲང་བཀྲ་ཤིས་འཁྱིལ་གསར་དུ་བཏབ་ཅིང་ཆོས་གྲྭའི་སྒྲིག་ལམ་ཀུན་སྤྱོད་མཐའ་དག་འབྲས་སྤུངས་སྔོ་མང་ལྟར་གྱིས་ཞེས་ལས་སྣ་རྣམས་ལ་བཀའ་ཕེབས། དེ་ནས་དགོན་ལུང་དུ་ཕེབས་ནས་རྒྱུད་གྲྭ་གསར་འཛུགས་མཛད་ཅིང་ཆོས་སྲིད་གཉིས་ཆར་སྤྱན་བསྐྱངས་བླ་ན་མེད་པ་མཛད། ལྕགས་བྱི་ལོར་གོང་མ་ཁང་ཤིས་རྒྱལ་པོ་ནས་རྗེ་འདི་ལ་བསྟན་པ་འཛིན་ཅིང་སྐྱོང་བར་བྱེད་པའི་པཎྜི་ཏ་ཨེརྟེ་ནི་ནོ་མིན་ཧན་ཞེས་པའི་ཚེ་ལོ་དང་། གསེར་ཐམ། གསེར་ཡིག་སོགས་ཀྱི་གཟེངས་བསྟོད་གནང་བ་འབྱོར། དགུང་ལོ་དོན་བཞི་པ་ལྕགས་གླང་(སྤྱི་ལོ་༡༧༢༡)ལོར་མྱ་ངན་ལས་འདས་པའི་ཚུལ་བསྟན། གསུང་ཆོས་གཙོ་བོ་《བསྟན་བཅོས་མངོན་པར་རྟོགས་པའི་རྒྱན་གྱི་མཐའ་དཔྱོད་》དང་། 《དབུ་མ་ལ་འཇུག་པའི་མཐའ་དཔྱོད།》《དམ་པའི་ཆོས་མངོན་པ་མཛོད་ཀྱི་དགོངས་འགྲེལ་གྱི་བསྟན་བཅོས་ཐུབ་བསྟན་ནོར་བུའི་གཏེར་མཛོད།》《རྟེན་འབྲེལ་གྱི་མཐའ་དཔྱོད།》《ཚིག་གསལ་སྟོང་ཐུན་གྱི་ཚད་མའི་རྣམ་བཤད།》《བདེན་བཞིའི་རྣམ་གཞག》《བསམ་གཟུགས་ཀྱི་སྙོམས་འཇུག་རྣམས་ཀྱི་རྣམ་པར་བཞག་པའི་བསྟན་བཅོས་ཐུབ་བསྟན་མཛེས་རྒྱན།》《དྲང་ངེས་རྣམ་འབྱེད་ཀྱི་མཐའ་དཔྱོད།》《གྲུབ་མཐའི་རྣམ་བཤད།》《གྲུབ་པའི་མཐའ་རྣམ་པར་གཞག་པ་འཁྲུལ་སྤོང་གདོང་ལྔའི་སྒྲ་དབྱངས།》《ལམ་རིམ་གྱི་དམར་ཁྲིད།》གསང་འདུས་དང་འཇིགས་བྱེད་གཉིས་ཀྱི་བསྐྱེད་རྫོགས་དང་བསྙེན་ཡིག་རེ། ཞི་ཁྲོ་སྒྲུབ་སྒྲུབ་ཀྱི་རྣམ་བཤད་རྒྱས་འབྲིང་བསྡུས་གསུམ། 《འཇིགས་བྱེད་ཀྱི་ཆོས་འབྱུང་ཆེན་མོ་》སོགས་མང་ཞིང་། 《རྟོག་བདུན་གྱི་ཊཱིཀྐ་རྩོམ་འཕྲོ།》《ཡི་དམ་སྒྲུབ་སྐོར་》སོགས་མང་དུ་མཆིས་ཤིང་། སྔོས་

སྲུ་ཚད་མའི་རིག་པའི་སྐོར་ལ་《ཚད་མ་རྣམ་འགྲེལ་ལེའུ་བཞིའི་མཐའ་དཔྱོད་ཐར་ལམ་རབ་གསལ་ཚད་མའི་འོད་བརྒྱ་འབར་བ།》《རྣམ་འགྲེལ་ལེའུ་གཉིས་པའི་ཚད་མའི་དཀའ་གནས་ཀྱི་ཟུར་བཀོད་མདོར་བསྡུས།》《བསྡུས་གྲྭའི་རྣམ་གཞག་ལེགས་པར་བཤད་པ།》《བསྡུས་སྦྱོར་གྱི་སྙིང་པོ་ཀུན་བསྡུས་རིག་པའི་མཛོད།》《ཐལ་འགྱུར་ཆེ་བའི་མདོར་བསྡུས་རྣམ་གཞག》《ཁ་དོག་དཀར་དམར།》《བསྡུས་ཆེན།》《རྟགས་རིགས་ཀྱི་རྣམ་གཞག་ཉུང་གསལ་ལེགས་བཤད་གསེར་གྱི་ཕྲེང་མཛེས།》《བློ་རིག་གི་རྣམ་གཞག་ཉུང་གསལ་ལེགས་བཤད་གསེར་གྱི་ཕྲེང་མཛེས་》སོགས་བཀའ་ཚོམ་ཆེ་ཆུང་ཀུན་བསྡོམས་ན་པོ་ཏི་ཆེན་པོ་བཅོ་ལྔར་ལོངས་པ་མཆིས་ཞེས་རྗེ་འདིའི་《རྣམ་ཐར་ངོ་མཚར་སྐལ་བཟང་འཇུག་ངོགས་》ལས་གསུངས་སོ། །བཀའ་གསུང་བརྗོད་བྱ་རྒྱ་ཆེ་ལ་དོན་ཟབ་པ། མདོ་སྔགས་ཀྱི་བཀའ་ཚོམ་ཐམས་ཅད་རྗེ་ཡབ་སྲས་ཀྱི་དགོངས་པ་བཞིན་དཀའ་གནད་མཐའ་དག་གསལ་བར་མཛད་པས་མཁས་པ་ཀུན་ལ་སྟོན་མེད་པའི་ལེགས་བཤད་ཀྱི་དགའ་སྟོན་ཅི་ཡང་སྩྱིན་པར་མཛད་པ་ཡིན་པས་གསུང་ཆོས་འགའ་འབྲས་སྤུངས་སྒོ་མང་གྲྭ་ཚང་གི་ཡིག་ཆར་མཛད་པ་ཡིན་ནོ། །

རྗེ་འདི་རྩོད་པའི་རིགས་པ་ལ་མཆོག་ཏུ་མཁས་པ་ཡིན་ཏེ། ཀུན་མཁྱེན་འཇིགས་མེད་དབང་པོས་མཛད་པའི་རྗེ་འདིའི་《རྣམ་ཐར་ངོ་མཚར་སྐལ་བཟང་འཇུག་ངོགས་》ལས། རྩོད་པ་ལུང་རིགས་ཀྱི་རྡོ་རྗེས་རྐོལ་བ་ངན་པའི་ལོག་རྟོག་གི་བྲག་རི་བཤིགས་ཚུལ་ནི། མདོ་རྒྱུད་དཔང་དུ་བཞག་ནས་རང་ལུགས་བཞག་པ་དང་། གཞན་ལུགས་སུན་འབྱིན་པར་བྱེད་པ་ཞིག་ལ་ཟེར་བས། དེ་ཡང་རྗེ་འདིས་མདོ་སྔགས་ཀྱི་རྩོད་པ་ཅི་འདྲ་ཞིག་མཛད་ཀྱང་། པཎྜི་ཏ་དྣ་ན་ཤྲཱི་ལའི་རྩོད་པ་ཤན་འབྱེད་ཀྱི་བསྟན་བཅོས་ལས།

རང་ཉིད་རྒྱལ་བར་འདོད་པའི་ཆགས་པ་དང་། །

གཞན་དག་ཕམ་པར་འདོད་པའི་ཞེ་སྡང་དང་། །
རང་གཞན་གྲུབ་མཐའི་གཞུང་ལ་རྨོངས་པ་གསུམ། །
རྩོད་པའི་བསམ་པ་དུག་ཅན་ཡིན་པས་སྤོངས། །

ཞེས་པ་ལྟར་རང་ཉིད་རྒྱལ་ཞིང་གཞན་ཕམ་པར་འདོད་པའི་རྩོད་པའི་བསམ་པ་ངན་པ་རྣམས་དོར་ནས། རང་ཉིད་རྟོགས་པ་འཕེལ་ཞིང་གཞན་གྱི་ལོག་རྟོག་སེལ་བའི་ཕྱིར། འཁྲུལ་བློ་སྒྲུབ་པ་དང་། འགལ་བློ་འགོག་པ་དང་། མཚུངས་བློ་བསྒྲི་བ་སོགས་རྩོད་པའི་ཡན་ལག་རྒྱན་དུ་མ་དང་ལྡན་པའི་སྒོ་ནས་རང་དང་གཞན་གྱི་གཏི་མུག་གཅོད་པ་འཁོར་ལོ་ལྟ་བུ་དང་། སྲུན་འཕྲིན་པའི་རླུང་གིས་མི་གཡོ་བ་ལྷུན་པོ་ལྟ་བུ་དང་། ཆོས་དོན་ལ་མ་རྨོངས་པ་ཐུབ་པའི་དབང་པོའི་སྲས་ལྟར་རྩོད་པར་མཛད་པའི་ཚེ་རྒོལ་བ་ཇི་ལྟ་བུ་ཞིག་ཡིན་ཀྱང་མི་སྨྲ་བའི་བརྟུལ་ཞུགས་ལྷུར་ལེན་པ་ནི། ཇི་སྐད་དུ། སློབ་དཔོན་དཔའ་བོས།

ཁྱོད་ཀྱི་གསུང་ནི་གཅིག་ཙམ་གྱིས། །
ཕ་རོལ་ཚར་གཅོད་མཛད་པ་ན། །
གཞན་དག་མི་སྨྲའི་ཚུལ་གནས་པ། །
དགུན་གྱི་ཁུ་བྱུག་ལྟ་བུ་ལགས། །

ཞེས་གསུངས་པ་ལྟར་རོ། །དེར་མ་ཟད་སྨྲ་བ་ངན་པའི་ལོག་རྟོག་གི་ཚང་ཚིང་མཐའ་དག་ཐལ་འགྱུར་དང་རང་རྒྱུད་ཀྱི་རིགས་པའི་མེ་ལྕེ་རྣོན་པོས་བསྲེགས་ཏེ་ཡིད་ཆེས་ལུང་གི་ཆུ་ཀླུང་འབུམ་ཕྲག་འབེབས་པར་བྱེད་པའི་རྩོད་པའི་བསྟན་བཅོས་མང་དུ་མཛད་པའི་སྒོ་ནས་རྒྱལ་བའི་བསྟན་པ་ཆེས་ཆེར་གསལ་བར་མཛད་དོ། །ཞལ་ནས་ཀྱང་། དཔལ་ལྡན་ཆོས་གྲགས་ལྟ་བུ་ཞིག་ཡོད་ན་ངའི་རྩོད་བློ་ཡོང་། དེ་མིན་ན་དེང་སང་རྩོད་བློ་ཐུབ་པ་མི་འདུག་ཅེས་ཞལ་ཕོའང་མཛད་པར

གྲགས།[1] ཞེས་གསུངས་པ་ལྟར་རོ། །

གསུང་གི་བདུད་རྩི་ལས་སྐྱེས་པའི་སློབ་མ་གནམ་གྱི་སྐར་མ་ལྟར་བགྲང་གིས་མི་ལང་མོད། ཆེ་ལོང་ཙམ་ཞིག་བརྗོད་ན། རྒྱལ་བ་གཉིས་པའི་གདན་སར་བཞུགས་པའི་ཁྲི་ཆེན་དགེ་འདུན་ཕུན་ཚོགས་དང་དཔལ་ལྡན་གྲགས་པ་སོགས་དང་། འགྲོ་བ་དུ་མ་འདྲེན་པར་གྱུར་པའི་བླ་ཆེན་བྲག་གཡབ་སྤྲུལ་པའི་སྐུ་བློ་བཟང་བསྟན་པ་དང་། དེ་མོ་སྤྲུལ་པའི་སྐུ་རིན་པོ་ཆེ་ནམ་མཁའ་འཇམ་དབྱངས་སོགས་དང་། ཆོས་ཀྱི་གདན་ཁྲིམས་མངོན་པར་མཐོ་བའི་མཁན་ཆེན་རྒྱལ་མཁན་པོ་ཨེར་ཏི་ནི་བློ་བཟང་ཚངས་དབྱངས་དང་། སྦོས་ཁང་མཁན་ཆེན་ངག་དབང་བློ་བཟང་། དཔལ་འཁོར་ཆོས་སྡེའི་མཁན་ཆེན་རྡོ་རྗེ་འཆང་དགེ་འདུན་རྒྱ་མཚོ་སོགས་དང་། སྒྲུབ་པའི་རྒྱལ་མཚན་འཛིན་པའི་རྣལ་འབྱོར་པ་རྗེ་ཐང་སག་པ་དངོས་གྲུབ་རྒྱ་མཚོ་དང་། གྲུབ་པའི་དབང་ཕྱུག་བློ་བཟང་འཇམ་དཔལ་རྒྱ་མཚོ་སོགས་དང་། འཆད་ཉན་གྱི་རྒྱལ་མཚན་སྒྲེང་བའི་སློབ་དཔོན་དབུས་གཙང་དུ་བཀྲ་ཤིས་ལྷུན་པོའི་ཐོས་བསམ་གླིང་དཔོན་སློབ་དཔལ་ལྡན་ཡེ་ཤེས་དང་། འབྲས་སྤུངས་སྒོ་མང་དུ་འཆད་ཉན་མཛད་པའི་སློབ་དཔོན་བློ་བཟང་ཡེ་ཤེས། བློ་གསལ་གླིང་གི་དཔོན་སློབ་བློ་བཟང་སྦྱིན་པ། སེ་ར་བྱེས་དཔོན་སློབ་བློ་བཟང་ནོར་བུ། དགའ་ལྡན་ཤར་རྩེའི་དཔོན་སློབ་བྱམས་པ་རིག་འཛིན་སོགས་མང་ལ། མདོ་སྨད་དུ་གདན་ས་ཆེན་པོ་སྐུ་འབུམ་དུ་ར་ཁོ་དཔོན་སློབ་ཤེས་རབ་ཆོས་འཕྱོར་དང་། དགོན་លུང་དུ་མཁས་གྲུབ་དམ་པ་ལྡན་མ་ཞབས་དྲུང་། གསེར་ཁོག་དགོན་ནམ་ཆོས་གླིང་དུ་གྲུབ་པའི་དབང་ཕྱུག་ཆེན་པོ་སྟུ་དཔོན་སློབ་ངག་དབང་དཔལ་ལྡན། རྗེ་རང་གི་གདན་སར་འཆད་ཉན་མཛད་པའི་སློབ་དཔོན་རབ་འབྱམས་པ་གྲགས་པ་དང་ཐུགས་སྲས་ཆེན་པོ་རྗེ་ངག་དབང་བཀྲ་ཤིས་སོགས་དང་། ལུང་དང་རིགས་པ་སྨྲ་བའི་བཤེས་

① ཀུན་མཁྱེན་འཇིགས་མེད་དབང་པོས་མཛད། ཀན་སུའུ་མི་རིགས་དཔེ་སྐྲུན་ཁང་གིས་༡༩༩༡ལོར་པར་དུ་བསྐྲུན་པའི་ཤོག་ངོས་༢༢༡པར་གསལ།

གཉེན་སྔོ་མེ་གྲགས་པ་རྒྱ་མཚོ་དང་། རིགས་པ་སྨྲ་བའི་ཁྱུ་མཆོག་ཆེན་པོ་ལྔ་མོ་ངག་དབང་འཕྲིན་ལས་སོགས་དང་། རིག་པའི་གནས་ལྔ་ལ་མཁས་པའི་པཎྜི་ཏ་སྨྲ་ཚད་པ་བློ་བཟང་རིན་ཆེན་དང་མཁས་པའི་དབང་པོ་འཇམ་དབྱངས་གཞོན་ནུ་དགྱེས་པའི་རྡོ་རྗེ་སོགས་བསམ་གྱིས་མི་ཁྱབ་པ་བྱུང་ངོ་། །

དུས་འདིར་ཇོ་ནང་པའི་བསྟན་པ་འཛིན་མཁན་ཐུབ་བསྟན་དགེ་ལེགས་རྒྱ་མཚོ་ཞེས་བྱ་བས་ཀུན་མཁྱེན་བླ་མའི་རྗེས་འབྲངས་ནས་《བསྡུས་གྲྭའི་སྤྱི་དོན་རྣམ་པར་ངེས་པ་ཆོས་ཐམས་ཅད་ཀྱི་མཚན་ཉིད་རབ་ཏུ་གསལ་བར་བྱེད་པ་རིན་པོ་ཆེའི་སྒྲོན་མེ་》ཞེས་བྱ་བ་སོགས་མཛད་དེ། ཚད་མ་རིག་པའི་གཞུང་ལས་བྱུང་བའི་ཐ་སྙད་ཡོངས་ཀྱི་གོ་དོན་དང་མཚན་ཉིད་དབྱེ་བ་ལ་སོགས་པའི་གོ་རིམ་མ་འཁྲུགས་པར་གསལ་བར་བསྟན་པས། ཚད་མ་རིག་པ་ལ་འཇུག་པའི་ལས་དང་པོ་བ་རྣམས་ཀྱིས་གོ་བདེ་ཞིང་རྟོགས་སླ་བ་སོགས་ཀྱི་དགེ་མཚན་དུ་མ་དང་ལྡན་པའི་ཚད་གཞུང་ཞིག་ཡིན། བརྗོད་བྱའི་དགོངས་པ་《ཐར་ལམ་གསལ་བྱེད་》དང་《སྤྱི་དོན་རིགས་རྒྱན་》གྱི་རྗེས་སུ་མཐུན་པ་དང་དམ་བཅའ་ཁས་ལེན་ཀུན་མཁྱེན་བླ་མའི་ཡིག་ཆ་དང་མཐུན་པར་སྣང་ངོ་། །

ཀུན་མཁྱེན་བླ་མའི་ཐུགས་སྲས་བསེ་ངག་དབང་བཀྲ་ཤིས(སྤྱི་ལོ་༡༦༧༨—༡༧༣༨)ཀྱིས་《ཚད་མའི་དགོངས་འགྲེལ་གྱི་བསྟན་བཅོས་ཆེན་པོ་རྣམ་འགྲེལ་གྱི་དོན་གཅིག་ཏུ་དྲིལ་བ་བློ་རབ་འབྲིང་ཐ་མ་གསུམ་དུ་སྟོན་པ་ལེགས་བཤད་ཆེན་པོ་མཁས་པའི་མགུལ་རྒྱན་སྐལ་བཟང་རེ་བ་ཀུན་སྐོང་》ཞེས་ཡོངས་གྲགས་སུ་བསེ་བསྡུས་ཞེས་པ་དེ་མཛད། གཞན་ཡང་《རྟགས་རིགས་རང་ལུགས་མཐའ་དཔྱོད་མཁས་པའི་མགུལ་རྒྱན་》དང་། 《མགུལ་རྒྱན་འགྲོ་བའི་སྙིང་གི་མུན་པ་སེལ་བར་བྱེད་པའི་ཀུ་མུ་དའི་ཁ་འབྱེད།》《བློ་རིག་གི་མཐའ་དཔྱོད་ལེགས་བཤད་མཁས་པའི་མགུལ་རྒྱན།》《བློ་རིག་གི་ཟུར་རྒྱན་བློ་གསལ་བློ་གྲོས་ཀྱི་པད་མ་བཞད་པའི་ལེགས་བཤད་ཉི་མའི་འོད་ཟེར་》སོགས་ཚད་མའི་བསྟན་བཅོས་མང་དུ་མཛད་དོ། །

ཀུན་མཁྱེན་བླ་མའི་སློབ་མ་མཁན་ཆེན་དགེ་འདུན་རྒྱ་མཚོ་(སྤྱི་ལོ་༡༦༧༩—༡༧༦༥)མཆོག་གིས་《བསྡུས་གྲྭའི་ལེགས་བཤད་གྲངས་མེད་སྐལ་བཟང་གི་བློ་གྲོས་ཀྱི་པད་ཚལ་བཞད་པའི་ལྕུང་རིགས་ཀྱི་ཉི་མ་》ཞེས་བྱ་བའི་ཚད་མའི་བསྟན་བཅོས་ཏེ་ཡོངས་གྲགས་སུ་《མཁན་ཆེན་བསྡུས་གྲྭ་》ཞེས་པ་མཛད་དོ། །ཀུན་མཁྱེན་བླ་མ་སྐུ་ཕྲེང་གཉིས་པ་འཇིགས་མེད་དབང་པོས་(སྤྱི་ལོ་༡༧༢༨—༡༧༩༢)《རྣམ་འགྲེལ་གྱི་རྣམ་བཤད་རིགས་པའི་རྒྱ་མཚོའི་འགོ་མཇུག་བར་གསུམ་གྱི་སྐབས་དག་གི་ཚིག་འགྲེལ་རིན་ཆེན་སྒྲོན་མེ་》ཞེས་པ་མཛད། རྗེ་གུང་ཐང་བསྟན་པའི་སྒྲོན་མེས་《དམིགས་པ་བརྟགས་པའིའགྲེལ་པ་ཕྱོགས་གླང་དགོངས་རྒྱན་》དང་《རིགས་ལམ་འཕྲུལ་གྱི་ལྡེ་མིག་》སོགས་མཛད། སུམ་པ་མཁན་ཆེན་ཡེ་ཤེས་དཔལ་འབྱོར་(སྤྱི་ལོ་༡༧༠༤—༡༧༨༨)གྱིས་《ཚད་མ་སྡེ་བདུན་སྙིང་ནོར་》ཞེས་པ་མཛད། ཆོས་རྗེ་ངག་དབང་དཔལ་ལྡན་(སྤྱི་ལོ་༡༧༩༧—?)གྱིས་《རྣམ་འགྲེལ་ལེའུ་གཉིས་པའི་ཚིག་དོན་བཤད་པ་》ཞེས་པ་མཛད། བློ་བཟང་རྟ་དབྱངས་(སྤྱི་ལོ་༡༨༦༧—༡༩༣༧)ཀྱིས་《རྟགས་རིགས་མཐའ་དཔྱོད་》དང་《བློ་རིག་མཐའ་དཔྱོད་》སོགས་མཛད། གུང་ཐང་བློ་གྲོས་རྒྱ་མཚོས་(སྤྱི་ལ་?—༡༩༣༨)《བསྡུས་སྦྱོར་སྙིང་པོ་དགོངས་གསལ་》དང་《རྟགས་རིགས་དཀའ་གནད་》སོགས་མཛད། གཞུང་དེས་ཀུན་མཁྱེན་བླ་མའི་གསུང་གི་དོན་འགའ་ལ་དོགས་སློང་གི་ཚུལ་གྱིས་དཔྱད་པ་མཛད་པས་ཕྱི་རབས་པ་རྣམས་ལ་ཕན་པ་ཆེན་པོ་བྱུང་། ཙོ་ནེ་བླ་མ་རིན་པོ་ཆེ་བློ་བཟང་རྒྱ་མཚོས་《རྒྱས་པའི་བསྟན་བཅོས་ཚད་མ་རྣམ་འགྲེལ་གྱི་བསྡུས་དོན་རིགས་པའི་གཏེར་གྱི་ཁ་བྱང་》མཛད། སྨོ་མང་མཁན་ཟུར་སོག་པོ་ཀུན་དགའ་དབང་ཉིད་མས་《བསྡུས་གྲྭ་》མཛད།

གསེར་ཁོག་བཙན་པོ་དགོན་གྱི་ཁྲི་ཐོག་གཉིས་པ་རྡོ་རྗེ་འཆང་སྨིན་གྲོལ་ཆོས་ཀྱི་རྒྱལ་པོ་འཕྲིན་ལས་ལྷུན་གྲུབ་(སྤྱི་ལོ་༡༧༤༢—༡༨༡༩)ཀྱིས་《བསྡུས་གྲྭའི་རྣམ་གཞག་ཆ་ཚང་བ་རིགས་གནས་ལེགས་བཤད་བང་མཛོད་》ཅེས་པ་མཛད་དེ། ཡོངས་གྲགས་སུ་《བཙན་པོ་བསྡུས་གྲྭ་》ཞེས་བརྗོད། ཨ་ཀྱཱ་ཡོངས་འཛིན་བློ་བཟང་དོན་

གྲུབ་བམ་དབྱངས་ཅན་དགའ་བའི་བློ་གྲོས་(ཕྱི་ལོ་༡༧༤༠—༡༨༢༧)ནི་སྐུ་འབུམ་བླ་མ་ཨ་ཀྱཱ་ཡེ་ཤེས་སྐལ་བཟང་མཁས་གྲུབ་རྒྱ་མཚོའི་ཡོངས་འཛིན་མཛད་པས་ཡོངས་གྲགས་སུ་ཨ་ཀྱཱ་ཡོངས་འཛིན་ཞེས་གསོལ། དེས་《གཏན་ཚིགས་རིག་པའི་སྡོམ་ཚིག་རིགས་ལམ་གསལ་བའི་མེ་ལོང་》དང་《བློ་རིག་གི་སྡོམ་ཚིག་བླང་དོར་གསལ་བའི་མེ་ལོང་》ཞེས་པའི་ཚད་མའི་བསྟན་བཅོས་མཛད། བླ་བྲང་བཀྲ་ཤིས་འཁྱིལ་གྱི་གདན་རབས་བཅོ་ལྔ་པ་ར་བསོད་ནམས་དབང་རྒྱལ་(ཕྱི་ལོ་༡༧༣༨—༡༨༠༤)གྱིས་《བསྡུས་གཞུང་ཉི་མའི་འོད་ཟེར་》མཛད་དོ། །བླ་བྲང་བཀྲ་ཤིས་འཁྱིལ་གྱི་མཁས་དབང་དཔལ་རིས་བློ་བཟང་རབ་གསལ་(ཕྱི་ལོ་༡༨༤༠—?)གྱིས་《རྟགས་རིགས་ཀྱི་ཟུར་རྒྱན་ཀུ་མུ་དའི་ཕྲེང་མཛེས་》ཞེས་པ་དང་། 《རྟགས་རིགས་མཐའ་དཔྱོད་ཀྱི་ཁ་སྐོང་རིན་ཆེན་མཛེས་པའི་དོ་ཤལ།》《བློ་རིག་མཐའ་དཔྱོད་ཀྱི་ཟུར་རྒྱན་ཨུཏྤལའི་ཕྲེང་བ།》《ཤེས་ལྡན་ཡིད་ཀྱི་གདུང་སེལ་རིགས་ལམ་ག་བུར་ཆུ་རྒྱུན།》《བསྡུས་གྲྭའི་རྩ་ཚིག་དྭངས་གསལ་མེ་ལོང་》སོགས་མང་དུ་མཛད་དོ། །

སྐྱིད་རྫོང་བླ་མ་ངག་དབང་བློ་བཟང་(ཕྱི་ལོ་༡༧༡༨—༡༧༨༩)གིས་《གཏན་ཚིགས་རིག་པ་ལས་བྱུང་བའི་མིང་གི་རྣམ་གྲངས་》མཛད། དེའི་སློབ་མ་སོག་པོ་ལྷ་རམས་པ་དགེ་བཤེས་ངག་དབང་བསྟན་དར་རབ་བྱུང་བཅུ་གསུམ་པའི་ས་ཡོས་(ཕྱི་ལོ་༡༧༥༨)ལོར་སོག་ཡུལ་ཨ་ལ་ཤ་ཞེས་པའི་སའི་ཆར་སྐུ་འཁྲུངས། སྐུ་ན་ཆུང་དུས་སུ་རབ་ཏུ་བྱུང་། རྗེས་སུ་དབུས་སུ་ཕེབས་ནས་འབྲས་སྤུངས་སྒོ་མང་གྲྭ་ཚང་དུ་ཆོས་ཞུགས་གནང་། རྗེ་སྐྱིད་རྫོང་བླ་མ་ངག་དབང་བློ་བཟང་སློབ་དཔོན་དུ་བསྟེན་ནས་བཀའ་ཆོས་ཟབ་མོ་མང་པོ་གསན། ཐུགས་ཕག་ལོར་འབྲས་སྤུངས་སྒོ་མང་གྲྭ་ཚང་གི་མཁན་པོ་མཛད། ཕྱིས་སུ་མདོ་སྨད་སྐུ་འབུམ་བྱམས་པ་གླིང་དུ་ཡུན་རིང་བཞུགས། འཆད་རྩོད་རྩོམ་པས་འགྲོ་དོན་རྒྱ་ཆེན་པོ་སྤེལ། བརྩམས་ཆོས་《ལམ་གྱི་གཙོ་བོ་རྣམ་གསུམ་གྱི་འགྲེལ་པ།》《རྟེན་འབྲེལ་བསྟོད་པའི་དོན་འགྲེལ་རིན་ཆེན་ཕྲེང་བ།》《སྙན་ངག་གི་དཔེར་བརྗོད།》《སུམ་རྟགས་ཀྱི་འགྲེལ་པ།》ནང་

སྐོར་སུ་ཚད་མ་རིག་པའི་ཐད་ལ་《སྟོན་པ་ཚད་མའི་སྐྱེས་བུར་སྒྲུབ་པའི་གཏམ་》ཞེས་པ་དང་། 《རྟགས་རིགས་ཀྱི་དཀའ་བའི་གནས་ལ་ཕན་པའི་ཟིན་བྲིས་གསར་བཤད།》《མ་དམིགས་པའི་རྟགས་ཀྱི་གོ་དོན་མདོར་བསྡུས།》《ཕྱོགས་སྐྱང་གིས་མཛད་པའི་ཕྱོགས་ཆོས་འཁོར་ལོ་ཞེས་པའི་བསྟན་བཅོས་གསལ་བར་བྱེད་པའི་རིན་ཆེན་སྒྲོན་མེ།》《རང་མཚན་སྤྱི་མཚན་གྱི་རྣམ་གཞག་རྩོམ་འཕྲོ།》《དམིགས་པ་བརྟག་པའི་འགྲེལ་པ།》《ཆོས་ཀྱི་གྲགས་པས་མཛད་པའི་རྒྱུད་གཞན་གྲུབ་པའི་བསྟན་བཅོས་ཀྱི་འགྲེལ་པ་》སོགས་བཞུགས་སོ། །

གཞན་ཡང་གྲྭ་ཚང་གང་དུ་གཏོགས་པ་གསལ་པོར་མི་ཤེས་པའི་དགེ་ལུགས་པའི་ཚད་གཞུང་མང་དུ་ཡོད་དེ། ཁང་དཀར་ཚང་གི་《ཚད་མའི་ལོ་རྒྱུས་》ལས་གསུངས་པ་ལྟར་ན། ཁྲི་དཀོན་མཆོག་ཆོས་འཕེལ་གྱི་《རྣམ་འགྲེལ་ལེའུ་སོ་སོའི་ཟུར་བཀོད་ངོ་མཚར་གཅེས་བསྡུས་》དང་། བྱམས་པ་ཆོས་མཆོག་གི་《རྣམ་འགྲེལ་མཐའ་དཔྱོད་ནོར་བུ་འཕྲེང་བ།》གུང་ཐང་རིན་ཆེན་བྱང་ཆུབ་པའི་《རྣམ་འགྲེལ་ཊཱི་ཀ》གངས་ཅན་པ་སྟོབས་ལྡན་འོད་ཟེར་གྱི་《རྟགས་རིགས་འཐད་པའི་འོད་འབར།》གངས་ཅན་པ་ཆོས་སྐུ་དཔལ་འབྱོར་གྱི་《རྣམ་འགྲེལ་མཐའ་དཔྱོད་ལུང་རིགས་གཏེར་མཛོད།》ཉན་པོ་ཤཱཀྱ་རྒྱལ་མཚན་གྱི་《རྒྱུད་གཞན་སྒྲུབ་པའི་ཊཱིཀྐ》དང་《ཚད་འབྲས་ཀྱི་རྣམ་གཞག》 ཤེས་རབ་དར་གྱི་《ཚད་མའི་སྤྱི་དོན།》རྣམ་རྒྱལ་ཚུལ་ཁྲིམས་ཀྱི་《རྣམ་འགྲེལ་མཐའ་དཔྱོད་ལུང་རིགས་རྒྱ་མཚོ།》བྱ་བྲལ་པ་བློ་བཟང་དགེ་ལེགས་ཀྱི་《རྟགས་ཡང་དག་གི་རྣམ་གཞག》ཐོར་གོད་དགེ་བཤེས་བློ་བཟང་སྐལ་གྲགས་ཀྱི་《རྟགས་རིགས་》སོགས་བརྗོད་ཀྱིས་མི་ལང་ངོ་། །

དོན་ཚན་གཉིས་པ། དགེ་ལུགས་པའི་ཆོས་སྡེར་ཚད་མའི་གཞུང་ལུགས་འཛིན་སྐྱོང་མཛད་པའི་ཚུལ།

སྤྱི་ལོ་དུས་རབས་བཅོ་ལྔ་པའི་རྗེས་སུ། འཇམ་མགོན་ཆོས་ཀྱི་རྒྱལ་པོའི་མཉམ་མེད་རི་བོ་དགའ་ལྡན་པའི་བསྟན་པ་དར་རྒྱས་ཆེན་པོ་འབྱུང་བའི་ཆེད་དུ། རྗེ་བླ་མ་རང་ཉིད་དང་ཉིད་ཀྱི་བུ་སློབ་རྣམས་ཀྱིས་བོད་ཁ་བ་ཅན་གྱི་ལྗོངས་འདིར་ཆོས་ཀྱི་འདུན་ས་ཆེ་ཆུང་གྲངས་མེད་བཞེངས་ཏེ། ཞྭ་སེར་ཅོད་པན་འཛིན་པའི་རང་ལུགས་འཛིན་སྐྱོང་མཛད་པའི་ཆོས་ཀྱི་འཁོར་ལོ་རྒྱ་ཆེར་བསྐོར་བ་དང་། དུས་མཚུངས་སུ་ཚད་མ་མདོ་དང་སྡེ་བདུན་གྱི་དགོངས་པ་འཆད་ཉན་གྱི་ཆོས་ཀྱི་དགའ་སྟོན་རྒྱ་ཆེར་སྤེལ་བར་མཛད་དོ། །འདིར་སྐབས་བབས་ཀྱི་བརྗོད་བྱ་ནི་དགེ་ལུགས་པའི་ཆོས་སྡེ་ཆེ་ཁག་རྣམས་སུ་ཚད་མ་འཆད་ཉན་གྱི་གྲྭ་ཚང་གང་དང་མཁས་པ་གང་དག་གིས་ཡིག་ཆ་གང་དག་ལ་བརྟེན་ནས་འཆད་ཉན་མཛད་ཚུལ་རགས་ཙམ་བརྗོད་པར་བྱའོ། །

གདན་ས་ཆེན་པོ་དགའ་ལྡན་རྣམ་པར་རྒྱལ་བའི་གླིང་ནི་འཇམ་མགོན་ཆོས་ཀྱི་རྒྱལ་པོ་ཙོང་ཁ་པ་ཆེན་པོས་རབ་བྱུང་བདུན་པའི་ས་གླང་(སྤྱི་ལོ་༡༤༠༩)ལོར་བཏབ། མཚན་ཉིད་ཀྱི་བཤད་གྲྭ་ནི། 《དགའ་ལྡན་ཆོས་འབྱུང་བཻ་སེར་》ལས། མཁས་གྲུབ་དགེ་ལེགས་དཔལ་བཟང་གི་ཞལ་བགོད་ལྟར་པཎ་ཆེན་པ། སྟོན་པ། ཡར་འབྲོག་པ། གྲགས་པ་དཔལ་པ་བཅས་མཁས་པ་བཞི་མཚན་ཉིད་ཀྱི་འཆད་ཉན་ལ་བསྐོས་པ་རྗེས་སོར་གཉིས་སུ་འགྲེལ་ནས་བྱང་རྩེ་ཕྱོགས་ལ་ཉན་པོ་བ་ཆོས་ཀྱི་དབང་ཕྱུག་དང་། ཤར་པ་ཕྱོགས་ལ་ཆོས་རྗེ་རབ་འབྱམས་པ་གཉིས་ཀྱིས་འཆད་ཉན་མཛད་[1]ཅེས་གསུངས། སྤྱིར་བྱང་རྩེ་ནི་ཧོར་སྟོན་ནམ་མཁའ་དཔལ་བཟང་པོས་ཐོག་མར་བཏབ་སྟེ་འཆད་ཉན་མཛད་དེ་རྗེ་དགེ་འདུན་གྲུབ་པ་སོགས་

[1] སུམ་སྤྲིད་སངས་རྒྱས་རྒྱ་མཚོས་མཛད། ཀྲུང་གོའི་བོད་ཀྱི་ཤེས་རིག་དཔེ་སྐྲུན་ཁང་གིས་༡༩༨༩ལོར་པར་དུ་བསྐྲུན་པའི་ཤོག་ངོས་༡༠༡པར་གསལ།

མཁས་གྲུབ་མང་པོས་ཆོས་ཞུས། དེའི་རྗེས་དྭགས་པོ་ཆེན་པོ་ཀུན་དགའ་བཀྲ་ཤིས་སོགས་ཀྱིས་གདན་སར་བཞུགས། རྗེ་དེས་གསང་ཕུར་དྭགས་པོ་གྲྭ་ཚང་བཙུགས་པ་སོགས་མཛད་རྗེས་ཆེ། ཡིག་ཆ་གཙོ་བོ་རྗེ་བཙུན་ཆོས་ཀྱི་རྒྱལ་མཚན་གྱི་《ཚད་མའི་སྤྱི་དོན་》དང་བྱང་རྩེ་སྤྱིན་པ་ཆོས་འཕེལ་རྒྱ་མཚོའི་《བློ་རིགས་ཀྱི་རྣམ་གཞག་ལེགས་བཤད་ཀུན་འདུས་ལུང་རིགས་ཀྱི་བང་མཛོད་》དང་། 《རྟགས་རིགས་བརྗོད་དོན་གསལ་བའི་མེ་ལོང་》སོགས་སོ། །དགའ་ལྡན་ཤར་པ་ནི་རྗེའི་འཁོར་དག་པ་རྣམ་བརྒྱད་ཀྱི་དབུས་པ་བཞིའི་ནང་ཚན་གནས་བརྟན་རིན་རྒྱལ་པས་བཏབ་སྟེ་ཆོས་ཟུར་འཆད་མཛད་ཅིང་ཤར་པ་རིན་ཆེན་རྒྱལ་མཚན་དུ་གྲགས། གདན་སར་རིམ་པ་བཞིན་དཔོན་ཟླ་གྲགས། ཉི་མ་གྲགས། དྲུང་ཆོས་དཔལ་རྒྱལ་མཚན་སོགས་བཞུགས་ཞེས《ཆོས་འབྱུང་བཻ་སེར་》[1]ལས་གསུངས། ཤར་རྩེ་གྲྭ་ཚང་གི་ཡིག་ཆ་འབྲས་སྤུངས་བློ་གསལ་གླིང་དང་མཚུངས་པས་འོག་ཏུ་གསལ།

ཆོས་གྲྭ་ཆེན་པོ་དཔལ་ལྡན་འབྲས་སྤུངས་ནི་རྗེ་བླ་མའི་དངོས་སློབ་འཇམ་དབྱངས་ཆོས་རྗེ་བཀྲ་ཤིས་དཔལ་ལྡན་(སྤྱི་ལོ་༡༣༧༩—༡༤༤༩)གྱིས་རབ་བྱུང་བདུན་པའི་མེ་སྤྲེལ་(སྤྱི་ལོ་༡༤༡༦)ལོར་ཕྱག་བཏབ། གྲྭ་ཚང་སྒོ་མང་། བློ་གསལ་གླིང་། ཐོས་གླིང་ངམ་རྒྱལ་བ། ཤག་སྐོར་བ་དང་། བཀའ་དང་པོ་བདེན་བཞིའི་ཆོས་འཁོར་གཙོ་བོར་བཀོན་པ་འདུལ་བ་པ། རིག་པའི་དབང་ཕྱུག་ཆོས་ཀྱི་གྲགས་པའི་ཚད་མ་ལ་བདེ་ཡངས། གསང་འཛིགས་གསོར་གྱུར་ཟབ་མོ་སྔགས་ཀྱི་ཐེག་པ་བ་སྔགས་པ་སྟེ་གྲྭ་ཚང་བདུན་བཙུགས། གྲྭ་ཚང་བདུན་པོའི་ནང་ནས་སྒོ་མང་དང་། བློ་གསལ་གླིང་གཉིས་སུ་ཚད་མའི་འཆད་ཉན་ཤིན་ཏུ་དར་ཆེའོ། །

སྒོ་མང་གི་ཡིག་ཆ་རྙིང་པ་མཛད་མཁན་གུང་རུ་ཆོས་འབྱུང་གི་ཕར་ཕྱིན་ཙམ་ལས་ཚད་མའི་ཡིག་ཆ་གང་ཡིན་གསལ་པོར་མ་མཐོང་། ཡིག་ཆ་གསར་མ་མཛད་

① ཐེ་ཚིག་སངས་རྒྱས་རྒྱ་མཚོས་མཛད། ཀྲུང་གོའི་བོད་ཀྱི་ཤེས་རིག་དཔེ་སྐྲུན་ཁང་གིས་༡༩༨༩ལོར་པར་དུ་བསྐྲུན་པའི་ཤོག་ངོས་༩༨པར་གསལ།

མཁན་འཇམ་དབྱངས་བཞད་པ་ངག་དབང་བརྩོན་འགྲུས་ཡིན་ལ། རྗེ་འདིའི་མཛད་རྗེས་གོང་དུ་བརྗོད་ཟིན། ཚད་མའི་ཐད་ཀྱི་ཡིག་ཆ་གཙོ་བོ་རྗེ་འདིས་མཛད་པའི་ཚད་མའི་བསྟན་བཅོས་《ཚད་མ་རྣམ་འགྲེལ་ལེའུ་བཞིའི་མཐའ་དཔྱོད་ཐར་ལམ་རབ་གསལ་ཚད་མའི་འོད་བརྒྱ་འབར་བ་》དང་། 《རྣམ་འགྲེལ་ལེའུ་གཉིས་པའི་ཚད་མའི་དཀའ་གནས་ཀྱི་ཟུར་བཀོད་མདོར་བསྡུས།》《རྟགས་རིགས་ཀྱི་རྣམ་གཞག་ཉུང་གསལ་ལེགས་བཤད་གསེར་གྱི་ཕྲེང་མཛེས།》《བློ་རིག་གི་རྣམ་གཞག་ཉུང་གསལ་ལེགས་བཤད་གསེར་གྱི་ཕྲེང་མཛེས་》སོགས་དང་། བཀྲ་ཤིས་འཁྱིལ་གྱི་གདན་ས་པ་གཉིས་པ་རྗེ་འདིའི་ཐུགས་སྲས་བསེ་ངག་དབང་བཀྲ་ཤིས་ཀྱི་《བསེ་བསྡུས་གྲྭ་》དང་དེའི་རྩོམ་འགྲེ་སོགས་མང་ངོ་། །

བློ་གསལ་གླིང་གི་ཡིག་ཆ་རྙིང་པ་མཛད་མཁན་འཇམ་དབྱངས་དགའ་བློའམ་ལེགས་པ་ཆོས་འབྱོར་(སྤྱི་ལོ་༡༤༢༨—༡༥༠༣)ཡིན། དེས་བློ་གསལ་གླིང་གི་འཆད་ཉན་ལོ་ཉི་ཤུ་ཙམ་མཛད། དེ་ནས་འབྲས་སྤུངས་ཀྱི་ཁྲིར་ཕེབས། གཞུང་ཆེན་པོ་བཤད་པ་གཙོ་བོར་མཛད། ཞལ་སློབ་ཐམས་ཅད་མཁྱེན་པ་དགེ་འདུན་རྒྱ་མཚོ་དང་། དགའ་ལྡན་ཆོས་རྗེ་ཆོས་ཀྱི་བཤེས་གཉེན། རྩེ་ཤར་གྱི་ཆོས་རྗེ་པཎྜི་ཏ་བཟང་པོ་སོགས་མཁས་གྲུབ་དམ་པ་མང་དུ་འདུས། སྣེའུ་ནས་སྤྱིན་བདག་མཛད་དེ་འབྲས་སྤུངས་སུ་བྱམས་ཆེན་གྱི་སྐུ་བཞེངས། ཚད་མའི་བསྟན་བཅོས་《རྣམ་འགྲེལ་རྣམ་བཤད་རིགས་པའི་རྒྱ་མཚོའི་དོན་གསལ་》དང་བསྡུས་གྲྭ་སོགས་ཡོད་དོ། །ཡིག་ཆ་གསར་པ་མཛད་མཁན་པཎ་ཆེན་བསོད་ནམས་གྲགས་པ་ཡིན། གཞན་ཡང་མི་ཉག་དགེ་བཤེས་ཚུལ་ཁྲིམས་རྣམ་རྒྱལ་གྱི་《རྟགས་རིགས་རྣམ་གཞག་ཆོས་ཀུན་གསལ་བའི་མེ་ལོང་》དང་། ཚུལ་ཁང་སྟོད་མཚམས་སྤྲུལ་སྐུ་འཇམ་དཔལ་འཕྲིན་ལས་ཡོན་ཏན་རྒྱ་མཚོའི་《བསྡུས་གྲྭའི་དོན་ཀུན་བསྡུས་པ་ལེགས་བཤད་མཁས་པའི་དགའ་སྟོན་》དང་། བློ་གླིང་མཁན་ཟུར་རིན་པོ་ཆེ་འཇམ་དཔལ་བསམ་འཕེལ་གྱི་《བློ་རིག་གི་རྣམ་གཞག་ཉེར་མཁོ་ཀུན་འདུས་བློ་གསལ་མིག་འབྱེད་》དང་། བློ་གླིང་

མཁན་ཟུར་པདྨ་རྒྱལ་མཚན་གྱི་《ཚད་མ་རྣམ་འགྲེལ་གྱི་འགྲེལ་པ་དགོངས་ལྡན་སྙིང་མུན་སེལ་བའི་ཉིན་བྱེད་ཅེས་བྱ་བ་》སོགས་ཡོད་དོ། །

སེ་ར་ཐེག་ཆེན་གླིང་ནི་རྗེ་བླ་མའི་དངོས་སློབ་བྱམས་ཆེན་ཆོས་རྗེ་ཤཱཀྱ་ཡེ་ཤེས(སྤྱི་ལོ་༡༣༥༤—༡༤༣༥)ཀྱིས་རབ་བྱུང་བདུན་པའི་ས་ཕག(སྤྱི་ལོ་༡༤༡༩)ལོར་བཏབ། གྲྭ་ཚང་སེ་ར་སྟོད་དང་། སེ་ར་སྨད། སེ་ར་བྱེས་པ་དང་གསུམ། དེ་གསུམ་ལས་སྨད་པ་དང་བྱེས་པ་ནི་ཚད་མའི་འཆད་ཉན་དར་ཆེའོ། །

སེར་བྱེས་མཁས་མང་གྲྭ་ཚང་གི་ཡིག་ཆ་རྙིང་པ་མཛད་མཁན་ཀུན་མཁྱེན་བློ་གྲོས་རིན་ཆེན་གྱིས་རྗེ་དགེ་འདུན་གྲུབ་པ་དང་འཇམ་དབྱངས་ཆོས་རྗེ་བསྙེན་ནས་མཁས་པར་སྦྱངས། འབྲས་སྤུངས་ཟུར་ཁང་པའི་འཆད་ཉན་མཛད། དེ་ནས་སེ་རའི་ཁྲིར་ཕེབས། དབུ་ཚད་ཀྱི་བཤད་རྒྱུན་དང་བསྟན་བཅོས་མཛད་ཅེས《བེ་སེར་》ལས་གསུངས། 《ཚད་མ་སྟོང་ཐུན་མཁས་པའི་ཡིད་འཕྲོག་》ཅེས་པ་མཛད་དེ་འཆད་ཉན་མཛད། ཡིག་ཆ་གསར་པ་སེ་ར་རྗེ་བཙུན་པ་ཆོས་ཀྱི་རྒྱལ་མཚན་གྱི་《རྣམ་འགྲེལ་ལེའུ་དང་པོའི་མཐའ་དཔྱོད།》《ལེའུ་བཞི་པའི་མཐའ་དཔྱོད།》《འབྲས་རྟོགས་གཉིས་པ་དང་གསུམ་པའི་མཐའ་དཔྱོད།》 སྤྲིན་པ་ཆོས་འཕེལ་རྒྱ་མཚོའི་《བློ་རྟགས།》ཀེའུ་ཚང་བློ་བཟང་འཇམ་དབྱངས་སྨོན་ལམ་གྱི《ཚད་མའི་ལམ་བསྒྲིགས།》 ཡོངས་འཛིན་ཕུར་ལྕོག་གིས་མཛད་པའི་《ཚད་མའི་གཞུང་དོན་འབྱེད་པའི་བསྡུས་གྲྭ་དང་བློ་རྟགས་ཀྱི་རྣམ་གཞག་རིགས་ལམ་འཕྲུལ་གྱི་ལྡེ་མིག་》སོགས་བཞུགས། དགའ་ལྡན་བྱང་རྩེ་གྲྭ་ཚང་དང་སེར་བྱེས་ཡིག་ཆ་གཅིག་ཡིན་ནོ། །

སྟག་ཚང་ར་བ་སྟོད་པ་ནི་སྔོན་ས་ལུགས་ཀྱི་བཤད་གྲྭ་ཡིན་ལ་རྗེས་སུ་ཞྭ་སེར་ཅོད་པན་འཛིན་པའི་རང་ལུགས་སུ་གྱུར། ཡིག་ཆ་ནི། 《ཆོས་འབྱུང་བཻ་སེར་》ལས། གསང་སྔགས་པ་ཚུལ་ཁྲིམས་རིན་ཆེན་གྱིས་འཆད་ཉན་མཛད་སྐབས། བསྡུས་གཞུང་དག་རྒྱུན་སྣ་ཚོགས་དང་རྣམ་འགྲེལ་མཐའ་དཔྱོད་དྲུང་ལེགས་བཟང་དང་པཎ་ཆེན་མཆོག་ལྷ་འོད་ཟེར་གྱིས་མཛད་པ། འདུལ་བ་པཎ་ཆེན་བསོད་གྲགས། དབུ་མ་

གྲྭ་ཚང་ཡོན་ཏན་རྒྱ་མཚོ། ཕར་ཕྱིན་འཇམ་དབྱངས་མཆོག་ལྷ་འོད་ཟེར། མཛོད་དཀོན་མཆོག་ཆོས་འཕེལ། དེང་སང་དབུ་ཕར་རྗེ་བླ་མའི་བཀའ་རྩོམ་གཉིས་དང་མཛོད་དཀོན་མཆོག་ཆོས་འཕེལ་དང་རྗེ་བླ་མའི་བཀའ་རྩོམ་སྐབས་སྦྱོར་ཐོག་འདི་ལོ་ནས་ཐམས་ཅད་མཁྱེན་པ་དགེ་འདུན་གྲུབ་པའི་སྤྱི་དོན་རིགས་རྒྱན། ཚད་མ་རྣམ་འགྲེལ་ལེགས་པར་བཤད་པའི་ཊཱིཀ་ཆེན། བསྡུས་གཞུང་གསར་རྩོམ་རྣམས་གཏོང་།[①] ཞེས་གསུངས་པ་དང་། སློང་རྡོལ་བླ་མའི་ཞལ་ནས། ཤངས་པ་ཀུན་མཁྱེན་མཆོག་ལྷ་འོད་ཟེར་གྱིས་མཛད་པའི་རྣམ་འགྲེལ་ལེའུ་དང་པོ་ནོར་བུའི་ཕྲེང་བར་བརྒྱ་ཐམ་པ། ལེའུ་གཉིས་པ་ལུགས་འབྱུང་རིན་ཆེན་བང་མཛོད་ལ་སོ་གསུམ། ལུགས་ཕྱོགས་ལེགས་བཤད་བང་མཛོད་ལ་ཉེར་གསུམ། ལེའུ་གསུམ་པ་ལུང་རིགས་སྒོ་བརྒྱ་ལ་བརྒྱ་དང་བཅུ་གསུམ། ལེའུ་བཞི་པ་ཐར་ལམ་གསལ་བའི་དགོངས་རྒྱན་བདུན་ཅུ་དོན་དྲུག ཅེས་དང་། དཀོན་མཆོག་ཆོས་འཕེལ་གྱི་རྣམ་འགྲེལ་ལེའུ་སོ་སོའི་ཟུར་བཀོད་ངོ་མཚར་གཅེས་བསྡུས། ལེའུ་དང་པོའི་སྦྱོར་ཊཱིཀ ཞེས་པ་ནས། གྲྭ་ཚང་ཡོན་ཏན་རྒྱ་མཚོས་མཛད་པའི་རྣམ་འགྲེལ་ཉི་མའི་འོད་ཟེར་ལེའུ་བཞི་ཚང་མ། རྗེ་ཤེས་རབ་སེང་གེའི་གསུང་བཞིན་ཟིན་བྲིས་མཛད་པའི་རྣམ་འགྲེལ་ཐར་ལམ་གསལ་བྱེད་ཉི་མའི་འོད་ཟེར་ལེའུ་བཞི་ཚང་མ། གླིང་སྨད་ངག་དབང་དཔལ་འབྱོར་གྱི་རྟགས་རིགས་གསལ་བའི་མེ་ལོང་ལ་ཉེར་བཞི། དྲུང་ཆེ་ལེགས་བཟང་གི་བློ་རིག་ལ་སུམ་ཅུ་ཐམ་པ། དཔོན་སློབ་གསེར་ཁང་པ་དམ་ཆོས་རྣམ་རྒྱལ་གྱི་བསྡུས་ཚན་ཉེར་གཅིག་རྣམས་སོ[②]ཞེས་གསུངས་པ་ལྟར་རོ། །ཕྱི་མ་འདི་ལ་ཡོངས་གྲགས་སུ《ར་སྟོད་བསྡུས་གྲྭ》ཟེར།

---

① སྡེ་སྲིད་སངས་རྒྱས་རྒྱ་མཚོས་མཛད། ཀྲུང་གོའི་བོད་ཀྱི་ཤེས་རིག་དཔེ་སྐྲུན་ཁང་གིས་༡༩༨༩ལོར་པར་དུ་བསྐྲུན་པའི་ཤོག་གྲངས་༡༤༧པར་གསལ།

② ཁང་དཀར་ཚུལ་ཁྲིམས་སྐལ་བཟང་གིས་མཛད་པའི《ཚད་མའི་ལོ་རྒྱུས》ཞེས་པ་གངས་ལྗོངས་ནང་རིག་མཐུན་ཚོགས་ཀྱིས་༢༠༠༤ལོར་པར་དུ་བསྐྲུན་པའི་ཤོག་གྲངས་༣༠༨ལས་དྲངས།

གཙང་གི་གདན་ས་ཆེན་པོ་བཀྲ་ཤིས་ལྷུན་པོ་ནི་རྒྱལ་བ་དགེ་འདུན་གྲུབ་ཀྱིས་སྤྱི་ལོ་༡༤༤༧ལ་ཕྱག་བཏབ། ཆོས་སྡེ་ཆེན་པོ་འདིར་འཆད་ཉན་གྱི་གྲྭ་ཚང་གསུམ་བྱུང་སྟེ། ཤར་རྩེ་གྲྭ་ཚང་དང་། དཀྱིལ་ཁང་གྲྭ་ཚང་དང་། ཐོས་བསམ་གླིང་གི་གྲྭ་ཚང་དང་གསུམ་མོ། །ཚད་མ་ལ་འཆད་རྩོད་སློབ་གཉེར་ཤིན་ཏུ་དར་ཆེ་བས། ཡིག་ཆ་རྣམ་འགྲེལ་ཙམ་མིན་པར་《ཐར་ལམ་གསལ་བྱེད་》དང་《ཚད་མ་རིགས་རྒྱན་》སོགས་བློ་འཛིན་རྒྱུགས་འབུལ་མཛད་པའི་ལམ་སྲོལ་ཡོད་པར་གྲགས།

ཤར་རྩེ་གྲྭ་ཚང་དུ་འཆད་ཉན་ཐོག་མར་སྤེལ་བའི་སློབ་དཔོན་ནི་ཤངས་སྟོན་དྲི་མེད་བཤེས་གཉེན་ཡིན་ལ། དེས《ཕར་ཕྱིན་གྱི་མཚན་ཉིད་རྣམ་གཞག་》མཛད། རྗེས་ཀྱི་ཡིག་ཆ་ནི། 《ཆོས་འབྱུང་བཻ་སེར་》ལས། ད་ལྟ་རྒྱལ་ཆེན་རྩེ་བ་མཁས་གྲུབ་རྒྱ་མཚོ། དབུ་མ་ལེགས་དོན་པའི་རྣམ་བཤད་དང་མཐའ་གཅོད། ཕར་ཕྱིན་སྟོབས་ལྡན་འོད་ཟེར་གྱི་སྣང་བྱེད་དཀྱིལ་འཁོར། ལེགས་དོན་པའི་རྣམ་བཤད་སྙིང་པོ་རྒྱན་གྱི་སྣང་བ། འདུལ་བ་ལེགས་པ་དོན་གྲུབ་ཀྱི་སྤྱི་དོན། མཛོད་བློ་གྲོས་ལགས་བཟང་གི་མཁས་པའི་ཡིད་འཕྲོག རྣམ་འགྲེལ་ལེགས་པ་དོན་གྲུབ་ཀྱི་ཊཱི་ཀཱ་མཐའ་གཅོད་རྣམས་སུ་འཆད་ཉན་མཛད་པར་གྲགས་[①]ཞེས་གསུངས་པ་ལྟར་རོ། །

དཀྱིལ་ཁང་གྲྭ་ཚང་དུ་ཐོག་མར་འཆད་ཉན་མཛད་མཁན་སློབ་དཔོན་དཔལ་ལྡན་ཆོས་སྐྱོང་ཡིན་པར་གྲགས། རིམ་གྱིས་བླ་རབས་ཉེར་དྲུག་པ་དྭགས་པོ་བློ་བཟང་བཀྲ་ཤིས་ཀྱི་སྐབས་ཀྱི་ཡིག་ཆ་ནི། 《བཻ་སེར་》ལས། ད་ལྟ་ལ་དྭགས་བློ་བཟང་བཀྲ་ཤིས་ཀྱིས་དབུ་མ་པཎྜི་པའི་རྣམ་བཤད་དགོངས་པ་རབ་ཏུ་གསལ་རྒྱན། ཕར་ཕྱིན་ཀྱང་དེས་མཛད་པའི་ཤེར་ཕྱིན་དོན་གསལ། འདུལ་བ་སངས་རྒྱས་

① སྡེ་སྲིད་སངས་རྒྱས་རྒྱ་མཚོས་མཛད་པའི་《དགའ་ལྡན་ཆོས་འབྱུང་བཻཌཱུརྱ་སེར་པོ་》ཞེས་པ་ཀྲུང་གོའི་བོད་ཀྱི་ཤེས་རིག་དཔེ་སྐྲུན་ཁང་གིས་༡༩༨༩ལོར་པར་དུ་བསྐྲུན་པའི་ཤོག་གྲངས་༢༩༡པར་གསལ།

རྒྱ་མཚོའི་ལྷ་བའི་སྒྲོན་མེ། མཛོད་དེས་མཛད་པའི་ལུང་རིགས་གཏེར་མཛོད། རྣམ་འགྲེལ་བསྟན་པ་དར་བཟང་གི་རྣམ་བཤད་ལུང་རིགས་གཏེར་མཛོད་རྣམས་འཆད་ཉན་མཛད་དོ་[①]ཞེས་གསུངས། ཚད་མ་རིག་པའི་འཆད་ཉན་གྱི་ཡིག་ཆ་ལ། ཁང་དཀར་ཚུལ་ཁྲིམས་སྐལ་བཟང་གིས་《ཚད་མའི་ལོ་རྒྱུས་》ལས། དཀྱིལ་ཁང་གྲྭ་ཚང་གི་ཡིག་ཆ། དཀྱིལ་ཁང་པཎྜི་ཏ་བློ་གྲོས་རྒྱལ་མཚན་གྱི་རྣམ་འགྲེལ་ལེའུ་བཞིའི་མཐའ་དཔྱོད། རྣམ་འགྲེལ་སྒྲོན་ཊཱིཀ། བསྟན་པ་དར་བཟང་གི་རྣམ་འགྲེལ་ལུང་རིགས་གཏེར་མཛོད། འདུལ་འཛིན་བློ་གྲོས་སྤྲས་པའི་རྣམ་འགྲེལ་ལེའུ་དང་པོའི་མཐའ་དཔྱོད་བསླུགས་པས་དོན་གྲུབ་རིན་ཆེན་ཕྲེང་བ། རྣམ་འགྲེལ་ལེའུ་གཉིས་པའི་མཐའ་དཔྱོད་རིགས་ལམ་ནོར་བུའི་ཕྲེང་བ། རྣམ་འགྲེལ་ལེའུ་བཞི་གའི་སྤྱི་དོན་སོགས་མང་[②]ཞེས་གསུངས་པ་ལྟར་རོ། །

ཐོས་བསམ་གླིང་གི་གྲྭ་ཚང་དུ་འཆད་ཉན་སྤེལ་ཚུལ་ནི། ཐོག་མར་དྲི་མེད་བཤེས་གཉེན་གྱིས་འཆད་ཉན་མཛད་ཀྱང་ཡུན་རིང་མ་སོང་བར་གསང་ཐུར་ཕེབས། དེའི་རྗེས་ཀུན་མཁྱེན་ཆོས་འཁོར་དཔལ་བཟང་ཡིན། དེ་ནས་བཟུང་བླ་རབས་ཉེར་གཉིས་པ་སྲིད་པ་འཇམ་དབྱངས་ཆོས་འཕེལ་གྱི་སྐབས་ཀྱི་ཡིག་ཆ་ནི། 《བེ་སེར་》ལས། ད་ལྟ་སྲིད་པ་འཇམ་དབྱངས་ཆོས་འཕེལ། དབུ་མ་སེ་ར་རྗེ་བཙུན་པའི་སྤྱི་དོན། བྱང་སྟོན་སླ་སེང་གི་རྣམ་བཤད། བསོད་རྒྱན་པའི་སྤྱི་ཐལ། ཕར་ཕྱིན་སེ་ར་རྗེ་བཙུན་པའི་ཐལ་འཕྲེང་། ཆོས་འཁོར་དཔལ་བཟང་གི་བསམ་འཕེལ་དབང་རྒྱལ། འདུལ་བ་བདེ་ལེགས་ཉི་མ། བློ་གྲོས་བཤེས་གཉེན་གྱི་ཕན་བདེའི་ལམ་གསལ། མཛོད་བློ་བཟང་བཤེས་གཉེན་གྱི་སྤྱི་དོན། བྱམས་པ་ཆོས་

① སྡེ་སྲིད་སངས་རྒྱས་རྒྱ་མཚོས་མཛད་པའི་《དགའ་ལྡན་ཆོས་འབྱུང་བཻཌཱུར་སེར་པོ་》ཞེས་པ་ཀྲུང་གོའི་བོད་ཀྱི་ཤེས་རིག་དཔེ་སྐྲུན་ཁང་གིས་༡༩༩༨ལོར་པར་དུ་བསྐྲུན་པའི་ཤོག་ངོས་༢༥༢པར་གསལ།

② ཁང་དཀར་ཚུལ་ཁྲིམས་སྐལ་བཟང་གིས་མཛད་པའི་《ཚད་མའི་ལོ་རྒྱུས་》ཞེས་པ་གངས་ལྗོངས་ནང་རིག་མཐུན་ཚོགས་ཀྱིས་༢༠༠༥ལོར་པར་དུ་བསྐྲུན་པའི་ཤོག་ངོས་༣༠༥པར་གསལ།

མཆོག་གི་ཊཱི་ཀཱ རྣམ་འགྲེལ་བསོད་ནམས་རྒྱལ་མཚན་གྱི་ཊཱི་ཀཱ་རྣམས་ལ་འཆད་ཉན་མཛད་བཞིན་པའོ་[1]ཞེས་གསུངས་ཤིང་། ཚད་མ་རིག་པ་འཆད་ཉན་ལ། མཁས་པ་ཁང་དཀར་ཚང་གི་《ཚད་མའི་ལོ་རྒྱུས་》ལས། ཐོས་གླིང་ཀུན་མཁྱེན་ཆོས་འབྱོར་དཔལ་བཟང་གི་རྣམ་འགྲེལ་སྦྱོར་ཊཱིཀ་མཁས་པའི་མགུལ་རྒྱན། མཐའ་དཔྱོད། སྤྱི་དོན་རིགས་རྒྱན་གྱི་དགོངས་འགྲེལ་རིགས་རྒྱན་མུན་སེལ། ཐོས་གླིང་བསོད་ནམས་རྒྱལ་མཚན་གྱི་རྣམ་འགྲེལ་ལེའུ་བཞིའི་སྤྱི་དོན་དང་མཐའ་དཔྱོད། ཐོས་གླིང་སངས་རྒྱས་དཔལ་རིན་གྱི་རྣམ་འགྲེལ་སྤྱི་དོན་རིན་ཆེན་གཏེར་མཛོད། ཐོས་གླིང་བྱང་སྟོན་བློ་གྲོས་རྒྱ་མཚོའི་རྣམ་འགྲེལ་རྣམ་བཤད་ཊཱིཀ་ཆེན་ལྟ་བའི་མེ་ལོང་། རྣམ་འགྲེལ་ལེའུ་དང་པོའི་མཐའ་དཔྱོད་ལེགས་བཤད་ཕྲེང་བ། ལེའུ་གཉིས་པའི་མཐའ་དཔྱོད། ཐོས་གླིང་དྲི་མེད་བཤེས་གཉེན་གྱི་རྣམ་འགྲེལ་ཡིད་བཞིན་ནོར་བུ། ཐོས་གླིང་བློ་བཟང་གཤེས་གཉེན་གྱི་སྤྱི་དོན་རིགས་རྒྱན། ཐོས་གླིང་དགེ་འདུན་བསམ་གྲུབ་ཀྱི་རྣམ་འགྲེལ་སྤྱི་དོན་བློ་གྲོས་ཁ་འབྱེད། རྗེ་བཙུན་པའི་སློབ་མ་ཐོས་གླིང་རྟ་ནག་དགེ་འདུན་བློ་བཟང་གི་རྣམ་འགྲེལ་ལེའུ་བཞིའི་མཐའ་དཔྱོད། དེ་བོད་ཀྱི་མཁས་པས་མཛད་པའི་རྣམ་འགྲེལ་མཐའ་དཔྱོད་རྒྱས་ཤོས་ཡིན་པར་གྲགས་[2]ཞེས་གསུངས་པ་ལྟར་རོ། །

མདོ་སྨད་ལྗོ་རྒྱུད་ཀྱི་ཆོས་སྡེ་ཆེན་པོ་བླ་བྲང་བཀྲ་ཤིས་འཁྱིལ་ནི། ཀུན་མཁྱེན་འཇམ་དབྱངས་བཞད་པ་སྐུ་ཕྲེང་དང་པོ་ངག་དབང་བརྩོན་འགྲུས་ཀྱིས་རབ་བྱུང་བཅུ་གཉིས་པའི་ས་གླང་(སྤྱི་ལོ་༡༧༠༩)ལོར་ཕྱག་བཏབ། འཆད་ཉན་དང་། ཆོས་ཐོག ཆོས་མཚམས། སྒྲིག་ཁྲིམས་བཅས་འབྲས་སྤུངས་སྒོ་མང་གྲྭ་

① སྡེ་སྲིད་སངས་རྒྱས་རྒྱ་མཚོས་མཛད་པའི་《དགའ་ལྡན་ཆོས་འབྱུང་བཻཌཱུརྻ་སེར་པོ་》ཞེས་པ་ཀྲུང་གོའི་བོད་ཀྱི་ཤེས་རིག་དཔེ་སྐྲུན་ཁང་གིས་༡༩༩༨ལོར་པར་དུ་བསྐྲུན་པའི་ཤོག་ངོས་༢༩༢པར་གསལ།

② གོང་དང་མཚུངས། ཤོག་ངོས་༣༠༥པར་གསལ།

ཚང་གི་ཕྱག་སྲོལ་ལྟར་རྒྱུད་འཛིན་མཛད། གྲྭ་ཚང་དྲུག་ཡོད་དེ་ཐོས་བསམ་གླིང་དང་། རྒྱུད་སྨད་གྲྭ་ཚང་། དུས་འཁོར་གྲྭ་ཚང་། སྨན་པ་གྲྭ་ཚང་། ཀྱཻ་རྡོར་གྲྭ་ཚང་། རྒྱུད་སྟོད་གྲྭ་ཚང་བཅས་ཡིན། ཐོས་བསམ་གླིང་ནི་དང་ཐོག་དགོན་གནས་ཐོག་མར་གསར་འདེབས་ཀྱི་སྐབས་གྲྭ་པ་བརྒྱ་ལྷག་ཙམ་གྱིས་རྟེན་གཞི་བྱས་ནས་འཛིན་གྲྭ་ཚུགས་པ་དང་། རྩེ་བཞག་གཏོང་བ་སོགས་ཀྱི་ཐབས་ལ་བརྟེན་ནས་མཚན་ཉིད་གྲྭ་ཚང་གི་རྨང་གཞི་བཏིང་བར་མཛད། རྗེས་ནས་གྲྭ་ཚང་འདི་ལ་ཐོས་བསམ་གླིང་ཞེས་པའི་མིང་གསོལ། གྲྭ་ཚང་འདིར་གཞུང་ཆེན་པོ་ལྔ་སློབ་གཉེར་མཛད་པ་ལ་འཛིན་གྲྭ་བཅུ་གསུམ་ཡོད། འདིར་ལོ་རྒྱུན་རིང་ཐུང་མི་འདྲ་བའི་སློབ་གཉེར་མཛད་དེ་མཐར་ཕྱིན་པ་ལ་དགའ་རམས་དགེ་བཤེས་ཞེས་པའི་མཚན་བཏགས། ཡིག་ཆ་ནི་འབྲས་སྤུངས་སྒོ་མང་ཡིག་ཆ་དང་མཐུན་ལ། ཁྱད་པར་ཚད་མ་རིག་པའི་ཐད་ལ་གཙོ་བོ་ཀུན་མཁྱེན་འཇམ་དབྱངས་བཞད་པའི་《བློ་རིག་མཐའ་དཔྱོད་》དང་།《རྟགས་རིགས་མཐའ་དཔྱོད།》《རྣམ་འགྲེལ་ལེའུ་བཞིའི་མཐའ་དཔྱོད་》སོགས་དང་། བསེ་ངག་དབང་བཀྲ་ཤིས་དང་ར་བསོད་ནམས་དབང་རྒྱལ་གྱི་《བསྡུས་གྲྭ་》སོགས་སོ། །

ཙོང་ཁའི་ཡུལ་གྱི་ལྡེ་གནས་སུ་ཆགས་པའི་དགོན་སྡེ་ཆེན་པོ་སྐུ་འབུམ་བྱམས་པ་གླིང་ནི། རྗེ་ཙོང་ཁ་པ་ཆེན་པོ་སྐུ་འཁྲུངས་ནས་ལྡེ་ཁྲག་བོར་བའི་གནས་དེར་ཤིང་ཙནྡན་གྱི་སྡོང་པོ་ཞིག་སྐྱེས་པ་དེ་ཉིད་སྙིང་པོར་བཞུགས་ཤིང་། རྒྱལ་བ་སེང་གེ་ང་རོའི་སྐུ་བརྙན་འབུམ་གཅིག་དཔར་དུ་བཏབ་པ་གཟུངས་སུ་ཕུལ་བའི་མཆོད་རྟེན་ཞིག་བཞེངས་ཤིང་། དེའི་མཐའ་བསྐོར་དུ་རྫོ་རྩིག་གི་ར་བས་བསྐོར་བ། སྟེང་དུ་ལྷ་ཁང་རྫ་གཡམ་གྱི་ཐོག་བཀབ་གསར་བཞེངས་མཛད། རབ་བྱུང་བཅུ་པའི་མེ་གླང་ལོར་སྒོམ་ཆེན་རིན་ཆེན་བརྩོན་འགྲུས་རྒྱལ་མཚན་གྱིས་རྒྱལ་བ་བྱམས་པའི་སྐུ་བརྙན་ཆེན་པོ་ཞིག་བཞུགས་པའི་བྱམས་ཁང་གསར་བཞེངས་གནང་བ་བཅས་ལྷ་ཁང་སྔ་རྗེས་གཉིས་ཀྱི་གནས་གཞི་ལ་བརྟེན་ནས་སྐུ་འབུམ་བྱམས་པ་གླིང་ཞེས་

མཚན་དུ་གྲགས། དེ་ནས་རིམ་བཞིན་མཚན་ཉིད་གྲྭ་ཚང་དཔལ་ལྡན་བཤད་སྒྲུབ་གླིང་དང་། རྒྱུད་པ་གྲྭ་ཚང་གསང་སྔགས་བདེ་ཆེན་གླིང་། གསོ་རིག་གྲྭ་ཚང་གཞན་ཕན་ནོར་བུ་གླིང་། དུས་འཁོར་གྲྭ་ཚང་རིགས་ལྡན་བློ་གསལ་གླིང་། འཆམས་པ་གྲྭ་ཚང་བཅས་གྲྭ་ཚང་ལྔ་བྱུང་། འདུལ་བ་ཆོས་རྗེ་འོད་ཟེར་རྒྱ་མཚོ་གདན་སའི་ཁྲི་ལ་བཞུགས་སྐབས། མཚན་ཉིད་གྲྭ་ཚང་དེ་ལ་བསྡུས་ཆུང་། བསྡུས་འབྲིང་། བསྡུས་ཆེན། བློ་རིག རྟགས་རིགས་བཅས་རྣམ་འགྲེལ་འཛིན་གྲྭ་ལྔ་དང་། ཕར་ཕྱིན་འཛིན་གྲྭ་གཉིས། ཁྲི་ཐོག་ཉི་ཤུ་རྩ་གཉིས་པ་སྟག་འཚེར་བློ་བཟང་རྡོ་རྗེའི་སྐབས་དབུ་མའི་འཛིན་གྲྭ་གསར་འཛུགས་གནང་། དེའི་རྗེས་རིམ་བཞིན་ཕར་ཕྱིན་འཛིན་གྲྭ་བཞི་དང་། འདུལ་བའི་འཛིན་གྲྭ་དང་། མཛོད་ཀྱི་འཛིན་གྲྭ། དཀའ་རམས་འཛིན་གྲྭ་བཅས་འཛིན་གྲྭ་བཅུ་གསུམ་བཙུགས། སློབ་ཁྲིད་ཀྱི་ཡིག་ཆ་རྗེ་བཙུན་ཆོས་ཀྱི་རྒྱལ་མཚན་དང་ཀུན་མཁྱེན་འཇམ་དབྱངས་བཞད་པ་རྣམ་གཉིས་ཀྱི་གསུང་ཆོས་སྤྱི་དོན་དང་མཐའ་དཔྱོད་རྣམས་ཡིན། རབ་བྱུང་བཅུ་གཉིས་པའི་ས་ཕྱི་ལོར་ལྷ་ས་སྨོན་ལམ་ཆེན་མོའི་ཕྱག་སྲོལ་ལྟར་སྨོན་ལམ་རབ་འབྱམས་པའི་དགེ་བཤེས་དམ་བཅའ་འཇོག་སྲོལ་བཙུགས་སོ། །

ཙོང་ཁ་བྱང་རྒྱུད་ཀྱི་དགོན་ཆེན་དགོན་ལུང་བྱམས་པ་གླིང་ནི། བོད་རབ་བྱུང་བཅུ་པའི་ཤིང་འབྲུག་(སྤྱི་ལོ་༡༦༠༤)ལོར་རྒྱལ་སྲས་སྐུ་ཕྲེང་བདུན་པ་དོན་ཡོད་ཆོས་ཀྱི་རྒྱ་མཚོས་བཏབ། ཐོག་མའི་དུས་སུ་མཚན་ཉིད་གྲྭ་ཚང་གཅིག་པུ་ལས་མེད་ཀྱང་། ཕྱིས་སུ་ཞྭང་སྐྱ་དང་། ཐུའུ་བཀྭན། འཇམ་དབྱངས་བཞད་པ་བཅས་ཀྱིས་རྒྱུད་པ་གྲྭ་ཚང་བཙུགས་ཏེ་བཤད་སྒྲུབ་ཟུང་འབྲེལ་གྱི་ཆོས་སྡེ་ཆེན་པོར་གྱུར། ཡིག་ཆ་ནི། 《ཆོས་འབྱུང་བཻ་སེར་》ལས། ད་ལྟ་པོ་ལ་ཀུན་དགའ་རྒྱ་མཚོས་འབྲས་སྤུངས་སྒོ་མང་པའི་ཡིག་ཆ་དང་མཐུན་པའི་དབུ་མ་དང་ཕར་ཕྱིན། དཀྱིལ་ཁང་པའི་ཡིག་ཆའི་སྟེང་ནས་འདུལ་བ། རྗེ་བླ་མའི་བཀའ་རྩོམ་ཆོས་མངོན་རིན་ཆེན་འདྲེན་པའི་ཤིང་རྟ་

རྣམས་ལ་འཆད་ཉན་བྱེད། གྲྭ་རྒྱུན་འབྲས་སྤུངས་སྒོ་མང་སོགས་[1]ཞེས་གསུངས་པ་ལྟར་རོ། །

དོན་ཚན་གསུམ་པ། དགེ་ལུགས་པའི་ཆོས་ཀྱི་འདུན་སར་ཚད་མ་སློབ་གཉེར་ཇི་ལྟར་མཛད་པའི་ཚུལ།

དགེ་ལུགས་པའི་ཆོས་ཀྱི་འདུན་སར་ཚད་མ་རིག་པའི་གཞུང་ལུགས་འཆད་ཉན་སྤེལ་བའི་ཚུལ་ནི། སྔར་སློབ་དཔོན་ཕྱྭ་བའི་དུས་ནས་དར་ཁྱབ་བྱུང་བའི་ལུགས་ཀྱི་སྲོལ་རྒྱུན་མ་ཉམས་པར་འཛིན་སྤེལ་བྱེད་པར་མ་ཟད། ད་དུང་ལུགས་སྲོལ་གསར་པ་དུ་མ་བཙུགས་ཏེ་ཐབས་སྣ་ཚོགས་ཀྱི་སྒོ་ནས་ཕྱོགས་ཀུན་ནས་རྒྱ་ཆེར་སྤེལ་ནས་བོད་ཀྱི་ཡུལ་གྲུ་ཡོངས་ལ་ཚད་མའི་གཞུང་ལུགས་སློབ་གཉེར་མཛད་པའི་མཐོ་རླབས་གསར་པ་བསླངས། ལུགས་སྲོལ་དེ་དག་ནི་སྤྱིར་བོད་ཡུལ་ཡོངས་དང་སྒོས་སུ་དགེ་ལུགས་པའི་དགོན་སྡེར་ཚད་མའི་གཞུང་ལུགས་རྒྱུད་འཛིན་དང་གོང་འཕེལ་གཏོང་བ་ལ་ཕན་ནུས་ཆེན་པོ་བྱུང་བ་ཡིན།

དང་པོ། སློབ་གཉེར་པའི་ཡོན་ཚད་དང་བསྟུན་ནས་འཛིན་གྲྭ་བགོས་ཏེ་འཆད་ཉན་མཛད་པ།

མཚན་ཉིད་འཆད་ཉན་མཛད་པའི་དགོན་སྡེ་གང་དང་གང་ཞིག་ཐམས་ཅད་སློབ་གཉེར་པ་རྣམས་ཀྱི་ཆོས་ཀྱི་གོ་རྟོགས་སམ་ཆོས་ཀྱི་ཡོན་ཏན་ལ་བལྟོས་ནས་འཛིན་གྲྭ་རིམ་པ་མི་འདྲ་བ་བགོས་ནས་འཆད་ཉན་མཛད་པ་ཡིན། དེ་ཡང་དགོན་སྡེ་དང་གྲྭ་ཚང་གི་སྲོལ་མི་གཅིག་པའི་དབང་གིས་འཛིན་གྲྭ་བགོད་ཚུལ་ཡང་མི་མཐུན་པ་ཙུང་ཙམ་ཡོད་ནའང་། སྤྱིར་ཕལ་ཆེར་མཚུངས་ཏེ་སེ་ར་བྱེས་ལྟ་བུ་ལ་

[1] སེ་སྲིད་སངས་རྒྱས་རྒྱ་མཚོས་མཛད་པའི་《དགའ་ལྡན་ཆོས་འབྱུང་བཻཌཱུརྱ་སེར་པོ་》ཞེས་པ་ཀྲུང་གོའི་བོད་ཀྱི་ཤེས་རིག་དཔེ་སྐྲུན་ཁང་གིས་༡༩༩༨ལོར་པར་དུ་བསྐྲུན་པའི་ཤོག་ངོས་༣༩༠པར་གསལ།

མཚོན་ན་འཛིན་གྲྭ་བཅོ་ལྔར་བགོས་ཏེ་སློབ་གཉེར་མཛད་པ་ཡིན།

༡. བསྡུས་ཆུང་འཛིན་གྲྭ། སློབ་གཉེར་པ་ལས་དང་པོ་བ་རྣམས་ཀྱིས་ལོ་གཅིག་གི་རིང་བསྡུས་ཆུང་གི་ཁ་དོག་དཀར་དམར་སོགས་ཀྱི་བསྡུས་ཚན་ལ་སློབ་གཉེར་བྱེད་པ་ཡིན།

༢. བསྡུས་འབྲིང་འཛིན་གྲྭ། བསྡུས་ཆུང་མཐར་ཕྱིན་པའི་རྗེས་སུ་སློབ་གཉེར་པས་ལོ་གཅིག་གི་རིང་བསྡུས་འབྲིང་གི་འགལ་འབྲེལ་གྱི་རྣམ་གཞག་སོགས་ཀྱི་བསྡུས་ཚན་ལ་སློབ་གཉེར་བྱེད་པ་ཡིན།

༣. བསྡུས་ཆེན་འཛིན་གྲྭ། བསྡུས་འབྲིང་གི་རྗེས་སུ་སློབ་གཉེར་པས་ལོ་གཅིག་གི་རིང་ཐལ་འགྱུར་དང་། བློ་རིག ཏགས་རིགས་ལ་སློབ་གཉེར་བྱེད་པ་ཡིན།

༤. གཞུང་གསར་པའི་འཛིན་གྲྭ། ལོ་གཅིག

༥. གཞུང་རྙིང་པའི་འཛིན་གྲྭ། ལོ་གཅིག

༦. ཟུར་བཀོལ་གསར་པའི་འཛིན་གྲྭ། ལོ་གཅིག

༧. ཟུར་བཀོལ་རྙིང་པའི་འཛིན་གྲྭ། ལོ་གཅིག

༨. ཕར་ཕྱིན་འཛིན་གྲྭ། ལོ་གཅིག གོང་དུ་བཀོད་པའི་བཞི་པ་ནས་བརྒྱད་པའི་བར་ཕར་ཕྱིན་འཛིན་གྲྭ་ལོ་ལྔའི་རིང་《མངོན་རྟོགས་རྒྱན་》དང་《འགྲེལ་པ་དོན་གསལ།》《རྣམ་བཤད་སྙིང་པོའི་རྒྱན་》དང་། སེ་ར་རྗེ་བཙུན་པའི་《ཕར་ཕྱིན་སྤྱི་དོན་》དང་མཐའ་དཔྱོད་དང་། ཟུར་བཀོལ་འཛིན་གྲྭའི་སྐབས་སུ་རྩ་བའི་སློབ་གཞུང་ཕར་ཕྱིན་ནང་གསེས་དྲང་ངེས། བསམ་གཟུགས། རྟེན་འབྲེལ། དགེ་འདུན་ཉི་ཤུ་བཅས་ཟུར་འདོན་བྱས་ནས་སློབ་གཉེར་བྱེད་པ་ཡིན།

༩. དབུ་མ་གསར་པའི་འཛིན་གྲྭ། ལོ་གཉིས།

༡༠. དབུ་མ་རྙིང་བའི་འཛིན་གྲྭ། ལོ་གཉིས་བཅས་ལོ་བཞིའི་རིང་《དབུ་མ་འཇུག་པ་རྩ་འགྲེལ་》དང་། 《རྩ་ཤེ།》 རྗེའི་《དབུ་མ་དགོངས་པ་རབ་གསལ།》 སེ་ར་རྗེ་བཙུན་པའི་《དབུ་མའི་སྤྱི་དོན་》བཅས་ལ་སློབ་གཉེར་བྱེད་པ་ཡིན།

༡༡. འདུལ་བ་གསར་པའི་འཛིན་གྲྭ། ལོ་གཉིས།

༡༢. འདུལ་བ་རྙིང་བའི་འཛིན་གྲྭ། ལོ་གཉིས་བཅས་ལོ་བཞིའི་རིང་《འདུལ་བ་མདོ་རྩ་》དང་། ཀུན་མཁྱེན་མཚོ་སྣ་བའི་《ཊཱིཀ་ཉི་མའི་འོད་ཟེར།》སེ་ར་རྗེ་བཙུན་པའི་《འདུལ་བའི་སྤྱི་དོན་》བཅས་ལ་སློབ་གཉེར་བྱེད་པ་ཡིན།

༡༣. མཛོད་འཛིན་གྲྭ། ལོ་གཉིས་ཀྱི་རིང་སློབ་དཔོན་དབྱིག་གཉེན་གྱི་《མངོན་པ་མཛོད་རང་འགྲེལ་》དང་བཅས་པ་དང་། མཆིམས་འཇམ་པའི་དབྱངས་ཀྱི་《མཛོད་འགྲེལ་མངོན་པའི་རྒྱན་》ནམ་མཆིམས་མཛོད་དང་། རྗེ་དགེ་འདུན་གྲུབ་ཀྱི་《མཛོད་ཊཱིཀ་ཐར་ལམ་གསལ་བྱེད་》བཅས་སློབ་གཉེར་བྱེད་པ་ཡིན།

༡༤. བཀའ་རམས་འཛིན་གྲྭ། ལོ་གསུམ་གྱི་རིང་འདུལ་མཛོད་ལ་སྐྱར་ཡང་ནན་ཏན་གྱི་ཚུལ་དུ་བསྐྱར་དུ་སློབ་གཉེར་བྱེད་པ། དེ་མཚམས་མཁན་རིན་པོ་ཆེས་སྦྱོང་འབྲས་ཞིབ་ཏུ་ཞིགས་པ་རྣམས་ལ་ལྷ་རམས་པ། དེའི་འོག་མ་ལ་ཚོགས་རམས་པ། དེའི་འོག་མ་ལ་གླིང་བསྲེ། དེའི་འོག་མ་ལ་རིགས་རམས་པ་བཅས་མཚན་རྟགས་འབུལ་བ་ཡིན།

༡༥. ལྷ་རམས་འཛིན་གྲྭ། ལྷ་ལྡན་སྨོན་ལམ་ཆེན་མོར་གྲྭ་སྐོར་དམ་བཅའ་འཛུག་མཁན་ལྷ་རམས་པ་རྣམས་ཀྱིས་འདུལ་མཛོད་དང་རྣམ་འགྲེལ་བཅས་ལ་ངེས་པར་ཕུ་ཐག་ཆོད་པའི་སློབ་གཉེར་བྱེད་དགོས་པས། དུས་ཚོད་དམིགས་བསལ་ཡོད་པ་རེ་གཉིས་མ་གཏོགས་ཆོས་ཐོག་དང་ཆོས་མཚམས་ཐམས་ཅད་དུ་གྲྭ་སྐོར་རེས་མཚམས་མ་འཁོར་བར་ལོ་ངོ་བཞི་ལྔའམ་དྲུག་བདུན་རིང་ཉིན་མཚན་འཁོར་ཡུག་ཏུ་སློབ་གཉེར་གནང་སྟེ་མཐར་ལོ་རེའི་ལྷ་རམས་ཀྱི་གྲྭ་སྐོར་རེ་མོས་འཁོར་མཚམས་སྟོན་ཆོས་ཆེན་མོའི་སྐབས་འཛིན་གྲྭ་སོ་སོ་དང་། དགུན་ཆོས་ཆེན་མོར་ཆོས་ར་འི་དབུས་སུ་བཀའ་པོད་ལྔ་ལས་བརྩམས་ཏེ་གྲྭ་སྐོར་དམ་བཅའ་འཛུག་ཅིང་། ཕྱི་ལོ་ལྷ་ལྡན་སྨོན་ལམ་ཆེན་མོར་སེར་འབྲས་དགེ་གསུམ་སོགས་ཀྱི་མཁས་མང་ཚོགས་པའི་དབུས་སུ་བཀའ་པོད་ལྔ་ལས་བརྩམས་ཏེ་གྲྭ་སྐོར་དམ་བཅའ་འཛུག་དགོས་སོ། །

གོང་གི་སེ་ར་བྱེས་པ་གྲྭ་ཚང་གི་འཛིན་གྲྭ་སོ་སོར་འབྱེད་ཚུལ་འདི་ཁང་དཀར་ཚུལ་ཁྲིམས་སྐལ་བཟང་གི་《ཚད་མའི་ལོ་རྒྱུས་》ལས་གསུངས་པ་ལྟར་བཀོད་པ་ཡིན་ནོ། །དགོན་ཁག་དང་གྲྭ་ཚང་གཞན་པ་ནི་ཡིག་ཆ་དང་འཛིན་གྲྭའི་ཁྱད་པར་མི་འདྲ་བ་ཙམ་ཡོད་ཀྱང་། རྩ་བའི་ཆ་ནས་མི་མཐུན་པ་ཆེར་མེད་དོ། །

གཉིས་པ། ཆོས་ཐོག་དང་ཆོས་མཚམས་སུ་ཕྱེ་ནས་སློབ་གཉེར་བྱེད་པ།

དེ་ཡང་ལོ་གཅིག་ལ་ཉིན་གྲངས་བགོས་ནས་ཆོས་ཐོག་དང་ཆོས་མཚམས་དུས་སྐབས་གཏན་འཁེལ་བྱས་ནས་ཆོས་ཐོག་གི་སྐབས་སྟོད་པ་གཙོ་བོར་བྱས་ཏེ་དགེ་རྒན་དྲུང་དུ་དཔེ་ཁྲིད་ཞུ་བ་དང་བློ་འཛིན་བྱེད་པ་ཞར་ཞོར་དུ་བྱེད་པ་ཡིན། ཆོས་མཚམས་ཀྱི་སྐབས་གཙོ་བོ་དགེ་རྒན་དྲུང་དུ་དཔེ་ཁྲིད་ཞུ་བ་དང་བློ་འཛིན་བྱེད་པ་དེ་ཡིན། ཞར་ཞོར་དུ་སྟོད་པ་བྱེད་པ་བཅས་པའི་སྲོལ་ཡོད། དེ་དཔལ་ལྡན་འབྲས་སྤུངས་ཀྱི་ལུགས་ལྟར་བཀོད་ན།

༡. དཔྱིད་ཆོས་ཆེན་མོ། བོད་ཟླ་གསུམ་པའི་ཚེས་གསུམ་ནས་བོད་ཟླ་བཞི་པའི་ཚེས་གསུམ་གྱི་བར།

༢. དབྱར་ཆོས་ཆེན་མོ། བོད་ཟླ་ལྔ་པའི་ཚེས་བཅུ་དྲུག་ནས་བོད་ཟླ་དྲུག་པའི་ཚེས་བཅུ་དྲུག་གི་བར།

༣. སྟོན་ཆོས་ཆེན་མོ། བོད་ཟླ་བརྒྱད་པའི་ཚེས་གསུམ་ནས་བོད་ཟླ་དགུ་པའི་ཚེས་གསུམ་བར།

༤. དགུན་ཆོས་ཆེན་མོ། བོད་ཟླ་བཅུ་གཅིག་པའི་ཚེས་བཅུ་དྲུག་ནས་བོད་ཟླ་བཅུ་གཉིས་པའི་ཚེས་བཅུ་དྲུག་བར།

༥. ས་དཀར་ཆོས་གྲྭ བོད་ཟླ་དགུ་པའི་ཚེས་བཅུ་དྲུག་ནས་བོད་ཟླ་བཅུ་པའི་ཚེས་བདུན་གྱི་བར།

༦. དབྱར་ཆོས་དང་པོ། བོད་ཟླ་བཞི་པའི་ཚེས་བཅུ་དྲུག་ནས་བོད་ཟླ་ལྔ་པའི་ཚེས་བདུན་གྱི་བར།

༧. ལྡེ་མཆོད་ཆོས་ཐོག བོད་ཟླ་བཅུ་པའི་ཚེས་བཅུ་དྲུག་ནས་བོད་ཟླ་བཅུ་གཅིག་པའི་ཚེས་གཅིག་བར།

༨. བར་ཆོས་ཆོས་ཐྲ། བོད་ཟླ་གཉིས་པའི་ཚེས་གསུམ་ནས་གཉིས་པའི་ཚེས་བཅུ་བདུན་བར།

སེ་རའི་ཆོས་ཐོག་དང་ཆོས་མཚམས་ཕལ་ཆེར་དེ་དང་མཐུན་ནོ། །

གསུམ་པ། གྲྭ་སྐོར་དམ་བཅའ་འཛུགས་པའི་ལུགས་སྲོལ་བརྩུགས་ནས་སློབ་གཉེར་བྱེད་པ།

དེ་ཡང་སློབ་གཉེར་པ་ལེགས་གྲས་རྣམས་ཀྱིས་རང་གི་རྣམ་དཔྱོད་མཁས་པ་དགྲེས་པའི་མཆོད་སྤྲིན་དུ་འབུལ་བར་གདན་ས་གཞན་པ་དང་གྲྭ་ཚང་གཞན་པ། ཁང་ཚན་གཞན་པར་ཕེབས་ནས་གྲྭ་སྐོར་དམ་བཅའ་སྟེ་དོགས་གཅོད་བགྲོ་གླེང་མཛད་པའི་སྲོལ་ཡོད་དེ། ལོ་རྒྱུས་ཐོག་རྗེ་ཙོང་ཁ་པ་ཆེན་པོས་དབུས་གཙང་གི་གདན་ས་གྲགས་ཆེན་ཡོད་དོ་ཅོག་ལ་གྲྭ་སྐོར་དམ་བཅའ་འཛུགས་པའི་བསྟོད་ཚིག་རྗེའི་རྣམ་ཐར་ལས་ཡང་ཡང་དུ་གསུངས། དེང་སྐབས་ཀྱང་སྲོལ་འདི་མ་ཉམས་པར་གནས་ཡོད་དེ། ཁང་དཀར་ཚུལ་ཁྲིམས་སྐལ་བཟང་གི་《ཚད་མའི་ལོ་རྒྱུས་》ལས། དེང་སྐབས་ཀྱང་སེ་ར་བྱེས་སྨད་དབུས་ཀྱི་གྲྭ་ས་གཅིག་གིས་གྲྭ་ཚང་ཕན་ཚུན་དམ་བཅར་ཕེབས་རེས་ཡོད་པ་དང་། སྨོན་ལམ་ཆེན་མོའི་སྐབས་སུའང་། དཔེར་ན་ཡོངས་སུ་གྲགས་པའི་མཁས་པ་བློ་གླིང་ཏེ་ཧོར་རྒན་སྐྱོར་དཔོན་དམ་བཅའ་འཛུགས་སྐབས་ཡོངས་སུ་གྲགས་པའི་མཁས་པ་ཏེ་ཧོར་རྒན་བློ་བཟང་དབང་ཕྱུག་གིས་དབུ་མ་ཐལ་ཟློག་ལས་བརྩམས་པའི་རྟགས་གསལ་འཕངས་པ་དང་། ཡོངས་སུ་གྲགས་པའི་མཁས་པ་སེར་བྱེས་གཙང་པ་རྒན་ངག་དབང་དགེ་འདུན་དམ་བཅའ་འཛུགས་སྐབས་མི་ཉག་རྒན་བློ་བཟང་གིས་སེལ་འཇུག་སྒྲུབ་འཇུག་ལས་བརྩམས་པའི་རྟགས་གསལ་འཕངས་པའི་ནང་དོན་སོགས་ད་ལྟའང་ཡིག་ལམ་དུ་འཁོད་པ་ལྟར་གྲགས་ཆེ། འཇང་དགུན་ཆོས་ཀྱི་སྐབས་འབྲས་སྤུངས་བློ་གླིང་སློབ་གཉེར་པ་ལེགས་གྲས་

རྣམས་སེ་ར་བྱེས་དང་སེར་བྱེས་ཀྱི་སློབ་གཉེར་པ་ལེགས་གྲུས་རྣམས་བློ་གླིང་དུ་མཚན་ཕུད་དམ་བཅའ་འཛོག་པ་ལྟར་བདག་ཅག་གི་ཡོངས་འཛིན་ཆེན་པོ་ཀུན་ཉེ་མ་རྒྱལ་མཚན་དང་ཀུན་ལྷ་སྐྱབས་པ་སོགས་ཀྱིས་གཙོས་བློ་གླིང་མཁས་པ་སེར་བྱེས་སུ་དམ་འཛོག་ཕེབས་པ་དང་། སེར་བྱེས་མཁས་པ་ཆེན་པོ་ཡོངས་ཀྱི་དགེ་བའི་བཤེས་གཉེན་ཆེན་པོ་གཙང་པ་ཀུན་ངག་དབང་དགེ་འདུན་དང་། ཡོངས་ཀྱི་དགེ་བའི་བཤེས་གཉེན་ཆེན་པོ་ཡ་བ་ཀུན་བྱམས་པ་ཆོས་འཕེལ་སོགས་ཀྱིས་གཙོས་སེར་བྱེས་མཁས་པ་རྣམས་བློ་གླིང་དུ་དམ་འཛོག་ཏུ་ཕེབས་སྐབས་ཕན་ཚུན་རྩོད་གླེང་སྐབས་སུ་ཐོན་པའི་ལེགས་བཤད་ངོ་མཚར་ཅན་རྣམས་དང་། དེ་བཞིན་སེར་བྱེས་ཀུན་ཐབས་མཁས་ཀྱིས་འཛང་དཀྱུན་ཆོས་སུ་དམ་བཅའ་ཆེན་མོ་འཛོག་སྐབས་བློ་གླིང་ཀུན་བླ་མས་རྟགས་གསལ་འཕངས་པའི་རྟག་མི་རྟག་གཉིས་རྟོགས་པ་ཕན་ཚུན་བརྗེན་པའི་ཐལ་བ་སོགས་ཐོས་སྐབས་དགེ་བཤེས་དེ་དག་མཇལ་མ་མྱོང་ཡང་དགེ་ཀུན་དང་གཉིས་སུ་མ་མཆིས་པའི་དད་གུས་ཡོང་ཡོད་དོ་[1]ཞེས་བཀོད་པ་རྣམས་ལས་ཤེས་ཐུབ་བོ། །གཞན་ཡང་ངག་རྒྱུན་དུ་དབུས་གཙང་དང་མདོ་ཁམས་ཀྱི་མཁས་པ་ཕལ་ཆེ་བ་རྣ་བ་སྟོད་དུ་ཕེབས་ནས་གྲྭ་སྐོར་དམ་བཅའ་འཛོག་པའི་ལུགས་ཡོད་པར་གྲགས་སོ། །

བཞི་པ། བརྩི་བཞག་གནང་བའི་སྲོལ་གཏོང་བ།

བརྩི་བཞག་ཅེས་པ་ནི་གཞུང་དང་ཡིག་ཆ་རྣམས་བློ་ཐོག་ནས་འཛིན་གྲྭ་སོ་སོར་གནང་བའམ་བློ་འཛིན་བྱས་ནས་རྒྱུགས་འབུལ་བ་ལ་ཟེར། དེ་ཡང་དགེ་ལུགས་པའི་དགོན་ཁག་ཏུ་མཁན་པོས་སྐབས་སུ་བབས་པའི་གཞུང་ཐུགས་ཐོག་ནས་བརྩི་བཞག་གནང་བ་ལྟར་འཛིན་གྲྭའི་སྐྱོར་དཔོན་མགོ་སྐྱིལ་བྱས་ཏེ་རྩོད་གྲྭ་མ་ཚུགས་གོང་བརྩི་བཞག་ཆ་ཚང་འཛིན་གྲྭའི་སློབ་གཉེར་པ་ཚོས་མཉམ་སྐྱོར་བྱེད་དགོས་

① ཁང་དཀར་ཚུལ་ཁྲིམས་སྐལ་བཟང་གིས་མཛད་པའི་《ཚད་མའི་ལོ་རྒྱུས་》ཞེས་པ་གངས་ལྗོངས་ནང་རིག་མཐུན་ཚོགས་ཀྱིས་༢༠༠༩ལོར་པར་དུ་བསྐྲུན་པའི་ཤོག་ངོས་༢༨༠པར་གསལ།

པའི་སྲོལ་ཡོད། འདིར་མདོ་སྨད་ཀྱི་ཆོས་སྡེ་ཆེན་པོ་བླ་བྲང་བཀྲ་ཤིས་འཁྱིལ་དུ་མཁན་པོས་བསྒྲི་བཞག་ཇི་ལྟར་གནང་ཚུལ་མདོར་ཙམ་ངོ་སྤྲོད་ཞུ་ན། དབལ་མང་དཀོན་མཆོག་རྒྱལ་མཚན་གྱིས་མཛད་པའི་《བཀྲ་ཤིས་འཁྱིལ་གྱི་གདན་རབས་》ལས། སློབ་དཔོན་ཁྲི་རིན་པོ་ཆེ་ངག་དབང་བཀྲ་ཤིས་པས་དེ་ནས་བཟུང་སྔེ་ལོ་ཁ་ཤས་ཀྱི་བར་དུ་ཆོས་ཐོག་ལ་བསྒྲི་བཞག་གཉིས་དང་། ཆོས་མཚམས་ལ་བསྒྲི་བཞག་རེ་མ་ཆག་པར་བཏང་། ལོ་རེའི་གྲྭ་རྒྱུན་བསགས་པས་འཛིན་གྲྭ་རེ་སྙོན་ཐུབ་པ་བྱུང་སྐབས་གྲྭ་པ་གསར་ཞུགས་ཀྱི་འཛིན་གྲྭ་དེ་ལ་ལྷུགས་ཡོས་ཀྱི་ལོ་དེའི་དགུན་ཆོས་སྐབས་ཕར་ཕྱིན་དང་། དེ་ནས་ལོ་བཞི་སོང་བ་ཤིང་ལུག་གི་ལོ་ཕར་ཕྱིན་ཟོགས་ནས་དབུ་མ་དང་། དེ་ནས་ལོ་གཉིས་སོང་བ་མེ་བྱ་ལོ་འཛིན་གྲྭ་དེ་ལ་མཛོད་ཚུགས་ཤིང་། རྣན་པ་རྣམས་ལ་སྡུ་ནས་འདུལ་བ་ཚུགས་ཡོད་པ་བཅས་འཛིན་གྲྭ་བཅུ་གསུམ་ལ་པོ་ཏི་ལྔའི་འཆད་ཉན་སྐར་ཆགས་སུ་བྱུང་བ་ཡིན་ནོ་ཞེས་དང་། དཔོན་སློབ་ཞལ་སྡུ་ནས་ཀྱིས་ལོ་སུམ་ཅུའི་བར་དུ་འཛིན་གྲྭ་སུམ་ཅུ་ལ་བསྡུས་གྲྭ་མི་འདྲ་བ་སུམ་ཅུ་བཏང་བ་སྐྱོར་དཔོན་སོ་སོས་ཟིན་བྲིས་བྱས་པའི་བསྡུས་གྲྭ་ཡོངས་རྫོགས་ཉེར་བདུན་དང་། མཇུག་མ་ཚང་བ་གསུམ་སྟེ་སུམ་ཅུ་ཡོད་ལ། དེའི་ནང་ནས་སྐྱོར་དཔོན་བཀྲ་ཤིས་རྒྱ་མཚོས་ཟིན་བྲིས་ཀྱི་བསྡུས་གྲྭ་འདི་ཉིད་བསྡུས་ཆེན་གྱི་སྐོར་བསྡུས་གྲྭ་གཞན་ལས་ཁྱད་ཐོན་ཡོད་ཅེས་དང་། བསྡུས་གྲྭ་ཡོངས་རྫོགས་ཀྱི་རྒྱུགས་འབུལ་མཁན་ལོ་རེ་བཞིན་མང་མཐའ་བརྒྱ་ཕྲག་ལོངས་པ་ནས་ཉུང་མཐའ་ཉི་ཤུ་སུམ་ཅུ་རེ་ཙམ་རྒྱུན་དུ་མཆིས་སོ། །དེས་ན་རྭ་སྟོད་སོགས་སུ་ཆེར་མ་གྲགས་པའི་བསྡུས་ཚན་ཉེར་ལྔ་ཡོངས་སུ་རྫོགས་པའི་རིགས་ལམ་གྱི་ཡུར་བ་གཅིག་གིས་སྡེ་བདུན་མདོ་དང་བཅས་པའི་ཆུ་རྒྱུན་རིང་པོར་འདྲེན་པ་འདི་ནི་གཞན་ལས་ཐད་དུ་བྱུང་བའི་ཁྱད་པར་དུ་འཕགས་ཆོས་ཤིག་གོ །བློ་རྟགས་ལ་ཀུན་མཁྱེན་ཆེན་པོ་ཉིད་ཀྱི་བློ་རྟགས་གཉིས་འཛིན་ཆོས་སུ་གཏོང་ལ། དེར་མི་གསལ་བ་གཏན་ཚིགས་ལྟར་སྣང་། དགག་རྟགས་ཀྱི་རབ་དབྱེ། རང་ངེས་གཞན་ངེས་ཀྱི་རྣམ་གཞག ཡིད་

མདོན་གྱི་མཐའ་དཔྱོད་སོགས་འཇམ་མགོན་ཁྲི་རིན་པོ་ཆེ་བསྒྱེ་བཞག་ལ་བཏང་བ་སྐྱོར་དཔོན་སོ་སོས་ཐེན་ཁྲིས་བྱས་པ་མང་དུ་ཡོད་ལ། བློ་རབ་ཀྱིས་ཚད་མའི་གཞུང་སྐྱི་ལ་གོ་བ་ཆགས་པ་དང་། དེ་ཙམ་མི་ལྡོགས་པ་རྣམས་ཀྱིས་ཀྱང་ཀུན་མཁྱེན་ཆེན་པོ་མཆོག་གི་བློ་རྟགས་གཉིས་ལ་གོང་གསལ་གྱི་རང་ལུགས་དང་མཐའ་དཔྱོད་ཀྱིས་ཟུར་བཏབ་སྟེ་རྩོད་པ་ཐེ་ཚོམ་ཆོད་ངེས་སུ་བགྱིད་པས་སློབ་གཉེར་པ་གང་ཡིན་གྱིས་བློ་རྟགས་ཀྱི་རྒྱུགས་འབུལ་བར་སྣང་ལ། སྡེ་བདུན་ཡིད་ཀྱི་མུན་སེལ་དང་། སྐྱི་དོན་རིགས་རྒྱན་སོགས་ཀྱི་རྒྱུགས་འབུལ་མཁན་ཡང་ཡོད་དོ་[1] ཞེས་གསུངས་པ་ལྟར་རོ། །དེ་དག་ནི་མདོ་སྨད་ཀྱི་ཆོས་སྡེ་ཆེན་པོ་བླ་བྲང་བཀྲ་ཤིས་འཁྱིལ་ཞེས་པའི་དགོན་དེའི་ཁྲི་ཐོག་གཉིས་པ་བསེ་ངག་དབང་བཀྲ་ཤིས་ཀྱིས་བསྒྱེ་བཞག་ཇི་ལྟར་བཏང་བའི་ཚུལ་ཡིན་ཡང་། གདན་ས་གཞན་པ་ནི་གཞུང་མི་འདྲ་བ་ཙམ་དང་ཡིག་ཆ་མི་གཅིག་པ་ཙམ་ལས་བསྒྱེ་བཞག་གཏོང་ཚུལ་གྱི་རྣམ་པ་ནི་ཕལ་ཆེར་མཚུངས་པར་སྣང་ངོ་། །

ལྔ་པ། ཚོགས་ལངས་ཀྱི་སྲོལ་བཙུགས་ནས་སློབ་གཉེར་བས་གཞུང་དོན་མཐའ་ཆོད་དུ་རྟོགས་པར་མཛད་པ།

ཚོགས་ལངས་ཞེས་པ་ནི་དགོན་སྡེ་ཆེ་ཁག་ལ་གྲྭ་པ་སྟོང་ཕྲག་ལྷག་འཚོགས་པའི་དབུས་སུ་མི་གཉིས་ཡར་ལངས་ནས་གཅིག་གིས་སྔ་རྒོལ་དང་གཅིག་གིས་ཕྱི་རྒོལ་བྱས་ནས་མཚན་ཉིད་ཀྱི་རྩོད་པ་མཛད་པའི་སྲོལ་ཞིག་ཡིན་ལ། དེ་ཡང་དགེ་ལུགས་པའི་ཚོགས་ལངས་མཛད་པའི་ཚུལ་ནི་བླ་མ་གཞུང་ལས་པས་དགེ་བཤེས་ཆེ་གེ་མོ་གཉིས་འབེལ་གཏམ་ལ་བཞེང་བར་ཞུ་གསུངས་ཏེ། རྒོལ་བ་གཉིས་ཀྱིས་ཀྱང་རང་རང་གི་གྲལ་ནས་ཞྭ་སེར་མཆོད་བཞིན་བཞེངས། གདོང་གྲལ་དུ་ཕེབས་ནས་ཟླ་གམ་ཞྭ་སེར་བཞག་སྟེ་ཕྱག་གསུམ་བཙལ་རྗེས་ཟླ་གམ་མཆོད། ཞྭ་སེར་གདོང་ནས་ཕྱག་ཏུ་བཟུང་ནས་བླ་མ་གཞུང་ལས་པའི་སྐུ་མདུན་དུ་བཅར་ཆོ། བླ་མ་གཞུང་

① བླ་བྲང་བཀྲ་ཤིས་འཁྱིལ་གྱི་ཤིང་དཔར་ཤོག་ངོས་༡༢—༡༥བར་གསལ།

ལས་པས་བགྲོ་གླེང་བྱེད་རྒྱུའི་གཞུང་གང་ཞིག་གནང་བ་ལྟར། བགྲོ་གླེང་བྱེད་མཁན་གྱིས་ཚོགས་དབུས་སུ་དེ་ལས་བརྩམས་ཏེ་གཞུང་ལ་བཤད་པ་གང་འཚམས་གྲུབ་པའི་སྐབས་སུ། གཞུང་ལས་པས་བཤད་པ་ཡག་པོ་འདུག་ཅེས་གཟེངས་བསྟོད་མཛད་པ་དང་རིགས་ལམ་མཛོད་ཅིག་ཅེས་བསྐུལ། དེའི་ཚེ་བཤད་པ་གནང་བ་པོས་རང་གི་བླ་གམ་གདོང་གྲལ་གཡོན་པའི་གྲྭ་པ་ཞིག་གི་མདུན་དུ་བཞག ཞྭ་སེར་མཆོད་ནས་རྩོད་བླའི་ཕྱོགས་གཟིགས་ཏེ་འགྲེང་། རིགས་ལམ་གཏོང་མཁན་གྱིས་བླ་གམ་རྒྱབ་གྲལ་གྱི་མདུན་དུ་བཞག ཞྭ་སེར་མཆོད་ནས་ཧྲི་ཛི་ལྟར་ཆོས་ཅན་ཞེས་ཧྲི་སྐད་བཏང་རྗེས་སྐབས་དོན་བགྲོ་གླེང་གི་དབུ་འཛུགས་པ་ཡིན། ཚོགས་ལངས་ཀྱི་སྲོལ་དེ་ནི་གཙོ་བོ་ཆོས་སྡེ་ཆེ་ཁག་དང་ཡོན་ཏན་པ་དགེ་བཤེས་རྣམས་ཀྱིས་དོགས་གཅོད་ཀྱི་བགྲོ་གླེང་ཡིན་ནོ། །

དྲུག་པ། འཇང་དགུན་ཆོས་ཞེས་པའི་ཚད་གཞུང་གོ་ན་འཆད་ཉན་གྱི་སྲོལ་གསར་དུ་བཙུགས་པ།

སྤྱི་ལོ་དུས་རབས་བཅོ་ལྔ་པའི་རྗེས་ཙམ་ན། སྟག་ཚང་ར་བ་སྟོད་པའི་དགེ་འདུན་རྣམས་ལོ་ལྟར་བོད་ཟླ་བཅུ་གཅིག་པའི་ཚེ་ཤར་ནས་ཟླ་བ་ཕྱེད་གཉིས་ཀྱི་རིང་ལྷ་སའི་ལྷོ་ནུབ་རྒྱུད་ཀྱི་སྐྱིད་སྨད་འཇང་ཞེས་པའི་ས་ཁུལ་དུ་དབུས་ཕྱོགས་གདན་ས་གསུམ་གྱི་སློབ་གཉེར་པ་བཟང་གྲས་རྣམས་རང་མོས་ཀྱིས་ས་དེར་འཚོགས་ནས། ར་སྟོད་པས་དབུ་ཁྲིད་དེ་ཚད་མའི་གཞུང་ལུགས་སྤྱི་དང་། བྱེ་བྲག་ཏུ་ཚད་མ་རྣམ་འགྲེལ་དང་དེའི་འགྲེལ་པ་རྒྱལ་ཚབ་ཀྱི་ཐར་ལམ་གསལ་བྱེད་རང་ལུགས་སུ་བཟུང་ནས་ཚད་མའི་གཞུང་ལ་དམིགས་བཀར་རྩོད་གླེང་དང་རྟོག་གེའི་རིགས་པའི་གསང་ཚིག་གི་མདུད་རྒྱ་སྒྲོལ་བར་མཛད། ཚད་མའི་དམ་བཅའ་ཚུགས་སྐབས་རྟགས་གསལ་གཏོང་མཁན་གྱིས་རང་གི་འདོད་པ་ལྟར་དཀའ་གནད་ལ་དྲི་བ་གང་བྱུང་ཅུང་། དམ་བཅའ་བས་བློ་ཐོག་ནས་ཐད་ཀར་ལན་གྱིས་ཟློག་དགོས་པའི་ལུགས་སྲོལ་ཡོད། འཇང་དགུན་ཆོས་ཞེས་པའི་ཚད་མ་འཆད་ཉན་མཛད་པའི་ལུགས་འདི་

ཕྱིས་སུ་ས་ཁུལ་གཞན་པ་སྟེ་དབུས་གཙང་ཡོངས་དང་མདོ་ཁམས་ཡོངས་ལ་འཐང་འཛང་དགུན་ཆོས་ཞེས་པའི་ཐ་སྙད་དུ་བྱས་ནས་ཚད་གཞུང་ཁོ་ན་སློབ་གཉེར་གྱི་ཆོས་ཐོག་དར་བར་མ་ཟད། དེང་སང་གི་དུས་འདིར་ལྷག་པར་དར་རྒྱས་ཆེ།

དོན་ཚན་བཞི་པ། དགེ་ལུགས་པའི་ཆོས་གྲྭར་རྩོད་པ་ཇི་ལྟར་བྱེད་པའི་ཚུལ།

དང་པོ། རྩོད་པའི་རྣམ་གཞག་སྤྱིར་བསྟན་པ།

《ཚད་མ་རིགས་རྒྱན་》ལས། རྩོད་པ་བྱེད་པའི་རྣམ་གཞག་ལ་ལྔ། རྩོད་པའི་གང་ཟག་དང་། གང་དུ་རྩོད་པའི་དུས་དང་། གང་ལ་རྩོད་པའི་གནས་དང་། ཇི་ལྟར་རྩོད་པའི་ཚུལ་དང་། རྩོད་པ་བྱས་པའི་འབྲས་བུའོ། །

རྩོད་པའི་དུས་ཀྱི་གང་ཟག་ལ་གསུམ་ཡོད་དེ། དམ་བཅའ་སྐྱོང་བར་ཁས་ལེན་པའི་སྔ་རྒོལ་དང་། དམ་བཅའ་སུན་འབྱིན་པར་ཁས་ལེན་པའི་ཕྱི་རྒོལ་དང་། རྩོད་པའི་ཤན་འབྱེད་པར་ཁས་ལེན་པའི་དཔང་པོ་གསུམ་ཡོད་པའི་ཕྱིར། ཚར་གཅད་ཀྱི་གནས་ལ་གསུམ་ལས། སྔ་རྒོལ་ཚར་གཅད་པའི་གནས་ནི། གྲུབ་སེལ་ཞུགས་པ་དམ་འཆའ་བ་དང་། གཞན་གྱིས་དྲིས་ཀྱང་ལན་མི་འདེབས་པ་དང་། དམ་བཅའ་བར་མི་འོས་པ་སྒྲུབ་པ་དང་། སྐབས་སུ་མ་བབ་པ་བསྒྲུབ་བྱར་བྱེད་པ་དང་། ཁས་བླངས་པའི་དོན་ལ་རྟགས་མི་འགོད་པ་དང་། མ་གྲུབ་པ་དང་མ་ངེས་པ་དང་བསལ་བ་ཟེར་པ་དང་། ཤེས་འདོད་མེད་པའི་སྒྲུབ་བྱེད་འགོད་པའོ། །ཕྱི་རྒོལ་ཚར་གཅད་པའི་གནས་ལ་དང་པོར་འདྲི་བའི་ཚེ་ཚར་གཅད་པའི་གནས་གསུམ་སྟེ། འདྲི་བར་ཁས་བླངས་ནས་བཏང་སྙོམས་ལ་འཇོག་པ་དང་། གྲུབ་བསལ་ཞུགས་པ་འདྲི་བ་དང་། སྐབས་སུ་མ་བབ་པ་འདྲི་བའོ། །སྐྱོན་ཟེར་པའི་ཚེ་ན་ཚར་གཅད་པའི་གནས་གསུམ་སྟེ། དོན་སྐྱོན་དང་བློ་སྐྱོན་དང་སྒྲ་སྐྱོན་བརྗོད་རྒྱུ་ཡོད་ཀྱང་མི་ཟེར་པ་དང་། སྐྱོན་མིན་པ་སྐྱོན་དུ་ཟེར་པ་དང་། སྐབས་སུ་མ་བབ་པའི་སྐྱོན་ཟེར་པའོ། །དཔང་པོ་ཚར་གཅད་པའི་གནས་གསུམ་སྟེ། རྩོད་པའི་མཐུག་ཏུ་བདེན་རྫུན

ཤན་མི་འབྱེད་པ་དང་། རྒྱལ་ཕམ་ཕྱིན་ཅི་ལོག་ཏུ་ཤན་འབྱེད་པ་དང་། རྩོད་པ་མཐར་མ་ཕྱིན་པར་ཤན་འབྱེད་པའོ། །

གང་དུ་རྩོད་པའི་དུས་ནི། རང་གཞན་བློ་ལེགས་པར་མ་སྦྱངས་པ་དང་། དཔང་པོ་མཁས་པའི་སྐྱེ་བོས་དབེན་པ་དང་། ཕ་རོལ་པོ་ཆོས་མིན་སྣང་བས་ཡིད་དཀྲུགས་པའི་ཚེ་ན་བརྩད་དུ་མི་རུང་ལ། དེ་ལས་ལྡོག་པ་ནི་རྩོད་པའི་དུས་ཡིན་ནོ། །

གང་ལ་རྩོད་པའི་གནས་ནི། སྦྱོང་བས་རྟོགས་པར་བྱ་བའི་མངོན་གྱུར་དང་། རྟགས་ལ་བརྟེན་ནས་རྟོགས་པར་བྱ་བའི་ལྐོག་གྱུར་དང་། ཡིད་ཆེས་པའི་ལུང་ལ་བརྟེན་ནས་རྟོགས་པར་བྱ་བའི་ཤིན་ཏུ་ལྐོག་གྱུར་ནི་བརྩད་པར་བྱ་བའི་གནས་སམ་ཡུལ་ཡིན་ལ། དེ་ལ་རྩོད་པའི་གྲུབ་མཐའ་ཡང་གསུམ་སྟེ། ཡོད་པ་ལ་མེད་པར་འཛིན་པའི་སྐུར་འདེབས་དང་། མེད་པ་ལ་ཡོད་པར་འཛིན་པའི་སྒྲོ་འདོགས་དང་། ཡོད་མེད་ཇི་ལྟ་བ་བཞིན་དུ་འཛིན་པའི་དབུ་མའོ། །[1]ཞེས་གསུངས་པ་ལྟར་རོ། །

ཇི་ལྟར་རྩོད་པའི་ཚུལ་ལ། གཞུང་དེ་ཉིད་ལས། རྩོད་པའི་རང་བཞིན་ངེས་པར་བྱེད་པ་དང་། བརྗོད་པར་བྱ་བའི་དོན་དུ་ཚིག་གི་ལམ་སྦྱོང་བར་བྱེད་པ་དང་། ངེས་གྲུབ་པའི་སྐབས་དོན་སེམས་པར་བྱེད་པ་ཡིན་ནོ། །དེའི་ཡན་ལག་ལ་བཞི། དྲི་བ་དང་ལན་འདེབས་ཚུལ། རྩོད་པ་ལ་མཁས་པའི་རྒྱུ་དང་མཛེས་པའི་རྒྱན། རྩོད་པའི་བསམ་པ། རྩོད་པའི་དཔེའོ། །

དྲི་བའི་ཚུལ་ནི། རྩོད་པའི་ཚེ་དྲི་བའི་ཚུལ་ནི་རིགས་གསུམ་ཡོད་དེ། ཁྱད་པར་གྱི་གཞི་འདྲི་བ་དང་། དེའི་སྟེང་དུ་ཁྱད་པར་གྱི་ཆོས་འདྲི་བ་དང་། དེའི་སྒྲུབ་བྱེད་འདྲི་བའོ། །ལན་འདེབས་ཚུལ་ལ་གསུམ་སྟེ། མགོ་གཅིག་པ་དང་། རྣམ་པར་ཕྱེ་བ་དང་། བཏང་སྙོམས་སུ་གཞག་པར་བྱ་བའོ། །ཞེས་དང་།

---

① ཐམས་ཅད་མཁྱེན་པ་དགེ་འདུན་གྲུབ་པས་མཛད། ཀན་སུའུ་མི་རིགས་དཔེ་སྐྲུན་ཁང་གིས་༡༩༩༨ལོར་པར་དུ་བསྐྲུན་པའི་ཤོག་གྲངས་༣༡༨ལས་དྲངས།

རྩོད་པ་ལ་མཁས་པའི་རྒྱུ་དང་མཛེས་པའི་རྒྱན་ནི། སྐྱེས་ཐོབ་ཀྱི་ཤེས་རབ་ཆེ་བ་དང་། སྨྲ་ཚད་ལ་བློ་སྦྱངས་པ་དང་། རང་གཞན་གྱི་གཞུང་ལ་ལེགས་པར་སྦྱངས་པ་ནི་རྩོད་པ་ལ་མཁས་པའི་རྒྱུ་ཡིན་ལ། བཞིན་གྱི་དཀྱིལ་འཁོར་འཛུམ་པ་དང་། དོན་དང་ལྡན་ཞིང་འཇམ་པའི་ངག་དང་ལྡན་པ་དང་། སྒྱིད་ལུག་པ་དང་ང་རྒྱལ་མེད་པ་རྣམས་ནི་རྩོད་པ་མཛེས་པའི་རྒྱན་ཡིན་ནོ། །

རྩོད་པའི་བསམ་པ་ནི། ཕ་རོལ་པོ་དམའ་བར་འདོད་པའི་ཞེ་སྡང་དང་། རང་ཉིད་མཐོ་བར་འདོད་པའི་འདོད་ཆགས་དང་། རིགས་ལམ་འདོར་བར་འདོད་པའི་གཡོ་སྒྱུ་རྣམས་ནི་རྩོད་པའི་བསམ་པ་ཐ་ཤལ་ཡིན་ལ། རང་གིས་རྟོགས་པར་འདོད་པའི་གུས་པ་དང་། གཞན་གྱི་ལོག་རྟོག་བསལ་བར་འདོད་པའི་སྙིང་རྗེ་དང་། ཕ་རོལ་པོ་ལ་ཟབ་མོའི་ཆོས་བསྟན་པར་འདོད་པའི་བྱམས་པ་རྣམས་ནི་རྩོད་པའི་བསམ་པ་ཕུལ་དུ་བྱུང་བ་ཡིན་ནོ། །

རྩོད་པའི་དཔེ་ནི། རྟབ་པའི་ཚིག་དགྲ་བོས་ཉེ་བར་བཏུགས་པ་ལྟ་བུ་དང་། བཞིན་འགྱུར་བའི་མདོག་མཚོན་ཆ་ཁ་ཆེ་བ་ལྟ་བུ་དང་། ང་རོ་མི་སྙན་པ་ཤ་ཟས་ཐེབས་པ་ལྟ་བུ་ནི་རྩོད་པ་ངན་པའི་དཔེ་ཡིན་ལ། རང་དང་གཞན་གྱི་གཏི་མུག་གཅོད་པ་འཁོར་ལོ་ལྟ་བུ་དང་། ཤུན་འབྱིན་པའི་རླུང་གིས་མི་གཡོ་བ་ལྷུན་པོ་ལྟ་བུ་དང་། ཚིག་དང་དོན་ལ་མ་རྨོངས་པ་ཐུབ་པའི་དབང་པོའི་སྲས་ལྟ་བུ་ནི་རྣམ་པར་དག་པའི་རྩོད་པའི་དཔེ་ཡིན་ནོ། །

རྩོད་པའི་འབྲས་བུ་ནི། རང་ཉིད་ཉོན་མོངས་པས་ཡིད་དཀྲུགས་པ་དང་། སྐྱེ་བོ་བརྒྱ་ཕྲག་མང་པོས་སྨོད་པར་བྱེད་པ་དང་། ཚེ་རབས་གཞན་དུ་རྣམ་སྨིན་ཡིད་དུ་མི་འོང་བ་མྱོང་བར་འགྱུར་བ་ནི་མ་དག་པའི་རྩོད་པའི་འབྲས་བུ་ཡིན་ལ། རྟོགས་པ་འཕེལ་བས་རང་རྒྱུད་ཚིམ་པ་དང་། སྙན་པའི་གྲགས་པས་ཕྱོགས་ཀུན་ཏུ་ཁྱབ་པ་དང་། བསྟན་པ་བསྲུངས་པས་ཆོས་ཀྱི་རྒྱལ་པོ་འཐོབ་པར་འགྱུར་བ་ནི། རྣམ་པར་

དག་པའི་རྩོད་པའི་འབྲས་བུ་ཡིན་ནོ། །[①]ཞེས་གསུངས་པ་ལྟར་ཤེས་པར་བྱའོ། །

གཉིས་པ། བོད་ཡུལ་གྱི་རྩོད་པ་བྱེད་ཚུལ་བྱེ་བྲག་ཏུ་བཤད་པ།

གོང་དུ་བཤད་ཟིན་པའི་འཛིན་གྲྭ་བགོས་ནས་སློབ་གཉེར་བྱེད་པ་དང་། གྲྭ་སྐོར་དམ་བཅར་ཕེབས་ནས་སློབ་གཉེར་བྱེད་པ། ཡང་ན་ཚོགས་ལངས་བྱེད་པའི་སྒོ་ནས་དོགས་གཅོད་བགྲོ་གླེང་བྱེད་པ་གང་ཡིན་རུང་ཐམས་ཅད་རྩོད་པའི་ཚུལ་གྱིས་གྲུབ་པ་ཡིན་པས། རྩོད་པ་ཇི་ལྟར་བྱེད་པའི་ཚུལ་དཔྱིས་ཕྱིན་པར་རྟོགས་པ་ནི་ཤིན་ཏུ་གལ་ཆེའོ། །

རྩོད་པ་བྱེད་པའི་གང་ཟག་ལ་སྔ་རྒོལ་དང་ཕྱི་རྒོལ་གཉིས། སྔ་རྒོལ་པ་ནི་លུང་དང་རིགས་པ་གང་རུང་ལ་བརྟེན་ནས་རང་གིས་གང་སྒྲུབ་བྱེད་དུ་བཀོད་པའི་རྟགས་གསལ་དེ་ཕྱི་རྒོལ་ལ་སུན་འབྱིན་དུ་མ་བཅུག་པར་གང་ནུས་ཀྱིས་རིགས་པའི་གནོད་བྱེད་འཕངས་ནས་དེའི་ཁས་ལེན་བཤིག་ཅི་ཐུབ་ལ་འབད་པའི་གང་ཟག་དེ་ཡིན། དེ་ལ་རིགས་ལུང་པ་དང་བགྲོ་གླེང་བ་ཟེར། ཕྱི་རྒོལ་པ་ནི་སྔ་རྒོལ་པའི་ལུང་རིགས་དང་ལྟག་སྲོད་དུ་ཁས་བླངས་ནས་དེས་བཀོད་པའི་སྒྲུབ་བྱེད་དང་འཕངས་པའི་རྟགས་གསལ་ལ་བསམ་བློ་བཏང་ནས་ཕྱིར་ལན་འདེབས་པའི་གང་ཟག་དེ་ཡིན། དེ་ལ་དམ་བཅའ་བའང་ཟེར། རྩོད་པའི་དཔང་པོ་ནི། སྔ་རྒོལ་པས་འཕངས་པའི་རྟགས་གསལ་དང་ཕྱི་རྒོལ་པས་ཁས་བླངས་པའི་དམ་བཅའ་ལ་བརྟག་པའི་གང་ཟག་དེ་ལ་ཟེར། དེ་ནི་རྩོད་པ་ཤན་འབྱེད་པ་པོ་ཡིན།

ཐོག་མར་རྩོད་པ་བྱེད་དུས་རིགས་ལུང་པས་ཐལ་མོ་བརྡབ་ནས་ལག་མཐིལ་གཉིས་བསྐོར་ཏེ་གཡས་པའི་སོར་རྩེ་གཡོན་པའི་མཐེ་བོང་དང་མཉམ་པ་ན་ཐལ་སྐད་བཏང་ནས། དྷཱིཿཇི་ལྟར་ཆོས་ཅན། ཟེར་བཞིན་ལག་གཡས་ཡར་འདེགས་པ་དང་། གཡོན་པའི་ལག་མཐིལ་ས་ལ་གཏོད་པར་བྱེད་ཅིང་། དྷཱིཿསྐད་ནི་རྗེ་བཙུན་

---

① ཐམས་ཅད་མཁྱེན་པ་དགེ་འདུན་གྲུབ་པས་མཛད། ཀན་སུའུ་མི་རིགས་དཔེ་སྐྲུན་ཁང་གིས་༡༩༨༤ལོར་པར་དུ་བསྐྲུན་པའི་ཤོག་གྲངས་༣༡༨ལས་དྲངས།

འཇམ་པའི་དབྱངས་ཀྱི་ས་བོན་ཧྲཱིཿཡིག་ལ་སྐད་སྙངས་ནས་ཧྲཱིཿཞེས་བརྗོད་པ་དང་། ཇི་ལྟར་ཆོས་ཅན་ཞེས་པ་ནི་རྩོད་གཞི་ཇི་ལྟར་ལེན་དང་ཆོས་ཇི་ལྟར་འཆད་ཅེས་པའི་དོན་ཡིན་པས། ཧྲཱིཿཇི་ལྟར་ཆོས་ཅན་ཟེར་བའང་ཡོད། དེའི་མཇུག་ཏུ་རྟགས་གསལ་གང་འཕེན་ལ་བསམ་བློ་གཏོང་བའི་ཆེད་དུ། ཡཱ་རིང་པོ་ཞིག་བཞག་ཆོག་པ་དང་། ཁ་རོག་གེར་ཡུན་རིང་པོར་མི་འདུག་པར། ཡཱ་རྟག་པ་ཡིན་པར་ཐལ། ཡོད་པ་གང་ཞིག དངོས་པོ་མ་ཡིན་པའི་ཕྱིར། ཞེས་འཕེན་བཞིན་ལག་གཡས་ཀྱིས་འཁྲིད་བའི་ཁུགས་ནས་བཟུང་སྟེ་གཡོན་པའི་སྟེང་དུ་བསྐོན་ཅིང་། རྐང་པ་གཡོན་པ་ཙུང་ཟད་ཡར་བཀུགས་ནས་ཐལ་རྗེབ་དང་རྐང་རྗེབ་རྟགས་ཀྱི་ཕྱིར་སྒྲ་དང་མཉམ་པར་བྱུས་ཏེ་ཐལ་མོ་བརྡབ་ནས་ལག་གཡས་ཐུར་དུ་ཕབ་པ་དང་སྔན་དུ་ཕྱིར་འཐེན་ནས་ཡར་འདེགས་ལ། གཡོན་པའི་ཁ་ཐུར་དུ་གཏོད་པར་བྱེད་པ་དང་། རྣམ་འགྱུར་གྱི་མཇུག་ཏུ་རྐང་པ་གཡས་པའི་ཕྱི་རྟིང་ཙུང་ཟད་ཡར་འདེགས་པ་རེད། དེ་ལ་དམ་བཅའ་བས་ལུས་དྲང་པོའི་བཟོ་ལྟ་དང་བཅས་ཏེ། འདོད། ཅེས་ལན་བཏབ་ནས་སྒྲ་རྟག་པ་ཡིན་པར་ཁས་སྙངས་པ་དང་། དེ་ནས་རིགས་ལུང་པས་གཡོན་པའི་ལག་ངར་གྱི་འཁྲིད་བ་ཕྱིར་སྙངས་ནས། རྟག་པ་མ་ཡིན་པར་ཐལ། དངོས་པོ་ཡིན་པའི་ཕྱིར། ཞེས་འཕེན་པ་དང་ལུས་ཀྱི་རྣམ་འགྱུར་གོང་དང་འདྲ། དེ་ལ་དམ་བཅའ་བས། རྟགས་མ་གྲུབ། ཅེས་ལན་བཏབ་ནས། སྒྲ་དངོས་པོ་མ་ཡིན་པར་ཁས་ལེན་པ་དང་། དེ་ནས་ཡང་རིགས་ལུང་པས། དངོས་པོ་ཡིན་པར་ཐལ། ཁ་དོག་ཡིན་ན་དམར་པོ་ཡིན་པས་ཁྱབ་པའི་ཕྱིར། ཞེས་པ་ལྟ་བུ་འཕེན་དགོས་ཤིང་། དངོས་པོ་ཡིན་པར་ཐལ་ཞེས་པའི་བར་དུ་བསྡུས་གྲྭའི་རྩོད་པའི་སྟོན་འགྲོ་ལྟ་བུ་དང་། དེའི་རྗེས་ནས་བཟུང་རྩོད་པ་གཞུང་དངོས་ལ་ཞུགས་པ་ཡིན།

ཁྱབ་མཐའ་འགོད་པའི་ཚེ་ན་ཡང་། གཞི་གྲུབ་ན་ཡོད་པ་ཡིན་པས་ཁྱབ། ཡོད་པ་ཡིན་ན་རྟག་དངོས་གང་རུང་ཡིན་པས་ཁྱབ། གཟུགས་ཡིན་ན་དངོས་པོ་ཡིན་པས་ཁྱབ། ཆོས་དང་སྐད་ཅིག་མ་མ་ཡིན་པའི་གཞི་མཐུན་པ་ཡིན་ན་རྟག་པ་ཡིན་

པས་ཁྱབ། ཅེས་ཁས་ལེན་རྒྱུ་ཡིན་པར་ཐལ། མི་ལེན་པ་མ་ཡིན་པའི་ཕྱིར། ཞེས་པ་ལྟ་བུ་བཀོད་པ་ལ། དེ་རེ་རེ་མཇུག་ཏུ་འདི་ཁྱབ་ཅེས་ཁས་ལེན། འདི་འདོད་ཅིང་དེ་མི་འདོད་ཅེས་ཁས་ལེན་རྒྱུ་ཡིན་ལྟ་བུ་མི་རིགས་པ་དང་། རིགས་ལུང་པས་ཀྱང་གང་འཕེན་རྒྱུའི་རིགས་ལམ་དེ་ཉིད་རྟགས་གསལ་དང་སྦྱར་ནས་འཕེན་པ་མ་གཏོགས། ཨེ་ཡིན། ཨེ་ཁྱབ། ཇི་ལྟར་ཁས་ལེན་རྒྱུ་དང་། དེ་ལྟར་ཁས་ཨེ་ལེན་སོགས་འདྲི་བ་མི་རིགས་ཏེ། གཞུང་དངོས་ཀྱི་བརྗ་ཆད་མ་གཏོགས་གྲོང་ཚིག་དང་ལུང་སྐད་མི་བསྲེ་བ་ཡིན། རིགས་ལུང་པས་ཕྱི་རྒོལ་པས་ཁས་བླངས་པའི་དམ་བཅའ་སྤྱི་མ་དྲི་དགོས་ཚེ་ལག་པ་གཉིས་ཕྱུས་མོ་གཉིས་ཀྱི་སྟེང་དུ་བཞག་ནས་ལུས་ཙུང་བསྐྱུར་ནས་འདྲི་བ་དང་། དེ་བཞིན་དུ་དམ་བཅའ་བས་ཀྱང་རིགས་ལུང་པ་ལ་གང་ཟེར་ཅི་ཟེར་མི་འདྲི་བར། རྟགས་གསལ་གསལ་པོར་ཐོངས། མ་གོ་ཐལ་འོར་གིས་ཐོངས་མི་ཟེར་བ་དང་། འཕངས་པའི་རྟགས་གསལ་ལ་དམ་བཅའ་བས་ལན་གདན་དུ་འཁེལ་བ་ཞིག་བཏབ་ནས་རིགས་ལུང་པ་ལ་སྐྱུབ་བྱེད་ཅི་ཡང་འགོད་རྒྱུ་མེད་པར་ཁ་རོག་གེར་སྡོད་པའི་སྐབས་སུ་དམ་བཅའ་བས། རྟགས་གསལ་སྐྱར་དུ་ཐོངས་ཤོག་དང་། དེ་བསྐྱུས་ནས་ཐོངས་ཤོག ཐོངས་ཤོག ཅེས་སྐད་བརྒྱབ་ནས་རིགས་ལུང་པ་ལ་དཀའ་ལས་གཏོང་བར་བྱེད་པ་ཡིན།

ཁས་ལེན་ཇི་ལྟར་ཡིན་པ་ངེས་རྗེས་སུ་མཐུད་དུ་རྩོད་པ་བྱེད་ན། རིགས་ལུང་པས་རིགས་ལམ་ཇེ་རྩེ་དང་ཇེ་རྒྱས་སུ་བཏང་བ་དང་བསྟུན་ནས་དམ་བཅའ་བས་ཀྱང་ངར་ཆ་དང་བཅས་ཏེ་སྐད་ཇེ་མཐོ་བ་དང་ལན་ཡང་མྱུར་དུ་བཏབ་ནས། འདོད། ཤིན་ཏུ་འདོད། ཤིན་ཏུ་ནས་ཀྱང་འདོད། རྟགས་མ་གྲུབ། རྟགས་ཁོ་དགུའི་བར་དུ་མ་གྲུབ། རྟགས་བསྐལ་པའི་བར་དུ་མ་གྲུབ། ཅིའི་ཕྱིར། ཁྱབ་པ་མ་བྱུང་། མ་ཁྱབ། ཁྱབ་པ་མ་གྲུབ། ཁྱབ་པ་གཏན་ནས་མེད། འགལ་ཁྱབ། འགལ་ཁྱབ་ལ་འཕྲུལ་སོགས་ཀྱི་ལན་ངར་པོ་བཏབ་སྟེ་རིགས་ལུང་པར་ཙུང་ཟད་ཙམ་ཡང་མི་བཟི་བའི་ཉམས་བྱེད་པ་དང་། སྔ་གཉེར་གཉེར་དང་སྐྲེ་གཙུ་བ་སོགས

ཞུམ་པའི་རྣམ་འགྱུར་མི་སྟོན་པར་མ་ཟད། སྐབས་འགར་དམ་བཅའ་བས་ལག་གཡས་ཕྱི་རོལ་ཏུ་ཕྱུང་ནས་སེ་གོལ་རྡེབ་བཞིན་རིགས་ལུང་པའི་སྒྲུབ་བྱེད་དང་ཁྱབ་པ་ནས་བཟུང་སྟེ་རྟགས་གསལ་འཕེན་པའང་ཡོད། དེ་བཞིན་དུ་དམ་བཅའ་བས་ཕྱིན་ཅི་ལོག་ཏུ་ཁས་བླངས་ཚེ་རིགས་ལུང་པས་ངར་ཆེ་ཞིང་སྐད་མཐོན་པོས་གནོད་བྱེད་འཕེན་པ་དང་། རྩོད་པའི་རྣམ་འགྱུར་ཡང་རིམ་བཞིན་ཇེ་དྲག་དང་ཇེ་མྱུར་དུ་འགྲོ་བ་ལ། ཕྲག་གཡོན་གྱི་གཟན་ལག་ངར་གྱི་སྟེང་དུ་ཡང་ཡང་ལྷུང་ཞིང་། སྐབས་དེར་རིགས་ལུང་པས་གཟན་མྱུར་དུ་སྐེད་པར་དཀྲིས་ཏེ་རྩོད་པར་བྱེད་པ་སྟབས་བདེ་བྱས་ནས་རྟགས་གསལ་འཕེན་པ་དང་། དམ་བཅའ་བས་ཁས་ལེན་སྔ་མ་དང་ཕྱི་མ་གཉིས་འགལ་བར་གྱུར་ཚེ། རིགས་ལུང་པས་ལག་གཡས་པའི་ཕྱི་ངོས་གཡོན་པའི་ཕྱི་ངོས་ལ་རྡེབ་བཞིན། ཚ། ཚ། ཟེར་བ་དང་། དོན་ནི་གོང་དུ་ཁས་བླངས་པ་དང་རྗེས་ཀྱི་ཁས་བླངས་གཉིས་དངོས་འགལ་ལམ་དམ་བཅའ་སྔ་མ་ཤོར་སོང་བ་རེད་ཅེས་པའི་བརྡ་ཡིན། སྐབས་འགར་དམ་བཅའ་བས་འཕངས་པའི་ཐལ་འགྱུར་ལ་བསམ་བློ་བཏང་ནས་ཅུང་འགོར་ཚེ། རིགས་ལུང་པས། འཆར། འཆར། འཆར། ཟེར་བ་དང་། དེའི་དོན་ནི་ལན་མྱུར་དུ་ཐོབ་ཅེས་པ་དང་། རྟགས་གསལ་གྱི་དོན་ལ་མནོ་བསམ་བཏང་ནས་ཡིད་ལ་འཆར་བ་མྱུར་དུ་ཤོད་ཅེས་པའི་བརྡ་ཡིན། རིགས་ལུང་པས་རྟགས་གསལ་རྩོད་གཞི་གསུམ་ག་དང་ལྡན་པའི་ཐལ་འགྱུར་ཡང་དག་ཅིག་འཕངས་པ་ལ། དམ་བཅའ་བས་རྟགས་དང་གསལ་བ་གཉིས་ཆོས་ཅན་གྱི་སྟེང་དུ་གྲུབ་པ་ཁས་བླངས་ནས་རྟགས་དེ་ཡིན་ན་གསལ་བ་དེ་ཡིན་པས་མ་ཁྱབ་ཅེས་ཁས་བླངས་པ་ལ། རིགས་ལུང་པས་དེ་ལྟར་ཁྱབ་པ་རིགས་པས་བསྒྲུབས་ཏེ་ཁས་ལེན་དུ་བཙུག་པ་ན་རྟགས་གསལ་ཁྱབ་གསུམ་རེ་རེ་ནས་ཁས་བླངས་སོང་བས། དམ་བཅའ་བ་ལ། འཁོར་གསུམ་སྐོར་བར་བྱེད་པ་དང་། འཁོར་གསུམ་སྐོར་ཚུལ་ནི། རིགས་ལུང་པས་ཕྲེང་བ་ལག་གཡས་ཀྱི་སྦྲར་བར་བཟུང་ནས་དམ་བཅའ་བའི་མགོའི་སྟེང་དུ་བསྐོར་བ་དང་ཕུར་ཕུར་སོགས་བྱེད་པ་

དང་། དེ་ལ་ཡང་འཁོར་གསུམ་གཡས་སུ་བསྐོར་བ་དང་གཡོན་དུ་བསྐོར་བ་གཉིས་ཡོད། དམ་བཅའ་བས་ཁས་ལེན་མ་ནོར་བར་འཁོར་གསུམ་མི་བསྐོར་བ་དང་། ཁས་ལེན་གཏན་ནས་མ་ནོར་ན་ཡང་ནོར་ཁུལ་གྱིས་འཁོར་གསུམ་བསྐོར་བའང་ཡོད་།

དམ་བཅའ་བས་ཁས་ལེན་ནོར་ཚབས་ཆེ་བ་དང་། རིགས་ལུང་པས་རིགས་ལམ་སློད་པ་སོགས་ཀྱི་སྐབས་སུ། ཨོཾ། ཏ། ཏ། ཏ། ཏྭ། ཞེས་ཨོཾ་མཐོ་ཞིང་རིང་བར་བྱས་ནས་ཏབ་ཆ་བྱེད་པ་དང་། ཏ་རྣམས་ཁེར་ཚོད་བྱས་ནས་མཇུག་རིང་པོ་བྱས་ཏེ། ཏ་རེ་དང་ཐལ་མོ་རེ་བཏབ་པ་མཉམ་པར་བྱེད། རྩོད་པའི་སྐབས་སུ་རིགས་ལུང་པས་དམ་བཅའ་བའི་ཉེ་སར་བཙུད་དྲགས་ན། དམ་བཅའ་བའི་ཁས་ལེན་ཅི་ནོར་གང་ནོར་གཞན་གྱིས་མི་ཐོས་པས་ཙུང་རྒྱུང་རིང་པོ་ནས་རྟགས་གསལ་འཕེན་པ་ཡིན། བསྡུས་གྲྭའི་རྩོད་གཞི་ཐུང་བས་དེ་ཆོས་ཅན་གཅིག་པུ་ཟེར་རྒྱུ་མ་ཡིན་པར་རྩོད་གཞི་དངོས་སུ་སྦྱར་ནས་འཕེན་པ་དང་། དོན་ལ་དཔྱད་པ་གཏོང་བར་སླན་ཞིང་ཁས་ལེན་ལ་གནོད་པ་ཆེ་བར་དམིགས་ནས་དེ་ལྟར་འཕེན་པ་མ་གཏོགས། དམིགས་བསལ་གྱི་སྐབས་སུ་རྩོད་གཞི་མི་སྦྱོར་བའང་ཡོད། ཅིག་ཆོས་ཅན་ཞེས་བརྗོད་པའི་རྗེས་སུ་མིག་འཛུམ་གཉིས་གསུམ་ཙམ་གྱི་ཡུན་ལ་ཁ་རོག་གེར་བསྡད་ནས་རྩོད་གཞི་གང་ཡིན་གཞན་ལ་ཐོར་བར་བྱེད་པ་དང་། རྟགས་དང་གསལ་བ་གཉིས་ཀྱི་བར་དུའང་མཚམས་གསལ་པོར་ཕྱེས་ནས་འཕེན་པ་མ་གཏོགས་ངག་ལྷབ་ལྷིབ་དང་ལུས་འཚབ་འཚུབ་མི་བྱེད། རྟགས་འགོད་མི་བདེ་བའི་སྐབས་སུ། འདོད་པའི་ཕྱིར། ཁས་ལེན་འཐད་པའི་ཕྱིར། ཁྱོད་ཀྱི་དམ་བཅའ་འཐད་པའི་ཕྱིར། དེ་ལྟར་ཡིན་པ་ཁྱོད་ཀྱིས་ཁས་བླངས་པའི་ཕྱིར། ཞེས་པ་ལྟ་བུ་རྟགས་སུ་བཀོད་པ་དང་། ལུང་འདྲེན་པའི་ཚེ་ན། ཁམས་གསུམ་བླ་མ་ཙོང་ཁ་པ་ཆེན་པོའི་བཞེད་པ་གང་ཞིག ཁྱོད་ཀྱིས་ཁས་ལེན་དགོས་པའི་ཕྱིར། མཁས་གྲུབ་ཐམས་ཅད་མཁྱེན་པའི་དགོངས་པ་ཡིན་པ་གང་ཞིག ཁྱོད་ཀྱིས་ཁས་བླངས་ན་སྐྱལ་བ་ལྡན་པའི་ཕྱིར། ཀུན་མཁྱེན་འཇམ་དབྱངས་བཞད་པའི་དགོངས་པ་ཡིན་པ་གང་ཞིག ཁྱོད་

གྱིས་ཁས་བླངས་ཚིག་པའི་ཕྱིར། བསེ་ངག་དབང་བཀྲ་ཤིས་ཀྱི་བཞེད་པ་གང་ཞིག ཕྱོད་ཀྱིས་ཁས་བླངས་ན་བཟོ་ལྟ་མི་འཚོར་བའི་ཕྱིར། རྣ་བསོད་ནམས་དབང་རྒྱལ་གྱི་དགོངས་པ་ཡིན་པའི་ཕྱིར། ཞེས་པ་ལྟ་བུ་ཁ་ཤོམ་དང་བཅས་ཏེ་རྟགས་གསལ་འཕེན་པ་ཡིན་ནོ། །

གསུམ་པ། རྩོད་པའི་མཛེས་རྒྱན་དང་ལུས་ཀྱི་རྣམ་འགྱུར་གྱི་མཚོན་དོན་བཤད་པ།

ཐོག་མར་ཐལ་སྐད་གཏོང་བའི་དུས་སུ་ཐལ་མོ་བརྡབས་ནས་ལག་མཐིལ་གཉིས་བསྣོར་ཏེ་ཡར་འཐེན་པའི་གཡས་པའི་སོར་རྩེ་གཡོན་པའི་མཐེ་བོང་དང་མཉམ་པ་ན་ཐལ་སྐད་གཏོང་བའི་མཛེས་པའི་རྒྱན་ཡིན་ལ། ལག་གཡས་ཡར་བཏེགས་པས་ངན་སོང་ཐམས་ཅད་བདེ་འགྲོ་ལ་འགོད་པ་དང་། གཡོན་པའི་ལག་མཐིལ་ཟིལ་གནོན་གྱི་ཚུལ་དུ་ཐུར་དུ་གཏད་པས་ངན་སོང་ཐམས་ཅད་ཀྱི་སྒྲོ་སྒོ་གཅོད་པ་མཚོན།

རྩོད་པའི་སྐབས་སུ་ལག་པ་གཡོན་པ་ཁུ་ཚུར་བཅིངས་པ་དང་། གཡས་པའི་སོར་མོ་ཐར་བཅད་དེ་ཡར་བཀུགས་རྫེས་ཁུ་ཚུར་ཁ་ཕྱིས་ནས་ཐལ་མོ་བརྡབས་ཏེ་ལག་གཡས་ཐུར་དུ་ཕབ་པ་དང་མཉམ་དུ་ཕྱིར་འཐེན་ནས་སྐད་གོང་དུ་སླེབས་པ་ཙམ་གྱིས་ཚིག་ཅིང་། ཏ་ཙང་མཐོ་དྲགས་པ་དང་། ཏ་ཙང་དམའ་དྲགས་པ། མདུན་དང་རྒྱབ་ཏུ་འཁྱོག་ཆེ་བ་སོགས་མི་མཛེས། རྐང་པ་གཡོན་པ་ས་ལ་རྫེབ་པའི་ཚེ་ནའང་། ཏ་ཙང་དམའ་དྲགས་ན་ས་ལ་རྫེབ་ཚེ་ཡན་ལག་ཐར་ཤ་ཆོད་པའི་ཆོས་རྩོད་ཀྱི་དབྱིབས་མི་ཐོན་པར་བག་འཁུམས་པའི་ཉམས་ཐོན་པ་དང་། རྐང་པ་ཐད་སོར་མ་བཏེགས་པ་དང་བཏེགས་པ་ཏ་ཙང་མཐོ་དྲགས་ན་ཤམ་ཐབས་དང་སྨད་གཡོགས་ལ་གནོད་པར་མ་ཟད། དམ་བཅའ་བ་ལ་མ་གུས་པའི་ཚུལ་ཡང་བསྟན་པས། རྐང་གཡོན་ཚད་དང་ལྡན་པ་ཞིག་ཡར་བཏེགས་ནས་ས་ལ་བརྡབས་པ་ན་མཛེས་ཤིང་བརྗིད་པའི་རྣམ་འགྱུར་ཡིན་པ་དང་། གཡས་པ་ས་ལ་བརྡབ་པ་དང་མཉམ་དུ་རིགས་ལུང་པ་ཡང་དམ་བཅའ་བའི་ཉེ་སར་ཅུང་ཟད་བཏུད་པ་ཡིན་

ལ། རྣམ་འགྱུར་གྱི་མཇུག་ཏུ་རྐང་པ་གཡས་པའི་ཕྱི་རྟེང་ཙུང་ཟད་རེ་ཡར་བཏེགས་པ་མཛེས་པ་དང་། བཏེགས་པ་མཐོ་དྲགས་པ་དང་རྐང་པ་གཡས་གཡོན་གཉིས་ཀྱིས་འདེགས་འཛོག་སྣ་ཚོགས་བསྒྱུར་བ་ནི་རྩོད་པའི་མཛེས་རྒྱན་མ་ཡིན་ནོ། །

ཐལ་མོ་བརྡབས་པའི་སྐབས་སུ། ལག་པ་གཉིས་རིང་དུ་བརྐྱངས་ནས་ལུས་ཕུང་དང་ཧ་ཅང་རིང་བ་ལྟ་བུ་མ་ཡིན་པ་དང་། བསྐུམས་དྲགས་པ་ཧ་ཅང་ཐུང་དང་ཉེ་བ་མ་ཡིན། མཐོ་དྲགས་དང་དམའ་དྲགས་པ་ནུ་མ་གཡས་གཡོན་གྱི་ཕྱོགས་སུ་ཡོ་བ་སོགས་མ་ཡིན་པར་འཕེན་རྒྱུ་རྟགས་གསལ་གྱི་ཕྱིར་སྒྲ་དང་མཉམ་པར་ཐལ་མོ་བརྡབས་ཤིང་། ལག་གཡས་ཀྱིན་དུ་འཕྱུར་བས་རྗེ་བཙུན་འཇམ་པའི་དབྱངས་ཀྱི་རལ་གྲི་མཚོན་པ་དང་། གཡོན་པ་ཡར་བཏེགས་པས་པད་སྡོང་སྟེང་གི་གླེགས་བམ་མཚོན། ལག་གཉིས་ཐྲད་པས་ཤེས་རབ་སྒོམས་གཞུང་ཤེར་ཕྱིན་སོགས་ལ་ཐོས་བསམ་བྱེད་པ་མཚོན་པ་དང་། ལག་མཐིལ་ཕ་མཐར་བསྐྱིལ་བས་དེ་འདྲའི་སྒྲོ་འདོགས་གཅོད་པ་མཚོན་པ་ཡིན། ཐལ་བརྡབས་ཀྱི་མཇུག་ཏུ་ཁ་ལྷག་གེར་འཁོར་བ་ལྟ་བུ་བྱེད་ཚག་པ་དང་། དམ་བཅའ་བས་ལན་འདེབས་པའི་སྐབས་སུ་རིགས་ལུང་པ་ཙུང་ཟད་བསྒྱུར་ནས་ལག་པ་གཉིས་ལྟག་གེར་བཙུགས་ནས་རེ་རེ་ཐར་ཚོད་པའམ་གཡས་པས་ཕྲེང་བ་ནས་འཛིན་ཞིང་གཡོན་པ་ཐར་བཅད་ནས་འདུག་པ་ནི་ཕ་རོལ་པོ་ཟིལ་གྱིས་གནོན་པའི་རྣམ་འགྱུར་ཡིན་པ་མ་གཏོགས། ཁོག་སྟོད་འཁྱོག་ཅིང་བསྒྱུར་ནས་འདུག་པ་དང་། ཐལ་མོ་བརྡབས་པའི་མཇུག་ཏུ་ལག་པ་གཉིས་བརྐྱངས་ནས་ལྷེམ་ལྷེམ་བྱེད་པ་སོགས་མཛེས་པ་མ་ཡིན་ནོ། །

འཁོར་གསུམ་བསྐོར་བའི་དུས་སུ། རིགས་ལུང་པས་འཁོར་གསུམ་གཡས་སུ་རྫེས་ཁ་གཡས་ཕྱོགས་སུ་འཁོར་བ་དང་། གཡོན་དུ་བསྐོར་རྗེས་གཡོན་དུ་འཁོར་བ་ལས། འཁོར་གསུམ་གཡས་སུ་བསྐོར་ནས་ཁ་གཡོན་དུ་འཁོར་བ་སོགས་མི་མཛེས། འཁོར་གསུམ་གཡས་སུ་བསྐོར་བ་ནི། རིགས་ལུང་པས་འཕངས་པའི་རིགས་པ་ཡང་དག་དེ་ལ་དམ་བཅའ་བས་ལན་གནད་ལ་འཁེལ་ཞིང་དོན་དང་

མཐུན་པ་ཞིག་འདེབས་མ་ཐུབ་པར་ཁས་བླངས་སྔ་ཕྱི་འགལ་ནས་རྟགས་གསལ་ཁྱབ་གསུམ་ཁས་བླངས་ཚེ། རིགས་ལུང་པས་འཕྲེང་བ་སྤུར་བར་བཟུང་ནས་ལག་གཡས་རང་ཉིད་ཀྱི་ཐང་བསྐྱིངས་ཏེ་དམ་བཅའ་བའི་མགོའི་སྟེང་དུ་གཡས་སུ་བསྐོར་བ་དང་། དེས་རིགས་ལུང་པ་ངས་རྫོགས་ཟིན་པའི་རིགས་པ་དང་ལུང་འདི་དག་དམ་བཅའ་བ་ཁྱོད་ཀྱིས་རྫོགས་པར་གྱུར་ཅིག་ཅེས་པམཆོན་པ་དང་། འཁོར་གསུམ་གཡོན་དུ་བསྐོར་བ་ནི། རིགས་ལུང་པས་འཕངས་པའི་རྟགས་གསལ་ལ་དམ་བཅའ་བས་གནད་ལ་འཁེལ་ཞིང་དོན་དང་མཐུན་པའི་ལན་ཏག་ཏག་བཏབ་ནས་རིགས་ལུང་པ་དཀའ་ལས་ལ་གཏད་པ་དང་། རིགས་ལུང་པས་དམ་བཅའ་བཤིག་ཅི་ཐུབ་བྱས་ནས་མཐར་མ་འཁོར་གསུམ་བསྐོར་བའི་ཚེ། རིགས་ལུང་པས་ཕྲེང་བ་བཟུང་བའི་ལག་གཡས་ཀྱིས་དམ་བཅའ་བའི་མགོའི་སྟེང་དུ་གཡོན་དུ་བསྐོར་ནས་མཐར་ཕྱིར་རང་གི་ཐང་ཁར་འཐེན་པ་དང་། དེས་དམ་བཅའ་བ་ཁྱོད་རྒྱུད་ཀྱི་ལུང་དང་རིགས་པ་དེ་དག་རིགས་ལུང་པ་ངས་ཀྱང་རྫོགས་པར་གྱུར་ཅིག་ཅེས་པ་མཚོན། རྟགས་གསལ་རྫེས་མ་བསམ་བློ་གཏོང་བའི་ཆེད་དུ། འཁོར་རོ་རོ་ཏིས། ཞེས་གསུང་རིང་བསྐོར་ཚོག་པ་དང་། ཏིས་ཞེས་པ་ནི། དོན་དུ་ཀླི་ཟེར་བ་ཡིན་ཡང་། མི་གསལ་བའི་ཚུལ་གྱིས་དེ་ལྟར་སྨྲས་པ་ཡིན།

རྩོད་པའི་རིགས་ལུང་གི་གཞུང་ལ་བབས་ཚེ། རིགས་ལུང་པ་ངར་ལངས་པའི་ཚོད་ཀྱིས་རིགས་ལུང་ཇི་དར་དུ་བཏང་ནས་རྟགས་གསལ་འཕེན་པ་དང་། དམ་བཅའ་བས་ལན་ངར་པོ་བཏབ་སྟེ། གནོད་བྱེད་ཡོད་ན་ཐོངས་ཤོག་ཟེར་བཞིན་ཁས་ལེན་མ་ཤོར་བའི་རྣམ་འགྱུར་བསྟན་ཏེ་མགོ་གཟེངས་སུ་བསྟོད་པ་མ་གཏོགས། ལུས་སྐད་དང་གྲོང་གཏམ་སྣ་ཚོགས་བསྲེས་ཏེ་ལན་འདེབས་པ་དང་། ངར་པོ་མི་བྱེད་པར་བག་འཁུམས་ནས་འདུག་པ་སོགས་ནི་མཛེས་ཤིང་བརྗིད་པའི་རྣམ་འགྱུར་མ་ཡིན་ནོ། །

རིགས་ལུང་པས་གཟན་སྐེད་པར་དཀྱི་དུས་སུ་ཡང་སྐ་རགས་ལྟར་བཅིངས་པ་

དང་། སྨད་གཡོག་ལྷུར་དགྲི་བ། དམ་པོར་མ་བགྲིས་པར་ལག་པ་བརྐྱངས་བསྐུམས་འགའི་རྗེས་སུ་འཕྲལ་དུ་ཞིག་འགྲོ་བ་དང་དཔུང་མགོ་བཏུམས་པ་སོགས་ཀྱང་མི་མཛེས་པས་སྤང་བྱ་ཡིན།

རྩོད་པའི་དུས་སུ་སེམས་ཀྱི་ཀུན་སློང་ཆོས་དང་མཐུན་པ་གལ་ཆེ་སྟེ། ཕ་རོལ་དམ་བཅའ་བ་ཟིལ་གྱིས་གནོན་པར་འདོད་པ་དང་། རིགས་ལུང་པ་རང་ཉིད་རྒྱལ་བར་འདོད་པ། ཕ་རོལ་རིགས་ལུང་པ་རང་གི་རྩོད་ཟླ་མིན་པར་སེམས་པ་དང་། དམ་བཅའ་བ་རང་ཉིད་མཐོ་བར་འདོད་པ། རྩོད་པའི་དཔང་པོས་རྩོད་གླེང་བྱས་པའི་དོན་དེ་ཉིད་ཡང་དག་པར་བདེན་རྫུན་གྱི་ཤན་ཕྱེས་ཏེ། སྐྱེས་བུའི་རྒྱུད་ཀྱི་ལོག་རྟོག་སེལ་བ་ལ་མི་འབད་པར་ཉེ་རིང་ཆགས་སྡང་གི་ཕྱོགས་སུ་ལྷུང་ནས་ཕྱིན་ཅི་ལོག་ཏུ་སྨྲ་བ་སོགས་ཁ་ཅང་མི་ལེགས་པས་སྤང་བའི་གནད་དམ་པ་ཡིན་ཡང་། ལུས་ཀྱི་རྣམ་འགྱུར་ལ་ངར་ཆེ་བ་དང་ཡན་ལག་ཐར་ཤ་ཆོད་པ་ངེས་པར་དགོས་ཏེ། ཕན་ཚུན་ལ་འགྲན་སེམས་བཅངས་ནས་དཔེ་ཀློག་པ་དང་འབད་པར་ཕན་པས་སོ། །

ཏབ་ཆ་བྱེད་པའི་སྐབས་སུ། ཨ། ཏ། ཏ། ཨ་ཏ་ཏ། མི་ཟེར་བར། ཨོཾ ཏ ཏ ཏ ཏྲ་ཞེས་ཨོཾ་སྨྲ་མཐོ་ཞིང་རིང་པོ་དང་། ཏ་རེ་དང་ཐལ་མོ་རེ་དུས་མཉམ་པར་བྱེད་པ་མཛེས་རྒྱན་ཡིན་པ་དང་། རྩོད་པ་བྱེད་དུས་དམ་བཅའ་བ་ལུས་དྲང་པོར་བསྡད་དེ་རྟགས་གསལ་དང་ཡིག་ཆ་ལ་བསམ་བློ་གཏོང་བ་དང་། བློ་རྩེ་རྣོད་པ་ན་རིམ་གྱིས་ལན་སྨྲར་ཞིང་གནད་ལ་འཕེལ་བ་ཏག་ཏག་འདེབས་པ་ལེགས་ཤིང་། རིགས་ལུང་པ་ཡར་འགྲོ་མར་འགྲོ་རིང་པོ་བྱེད་བཞིན་རིགས་པ་གཙོར་བྱས་ནས་ངར་ཆ་དང་བཅས་ཏེ་རྟགས་གསལ་འཕངས་ནས་དམ་བཅའ་བཤིག་ཅི་ཐུབ་ལ་འབད་པ་མཛེས་ཤིང་བརྗིད་པའི་རྣམ་འགྱུར་ཡིན་ནོ། །

མདོར་ན་རིགས་ལུང་པའི་ཡན་ལག་བདར་ཆོད་དང་སྐད་གཟེངས་མཐོ་བ། རྒྱབ་རྟེན་གྱི་ལུང་བཙན་པ། སྒྲུབ་བྱེད་ཀྱི་རིགས་ལམ་རྣོ་བ། ལུས་ངག་གིམ་ཆ

དང་ངར་ཆ་ཆེ་བ། དམ་བཅའ་བས་ལུས་དྲང་པོར་འདུག་པ། སྐད་མཐོ་ཞིང་ལན་གནད་དུ་འཁེལ་བ། རིགས་ལམ་མི་མཉམ་པ་ལ་ཁྱབ་མཐའ་གཅོད་པ། རྩོད་པའི་དཔང་པོ་ཡང་སེམས་ཕྱོགས་སུ་མ་ལྷུང་བར་རྩོད་པའི་ཤན་ཡང་དག་པར་ཕྱེས་ཏེ་རིགས་ལུང་པ་དང་དམ་བཅའ་བའི་རྒྱུད་ཀྱི་ལོག་རྟོག་སེལ་བ་སོགས་ནི་ཆོས་གྲྭའི་རྩོད་པའི་མཛེས་རྒྱན་ཡིན་ནོ། །(རྩོད་པ་བྱེད་ཚུལ་འདི་དག་ནི་དབལ་མང་པཎྜི་ཏ་དཀོན་མཆོག་རྒྱལ་མཚན་གྱིས་མཛད་པའི་《བླ་མའི་གསུང་རྒྱུན་ཟིན་བྲིས་སུ་བཀོད་པ་བརྐལ་བརྟག་རྒྱན་མང་གསལ་བའི་མེ་ལོང་》ཞེས་པའི་བསྟན་བཅོས་གཞིར་བྱས་ནས་བྲིས་པ་ཡིན།) དེ་ལྟར་རྩོད་པ་བྱེད་པའི་ཕན་ཡོན་ལ་ཀཱ་པ་ཆོས་གྲགས་རྒྱ་མཚོའི་ཞལ་སྔ་ནས་ཀྱིས། དེ་ལྟར་རྩོལ་བ་དང་ཕྱི་རྩོལ་པ་དང་དཔང་པོའི་དཀྱིལ་འཁོར་ལེགས་པར་བཤམས་ཏེ། ཆོས་དང་མཐུན་པའི་རྩོད་པ་རྣམ་པར་དག་པར་བྱེད་པ་འདི་ནི། སངས་རྒྱས་བཅོམ་ལྡན་འདས་ཀྱི་བསྟན་པ་རིན་པོ་ཆེ་ལ་བྱི་དོར་ཆེར་བགྱིད་པ་དང་། རང་གཞན་གྱི་རྒྱུད་ལ་ཡང་དག་པའི་རྟོགས་པ་རྣམས་སྐྱེད་པ་དང་། སྐྱེས་པ་རྣམས་མི་ཉམས་ཤིང་གོང་ནས་གོང་དུ་འཕེལ་བར་འགྱུར་བའི་ཐབས་དམ་པ་ཡིན་ལ། མཁས་པའི་བྱ་བ་གསུམ་གྱི་ནང་ནས་རྩོད་པའི་བྱ་བ་ཞེས་བསྒྲགས་པ་གང་ཡིན་པ་དེ་ནི་དེ་ཡིན་ནོ། །[1]ཞེས་གསུངས་པ་ལྟར་ཤེས་པར་བྱའོ། །

[1] 《བོད་ཀྱི་བརྡ་ཕྲག་རིག་མཛོད་ཆེན་མོ་》ལས་བཀའ་བརྒྱུད་པའི་གསུང་རབ་པོད་བདུན་པའི་སྨད་ཆ་《ཚད་མ་ལེགས་པར་བཤད་པ་ཐམས་ཅད་ཀྱི་ཆུ་བོ་ཡོངས་སུ་འདུ་བ་རིགས་པའི་གཞུང་ལུགས་ཀྱི་རྒྱ་མཚོ་》ཞེས་བྱ་བའི་བསྟན་བཅོས། མཚོ་སྔོན་མི་རིགས་དཔེ་སྐྲུན་ཁང་གིས་༢༠༠༧ལོར་པར་དུ་བསྒྲུབ་པའི་ཤོག་ངོས་༣༥༨—༣༥༩བར་གསལ།

དཔེ་སྒྲིག་འགན་ཁུར་པ། འཇམ་དབྱངས་དར་རྒྱས།
མཏུན་ཤོག་རྩིས་འགོད་པ། རིག་ལྡན་དོན་གྲུབ།

༄༅། །ཚད་མ་རིག་པ་བྱུང་འཕེལ་གྱི་ལོ་རྒྱུས།

བློ་བཟང་ཆོས་གྲགས་ཀྱིས་སྒྲིག་རྩོམ་བྱས།

པར་སྐྲུན་འགྲེམ་སྤེལ། ཀྲུང་གོའི་བོད་རིག་པ་དཔེ་སྐྲུན་ཁང་།
པར་སྒྲིག པེ་ཅིན་ཡེ་ཀྲི་ཀྲོའུ་པར་སྒྲིག་ཚད་ཡོད་ཀུང་སི།
པར་འདེབས། ཀྲུང་གོའི་སློག་བརྙན་དཔེ་སྐྲུན་ཁང་གི་པར་ཁང་།
དེབ་ཚད། 787mm×1092mm 1/16
དཔར་གྲངས། 2001-3500 དཔར་ཤོག 26.5
པར་གཞི། 2017ལོའི་ཟླ་6པར་པར་གཞི་དང་པོ་བསྒྲིགས།
2020ལོའི་ཟླ་5པར་པེ་ཅིན་དུ་པར་ཐེངས་གཉིས་པ་བཏབ།
དཔེ་རྟགས། ISBN 978-7-80253-983-9/B・248
རིན་གོང་། སྒོར་58.00

图书在版编目 (CIP) 数据

藏传因明思想发展史:藏文 /祁顺来编著.—北京:中国藏学出版社,2017.6（2020.5重印）

ISBN 978-7-80253-983-9

Ⅰ. ①藏… Ⅱ. ①祁… Ⅲ. ①因明(印度逻辑)—思想史—研究—藏语 Ⅳ. ①B81

中国版本图书馆CIP数据核字(2017)第138956号

藏传因明思想发展史 祁顺来 编著

责任编辑 加羊达杰
封面设计 若 丹
出版发行 中国藏学出版社
排　　版 北京叶知舟数码快印有限公司
印　　刷 中国电影出版社印刷厂
版　　次 2017年6月第1版 2020年5月北京第2次印刷
开　　本 787mm×1092mm 1/16
印　　张 26.5
印　　数 2001-3500
书　　号 ISBN 978-7-80253-983-9/B·248
定　　价 58.00元

该图书若有质量问题，请与本社联系
E-mail：zangxue615@sina.com 电话：010-64917618